新中国厦门**65**周年纪事

林丽萍　主编

厦门市图书馆　编

（上册）

厦门大学出版社
XIAMEN UNIVERSITY PRESS
国家一级出版社
全国百佳图书出版单位

图书在版编目(CIP)数据

新中国厦门65周年纪事/林丽萍主编;厦门市图书馆编.—厦门:厦门大学出版社,
2016.7
ISBN 978-7-5615-5943-7

Ⅰ.①新… Ⅱ.①林…②厦… Ⅲ.①社会主义建设成就-厦门市 Ⅳ.①D619.573

中国版本图书馆 CIP 数据核字(2016)第 041603 号

出 版 人	蒋东明
责任编辑	薛鹏志
封面设计	李嘉彬
责任印制	朱 楷

出版发行 厦门大学出版社

社 址	厦门市软件园二期望海路 39 号
邮政编码	361008
总 编 办	0592-2182177 0592-2181406(传真)
营销中心	0592-2184458 0592-2181365
网 址	http://www.xmupress.com
邮 箱	xmupress@126.com
印 刷	厦门市金凯龙印刷有限公司

开本	720mm×1000mm 1/16
印张	50.5
插页	4
字数	900 千字
印数	1~2 000 册
版次	2016 年 7 月第 1 版
印次	2016 年 7 月第 1 次印刷
定价	200.00 元(全二册)

本书如有印装质量问题请直接寄承印厂调换

厦门大学出版社
微信二维码

厦门大学出版社
微博二维码

新中国厦门65周年纪事
编 写 组

主　　编　林丽萍

副 主 编　付　虹

执行主编　洪卜仁

编　　辑　李　冰　　张元基　　李跃忠　　吴辉煌

　　　　　黄燕妮　　宋俏梅　　黄　纯　　唐梅霞

　　　　　林荔芳　　林俊龙

前　言

　　我们这个社会,每天都会出现值得记忆的事情,也就是常说的大事、要事。时间久了,也就失去记忆,查找起来并不容易。前几年,厦门市图书馆整理出版了《厦门60年纪事》一书,在读者中引起较多的关注和较好的反响。对图书馆来说,有这样一本工具书,实用价值不言而喻。

　　因此,有读者建议,是不是能每5年编一本,并且最好能有分类索引。由于人手及时间的原因,分类索引目前还没有做到。我们争取能够每5年出一本,以备读者查用。

　　随着社会经济的飞速发展,整个国家有全国大事记,省有省大事记,本书可以算是厦门市的大事记。《新中国厦门65周年纪事》对《厦门60年纪事》60年来的大事记基本保留下来,但做了增补和删减。对于厦门市图书馆来说,编写整个城市的历史事件,还没有什么经验。我们有这么一股热情,最大限度地满足读者的信息需求,并辛勤耕耘着。

　　本书的资料来源,1949—1979年的大事条目,以《厦门日报》见报的信息为主,并参考《厦门方志通讯》。1980—1996年的大事条目,以《厦门经济特区十五年大事记(1980—1996)》(征求意见稿)为主。1997年之后的大事条目,参照厦门市地方志编纂委员会办公室出版的《厦门经济特区年鉴》(后改名《厦门年鉴》)。厦门市出版的《厦门晚报》、《海西晨报》等报纸的报道亦有收录。厦门出版的志书或年鉴中有大事记的,我们也进行了参考,限于篇幅,未能全部收录。

编　者

2016年2月

目　录

上　册

下　册

1949 年

9 月

20 日　同安县人民政府开始接管国民党同安县警局,同安县人民政府公安局成立。

本月　中国人民解放军厦门市军事管制委员会在泉州组成。公安接管组由唐劲实任组长,余明任副组长。

10 月

4 日　台风在厦门登陆,树木、船只被毁甚多。

7 日　蒋介石乘专轮再次抵厦,召见汤恩伯、毛森等驻厦高级军政人员。当晚返台北。

9 日　大嶝岛解放,俘敌 200 多名。

11 日　国民党军飞机轰炸同安澳头和集美学村,师生和村民 46 人遇难,校舍、居民楼倒塌。

15 日　中国人民解放军登陆厦门岛,经过一天多的激烈战斗,共毙伤敌军 2000 余名,生俘 25000 余名,缴获大炮 50 余门,枪支弹药无数。

解放军进攻厦门岛

解放军进入厦门市区

厦门解放,解放军宣传车进城

16 日　国民政府厦门警备司令毛森派军警将关押在狱中的中共地下党员和革命群众刘惜芬等 17 人枪杀,并布置将厦港发电厂炸毁,尔后逃亡台湾。

17 日　中国人民解放军解放厦门,宣告国民政府对厦门统治的终结。此役,中国人民解放军共歼敌军 2000 余名,俘虏 2.5 万余名;缴获大炮 50 余门,枪支弹药无数。

同日　厦门解放,厦门市军管会派新闻机关接管组副组长孙明等接管厦门广播电台。

庆祝厦门解放的庆功大会

厦门解放后,军民在厦门街头举行庆祝活动

厦门解放后,粤侨中学师生上街唱《我们的队伍来了》

1949 年 10 月 22 日《厦门日报》刊登庆祝厦门解放的报道

18 日 本市各界举行死难烈士暨死难人民追悼大会。

19 日 市军管会公安接管组开始接管国民政府厦门市警察局、凤屿监狱及反动党、团、特机构等。

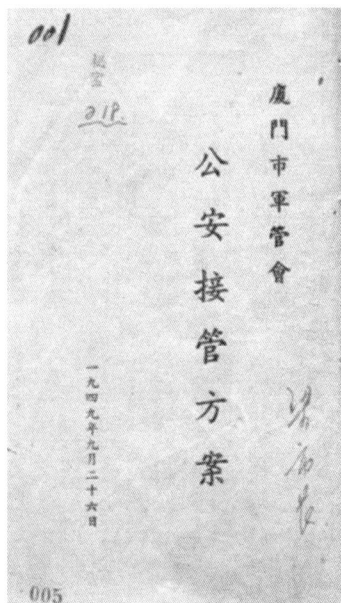

《公安接管方案》封面

唐劲实(右五)

同日 中央人民政府政务院发表所属各委员会人选,庄希泉任华侨事务委员会副主任委员,陈嘉庚、叶飞、王雨亭等为委员。

庄希泉

陈嘉庚

叶 飞

20 日 中国人民解放军厦门市军事管制委员会正式成立,叶飞为主任,黄火星为副主任,下设政务、财经、公安、文教、军事五部,秘书、卫生、房屋管理三处。唐劲实任军管会公安部长。

21 日　军管会开始接收国民政府厦门市政府,成立厦门市人民政府,梁灵光任市长,张维兹为副市长;中国人民解放军厦门市警备司令部成立,段焕竞为司令员。厦门市军管会宣布,中国人民银行所发行的人民币为解放区统一流通的唯一合法货币。自即日起,所有黄金、银圆与"银圆券"以及美钞、港币均为非法货币,一律禁止私相买空卖空及计值流通。

同日　市侨务局成立,市长梁灵光兼任局长。

同日　中国人民银行厦门市分行成立。

22 日　陈嘉庚电贺厦门解放。

1949 年 10 月 22 日《厦门日报》刊登厦门市军管会成立的报道

同日　厦门市公安局成立,唐劲实任局长,余明任副局长。市公安局设有秘书科、人事科、社会科、保安科、治安行政科和司法科。

同日　中共厦门市委机关报《厦门日报》创刊。对开四版,刊登中华人民共和国成立庆典、厦门解放的战报和通讯、厦门军管会布告等。创刊当天发表社论《庆祝厦门解放——代发刊词》。

1949 年 10 月 24 日《厦门日报》刊登本市军管会接管国民政府的厦门市政府的报道

　　同日　思明、开元、禾山、厦港及鼓浪屿五区人民区公所成立。

　　23 日　厦门市军管会宣布解散国民党、三民主义青年团等组织,命令其所属人员立即停止活动。军管会派出军代表吴强、萧枫接管厦门大学,令全市各公私立学校暂维现状,迅速复课。

　　同日　税务局成立,奉令开征货物税。地方税征收处接管就绪,呈准开征地方税。

　　24 日　警备司令部颁布收容蒋军溃败官兵办法,并规定宵禁、防空及盘查办法,今起施行。

　　同日　中国人民解放军 3 个团自莲河、澳头、大嶝等处登船,对金门岛发起渡海登陆作战。浴血奋战三昼夜,终因寡不敌众,登陆作战失利。

維持治安領導建設

市政府 警備司令部同時成立

（本報訊）本市人民政府已於二十一日正式成立。領導本市各項新民主主義建設事業，各項職務均已到職視事。福建省人民政府特任命梁靈光爲市長，張維茲爲副市長。本市各局均已到職視事，劉毓標爲第二副局長。

（本報訊）本市警備司令部已奉中國人民解放軍福建軍區副司令員劉毓標爲政治委員，段爲司令員，徐光友爲第二副司令員，黃煥峯爲副政治委員，沈仲勢爲參謀長，所有人員均已到職視事。

（本報訊）本市政府治安委員會建立，治安委員會第一副主任唐勤實爲公安局長，厦門市人民政府公安局長，余明爲副局長。成立後，今後本市治安工作將步入正常，維持治安，迅速將隊伍公安局長唐余二氏已於昨（廿二）日就職視事。（陳）

《厦门日报》刊登厦门市人民政府成立的报道

《厦门日报》创刊号

中国银行厦门分行旧址

同日　国民党军两架飞机轰炸厦门,炸死炸伤 20 余人。

同日　中国银行厦门分行开业。

25 日　国民党军飞机轰炸市区,炸死市民 4 人。28 日,再次轰炸集美。

27 日　邮电局恢复办理汇兑业务。

29 日　军管会下令接管思明戏院。

思明戏院(今思明电影院)

位于厦门中山路的新华书店

同日　市府号召市民检举国民党军政当局隐藏物资。

30 日　公安局召开全体旧员警大会,宣布人民警察守则八条。

同日　新华书店厦门支店开幕营业。

31 日　驻金门的国民党军二十二兵团海上巡逻大队 100 余人乘汽艇一艘,向中国人民解放军厦门驻军投诚。

同日　思明、开元、禾山、厦港、鼓浪屿及水上等六个公安分局成立。

同日　市政府工商局、贸易局成立。

同日　中国人民银行厦门分行设立鼓浪屿办事处。

11 月

1 日　海军造船所复工。

2 日　军管会派教育局局长李芳曙接管中华中学。

3 日　经嵩屿、角尾的福州——厦门汽车客运恢复营业。

同日　军管会文教部召开各公私小学校长及教员代表座谈会,说明文教接管方针。

5 日　厦门市学联筹委会成立。

6 日　军管会文教部召开公私立中等学校校长、教务主任及教职员代表座谈会。

7 日　中国人民解放军华东军政大学福建分校派员来厦设立招生处。

8 日　厦鼓轮渡交通恢复。

厦鼓轮渡码头

10 日　市总工会筹委会成立,粘文华任主任。

11 日　国民党军飞机轰炸集美学村,师生和村民共 29 人遇难,校舍居仁楼倒塌。20 日,中央人民政府委员陈嘉庚发表书面讲话,谴责国民党滥杀无辜。

同日　市委召开

炸塌前的居仁楼

11

南下与本地党员会师大会。

同日 首次从香港运货来厦的英商永兴轮进港,次日凌晨出港。这是厦门解放后进港的第一艘外轮。

12 日 教育局宣布侨师附小改名厦门市立实验小学。

13 日 市政府民船管理局成立。

同日 新中国成立后第一批侨信抵厦,菲律宾信汇宣告沟通。

14 日 福建省航务局厦门分局成立。

16 日 缅甸仰光鹭江公会致电厦门市人民政府,痛斥蒋机滥炸厦门市区和鼓浪屿的罪行,表示坚决拥护人民政府。

同日 中国人民解放军福建前线司令部发表福厦战役公报。

17 日 军管会发布《潜逃官僚资本限期登记》的布告。

18 日 经高崎、集美的福厦公路恢复通车。

19 日 8 名歹徒抢劫后海垵苏家,刺伤苏家父女。思明公安分局当天破案。12 月 14 日,首犯李水桶、吴永福被处决,其他罪犯分别被判处徒刑。

25 日 "学联"发出《为集美学校惨遭蒋机轰炸事件告海内外同胞书》。

同日 国民党飞机二次六架轰炸市区,炸死市民 4 人。28 日,再次轰炸集美。

同日 军管会颁布《外籍船舶进出口管理暂行办法》。

同日 军管会派员慰问集美学校师生。

26 日 市各保民大会要求政府严惩匪特,奸商扰乱金融。

27 日 厦门市文联筹委会成立。

同日 市府处理国民政府机关旧人员工作结束。

29 日 中国人民解放军华东军政大学福建分校在厦门招收的第一期学员 870 名离开厦门前往福州。翌年 9 月,该校又在厦门招收学员 300 多名。

12 月

9 日 禾山"农协"筹备会成立。

同日 军管会颁布《机器船舶管理暂行办法》。

同日 军管会颁布《清查官僚资本及敌伪战犯财产立功提奖及惩处办法》。

同日 市机关干部学习委员会成立。

10 日 军管会制定《各机关、部队用电办法》及《取缔窃电办法》。

11 日 公安局公布《在乡军人登记办法》。

12 日 厦门市华侨联合会筹备会成立。厦门大学历史系教授、新加坡归侨林惠祥为主任委员。

15 日　军管会颁布《收缴非决武器、电台、违禁品办法》。

16 日　市文艺工作团举行建团典礼。

17 日　军管会、市政府联合发出召开厦门市第一届各界人民代表会议的决定。

同日　渔民协会筹备处成立。

18 日　厦门市隆重召开"死难烈士暨死难人民追悼大会",军管会副主任黄火星、厦门市市长梁灵光及各界人士、烈士家属 1500 多人参加大会。

林惠祥

1949 年 12 月 18 日《厦门日报》刊登《厦门市死难烈士暨死难人民追悼会纪念特刊》

20 日　市府慰问烈、军、工、荣属,并制定优待办法。

同日　最先进入市区的嫩江部队全字支队举行庆功授旗大会。

21 日　民运工作队成立。

23 日　禾山一带发现老虎,后埔社一陈姓农民家养的 1 只小猪被虎叼走。

25 日　厦门人民广播电台正式播音,为福建第一个地市级人民广播电台。台址在虎园路 9 号,发射机房设在虎园路 11 号、18 号(今厦门宾馆)的小山头。发射功率 300W,频率 1310KHZ。

27 日　中央人民政府委员陈嘉庚由庄明理等陪同,回抵集美。

同日　市各区公所、公安分局今起先后举行户政移交大会,全市户籍由公安局统一管理。

同日　同安县公安局召开大会,部署贯彻省委和上级公安处指示:"以

1949 年 12 月 25 日《厦门日报》报道电台正式播音

1953 年电台全台人员欢送首任台长林子东(前排右六)赴榕工作合影

剿匪反霸,彻底消灭匪特为中心任务。"

 28 日 灌口一带土匪头目陈曹被抓获,于 1950 年春经公审正法。

 29 日 军管会派员接受厦门电灯公司资产中的官股部分。

1950 年

1 月

 1 日 汽车管理所成立。

 同日 召开全市党政军民庆祝解放、庆祝元旦大会。

 2 日 各界人民举行庆祝解放和元旦火炬大游行。

 3 日 人民法院成立。1957 年 11 月更名为厦门中级人民法院。

1950 年 1 月 3 日《厦门日报》刊登厦门市人民法院成立的报道

人民法院成立初期开庭宣判

 10 日 市各界举行欢迎陈嘉庚大会。

1950 年 1 月 23 日,厦门市侨联筹委会欢迎参加北京开国大典归来的陈嘉庚先生

12—17 日　厦门市第一届各界人民代表会议召开。代表 225 人,华侨占 37.78%。陈嘉庚莅会讲话,号召侨胞踊跃投资祖国,进行生产建设。梁灵光市长致开幕词,军管会黄火星副主任作两个半月接管工作报告。与会代表共商克服困难,维持生产,恢复经济大计。会议决定成立厦门市各界人民代表会议协商委员会(简称"市协商会",市政协前身),选举第一届协商委员会委员十九人,选举黄火星为主席。市协商会会址设在中山路 4 号。厦门市委书记林一心致闭幕词,并决议成立拥军支前、劝购公债、劳资仲裁,社会救济、财政税收研究、房屋纠纷调解、金融侨汇研究、市政建设计划,复工复员促进及文化教育研究等委员会。

厦门市第一届各界人民代表会议全体代表留影

14 日　人民银行总行指示,从 1 月 20 日起发行五千元、一万元新钞。

16 日　本市开始办理登记侨批业。

19 日　英国汇丰银行厦门分行停业。

21 日　本市各界协商委员会召开首次会议,推选黄火星为主席,并通过 8 个专门委员会人选。

同日　市府执行第一届人民代表会议的决议,公布全国总工会制定的《关于处理劳资关系》等三大文件。

22 日　中国新民主主义青年团厦门市工作委员会成立。

25 日　在禾山召开临时法庭,公审恶霸地主陈宝琦。陈宝琦曾杀害 4 人,霸占田地1300 余亩。于 1951 年 3 月 12 日被处决。

29 日　市贸易公司正式成立。

同日　市社会救济委员会发表《告各界人士书》,号召捐款物品,开展春节社会救济工作。

31 日　新中国成立后厦门市第一个劳资合同在鼓浪屿中华电气股份有限公司(俗称鼓浪屿电灯公司)签订。

鼓浪屿电灯公司前的输电塔

同日　自 1949 年 11 月 13 日英轮永兴号由港抵厦至本月 31 日止,抵厦船只有保利华、斯丰乐、捷喜、格力伊高等 8 艘,先后航厦 20 次。

2 月

1 日　市府颁布《公立机关代管国民党反动政府遗弃物资暂行办法》。

6 日　"海达一号"汽轮从国民党军队盘踞的金门岛驶返厦门。

10 日　市人民银行稽核小组清理、接管民国时期行局债权、债务的工作结束。

12 日　大同中学教师林铭标发现羊齿类植物化石。

同日　市人民胜利折实公债劝购委员会通电全国各城市挑战,保证超额 30%。

同日　拥军支前委员会发出通告,决定发起春节劳军运动。

15 日　各界代表集会,庆祝签订《中苏友好同盟互助条约》。

21 日　海员工会筹委会成立。

27 日　拥军支前委员会举行支前船工、海员庆功大会。

3 月

1 日　开展全市户籍初整工作,至 25 日完成初整第一步。全市确定一般户口 38005 户,166168 人。

3 日　各界人民推选代表慰劳驻军。

5 日　市府颁布《工商业营业登记暂行办法》。

6 日　邱清波、叶章为首的土匪,在南安和同安接壤的大湖一带,抢劫旅客及南安英都乡群众 106 人,劫走大量财物。

8 日　厦门市召开首届妇女代表大会,成立市妇联筹委会。

11 日　市税务局成立。

12 日　厦门市防空委员会成立,梁灵光兼任主任。

15 日　陈嘉庚经香港抵达新加坡。

16 日　梁灵光市长在全市机关干部大会上作整编节约动员报告。

18 日　"神州号"客轮在厦鼓海面遭国民党军飞机轰炸扫射,死 4 人。

同日　市侨联筹委会举行欢送支前华侨船工慰劳大会。

19 日　市防疫卫生委员会成立。

21 日　陈嘉庚自新加坡返抵香港。

同日　厦门市工商联筹备委员会召开成立大会,梁灵光市长亲临指示。根据市人民政府提名,聘请蔡衍吉为主任委员。

24 日　厦门市基层组织改造结束。市区改设街政委员会,农村改设乡或村,废除保甲制。

25 日　福建省人民政府通知,合并国、地两税机构,取消在税政统一前自行制定的过渡性法规。

29 日　电信局水线队完成修理海底电缆任务,中央邮电部电信总局来电嘉勉。

同日　禾山区吕厝社建立厦门市第一个村政权。

本月　本市侨批业 86 家,指定代理外汇银行 5 家,经核准经营侨汇业务。

本月　市委决定设立市委统战部机构,由市委宣传部部长许彧青兼任统战部部长。12 月 23 日正式建立市委统战部机构。

4 月

1 日　改造基层政权工作全面开展。

同日　省立厦门医院奉令改名厦门市立医院。1951 年 12 月,改称厦门市立第一医院。1953 年,院址由原厦禾路迁到上古街 10 号。

位于厦禾路西侧(故宫路口)的新世界大厦曾为厦门市立医院,后改作厦门市第一医院

同日　中国保险公司厦门办事处成立。

5 日　中国人民保险公司厦门办事处成立。

6 日　军管会查封官僚资本的环球轮船公司。

同日　市中国银行恢复单一外汇牌价。

7 日　军管会下令代管中山医院。

10 日　市府颁布《医事管理规则》八种。

24 日　中国通商银行宣布停业。

29 日　市公安机关破获国民党"反共救国军"特务组织,逮捕陈永明等 12 人,并缴获一批枪支弹药。

同日　首届工人代表大会开幕。

同日　中央人民政府委员会批准,任命王亚南为厦门大学校长。

30 日　美术工作者协会成立。

同日　粤侨小学成立我市第一个少先队。

5 月

1 日　第一届工人代表大会闭幕,成立"工代会"筹委会,袁改为主席。

同日　当晚,二万工人举行火炬大游行。

5 日　市音乐协会成立。

7 日　首届学生代表大会闭幕,成立厦门市学生联合会。

15 日　"中苏友协"厦门支会成立。各群众团体联名号召拥护世界和平签名运动。

同日　市府颁布《登记摊贩管理暂行条例》。

王亚南

17 日　市侨联筹委会通电拥护章副外长照会，抗议英政府限制我同胞进入香港。

18 日　市人民政府颁布《金银饰品业营业登记暂行办法》。

19 日　中国人民银行厦门分行改为厦门市支行。

20 日　第二届各界人民代表会议开幕。

21 日　厦门市音乐工作者协会（1988 年 7 月起改称音乐家协会，简称音协）成立。历届音协主席分别是王政声、杨炳维、袁荣昌、吴培文。

袁 改

24 日　第二届人民代表会议闭幕，选出第二届协商委员黄火星等 27 人。

25 日　市职工援助上海失业工人，捐款旧币四千万元。

26 日　同安县人民临时法庭召开有 5000 人参加的公审大会，公审大恶霸、大土匪叶金泰。叶曾杀害 46 人，被判处死刑。

1950 年 5 月 30 日《厦门日报》刊登题为《血债要用血来还——记同安人民公审大恶霸叶金泰》的报道

30 日　市第二届协商委员会召开首次全体会议,讨论如何贯彻维持生产和整理税收工作方案。

6 月

1 日　军管会秘书处今日起与市府秘书处联合办公。

同日　市府布告《废止保甲临时维持费收支暂行办法》。

同日　市府劳动局成立。

2 日　各机关团体清理物资工作基本结束。

6 日　妇女工作委员会成立。

同日　由市人民银行及新华、中南、中国实业、国华、集友、华侨等银行组成的"厦门市银行业联合放款处"成立。

8 日　首届青年代表会议开幕。

10 日　"青代会"闭幕,成立厦门市民主青年联合委员会。

12 日　经中央人民政府任命的厦门大学校长王亚南接任视事,厦大结束军事管制。

17 日　"学联"抗议法国政府迫害越南侨生。

18 日　本市中共各支部已先后全部公开。

27 日　国民党军飞机轰炸水仙路、晨光路一带,市民死伤 44 人。

29 日　政务院财政委员会发布《关于全国开始调整税收的通知》,自 7 月 1 日起执行。决定对原公布的 14 种税种减并为 11 种。

本月　从 2 月份开始的全市户口初步整顿,至 6 月底完成。全市(包括厦门岛及鼓浪屿)共 38497 户,169312 人。加上公共户口及水上户口,总数为 178882 人。同安县共 148 个乡,1035 个村,11499 户,233007 人。

7 月

15 日　全市改造基层政权工作结束。

17 日　市侨务局和侨联筹委会在鼓浪屿召开侨眷座谈会,就沟通侨汇办法交换意见。

22 日　生产研究委员会成立。

25 日　中国人民反对美帝侵略台湾、朝鲜运动委员会厦门分会成立。

26 日　中共厦门市委召开党员代表会议。市委书记林一心致开幕词,市委常委、市长梁灵光作《八个月来工作的总结及今后任务》的报告。会议确定以维持生产为中心任务,并开展整风运动。8 月 8 日闭幕。

同日晚　解放军某部一个营自厦门登船突袭大担岛,与国民党守军激战十余小时后撤离。

29 日　厦门地面防空部队击落国民党军 F—47 型侦察机一架。

同日　失业工人救济委员会成立。

本月　本市发放第一次渔业贷款。

本月　处于对敌前沿的厦门,依然每日炮声不断,厦门日报社的记者经常冒着敌人的炮火和飞机轰炸出外采访。从中国人民解放军随军南下服务团来的《厦门日报》年轻记者卢镜仁外出采访时,被敌机投下的炸弹炸中,当场牺牲。

卢镜仁

8 月

1 日　市地面防空部队击落美制蒋机一架。

同日　市府颁布《救济失业工人暂行实施细则》。

3 日　各界人民庆祝"八一"建军节,举行反对美国侵略台湾、朝鲜示威大游行。

4 日　厦门市归国华侨联合会第一次会员代表大会召开,厦门市归国华侨联合会成立。19 日,执监委会议选举黄天锡为主席。

14 日　市进出口公司成立。

19 日　国立侨民师范学校改名省立厦门师范学校,筹备复课。

21 日　撤销码头管理委员会,成立港务委员会。

同日　市机关在职干部整风运动开始。

23 日　厦门第一届文艺工作者代表大会召开。

30 日　各界集会,强烈抗议美机侵入东北领空挑衅罪行。

9 月

1 日　军管会发出通令,解除宵禁。

同日　全市今起实行工商业统一发票,实施《厦门市统一发票使用管理办法》,停止使用旧发票。

5 日　陈嘉庚回集美定居。

同日　市人民文化馆成立。

9 日　国家海关总署任命吴克敏为厦门海关关长。

17 日　教育工会筹备会成立。

同日　市府根据《中华人民共和国婚姻法》精神,制定婚姻登记暂行办法十条。

20 日　新中国成立后第一艘悬挂五星红旗的"建安"号轮船由厦门港开往香港。

22 日　中国民主同盟厦门临时工委成立。

1950 年 6 月 28 日《厦门日报》刊登记者卢镜仁殉难的报道

26 日　同安县军警在三区莲花五斗丘剿匪，击毙惯匪叶芳展。区长何建智、区委委员石天宝在战斗中光荣牺牲。

29 日　佛教徒七百余人举行反对美帝侵略台湾、朝鲜大会。

同日　陈盛明等创办的私立海疆学术资料馆并入厦门大学南洋研究所。

30 日　全市盐商统一售盐价格。

10 月

1 日　总工会筹委会举办首届工人集体结婚，梁灵光市长为七对新婚夫妇证婚。

23

厦门市归国华侨联合会成立大会留影

国立侨民师范学校旧址

3 日　厦门市二万余人参加庆祝国庆大游行。

月初　同安县军警在灌口地区剿匪，击毙南安大匪首黄凤鸣。

10 日　中共中央发出"双十指示"。全国各地放手发动群众，大张旗鼓镇压反革命运动开始。

市人民文化馆

同日　市公安局破获国民党特务组织"第十二兵团福建游击总部厦码

独立支队",逮捕其副司令周晨等 6 人。

12 日　市首届体育运动会在中山公园开幕,参赛运动员达 7000 余人。

13 日　厦门大学开展整顿学风运动。

16 日　国民党革命委员会厦门支部筹委会成立。

1950 年开展镇压反革命运动

同日　陈秋成、郭精言等 20 余名土匪在同安至安溪公路御史岭拦劫客车,打死随车站长叶民权及旅客 14 人,打伤 8 人。1951 年 7 月 12 日,匪首陈秋成、郭精言伏法。

17 日　各界代表举行庆祝厦门解放周年纪念晚会。

22 日　市委发出开展通讯工作的指示。

23 日　市总工会召开支前义务劳动庆功大会。

31 日　市公安机关破获反革命组织"中国革命同盟会"。主犯李志武等 16 名全部落网。

11 月

1 日　举行追悼任弼时同志大会。

4 日　国家卫生部发言人发表谈话,严斥香港当局和锡兰(今译斯里兰卡)政府无理宣布厦门为鼠疫区。

同日　市税务局与工商联筹办召开 1950 年上半年所得税缴款竞赛颁奖及秋季营业税开征动员大会,会上梁灵光市长给第一名糖油粉、第二名侨批业、第三名纱布等行业颁奖。

5 日　破获以陈憾、庄国恩为首的中美合作所特务集团,同案犯 30 人同时被捕。主犯陈憾等人 1951 年 1 月被处决。

9 日　总工会筹委会举行大会,欢迎出席全国战斗英雄、劳动模范代表会的我市代表沈小华(电信局)返厦。

12 日　中国人民反对美国侵略台湾、朝鲜运动委员会厦门分会改组,成立中国人民保卫世界和平反对美国侵略委员会厦门分会。

13 日　市公安机关破获国民党"闽粤边区游击指挥部第九纵队"特务组织,逮捕"司令"游德元、"参谋主任"苏少泉等 8 名罪犯。1951 年 2 月 4 日,游、苏等主犯被处决。

19 日　中苏友协召开代表会议,传达全省工作会议的决议和本市今后一年的工作任务。并发表致抗美援朝志愿军部队的慰问信。

22 日　市第三届各界人民代表会议开幕,陈嘉庚莅临会议讲话,省政府方毅副主席作时事报告。各民主党派、各群众团体发表宣言,拥护《全国各民主党派联合宣言》。

23 日　处决抢劫犯吴在川、林秀祥。

同日　市财政局在中山公园焚毁收缴的鸦片及烟具。

27 日　厦门市"抗美援朝、保家卫国"捐款活动拉开序幕。至翌年 12 月,共认捐购买 5 架飞机的款额。

28 日　中华、开明两电影院拒绝放映美国电影。

本月　厦门市星海合唱团成立。

1978 年的中华电影院　　　　1990 年的开明电影院

12 月

1 日　召开自然科学工作者会议,成立自然科学工作者筹委会。

5 日　恢复五通—刘五店水陆联运。

10 日　"归侨"举行控诉英帝迫害华侨大会,并致函慰问被迫返回汕头的马来亚侨胞。

同日　市工商界发表《抗美援朝、保家卫国宣言》,并制定五项爱国公约。76 个基层组织同时签订爱国业务公约。

13 日　市冬防委员会成立。

同日　市公安机关破获国民党"第十二兵团福建游击总部第十纵队"特务组织,逮捕洪鼎鸣等 61 人。

14 日　海空军及特种兵军事干部学校厦门市招生委员会成立,梁灵光、王亚南任正副主任。

同日　军管会发布本市人民冬防工作的决定,并制定防空禁令 7 条。

15 日　市救护大队成立,队长王志超。

同日　私立怀仁女中全体师生集会控诉美帝文化侵略。

18 日　市中国银行即日起停止收美汇、菲汇、加拿大汇,并停止签发没汇原币存单。

22 日　市教育工会正式成立。

同日　市公安机关破获国民党保密局"厦门直属潜伏组"特务组织,逮捕何金铨等 3 人。是年 6 月 27 日水仙码头被炸,就是这个特务组织指使的。

23 日　反革命组织"中国革命联盟会"主犯李志武等 8 人伏法。

同日　私立毓德女中全体师生举行控诉美帝文化侵略大会。

25 日　市保卫世界和平反对美国侵略委员会召开扩大会议,决议召开庆祝元旦暨中朝人民伟大胜利代表大会。

26 日　市中国银行奉令即日起公布全国统一外汇牌价。

29 日　私立美华中学全体师生举行控诉大会,发表《反对美帝国主义文化侵略宣言》。

同日　为照顾厦门侨区情况,市核准 14 家金银首饰店开业,业务范围暂定出售存货和代客加工金银饰品。

30 日　市教育工作者 1200 余人举行抗美援朝示威游行。

本月　集美鳌园动工兴建,1960 年建成。该园建筑面积 8799 平方米,建有集美解放纪念碑,碑文为毛泽东手书。后园内安葬陈嘉庚遗体,今被列为全国重点文物保护单位。

集美鳌园

集美解放纪念碑

1951 年

1 月

1 日　市召开庆祝 1951 年元旦暨中朝人民抗美战争胜利的各界代表大会。

5 日　市军管会发出"管制美国财产"的布告,接管美国创办的救世医院、美孚石油公司和美国领事馆等 10 多个机构、单位。

6 日　救世医院职工举行大会,拥护政务院决定。

7 日　市公安机关破获金门国民党当局直接指挥的"反共救国军鹭江纵队"、"厦鼓行动队"、"三五反共救国工作团"等特务组织,逮捕匪首白松根、黄玉衡等 81 人。白松根等主犯于 3 月 7 日被处决。

9 日　市委发出《关于"执行中央在全党建立宣传纲的决定"的指示》。

10 日　处决反革命破坏金融抢劫犯陈憾等 11 名。

15 日　召开欢送市军事干校录取生大会。

16 日　处决抢劫犯陈永明等 8 名。

同日　教育部电准试办集美水产商船专科学校。

18 日　中国人民银行厦门地方金库成立。

19 日　成立拥军优属、拥政爱民委员会,梁灵光为主任委员。

同日　市人民法院举行公审大会,大汉奸李思贤伏法。李思贤是广东新会人,日本侵占厦门期间,先后担任维持会会长、市长等伪职。

21 日　市劳资协商会第三次代表会议开幕,总结劳资协商工作。

23 日　陈嘉庚应邀参加市侨联举行的欢迎茶会。

同日　处决国民党厦门警备司令部军法处长魏光清、沈步峰。

27 日　处决台湾国民党特务分子陈勃水等四人。

同日　省立厦门中学和市立中学合并,改名厦门第一中学;厦门大学校友中学改名第二中学。

29 日　成立"接受外国津贴及外资经营文化教育救济机关及宗教团体登记处"。

2 月

1 日　市慰问中朝战士的慰问金 5900 余万元(旧币)、信 1.1 万多封和慰问品 19 大袋,寄往朝鲜前线。

3 日　军管会管制在厦门的美国房地产 55 座,土地 9 处 64 亩。

同日　处决国民党特务分子蓝阶山等 14 人。

5 日　同安县人民政府判处后垅三霸李宗辇(兄长,原国民党保长)、李宗题(二弟,原国民党县党部监委)、李宗盼(三弟,原国民党县府秘书)死刑。"三霸"解放前是"15 尸 16 命"的强奸、霸占民妇多人。

12 日　厦门市社会救济委员会举办春节施粥活动。历时 5 天,累计1.3 万人前来就食。

13 日　基督教人士响应"三自革新"运动,共有 1800 余名在《革新宣言》上签字。

17 日　枪决国民党武装特务组织"第十纵队"匪首洪鼎鸣等两人。

21 日　市侨联组织 3000 余名归侨、侨眷举行反对美国单独对日媾和,重新武装日本的示威游行,并发动抗议美国武装日本的签名运动。

24 日　市公安机关破获设在鼓浪屿的国民党保密局"厦门独立潜伏台",逮捕"台长"陈功,缴获收发报机、密电码等。

25 日　市音协举行抗美援朝义演,演出三幕歌舞剧《1951 颂》、《黄河大合唱》及三幕五场歌剧《鸭绿江上》。由杨炳维负责主要的导演工作。

本月　厦门天主教徒、基督教徒开展自主革新运动,相继发表"三自"(自传、自治、自养)宣言。

本月　长期横行于同安、龙溪两县交界处的股匪王小鲍部被人民解放军彻底剿灭。王匪落网,于同年 6 月 5 日在角美乡被公审处决。

3 月

6 日　5000 余名基督教徒举行反对美帝武装日本的示威游行。市基督教团体联合会发出《反对美帝武装日本宣言》。

9 日　纪念"三八"国际妇女节。1.5 万余妇女举行"反对美帝武装日本,拥护和平"示威游行。

10 日　召开第一次农业生产会议。

同日　中国农工民主党厦门市工委会成立。

同日　由居里夫人倡议,法国镭锭学院向厦门大学数理系赠送硝酸铀、镭溶液等放射性药品。

12 日　禾山区农民公审并处决陈宝琦、孙嘉武、薛笃生等恶霸。

14 日　1.5 万余少年儿童举行爱国示威游行。

18 日　市医药界万余人举行反对美帝对日单独媾和,重新武装日本示威游行,并发表宣言。

21 日　开始登记接受外国津贴的各宗教团体。

26 日　市召开首届体育代表会议,成立中华全国体育总会厦门分会筹委会。翌年 9 月,体育分会正式成立。1990 年,分会易名为厦门体育总会。

31 日　店员、手工业工人 3500 余人举行反美爱国示威游行。

本月　市人民防空指挥部成立,市长梁灵光任指挥。

4 月

1 日　毓德、英华、怀仁、怀德等四所中学向市接收外国津贴登记处登记。

4 日　3400 多个码头工人举行反对美帝武装日本的示威游行。

5 日　市党政军民代表 7500 多人在鼓浪屿体育场举行革命烈士追悼大会。

7 日　佛教、回教徒 5000 多人举行反对美帝武装日本,保卫和平示威游行。

8 日　工商界 1.2 万余人举行反对美帝武装日本示威游行。

9 日　厦门警备司令部张贴布告,从今日起,厦门东南海面戒严。

11 日　市第一届第四次各界人民代表会议开幕,15 日闭幕。

同日　国民党"反共救国军漳厦纵队"司令柯宝珍在同安县境内被中国人民解放军剿匪部队击毙。

同日　在台湾海峡演习的美国海军第七舰队飞机侵入厦门沿海地区,进行侦察骚扰活动。13 日,美机再次侵入厦门上空盘旋侦察。

13 日　市公安机关破获国民党"国防部青年救国军直属行动总队第二大队"特务组织,逮捕吴景熙等 11 人。

20 日　中侨委庄希泉等同志来厦视察。

22 日　市召开公审码头恶霸群众大会,处决吴妙基等 4 人。

25 日　市各界人民反对美帝武装日本的签名投票,至今日止已达 26334 人。

同日　汕头来厦途中被金门国民党军劫持的"有福号"轮,脱险抵厦。

26日　2000多名纠察队员、民兵在中山公园召开检阅大会。会后举行示威游行。

5月

1日　公安局水上分局奉令改组为福建省海防公安局厦门分局。

同日　7万军民举行"保卫和平、巩固海防"示威大游行。

同日　市外贸局、厦门海关联合发出《出进口货物转口输出入管理暂行办法》公告。

4日　近3000名中学生进行抗美援朝街头宣传。

5日　市一届四次协商委员会二次会议,决定召开各界代表会扩大会,讨论镇压反革命问题。

9日　处决特务分子王添寿、黄豆芽。

11日　厦门市侨批业管理委员会成立。由章骥、叶启明、张继阳、吴克敬、李文陵、洪流、丁邮等7人组成。

15日　市府布告《厦门市失业技术员工登记介绍暂行办法》。

16日　市二次宣传员大会扩大会召开,市长梁灵光作《关于为什么进行反动党、团、特务人员登记》的报告。

17日　市一届四次各界人代会议扩大会开幕,19日闭幕。会议通过关于继续大张旗鼓镇压反革命,实行反动党、团、特务人员登记的决议。

同日　军管会执行政务院令,征用亚细亚公司厦门分公司办事处。

18日　大张旗鼓镇压反革命,市一届四次人代会扩大会举行控诉、坦白大会。

同日　市举办反特治安展览会。历时44天,参观者达6万人次。

19日　《妨害国家货币治罪条例》开始在本市施行。

21日　市军管会发出布告,严令一切反动党、团、特务人员依法履行登记,坦白自新,并公布《厦门市反动党、团、特务人员登记实施办法》。

同日　市二届青年代表会开幕,23日闭幕。选出民主青联委员会委员33人。

27日　市反动党、团、特务人员登记处开始办公,接受反动党、团、特务人员进行登记。历时近一个月。履行登记手续的共1639人,其中特务人员706名,国民党员336名,三青团员442名,其他指定登记者155名,并缴获枪支子弹一批及大量证件证物。

同日　红五月体育表演大会举行,破省纪录一项,市纪录五项。

30日　欢呼庆祝西藏和平解放,市各界代表8000余人举行庆祝游行。

6 月

7 日　抗美援朝厦门分会发出《开展捐献飞机大炮运动的通知》。

10 日　中苏友好协会举行二届会员代表大会,选出梁灵光为会长,林修德等为副会长。

11 日　市府颁发《厦门市清理国民党及敌伪匪特房地产暂行条例》、《厦门市奖励检举密报公产办法》。

14 日　厦门海关全体职工致电海关总署抗美援朝大会,响应捐献"中国海关号"飞机的号召,共捐献人民币(旧币)96602786 元。

15 日　市军管会发言人就反动党、团、特务人员登记工作发表谈话,警告少数观望、抗拒、破坏分子应速前往登记,并号召市民密告、检举。

16 日　公审并处决抗拒反动党团登记的行凶犯曾江河。

21 日　市军管会发出布告,特准反动党、团、特务人员,因故未登记者于 25 日前迅速办毕登记手续。逾期不登记者,将依法予以严办。

22 日　庆祝中国共产党成立三十周年,市各界成立庆祝筹委会。

25 日　反动党、团、特务登记结束。

27 日　市委发出《关于继续普及深入抗美援朝运动的计划》。

28 日　市委召开宣传员扩大会,动员大力展开党史宣传。

30 日　全市中共党员今晚集会庆祝"七一"。梁灵光报告党的斗争历史,各民主党派、人民团体代表上台祝贺。

同日　私营厦禾汽车公司结束营业,同时成立公办厦门汽车公司。

1951 年夏　厦门市南乐研究会成立。

7 月

1 日　市各界人民今晚集会庆祝中共建党三十周年。

同日　鱼市场正式成立。

3 日　市反革命案件审查委员会成立。

同日　市一届四次人代会二次扩大会召开。会上公审宣判了 159 名反革命案犯。

14 日　市军管会宣布,分别判处反革命罪犯何金铨等 14 人死刑,145 名罪犯不同年限的有期徒刑。同时宣布 230 名坦白悔过,决心向善的自新人员免予刑事处分。

15 日　中华医学会厦门分会成立。

16 日　禾山区召开全区班干部扩大会议,宣布将所辖 7 个乡划分为曾塔、梧村、江头、后坑、枋湖、钟宅、五通、高殿、湖里、何厝、前埔等 11 个乡。

17 日　市各界捐献书刊慰劳中国人民志愿军运动结束,计献代金 1 亿余元,书刊 5 万余册。

同日　志愿军归国代表董乐辅等一行抵厦。

18 日　市各界 3 万余人举行欢迎大会,志愿军代表董乐辅报告抗美援朝前线英雄事迹。

21 日　志愿军代表今晨离厦。

22 日　民主建政工作队确定思北、禾泰两街为典型试验街,并开始进行工作。

25 日　防空展览会揭幕。

同日　军事干校录取生 160 名离厦就学。

26 日　市卫生工作者协会筹委会成立。

27 日　积极扶持和改造本市私立中学,省府拨款 1.9 亿元(旧币),市文教局召开座谈会确定各校分配额。

28 日　中国人民赴朝慰问团福建工作组暨赴朝青年文工队一行 30 余人抵厦。

29 日　处决日伪时期汉奸黄德水。

中国人民第二届赴朝慰问团莅厦

30 日　厦鼓各界 2 万余人今晚分别集会,听取赴朝慰问团代表报告。

8 月

1 日　全市军民热烈庆祝建军节。各界组成四个慰问队慰问在厦陆军伤病员和烈军属。

1 日　市人民检察署成立。余明、王浩、任正副检察长。1954 年 12 月,更名为厦门市人民检察院。

4 日　赴朝慰问团代表离厦。

8 日　美国利用基督教侵华罪证展览会开幕。

10 日　基督教"三自革新"运动青年代表会召开。

21 日　各民主党派负责人发表谈话,拥护周恩来外长《反对美、英单独对日媾和的声明》。

同日　中国银行成立华侨信托储蓄部,奖励侨资回国,保障侨胞利益。

22 日　市委召开全市报告员会议,并划分报告员小组,固定报告对象。

23 日　民主建政典型街(思北、禾泰)第一届第一次各届代表会议开幕。25 日结束,并成立首届街政委员会。

同日　首届市营企业会议召开。

24 日　在紫云岩举行游泳比赛。

本月　福建省经财政部批准,征收城市房地产税的仅有福州、厦门、泉州、漳州、建瓯、石码等,后又扩大到南平的城区及涵江镇。

本月　厦门大学理学院海洋系学生何大仁参加全国高等教育参观团出访苏联。

9 月

1 日　市府决定收容改造乞丐工作。1—2 日,收容 338 名。

同日　美国归正会、英国长老会办的毓德、怀仁二女中合并,称为鼓浪屿女子中学。

10—13 日　市首届工人代表大会召开。会议决议成立厦门市总工会,选林修德为主席。

12 日　市府张贴《侨汇业管理暂行办法》的布告。

13 日　民主建政工作委员会成立,车鸣为主任委员,李文陵、盛杰为副主任委员。

16 日　市府宗教事务处成立,王亚朴任处长。

林修德

21 日　禾山区召开农民代表会议,宣布郊区开始土地改革。

同日　市工会、民主党派负责人,工商界人士发表谈话,拥护周恩来外长《关于旧金山对日和约的声明》。

同日　市土地改革委员会正式成立,梁灵光为主任委员,王亚南、杨士敬为副主任委员。

同日　在江头、梧村两乡进行土地改革试点。土改工作全面展开。至翌年 1 月完成。

24 日　各民主党派、妇女、宗教团体发表声明,拥护郊区土改,支援农民斗争。

26 日　第二届学生代表大会召开。

30 日　中山医院技术员叶盛森自制五一式冰箱成功。

本月　市工商界为支援抗美援朝认捐额达 50 亿 4699 万元(旧币),超额完成捐献任务。

10 月

1 日　各界代表举行盛大国庆庆祝会,并通电向毛主席、朱总司令致敬。

3 日　华东区海运管理局厦门分局成立。

8 日　市城乡物资交流指导委员会成立,张继阳为主任委员。

同日　市府张贴《厦门市加强市场管理取缔投机商业暂行办法》的布告。

10 日　处决游必龙等六名反革命罪犯。

同日　人民法庭成立。

12—16 日　市第一届人民体育运动大会在中山公园举行。这是中华人民共和国成立后福建省内第一个大型运动会。参加的男女运动员共 7000 余人,24 个项目破市纪录。

13 日　市委宣传部召开党的文艺工作会议。

14 日　市府根据省府的指示,决定办理本市社会团体登记。

15 日　市府发出有关土改政策法令的布告。

17 日　市各界代表集会庆祝志愿军出国周年及本市解放二周年。

22 日　市委召开首次宣传员代表大会,讨论巩固扩大宣传网及加强宣传工作。

23 日　市足球队获省足球赛冠军。

26 日　首届团代会开幕,会期六天。会议讨论审查团市工委二年来工作总结,确定今后的方针与任务,并发出支援禾山区土改的信。

1951 年 10 月 23 日《厦门日报》刊登关于中共厦门市委召开首次宣传员代表大会的报道

11 月

1 日　汽车驾驶员邵建宁、王启瑞等 13 人自愿赴朝参加支前工作。

7 日　市第一届第五次各界人民代表会议开幕,选出出席省人代会代

表 26 人。

13 日　禾山区召开首届劳动模范会议,选出全区劳模王春木等 17 人。

16 日　市府人事局成立。

23 日　市政府奉命责成卫生局接办救世医院,改名为厦门第二医院。

厦门第二医院

24 日　市第一届第五次政治协商委员会举行首次全体委员会议,推选梁灵光为主席。

27 日　禾山区举行万人公审大会,处决恶霸林三兴等 3 人。

27 日　缅甸、印尼华侨归国观光团一行 10 余人抵厦。

30 日　全省各地侨联联合发表声明,抗议马来亚当局杀害金门籍侨胞、教育界知名人士、原厦门大学教授薛永黍。

12 月

1 日　卫生局派员接办鼓浪屿救世医院及附设护士学校。

8 日　市生产救济委员会正式成立,盛杰为主任委员。

同日　市优抚委员会成立,盛杰为主任委员,并决定区成立支会,乡、街成立小组。

12 日　处决逼婚凶杀犯谭少椿,贩卖鸦片犯陈裕乞。

同日　万余群众收听宣传婚姻法广播大会,纷纷表示坚决拥护贯彻婚姻法。

15 日　为抗美援朝,市各界人士踊跃捐款,超额完成认捐 5 架战斗机的任务。

22 日　召开首届工厂工人代表会议,并成立工厂工会。

23 日　志愿军战斗英雄徐文炳、反坦克英雄谭炳云等抵达厦门。

26 日　市开展反贪污,反浪费,反官僚主义的"三反"运动。市长梁灵光、市委副书记林修德作动员报告。随后"三反"运动开始,直至翌年 8 月结束。

31 日　《江声报》发表停刊号。1952 年元旦与《厦门日报》合并。

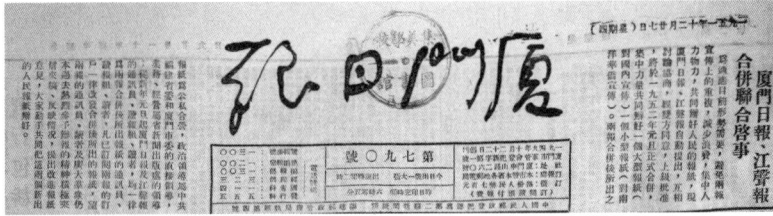

1951 年 12 月 27 日《厦门日报》刊登《厦门日报》、《江声报》合并的启事

1952 年

1 月

1 日　各界代表 700 余人举行庆祝元旦暨欢迎志愿军战斗英雄报告大会,有 1.7 万人收听大会实况。

4 日　市侨联二届会员代表大会开幕,会期二天。大会通过修改会名为"厦门归国华侨联谊会"和发出《致海外侨胞书》。

5 日　梁灵光市长在各区区长及建政工作队队长会议上作《大张旗鼓地发动人民开展反贪污反浪费运动》的报告。

8 日　厦门市京果第一合营社成立。这是厦门解放后第一家合作社。从此,私营企业逐步合并。

11 日　市工商界成立"五反"工作委员会,蔡衍吉为主任委员。全市掀起"反行贿,反偷税漏税,反盗窃国家资财,反偷工减料,反盗窃国家经济情报"运动。该运动至 7 月 23 日结束。

12 日　市委召开全体党员反贪污、反蜕化斗争大会,号召全市党员积极参加"三反"斗争。

17 日　市工商界"五反"运动普遍开展,450 余户要求坦白。

18 日　全市店员举行反贪污,反行贿,反偷漏税的坦白检举大会,揭发不法商人威胁利诱种种可耻行为,保证站在工人阶级立场,坚决开展斗争。

20 日　市委代书记、市长梁灵光在全市党员、团支书、学习组长等干部大会上作《开展"三反"运动》的报告。

21 日　第三届青年代表会议开幕。会期三天,听取工作总结与开展"三反"运动等报告,讨论发动各界青年开展"三反"运动。

22 日　厦门市举办解放后首次集体婚礼,市长梁灵光为 23 对新婚夫妇证婚。

23日　精简节约委员会召开全市党员、团支书及各机关学习小组长约一千人,举行"三反"运动坦白斗争大会。

25日　梁市长发出关于欢迎密告,检举贪污、浪费、官僚主义分子的通知。

30日　街道居民"三反"工委会成立,胡辛人、于晶分任正副主任。

同日　节约检查委员会工商界工委成立,张道时为主任委员、袁改、张继阳为副主任委员。

2月

1日　精简节约委员会召开会议,由梁市长作"三反"运动的报告。

同日　厦门土地改革运动完成。郊区农民万余人集会庆祝土地还家。万余人加入农会,千余人参加民兵,保卫胜利果实。

5日　市府为了制止奸商破坏"三反"运动的不法行为,公布五项具体措施。

11日　节约检查委员会举行工商界"五反"坦白检举大会,收听大会实况广播达四万人。

19日　总工会召集全市职工举行"五反"动员誓师大会。

20日　市机关工作人员四千余人举行"三反"坦白检举大会。

29日　团市委召集全市职工团员和青年工人积极分子1200余人,举行"五反动员誓师大会"。

3月

5日　志愿军代表团六位代表抵厦,进行传达报告。

9日　各民主党派、人民团体发表联合声明,抗议美军撒布细菌罪行。

10日　市委宣传部召开宣传工作会议,部署宣传工作,进一步推动"三反"运动。

12日　教育工会开二届会员代表大会,动员开展学校"三反"运动。

本月　厦门大学人类博物馆正式成立,这是我国第

厦门大学人类博物馆

一所设立于高校中的人类博物馆。

4 月

10 日　《毛泽东选集》第二卷开始在我市发售。

23 日　市府机关生产清理委员会成立,张维兹、徐德三任正副主任。

5 月

1 日　举办婚姻法展览会。

2 日　市政务会议决定,撤销厦港区,将该区长塔、曾溪、大澳等农区划归禾山区;鸿山、大生里、厦门港、厦门大学等划归思明区。而将思明区之深田、靖东一带划归开元区。

6 日　厦门归国华侨联谊会发表《抗议香港英政府迫害我同胞暴行的声明》。

15 日　市总工会、市归国华侨联谊会分别发表声明,坚决拥护外交部《关于抗议香港英国当局连续逮捕、驱逐和迫害中国人民并无理勒令香港《大公报》停刊声明》。

17 日　举行一届五次各界人代会。会期二天,听取本市五个月来"三反"运动和梁市长的《为争取"三反"运动彻底胜利而斗争》的报告。五万余人收听会议实况广播。

同日　宗教界发表联合声明,强烈抗议香港英政府迫害我国同胞暴行。

18 日　各界热烈拥护发起"亚洲及太平洋区域和平会议"。

19 日　5000 余职工举行"五反"誓师大会,梁市长号召全市职工再接再厉,做到"五反"、"生产"两不误,争取彻底胜利。

20 日　市妇联召开全市各界妇女代表会议,动员全市妇女投入第二阶段"五反"斗争。

同日　市军管会与市府联合发出《关于"五反"运动中的"五项措施"》的布告。

31 日　召开市母亲代表大会。

6 月

12 日　福建投资公司厦门募股委员会成立。

21 日　市府宣布接办私立鼓浪屿女子中学,并改名为"福建省厦门女子中学"。

26 日　市保险公司从人民银行分出,独立经营管理。

7 月

16 日　市各发主党派发书面谈话,拥护周外长的声明,抗议美机暴行。

21 日　思明、开元、鼓浪屿、禾山四区公安分局撤销。在思明、开元、鼓浪屿三区每街设立公安派出所和水上派出所,由市公安局直接领导。

23 日　市总工会召开工人店员代表大会,总结"五反"成绩。

25 日　"五反"运动基本胜利结束。

同日　处决特务蔡嘉辉、黄文贵。

同日　节约检查委员会召开工作队全体队员大会,表扬 32 位优秀干部。

26 日　举行市游泳比赛,两项成绩破市纪录。

30 日　6000 余工人、店员举行"五反"庆功大会,受奖者 52 名。

8 月

2 日　召开全市工商界代表会议,梁市长到会作了报告。

5 日　举行爱国卫生模范庆祝大会。

8 日　中共厦门市第二次代表会议开幕,13 日闭幕。会议对"三反"、"五反"运动作了初步的总结,并确定今后工作任务。

11 日　贸易公司撤销,成立国营百货、粮食两公司。

13 日　市开展禁烟肃毒行动,共逮捕烟毒犯 186 人,集训登记 837 人,缴获鸦片 300 公斤,烟具 1480 件。

15 日　厦门市人民监察委员会成立,张道时为主任委员。

17 日　开始在全市推行广播体操。

同日　全国高校院系调整后,厦门大学为华东地区四大综合性大学之一。

18 日　市委召开第二次宣传员代表大会,总结工作与布置今后任务,表扬 18 位模范宣传员。

19 日　市男女游泳队双获省游泳比赛冠军。

28 日　市五反评议委员会成立,张继阳为主任委员。

同日　市物资交流委员会成立。

29 日　市政建设委员会成立,张维兹任主任。

本月　厦门人民广播电台开始架设有线广播。

9 月

1 日　成立"厦门市人民政府企业管理处"。

5 日　军管会、市府发出"关于召开厦门市第二届第一次各界人民代表会议的决定"。

6 日　搬运公司成立。

9 日　梁市长在广播电台向全市人民作《迎接本市二届一次各界人民代表会议,进一步巩固人民民主专政》的动员报告。

19 日　各界人民纷纷发表谈话,热烈拥护中苏两国会谈。

厦门市人民拥护中苏两国会谈公报游行

27 日　市第二届体育代表会议召开,并成立市体育分会。

本月　厦门市气象台在鼓浪屿建立。1980 年迁往东渡狐尾山。

10 月

1 日　6 万军民举行庆祝国庆节暨本市解放三周年大游行。

同日　市委机关党委会 700 余人,举行新党员入党宣誓大会。

2 日　市公职人员实行公费医疗。

3 日　市第二届各界人民代表会议第一次会议开幕,7 日闭幕。选梁灵光为市长,张维兹、蔡衍吉为副市长,余明、李文陵等 24 人为委员,并选出梁灵光为协商会主任,林修德、袁改等为副主任,李文陵等 26 人为委员。会议通过了市府八个月来工作报告和今后四个月的工作任务等四项决议,并通电向毛主席、志愿军致敬。

同日　在宏汉路兴建首批工人宿舍。

17 日　市府、协商会首次联席会议,通过失业人员登记工作计划及市府人民监察委员会、劳动就业委员会等六个专门委员会的委员名单。

19 日　厦门大学鲁迅纪念室揭幕。

21 日　市府劳动就业委员会成立,张维兹为主任委员。

24 日　鹭江道维修工程竣工。

25 日　市举行第三次各界人民抗美援朝代表会议,会期二天。听取市委林修德副书记作《关于目前形势》的报告,并通过继续加强抗美援朝的决议和通电志愿军致敬。

29 日　市第二届各界妇女代表大会开幕,11 月 2 日闭幕。听取两年半来工作及今后任务等报告,选出郑秀宝、林锦英等为正、副主席。

本月　据市一届五次人代会提案执行情况:外交部同意在福、厦两地设外事机构,办理华侨出国护照。

11 月

1 日　市第二届体育运动会揭幕,至 4 日闭幕。参加这次各项竞赛表演的男女运动员 1 万余人,观众达 4 万余人,王芸丽打破全国女子跳高纪录(1.37 米)。

6 日　中苏友协举行第二届会员代表会议,选林修德为会长。

7 日　市"中苏友好月"活动开始。

14 日　市召开第三届学代会,16 日结束。

20 日　厦门市秋季物资交流大会开幕,25 日闭幕。交流会期间购销总额达 600 亿元(旧币)。

27 日　市派出钟庆三医师等 10 人组成医疗队,赴闽西革命老根据地巡回医疗。

29 日　市府发出关于思明、开元、鼓浪屿三区召开第二届第一次各界人民代表会议,建立区人民政府的指示。

12 月

6 日　市政建设委员会举行市政建设工程第一次总结暨庆祝劳模大会。

9 日　市建筑业民主改革委员会召开工人代表会,斗争封建包头。

16 日　郊区今年农业增产模范代表会议及农业展览会开幕,历时四天。

19 日　市第二届文代会召开,选出郑朝宗等 23 名理事。评定"十月文艺创作竞赛"佳作获奖者 8 人。

同日　全市统一行动,收容妓女、鸨头 166 名,摧毁旧社会遗留的娼妓制度,由民政部门进行教育改造。

22 日　首届优抚模范代表会闭幕,历时三天。选出市级优抚模范蔡接等 4 人。

24 日　举行首届新民主主义青年团团员代表大会,历时五天。选出王洛等 15 人为团市委委员。

同日　闽籍华侨回国观光团一行 33 人到厦观光、访问。

本月　举办厦门市第一届秋季物资交流大会,香港 11 位代表前来参加。

1953 年

1 月

3 日　中南、新华两银行合并成立的公私合营银行厦门分行正式开业。

7 日　市工商界第一次代表会议召开,10 日结束,正式成立厦门市工商业联合会。选举蔡衍吉为执委会主任委员,林采之为监委会主任委员。

11 日　禾山中学改名为厦门第三中学。

同日　举行福建省省府委员、省工商联筹委会主任洪鸿儒追悼会。

15 日　位于虎头山下的工人宿舍落成,共建二层楼房 7 幢。这是厦门市政府为劳动模范建造的首批宿舍,称"工人新村"。

厦门"工人新村"

16 日　赴朝慰问团第四分团向各界人民作传达报告。

24 日　市府委员会、协商会举行联席扩大会议,历时三天,听取市委林修德书记《目前形势与我们的任务》的报告,并通过继续加强抗美援朝等六大任务的决议。

本市首批工人宿舍全都落成
市总工会正在进行分配 水面前後解有大批
迁工迁入新居

1953 年 1 月 15 日《厦门日报》刊登厦门市政府为劳动模范建造的首批宿舍落成的报道

28 日　民主建政委员会成立,推林采之为主任,

本月　扫除文盲运动委员会成立。张楚琨副市长为主任委员,明祖凡、曹守义为副主任委员。

2 月

3 日　市府民船工作委员会成立。

10 日　爱国卫生运动委员会成立。

11 日　贯彻婚姻法运动委员会成立。

同日　市府委托侨联发放大批现款和物品救济本市贫苦归侨侨眷。

14 日　市各界组织慰问队,今起开展慰问驻军、烈军属活动。

15 日　市府扶助渔民发展渔业生产,及时发放春季渔货 6 亿余元(旧币)。

22 日　建筑工人民主改革胜利完成。

26 日　市第一个农业合作社——叶永达农业合作社成立。

3 月

1 日　大同中学改名为厦门市第四中学。

厦门市第四中学

3 日　市军管会宣布取缔一贯道(又名"中华道德慈善会")和同善社两个反动会道门组织。一批罪大恶极的道首受到严惩,一般成员均自动退道。

6 日　各界万余人集会追悼斯大林。

10 日　贯彻婚姻法运动委员会成立,贯彻婚姻法宣传月开始。

11 日　市第二届二次妇女代表扩大会议召开。

12 日　市第二届二次人代会召开,陈嘉庚传达全国政协和中央人民政府会议的决议。会议通过迎接普选和贯彻婚姻法的决议。

4 月

1 日　市府工业局成立。撤销企业管理处,工商局改为商业局。

3 日　市第一届二次工会会员代表会议开幕,6 日闭幕。大会选出出席省总二届工会会员代表会议代表 24 人。

4 日　各界今晚举行盛会,欢送六名医务工作者志愿赴朝服务。

15 日　市府委员会举行第五次会议,讨论通过夏季六项工作任务。

16 日　中共厦门市学校委员会经省委批准正式成立。

18 日　"侨联"第三届会员代表会议开幕,19 日闭幕。大会选出第三届执行委员 33 人。

19 日　首批先进生产者 102 户 446 人,迁进工人新村。

20 日　军管会组织特别法庭,公审一贯道首恶学礼、张英华。当场宣判两犯死刑,立即执行。

22 日　市街道民主建政全面展开,原有街政委员会将改建为居民委员会。

5 月

6 日　市人民政府拨款 3 亿余元(旧币)救济贫民。

9 日　归国华侨学生 70 多人赴集美学习。

28 日　万石岩水库建成。该水库在万石岩西侧,占地 1 万平方米。为水泥、石块构成,坝高 16 米,长 140 米,底宽 60 米,库容 15 万立方米。东端有一溢洪道,宽 18 米。为蓄水冲洗市区下水道和山下游泳池用水专用水库,亦为万石岩增添水面景色。1980 年后停用,现为万石植物园景点。

厦门万石岩水库

30 日　虎头山脚的海堤修复竣工,全长 160 米。

本月　厦门大学历史教师桂光华在厦大大礼堂基建工地采集到新石器时代石斧一件。

6 月

1 日　私立鼓浪屿中山图书馆接办清理工作结束,正式对外开放。

3 日　市各银行开始兑付解放前存款。

15 日　解放后首次全市性的龙舟赛在集美举行。

17 日　国内第一项连接海岛的填海工程——从高崎到集美移山填海修筑海堤工程正式动工,1955 年 10 月海堤竣工。命名为高集海堤。从此,厦门岛与大陆连成半岛。

22 日　市选举委员会成立,省府任命林修德为主席,李文陵等 11 人为委员。

私立鼓浪屿中山图书馆

海堤堵口工程

7 月

1 日　开始厦门市第一次人口普查。至同年 12 月 5 日完成。全市（辖厦门岛及集美镇）总人口为 193869 人，同安县为 268129 人。

同日　全国第一次人口普查，厦门人口 45.8 万人；1964 年 7 月 1 日第二次普查，人口为 66.86 万人；1982 年 7 月 1 日第三次普查，人口为 96.6 人（包括同安县）；1990 年 7 月 1 日第四次普查，人口为 117.5 万人。

15 日　市府宣布在开元区成立厦门市普选第一人民法庭，任命邱澄振为庭长。

17 日　市水产市场管理委员会成立。

24 日　市府委员、协商委员举行联席会议，通过本市基本建设、基层选举等三项重要工作计划和报告。并决定组织慰问团赴东山慰问英勇的解放

中共福建省委书记兼省长叶飞(前)视察海堤工地

军和东山人民。

28日 市赴东山慰问团一行33人出发。

本月 市委决定分别建立中共开元、思明、鼓浪屿三区区委会。

8月

2日 省游泳赛在集美举行,17个项目有16个项目破省纪录。

5日 经中央人民政府外交部批准,厦门市人民政府外事工作组正式办公。主要办理厦门、泉州两市和龙溪、龙岩两专区各县及同安、晋江、安溪、南安、永春、德化、惠安等县华侨、侨眷的出入境工作。

12日 建筑工人代表会议开幕。

25日 厦门市运动员陈炯先在华东运动大会重量级举重比赛中打破全国纪录。

31日 驻军某部捕获一只罕见的大海龟,重达300斤。

本月 以蔡衍吉主任委员为团长的厦门各界慰问团慰问参加东山战役的人民解放军和战斗在第一线的东山人民。

9月

1日 反帝爱国展览会开幕。

3日 市军管会布告取缔隐藏在天主教内的国际性秘密反动组织"圣母军",并公布了《厦门市军事管制委员会对"圣母军"人员登记及退会办法》,把潜藏本市天主教内的帝国主义分子茅中砥、吴明德驱逐出我国国境。

同日　市协商会召开全体委员会议,拥护政府取缔反动"圣母军"的措施。

4 日　天主教爱国教徒集会,一致拥护政府驱逐茅中砥、吴明德;市天主教反帝爱国会同时发表声明。

5 日　天主教厦门教区发表拥护政府驱逐茅中砥等出国境的声明。

6 日　本市及漳、泉等地天主教神职人员、教徒,连日来分别举行集会,拥护政府驱逐茅中砥等的正确措施。

7 日　厦门大学完成院系调整,成为有中文系等 13 个系的综合性大学。

10 日　市科普筹委会成立,卢嘉锡为主任。

17 日　市第三届教育工会代表大会召开,选出王亚南等 21 人为委员。

28 日　黄绿萍等五人参加中国人民第三届赴朝慰问团赴朝慰问。

同日　开元区举行首届人民代表大会,历时 3 天。

29 日　市委林修德书记向全市干部作开展增产节约动员报告。

10 月

5 日　市第二届第三次人民代表会议开幕,历时四天。大会确定了今后开展增产节约、普选、基本建设等工作任务。

9 日　第四届学代会召开。

同日　举行第二届第三次妇女代表会议,讨论贯彻本市六大中心任务和通过决议。

17 日　市革命文物展览会开幕,25 日闭幕。

20 日　第二届店员工会代表会召开,23 日结束。

22 日　团省委书记王敬群向市各界青年传达出席第三届青年代表大会和第四届世界青年与学生和平友谊联欢节的情况。

24 日　缅甸、印尼华侨体育代表抵厦比赛、参观。

同日　举行首届民间音乐会。

本月　邵庚代表厦门工商界参加第四批赴朝慰问团,慰问中国人民志愿军。

本月　推选黄渊泽出席全国第一次青年代表大会。

11 月

3 日　集美镇划归厦门市管辖。

18 日　全市开始实行粮食计划供应。

25 日　印尼回国华侨观光团抵厦参观访问。

1953 年 11 月，华侨回国观光团在集美拜会陈嘉庚先生（前排左三）

本月　全市开始实行粮食计划供应。

12 月

2 日　市委林修德书记向党员干部和报告员作国家过渡时期总路线的报告。

10 日　缅甸华侨回国观光团到厦参观访问。

17 日　举行首届二次优抚模范代表会议，会期三天。

19 日　总工会向市工厂、搬运、海员、店员等产业单位的职工宣传国家过渡时期的总路线、总任务。

21 日　市郊大张旗鼓宣传总路线。

27 日　民盟厦门分部正式成立。

集美华侨学生补习学校

本月　集美华侨学生补习学校成立。招收华侨学生入学补习，以适应华侨青年回国升学的要求。

1954 年

1 月

1 日　鹭江剧场建成开幕。

6 日　中共厦门市委、市协商会举行第六次联席扩大会议,成立经济建设公债推销委员会。

8 日　中央广播事业局决定撤销厦门人民广播电台,保留实验台(注:实验机房)。

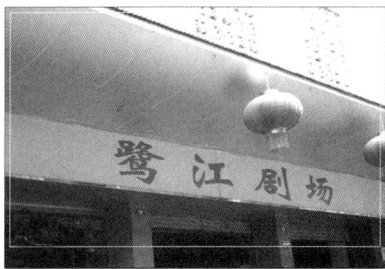

鹭江剧场

11 日　市抗美援朝分会举行扩大会议,确定春节各项活动和第三届赴朝慰问团代表来厦传达工作等事项。

12 日　集美镇召开首届一次镇人代会,选出镇人民政府镇长和委员。

16 日　由省公安厅统一指挥,开展集中打击帝国主义及国民党特务间谍的"闽南战役"。指挥机构设在厦门市公安局,由省、市及闽南地区公安机关协同作战,集中干部 135 人。历时 9 个月,共侦破敌特案件 24 起,逮捕敌特分子 38 人。

21 日　奉中央广播事业局命令,撤销厦门人民广播电台,建立厦门市有线广播站。

同日　我国第一个五年计划重点工程之一的鹰厦线动工兴建,《厦门日报》用各种形式报道,热情讴歌铁路建设者的动人事迹。

同日　市委指示各单位在春节期间加强工农联盟教育。

22 日　中国人民第三届赴朝慰问团第四总分团第三分团代表王汉杰一行 33 人抵达厦门,向全市职工作赴朝慰问报告。

23 日　赴朝慰问团代表分头向全市人民进行传达。

31 日　市基层选举胜利结束。

2 月

3 日　市各界代表和文艺队伍组成各界人民春节慰问团,慰问本市驻军和寄慰问信慰问志愿军。

同日　市首届工人运动会开幕。

12 日　禾山区召开第一次区人代会,选出区长、副区长和委员。

22 日　市委、协商会召开第七次联席扩大会,讨论通过市人代会选举工作计划和公债推销宣传工作情况报告。

23 日　集美华侨学生补习学校举行建校典礼,中央人民政府委员陈嘉庚参加。

25 日　本市开始认购国家经济建设公债。

27 日　各界人民购买公债工作基本结束。总数超过预定数额 148%。

3 月

8 日　全国人民慰问解放军代表团总团、志愿军总分团、第四分团和第五分团一部分代表和文工团,今晨到达本市,受到驻厦部队和党、政首长的热烈欢迎。9 日下午,慰问团在何长工副总团长率领下,到鼓浪屿祭扫烈士墓。当晚举行慰问大会以后,即分头深入连队进行慰问演出和访问,于 26 日离厦。

8 日　厦门电灯公司恢复全日供电。此前因厦门港电厂在解放前夕被国民党当局炸毁,解放初期一直采用小型发电机分区供电,仅在夜间供电几个小时。

9 日　手工业的米粉、缝纫、铁器组成首批合作社。

25 日　全市开始实行粮食国营管理,180 多家私营粮店改为国营粮食公司代售点。

28 日　中国国民党革命委员会(简称民革)厦门市支部筹委会召开首届党员大会,正式成立民革厦门市支部。

4 月

1 日　厦门食品公司成立。

2 日　市第一届人代会代表名额经省核定 181 名。代表候选人名单今日公布。

同日　市公安机关破获国民党保密局"香港特别组"派遣特务潘德华案。

4 日　各区、镇分别召开区镇人代会,选出市人代会代表 176 名(人民武装部队代表 5 名未计算在内)。

8 日　第三届妇代会开幕,11 日闭幕。选出市民主妇联主任郑秀宝和其他委员。

10 日　首届民政工作会议召开,14 日闭幕。

12 日　成立中共厦门市委干部学校,后改为中共厦门市委党校。

16 日　市委、协商会举行第八次联席扩大会议,确定本市今年夏季的工作任务。

19 日　市第二次手工业代表会议开幕,23 日结束,并成立市手工业劳动者协会筹委会。

27 日　原市文教局改设厦门市人民政府文化事业管理处和厦门市人民政府教育局。

29 日　市物资交流大会开幕。

5 月

1 日　市府奉省府批准,正式成立手工业管理处。

4 日　共青团厦门市二次代表大会开幕,7 日闭幕。大会选出团第二届委员 17 人,并表扬 19 名优秀团员。

6 日　举行天主教反帝爱国代表会议,选举成立天主教会爱国会筹委会。

10 日　工会第二届会员大会开幕,14 日闭幕。大会通过今后工会工作五项任务,并选出厦门市第二届工会联合会执行委员会委员。

18 日　市公安机关破获由美国操纵的"自由中国运动福建总站厦门支站"王雅丽特务案。

26 日　市公安机关破获国民党保密局厦门组派遣特务案,逮捕潜伏特务曾国柱等 7 人。

同日　市委举行扩大会议,讨论贯彻四中全会的会议。会议于 6 月 3 日结束。

30 日　中国农工民主党厦门市工作委员会举行首次党员大会,选举产生第一届委员会。

参加农工民主党厦门市第一次党员大会的代表

本月　新中国成立后厦门第一幢由国家投建的基建粮仓在市区新填地库点竣工交付使用。

6 月

4 日　市第三次文艺工作者代表大会召开,选出郑朝宗等 19 人为文联委员。

　　11 日　市委举行第九次会议,决定召开第一届人民代表大会。

　　12 日　宪法草案讨论委员会成立,市委张道时副书记任主任委员。

　　14 日　解放军驻厦部队击落国民党军飞机 1 架。

　　16 日　市各民主党派、人民团体负责人发表谈话,一致拥护宪法草案。

　　23 日　市第一届人民代表大会召开,28 日闭幕。大会通过拥护宪法草案等四项决议,并选出出席省人代会代表 10 名。

　　29 日　市交通运输管理局成立。

7 月

　　1 日　市宪法草案讨论委员会举行第二次会议,决定向全市人民广泛宣传宪法草案。

　　3 日　各区分别召开区人民代表大会,一致通过拥护宪法草案的决议。

　　7 日　精华等三家电池厂合并为厦门电池厂。

厦门电池厂车间一角

1958 年,厦门电池厂生产空气电池灯车间一角

　　1954 年 7 月 24 日　在我市举行的省游泳比赛大会闭幕,破二项亚洲纪录,二项省纪录。

8 月

　　7 日　市高小、初中毕业生代表会议开幕,9 日闭幕。

　　18 日　出席省人代会代表开始传达省人代会决议,表示决心为解放金台而奋斗。

游泳健将傅翠美与叶秀兰

22 日　市志愿赴朝医疗队人员完成任务归来。

25 日　全市人民拥护《解放台湾联合宣言》,决心从各方面加强工作,支援解放军完成这项光荣的历史任务。

本月　市政府推行私营工商业与国营工商业合营。至 8 月底,市电话公司、华南制革厂等四家私营企业实行公私合营,其中大中华糖果饼干厂改名为厦门糖果饼干厂,华康烟厂改名为厦门烟厂。

9 月

3 日　中国人民解放军驻厦海防炮兵猛烈炮击大、小金门岛,击沉国民党军军舰 3 艘,击伤 4 艘。史称"九三"炮战。市公安机关全力投入治安保卫和人民防空工作。

7 日　国民党军飞机 42 架次袭击厦门,投弹 50 余枚,被我军击落 3 架。连日来,国民党飞机数百架次袭击厦门,炸毁民屋 48 间,死伤居民近百名,解放军击落击伤敌机 6 架。

12 日　动物园建成正式开放。

13 日　省、市党政首长亲切慰问本市被炸伤的市民,并对坚持教学和学习的厦大师生进行慰问。市委、市府分别派人慰问安置受害者家属。

同日　市委、市政府致电前线全体指战员,祝贺炮击金门和痛歼大批蒋机的胜利。

14 日　禾山前埔、何厝等乡农民在蒋军飞机袭扰下,坚持生产。市委副书记张道时等昨日亲往前沿慰问。

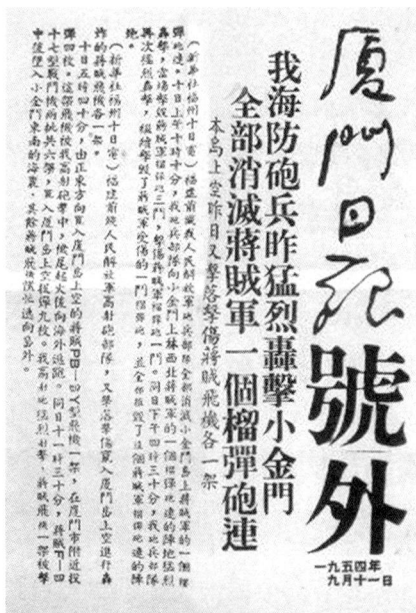

1954 年 9 月 11 日《厦门日报》号外刊登有关"九三"炮战的报道

同日　轮船公司集会追悼严守岗位被蒋机扫射英勇殉职的"凯旋轮"副舵手伍火星。

15 日　市各界人士欢庆全国人民代表大会的召开。

同日　市委张道时副书记作《全市人民必须坚持生产、坚持工作、坚持学习,为争取解放台湾的胜利而斗争》的广播报告。

16 日　省委、省政府派明祖凡来厦慰问厦大师生员工。

17 日　厦门市开始实行棉布计划供应。

18 日　海员工会追悼被蒋机扫射殉职的"建大轮"曾燕表、李再发等船员。

同日　省民政厅赵源厅长来本市慰问遭蒋机炸伤的群众。

21 日　全市人民欢呼《宪法》诞生。

27 日　全市人民欢呼毛泽东同志当选中华人民共和国主席。

28 日　各界人民组织慰问队慰问驻军伤病员。

同日　市委、协商会举行联席会议,确定本市第四季度六项工作任务。

30 日　庆祝国庆及厦门解放五周年,今晚举行纪念广播大会。

10 月

12 日　解放军驻厦部队致函感谢全市人民的亲切关怀和慰问。

17 日　市各界隆重举行革命烈士纪念碑揭幕典礼。纪念碑占地 2100 平方米,碑身高 24 米,镌有陈毅元帅手笔"先烈雄风永镇海疆"。

21 日　市委召开工业会议,确定第四季度工业生产和基建任务。

26 日　国民党空军校级飞行员胡弘一驾驶 AT－6 型教练机起义。飞机降落在同安西桥尾沙滩上。

27 日　市卫生工作者协会成立。

29 日　市妇产科医院改名为市立第三医院。

革命烈士纪念碑

本月　中国人民建设银行厦门支行成立。

11 月

1 日　国民党派飞机 15 架前来轰炸胡弘一起义飞机,负责监护飞机的公安战士吴有彬光荣牺牲。敌机被击落击伤 8 架。

3 日　四十多年来失修的鼓浪屿八卦楼修理完竣。

4 日　公审并处决国民党内调局华南办事处由香港派遣的特务王琼瑶。

同日　全国人民代表大会代表王亚南,几天来分别向本市各界传达全国人代会决议。

5 日　闽南战役大捷。《福建日报》公布 9 起敌特案件的侦破消息,发表社论《提高警惕,加强反特防奸斗争》。

9 日　省乒乓球、羽毛球赛结束,我市代表荣获乒乓球男子双打、男子单打、羽毛球男子单打、双打,女子单打冠军。

14 日　市公安机关破获"美国新闻处"派遣特务纪国栋案。

16 日　召开劳动保护工作会议。

19 日　举办"一定要解放台湾展览会"。

鼓浪屿八卦楼

22 日　解放军驻厦某高射炮部队举行庆功大会,表彰人民功臣 175 名和 12 个立功单位。

23 日　印尼华侨归国观光团到达厦门。28 日离厦。

27 日　轮船公司试制的流线型新轮加入厦门轮渡航线。

12 月

4 日　市体育运动委员会成立,萧枫兼任主任。

10 日　高集海堤完成,全潮通车。

12 日　冬季田径比赛中,有 12 个项目破省市纪录。

13 日　厦门市人民检察署奉令改名为厦门市人民检察院。

16 日　厦门重吉、建福等私营电池厂合并成立厦门电池厂。

23 日　市各界代表 1000 余人举行"反对美蒋(共同防御条约)大会",通过关于拥护周外长声明和坚决反对美蒋共同防御条约等决议。

25 日　市公安、司法、检察机关联合举行首届庆功授奖大会,47 名人民功臣受奖。

25 日　手工业、生产联合社筹委会成立,推选于华等 17 人为筹备委员。

27 日　厦门罐头厂正式投产。

厦门罐头厂

1955 年

1 月

1 日　鼓浪屿中华电气公司实行公私合营,并入厦门电灯公司。

5 日　团市委召开市青年对敌斗争活动分子会议。

6 日　市中医药学术研究会成立,推李惠为主任。

12 日　召开第二届优抚模范代表会议,选出刘鸿英等 21 人为市级优抚模范。

15 日　市法院公审并宣判反革命分子王雅丽等 12 人死刑。

19 日　国民党军飞机侵扰厦门,在海门海面炸沉"颖海号"客轮,死 62 人,伤 19 人;在鼓浪屿投弹两枚,伤居民 5 人。

19 日　市人委会批准工商业全部实行公私合营。

21 日　市公安局破获"英国远东情报部"派遣特务孙锡宗案。12 月 28 日孙被处决。

24 日　国民党军飞机再次骚扰厦门,其中 1 架飞机被击落。

29 日　市举办首届青年业余文艺会演,芗剧《运输支前》、舞蹈《和平鸽》获一等奖。

2 月

1 日　公私合营银行厦门分行改组为支行,与市人民银行储蓄科合并成立储蓄部,对外挂两个牌子,基层机构统一改为储蓄所。

2 日　省政府拨款 2 亿(旧币)救济本市渔民。

14 日 "反对使用原子武器"签名运动委员会成立,推王亚南为主席。本市掀起签名运动。

28 日 郊区举行农业模范代表大会,评出 15 个模范农业社。

本月 鹰(潭)厦(门)铁路开工。

3 月

1 日 本市开始发行新人民币,新币 1 元等于旧币 1 万元。新币票面主币有一元、二元、三元、五元、十元 5 种,辅币有一分、二分、五分、一角、二角、五角 6 种,总共 11 种。当时十元券暂不发行。

同日 市通用玻璃厂正式投产。

10 日 市认购公债工作结束,超额完成 15.2%。

12 日 反对使用原子武器签名结束,我市签名者达 17.1 万多人。

22 日 市第一批义务兵 150 名青年应征入伍。

本月 同安县策槽引水灌溉工程建成,为福建省第一座万亩引水工程。

4 月

12 日 温州市青年代表团一行 13 人抵达本市,访问驻军、农村、学校。19 日离厦赴榕。

本月 市公安机关破获国民党"中委会金门特派员办事处同安交通站"特务案。

5 月

1 日 华侨投资创办的公私合营厦门水产养殖场正式成立。

同日 市第三届体育运动会开幕。

3 日 市青年文化宫揭幕,4 日正式开放。

5 日 市青年第一次代表大会开幕,选出市民主青年联合会第三届委员会委员,推孟宪武为主席,高南非、何永龄为副主席。

9 日 市协商会举行扩大会议,通过人民政协厦门市首届委员会委员名单。

12—15 日 中国人民政治协商会议厦门市委员会一届一次全体会议召开,选举张维兹为主席,李文陵、张楚琨、许祖义为副主席。市政协地址在思明西路 64 号民主大厦。委员 107 人,代表 21 个界别。

15 日 市第三届体育运动会结束,共有 76 人次破 12 项省纪录。

16 日 市第一个渔业合作社——厦港五一渔业合作社成立。

同日 市举行第一次中医代表会议。

21 日 市法院公审李惠玲、施炳晋为首的流氓集团,分别判处 8~20 年徒刑。

1955 年 5 月 18 日,人民政协厦门市第一届委员会常务委员会委员合影

25—30 日　厦门市第一届人民代表大会第二次会议召开,代表 181 名,全国人大常委陈嘉庚到会讲话,李文陵作工作报告。会议选举张道时为市长,李文陵、蔡衍吉、张楚琨为副市长,张渐摩为法院院长。

6 月

2 日　厦门市人民委员会正式成立,举行首次会议。

6 日　市机关、企业,学校干部、师生纷纷集会,声讨胡风"反革命集团"罪行。

11 日　厦门大学建南大礼堂落成,礼堂高 26 米,建筑面积 4048 平方米,有 5000 余个座位,为当时福建省最大的会堂。

14 日　本市 57 户 173 人到宁洋县落户。此为厦门首次大批人员到农村落户。7 月,又有两批居民 435 人到永安专区落户。

20 日　全国人大代表高士其、林一心、洪丝丝到我市视察工作。

同日　上午 11 时,日全食。

23 日　市政协召开临时扩大会议,决定深入开展粉碎胡风"反革命集团"的斗争。

24 日　厦门机械厂制造"铣床转动刀架"成功。

25 日　动工兴建改建第一、七码头,祖妈宫、同文等码头。

29 日　市青年社会主义建设积极分子大会开幕。

7 月

1 日　本市 194 人到永安专区落户。

厦门大学建南大礼堂

5 日　本市又有 214 人到永安专区落户。

6 日　归侨郭美兰、李流芳等十余人在市侨务局、民主妇联的帮助下,开始筹办华侨幼儿园。

16 日　解放军驻厦部队击落国民党军飞机 1 架。

29 日　市各界举行盛会,欢送参加修建鹰厦铁路的民工。

31 日　截至本日,我市私营百货、纱布行业已有 400 余商户公私合营,占行业商户的 40.3%。

8 月

3 日　处决反革命分子、国民党国防部保密局、厦门电台台长陈振富。

9 日　市府召开会议,讨论肃清暗藏反革命分子问题,并通过关于粮食定量供应试点方案。

同日　市政协一届二次会议召开,商定中国人民保卫世界和平委员会厦门分会主席和委员名单,主席为王亚南。

15 日　厦门市选手黄曼翠在上海举行的全国游泳比赛中,获女子 100 米仰泳冠军,成绩为 1 分 38 秒。

同日　市工业基本建设、交通运输、贸易系统劳动模范大会开幕,选出厦门烟厂等 10 个小组为先进小组。

9 月

1 日　厦门市城镇居民开始实行粮食定量供应。

厦门粮票

6 日　1953 年创办的私立中级文化学校改名为思明中学。

9 日　出席全国青年社会主义建设积极分子大会代表郑明华等 5 人，动身赴京。

10 月

1 日　高崎堤头"厦门海堤纪念碑"落成。中国人民解放军总司令朱德为纪念碑题写"移山填海"4 个大字，海堤工程指挥部撰写碑文。

厦门海堤纪念碑

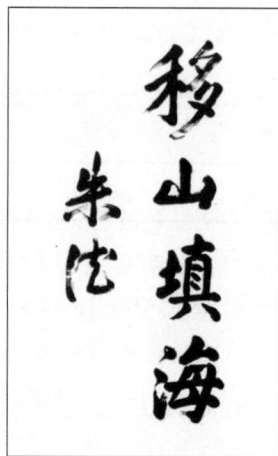

朱德题写"移山填海"墨宝

4 日　市首届人民警察、治安保卫委员会代表大会开幕,选出治安模范和功臣 40 名。

5 日　同安澳头村民兵海上巡逻时,发现并击沉国民党派遣潜入的特务船只 1 艘。船上特务 5 人,击毙 1 人,活捉 4 人。

6 日　厦港发电厂修复发电。

9 日　市共青团第三次代表大会开幕,12 日闭幕。会上表扬和奖励郑明华等 30 名优秀团员,选出王耀华等 17 人为团市委委员。

12 日　市府召开会议,通过关于开展全面节约运动的决议。

24 日　缅甸华侨观光团一行 12 人,抵达本市观光。

27 日　从高崎到集美的"高集海堤"竣工。海堤全长 2212 米,堤面宽 19 米,可同时通火车、汽车,全部用花岗石砌成,工期两年半。高集海堤建成后,厦门成为半岛。

27 日　思明、开元、鼓浪屿三个区首届五次代表会先后举行,分别选出区长、区人委委员,正式成立区人民委员会。林源、王绥、叶亚伟分别当选为三个区的区长。

11 月

4 日　厦门口岸出口商品展览会开幕。

12 日　市天主教爱国会筹委会举行扩大会议,声讨郑长诚反革命集团罪行。

15 日　市派出慰问队前往鹰潭铁路工地慰问我市民工。

20 日　市举办工业品、食品、副食品展览会。

22 日　市抽调一批干部组成合作化工作队,到禾山区推动农业合作化运动。

25 日　省人大代表厦门视察组抵达本市视察工作。

同日　市首届手工业生产合作社代表大会开幕。

29 日　禾山区在高林乡搞粮食三定(定产、定购、定销)试点工作。

同日　市第一批参观鹰厦铁路青年志愿筑路队赴工地。

30 日　郊区各乡分别召开乡人代会,选出正副乡长和乡人

高集海堤

民委员会委员,正式成立乡人委会。

12 月

4 日　禾山区一届五次人代会开幕,选出区长吴国成和人民委员会委员,正式成立区人民委员会。

12 日　厦门鱼肝油厂试产乳白鱼肝油成功。

14 日　集美镇人民委员会成立,陈顺言为镇长。

17 日　今日起,全市掀起开展资本主义工商业的社会主义改造宣传活动。

同日　市人委会召开会议,听取全国人代会代表厦门视察组对本市工作的意见和指示。

18 日　陈嘉庚在市人委、政协扩大会议上,作访问全国各地的观感报告。

27 日　市人委批准私营纱布、百货等行业公私合营,并派出工作队。

29 日　禾山区已建农业合作社(初级社)165 个,入社率高达 70%,全区基本上实现合作化。

30 日　市工商界青年和家属分别举行拥护社会主义改造大会。

31 日　截至今日,全市又有 11 个行业 21 家私营工厂实行社会主义改造,合并成 12 个厂。

1956 年

1 月

1 日　陈嘉庚宣布撤销集美学校校董会,成立"私立集美学校委员会",聘请陈朱明为主任委员。

同日　禾山区西郭农业生产合作社(原叶永达农业合作社)成立。这是郊区第一个高级农业社。

2 日　市人委宣布针织、肥皂业民华针织厂等 17 家工厂实行公私合营,合并成厦门针织厂等 7 个厂。

5 日　市第二批参加鹰厦铁路青年筑路队 160 名举行誓师大会,出发赴工地。

7 日　市人委批准 27 家私营机器厂实行全行业公私合营。

8 日　度量衡等五个手工业全部实现合作化。

9 日　市委召开干部扩大会议,决定在春节前全面完成工商业社会主义改造任务。会议 18 日结束。

同日　最高人民检察院批准,任命曹守义为市人民检察院检察长。

10 日　市一届三次人大会开幕、张道时市长作《关于资本主义工商业社会主义改造问题》的报告。

11 日　鼓浪屿区渔业实现合作化,成立两个合作社。

17 日　为慰问海防部队、铁道兵、支前民工,省慰问总团厦门分团成立,张道时为团长。

厦门针织厂工人在包装针织内衣

18 日　成立市消灭"四害"(注:四害即鼠、雀、蚊、蝇)办公室,张道时为主任委员。

同日　市三届三次妇代会召开,动员全市各界妇女积极参加社会主义改造工作。

同日　私营工商业 62 个行业代表向市人委会递送公私合营申请书。

19 日　厦门市出席省工商联首届会员代表大会的代表,也向省工委报喜,叶飞省长接见了他们。

同日　市人民委员会批准全市工商业全部实行公私合营,并举行批准大会。会后,全市 83 个行业 1572 个工商业者组织联合报喜队向市委报喜,并举行庆祝游行。

同日　全市 55 个资本家,自动增加额外资金 55 万元投资公私合营企业。

同日　驻金门国民党军向厦门发射 1000 余发炮弹,炸毁民房 65 间,村民死伤各 2 人。

20 日　全市渔业全部实现合作化,1519 户渔民组成 20 多个合作社,2000 多名渔民上街游行庆祝。

同日　市人委宣布全市私营交通运输业全部走上社会主义道路,批准全行业公私合营和组织合作社。

21 日　市扫盲协会筹备委员会成立,萧枫为主任委员。

同日　市教育协会筹委会成立。

22 日　全市手工业全面实现合作化,并成立金属制品等六个专业联合社筹委会。

23 日　工商联首届代表大会召开,会议通过《工商联三年来的工作报告》,选蔡衍吉为主任委员。

同日　集美镇人民政府批准集美镇全部小商贩和手工业转为供销社门市部和组织合作社。

同日　市召开手工业社会主义改造活动分子大会,700 余人参加。

同日　总政文工团歌舞团一行 220 余人,在团长陈其通率领下抵达本市进行慰问演出。

25 日　工商业者和职工 7000 余人举行大游行,欢庆本市私营工商业、交通运输业的社会主义改造胜利完成。

27 日　禾山区已全部实现农业合作化,13 个乡都办起高级社。

同日　以陈绍宽为团长的省慰问团抵厦慰问前线部队。

30 日　郊区农业社员入城报喜,并举行大游行。

2 月

2 日　市工商界青年积极分子大会召开,会上通过向全市工商界青年倡议书,选谢集美、黄渊泽等 5 人为出席全国工商界青年积极分子大会的代表。

5 日　我市破获隐藏在基督教内以柯怜悯为首的反革命集团,各界人民和爱国教徒 4 万余人分别举行集会,声讨柯怜悯反革命集团的罪行。

12 日　各界 4 万余人在中山公园举行庆祝厦门市社会主义改造胜利完成的集会。会后举行全市大游行。

19 日　召开少先队员首次代表大会,奖励"小王年计划"活动有成绩者 50 人。

20 日　举办春节群众业余文艺会演,芗剧《争任务》获一等奖。

21 日　市人委举行第 10 次会议,讨论交通改革,推销公债和城市绿化问题。

22 日　市公安局举办外国侨民登记,于 3 月 15 日结束。全市共登记 85 人,通过登记办理,加入中国国籍 42 人(多系华侨带回国的外籍配偶)。

24 日　市 1955 年农业劳动模范大会开幕。会议代表发起开展爱国增产竞赛,选举溪星等 3 个社为市一级增产模范社。

同日　市烈军属、革命残废军人、复员军人积极分子大会开幕,推荐杨卓媛等 6 人为出席省大会的代表。

同日　市委召开党员干部大会,传达中央关于知识分子问题会议的精神,组织全市机关干部学习《关于知识分子问题报告》。

26 日　市召开除"四害"积极分子大会。

29 日　1956 年公债推销委员会举行会议,推张道时为主任。

3 月

1 日　市各小学、幼儿园本学期开始全面实行普通话教学。

2 日　市公安局决定,从今日起,市区交通岗一律用指挥棒指挥交通。主要马路划红、黄、黑线为快慢车道和人行道。

同日　市城市规划委员会成立,李文陵为主任委员。会上制订了市今后 17 年城市发展规划初步意见。

1954 年 6 月 1 日,厦门市第一幼儿园小朋友庆祝"六一儿童节"

5 日　驻金门国民党海军人员莫维驾艇起义,安抵厦门。

6 日　厦门市知识分子代表会议开幕,代表共 290 人。

8 日　市扫盲班举行开学典礼。至今日,全市有 36000 多人报名入扫盲班。

10 日　集美学校隆重举行庆祝创办 43 周年纪念大会,陈嘉庚到会并讲话。

20 日　团市委通报追认在 1 月 19 日炮战中为抢救中弹民房牺牲的黄盈科为市优秀团员。

22 日　厦门市根据国务院 1955 年 8 月公布的《城市交通规则》,制定《补充规定》。

26 日　国民党军驻金门部队炮击厦门岛、大嶝岛等地区,发射 1400 多发炮弹,打死居民 6 人,毁屋 16 间。

27 日　市公债推销委员会举行扩大会议。

28 日　驻金门国民党军再次炮击厦门前沿村庄,民房被毁 16 间,农民死伤 10 人。解放军驻厦部队给予反击。

4 月

4 日　厦门大学庆祝校庆 35 周年,并举办第一次科学讨论会。

同日　市第四届妇代会开幕,选出郑秀宝等 35 人为厦门市民主妇联第四届执行委员。

5 日　市美化委员会成立。

同日　同安县汀溪水库第一期工程竣工蓄水。

1956 年,汀溪水库建设工地

8 日　厦门农业技术推广站在厦门岛内发现人心果、蒲桃、榴莲等名贵热带植物。

12 日　陈嘉庚先生捐资修建厦门大学游泳池。

同日　厦港渔民家属 20 多名在市府门口请愿,要求解决生活困难,指责水产局官僚主义,盲目冒进。

同日　市第四届侨联会召开,选颜西岳为侨联主席。

15 日　中国京剧团四团来厦公演。

17 日　市委党校第一期正式开学,学员 98 人。

21 日　市人委举行第十二次会议,讨论城市规划等问题。

26 日　本市选 83 名代表出席省工业等先进生产会议。会上,薛羡卿等 6 人被选为出席全国先进生产者会议的代表。

27 日　在北京举行"全国职工业余曲艺观摩演出会"上,我市芗剧《人民眼睛亮堂堂》获一等奖,蔡治惠获演员奖,苏中寿等 5 人获伴奏一等奖。

5 月

4 日　板桥水库通过集美镇的水渠开始通水。

8 日　市政协常委会举行扩大会议,决定成立 5 个专门工作小组,并通过筹建市文联、文物管理委员会决议。

9 日　市举办工业品质量比较展览会,19 日结束。

15—22 日　解放军驻厦部队与国民党金门驻军发生激烈炮战。

16 日　市第三届工代会召开,选许春等 35 人为执委。

20 日　厦门出酒率破省纪录,达 100.18 斤(省纪录为 98.5 斤)。厦门酿酒厂 1956 年由 11 家小酒厂和 2 家曲厂合营组建的国有企业。建厂时有 164 名职工,年产量 725.7 吨,年税利 85 万元。

厦门酿酒厂

21 日　今年全市植树达 626776 株,超额完成 4%,成活率 81%。

23 日　市扫盲协会正式成立,张楚琨为会长。

25 日　中共厦门市第一次党员代表大会召开,共 202 人,6 月 3 日闭幕。会议选举产生中共厦门市第一届委员会,张维兹为市委书记,选出 21 位市委委员,5 位候补委员。

26 日　市地方工业品展览会开幕。

29 日　市文物委员会成立,张楚琨为主任。

6 月

4 日　郑重等省人民代表、政协委员 17 人视察我市工作,11 日离开厦门。

7 日　市民兵积极分子代表会议闭幕,选郑明华等 8 人出席省民兵积极分子会议代表。

8 日　万寿岩宋代古钟迁往南普陀寺。

13 日　集美举行龙舟赛,观众万余人。这是新中国成立后厦门最大规模的一次龙舟赛。

同日　市橡胶厂制出第一批抓鱿鱼用橡胶指套。

14 日　钟宅乡下忠社海滩发现两股含有硫磺的温泉,地面泉水温度达 58℃。

17 日　中华全国归国华侨联合会筹委会在北京成立,陈嘉庚当选主任委员,庄希泉等 12 人为副主任委员。

18—20 日　台风正面袭击同安,降雨量达 573 毫米,县城水深达 2～3 米。城郊尽为泽国,33 个乡受灾,死 17 人。

20 日　印尼、缅甸、越南、马来亚华侨回国观光团团员 20 余人,先后到达厦门参观。

21 日　市扫盲积极分子代表大会召开。

26 日　同安汀溪水库全面竣工发电,灌溉受益面积达 20 万亩。

28 日　厦门大学教授吴思敏指导学生郭志杰研究"柚皮果胶的提取"获得成功,产量达 22.1%。

29 日　省胸腔外科手术队在第一医院施胸腔手术成功。这是我市首次胸腔手术。

7 月

1 日　林尔嘉家属将位于鼓浪屿港仔后海滨浴场东侧的菽庄花园献给国家。

同日　日光岩、菽庄花园和观海别墅等风景区开放。

2 日　参加全国羽毛球赛的厦门代表、印尼归侨郑翠琼荣获女子单打殿军,回抵福州。

3 日　全市军民 1000 余人集会,欢迎从金门泅水回到厦门前沿的国民党军副连长聂智威。

同日　双十中学、思明中学改为公办。思明中学改为厦门六中。

6 日　市政府批准接办 14 所私立小学。至此,除侨办的 3 所小学外,全市小学全部改为公办。

9 日　动工修建中山公园东门的排水沟。

11 日　市郊群星农业社生产的西瓜首次出口。

13 日　市法律顾问处成立,乃律师事务所前身。

14 日　市渔民试用灯光围捕鱿鱼。

18 日　市劳动工资委员会成立,向真为主任委员。全市工资改革工作全面开始。

同日　工农联盟农业社早稻"台湾早"亩产达 803 斤,创历史最高纪录。

21 日　全市开始进行商业网调整。

22 日　第一中学高二(七)班 5 名学生开始徒步长途旅行,自厦门出发,经泉州—德化—龙岩—龙溪,回厦门。

同日　市民盟第三次代表大会召开,选黄绿萍等 14 人为委员。

26 日　市委统战部邀请民主党派人士,讨论"长期共存,互相监督"的方针。

同日　厦门橡胶厂试制"劳动鞋"成功。

27 日　民主建国会厦门小组成立,蔡衍吉为组长。

同日　市出席中央华侨事务委员会第四次侨务扩大会议的代表颜西岳、汪万新、陈应龙、黄绿萍向全市归侨、侨眷进行传达。

28 日　集美侨校女学生洪淑彬在厦门市 1956 年田径、自行车选拔赛中,以 2′58″6 的成绩,打破女子 1500 米自行车全国纪录。

同日　市文艺界人士和业余文艺工作者座谈"百花齐放、百家争鸣"的问题。

8 月

1 日　开办厦门石料厂。

同日　市华侨托儿所建成。

5 日　本市华丰合记金店改为厦门市金银加工小组。

7 日　在全国 15 个城市少年游泳运动会上,我市张秀英、黄曼翠、谢丽英分别获得女子 50 米蛙泳、100 米仰泳、50 米自由泳冠军。

9 日　日光岩开始修饰。

同日　市小商贩代表会议开幕。

10 日　市工会积极分子代表会议开幕,233 个积极分子受到奖励或表扬。

11 日　市中苏友协第四届代表会议开幕,推张维兹为会长。

14 日　市手工业联社召开会员代表大会,全市有个体手工业者 1782 户,5489 人加入合作社,拥有生产合作社 130 个。后改名为厦门市二轻集体企业联社。

14 日　市一届四次人大会开幕,17 日闭幕。

15 日　厦门糖果饼干厂创造自动抹油机成功。

18 日　市选举委员会成立,推施能鹤为主席。

20 日　市首届党的文书档案工作会议开幕,25 日结束。

26 日　鹰厦铁路厦门段 17 公里的路基完工。

30 日　市府举行欢迎会,欢迎留美博士蔡启瑞到厦门大学任教。

31 日　市人委举行第十五次(扩大)会议,讨论和通过了"厦门市人民委员会关于在本市进行工资改革的决定"。

9 月

6 日　市侨联执行委员会举行扩大会议,成立华侨新村筹建会,帮助海外华侨汇款在国内建房。至 1966 年,该会接受委托代建别墅式房屋一百多幢,基本建成两个华侨新村。

11 日　选举试点区——思明区开始以无记名投票选举区人民代表。

18 日　强台风在我市登陆,禾山区房坍 286 间,市区 6 间,死伤 100 余人,农田受淹 1000 多亩,堤岸毁坏多处,同安县城大水灾。市委、市人委拨款救济款 56000 元,帮助重建维修房子。

20 日　全国侨联主席陈嘉庚先生亲笔撰写《倡办华侨博物院缘起》,倡议在厦门筹建华侨博物院,号召归侨和侨胞为创建华侨博物院尽一分力量。

25 日　1955 年 10 月开工的集美——杏林海堤基本完工,举行奖励大会。

30 日　16 日开幕的市第四届体育大会今日闭幕。洪淑彬以 5′59″,李景莹以 2′48″6 分别打破女子 3000 米、1500 米自行车全国纪录。

本月　坂头水库竣工。库容 360 万立方米,大坝高 19 米,坝顶长 180 米,宽 6 米。

10 月

1 日　厦门大学南洋研究所及华侨函授部正式成立,陆维特为所长,方德植为函授部主任。

5 日　同安澳头村民兵苏温柔等在海上巡逻时发现国民党中委会二组偷渡的特务船只。民兵英勇奋战,将敌船击沉,当场击毙特务 1 名,捕获 2 名,其余 3 名潜水逃跑,被闽南航务分局 106 轮陈天送等船员在附近海面捕获,全歼该股特务。澳头村民兵及 106 轮海员分别被晋江专区和厦门市隆重嘉奖。

5—12 日　第一次全国归国华侨代表大会在北京召开,陈嘉庚当选为全国归国华侨联合会主席。

10 日　位于鹭江道的海滨公园正式动工兴建。

10 日　市各基层选举工作胜利结束,选出区镇人民代表 341 名。

海滨公园一角

14 日　鼓浪屿人民体育场修建基本完工。该场在解放前系洋人专用球场,民众称"番仔球埔"。

鼓浪屿人民体育场

17 日　1952 年 10 月 19 日设立的厦门大学鲁迅纪念室正式对外开放，国家副主席宋庆龄亲笔题写馆名。

18 日　本市各界 800 余人在文化馆举行鲁迅逝世二十周年纪念会。

同日　市青年团第四届代表大会开幕，23 日闭幕。大会选出第四届委员会委员 25 人和出席省二次团代会代表 27 人，13 个优秀集体和 54 名优秀团员。

同日　新加坡、马来西亚贸易考察团抵厦。

同日　印尼、缅甸华侨观光团抵厦访问。

19 日　市政协常委会举行第五次会议，决定召开第一届委员会第三次全体会议并增补委员 55 名。

20 日　华侨博物院动工兴建。

同日　市召开除"四害"积极分子代表大会，评选 20 名积极分子。

23 日　市各区、镇第二届人大会第一次会议选举出席市第三届人代会代表 198 名。

24 日　市政协一届全会开幕，会议通过《政治报告》等两个决议，增选萧枫、林采之、施能鹤、黄绿萍为副主席。

29 日　厦门机器厂试制出厦门自产的第一部电动机。

厦门机器厂

厦门火车站

同日　缅甸华侨回国观光团第二批团员抵达本市参观。

本月　厦门火车站建成,位于梧村。简陋木结构旅客临时候车室,面积800 平方米(1980 年拆除改建。)

11 月

3 日　民主建国会厦门市筹委会成立,蔡衍吉等 7 人为委员。

6 日　市 3 万余人集会并示威游行,反对英法侵略埃及。

9 日　市召开对敌斗争奖励大会,奖励市 106 轮全体船员 10 月 5 日在同安澳头海面上抓获三名国民党特务。

10 日　市人民体育场动工兴建,地址在幸福路。

同日　钟宅、安兜建成郊区第一个抽水站。

12 日　市各界 700 余人在文化馆举行纪念孙中山诞辰 90 周年大会。集美、厦门大学同时集会纪念。

13 日　厦门市中医院创办,院长陈应龙。

15 日　为期 6 天的闽西救济联席会议在我市召开,副省长高盘九主持会议。会议研究增加城乡副食品供应的货源和工业手工业产销问题。

17 日　在省二届体育运动会上,我市李景莹、洪淑彬分别以 2′54″7 和 2′56″4 的成绩破女子 5000 米自行车全国纪录。

22 日　省人民代表和政协委员开始视察我市工作。

同日　解放军驻厦 1073 部队召开大会,追悼在泉州洪水中抢救国家资财而牺牲的杨建选同志。

23 日　市工业系统先进生产者代表会议开幕,奖励 29 名先进生产者。

26 日　停产 20 多年的南洲花砖厂恢复生产。

29 日　我市第一条柏油路——中山路翻修工程全部完工。

12 月

1 日　市民革召开第三次党员大会,讨论贯彻"长期共存,互相监督"的方针,并选出许祖义等 9 位民革厦门市第二届委员会委员。

2 日　省人民慰问团到达本市慰问铁道兵和鹰厦铁路筑路民工及海堤工人。

4 日　市人委举行会议,通过猪肉凭证供应暂行办法。自 25 日开始,全市猪肉凭证供应。

7 日　1955 年 10 月动工兴建的集美海堤(即杏集海堤)工程完工。堤长 2820 米,投资 470 万元。

同日　市文联举行第四次代表大会,讨论如何繁荣文艺创作问题,选郑朝宗等 23 人为委员。

同日　中共福建省委通知,中共中央批准厦门市委成立书记处。设第一书记 1 人,书记处书记 3 人。

8 日　市农工民主党举行第二次党员大会,选苏节等 13 人为委员。

9 日　1955 年二月开始修建的鹰厦铁路提前一年铺轨到厦门。翌年 1 月 6 日,首列货车由上海抵厦门。4 月 12 日,首列客车抵厦。

11 日　全市 5 万人举行盛大集会,庆祝鹰厦铁路建成。

同日　市第二届人民代表大会开幕,15 日闭幕,代表 204 人。会议选举李文陵为市长,施能鹤、张楚琨、蔡衍吉、杨布、向真为副市长。

14 日　举办工业出口商品展览会。

16 日　市民盟召开第四次盟员代表大会。

21 日　市公共交通公司成立,市内开始行驶公共汽车。

同日　市基督教三自爱国会正式成立,选王宗城等 35 人为委员。

鹰厦铁路铺轨到厦门

厦门第一代公交车——木头车

1957 年

1 月

7 日　市郊区农副业劳动模范代表会议开幕,评选出个人和集体劳动模范 49 人。

10 日　市公安局消防大队成立,下设思明、开元和鼓浪屿三个中队。

20 日　市人委召开烈军属代表会议,代表 60 余人。

22 日　中共厦门市委召开扩大会议,传达省委关于增产节约、整风运动的决定。

同日　省水产实验所在鼓浪屿成立。

同日　市第一次教育先进工作者代表会议开幕。

24 日　市人委追认杨和衷、苏发全、伍文棋为烈士。

同日　英国轮船"和丰号"在镇海角触礁沉没,27 名船员经我方营救脱险。

25 日　市召开复员军人代表会议。

26 日　南普陀寺"大雄宝殿"修缮完工。

27 日　市人民银行成立公债、储蓄推进委员会。

31 日　省足球锦标赛在我市举行,厦门队荣获冠军。

本月　厦门侨汇派送处成立。

2 月

1 日　集美至厦门间的市内电话正式通话。

5 日　在美国研究半导体的著名学者林兰英博士回到厦门与家人团聚。

7 日　福建省华侨投资公司在本市设立办事处。

9 日　市公安局举行庆功大会，曾天送等 88 名公安人员受到奖励。

10 日　以李德恭为团长的印尼华侨回国观光团抵厦参观。

11 日　市人委颁布《关于处理外地农民盲目流入城市的决定》。

12 日　今晨骤冷，气温为 0℃～－10℃，有霜冻，禾山区冻死耕牛 30 余头。是本市 64 年来最冷的天气。

13 日　市人委成立发展副业生产指导委员会。

17 日　刘永生率领的福州军区、省人民慰问团第五分团 114 人抵厦慰问军民。3 月 7 日离厦。

本月　高集海堤全部竣工。堤长 2212 米，桥涵 15 米，堤头建有"观堤亭"和纪念石碑。碑上镌刻全国人大常委会委员长朱德的题词"移山填海"。

3 月

1 日　市一届二次党代会开幕，3 日闭幕，代表 202 人。会议讨论了增产节约和整风运动问题。

2 日　市 1956 年先进生产代表会议开幕，代表 212 人，评选 155 名先进生产者和 22 个先进班组。

同日　市革命文物展览在青年文化宫开幕。

3 日　市先进生产者代表评委会公布 1956 年先进生产者和先进单位名单。

7 日　市人民银行、中国银行合并，中国银行对内成为人民银行的国外业务部，对外保留中国银行名义。

10 日　厦鼓重新安放海底电缆。

同日　市科普协会正式成立。

11 日　增设市服务局。

14 日　召开对敌斗争给奖大会，奖励表扬了 65 名积极分子和 4 个优秀单位。

15 日　厦门市水产养殖人工孵化鲤鱼成功，首次孵出鱼苗 100 万尾。

17 日　成立市郊救济规划委员会，施能鹤为主任委员。

18 日　市委召开宣传工作会议。

24 日　市金银加工小组改为厦门市金银加工生产合作社。

27 日　厦鼓海底铺设电缆工程竣工,向鼓浪屿供电。

30 日　市公安机关破获国民党"中委会二组中泰情报站"派遣特务案。

同日　同安县灌口区 11 个乡划归厦门市;金山、锦宅两乡划归龙海县管辖。

本月　市交通银行机构以及管理公私合营企业产权业务并入市财政局办理。

4 月

1 日　市各界人民群众和党政民代表在梧村火车站广场举行庆祝鹰厦铁路全线正式通车仪式。

3 日　市人委在永安设立"厦门市开发山区办事处",指导本市前往参加建设山区的群众从事生产劳动。

4 日　厦门大学举行第二次科学讨论会。

同日　市 1957 年科学展览会开幕,10 日闭幕。

5 日　市人委成立"动员外地农民回乡生产委员会",采取措施,动员流入我市的农民回乡生产。

6 日　厦门中山公园的中山纪念塔修复完工。

1957 年,鹰厦铁路全线通车　　　　　　厦门中山公园的中山纪念塔

6—7 日　在莆田举行的福建省自行车锦标赛中,厦门运动员洪淑彬、李景莹分别以 2 分 41 秒 2 和 2 分 41 秒 6 打破女子 1500 米全国纪录,庄玉光以 16 分 28 秒破男子万米全国纪录。

12 日　市公安机关破获国民党情报局"大陆工作研究所香港站"派遣特务案。

同日　鹰厦铁路首列客车进入厦门火车站。

13 日　灌口中学校舍落成典礼。该校舍为缅甸华侨捐资修建。

21 日　市委作出决定,从 22 日起至 6 月下旬,学习讨论毛主席的《正确处理人民内部矛盾的问题》。

22 日　筼筜港第一期填海工程开工。

24 日　市委召开宣传工作会议,讨论正确处理人民内部矛盾。

26 日　省民间歌舞代表团和省职工文艺代表团带着获奖节目来厦作为期 3 天的汇报演出。

27 日　省委主持的闽西南地区市、县委书记会议在我市召开。决定县级以上党组织,立即开展整风运动。

28 日　国家体委副主任荣高棠来厦视察体育工作。

30 日　全国人大代表、政协委员陈瀚笙等 8 人来厦视察侨务工作。

5 月

4 日　省委书记、省长叶飞视察罐头厂。

7 日　市工会召开执委扩大会,揭露工厂企业的矛盾。

9 日　暴雨,两天内降雨量达 120 毫米。

11 日　开办市青少年业余体校。

12 日　市政协代表、民主人士学习《正确处理人民内部矛盾的问题》,并进行鸣放,揭露党群之间的矛盾。

13 日　市委发表整风决定,号召全体党员投入整风运动,反对官僚主义、主观主义、宗派主义。

17 日　市委邀请民主党派人士 25 人开座谈会,要求对党提出批评,帮助党整风。同时,召开文艺工作者座谈会。

同日　厦门华侨旅行服务社新楼(华侨大厦)建成。

同日　在 13 个城市羽毛球赛中,厦门市郑翠琼、黄彬获女子双打冠军。

华侨大厦

18 日　市委邀请归侨、侨属开座谈会,揭露侨务工作存在的问题。

20 日　工人文化宫动工兴建。

21—22 日　政协代表和民主党派分别集会"大鸣大放",揭露问题。

22 日　海滨公园建成。"文革"期间,公园被占为装卸货物地点和临时仓库。20 世纪 80 年代修复,重新开放。

25 日　市举办第五届体育运动会。

27 日　陈嘉庚捐建的厦门大学游泳池建成。

28 日　《海防前线的厦门》一书,由省人民出版社出版,并开始在我市发行。

本月　中共厦门市委在全市范围内开展整风运动。7 月,开展反右派斗争,运动持续一年。由于反右派斗争被严重地扩大化,全市被错划为"右派分子"的达 100 余人。

6 月

1 日　集美举办端午节龙舟竞赛,为解放以来规模最大的一次。

4 日　市政协召开扩大会议,市委第一书记张维兹鼓励大胆鸣放,帮助党整风。全市掀起鸣放高潮。

8 日　市动员外地农民回乡办公室统计,已有 720 多名外地农民回乡生产。

同日　市举办首次航海运动会。

10 日　市政协举行常委扩大会议,省委书记伍洪祥、市委第一书记张维兹要求大家积极帮助党整风。

18 日　市民盟、民革、农工民主党、民建等民主党派分别举行扩大会议,学习讨论《人民日报》社论《这是为什么》,分别作出决议,与章伯钧、罗隆基、储安平等划清界线。

24 日　全市 5000 多名职工在中山公园举行集会,号召全市工人保卫党、保卫社会主义,坚决驳斥"右派"言论。

22 日　经省人委批准,我市 19 处文物古迹列为保护单位,并竖立木牌标志。

23 日　省首届航海运动会在我市举行。我市代表黄桂芳、陈诗杰在手旗通讯竞赛中打破全国纪录。

25 日　首次查验由九龙海关入境转来厦门海关检查的侨眷分离运输行李一批。

28 日　市郊区工委和郊区办事处正式成立。郊区管辖禾山、灌口两个区和集美镇,共 1 镇 17 乡,114100 人。8 月,龙海县的海沧、新垵两乡划归郊区管辖。

29 日 市第二次青年代表大会开幕,选孟宪武为民主青年联合会主席。

8 月

1 日 集美至灌口公路正式通车。

4 日 厦门—前场—鼎美开始通汽船。

5 日 市国营乳牛场、群星农业社和前锋渔业社等 13 个集体和个人,分别获得全省 1956 年度农林渔水的集体模范单位和个人模范称号。

9 日 英籍"玫瑰风"轮首次白天突破台湾当局封锁线,由香港进入厦门。

18 日 自本日开始至 9 月 11 日,分别在鼓浪屿、集美等六个游泳区举办全市性"万人游海"活动。

9 月

4 日 市二届二次人大开幕,13 日闭幕,出席代表 337 人。大会号召继续深入开展反"右派"斗争。会议期间同时举办反"右派"斗争展览会。

13 日 橡胶厂首批力车外胎试制成功。

21 日 市公安机关破获国民党"国防部二厅厦门独立台"派遣特务案。

25 日 市人委召集有关部门,讨论加强市场管理问题,并决定成立市场管理委员会,施能鹤为主任委员。

28 日 查获马来西亚归侨张某走私套汇一案,案值人民币 16277 元。

10 月

4 日 市委派工作组下厂开展整风运动。厦门照相纸厂改建成半机械化生产,列为全国第二大照相纸厂。

6 日 举办环鼓浪屿游泳活动,586 人参加。

10 日 从印尼、缅甸、柬埔寨自费回国参观的福建籍华侨一行 45 人抵厦。

11 日 市出口商品展览会开幕。

14 日 市委召开干部大会,全面布署进一步开展整风运动。

19 日 市举办水上运动会。驻厦部队申炳乾以 1′13″创男子 100 米蝶泳全国纪录,张秀英以 10′33″5 创 100 米蛙泳全国纪录,国家队戚烈云、穆祥雄等赴会表演。

21 日 省水产局在我市召开全省延绳钓渔业技术观摩会。

同日 市文化处开始第二次文物古迹普查工作。

22 日 以张日好为团长的新加坡妇女参观团抵厦参观。

27 日 市举办长途自行车比赛(集美—厦门),徐惠根、庄玉光分别夺得冠、亚军。

11 月

1 日　市中级人民法院及思明、开元两个区人民法院成立。原厦门人民法院及思明、开元两个人民法院宣布撤销。

5 日　厦门玻璃厂建成我省第一座玻璃池炉。

12 日　禾山吕厝乡发掘出宋代清瓷有盖骨坛一套,刻有"淳祐八年葬"五字。

13 日　市委召开党员干部大会,动员紧缩机构,下放干部,号召知识分子上山下乡。

16 日　市委向各级党组织发出关于组织全市人民讨论《1956 年到1967 年全国农业发展纲要》的通知。

17 日　省革命文物巡回展览开始在我市展出,12 月 3 日结束。

24 日　驻厦前线高炮部队在虎头山上空击落、击伤国民党军飞机各1 架。

25 日　省举行宣传农业发展纲要广播大会。

27 日　市举行隆重集会,欢送首批下放干部到厦门农场参加劳动生产。

12 月

5 日　福建省水产养殖试验场在鼓浪屿田尾人工养殖海带成功。

6 日　位于厦禾路豆仔尾的厦门汽车站建成。车站占地面积 4000 平方米,建筑面积近 2000 平方米。翌年 5 月 12 日投入使用。

厦禾路豆仔尾的厦门汽车站

9 日　召开市天主教教友会二届二次会议,通过天主教教友会要走社会主义道路的决议。

11 日　在我市举行的全国侨联一届二次全体委员会议开幕。全国侨联主席陈嘉庚致开幕词,方方和庄明理分别作《侨联的工作方针和任务》、《侨联会务概况》的报告,中共福建省委第一书记、福建省省长叶飞参加开幕式并讲了话。19 日闭幕。

16 日　市港务局、航管局闽南分局、外海轮船公司、厦门造船厂四个单位合并。

20 日　市航海俱乐部在鼓浪屿黄家渡建成。

22 日　市工交系统干部 298 人到郊区山头开荒种桑。

同日　市隆重举行大会,欢送第二批下放干部。

23 日　市委召开机关整风会议,号召迅速掀起整改高潮。

27 日　市人委决定分别在东孚、坂头办综合性国营农场。

28 日　市国防体育协会成立,张楚琨为主任委员。

29 日　市财贸系统干部 410 人上山开荒种桑和到灌口坂头农场搞畜牧业。

同日　市举行大会欢送第三批下放干部。

1958 年

1 月

1 日　鹰厦铁路正式营业,厦门站开始办理全国铁路联运业务。

3 日　厦门出现 40 年来少见的旱情,市有关部门采取节约用水措施。

10 日　这日有小雨,旱情稍缓和。

同日　市二届一次渔民代表大会闭幕。

14 日　市红十字会筹委会成立,选举张楚琨为主席。

15 日　1958 年公债推进委员会成立,施能鹤为主任委员。

18 日　市各界组成访问队前往古田、南平、永安、漳平、南靖等地,慰问开发山区的厦门人。

同日　市郊召开三级扩大会,全面检查总结去年工作,计划今年粮食亩产达 900 斤。

1958 年 1 月,《厦门日报》刊登本市第一个五年计划超额完成的报道

同日　厦门煤球厂投产,为我省第一家机械化煤球厂。

20 日　反革命分子陈吉成、王茂盛处决。

厦门煤球厂

23 日　举办反革命分子和刑事犯罪分子罪证展览会,2 月 21 日结束。

27 日　市爱国卫生运动委员会提出在二年内消灭麻雀、老鼠、苍蝇、蚊子、蟑螂、臭虫、跳蚤等。

28 日　市委召开各机关负责人会议,提出进一步掀起整改的同时,迅速掀起反浪费专题鸣放。

29 日　市第一座渔民宿舍在蜂巢山建成。

2 月

2 日　厦门食品进出口公司通过鹰厦铁路经深圳出口鲜橙 11040 箱。厦门海关首次对火车运输出口货物进行监管。

8 日　市委召开工厂企业反浪费动员大会。

12 日　召开全市生产"大跃进"动员大会。随后各单位纷纷制订"跃进计划"。

13 日　厦门大学、著名人类学家林惠祥患脑充血病逝。

14 日　市工人文艺刊物《长堤》(季刊)创刊号出版。

初建时的厦门市工人文化宫外景

16 日　市工人文化宫落成并正式开放。于 1957 年春开工,占地1.39 万平方米,主楼 5 层,为厦门职工文化娱乐中心。

1960 年的厦门市工人文化宫外景　　　　　1990 年的厦门市工人文化宫外景

18 日　市工业系统 24 个工厂,95 个社向市委呈递"大跃进"决心书。

同日　鹰厦铁路展览会在工人文化宫正式展出。

21 日　市选举委员会成立,杨布为主任。

23 日　中国人民解放军福建前线部队奉命对盘踞金门的国民党军发起大规模炮击。

25 日　市组织 170 名防治丝虫、钩虫等疾病大军到郊区开展工作。

27 日　市公安机关破获国民党情报局"厦门地区情报组"李德才特务案。

3 月

4 日　灌口深青临石寨发现新石器时代遗迹,发掘出的文物有常型石锛、弧形石锛 3 件、彩陶 8 片。

8 日　市各界妇女万余人举行大游行,纪念三八妇女。

10 日　市侨眷、归侨举行"大跃进"会议,制定"大跃进"的行动纲领。

同日　市政协召开常委扩大会,各界人士纷纷制订规划,向生产和文化"大跃进"。

13 日　筼筜港盐场动工兴建。

15 日　集美水产航

临石寨古址

海学校分为水产学校和航海学校。

　　同日　市委召开扩大会议号召全市人民苦干、实干、大干、特干,争取三年内实现农业发展纲要四十条,并在第二个五年计划期间内,基本把我市建设成为一个相当规模的综合性基地。会议布置下阶段整风的重点是双反和反五气("双反"是反浪费、反保守;"五气"是官、暮、阔、骄、娇)。

　　23 日　坂头水库引厦水渠,集美——厦门段动工铺设。

　　29 日　中共厦门市委在全省"跃进"大会上提出五项不切实际的保证:百天创办百家工厂,5 天内青壮年文盲全部入学,10 天内普及高初中教育,苦战 7 天基本实现无苍蝇、蚊子、老鼠、麻雀,每人植树 100 株,一个月每人积肥 100 担。

　　本月　厦门建设银行并入市财政局,改为基本建设财务科,对外保留建设银行牌子。

4 月

　　1 日　厦门华侨补习班扩充为华侨中学。

　　同日　通用机器厂动工兴建。

　　3 日　大型冷藏库开始兴建。

　　同日　郊区实现乡乡有农业中学。

　　同日　铁工厂试制无缝钢管成功。

　　同日　著名舞蹈家吴晓邦一行 13 人来厦演出。

　　10 日　公安部部长罗瑞卿来厦门、同安视察。

　　11 日　江头架起郊区第一架风力水车。

　　13 日　市二届三次人代会召开,讨论全民深入开展六大运动等问题。

　　21 日　市政协召开常委扩大会议。

　　同日　鱼肝油厂试制专治钩虫病的特效药四氯乙烯药丸成功。

　　30 日　电机厂试制 50 千伏安发电机。

　　同日　市冷冻公司保养场装成一台拖拉机。

5 月

　　1 日　市比先进、多快好省展览会和省地方工业品厦门陈列馆同时开幕。

　　同日　市召开工人代表会议,表扬和奖励一批先进单位和个人。

　　同日　市第一座水力发电机东孚溪东水电站建成发电。

　　12 日　坐落在美仁宫的厦门汽车站(通称长途汽车站)落成并投入使用。

　　15 日　厦门电化厂建成投产,开始生产漂白粉。

16 日　市法院召开公审大会,判处张克钦等 4 名反革命分子死刑。

18 日　市科普召开跃进大会,卢嘉锡作任务和规划的报告。

22 日　市召开勤俭持家积极分子大会,选出 28 个勤俭持家模范。

27 日　市第三届人民代表大会召开,31 日闭幕。出席代表 242 人,大会选李文陵为市长,田泽民、施能鹤、张楚琨、杨布、向真、许祖义为副市长,号召全市人民用实际行动贯彻总路线。

厦门电化厂车间一角

同日　省水产养殖工作会议在我市召开。

31 日　太古码头改名和平码头。该码头原为英商所建,在历史上曾经是厦门的主要货运码头。

太古码头改名和平码头

6 月

3 日　市举行扫盲积极分子大会,评出 224 个扫盲积极分子和 79 个先进单位。

4 日　市民主建国会第一次会员大会闭幕,选郭祝疆为主任委员。

6 日　市召开除六害讲卫生观摩大会。大会宣布我市已基本上消灭六害(即老鼠、白蚂蚁、蟑螂、麻雀、臭虫、跳蚤)。会议期间同时举办展览会。

8 日　处决反革命分子姚梦云。

11 日　创办厦门中医学院。

12 日　市委举行总路线宣传广播大会,有 4 万多人收听。

20 日　厦门瓷厂动工兴建。

24 日　鹭潮美术学校改名厦门艺术学校。

1960 年厦门瓷厂的产品广告

26 日　厦门化工厂制成海堤牌牙膏。

27 日　厦门汽车保养场试制三轮汽车。

28 日　市碳酸钙厂动工兴建。

同日　造船厂试制 A 型摩托艇成功。

29 日　高崎村建成郊区第一座沼气发电站。

同日　建筑公司试制低标号水泥成功。

同日　开元区综合加工厂试制自来水表成功。

本月底　灌口塔山边一试验田创"亩产水稻 852 公斤"的高产纪录。此后,各地农村相继出现高产"卫星"。

7 月

1 日　厦门造船厂用 73 天自制 250 吨的"海鸥轮"。

同日　位于鼓浪屿的厦门玻璃厂试制红旗牌灯泡成功。

2 日　创办厦门师范学院。

5 日　中共厦门市第二次党员代表大会召开,13 日闭幕。会议选举产生中共厦门市第二届委员会,袁改为市委第一书记。大会

厦门造船厂自制的"海鸥轮"

提出的厦门基本任务是:坚决贯彻执行党的总路线,加强对敌斗争,尽快把厦门建设成一个具有相当规模的综合性的、现代化工业基地。

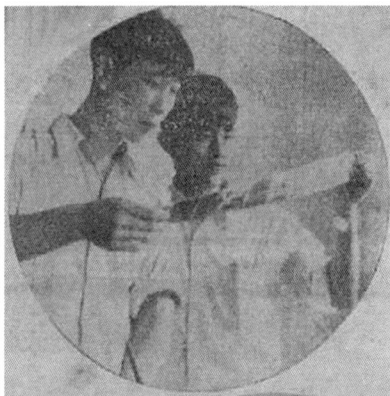
1958 年 7 月,厦门市第一条
摄影软片在厦门照相纸厂诞生

同日　市技术革新展览会在工人文化宫开幕。

6 日　创办厦门医学院。

7 日　厦门水泥厂动工兴建。

同日　照相纸厂试制照明底片成功。

10 日　橡胶厂试制聚硫橡胶成功。

同日　电化厂、电解食盐厂、厦门大学相互配合试制氯丁橡胶成功。

同日　蓄水量达 86 万立方米的东山水库竣工。

同日　袁雪芬率上海越剧团抵达我市慰问演出。

12 日　电化厂等单位试制聚氯乙烯成功。

同日　商品检验处从谷壳中提炼糠醛成功。

16 日　强台风袭击厦门岛,雨量达 220 毫米,低处马路水深及胸,为 30 年来罕见之暴雨。同安亦受水灾。

19 日　全市 3.5 万余人示威游行,抗议英美侵略黎巴嫩、约旦。

21 日　厦门糖厂动工兴建。

22 日　省财贸部在我市召开地(市)县财贸部长现场会。

24 日　晋江专区管辖的同安县划归厦门市。1970 年 7 月,重新划给晋江地区。1973 年 9 月,再划归厦门市。1997 年 4 月改为同安区。

同日　市法院在灌口判处惯匪和强奸犯罪分子陈根节、许芬福、杨元洲死刑。

27 日　鼓浪屿 5000 余人举行示威游行,清除原英国领事馆的花岗岩雄狮纪念碑、康泰小学内的题词等侵略痕迹。

8 月

20 日　企图爆破厦门海堤的国民党情报局"越南第三工作指挥站"派遣特务胡某向市公安局投案自首。

23 日　中国人民解放军福建前线部队奉命对盘踞在大小金门等岛屿的国民党军实施猛烈炮击,连续 85 分钟,发射各类炮弹 5 万余发,史称"八·二三"炮战。揭开炮击金门的序幕,国民政府军队的封锁被粉碎了,使船舶出进厦门港有了安全感。10 月 25 日,解放军宣布逢单日发射炮弹,逢双日不发射炮弹。

解放军福建前线部队的近 500 门大炮在厦门一起开火,向驻守金门岛的国民党防卫部队和炮兵阵地发起猛烈炮击。这次炮击被新闻界形容为"万炮轰金门"

"万炮轰金门"

"八二三"炮战期间,厦门民兵往前线运送炮弹

位于厦门曾厝垵的"八二三"炮战纪念址

同日　人民解放军炮击金门,市公安机关全力投入支前、治安保卫和人民防空工作。市工商联组织食品行业私方人员输送食品到前线。同安、马巷工商业者和家属参加抢修公路,为解放军洗刷衣物 3000 多件。

24日　中国人民解放军福建前线广播电台在厦门建成并开始播音。这是向台湾同胞传递人民政府的对台方针政策,介绍大陆情况的专门广播电台。

大嶝岛留存至今的世界最大的军事广播喇叭

26日　市委召开工业会议,部署全市开展工业高产运动。

27日　鱼肝油厂与中国科学院合作,试制合成维生素甲成功。

本月　海澄县辖的海沧乡、新垵乡划归本市。

杏林工业区建设场面

本月　开始建设杏林工业区。

9 月

6日　驻金门国民党军炮击江头乡,农民死11人,伤32人。连日来,国民党军不断炮击何厝、曾厝垵、厦门大学等地,造成人员伤亡和财产损失。10日,厦门大学校长王亚南、厦门三中校长周行知分别对国民党军的暴行提出抗议。

7 日　全市 6 万余人举行示威,拥护周恩来总理关于台湾海峡地区局势的声明。

12 日　省妇联在我市举办现场会议,总结城镇街道福利工作经验。

16 日　文化部副部长钱俊瑞到前沿慰问炮兵。

同日　市人委召开第二次扩大会议,决定动员全市人民开展工业"抗旱"运动(注:捐献废钢铁运动)。

17 日　市委发出通知,要求全市全面推广普通话。

18 日　市公安机关破获国民党情报局"铁路工作组"派遣特务郑德望案。

19 日　市公安机关破获国民党情报局派遣特务郭振坚案。郭潜入厦门,除了搜集军事情报外,还企图爆破鹰厦铁路。

27 日　判处美蒋特务曾亚狮等五人死刑。

同日　厦门大学救济研究所成立。

同日　首都文艺界慰问团在文化部艺术局长周巍峙的率领下来厦门前线慰问演出。随后陆续来厦门前线慰问演出的有中央和各省市慰问团 19 个。

30 日　市区第一个人民公社中华人民公社成立。

10 月

1 日　厦门——同安下潭尾通航。

4 日　市举办水上运动会。

同日　市五届妇代会召开,代表 298 人,选孔庆香为主任。

6 日　召开全党全民"大炼钢铁"动员大会。会后全市共建成各种炼钢炉、炼铁炉 5000 余座。

11 日　前线公社成立。

15 日　厦门市实现城乡人民公社化。市区有人民公社 9 个,郊区有 5 个。

19 日　我市已基本消灭丝虫病。

22 日　在福建省自行车比赛运动会上,厦门市运动员徐惠根以 2 分 13 秒 2 的成绩打破 1500 米的全国纪录。

24 日　首都文艺界福建前线慰问团在田汉、郑律成、梅兰芳、田间等著名演员、作家率领下,抵厦慰问演出。

亲团慰问前线军民

文艺界福建前线慰劳团来厦

田汉等闽厦门前线军民献旗，梅兰芳等表演了精采节目

梅兰芳为前线部队官兵表演"宇宙锋"

1958 年 10 月，全国文艺界福建前线
慰问演出团来厦

慰问厦门的画家
米谷、蒋兆和等正在创作

慰问厦门的音乐家
马思聪正在小提琴独奏

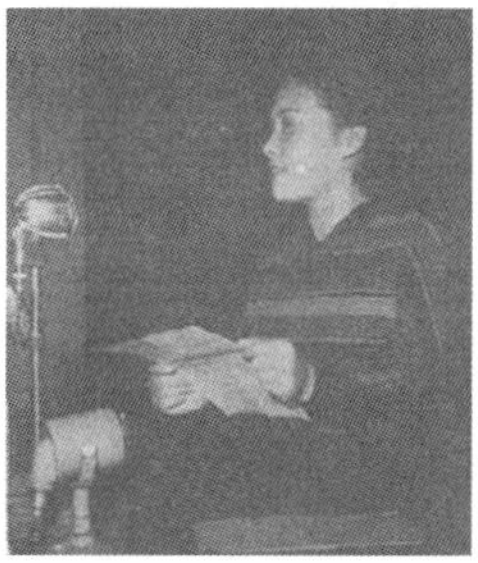

慰问厦门的电影演员
秦怡在朗诵

田汉与前线
空军战士谈心

93

25 日　厦门莲坂电厂扩建工程完工开始发电,发电机组为 2500 千瓦。1969 年年再次扩建。1986 年在原址另建厦门燃气电厂。1987 年原电厂停止发电。

本月　中国人民银行同安县支行划归厦门人民银行领导。市保险公司并入市人民银行,对外保留保险公司牌子。

11 月

1 日　从本日起,全市按人凭票供应猪肉。

1—2 日　市召开第二次青年积极分子大会,表扬 438 名积极分子和双十中学高三(三)班等 21 个先进单位。大会倡议在我市青年中开展六比运动(六比是比干劲、比钻劲、比协作、比团结、比完成任务。)

11 日　在北京举行的全国马拉松赛中,我市运动员王大廉以 2 小时 38 分 28 秒的成绩破全国纪录。

16 日　中侨委、全国侨联来厦慰问海防前线军民,并举行慰问大会。中侨委副主任方方、全国侨联副主席庄希泉、庄明理出席会议。

18 日　灌口双岑大队黄火星等四人捕获金钱豹一只,重达 60 斤。

23 日　晋江专区辖的同安县划归本市。同安县有 7 个公社,23 万余人。

26 日　在省航海多项竞赛中,厦门队以 9 分 56 秒 2 的成绩破 2000 米的世界纪录。

27 日　厦门罐头厂被评为全国罐头工业红旗单位。

同日　厦门人民出版社成立。后因国家经济困难而被撤销。

29 日　市红十字会第一次会员代表大会召开,总结 1958 年的工作。市红十字会正式成立,张楚琨任主席,苏群、王志超、刘彦湖等为副主席。

12 月

1 日　市科学研究所成立。

3 日　厦门市科普协会和市社科联各学会合并,成立厦门市科学技术协会。

6 日　厦门市政协集会,欢迎留学英国的厦门人林俊琛博士回国工作。林俊琛受聘在中国科学院北京电子所工作。

7 日　市召开机械制造誓师大会。

8 日　省民盟、民革、农工民主党联合在我市召开现场会议,肯定我市民主党派基层工作的四条经验。

9 日　首次在厦门籍小型船舶上查获船员携带密写用具。

10 日　市佛教协会成立,选广心和尚为名誉会长。

25 日　厦门人民广播电台恢复无线广播。厦门实验台名称不变,除实验任务外,还担负厦门人民广播电台发射任务。

28 日　以黄长水为团长的中侨委、全国侨联福建前线慰问团慰问我市军民。

31 日　这年我市产钢达 3895 吨,机床 600 台、粮食亩产达 800 斤,水产品达 31 万担。

同日　市侨汇派送处正式批准属于全民所有制,由市人民银行直接领导。

本月　厦门第一辆客车挂车诞生。

厦门第一辆客车挂车

本月底　厦门台胞联系小组(厦门市台盟前身)成立,柯进旺为负责人。

1959 年

1 月

3 日　国民党金门驻军炮轰大嶝岛,炸毁 1 个防炮洞,山头村幼儿园的 31 名幼儿窒死在洞内,造成村民伤亡 48 人。

7 日　市郊区召开 1958 年支前、生产英雄模范先进生产者代表会议。

11 日　湖南省慰问团抵达厦门。市委举行全市 300 名新党员入党宣誓大会。

16 日　厦门钢厂一号转炉炼出第一炉三吨优质钢。

同日　厦门南普陀寺大雄宝殿重修落成。

同日　省农业厅在我市召开桑蚕现场会。

21 日　省养殖会议在集美召开。

25 日　高崎码头竣工。

26 日　本市 3 万余人举行集会,支持古巴、刚果人民反帝斗争。

28 日　市二届二次党代会开幕,31 日闭幕。大会号召全市人民争取今年工业总产值翻一番。

30 日　市委召开各区县干部会议,成立积肥指挥部,布置全民积肥工作。

31 日　厦门造船厂小平炉炼钢成功,是我省第一座小平炉出钢。

2 月

5 日　市法院公审一批反革命罪犯和刑事犯罪。

同日　同安文联创办《红芯》杂志。

6 日　以李廷禄为团长的辽宁、吉林、黑龙江三省福建前线慰问团一行 308 人抵厦。

13 日　厦门碳酸钙厂建成,并正式投入生产。

14 日　厦门冷冻厂建成投产。

同日　市举办为期两周的文艺大会演,共有戏剧、歌舞、音乐、曲艺等 100 余个节目,演职员近 1000 人。

18 日　东孚公社鼎美青年先锋队在一亩七分的甘蔗田里收甘蔗 43600 斤。

20 日　1958 年市积极分子代表大会开幕,有 181 个先进单位和 969 名积极分子受奖。

22 日　市委组成以袁改为团长的工作团,分别下乡下厂检查工作。

24 日　市第五次团代会召开,选王金水等 26 人为委员,号召全市青年开展"万条建议,万件革新"突击活动。

26 日　市第五次归侨、侨眷代表大会召开,选颜西岳为侨联主席。

本月　全市城镇居民月供粮食标准人均减少 1.5 公斤。

3 月

2 日　中共中央政治局委员、全国人大常委会副委员长林伯渠来厦视察。

6 日　市举行大会欢送第二批 198 名干部下放劳动。

8 日　市公安机关破获国民党"中委会特种工作组"派遣特务蔡秀恋案。蔡由香港潜入厦门的任务是搜集军事情报,并企图爆破鹰厦铁路。

同日　市近千名妇女集会,庆祝三八妇女节,决定开展又红又专的巧姐妹运动。刘胡兰的母亲胡文秀出席大会。

9 日　市三届二次人代会和市第二届政协会议同时举行。会议总结1958 年"大跃进"的经验,确定今年"大跃进"的奋斗目标,号召全市各界人士积极投入社会主义建设。选袁改为政协主席。

10 日　省舰船模型竞赛大会在集美举行。

13 日　市举办第七届体育运动会,破省、市纪录 13 项。

17 日　厦门人民出版社出版散文特写集《前线英雄儿女》1～4 辑。

19 日　市中医研究所成立。

21 日　省航海多项竞赛运动会在集美杏林湾举行。

25 日　市委最近召开农村生产经济工作会议,安排今年农村的跃进计划,并与商业部门签订农商产销协议书。

27 日　厦门女中并入厦门二中。

31 日　集美财经学校、泉州食品工业学校和厦门纺织学校合并成立集美轻工业学校。

本月　厦门海洋渔捞公社成立。1984 年改名为第二海洋渔捞公司,是厦门最大的海洋渔业生产单位。1993 年 6 月,发展成为海洋实业(集团)股份有限公司。

4 月

1 日　全国人大代表、政协委员严信民等 11 人来我市视察工作。

2 日　市委召开工业会议,决定开展以技术革新为中心的"六比"红旗竞赛。(六比:比思想、比指标、比措施、比革新、比协作、比生产秩序。)

4 日　江苏、上海、新疆、浙江、安徽、湖北、江西、山东等八省、市、自治区篮球代表队抵厦慰问。

6 日　厦门军管会命令征用英美法三国驻厦领事馆。分别在鼓田尾路、三和路、龙头路、漳州路。

9 日　湖北省文艺界福建前线慰问团抵厦。

20 日　市公安机关破获国民党"国防部"派遣特务蓝某某案。

30 日　市人委召开第六次(扩大)会议,讨论国庆十周年庆祝活动,并决定在全市大力开展增产节约运动。

5 月

1 日　和平码头铁路支线通火车。

4 日　以张玉龙为团长的省卫生检查团来我市检查卫生工作。

11 日　全国公安、检察、司法先进工作者代表会议召开。厦门市公安系统出席会议的有代表 4 人,及碧山、何厝派出所两个先进集体的代表。

12 日 《厦门日报》以《海岸上的青松》为题,报道安业民烈士的事迹。

14 日 华侨博物院正式对外开放。陈嘉庚主持揭幕仪式并剪彩。同月,陈嘉庚设立华侨博物院行政委员会,亲任主任,聘尤扬祖、萧枫、张楚琨、颜西岳为副主任。该院是中国唯一陈列华侨史料,兼收藏、整理和研究华侨、华人文物资料的文博单位。

华侨博物院开幕典礼留影

15 日 《厦门日报》报道,前线公社民兵师荣获国务院奖状。

陈嘉庚为华侨博物院开幕剪彩。右为时任市
长李文陵,左为时任市委书记处书记萧枫

1958 年,民兵在前沿阵地
(前埔村)巡逻

16日　在集美举行的市二届体育运动会上,陈锦种以 24 秒 7 的成绩打破男子 200 米低栏全国纪录。

19日　市委召开增产节约动员大会,李文陵市长作动员报告。

20日　以冯达为团长的新疆慰问团来厦慰问。

22日　食杂公司果品批发部和天仙旅社被中央商业部评为 1958 年全国商业红旗单位。

26日　中央侨委在厦召开华侨学生补习教育专业会议。

30日　团市委、总工会和市图书馆联合发出通知。6—11 月全市开展红旗奖章读书运动。

31日　以谢密为团长的浙江省卫生检查团来厦检查卫生工作。

本月　厦门前线人民公社民兵师、同安县小嶝民兵团受到国务院嘉奖。

本月　越南民主共和国公安部代表团到厦门访问考察,访问了澳头派出所。

6月

4日　中央人民广播电台说唱团抵厦,向本市军民进行慰问演出。

11—15日　中共福建省委在厦门召开会议,贯彻中共中央上海会议精神,立即停止一切非生产性的建设,精简来自农村的职工。

13日　厦门钢厂试轧钢材成功。

14日　从 1 日截至本日止,同安连日大雨,雨量达 364.3 厘米。

18日　自来水厂扩建,我市将改坂头水库为民用饮水。

21日　市聋哑学校开学。

25日　市各界集会,欢迎驻金门国民党军中士班长贺业臣起义回到大陆。

7 月

4 日　市人委举行第七次(扩大)会议,讨论当前市场、卫生等问题,并通过撤销原商业局,成立第一商业局和第二商业局,成立科学技术委员会;原文化处改为文化局。

6 日　省水产科技会议在我市召开。

10 日　氧化铝厂建成投产。

15 日　市妇幼保健所成立。

24 日　市委召开党员干部会议,号召全市党员和人民进一步开展增产节约运动,用实际行动迎接国庆十周年。

8 月

1 日　地质部文工团一行 54 人抵达本市,向厦门军民慰问演出。

3 日　省轻工业厅在本市召开现场会议,推广厦门罐头厂提高质量经验。

6 日　省侨委二届一次扩大会议在我市召开,并成立省侨联,选王汉杰为主席。

9 日　市安全委员会成立,李文陵为主任,并决定在全市范围内进行安全大检查。

11 日　在厦门召开的福建省归国华侨联合会成立大会闭幕。全国侨联主席陈嘉庚到会讲话。

12 日　中共厦门市委召开扩大会议,传达中共中央和福建省委指示,决定在全市党内开展"反右倾"斗争,误伤了一批同志。全市被错划为"右倾分子"的有 41 人,被定为犯"右倾"错误的有 60 人。

13 日　市公安机关破获国民党"中委会二组特种工作组"林某某特务案。

13 日　市委召开同安县委、郊区工委及各公社党委书记会议。

15 日　省华侨投资公司在我市召开投资人代表会议。

21 日　福州文艺界前线慰问团到达本市进行慰问。

23 日　晨 3 时,厦门遭 40 年来未遇的 12 级以上强台风袭击,死伤近千人,大树被连根拔起,房屋倒塌 10 万平方米,部分海堤崩毁,人民生命财产损失重大,为 1917 年以来最大的一次台风。市区粮食部门有 138 间仓库、工厂严重受损,职工死亡 1 人,伤 19 人。省拨款 30 万元救灾,派刘永生副省长等来厦指导救灾工作,省、市组成联合慰问团慰问受灾群众。

27 日　厦门铁厂一号高炉建成投产,炼出第一炉优质铁水。

同日　市委田泽民书记代表市委到厦港慰问受灾渔民。

9 月

5 日　市工交系统 5000 余人集会，提出夺回台风损失，继续跃进迎接国庆十周年。会上奖励在生产和抗灾中的 122 个先进单位和个人。

10 日　我市进行工商企业普查和调整工作。

13 日　团市委奖励一批优秀青年，授予唐加容等 6 人为市红旗青年突击手。

19 日　市召开财政工作评比跃进大会，31 个单位受奖，51 个单位受表扬。

21 日　厦门大学举行第三次科学讨论会。

25 日　市法院宣判一批反革命罪犯。

26 日　市公安局人民武装警察大队成立。同时，嵩屿、沙坡尾、何厝、五通、澳头 5 个派出所改为武警派出所，归武警大队领导。

28 日　坂头林场建立。

29 日　市公安机关破获国民党"国防部二厅厦门情报站"施申治特务案。

1959 年 10 月《厦门日报》刊登厦门市经济建设十年成就的报道

30 日　厦门举行中华人民共和国成立 10 周年成就展览会。展览会共分 8 个分馆,即对敌斗争、工业交通、美术工艺、农业、教育、卫生、体育、革命文物。截至 10 月 21 日,参加者达 20 万人次。

30 日　在全国体育运动会上,我市代表获得冠军的有徐惠根(1 公里自行车)、黄彬(羽毛球双打)、傅翠美(女子 400 米自由泳)、叶丽媚(女子小口径步枪射击)。

10 月

1 日　市举办庆祝国庆十周年大游行。1—3 日晚,共有 8 万余人在中山公园游园。

同日　位于杏林的厦门纺织厂试投产。这是当时福建省第一家大型纺织企业。

5 日　本市特赦一批罪犯,王礼宽等当场释放。

7 日　最近,厦门人民出版社出版《海上花园一日》、《海上花园厦门岛》等书。

厦门纺织厂粗纱车间一角

12—14 日　市四届工代会暨红色巧姐妹代表大会召开,会议奖励 4 个先进单位,选许春澍等 37 人为总工会执委。

15 日　市工农教育先进单位积极分子大会召开。

16 日　市各界 1000 余人集会,庆祝厦门解放十周年。

17 日　唐加容、黄成栋等 14 人光荣赴京出席全国群英会。

25 日　市首届戏曲艺人代表大会闭幕,选林立为戏曲协会筹委会主任。

11 月

3 日　市举行工厂企业开展技术革新动员大会。号召全市人民开展以机械化为中心的技术革命和技术革新运动。

6 日　电厂扩建工程 1500 瓩发电机组建成发电。

8 日　本市工业提前 53 天完成计划,产值比 1958 年同期增长 52.4%。

10 日　杏林农药厂建成投产,年产鱼藤精乳剂 200 多吨。

13 日　一机厂和通用机器厂协作制成两台轧钢机成功。

18 日　市工交财贸系统近四千人收听省职工祝捷跃进广播大会的广播,李文陵市长代表我市向福州市应战,保证今年工业产值超额完成 28%。

25 日　福建海洋研究所在厦门成立。1965 年 11 月,改称国家海洋局第三海洋研究所。

同日　福建省亚热带植物研究室在厦门成立,后改室为所。

27 日　在中山公园召开市文教工作跃进誓师大会。

30 日　全长 1655 米的马銮海堤合龙。

同日　市召开工业生产会议,奖励先进集体 82 个,革新能手 117 个。大会号召把技术革新运动推向新阶段,争取更大超产,大力支援农业。

12 月

2 日　市委召开发展畜牧业生产动员广播大会。

4 日　厦门钢厂创日产炼钢百吨纪录。

6 日　市召开纪念"一二九"运动大会,大会向全市大中学生提出"鼓足干劲,力争上游,更多更好地提高教学质量。勤学苦练,扎扎实实地学好基础知识,争取读书、劳动、思想三丰收"。

同日　在中山公园举办体育运动联欢日,全运会的我省运动员莅临表演,参加联欢的达万余人。

本月上旬　根据省委指示,市委全面地展开"反地方主义"。

12 日　最近,食品公司实现宰猪机械化。

14 日　市民兵积极分子代表大会召开,奖励先进单位 9 个,民兵积极分子 235 名。

同日　市召开计划用粮动员广播大会,号召全市人民继续加强节约用粮。

16 日　以李启明为团长的陕西省慰问团一行 356 人,来厦慰问我市军民。

20 日　坂头水库建成并举行放水典礼。

同日　浙江省教育参观团来我市参观交流教学经验。

24 日　上海人民沪剧团一行 56 人,抵厦慰问我市军民。

25 日　综合玻璃厂拉丝车间建成,年产量可达 1000 吨。

26 日　市法院举行公审大会,判处特务分子陈文辉、杀人犯周钧陶死刑。

27 日　杏林电厂 6000 瓩机组试车成功。翌年 2 月 7 日投产,供电量占当时全市用电量 85% 左右。

28 日　市召开卫生先进工作者大会,会上奖励先进单位 42 个,先进工作者 135 个。

29 日　市召开民办学校先进单位,积极分子大会。27 个先进办学单位,36 个先进单位和 62 名积极分子在会上受奖。

30 日　市工交财贸五千余人举行集会,庆祝 1959 年红到底,迎接 1960 年开门红,全面红。大会转发全国群英会奖给我市的四面红旗,表扬 612 个先进集体和青年突击手。荣获四面红旗的单位是通用机器厂、鹭光橡胶厂、蔬菜公司、火车站。

本月　按侨汇额发放"华侨专用粮、油票"(亦称"华侨票")。

1960 年

1 月

11—22 日　省第八次气象工作会议在我市召开。

16 日　厦门钢厂炼出第一炉电焊条钢。

17 日　市召开节约用煤,推广白煤,实现工业燃料的白煤化会议。

20—23 日　市召开侨眷、归侨代表会议,会上奖励 120 名先进工作者和积极分子。

21 日　我市被评为省普及和提高双丰收的教育红旗市。

23 日　法院宣判反革命集团首犯曾奕奎、郭进元死刑。两犯在本市组织"反共自卫队",阴谋上山暴动。

24 日　总政文工团话剧团来厦慰问我市军民。

25 日　后溪公社石兜新村落成,为兴建坂头水库被淹的原石兜乡 1300 余人全部迁入新居。

31 日　陈嘉庚先生创办的集美海潮发电厂基本建成。

本月　先后有江西、广东、上海等十一个省市教育参观团来我市参观学习。

2月

4—9日 省银行信贷工作现场会在我市召开。会议总结和交流我市银行等行处的工作经验,我市银行被评为省信贷工作红旗单位。

5日 厦门铁厂炼出第一批优质冶金焦炭。

10—17日 省邮电技术革新会议在我市召开。市邮电局被评为省先进单位。

14日 厦门铁厂创日产炼铁50吨大关。

20日 中国杂技团马戏队在厦举行首场公演。

21日 厦门市接待和安置归国华侨委员会成立,负责接待受印度尼西亚排华事件影响而归国的侨胞,李文陵为主任委员。在同安筹建华侨农场,安置大量印尼归侨。还有2200多华侨学生被安置在集美侨校和集美中学。

22日 市举行扫盲、业余教育跃进大会。

24日 和平码头实现装卸机械化,改变人工装运货物的历史。

25日 市委书记王凤先发表广播讲话。他代表市委向全市职工发出号召:上半年内基本实现工业机械化、半机械化。

同日 因印尼当局排华回国的116名华侨抵达集美,受到我市人民的热烈欢迎。

3月

1日 坂头水库开始向市区供水。

1—12日 以王哲为团长的山东省慰问团来厦慰问我市军民。

3日 省交通专科学校在我市开办。

6日 870名印尼华侨回到集美。市委书记张渐摩及市各界群众3000多人在海堤上迎接。

9日 厦门造船厂穆崔英突击队等6个单位和我市蔡亚枞等4人分别获得全国妇联授予的"三八红旗集体"和"三八红旗手"光荣称号。

14—20日 以马长炎为团长的安徽慰问团来厦慰问我市军民。

18—20日 市召开沿海对敌斗争公安、检察、司法积极分子代表大会,奖励和表扬了78个先进单位695个先进工作者和积极分子。

21日 市委召开学习宣传毛泽东思想动员大会,市委书记张渐摩作动员报告。

同日 市通用机器厂制成福建省第一台250吨悬臂式水压机。

25日 为兴建马銮盐场而建的马銮海堤竣工。堤长1670米,堤顶宽7米。

28日 市文教群英大会开幕,800多个先进集体和个人受奖。

4 月

7—10 日　市召开工业生产技术革命评工大会。市长李文陵号召全市职工以新成就迎接"五一"、"七一"。同时,举办市技术革新和技术革命展览会。

15—19 日　中央和华东五省卫生检查团一行 18 人,在茅于一率领下抵达我市检查卫生工作。

23 日　市委钢铁指挥部召开钢铁战役誓师大会。

28 日　华东医药协作区会议在我市召开,同时举办华东医药协作展览会。会议 5 月 3 日结束。

30 日　绝缘材料厂发生烘箱爆炸事件,10 多名工人被烧伤。经全市医务人员大力抢救,全部脱险。

本月　湖边水库建成,库容量 750 万立方米。

5 月

1 日　后江埭工业区的厦门电机厂试制本市第一台 1500 瓩汽轮发电机成功。

同日　各界 1 万余人举行集会,支援南朝鲜人民的正义斗争。会后并示威游行。

5 日　华侨大厦主楼落成并开始营业。

6 日　市委在罐头厂召开全市煤气化现场会议,介绍罐头厂煤气化的经验。

14—25 日　举办市第八届体育运动大会。李金玉以 32.01 米的成绩打破省女子铁饼纪录。

15 日　锻压设备厂制成我市第一台 150 公斤空气锤。

21 日　各界 18 万人举行声势空前的集会,支持苏联政府对美国的严正立场,谴责美国破坏四国首脑会议。

25 日　设在我市的省艺术专科学校改名为福建艺术学院。

28 日　文安中心托儿所等 12 个儿童工作先进集体和个人,受到全国妇联等单位的表扬和奖励。

6 月

1 日　1960 年全国水球甲级队联赛在我市举行,12 日结束。八一队、广州一队分别获冠、亚军,市队获第四名。

8 日　12 级台风袭击厦门、同安。市全体公安干警投入抢险救灾。

10—14 日　我市派出 1000 余人赴石码、漳州,抢救受台风袭击的灾民。市委书记袁改亲赴灾区,参加抢救。

17—19 日　中国人民解放军福建前线部队炮轰金门,抗议美国总统艾森豪威尔到台湾活动。

23—28 日　省网球(1960 年)赛在我市举办。市队获冠军。

24 日　1958 年 9 月创办的厦门师专改名为厦门师院。

25 日　市学习毛泽东思想展览会在工人文化宫正式展出。8 月 1 日闭幕。

26 日　我市军民分别举行声讨大会和座谈会,反对美国侵略朝鲜、侵略台湾十周年。

同日　全国青年学习毛泽东著作、学习马列主义观摩团一行 28 人来我市参观学习。

28 日　中山路实现无电线杆送电。

29 日　210 名印尼归侨到同安竹坝华侨农场落户。

7 月

3 日　运输机械修造厂试制吉普车成功。

6 日　厦门医学院试制人工肾在动物身上移植成功。

7—9 日　中共厦门市第三次党员代表大会召开。代表 405 人,田泽民致开幕词,袁改、李文陵和张渐摩分别作《高举毛泽东思想红旗,为社会主义建设事业的高速度全面继续大跃进而斗争》、《关于厦门市 1960 年国民经济计划问题》《党的监察工作》等报告。会议选举产生中共厦门市第三届委员会,袁改为市委第一书记。

27 日　通用厂丁清山制成小型电焊机成功,重量只有 54 公斤。

29 日　最近,市委召开扩大会议,部署当前以炼钢生产为中心的工业生产工作。

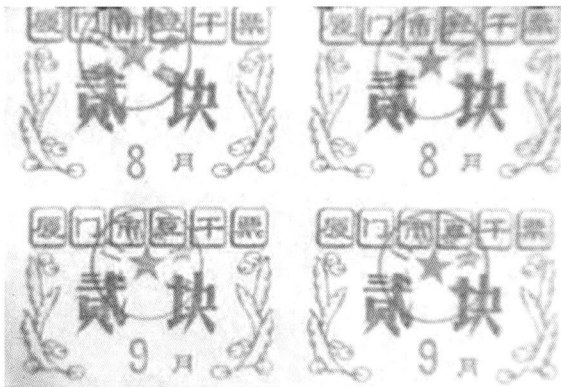

厦门市豆干票

同日　法院在中山公园宣判一批反革命、特务和流氓罪犯。

本月　发放"厦门市豆干票",实行豆制品配给供应。

8 月

11 日　金莲陞高甲剧团开始出省巡回演出三个月,将在北京、上海、南京、天津等城市演出《陈三五娘》、《审陈三》、《屈原》、《三家福》等节目。

21 日　市政协副主席林采之先生,因患脑溢血于本月 19 日逝世,终年 63 岁。各界人士举行公祭。

21—24 日　省中学生体育运动会在我市举行。我市获团体总分第二名。

厦门集美中学参加省首届中学生运动会全体同学留影

9 月

18 日　我市运动员倪志钦在全国田径赛运动会上以 2.03 米的成绩破男子跳高全国纪录。

21 日　陈永健率领省卫生检查团一行 25 人抵厦检查卫生工作。

同日　造船厂严建霖小组,8 个多月来没有工伤事故,消灭废品,一个组顶了三个组,被评为市优秀班组。《厦门日报》为此发表《向严建霖小组学习》的社论,总工会号召全市职工学习赶超严建霖。

同日　成立市精神病疗养院,收容了第一批病人 23 名。

24 日　市共青团六大召开,参加会议的代表 444 人,27 日结束。市长李文陵作政治报告,团委书记苏群作工作报告,会议通过"号召青年继续投入以粮钢为中心的增产节约运动的决议",选出孔庆香等 31 人为委员。

28 日　市人委发出通知,要求全市各机关、企事业、学校搜集废品,支援钢铁生产。

同日　渔捞公社 307 号船捕获大鲨鱼一条,长 6 米,重 896 公斤。

本月　全市城镇居民人均月供应粮食减少 1.25 公斤,食油由 0.25 公斤减为 0.1 公斤,开始实行"瓜菜代,低标准"措施。

10 月

1 日　《毛泽东选集》第四卷在我市开始发行。

同日　厦门艺校集体创作的大型神话舞剧《白鹭》公演。

1960 年,厦门歌舞剧团在公园排练舞蹈《白鹭》

1960 年 10 月,厦门艺校首次公演《白鹭》的广告

同日　市 1960 年度工农业建设成就展览会在工人文化宫开始展出。

同日　位于海滨的鹭江大厦正式开业,为当时厦门最好的旅游饭店。今为鹭江宾馆。

鹭江大厦建成时旧影

20 世纪 70 年代的厦门鹭江宾馆

6 日　厦门归侨工业学校成立,开始正式上课。

14 日　召开劳动保护工作评比给奖大会,奖励机电局等 17 个安全生产单位。

27 日　一个多月无雨,旱情严重。市郊、同安抗旱,市区每天停止供水 6 小时。

28 日　召开食堂工作经验交流会。会议号召开展以计划用粮为中心的"八比"竞赛,表扬了自来水厂等 28 个先进食堂和 42 名先进食堂工作人员。会议宣布郊区已巩固食堂化,参加食堂就膳人数达 95.5%。

本月　电影《英雄小八路》在厦门拍摄。主题歌《我们是共产主义接班人》,于 1978 年 10 月 27 日共青团十届一中全会通过,为中国少年先锋队队歌。

厦门前沿"小八路"少先队员合影

本月　郊区灌口恢复集市贸易。

坐落在何厝小学的"英雄小八路"纪念堂

11 月

8 日　国家副主席董必武来厦视察工作。这日上日光岩,赋诗一首。

10 日　市总工会召开全市工厂企业先进小组会议,唐加容、严建霖等 16 个小组向全市职工提出"五比"倡议(比志气、比质量、比革新、比勤俭、比安全)。

11—13 日　由张瑞焕率领的朝鲜人民军协奏团来厦,慰问我市军民。

19—25 日　徐世荣率领的中央文字改革委员会检查团,前来我市检查工作。

1960 年 11 月,朝鲜人民军协奏团演出大合唱的场面

19—29 日　以王奇才为团长的河北省慰问团前来慰问我市军民。

22 日　召开"双革"(技术革新和技术革命)与煤气化工作会议,要求各单位加强领导,制订规划,开展检查评比,促进运动更加深入开展。

25—26 日　市委农村工作部、市科委召开小球藻工作会议,号召全市人民开展大搞小球藻生产的群众运动。

12 月

4—10 日　省篮球甲组队联赛在我市举行,泉州、晋江分别获男女冠军。

8—10 日　市第六届妇代会召开,选孔庆香等 39 人为委员。会议号召全市妇女为粮纲生产立功。

14 日　位于厦港片区的蜂巢山的渔民俱乐部最近竣工落成。后来改建为渔民影剧院,1984 年,渔民影剧院被拆掉。

18 日　焦菊隐率领的北京人民艺术剧院慰问团抵达我市。

渔民影剧院

1961 年

1 月

1 日　市人民银行举办的零存整取有奖储蓄,自即日起改为计息。

8 日　铁合金厂试验电极自动烧结成功。

16 日　福建省人民武警总队在厦门召开边防工作座谈会。龙溪、晋江、厦门 3 个地区分管边防的公安、武警负责同志参加,省公安厅郑从政厅长作工作报告。会议制订 3 个地区沿海对敌斗争工作方案。

19—22 日　召开民兵代表会议,表扬和奖励"欧厝女英排"等 23 个先进单位和 58 名民兵积极分子,并通过致全市民兵的倡议书。

20 日　召开储蓄标兵表彰会议,表扬优秀储蓄代办员、协储员和节约储蓄标兵。

26 日　市畜牧业饲养员、配种员、兽医防疫员、管理员等四员代表会议闭幕,会上奖励农联大队等 36 个先进单位和 43 个先进个人。

本月下旬　在市区人和路恢复集市贸易市场。

2 月

8 日　市委召开城市蔬菜生产会议,要求扩大蔬菜基地,进一步改善职工生活。

3 月

6 日　召开城市养猪会议,要求养猪有更大发展。

17—19 日　召开社会主义建设积极分子大会(即群英会)。出席代表 754 人,李文陵市长作政治报告,袁改书记作重要指示,大会通过开展"六好"(思想好、生产好、安全好、出勤好、团结好、革新好)红旗竞赛倡议。

21 日　中国杂技团飞车队到厦公演。

4 月

15—24 日　广西民间歌舞剧团来厦慰问军民,公演歌剧《刘三姐》。

27 日　市最近召开 1960 年劳动保护工作总结评比经验交流大会,表扬和奖励粮食局等先进单位。

29 日　郑成功纪念室正式开放。

本月　1960 年 6 月动工修建的海沧至角尾地方铁路(角嵩铁路)通车,全长 11.5 公里,耗资 170 万元。

5 月

4 日　山东人民慰问演出团慰问我市军民。

9 日　锻压厂最近制成煤球机,并在全市推广使用。

11 日　厦门丝绸厂自产绸缎最近首批上市。

16—18 日　召开社会服务工作积极分子大会,奖励 34 个先进单位和 141 名优秀服务员。

21 日　中侨委副主任方方、庄希泉、黄长水访问集美华侨学生补习学校。

23 日　中侨委副主任方方等视察同安竹坝华侨农场。

23—25 日　市政协和市人委举行联席扩大会议,市长李文陵作国内外形势报告。

6 月

20 日　《厦门日报》发表题为《步步深入,推广三色》的调查报告,报道海沧公社吴冠大队推行三包制度的经验。

7 月

1 日　在工人文化宫举办市庆祝党成立四十周年展览会,展览 8 月 7 日结束。

1—13 日　闽南、闽西经济区物资交流会在厦门召开,600 多人参加。交流会期间,签订 2400 多份购销合同,交流 1100 多种商品,成交总金额 3424 万元。

27 日　市政协成立文史资料委员会,黄绿萍任主任委员。

28 日　集美举办市郊物资交流大会,市郊四个公社购销额达 10 万余元。

8 月

12 日　全国政协副主席、全国人大常委、全国侨联主席陈嘉庚因病在北京逝世,享年 88 岁。8 月 15 日,首都各界 2000 多人举行公祭仪式,周恩来总理主祭,全国侨委主任廖承志致悼词。毛泽东、刘少奇等党和国家领导人送了花圈。8 月 20 日,陈嘉庚的灵柩运抵厦门市集美镇鳌园墓地,叶飞、林一心、林修德等省市负责人专程前往迎灵。当天举行安葬仪式,林一心主持,李文陵致悼词。

陈嘉庚的灵柩运抵厦门市集美镇鳌园墓地

16—25 日　省遗产学讨论会在我市举行,并成立省生物学会,推丁汉波为理事长。

20 日　在集美鳌园隆重举行陈嘉庚先生遗体安葬仪式。省委副书记林一心主持,省市代表 1 万多人参加。

1961 年 8 月 20 日,陈嘉庚先生追悼大会后,大会筹委及各界侨领和部分代表合影

21 日　省、市各界 1000 多人在市工人文化宫举行陈嘉庚追悼大会。李文陵市长致悼词。

22 日　陈厥祥在厦门向记者发表谈话,悼念其父陈嘉庚。

23 日　厦门市歌舞团组建。"文化大革命"期间,改名厦门市毛泽东思想宣传队。1974 年复名。

26 日 凌晨二时,台风袭击本市,雨量达 200 毫米。

9 月

1 日 集美侨校停办。

12 日 强台风袭击同安和郊区,海堤溃岸,房屋和农作物遭受部分损失。

26 日 省中学语文教学座谈会在我市召开,10 月 11 日结束。

28 日 市成立第四届基层选举委员会,李文陵为主席。全市普选工作全面开展。

10 月

7 日 林崧先生献出其父林霁秋珍藏的南曲手抄本,受到文化局的表扬。林霁秋用 20 余年搜集整理南曲共 13 集,400 多首。

10 日 厦门市各界举行集会,纪念辛亥革命 50 周年。

18 日 最近在集美召开市畜牧业会议,要求全面贯彻公私并举,以私养为主的方针,发展养猪业。

19—20 日 上海艺华沪剧团来厦慰问军民。

20—22 日 共青团市委在同安召开农村五好青年和回乡青年代表会议,奖励 9 个五好团支部和五好青年 139 名,并通过给全市农村青年的倡议书。

24—27 日 市人委和市政协召开联席扩大会议,省委书记林修德作重要讲话,李文陵作当前形势和任务的报告。

27 日 中国人民革命军事博物馆在我市举办流动展览。展览 11 月 5 日结束。

11 月

2 日 中央乐团独唱独奏组抵厦慰问军民。

4—6 日 同安县召开第四届人代会,选孙景恒为县长,李书魁、柯朝阳、王水伯为副县长。

16 日 市府颁布《市郊封山育林暂行条例》。

18 日 市委召开的市手工业会议闭幕。

20 日 召开市供销干部代表会议。会上奖励先进集体 24 个,先进个人 73 名。

30 日 《厦门日报》报道,最近省水运安全会议在我市举行。会上奖励全省先进单位 32 个,先进船员 63 个。

12 月

6—15 日 省中医辨证论治学术座谈会在我市召开。

16 日　公安部部长谢富治来厦门视察。

30 日　杭州越剧团来厦公演。

本月　动员工商界捐款筹建郑成功纪念馆,共捐款 1.95 万元,其中黄聚德堂捐 1 万元。

1962 年

1 月

2 日　厦门糖厂正式投产。(1958 年 7 月 21 日,厦门糖厂动工兴建,1960 年底投产。建厂时日榨甘蔗量 2000 吨,后来增长为 2500 吨。20 世纪 80 年代达到鼎盛,20 世纪 90 年代停产。)

厦门糖厂一角

2 月

1 日　厦门市郑成功纪念馆建成并举行开馆剪彩仪式,正式对外开放。该馆位于鼓浪屿西林别墅,是海内外规模最大的郑成功文物、文献收藏展览中心。

3 月

7 日　厦门市人民委员会公布第一批文物保护单位名单,有龙头山寨、南普陀寺等 33 处。

本月　建设银行厦门支行恢复机构。

4 月

5 日　省公安厅决定,自 5 月 1 日起,在厦门市公安局设立省公安厅出入境发证点,受理龙溪、龙岩和厦门 3 个地区申请、发证。(此发证点至"文革"开始后停止)

同日　市各界代表祭扫陈嘉庚陵墓。

殷承宗

5 月

6 日　在莫斯科举行的第二届柴可夫斯基国际音乐比赛会上,厦门籍钢琴家殷承宗获钢琴比赛第二名。殷曾在 1958 年维也纳举行的第七届世界青年联欢节上,获钢琴比赛第一名。

27 日　在大生里枇杷山上发现新石器时代的石戈、石锛、陶器等文物。

6 月

19 日　省公安厅向全省公安系统发出"团结群众,巩固后方,支援前线,为彻底粉碎蒋帮的进犯阴谋而战"的动员令。市、县公安机关各项业务部门分别制订战备工作方案,全面加强战备保卫工作。

7 月

6 日　新辟厦门——漳州客轮通航。

本月　华侨大学学生从集美华侨补习学校搬到泉州的新校舍。

8 月

12 日　各界人士在新建的集美归来堂举行纪念陈嘉庚逝世一周年活动。

13 日　同安县马巷窗东大队与城场大队因滩涂纠纷发生群众械斗,双方各有 200 多名参加,是解放以后较大一次械斗。县委及县公安局领导赶赴现场制止,并处理善后。

9 月

4—14 日　市政协第三届全体委员会议召开,会议选举袁改为政协主席。

5—13 日　市第四届人民代表大会召开,会议选举李文陵为市长。

10 月

1 日　市华侨特种物资供应公司成立。

2 日　本市试养古巴牛蛙成功。

11 日　市公安机关抓获企图破坏火车站、和平码头等要害部位的国民党派遣特务林某。

11 月

16 日　中国科学院院长郭沫若参观厦门郑成功纪念馆,题写馆名,并将该馆收藏的"漳州军饷"银币考证为郑成功屯兵东南沿海时期所铸造的货币。23 日到厦大参观。

郭沫若为厦门郑成功纪念馆题写馆名

12 月

25 日　厦门棉毛厂发生火灾,延烧周围仓库 10 余座,经济损失达 87 万元。

本月　成立坂头水库管理所,管理坂头水库和石兜水库。前者竣工于 1956 年 6 月,总库容 521 万立方米;后者竣工于 1959 年 12 月,总库容 8060 万立方米。

1963 年

1 月

2 日　在我市召开的省农学会首届年会今日闭幕。

5—8 日　省农业厅在我市召开棉花栽培技术座谈会。

15 日　市第七届妇代会开幕。选郑秀宝连任主任。

20 日　来厦传授经验的上海先进技术推广队任务完毕,今日离厦。

2 月

5 日　市优秀辅导员、班主任会议开幕。

7 日　去年 12 月 15 日赴上海演出的金风南乐团返抵本市。

8 日　杏林湾内捕获一条大马鲛鱼,重达 45.5 公斤。

12 日　市第三次青年代表大会开幕,选苏群为市青联第六届主席。

25 日　公安部副部长李天焕来厦视察边海防工作。

3 月

14 日　市政协三届二次全体会议开幕,苏节作工作报告,黄卫世作《关于学习问题》,许祖义作《关于社会联系工作》的发言。18 日闭幕。

15 日　市四届二次人代会开幕,张可同作《关于 1962 年国民经济情况和 1963 年国民经济任务》的报告。

22 日　学习雷锋展览会在青年宫开幕,展期 10 天。全市各行各业掀起学习雷锋的热潮。

4 月

2—4 日　市召开首届少数民族会议,回族、高山族等少数民族代表 44 名出席。

9 日　市工交财贸先进代表大会开幕,193 人受奖。

10 日　上海技术推广队第二批 29 人来厦指导工作。

11 日　市护士学会成立。

17 日　厦门港渔民从海上拖回一条鲸鲨幼鱼,长近 5 米,重 782.5 公斤。后制成标本,在华侨博物院展出。

本月下旬　锻压厂试制 40 吨粉末制品压力机成功。

本月下旬　中国人民解放军总参谋长罗瑞卿来厦视察边海防工作。

25 日　今晨 2 时许,国民党军"金门两栖侦察队"武装特务 13 人,从禾山前埔登陆偷袭,被击退。何厝边防哨所中士班长叶中央带领民兵与特务搏斗,击伤 2 名特务,缴获卡宾枪 1 支,子弹 30 发。公安部通令嘉奖,并给叶中央记一等功。

31 日　全市基层普选工作结束,各区第五届人民代表正式产生。

5 月

1 日　集美机房建成开播,安装 8 部 1 千瓦中波广播发射机,转播中央人民广播电台一套、福建人民广播电台一套及中央人民广播电台对台广播三套节目及实验任务,每日播音共 59 小时。厦门地区从此完整转播上述 3 套广播节目。

同日　市消毒站成立。

28 日　解放军战士郑柏梁奋勇抢救国家财产牺牲,驻岛部队号召学习郑的高贵品质。

31 日　气象台宣布,本市出现 60 多年来罕见的大旱。旱情长达 8 个月。

6 月

1 日　举行市第一届《鹭岛花朵》文艺会。

2 日　国家支援市郊海沧等公社与龙海县角尾等公社在江东桥截北溪水,解除 6 万余亩土地旱情。

9 日　我市运动员倪志钦在清华大学跳过 2.18 米,再次打破跳高全国纪录。

10 日　我市举重运动员林宝全在长沙以 124 公斤打破抓举全国纪录。

25 日　市第二届手工业社员代表大会开幕,李文陵市长作形势任务报告。选张田丁等 9 人为手工联理事。

29 日　在同安举行的省棉花生产现场会今日结束。

7 月

4 日　由于本市遭受 60 多年一遇的严重旱灾。为保证完成全年粮食生产任务,市计委调整 1963 年农业生产计划。

6—22 日　上海老工人革命斗争讲演团来厦作了 45 场讲演,听讲人数达 74000 余人。

10 日　同安县第五届人代会闭幕,选孙景恒为县长。

11 日　市召开首次兽医工作者会议。

8 月

6 日　省首届水产学术年会最近在我市召开。

11 日　在我市举行的省游泳跳水比赛,今天闭幕。

17 日　倪志钦在北京跳过 2.20 米,再次打破跳高全国纪录。

18 日　在我市召开的省汉语方言科学讨论会闭幕。

21 日　省中国语文学会在我市举行成立大会暨第一次学术讨论会。

22 日　在我市召开的省第三届肿瘤学术会议闭幕。

1963 年,本市首批 119 名应届高、初中毕业生,响应党的"劳动光荣、下乡为贵"的号召,奔赴农业第一线。8 月 30 日,在市工人文化宫为他们举行了隆重的欢送大会。(里石　摄)

30 日　厦门首批应届中学毕业生 119 名赴永定农村落户。

同日　市隆重举行"欢送首批应届中学毕业生 119 名赴永定农村落户"大会。

9 月

3 日　市总工会召开第五次代表大会,许春树被选为工会主席。

15 日　市阶级教育展览会开幕。

18 日　市人委、市政协举行联席扩大会议,施能鹤作《组织城市青年上山下乡,为建设社会主义新农村而奋斗》的报告。

26 日　李焕之团长带领中央民族乐团来厦公演。

厦门工程机械厂制造的推土机

30 日　厦门工程机械厂制造推土机成功,投入批量生产。

10 月

3 日　省历史学会在我市举行成立大会,厦门分会同时成立,选傅家麟为分会会长。

6 日　又有 460 名青年到永定、龙海、平和等县落户,市万人集会游行,欢送下乡青年。

本月中旬　华南地区罐头技术协作会在我市召开。

本月中旬　市委召开工业工作会议。

12 日　第一医院外科施行肝脏手术成功,病人林树兰已痊愈出院。

18 日　同安县马巷等地试种棉花,收成良好。

19 日　华东亚热带植物研究所(今省植物研究所)引进热带剑麻引种成功。

23 日　召开首次市农业资金管理小组会议。

25 日　全国第六届摄影展览会在我市巡回展出。

31 日　又一批青年 212 人到农村落户。

11 月

2 日　厦门大学被列入全国重点高等学校,直属教育部。

5 日　成立省哲学学会厦门分会并举行首届年会,选朱天顺为会长。

21 日　市六千职工举行学上海赶先进动员大会。

本月　全国人大代表、政协委员叶圣陶等 30 余人来我市视察参观。

12 月

7 日　省经济学会在我市成立,选万里云为会长。

26 日　《厦门日报》报道,今年我市已有 2200 多名青年到农村落户。

28 日　由歌舞团和教工业余话剧团演出话剧《年青的一代》,场场满座,观众已达 25000 余人,《厦门日报》对该剧展开热烈的讨论。

同日　中国农业银行厦门市支行成立。

1964 年

1 月

11 日　市召开业余教育先进代表会,248 个先进单位和积极分子受奖。13 日闭幕。

15 日　市红十字会召开第二届代表会议,选许祖义为会长。

16 日　各界 1000 余人集会支持巴拿马人民反对美国侵略、维护国家主权的爱国正义斗争。翌日,3 万人举行示威游行。

23 日　省东南亚学会最近在我市成立,选陆维持为会长。

27 日　市第四届政协全体委员会议召开,3 日闭幕。会议选举袁改为市政协主席,张渐摩等 10 人为副主席。

28 日　市第五届一次人代会开幕,选李文陵为市长,施能鹤、杨布、许祖义、施耀、张可同、颜西岳为副市长。2 月 3 日闭幕。

2 月

4 日　市首次计量工作会议召开。

23 日　市公安武装民警部队召开四好连队、五好战士代表大会。

本月　全市农村开展"农业学大寨"运动。

3 月

12 日　省上山下乡青年代表巡回报告团抵厦作报告。

13 日　市土木建筑学会成立,选刘炳林为理事长。

15 日　共青团市委号召"认真学习厦门市建设社会主义新农村青年志愿队"的事迹。

16 日　市第二届对敌斗争积极分子代表会议开幕。

21 日　思明区召开学习解放军和开展五好单位、五好居民竞赛运动誓师大会,奖给二十八户大楼,一面题为"树新风,破旧习,实现大楼革命化"的锦旗。

4 月

7 日　在杏林工业区兴建的市工人疗养院,首期工程完成并开始门诊。

9 日　国民党"金门两栖侦察队"武装特务乘胶舟偷袭厦门前沿哨所。驻厦海军 556 艇奉命出击,陆军守备部队亦开火射击,胶舟中弹起火爆炸。

10 日　市委举行学习毛主席著作经验报告会,吴阿乖、陈秀珍、杨雀林在会上介绍学习毛著的经验。

15 日　开始收回"三币"工作,限至 5 月 14 日结束(即限期收兑 1953 年版黑色"工农图景十元券",酱紫色"各民族大团结图景的五元券",深绿色"井冈山图景的三元券")。

17 日　1963 年度工交财贸社会主义建设积极分子代表会议开幕。施能鹤、李文陵作报告。宣布五好集体 50 个,五好职工 73 人,六好职工 230 人,五好社员 4 人。

25 日　洪本部一座楼房火灾,经一小时抢救扑灭。

5 月

20 日　市第七届第一次侨代会开幕,颜西岳作工作报告。

21 日　国内外建筑技术巡回展览会在我市展出。24 日结束。

6 月

2 日　郊区召开首届归侨、侨眷大会第一次会议,成立市归国华侨联合会郊区分会,丘廑竞当选为主席。

10 日　华东区职工篮球邀请赛在我市举行,22 日结束。

13 日　在新辟为风景区的宝珠屿举行宝珠塔落成典礼。

7 月

1 日　厦门市开始第二次人口普查,至 8 月 15 日完成。全市(包括同安县)总人口为 668470 人。

26 日　省武术锦标赛在我市举行,29 日结束。

8 月

2 日　举办第三次横渡厦鼓游泳活动,有 2637 人到达终点。

6 日　市第一次发明创造和技术改进授奖大会在华侨大厦举行,工程机械厂仿制的自行式铲运机和渔具厂的自动制钓机受到国家计委、经委和科委的奖励。

11 日　市各界 1 万多人举行集会并游行示威,反对美国侵略越南,声援越南人民的抗美斗争。12 日,郊区、同安同时举行集会和游行。13 日,全市又有 3 万余人上街游行。

20 日　市人代会五届二次会议开幕,施能鹤作《深入开展社会主义教育运动和增产节约》的报告,张可同作财政决算和预算的报告。22 日闭幕。

24 日　市下乡上山积极分子代表大会开幕,张可同作《关于组织动员青壮年下乡上山》的报告。大会宣布先进集体标兵和先进个人标兵。

25 日　在我市举行的华东地区少年足球赛结束,我市荣获冠军。

9 月

9 日　厦门市军民在烈士陵园举行安业民烈士安葬仪式。安业民是海军某部岸炮连战士,在 1958 年"八二三"炮战中,为保护大炮被严重烧伤而牺牲。安业民烈士安葬在烈士纪念碑左侧,朱德为其墓碑题词"共产主义战士安业民永垂不朽"。

安业民

1964 年 9 月 9 日,我市举行安业民烈士
新墓和纪念碑落成典礼(李开聪 摄)

17 日　市举行欢迎本省归侨青年到农村落户的集会,全省共有 280 多名到农村落户。

10 月

1 日　市第五届体育运动会开幕,4 日闭幕。市区中学联队获团体总分第一名。

4 日　国民党军海军"大金门水上侦察队"下士赵宗礼驾驶登陆艇起义,安抵厦门港。

5 日　同安盐场原盐质量和单产居全省第一,省制盐局在同安召开盐业现场会议。

10 日　福建青年建设社会主义新农村展览会开始在我市展出。

17 日　市少数民族代表会议闭幕。

同日　市召开首届科技情报工作会议。

24 日　美国及台湾当局对我东南沿海的军事封锁解除,英轮"嘉斯"号到达厦门港。从此,厦门口岸外轮进出正常。

29 日　省地质、生物、水产等学会最近在我市举行学术年会。

11 月

5 日　根据公安部、总参谋部的决定,厦门地区何厝、五通、嵩屿、沙坡尾、澳头五个武装边防哨所恢复为派出所,归地方公安机关管辖。

6 日　市人委在同安召开农村干部会议,总结交流改造低产田经验。

11 日　市农业中学、业余学校、民办小学工作会议闭幕。

16 日　设在郊区江头的市第一所农业职业学校——厦门农业职业学校开学。

12 月

6 日　全国力车胎检验员会议在我市举行。

13 日　万余人在五老峰参加市体委等单位发起的登山活动。

15 日　省军区发出《关于开展学习小嶝岛民兵对敌斗争经验的决定》。

1965 年

1 月

1 日　市职工首届独幕剧会演开始。

4 日　厦门军分区召开四好连队、五好战士授奖大会。

7 日　由张可同为团长的慰问团开始到三明、同安等地慰问我市落户青壮年。

19 日　中共福建省委、福州军区司令部作出关于厦门地区平时战时统一领导指挥的决定,建立对敌斗争统一指挥部。

23 日　钢筋混凝土预制构件厂试制空心预制板成功,并投入生产。

27 日　市人委举行第五次(扩大)会议,讨论通过了《家犬管现暂行办法》和更改一批道路的名称。

29 日　霞溪澡堂建成并开始营业。

2 月

23 日　厦门建筑、纺织、商业等技校开学。这是厦门首次创办半工半读类技术学校。

28 日　瓷厂实验连续锻烧窑成功。

3 月

7 日　郊区首届贫下中农代表会议开幕,10 日闭幕。郊区贫协筹委会成立,刘振东等 27 人为筹委。

12 日　市人委召开支援农业工作会议。

4 月

5 日　厦门大学民兵师举行军事检阅。

6 日　省小型水泥厂生产技术经验交流会在我市举行。

8 日　市举行推广蓖麻蚕专业会议。

同日　市首批巡回医疗队到前线公社巡回医疗。

10 日　市人委、市政协举行联席(扩大)会议,通过保护公房和附属设备暂行办法。

21 日　又一批青壮年 249 名到永安县落户。

27 日　厦门军政委员会成立,彭飞任主任。

29 日　锻压厂试制百吨粉末制品液压机成功。

本月下旬　最近,市委召开干部大会,号召深入开展增产节约运动。

本月　厦门人民广播电台台长谢华赴京参加第九次全国广播工作会议,与周恩来总理合影。

5 月

1 日　厦门中药厂建成投产。1971 年迁往莲坂。

2 日　市三千多民兵举行战地医疗救护演习。

10 日　对私自买卖,由旅客携带进境的钟、表、自行车及其零件者,交由工商行政管理部门按违反市场管理规定处理,不再按走私论处。

1971 年后的厦门中药厂

14 日　市举办废品回收利用交流展览会。

20 日　市人委、市政协举行联席(扩大)会议,张可同副市长作《关于继续动员城镇知识青年下乡上山》的动员报告。

26 日　省花生生产现场会在同安举行。

6 月

8 日　市委召开干部大会,动员学习毛主席著作。

20 日　市举行欢迎大会,欢迎近 500 名知识青年到农村落户。

24 日　内蒙古"乌兰牧骑"巡回演出队来我市演出。

27 日　5000 余名民兵集会示威游行,反对美国侵占台湾 15 年。

7 月

2 日　市第二届消防体育运动比武大会开幕。

17 日　厦门化肥厂建成投产,开创厦门市生产化肥的历史。

同日　省下乡上山知识青年巡回报告团来厦进行报告活动。

26 日　台风在晋江登陆,本市有大风暴雨。

29 日　省少年游泳跳水锦标赛在我市举行。

8 月

5 日　为期 4 天的省"双革"经验交流会在我市交流结束。

6 日　中国人民解放军海军在东山岛东南海面击沉国民党军"剑门"、"章江"两舰。厦门市渔捞公司 402 号船船员在阮发明带领下,捕获泗水逃跑的国民党水兵 5 名,荣立集体二等功。

18 日　阿尔巴尼亚军训部长卡比苏兹少将率领的军事代表团一行 11 人来厦访问。

同日　全国第八届摄影展览在我市展出。

21 日　郊区半农半读教育会议闭幕。

9 月

12 日　又有 506 名知识青年到农村落户。

同日　1800 多名民兵环游鼓浪屿岛。

13 日　厦门市学习毛主席著作先进集体、积极分子代表会开幕,16 日闭幕。

21 日　市五届三次人大会议、市四届二次政协会议闭幕,大会号召全市人民突出政治,深入开展社会主义教育和形势教育,力争全面完成和超额完成全年国民经济计划。

10 月

1 日　市人民银行、农业银行合并,恢复原来人民银行的体制,内设农金科,农村机构仍称人民银行营业所。

16 日　市委召开的工业干部会议结束,号召“巩固社教成果,突出政治,实现工业生产新跃进”。

21 日　市组织农村流动医院五个,分赴龙岩永定等县为农民治病。

同日　制氮厂试制氮气成功。

28 日　市人委召开农村群众性科学实验工作会议。

本月　仪表厂试制水表成功,并投入生产。

11 月

14 日　市职工代表举行追悼赵志雄大会。赵志雄为供电所杏林区区主任、全国群英会代表,11 月 6 日因公牺牲。

15 日　福建、浙江、江西三省焊接学术年会在我市举行。

18 日　市人委举行第八次扩大会议,通过《厦门市药业小商小贩管现暂行办法》等决定。

同日　市积压物资调剂展览会开幕。

21 日　同安县井头围垦工程海堤堵口成功。

12 月

1 日　市召开职工业余教育代表会。

同日　与长泰县交界的大坂山头发生火灾。

3 日　市工人业余大学首届学员举行毕业典礼。

9 日　王杰事迹展览会开幕。

1966 年

1 月
1 日　侨汇主管部门决定,取消对华侨投资公司股息的侨汇物资供应优待办法。

14 日　中侨委副主任方方、林一心、庄希泉、黄长水等来厦门视察侨务工作。

21 日　上海市新华京剧团来我市演出,剧目有《龙江颂》、《红灯记》等。

29 日　糖厂停产三年后恢复生产。

2 月
7 日　市人委举行第九次扩大会议,通过绿化管理条例。

同日　冷冻厂成批生产甘露醇。

11 日　市委发出通知,号召向焦裕禄学习。

厦门市开展向焦裕禄学习的活动

15 日　市公安系统开展学习焦裕禄同志全心全意为人民服务的光辉事迹。

18 日　市委召开党员干部会议,动员以整风精神学习焦裕禄。

22 日 造船厂试制高速精小割草机成功。

28 日 市三届民兵代表会议开幕。3 月 4 日闭幕。大会奖励岭兜等 41 个先进单位和郭银水等 18 个先进个人。

3 月

8 日 市召开五好妇女代表会议。

10 日 水稻专家陈永康来我市作报告。

20 日 在永定县落户的我市知识青年黄美妙因扑灭山火牺牲。为此,该县举行隆重的追悼会。

本月下旬 思明、开元、鼓浪屿等区召开第六届人民代表大会,分别选邱永清、杨丕诚、曾政为区长。

黄美妙

4 月

1 日 市举办工交赶超展览会。

4 日 市召开卫生工作积极分子代表会议。

18 日 市工交财贸五好代表会开幕。

22 日 国民党小股武装特务自金门偷袭厦门石胄头前沿阵地,被解放军击退。

本月 厦门建设银行并入市财政局。

5 月

1 日 全国足球乙级联赛厦门赛区开幕。

16 日 中共中央发出《"5·16"通知》,揭开了"文化大革命"的序幕。

20 日 省人委批准我市卷烟厂等 9 个单位为工交战线五好企业。

28 日 市举办"唱英雄学英雄"音乐会。

6 月

1 日 中共福建省委常委会议决定,由省委工作团领导厦门大学"文化大革命"运动,张格心任工作团党委书记。

2 日 厦门大学部分学生在厦大和厦门日报社张贴大字报,厦门"文化大革命"运动开始。

5 日 中共厦门市委组建"文化大革命"领导小组,向各中学及文化团体派出工作队。8 月上旬,工作队奉命撤离。

本月上旬 市各学校普遍开展所谓批判"封资修",揪斗"走资派"和"资产阶级反动学术权威"等"牛鬼蛇神"的运动。一大批领导干部和教师遭到无理的"批判",受到人身伤害和人格侮辱。

19 日 集美航校和集美侨校学生进行所谓"革"与"保"的辩论。后双方发生扭打,各伤七八人,是为"文化大革命"开始后厦门第一起流血事件。

7 月

2 日　厦门、晋江、龙溪等 3 个地区(市)归侨近 100 人在本市集会,坚决拥护我外交部给印尼政府的照会,谴责印尼当局迫害华侨。

3 日　取消厦门人民银行国外业务部名义,对外仍挂中国银行牌子。

7 日　《厦门日报》社原副刊主编王丁跳楼自杀,成为厦门市第一位因"文化大革命"受害致死者。

23 日　全市 20 万人集会,支持越南人民反抗美国侵略的正义斗争。

29 日　第二批市医务人员 166 人到永定等县为农民治病。

8 月

8 日　市委在万人大会上宣布撤走文革工作队的决定。

11 日　3 万余人上街游行,拥护中共中央公布"文化大革命"的"十六条"决定。

19 日　3 万余人集会,庆祝所谓"文化大革命"蓬勃开展。

23 日　国民党军"金门防卫部两栖侦察队"特务 7 人偷袭大嶝岛边防哨所,被守备部队全部歼灭。

23 日　厦门大学红卫兵总部成立。

厦门造反派上街开展"破四旧"(李开聪 摄)

同日　厦门市以大、中学校学生为主的红卫兵上街开展"破四旧"(旧思想、旧文化、旧风俗、旧习惯)行动,将所谓含有"封资修"色彩的政区和街道等名称改名,并有抄家、批斗等过激行动。

24 日　厦门第八中学部分造反派向中共福建省委、厦门市委提出让省教育厅厅长王于畊到该校接受批斗的无理要求,未被接受。该校造反派遂组织 300 多名师生赴福州,向中共福建省委"请愿"。

26 日　厦门大学红卫兵独立团成立,并到市委"造反",自称是支持八中部分师生的行动。

同日　厦门市部分群众冲入海关,要求烧毁库存出口的菩萨雕塑。海关候请中央决定。27 日,接海关管理局通知,邮寄进口迷信品,出口纸箔、菩萨等迷信品按中央及国务院关于"文化大革命"的指示中有关外贸条文处理。

29 日　厦门第八中学部分造反派和"厦门大学红卫兵独立团"等造反派组织串联福州的高校学生,在中共福建省委广场搞所谓"示威","造省委的反",冲击、接管中共福建省委召开的"批判教育战线修正主义路线大会"。会后,部分福州市民与学生发生冲突。时称"八二九"事件。

9 月

2 日　第八中学部分学生上街宣传所谓"8·29"行动,引起市民的街头辩论。

3 日　南下师生串连队首次到本市,介入我市"文化大革命"。

5 日　厦门大学红卫兵独立团、南下串连队等组织在深田路中共厦门市委驻地搞所谓"炮轰市委"。

20 日　我市知识青年 266 人到山区落户。

10 月

13 日　红卫兵上街搞所谓"破四旧"行动,改换含有"封建主义"、"资本主义"色彩的政区和街道的名称,并进行其他所谓"革命"行动。其后,因观点不同,厦门的"造反派"分为"革"与"促"两大派。

14 日　我市制成我省第一台 M7130 平台磨床。

16 日　在中山公园举行万人歌唱毛泽东思想大会唱。

18 日　厦门大学成立以红卫兵独立团为核心的"新厦大公社"。

23 日　厦门大学 40 余人,步行去韶山串连。

26 日　厦门大学召开所谓批判资产阶级反动路线大会。

29 日　厦门市大中专学校造反总司令部成立。

本月　各学校纷纷自发成立观点与原红卫兵总部相对立的红卫兵组织。

11 月

1 日　"厦门大学红卫兵独立团"到市委抢材料,声称要造所谓"资产阶级反动路线"的反。

1—5 日　厦门市第八中学、华侨中学、厦门大学以及南下学生组成的红卫兵造反派组织,封闭中共福建省委大楼,并发表封闭公告。

12 日　"新厦大公社"等造反派组织非法封锁市委大楼,一直持续到23 日。

19 日　二化纤厂试制氯纶纤维成功并正式投产。

27 日　侨星化工厂试制味精成功,并投入生产。

12 月

1 日　水产公司造船厂试制成功 12 马力柴油机。

6 日　"厦门红卫兵总部"召开所谓揭批省市委资产阶级反动路线大会。

8 日　"厦门大学红卫兵独立团"等造反派组织不顾中共中央办公厅关于"不同意在叶飞生活方面搞实物展览"的指示,在叶飞住处举办所谓"反修展览馆"。

10 日　厦门工人革命造反协会成立。16 日,又成立总指挥部。

17 日　厦门工人造反独立总司令部(简称"独总")成立。

同日　市委发出通知,号召全市人民开展学习蔡永祥的活动。

28 日　全市造反派在工人文化馆举行所谓向资产阶级反动路线总攻击誓师大会。

1967 年

1 月

1 日　厦门保险公司改属福州分公司管理,划归中国银行领导。

9 日　厦门大学红卫兵独立团、厦门工人革命造反总指挥部等十四个组织联合成立"厦门市革命造反派联合委员会(即"革联")。凌晨,派大队人马进入厦门日报社,宣布对报社夺权,原来的编委全部"靠边站",将《厦门日报》改为《新厦门日报》,开始刮起"夺权"黑风。《厦门日报》社是"文化大革命"中厦门市第一个被"夺权"的单位。

12 日　"革联"宣布"接管"市人民广播电台。

16 日　厦门人民广播电台实行军管,电台的自办新闻节目只在有线台播出,无线广播全部转播中央台节目。

18 日　厦门工人革命造反总司令部、新厦大公社、八二五公社等组织联合成立新厦门公社(即"促联"),并"搞所谓夺市委的权",无理揪斗市委、人委主要领导人。

19 日　"促联"向专政机关公安局"夺权"。

25 日　"促联"在公安局进行"反夺权"。

本月　"革联"、"促联"两大"造反派"组织成立后,多次冲击市党政机关,非法揪斗市委、市人委主要领导人。

本月　继上海"一月夺权"后,厦门造反派夺取市委领导权。随即又在市公安局夺权,市公安机关瘫痪。

2 月

4 日　驻厦部队举行武装游行,表示支持"无产阶级革命派的夺权斗争"。此后,军队开始介入地方"文化大革命"运动,执行"支左、支工、支农"和"军管、军训"的"三支两军"任务。

13 日　市公安局实行军管。

20 日　《厦门日报》社实行军管。

3 月

1 日　在驻厦部队代表主持下,经过两派协商,成立厦门市三结合筹委会。

6 日　罐头厂成立我市第一个所谓三结合的革命委员会。

4 月

13 日　军宣队进驻市委和市人委。

20 日　中侨委发出通知,从下半年起,华侨投资公司停止募股。

29 日　观点相左的"革联"、"促联"两大"造反派"在工人文化宫发生武斗。此后,两派武斗屡有发生,并动用武器,双方都有人员伤亡,直至 1968 年 8 月方息。

5 月

24 日　纺织厂 100 余人宣布绝食斗争。

30 日　"革联"举行所谓"炮轰"市委。

6 月

6 日　龙卷风袭击同安琼头。旋即天昏地暗,暴雨滂沱,大树被拔无数,船舶被卷上岸。

18 日　全市实行军管,成立中国人民解放军厦门市军事管制委员会,正式对厦门市委、市人委实行军管。第三十一军政委郑国担任军管会主任,田世兴、田军、李平为副主任。

29 日　"革联"、"促联"两派争夺厦门日报社,军管会决定将《新厦门日报》改名为《新华电讯报》,只登新华社电讯,不刊地方消息。

7 月

21 日　"革联"、"促联"两派在罐头厂、酒厂一带为"夺权",与"反夺权"派发生武斗。

25 日　两派开始抢枪。

8 月

2 日　两派在厦门大学武斗,开始使用小口径步枪等武器,造成林金铭等 3 人死亡。"革联"撤离市区到郊区。

12 日　"促联"宣布成立"厦门文攻武卫临时作战指挥部",召开"文攻武卫誓师大会"。

17 日　东山县革造会近千人来厦支持促联武斗。

18 日　"革联"在杏林成立所谓"厦门革命到底联合总司令部"。两派对立情绪加剧。

19 日　两派在莲坂使用机步枪武斗,有死伤。

26 日　"促联"非法夺公安局的权,成立所谓"工农兵卫戍司令部"。

29 日　"促联"非法夺银行的权。

9 月

3 日　"革联"、"促联"两派赴京代表经过协商,在北京达成上缴武器、制止武斗等八条协议。但后来双方撕毁协议,武斗再起。

7 日　两派在京又达成停止武斗的三条协议。

21 日　中央调查组来我市调查武斗事件。

10 月

1 日　英轮"嘉斯"号抵厦门,海关无人监管,外轮滞港。10 月 2 日,周恩来总理在给厦门市军事管制委员会电话中指出:"这种违反国法,影响祖国信誉的行动,是极端错误的,是绝对不能容忍的","如不执行(监管),中央定予揭露。"10 月 24 日,英轮"嘉斯"号再次抵厦门。11 月 4 日挪威轮"斯乐特"号首次抵厦门,海关仍无人监管,造成外轮三次滞港。每次均在周恩来总理等有关领导催促下,方完成外轮监管任务。此即为有名"外轮事件"。

7 日　两派在海关发生武斗。

8 日　两派在厦大发生武斗。

11 月

13 日　市军管会召集两派头头到毛泽东思想学习班学习。

19 日　两派再次夺枪、武斗。

1968 年

1月

26 日　厦门大学成立所谓"厦门大学革命到底联合司令部"。

31 日　"促联"非法成立的"工农兵卫成司令部"宣布解散。

2月

1 日　集美水产学校改名为福建水产学校。

2 日　两派组织在北京签署《关于收缴武器制止武斗的协议》。

9 日　两派在军管会主持下开始和谈。

10 日　"革联"、"促联"两派在北京达成《厦门革联、促联革命大联合协议》。

11 日　两派开始上缴武器。

16 日　两派会议达成《关于执行二·二协议的具体措施》,并实现了停火,"革联"人员开始回市区。

22 日　军宣队进驻厦门大学。

3月

4 日　市银行大部分业务陷于半停顿状态。

8 日　厦门各派代表在京签订了《关于限期彻底干净全部地收缴武器的联合紧急通告》。

17 日　火车站、木材公司等 33 个单位实现大联合,市军管会为此主持召开大联合大会。

20 日　市军管会发出恢复军管的通知。

4月

4 日　银行军管小组接市军管会通知,根据中央二·一八《紧急通知》的精神,凡一个单位因派别斗争分裂成两个银行账户,其新开设的存款户,自 4 月 5 日起停止一切收支活动。

5月

4 日　公安机关军管会召开宣判反革命和刑事犯大会。

10 日　海沧、前线公社革委会成立。

13 日　杏林公社革委会成立。

15 日　后溪、灌口公社革委会成立。

29 日　新劳动服务处试制第一台万能铣床。

31 日　工程厂试制成功一台不冒烟的加热炉。

6 月

1 日　曾塔公社革委会成立。

7 月

23 日　福建各派群众组织在北京签订《七·二三协议》。

24 日　两派在京代表签订"关于解决工资问题的临时措施"。

8 月

10 日　两派又撕毁协议发生武斗,各有死伤。

23 日　厦门警备司令部成立。

30 日　厦门警备司令部发出通告,限 9 月 1 日前两派上缴一切武器、弹药、装备等。

9 月

1 日　两派再次上缴武器。

9 日　厦门日报社实行军管,出版《厦门日报》临时版。1970 年 3 月 1 日《厦门日报》奉命停刊。

11 日　市公安局军管会召开宣判大会。

14 日　厦门市郊区革委会成立。

17 日　东风区(即开元区)革委会成立。

21 日　向阳区(思明区)革委会成立。

26 日　鼓浪屿区革委会成立。

28 日　同安县革委会成立。

本月　市公安机关破获金门派遣特务曾启忠案。

本月　受"文化大革命"的影响,待验邮包积压达 10 万余件。

10 月

19 日　工、军宣队进驻市各大中专学校和文化单位。

30 日　《毛主席是我们心中的红太阳》摄影展览会闭幕,展期共 40 天。

12 月

18 日　郊区贫下中农代表会议开幕。22 日闭幕。

22 日　全市性的知识青年上山下乡动员工作开始。

31 日　中国人民银行厦门市支行革命委员会成立,内设政工、业务、办事 3 个组。

1969 年

1 月

18 日　冷空气袭厦,气温下降至 2.2℃。

2 月

4 日　集美 117 名知识青年到永定县农村插队落户。这是"文化大革命"开始后,厦门首批大规模上山下乡的知识青年。

厦门市知识青年上山下乡

厦门市下乡上山人员花名册

15 日　接中国人民银行福建省分行通知,我市从即日起停办结算放款业务。

同日　厦门市群众专政指挥部成立,由市革命委员会直接领导。翌年 1 月,根据省革委会通知撤销。

19 日　驻厦海军在海上抓获从金门偷渡的特务余永兴。

3 月

5 日　全市 10 万军民示威游行,抗议苏联军队入侵中国领土珍宝岛。

8 日　全市又有 1292 名知青赴永定、上杭、武平三县农村插队劳动。4 月至 9 月,又有多批知青前往插队。是年,到这三个县插队的厦门

厦门知青在种菜

知青和居民多达 2 万余人。20 世纪 70 年代后期,他们中的绝大多数陆续返回厦门。

厦门知青劳动归来

厦门知青在田头读《厦门日报》

厦门知青文艺队在演出中

上杭厦门知青在集体学习

4 月

2—8 日　又有二批知识青年到闽西落户。

9 日　厦门海关通告,自港澳邮寄的信件一律不准夹带物品。4 月 20 日执行。

12 日　厦门大学革委会成立。

5 月

5 日　经省革命委员会批准,厦门至新加坡直达海运航线开通。

6 月

8 日　市中共党员大会开幕,22 日闭幕。

16 日　公安机关举行宣判大会。

8 月

27 日　军管会生产指挥部发出关于加强现金、信贷资金管理的通知。

9 月

3 日　又一批知识青年 1500 余人到闽西插队落户。

25 日　糖厂建成年产 50 吨柠檬酸车间。

26 日　台风带来暴雨、大潮。

10 月

1 日　造船厂试制钢质机动船成功。

9 日　市公安机关举行公审大会。

20 日　第一塑料厂建成年产 50 吨低压聚乙烯车间。

21 日　工程机械厂试制 Z4—4 型装载机成功。

11 月

1 日　江西省赠送我省耕牛 3100 多头,其中部分运来我市。

26 日　市首届活学活用毛泽东思想积极分子代表大会召开。12 月 2 日闭幕。

12 月

3 日　市首批干部 304 名被下放到闽西农村落户,接受"再教育"。"文化大革命"后期始陆续回厦工作。

1970 年

1 月

13 日　成立市财政局(包括财政系统、海关、人民银行),同时撤销银行军管小组。

2 月

11 日　厦门市召开"打击现行反革命活动、反贪污盗窃、反投机倒把、反铺张浪费运动"（即"一打三反"运动）动员大会。由于坚持"以阶级斗争为纲"，伤害了一些群众。

17 日　经国务院批准，福建省专、县行政区划进行调整，其中厦门市辖东风区、向阳区、鼓浪屿区、郊区。新区划从 7 月 1 日起实行。

27 日　侨生洪沧海因散发反对林彪、江青反革命集团，为老革命家鸣不平的信被错判死刑。1979年 11 月，厦门市中级人民法院撤销原判，为洪沧海平反。

洪沧海

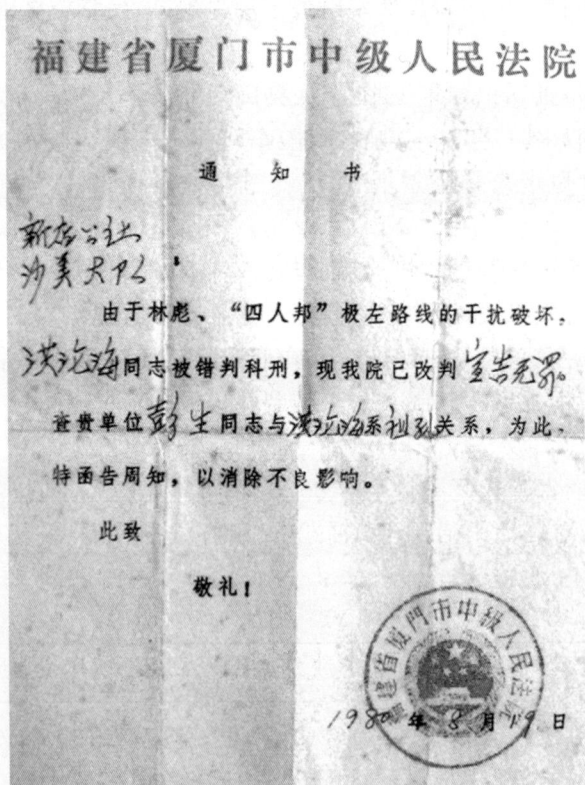

厦门市中级人民法院撤销原判，为洪沧海平反的通知书

3 月

1 日 《厦门日报》停刊。这是自清朝末年厦门有了第一家日报以来，第一次出现全市没有一张日报的局面。

《厦门日报》停刊前的报社全体职工的最后一张合影

3 日 市公安机关破获国民党情报局派遣特务郑一鸣案。

本月 刘茂堂(军代表)任厦门市革命委员会主任。

6 月

本月 厦门建设银行并入厦门人民银行。

7 月

1 日 同安县划归晋江专区管辖。1973 年 9 月，复归厦门市管辖。

29 日 筼筜海堤工程动工。(填没浮屿、斗西、美仁、后江埭和筼筜港内码头)

9 月

17 日 厦门市革命委员会党的核心小组成立，刘茂堂任组长。核心小组临时行使党委的部分职能。

21 日 厦门高崎码头竣工。码头岸线总长 530 米，堆场面积 3.23 万平方米。

10 月

15 日 因"文化大革命"而一度停顿的香港互寄包裹业务重又开始办理。28 日，开始执行外贸部重新修订的《海关对寄自或寄往香港、澳门的个人邮寄物品监管办法》，原"监管办法"废止。

11 月

8 日,厦门市运动员倪志钦在长沙举行的田径赛中跳过 2.29 米,打破男子跳高世界纪录,成为中国第一个打破田径世界纪录的男运动员。

倪志钦在长沙举行的田径赛中跳过 2.29 米

1971 年

2 月

14 日 市冶炼厂工人陈福海因投寄对林彪、江青破坏社会主义法制,迫害刘少奇等老一辈革命家不满的匿名信而被错判死刑。1979 年 12 月,市中级人民法院撤销原判,为陈福海平反。

3 月

18 日 筼筜港大堤堵口。9 月基本竣工。从此,筼筜港海湾成为湖泊,原浅海滩变为陆地。

本月 南安县的大嶝公社和莲河、霞浯等地划归同安县管辖。

4 月

17 日 中共厦门市第四次代表大会召开,19 日结束。大会选举产生中共厦门市第四届委员会,并恢复市委部分领导机构,刘茂堂为市委书记。

6 月

18 日 国务院发出《关于华侨、侨眷入境审批工作的规定》,对华侨,侨眷出入境适当放宽。这个规定贯彻执行后,厦门的归侨、侨眷申请和批准出境的人数大量增加。

9 月

1 日 市百货站杏林棉花仓库遭雷击起火。库存的数十万公斤棉花大部被烧毁,损失金额达 87 万余元。

1972 年

3 月

3 日 为兴建南安县山美水库,南安县九都公社鼓声等 4 个大队 8531

人被安排到同安县落户,分别被安置在莲花、果园、汀溪、巷东等公社和竹坝、三秀农场。

4 月

7 日　根据周总理"要废除法西斯的审查方式,整顿监狱"的指示,市革委会人民保卫组对监所监管工作进行检查。

5 月

9 日　市革委会派代表参加省农业学大寨参观团,赴大寨等地参观,学习大寨经验。至 6 月 10 日结束。

8 月

5 日　市革委会决定:中国人民银行厦门支行隶属关系由市革委会财政局领导更改为直属市革委会领导。

9 月

1 日　集友银行总行办理结束。

11 月

1 日　根据国务院的决定,上海水产学院迁到集美,并改名为厦门水产学院。

12 月

26 日　由厦门水声仪器厂(即电控厂)研制的 7.5 千瓦二频道黑白电视发射机,在福州鼓山顶投入使用。

1973 年

1 月

1 日　厦门市全面试行《中华人民共和国工商税条例(草案)》,把原来的工商统一税及其附加、城市房地产税、车船使用牌照税、屠宰税、盐税等合并为单一的工商税。

本月　开展"批林整风"运动。

3 月

本月　张维兹任中共厦门市委书记。

本月　厦门首次试验活鳗鱼苗、活石班鱼、活大虾、活梭子蟹等出口香港成功。

本月　在厦门执行"三支两军"(即支左、支工、支农和军管、军训)任务的军队干部陆续撤离地方。

4 月

1 日　同安县莲花、西柯、祥桥一带降大雨雹兼雷暴,雹粒大如鸡蛋,最大达 4 公斤。11 日,再次雨雹。共毁房 2928 间。

5 月

23 日　省 713 台(厦门广电集团 201 台前身)技术总监黄益木等技术人员在万石植物园标本馆安装厦门第一部电视差转机(厦门水产仪器厂生产),试验收转福建电视台黑白电视节目。

6 月

8 日　市公安局召开大会,传达省公安工作会议,贯彻毛主席、周总理1972 年 12 月 18 日对监管工作重要指示。

7 月

3 日　台风正面袭击同安,伴有 60 米宽度的龙卷风,并挟带特大暴雨。死 7 人,伤 64 人,毁屋 1300 余间,毁船 2400 余艘。

本月　同安县再划归厦门市管辖。

8 月

6 日　电视差转台从万石植物园移至东渡牛头山海军信号台。在厦门大学物理系老师的帮助下,安装设备和天线,并进行调试,接收 2 频道福州鼓岭发射台发射的省台电视节目信号,差转 8 频道播出。

9 月

1 日　晋江地区的同安县划归厦门市领导。9 月 1 日实行新隶属关系,中国人民银行同安支行归属厦门人民银行。

本月　中山路头改建为厦鼓轮渡码头。

10 月

21 日　"闽海 205"号轮船员在广东惠东海面抓获 13 名偷渡越境人员。市革命委员会为该轮记集体三等功,并予通报表彰。

12 月

15 日　中共福建省委关于公安机关体制问题的通知,其中指出各地市县公安局均应抓紧筹备成立党委。党委成立后,各地、市、县公安机关军管会(组)即可分别报经省、地(市)委批准撤销。

1973 年　谷牧副总理主持的国家 10 部考察组在厦门港实地考察,确定厦门港是商、军、渔港并存,以商港为主。

1974 年

2 月

本月　全市开展"批林批孔"运动。

3 月

13 日　厦门城乡连下两天酸雨,造成农村的早稻烂秧。

4 月

4 日　同安数千军民在彭厝附近围捕自金门偷渡登陆的特务蔡昌山。

6 月

21 日　厦门市执行财政部发出的《关于外国籍轮船运输收入的征税规定》。规定外籍轮船在中国港口的运输总收入应交纳工商统一税和工商所得税,合并征收的税率为 3.03%(其中:工商统一税税率为 2.5%,工商所得税税率为 0.5%,另外按应纳税额征收 1%地方附加,三项合计征收率为 3.03%)。

1975 年

1 月

12 日　贯彻周总理"增设厦门港,接运进口粮"指示,厦门粮食部门首轮接卸进口澳大利亚万吨小麦。

13 日　当天 14 时 30 分,检疫人员等登上希腊籍伊尔丹尼亚号(E1DANIA)轮检疫厦门港接卸的第一批进口小麦(澳大利亚小麦 11746吨)。23 时整实验室检疫结束,未发现对外植物检疫对象,签发准卸通知单,准许该轮卸货。该轮是 12 时 16 时抵达厦门港联检锚地的。厦门动植物检疫所检疫工作以此为起点。

21 日　谢汉慈等人到泉州冷冻厂检疫出口速冻蔬菜。这是第一批次出境货物的植物检疫。

本月　市人民银行宣布撤销收汇局的机构和名称。

2 月

2 日　厦门市中医院复办。该院创办于 1956 年,1970 年停办。

3 月

6 日　郑桂发从进境邮包鱼干中首次检出赤足郭公虫,为厦门动植物检疫所第一次截获对外植物检疫对象。

13 日　查获走私 B12 原粉进口集团走私案,主要成员多达 20 余人。走私 B12 原粉 527 克及手表、半导体晶体管等其他物品,价值人民币 70000 余元。主要销私者移送晋江县公安局予以逮捕。

16 日　厦门动植物检疫所首次开展出口活猪的动物检疫。

是年年初　厦门国际海员俱乐部成立,开始接待国际海员。

5 月

4 日　同安策槽围垦海堤工程合龙。该海堤始筑于 1970 年 2 月,南堤长 1620 米,北堤长 2200 米,造田 566.95 公顷,余留水面养鱼虾,总投资 228 万元。丙洲岛从此与陆地相连。

同安东风大队开荒造田

本月　市委书记张维兹调福建省革委会工作。

6 月

本月　市人民银行恢复军事货币管理科,统一办理市区部队公款和储蓄业务。

7 月

30 日　厦门政法机关破获国民党派遣特务庄炳坤案。庄曾两次从香港潜入厦门,发展特务组织,搜集军事情报。

本月　全市工业企业响应省"工业学大庆"经验交流大会的号召,广泛深入开展工业学大庆运动。

本月　郑重任中共厦门市委书记。

10 月

8 日　根据中央关于宽大释放美蒋武装特务的指示,下午 3 时 45 分,市公安机关协同公安部及驻军,将 60 名被宽大的美蒋武装特务人员,用渡船遣送金门。

12 月

4 日　厦门市清理办公室妥善安置被宽大释放的原国民党县团级以上人员 13 名。

本月　厦门大学化学系电化专业师生研制成功中国第一台化学综合测试仪。该测试仪由恒电位仪、信号发生器和交流阻抗测定仪等三部分组成。

本月　市税务局开始在集体工业企业中举办"小贷"。

1976 年

1 月

1 日　全面使用新版的厦门市统一发票,旧版发票停用,新版发票按经济性质和专业分为七种。

本月　厦门许多单位和群众冲破阻力,以各种形式自发举行追悼活动,沉痛悼念周恩来总理逝世。

2 月

1 日　根据中央有关部门《关于宽大释放人员回台问题的指示》,6 名获释的国民党县、团级以上被押人员经由厦门市送往国民党军队所占驻的大担岛。

本月　根据上级部署,厦门错误地开展"批邓、反击右倾翻案风"运动,政治局面再度陷入混乱状态。

3 月

本月　市人民银行实行对农村集体经济现金管理试行办法。

4 月

5 日　民众到市烈士纪念碑敬献花圈,悼念周恩来总理。

本月　厦门市侨批业清理小组成立。

5 月

本月　江青反革命集团推行所谓"反击右倾翻案风"。市革命委员会召开数万人大会,宣布逮捕写信反对"四人帮"、拥护邓小平同志的厦大马列主义教研室教师林德忠同志。

7 月

7 日　龙卷风袭击同安,自祥桥至新圩沿途飞瓦拔木,损屋 70 余间,拔树 79 棵。

19 日　中国人民解放军副总参谋长杨成武和总政治部副主任梁必业等抵厦,视察海防斗争情况。

本月　中共厦门市委书记郑重调福建省委工作。

8 月

1 日　应中央防洪指挥部急电要求,厦门电子仪器厂携带水下电视设备,对北京密云水库大坝进行探测。经过一个多月的工作,取得大坝在唐山大地震后未损的数据,排除水灾险情,受到中央防洪指挥部的表扬。

9 月

9 日　毛泽东主席逝世,市公安机关召开会议,传达中央政治局通知精神,收听中央《告全党全军和全国各族人民书》,部署全体干警化悲痛为力量,做好公安保卫工作。

18 日　厦门军民 5 万余人在中山公园集会,沉痛悼念毛泽东主席。此前,还在工人文化宫连续数天举行悼念活动。

10 月

6 日　开展揭批"四人帮"罪行运动。

19 日　厦门大学鲁迅纪念室整修扩充后,更名为鲁迅纪念馆,郭沫若为该馆题写馆名。

鲁迅纪念馆

24 日　厦门 10 万军民冒雨游行,热烈庆祝中共中央粉碎江青反革命集团。

厦门军民庆祝粉碎"四人帮"的游行队伍(供图 档案馆)

本月　莲花水库竣工。坝长 102 米,高 30 米,库容量 240 万立方米。

是年　厦门人民体育场建成,位于幸福路东侧,占地 2.3 万平方米,场内有 400 米跑道、足球场和投掷、跳高、跳远等场地和简易练习房。三面看台可容观众 1 万多人(1958 年动工)。

是年　狐尾山厦门市气象台新台动工兴建,1980 年竣工交付使用。

1977 年

2 月
本月　曾鸣任中共厦门市委代理书记。

3 月
25—31 日　市工业战线一批大庆式企业、先进企业和先进生产(工作)者赴榕参加全省第二次工业学大庆会议。会后,"工业学大庆"群众运动出现新的高潮。

8 月
20 日　厦门军民举行盛大游行活动,庆祝中共第十一次代表大会召开。

9 月

本月　边圻任中共厦门市委书记。

是年秋　厦门大中专院校废除"文化大革命"中实行的推荐招生办法，恢复考试制度，择优录取。

10 月

本月　根据中共福建省委部署，厦门开展"一批两打三整顿运动"（批判江青反革命集团反革命修正主义路线；打击阶级敌人破坏活动，打击城乡资本主义势力；整顿领导班子，整顿经营管理，整顿工作作风）。

12 月

本月　市人民银行加强现金管理，实行凭"现金领用证"领取现金的办法。

是年　投资 130 万元，于中山公园西门建厦门影剧院（初称"厦门会场"）。

1978 年

1 月

15 日　市食品厂 1 辆汽车在前场地段穿越鹰厦铁路时与火车相撞。汽车起火燃烧，死 6 人，伤 2 人。

3 月

本月　本市全面开展清查整顿账户工作。

4 月

10 日　国务院以国发（1978）63 号文件向全国各省、自治区、直辖市及各部委批转卫生部、外交部《关于恢复红十字会国内工作》的报告，中国红十字会恢复国内工作。

6 月

8 日　中共厦门市委召开四万人平反大会，为 1976 年 5 月因写信反对江青反革命集团而被错误逮捕的厦门大学讲师林德忠、被拘留审查的高殿大队会计陈永川和被批斗的夏承英等 3 个案件彻底平反，恢复名誉。

16—22 日　由中央统战部组织的在京爱国人士视察参观团一行 30 人来厦视察参观，其中有全国人大副委员长胡厥文、全国政协副主席胡子昂。

18 日　公安部部长赵苍璧来厦门视察。

本月　全市开展关于真理标准问题的大讨论。

中共厦门市委召开平反大会

7 月

3 日 市革命委员会大门口发生一起流氓当众调戏妇女事件,围观群众达数百人。1981 年 1 月,3 名主犯被判处有期徒刑。

8 月

5 日 省委书记廖志高在省水利电力局局长萧苏和厦门市委领导李振经陪同下到厦门电厂检查扩建工程进度,并作指导。

本月 从进口泰国芝麻(混有绿豆)里,首次检出对外植物检疫对象——四纹豆象。

9 月

1 日 经国务院批准,杏林区区委和区政府正式挂牌办公,辖杏林、东孚、海沧三镇及杏林街道办事处。

15 日 经市委批准,厦门人民广播电台自办地方节目恢复无线广播。

11 月

25 日 厦门市科学大会召开,并举办科技成果展览会。

30 日 被批准的特赦人员和宽大释放人员任平治、韩蔚天、陈南平等18 人乘船离开厦门回台湾。

本月 经国务院批准,集美航海学校由中专升为大专,校名为集美航海专科学校,直属交通部领导,面向全国招生。

是年 按照中国红十字会接待和安置越南、印支难民的工作安排,本年度厦门市接收、安置在农场和企业的难民 1497 人,其中安置在天马农场360 人,侨星化工厂 498 人,同安竹坝农场 615 人,厦门中国旅行社 24 人。

1979 年

1 月

1 日　全国人民代表大会常务委员会发表《告台湾同胞书》，为厦门与台湾的交往提供了有利条件。此后，厦台关系进入了新的历史时期。

同日　中国人民解放军驻厦部队根据国防部长徐向前发表的声明，停止对台湾当局占领的大金门、小金门、大担、二担等岛屿的炮击。

同日　厦门中国银行华侨服务部恢复。

2 月

本月　根据中共中央关于《地主、富农分子摘帽问题和地主、富农子女成分问题的决定》，市公安机关于 2 月初开始为地主、富农分子摘帽，并为其子女改定成分。至 4 月中旬，全市被摘掉"四类分子"帽子的有 2105 人（继续戴帽的 41 人，至 1983 年 7 月全部摘帽）。陆续完成地富子女二代定成分，三代改出身工作。此后，阶级成分逐渐被职业身份所代替。

本月　中共福建省委通知批准《厦门日报》复刊。

4 月

1 日　开始实行进出境动物检疫收费制度。在此之前，进出境动植物检疫为免费服务。

2 日　市区和海沧降冰雹，最大达 4.25 公斤。房屋和农作物受损严重。

7 日　中国人民保险公司厦门支公司恢复。

13 日　全国青年篮球联赛（厦门赛区）在我市举行。

21 日　中国银行厦门分行与中国人民银行厦门市支行机构分设，由市直接领导。

25 日　厦门市文学艺术界联合会恢复活动。市文联成立于 1950 年，"文化大革命"中被迫停止活动。

5 月

1 日　《厦门日报》正式复刊出报。这是"文化大革命"中被停刊的各地、市委机关报中复刊的第一家。

4 日　市青少年科技展览会开幕。

13 日　全市 210 名四类分子（地主、富农、反革命、坏分子）摘掉帽子。

23 日　上海杂技团来我市公演。

25 日　在我市的省艺校芗剧班首次招生。

1979 年 5 月 1 日《厦门日报》复刊号

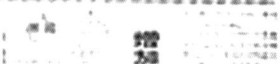

《厦门日报》刊登《中共厦门市委关于〈厦门日报〉复刊的决定》

29 日　灯泡厂、滚珠轴承厂、中药厂等 25 个单位获省大庆式企业奖旗。

本月　为适应厦门至香港海上客运通航,在厦门海关成立旅检筹备小组。7 月 7 日,厦门市编制委员会同意厦门海关增设旅客行李检查科,并经福建省人事局同意,招收"以工代干"人员 63 人。此后,派员往九龙、拱北、广州、黄埔海关学习旅客行李检查业务,并在和平码头设立旅客行李检查站。

6 月

3 日　郊区召开二届"人代会"。

6 日　市技工学校成立,首设机械、电子、造船、园艺等专业班。

11 日　市第八次归侨代表会议闭幕,省侨办副主任林修德列席会议并讲话。大会选颜西岳为侨联会主席。

17 日　在虎园路鸣枪打人的流氓周信林被捕。

7 月

2 日　以马友为首的中越边境自卫还击战英雄报告团,前来我市作传达报告。

8 日　杏林区召开第一次党代会和人代会。

11 日　湖滨旅社工地垂直运输井架倾倒,致 5 人死亡,4 人受伤。

12 日　全国甘蔗生产座谈会在我市召开。

14 日　暴热,温度达 37℃。

15 日　中共中央发出第 50 号文件,决定广东、福建两省在对外经济活动中实行特殊政策和灵活措施,并在广东省的深圳、珠海、汕头和福建省的厦门市设置经济特区,鼓励外国公民、华侨、港澳同胞及其公司、企业前来投资设厂,或与我方合资兴办企业和其他事业。

同日　中共中央和国务院决定对福建、广东两省在对外经济活动中实行"特殊政策"、"灵活措施",并提出在厦门等地试办"出口特区"。据此,厦门海关着手研究相应措施。

同日　容量为 643 万立方米的杏林溪水库及其配套工程建成。通过渡槽,将水送往杏林、后溪、集美等地。

19 日　中医院院长陈应龙创造的"坐式保健练功十三法"拍成电影推广。

21 日　团市委召开大会,授予林远明为模范共青团员称号。林为海沧公社东屿大队社员,他 6 次入水,救出 15 人。

24 日　省委同意厦门市开放少量教堂、寺庙,并同意厦门市恢复基督教三自爱国会、天主教爱国会、佛教协会和伊斯兰教协会的组织活动。同月,南普陀寺对外开放。8 月,市基督教新街堂对外开放。

同日　市召开烈军属残废复退军人优抚工作先进单位表彰大会,并对我市参加中越边境自卫还击 3 位烈士的家属表示慰问。

29 日　厦门气象台安装气象卫星接收站。

本月　厦门杏林电厂扩建工程第一台 2.5 万千瓦机组并网发电。

8 月

9 日　同安县首次采用人工降雨,中心地带雨量达 68 毫米。

10 日　厦门中医院增设外宾病房,设立内外科和针灸、痔疮、传染病科,开始接纳外宾患者住院治疗。

15 日　首届"鹭岛之夏"音乐周开幕。

16 日　福州部队在我市授予邱建业雷锋式干部荣誉称号。邱 3 月 3 日因抢救战友牺牲。

27 日　市基督教新街礼拜堂举行开放仪式。这是"文化大革命"后省内第一个开放的基督教堂。

9 月

1 日　福建省海洋研究所在鼓浪屿成立。

位于鼓浪屿的厦门市干部疗养所的美国领事馆,曾于 1979 年 10 月改作福建省海洋研究所

同日　鹭江中学创办。为厦门第一所培养体育运动员的学校。

7 日　厦门工人业余大学复办。

8 日　在全国第二次质量月广播电视大会上,我市罐头厂生产的水仙牌香菇肉酱罐头获国务院银质奖。

13 日　中国西欧经济研究会在我市举行学术讨论会。

15 日　市委决定集美校委会归口市委统战部领导;恢复校委会与香港

集友银行关系,继续行使股权。

19 日　市公交公司巫秀美被共青团中央评为新长征突击手。

20 日　恢复中华全国中医学会厦门分会,董事长陈应龙。

同日　市举办的工艺美术品展览会今日开幕。

21 日　市后溪下店养猪场、红星托儿所杨秀陈等 18 个单位和个人获全国"三八红旗集体"和"红旗手"称号。

25 日　市革委会召开畜牧工作会议。

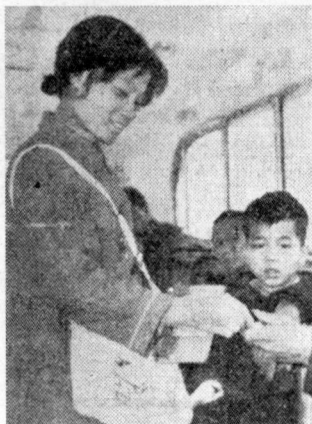
巫秀美

10 月

1 日　市革委会发出通知,"文化大革命"中被篡改的地名恢复原名。向阳区复名思明区,东风区复名开元区,东方红路复名中山路,其他路名也一律恢复原名。

同日　厦门市工业产品展览会在展览馆揭幕。

3 日　省海洋学会、湖沼学会在我市成立。

5—11 日　中共厦门市委召开常委扩大会议,展开"实践是检验真理的唯一标准"的讨论,批判"左"的思想。

7 日　谢汉慈、卓亚北从"阿克梯"轮装运的法国散装小麦中首次检出对外植物检疫对象——谷象。该批小麦在泉州市面粉加工厂进行灭虫处理。

10 日　莲坂水厂扩建工程基本竣工,并通水投产。

15 日　省体育学院在集美成立并开学。

16 日　省市外文书店、新华书店在工人文化宫联合举办中外文科技图书展销会。

17 日　市军民 1000 余人欢庆厦门解放三十周年。

20 日　市召开"为四化只生一个孩子"表彰大会。全市已有 1961 对夫妇领了独生子女证。

11 月

15 日　中共厦门市第五次代表大会召开,18 日闭幕。大会选举产生中共厦门市第五届委员会,陆自奋为市委第一书记,吴星峰为市委书记。会议作出《坚持四项基本原则,把工作重心转移到经济建设上,为实现四个现代化而奋斗》的决议。

　　同日　中共厦门市委纪律检查委员会恢复。市纪委创建于 1950 年 3 月,1956 年 3 月改称中共厦门市委监察委员会。1983 年 8 月,与市政府监察局合署办公,履行纪检、监察职能。

　　16 日　我市援助塞内加尔医务人员黄见亭等 9 人启程。

　　18 日　供电所改为供电局。

　　24 日　市红十字会恢复活动。

　　25 日　同文路 4 号门口凶杀林聪智的凶手王春木落网。

12 月

　　2 日　厦门手表厂友谊牌手表正式投产。

　　同日　在印度新德里举行的第九届亚运会上,厦门籍运动员郑达真以 1.89 米的成绩获女子跳高冠军。

　　8 日　海政歌舞团前来我市公演。

　　11 日　中共厦门市委颁发厦委 (1979)247 号文件,作出《关于为受"美蒋特务集团"假案株连的同志彻底平反的决定》,为施耀、庄云潮、张其华、庄清华、黄成岸、王顺流等 38 位同志彻底平反,恢复名誉。

厦门手表厂生产的友谊牌手表

　　13 日　厦门有史以来首次进行地名普查。市地名普查领导小组开始对全市地名进行一次全面性普查,翌年 10 月完成。普查成果结集《厦门市地名录》出版。

　　同日　市委、市革委会联合召开平反大会,为在"文化大革命"中受迫害的袁改、李文陵、许祖义等同志彻底平反,并恢复名誉。

　　14 日　南普陀市举行恢复宗教活动仪式,佛教界人士 80 余人参加。

12 月 17 日　"鼓浪屿"号客轮试航香港

　　15 日　日本佛教界古黄檗拜塔友好访华团来厦访问,并到南普陀寺朝拜。

　　17 日　"鼓浪屿"号客轮试航香港。这是中华人民共和国成立后厦门首航香港的海上客轮。20 日,"鼓浪屿"号客轮二次试航。23 日,"鼓浪屿"号客轮由香港试航回到厦门。1980 年元旦,厦港正式通航。

20 日　市科普作协成立,李来荣为理事长。

21 日　厦门自行车厂的"武夷牌"自行车在全国评比中获第四名。

23 日　福寿鱼(即红罗非鱼)在厦门市养殖成功。

28 日　九龙江北溪引水工程全线开工。

29 日　市汽车出租公司成立。

30 日　厦门市广告公司成立。这是"文化大革命"结束后成立的首家广告公司。

本月　厦门港客运站落成,交付厦门—香港通航使用。

厦门自行车厂的"武夷牌"自行车

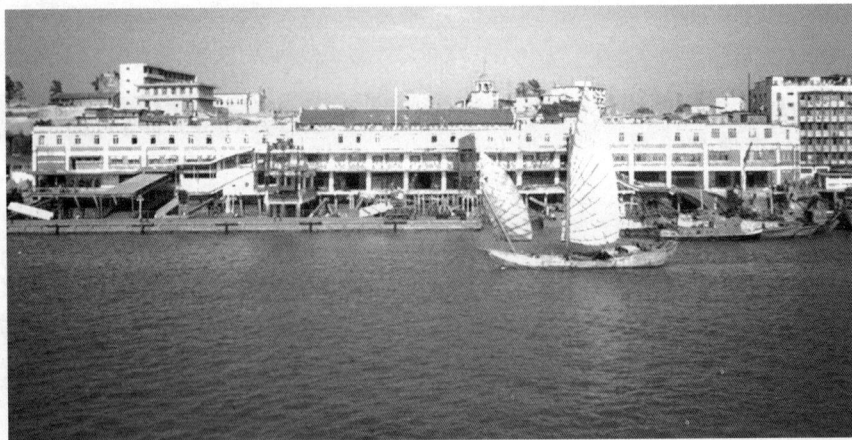

厦门港客运站

1980 年

1 月

1 日　厦门—香港"鼓浪屿"号客轮正式通航。"鼓浪屿"号载送通航代表团赴香港,执行每周两次往返厦门—香港的航班。海关旅客行李监管业务恢复,厦门动植物检疫所同时开展旅客携带物检疫工作。

同日　感光厂生产的厦门牌照相纸在全国质量月评比中获第一名。

颜西岳(左)和林诚致参加首航厦门—香港的"鼓浪屿"号客轮通航典礼的留影

"鼓浪屿"号客轮

同日　厦门影剧院举行落成典礼。该院在中山公园西侧,建筑面积6400平方米。

同日　中国农业银行厦门市支行恢复开业。

19 日　同安小坪水库水利工程基本竣工。水库蓄水量达 408 万立方米,小水电站 4 个,发电量达 6200 千瓦。

31 日　寒雨夹有冰粒。

厦门影剧院

2 月

5 日　在我市举行的八省市足球赛结束,省队获冠军。

10 日　同安胶化厂建成投产。

14 日　中国青年艺术剧院到我市慰问演出。

16 日　下午五时半,日蚀。

21 日　中药厂火灾,损失达十余万元。

22 日　厦门商业冷冻厂建成投入使用。

24 日　在联邦德国杜塞多夫举办的国际田径赛中,厦门运动员郑达真以 1.9 米的成绩创亚洲室内女子跳高纪录。

28 日　市新闻工作者协会成立。

郑达真

3 月

4 日　厦门市召开专业技术职务晋升大会,57 名科技人员得到晋升。这是"文化大革命"停止技术职称评聘后的首次晋升。

7 日　在我市举行的省出口陶瓷展销会结束,成交合同金额达 80 万美元。

16 日　市书法篆刻研究会成立,罗丹为会长。

罗丹

罗丹书法作品

19 日　澳大利亚塔斯马尼亚州总理杜洛·洛一行来我市访问。

同日　中央歌舞团首次来厦公演。

21 日　市民建、工商联恢复活动,选黄长溪为工商联主任。

27 日　中共厦门市委、市革委会联合召开全市平反大会,为"文革"期间因刘少奇同志冤案,各种其他冤假错案受迫害,或受株连的数百名同志平反昭雪。

4 月

1 日　厦门市中行开始发放外汇券。发放的券面有 50 元、10 元、5 元、1 元、5 角和 1 角 6 种,1985 年增发券面 100 元 1 种。1986 年底,经厦门外汇管理局批准,厦门市可以收取外汇券的有中国旅行社、厦门宾馆、鹭江宾馆、旅游公司、航空公司、厦门港客运站、文物商店等 200 多个单位。

外汇券

4 日　厦门大学体育部教授陈礼贤被国际体操联合会批准为国际体操裁判员,成为福建省第一位国际级裁判员。

12 日　省科技成果授奖大会在厦门分会场上，为我市十一项科技成果奖授奖。

16 日　省电影制片厂在厦门开拍彩色纪录片《集美与陈嘉庚》。

17 日　市青年联合会第七届委员会开幕，选郭叔周为主席。

19—22 日　谢汉慈等在龙海县九湖公社蔡板大队百花村和福建省热带作物研究所进行出口水仙花产地疫情调查时，发现水仙大褐斑病为害严重。

22 日　国务院批准福州、厦门、漳州、泉州四市为对外开放城市。

23 日　市公安局公园派出所所长江显进出席全国公安战线先进单位工作者表彰大会，公园派出所被授予"全国公安战线先进集体"，并荣立集体二等功。

26 日　我市感光厂等 6 厂获省大庆式企业，今举行授奖仪式。

5 月

5 月　同安县发生毁林 3.5 万亩的案件，为首的 9 人被捕。

1 日　北溪引水工程竣工仪式在九龙江郭洲头举行，引水到我市的左干渠长 51 公里，流量达 $22m^3$/秒。该工程于 1972 年动工，从江东桥引九龙江水，经角尾、杏林、集美，跨海进入厦门岛内，渠长 50.7 公里。它的建成将大大缓和我市的用水问题。

北溪引水工程通水典礼在九龙江北溪郭洲头桥闸举行

4 日　厦门市政协第五届全体委员会议召开，8 日闭幕。会议选举施耀为市政协主席。

5 日　厦门市第七届人民代表大会召开，代表 489 人，8 日闭幕。会议选举产生厦门市人民代表大会常务委员会，陆自奋当选为人大常委会主任；会议决定撤销市革命委员会，成立厦门市人民政府，吴星峰当选为市长。

9 日　我市孙煌石刻版面在日本稻城市展出。

11 日　开元区举行第八届人大,选出区人大常委会主任和区长。

15 日　中央关于广东、福建两省会议纪录,决定厦门市划出一定范围的区域,试办经济特区。

16 日　中共中央、国务院、中央军委致电厦门电容器厂,表扬该厂生产的 C1Z11 型金属电容器,为国家向太平洋海域成功发射运载火箭作出贡献。

16 日　中共中央、国务院决定,在厦门市划出一定范围的区域试办经济特区。同年 10 月 7 日,国务院正式批转福建省政府《关于厦门经济特区选址的报告》,同意在厦门岛西北部的湖里地区划出 2.5 平方公里的土地,设置厦门经济特区。

20 日　"厦门经济特区筹备处"成立。

24 日　台风、暴雨,雨量达 144 厘米。

31 日　美国"海洋专家"调查船经厦停靠 13 小时,系执行中美海洋和渔业科技合作项目。该船将和我国海洋科研人员一道进行长江口沉积动力学等调查研究。该船有美方科学家与船员 70 人,我方科研人员,国家海洋三所等 7 单位有关人员登船参观。

6 月

1 日　市保险公司复业,同时恢复国内保险业务。

同日　鹭江剧场开始营业。

3 日　市政府召开增产节约、增收节支经验交流大会。

14 日　集美校委会恢复办公,主任张其华。

19 日　以拉杜·马诺柳为团长的罗马尼亚共产党工作友好访问团结束在我市的访问。

21 日　日本驻香港总领事枝村纯郎来我市访问。

22 日　"海关 201"号缉私艇在永宁东海面缉获台湾籍走私船"金大满"号,查获走私手表 9899 只。

23 日　以艾哈迈德·马拉维为团长的突尼斯代表团访问我市。

29 日　集美水产学校复名并庆祝建校 60 周年。校址在仙岳山下。

7 月

1 日　位于湖滨中路的湖滨饭店基本竣工并营业。楼高 14 层,地下室 2 层,地面 12 层,建筑面积 12416 平方米,可容纳 1000 名旅客住宿,为当时厦门最高建筑。

15 日　市首届工会职代会在工人文化宫举行。

15 日　西藏爱国人士参观团在崔科·顿珠才仁率领下来我市访问。

16 日　市七届人大常委会举行第二次会议
通过《厦门市各县区、公社直接选举工作的意见》
的决议。

21 日　厦门师专改名集美师专。

22 日　在我市举行的省大学生第三届田径
运动会结束。

24 日　第二织布厂房屋倒塌,一死七伤。

26 日　全国人大正式宣布在深圳、珠海、汕
头、厦门设置经济特区。

28 日　英国前驻华大使艾惕思来我市访问。

位于湖滨中路的湖滨饭店

8 月

1 日　市委召开政治工作会议结束。大会强
调大力加强新时期的政治思想工作。

12 日　闽浙沪联合在我市举办为期十天的青少年航海夏令营活动。

14 日　市府召开整顿交通秩序动员大会。

18 日　在建阳举行的省青少年举重对抗赛中,我市代表陈荣鑫以 201
公斤的成绩破三项少年组全国纪录。

21 日　日本友好访厦团一行十二人来我市游览访问。

23 日　联合国教科文考察组一行三人来我市考察厦门大学。

26 日　第五届全国人大常委会举行第十五次会议,审议通过《广东省
经济特区条例》,正式宣布在深圳、珠海、汕头、厦门设立经济特区。

9 月

1 日　全国第三次质量月广播大会上,我市厦门牌照相纸(感光厂)和
鹭江牌六味地黄丸(中药厂)获国务院颁发的银质奖章。

2 日　全国业余体校游泳达标赛在我市开幕。

同日　成立中共福建省厦门经济特区管理委员会党组,直属福建省委
领导,书记陆自奋、副书记张继中。成立厦门经济特区管理委员会,郭超为
管委会主任,陆自奋、张继中、向真、宗干为副主任。

16 日　新西兰总理罗伯特·马尔登偕夫人率团乘专机访厦。

21 日　澳大利亚国立大学太平洋研究院院长王庚武率团访厦。

同日晚　中山公园东门发生手榴弹爆炸案,死 3 人,伤 17 人,凶手李根
洪亦死亡。

22 日　厦门高校复办,后改名为集美财经学校。

25 日　集美侨校复办并正式开学。

26 日　科学家钱伟长教授来厦讲学。

27 日　经福建省人民政府批准,同安县开设刘五店港起运点,正式通航香港、澳门,厦门海关派员监管。

30 日　厦门市南乐团恢复并举行公演。

厦门市南乐团恢复并举行公演

10 月

1 日　厦门经济特区经国务院批准设立,是年 10 月开始动工建设。特区创办初期,在厦门岛西北部的湖里划出 2.5 平方公里兴办出口加工区(现为湖里工业区)。厦门正式设立特区后,国务院指示参照《广东省经济特区条例》给予特区内的外资企业和合营企业的优惠条件。

同日　市政府发出通知,对厦门市政区和道路作出命名、更名决定。新命名的有湖滨东、西、南、北、中路,前线公社更名为禾山公社。

4 日　厦门卷烟厂与美国雷诺士烟草公司联合生产的"骆驼"牌香烟,举行开机试产剪彩仪式。

5 日　集美学校校友会在集美"归来堂"召开第一次理事会,陈村牧当选为理事长。

同日　市航海学会成立,选王兴民为理事长。

10 日　市府决定实行糖蔗超产奖励办法。

同日　以布格纳鲁·亚历山德鲁率领的罗马尼亚共产党工作者友好访问团一行 22 人访问厦门。

13 日　以议长敦·奥马尔·翁毓麟为团长的马来西亚议会代表团访问厦门。

15 日　福建体育学院迁入集美,今为集美大学体育学院。

同日　全国足球分区赛(决赛)在我市举行。

20 日　市农学会成立。

同日　市委召开的市县(区)社三级干部会议结束。大会决定贯彻中共中央关于加强和完善农业生产责任制的文件。

同日　珠绣拖鞋厂全珠绣面拖鞋获轻工部优质产品奖。

24 日　日本女排二队与江苏队在集美举行表演赛。

28 日　美籍知名画家方壁君访厦。

29 日　纪念台湾雾社起义 50 周年学术讨论会在厦门大学闭幕。

同日　省首届科技情报学术年会在我市举行。

11 月

1 日　集美鳌园、陈嘉庚故居纪念馆正式对外开放。

同日　集美航专庆祝建校 60 周年。

同日　市广播事业局成立。

同日　思明区八届人大会议闭幕,选李锡龄为区长。

2 日　集美恢复龙舟比赛。

7 日　厦门海关连续查获 3 起重大走私案,共抓获走私船 9 艘,查扣手表 1.5 万只,黄金 17.8 公斤,收录机 1690 台,银圆 4130 枚,布料 2.6 万米,案值 436 万元。

8 日　鼓浪屿区第八届人大闭幕,选李东明为区长。

10 日　日本驻华大使吉田健三来我市考察经济特区。

16 日　同安县八届人大代表会结束,选陈复兴为县长。

同日　以徐招为团长的朝鲜劳动党代表团来厦门访问。

20 日　新加坡知名人士黄奕欢偕夫人等来厦门旅游探亲。

22 日　新加坡总理李光耀及高级官员一行访厦。

29 日　美国哈佛大学法学博士柯恩来厦讲学。

30 日　工程厂生产的装载机在全国同行业中装机质量被评为第一名。

11 月　日本佐世保市日商岩井株式会社常务董事长泽健夫访厦,参加集美航专 60 年校庆。

12 月

4 日　法国驻华大使沙耶来我市参观访问。

同日　国务院批准建设厦门经济特区,正式成立"福建省厦门经济特区管理委员会"。

同日　市天主教爱国会正式恢复活动。

5 日　在厦门召开福建省重点小学工作会议上,厦门市实验小学、集美小学、民立小学等 10 所小学列为省重点小学。

9 日　市司法局成立。

9—11 日　第一批访问厦门的保加利亚科技合作代表团一行 7 人在厦参观访问。

11 日　厦门海关在晋江海面查获一艘香港走私船,价值达 300 万元。

13—16 日　由日本、美国、波兰、法国驻上海总领事馆人员组成访问团访厦。

15 日　厦门市首家地方性外贸公司——厦门经济特区国际贸易信托公司成立。1993 年 7 月,公司改为股份制,更名为厦门国贸集团股份有限公司。

24 日　美国北卡罗莱纳州立大学农业工程学系教授黄国彦应农业部邀请,由联合国派遣来华讲学,24 日来厦讲学、探亲。

25 日　市府、市人委、市政协联合组成市物价检查团,今起对全市进行物价检查 。

30 日　郊区召开第三届人代会,选林剑聪为区长。

31 日　元旦前夕,厦大邀请在校工作的外国专家吴玛丽、森秀雄、斯培波尔、米基夫人和刚到厦大访问的荷兰布鲁斯博士出席茶话会。

本月　东渡港外二线库区建成平顶房式仓 8 栋,苏式仓 4 栋。总面积1.25 万平方米,总仓容量 2000 万公斤,成为厦门粮食部门首建的第一个综合性大型库区。

本月　是年,开展侨房清退工作,对"文革"期间接管、代管的华侨房屋1070 户全部退还产权。至 1982 年底,"文革"期间挤占 324 户华侨业主自住房的 649 户租户全部迁退。

1981 年

1 月

1 日　1－320 电子计算机在中国银行厦门支行投入使用。这是电子计算机在厦门金融系统首次使用。

同日　厦门电台首次开办广播广告节目,明确宣示广告对促进经济发展和服务群众生活的桥梁作用。

同日　厦门市政府公布公建住房公配暂行办法。

同日　市金融界第一台 1－320 电子计算机在中国银行厦门支行投入使用。

12 日　市府公布关于公建住房分配暂行办法。

15—24 日　市边防武装警察支队配合厦门海关在海上接连查获 5 艘台湾走私船,从其中两艘船上缴获各种走私物资价值 160 万元。

16 日　市府召开计划工作会议。

20 日　低音歌唱家吴天球回我市演唱。

同日　厦门电台首次开办广播广告节目,明确宣示广告郭跃华被评为全国十佳运动员之一。

24 日　自本月 15 日以来,厦门海关连续查获 5 艘台湾走私船,其中在两艘船上缴获各种走私物资价值达 160 万元。

本月　厦门大学蔡启瑞、唐仲璋、田昭武被选为中国科学院学部委员。

唐仲璋

田昭武

蔡启瑞

本月　"集美"号客轮通航。

2 月

1 日　开办集邮门市部。

7 日　应市文联邀请,以庄材雁为团长的香港福建体育文艺队一行 65 人来我市联合公演。

同日　著名钢琴家殷承宗来厦门举办钢琴独奏音乐会。殷承宗出生于鼓浪屿,多次在国际钢琴演奏中获奖,"文化大革命"后定居美国。

10 日　著名歌唱家周小燕等来我市公演。

11—16 日　全国政协常委、中国佛教协会会长赵朴初来

厦门籍钢琴家殷承宗在厦演出

厦视察。

17 日　澳大利亚驻华大使邓安佑来厦访问。

22 日　厦门市文联主办的《厦门文艺》复刊出版。

25 日　黑龙江大兴安岭地区呼中林业局青年职工杜平骑自行车抵我市。

28 日　联邦德国驻华大使修德来厦访问。

同日　中国仪表公司在我市成立。

本月　华侨博物院重新对外开放。

本月　市政协邀请著名社会学家、民盟中央主席费孝通来厦作《中国现代化与社会学研究》的报告。

3 月

6 日　中共厦门市委召开"文明礼貌活动月"动员大会,号召全市人民行动起来,把厦门建成文明、整洁、美丽的城市。

7 日　在晋江深沪海面缉获巴马籍"美德"(MEITEN)号走私船,私货价值人民币 850000 元。该船 5 名船员由公安部门会同本关,从深圳解送出境。

20 日　集美镇兴建水产养殖基地。

24 日　凌晨在我市海面上,天津南屏山轮与我市厦渔 52 号船相撞,死一人,失踪五人,重伤二人。

26 日　我市与香港宝顿投资有限公司签订《合作兴建湖滨华侨新村合同》。

27 日　在我市举行的全国足球乙级联赛结束。

30 日　市公安局逮捕香港"观大利"船主李观带等三人。李等利用船只大量走私货物。

同日　市教育学会成立,谢高明为理事长。

3 月　倪礼传在从泰国进口的甜玉米种子中首次检出对外植物检疫对象——玉米细菌性枯萎病菌。

3 月　许斐星与中央乐团著名音乐家独唱独奏组(由盛中国、刘秉义、许斐星等组成)回故乡演出,他还创作了歌曲《鼓浪屿,我亲爱的故乡》,由著名男中音歌唱家刘秉义和厦门女歌唱家陈玲演唱,他亲自以钢琴伴奏。

4 月

5 日　罗马尼亚通讯社社长扬·昆珀纳苏来我市访问。

同日　厦门办特区后首次组团出国的厦门经济特区考察团前往新加坡考察,团长为市长吴星峰。

6 日　厦门大学举行建校 60 周年纪念活动,同时举办第九届科学讨论会。

同日　著名数学家陈景润参加厦门大学校庆活动。陈景润 1953 年毕业于厦门大学,1973 年发表论文《大偶数为一个素数与不超过两个素数乘积之和》,把哥德巴赫猜想大大推进一步,被国际上称为"陈氏定理"。

同日晚　中国银行厦门分行发生劫案,暴徒抢去现钞 2 万余元。8 日,抓获犯罪嫌疑人陈经得等 3 人,缴获全部赃款。

陈景润(右一)参加厦大 60 周年校庆

8 日　市召开整顿社会治安、打击走私投机倒把大会,53 个单位和个人受表彰。

11 日　国务院副总理万里视察厦门,并召开解决厦门交通运输和特区建设问题的会议。

12 日　中午暴风雨,风力达 10 级,雨量达 20 毫米。

14 日　省安全生产先进表彰大会在我市设分会场,我市十二个先进单位和十名先进个人受奖。

22 日　工程厂制出首批地下装载机。

以坎吉瓦为团长的尼日利亚友好代表团来厦门访问。

23 日　瑞典"林德布雷同日德"旅行社"探险家号"旅游船首航厦门。

23—24 日　召开市第七届人大常委会第五次会议,通过《厦门市基本建设征用土地暂行细则》、《厦门市基本建设拆迁暂行办法》和《关于排除污染物的处理决定》。

24 日　厦门籍运动员郭跃华在 36 届世界乒乓球锦标赛中获男子单打冠军。

同日　市委发出通知,号召向赴日本学习造船技术、节约外汇的纪锦文等五人学习。

26 日　郭跃华在第三十六届世界乒乓球锦标赛中获男子单打冠军。

同日　以巴齐希齐纳为团长的卢旺达农民友好代表团访问我市。

26—27 日　以日中文化交流协会常任理事、东京大学名誉教授三上次男为团长的日本"中日贸易史"学者友好访华团一行 9 人,应中国社科院邀请访厦。

30 日　全国人大常委会副委员长谭震林来我市视察。

4 月　国家外汇管理局厦门分局成立。

5 月

3 日　以宫崎藤美为团长的日本长崎市友好代表团和经济代表团来厦访问。

4 日　市召开学雷锋树新风表彰大会。

6 日　以孙炳炎为团长的新加坡华商访问团访厦。

9 日　市农林工作会议闭幕,会议提出进一步抓好生产责任制,放宽经济政策。

9 日　首届全国人类学学术讨论会在厦门大学闭幕。

15 日　市委授予林志强优秀党员称号,号召学习他的革命精神和优良品质。

16 日　市府公布关于对企事业单位征收排污费和实行污染罚款的规定。

同日　由香港大诚科技促进有限公司邀集在港外商、港商组成的厦门特区考察团到我市考察访问。

17 日　在 36 届世界乒乓球锦标赛中获男子单打冠军的厦门运动员郭跃华返厦,受到上万群众的夹道欢迎。

郭跃华返厦受到热烈欢迎

18 日　海水游泳池正式对外开放。

19 日　厦门大学教授卢嘉锡被选为中国科学院院长。

20 日　市政府决定创办鹭江职业大学。

22 日　第七届市人大常委会举行第六次会议,会议审议通过本市与新西兰惠灵顿结成友好城市等议案。

同日　中外关系史学会在厦门大学成立,孙毓棠为理事长。

23 日　市成立儿童少年工作协调委员会,推张可同为主任。

6 月

2 日　日本专家井本稔应邀来厦大作“自由基化学”“有机分子化学进展”的讲学。

6 日　美国宾夕法尼亚大学哲学博士、费城毕玛学院哲学系主任黄秀玑(女)教授应邀访厦大,作“二十世纪西方哲学学派及主要哲学家”“中西哲学交流的过去与将来”的讲学,并向哲学系赠送一批珍贵的外文哲学书刊。

10 日　轻工机修厂试制家用洗衣机成功,并投入批量生产。

12 日　市外资建设工程公司成立。

13 日　全国体育总会厦门分会恢复活动。

同日　市基督教第三届代表会议闭幕。

22 日　省府授予苏宗同志为"雷锋式专职人武干部"荣誉称号,并在我市举行命名大会。苏宗生前为同安县洪塘公社武装部长。

同日　市天主教爱国会召开扩大会,抗议罗马教廷干涉我国天主教事务。

24 日　晚 7:50,厦门市公交公司公共汽车驶经厦禾路与斗西路交叉口发生爆炸,死亡 40 人,受伤 84 人。在市委统一领导下,成立"6·24"专案领导小组,市公安局抽调 143 名干警参加侦查工作。至 1982 年 11 月,查明案犯是被炸身亡的宁化凉伞岗劳改农场逃犯黄可芬。

厦门市公交公司公共爆炸案现场

7 月

3 日　市技校首届毕业生举行毕业典礼。

8 日　市府发布"关于收缴枪支、弹药、爆炸物品凶器的通知"。

7 月上旬　鉴真和尚陵墓碑石 215 篇 350 块,和石雕厂的赠品石刻莲花叶花尊二座,拜桌、香炉等装轮,由厦启航赴日。

15 日　厦门市政府发布《关于加强文物保护管理的布告》。

16—18 日　厦门市第一次台湾同胞代表大会召开。厦门市台湾同胞联谊会成立,选举柯秀英为主任。

柯秀英任首任会长

20 日　市青少年教育领导小组成立,张德贞任组长。

29 日　中共中央、国务院批准《广东、福建两省和经济特区工作会议纪要》,确定厦门经济特区"目前应建成以加工出口为主,同时发展旅游等行业的特区"。

31 日　日偏食。

8 月

4 日　糖厂获省际竞赛第一名,产糖率为全国第二名。

5 日　福建省政府批准在湖里的厦门经济特区建设总体规划。

8 日　日本长崎县日中友协佐世保市支部常务理事中川内政隆,理事西村畅文、副岛正俊一行 3 人访厦。

10 日　福建省政府在厦召开东渡港建设专业会议,省长马兴元主持大会。

同日　以马纪樵为团长的法中友协代表团抵厦门访问。

12 日　在集美鳌园举行纪念陈嘉庚逝世 20 周年大会。

14 日　制药厂生产胃得乐等五种产品的小组获省优秀质量小组称号。

15 日　著名经济学家许涤新来厦讲学。

19 日　厦门市政协、市人大召开联席会议,市委书记陆自奋在会上阐述建设经济特区的几个主要政策。

20 日　厦门外贸局轻工 1 号仓库因吸烟引发火灾,烧毁简易仓库 1 座及 1 批出口物资,损失达 87 万元。肇事者陈挩狮已逮捕。

26 日　省地名学研究会在我市集美举行第一次科学讨论会。

27 日　中药厂价值二万余元的田七被盗。31 日,罪犯已被捕。

29 日　中共福建省委任命王一士为厦门经济特区管委会主任,邹尔均为副主任。

30 日　全国水球联赛(第二阶段)在我市举行。

8 月　厦新电子有限公司成立。

9 月

4 日　集美号客轮洪耀毅拾获港币 3 万元,送还失主华侨蔡承生。

7 日　霞溪路农贸市场建成开幕,为我市最大的农贸市场。

18 日　湖里街道办事处成立,属开元区(原属禾山公社)。

同日　省府授予一中教师林志强"模范人民教师"光荣称号。

林志强于 1980 年 12 月 4 日病逝。

19 日　福建省纪念鲁迅诞辰 100 周年大会在厦举行,副省长张格心出席会议。厦门大学鲁迅纪念馆经整理后开放。

21 日　市四中高中部兴办职业高中部,尔后其他中学也办起十个高中职业班。

26 日　在英国伦敦举办的第三届国际羽毛球精英大奖赛上,厦门市运动员栾劲获男子单打冠军。

27 日　同安刘五店港正式与香港通航,有不定期的货轮开往香港。

同日　市委召开的整顿治安、打击走私工作会议结束。

28 日　厦门科学技术协会第二届代表大会闭幕,选李来荣为科协主席。

10 月

4 日　市各级法院、公安局宣判、逮捕一批刑事犯罪分子。

13 日　思明小学荣获团中央命名为"全国红花集体"。

15 日　厦门经济特区湖里加工区第一期工程破土动工,标志着厦门经济特区建设拉开序幕。

同日　鹭江职业大学正式开学。

湖里加工区破土动工

创办初期的鹭江职业大学

1981 年 10 月 15 日,一声开山炮响,厦门经济特区在湖里破土动工。这就是著名的"湖里第一炮"。"放炮破土",就是将几个丘陵平整成能够办工厂的场地。当时的"特区",只是厦门岛西北角湖里村一块 2.5 平方公里的荒芜沙地。

17 日　以何建章为团长的港澳新闻界访闽团来我市访问。市委书记陆自奋在接见该团时,提出欢迎台胞来厦定居等五条建议。

18 日　市工商局在同安巷东查获贩私犯罪活动,计人民币 9 万余元,外汇券 1 万余元。

20 日　国防部副部长萧克参观厦门郑成功纪念馆。

24 日　罗马尼亚中央党校代表团访问厦门。

26 日　菲律宾洪门进步党观光团来厦门参观。

27—29 日　召开市第七届人大常委会第八次会议,决定设立市人大常委会城市建设委员会和政法委员会,并通过委员会名单。

29 日　市人大常委会举行第八次会议,会议通过设立城市建设委员会,分别任张竹三、董厚英为主任。

11 月

1 日　《鹭风报》复刊。

10 日　市共青团第十次代表大会开幕,12 日闭幕。团市委授予巫秀美、林希聪等十四人为新长征突击手称号。大会选郭叔周为团市委书记。

11 月上旬　中央政治局委员王震、福州部队司令员杨成武视察厦门。

11 日　火烧屿跨海高压输电线被船拉断,造成全市性大面积停电事故。经抢修,13 日恢复正常供电。

12 日　国务院副总理薄一波来厦门视察。

同日　和平码头安装大趸船,长 100 米,宽 60 米。

12 日　厦门客运码头长 100 米,宽 60 米趸船安装竣工投产。

13 日　在市委召开的思想、文艺、新闻界座谈会上,周扬就文艺问题讲了话。

14 日　中国海洋化学学术讨论会在厦举行。

15 日　福建省社会科学院在厦门市再次召开福建省实行"特殊政策"、"灵活措施"理论讨论会,着重讨论在我国设置经济特区理论问题。

20 日　市电子计算机厂第一批微机装配成功。

21 日　轻工机修厂生产的鹭江牌洗衣机上市。

23 日　日本研究中国古代史访华团一行 6 人访厦,并与厦大历史系主任、人类博物馆庄为玑等进行学术交流。

26 日　香港中文大学校长、生物化学家马临应厦大校长曾鸣邀请,率代表团访问厦大,并就有关学术进行讨论。

27 日　第二次全国测绘科审会议在我市举行。

28 日　灌口街开始翻修。

29 日　在第一届斯堪的纳维亚羽毛球精英赛上,厦门运动员栾劲、林江利获男子双打冠军。

12 月

1 日　全国汉语方言学会成立大会暨科学谈论会在厦举行。

同日　厦门市政府制定的《厦门市退休职工管理工作暂行规定》开始执行。

5 日　市召开打击走私、投机倒把经验交流表彰会。

7 日　团市委等五单位发出实行婚事新办,反对大操大办的倡议书。

8 日　厦门市职业病普查队被评为全国先进集体。

10 日　经国务院批准,厦门大学成为首批博士学位授予单位。

12 日　新加坡驻北京商务代表处首席代表陈松川访厦。

19 日　市委召开市五届三次扩大会议,讨论加快建设厦门经济特区问题。

26 日　厦门英语中学成立。这是福建省第一所公办外国语学校。1990 年更名为厦门外国语学校。

28 日　在市七届五次人大常委会上,审议市委的《厦门市城市总体规划》。

30 日　集美华侨补习学校迁回原址——集美学村南侨楼。

同日　厦门大学成立归国华侨联合会,推选曾淑萍为首届主席。

12 月　中国教育家王亚南、安波,应缅甸吴努总理邀请出访缅甸,进行为期三个月访问,并在仰光大学演讲。

1981 年底　作曲家钟立民创作了歌曲《鼓浪屿之波》(张藜、红曙词),风行全国,成为厦门的一张音乐名片。

1982 年

1 月

1 日　福建省决定对厦门市实行财政包干制,即"划分收支,核定基数,递增上缴 5％,三年不变"的财政预算管理体制。

同日　去年我市工业总产值空破 10.3 亿元。

同日　市旅游局成立。

3 日　美国著名记者威廉·林格尔偕夫人访厦。

5 日　厦门东渡码头一、二号泊位建成。深水泊位长 777 米,可同时停泊万吨轮 5 艘,年吞吐量 200 多万吨。

10 日　凌晨，月全食。

同日　厦门国际机场破土动工，地址在 20 世纪 40 年代初建成的高崎机场。经过 22 个月的日夜奋战，于 1983 年 10 月 22 日正式通航。

12 日　市委召开党员干部大会，宣布赌博等五禁止规定。

16 日　市税务局规

作业中的厦门东渡港码头一期工程一号和二号泊位

厦门高崎国际机场

定，开征筵席税（注：1983 年底停止征收）。

17 日　厦门运动员郭跃华再次被评为全国十佳运动员之一。

23 日　著名画家刘海粟来我市讲学创作。

本月　农业部设立中华人民共和国动植物检疫总所（简称国家动植物检疫总所），统一管理全国进出境动植物检疫工作。因此厦门动植物检疫所直属国家动植物检疫总所领导。

2 月

1 日　全省评选十佳运动员,我市有郭跃华、栾劲、郑达真三名中选。

6 日　建工局局长赵永波等受贿万元,被撤销党内外职务。

7 日　厦门经济特区管委会批准设立特区第一家外资企业—印华地砖厂。该厂由新加坡华商投资,采用联邦德国全套自动化设备,年产 7000 万块优质地砖。

厦门市第一家外商独资企业印华地砖厂

7 日　市委作出决定,撤销粮食局党委书记于忠的职务。由于于忠等将 300 多万斤粮食用于投机倒把,使我市粮食库存数骤降。

10—12 日　王炎副省长在厦门召开接运进口粮会议,决定成立东渡港新点接粮作业"筹备小组"。港务、粮食签订东渡港区接卸进口粮食协定书。

12 日　厦门电视台开始自播节目。

13 日　厦门市第七届人大常委会举行第十次会议,任命王一士、邹尔均为副市长。

同日　日本、美国、波兰、法国驻上海总领事一行访厦。

同日　市委召开精神文明建设经验交流会。

19 日　市集邮协会成立,同时发行其纪念邮戳。

同日　市委召开政法工作会议,强调坚决打击经济犯罪活动,搞好社会综合治理。

20 日　省、市各界纪念郑成功收复台湾 320 周年大会在厦门举行。

24 日　厦门市物资回收公司将收购的嘉庆年间铁炮一门送交文管会。

26 日　市"全民文明礼貌月"活动领导小组成立，洪文广为组长。

3 月

1 日　厦门电视台首次使用引进的设备摄录，播放厦门市市长吴星峰关于开展文明礼貌月活动的电视讲话。

2 日　共青团市委授予郑建民为模范共青团员称号，同时被公安部边防保卫总局记一等功。郑为何厝边防派出所副班长。1981 年 8 月 23 日因公殉职。

5 日　福建省第五届人民代表大会常务委员会第十四次会议通过《福建省厦门经济特区管理条例》，并上报全国人民代表大会常务委员会审批。

7 日　中共福建省委书记项南视察厦门经济特区，强调特区基本工程建设要抓紧建设。

8 日　第五届全国人大常委会第 22 次会议通过《关于严惩严重破坏经济的罪犯的决定》。12 日，市公安局发出通知，要求全体干警认真学习和执行这一决定，狠狠打击经济犯罪活动。

9 日　市农业劳模大会闭幕，授予蔡塘等五个单位为模范单位，叶称水等三人为特等模范。

同日　新加坡"新凤凰"轮载客 51 人，首航我市。

10 日　爱尔兰共和国驻华大使坎贝尔访问厦门经济特区，了解投资环境。

同日　福建省第五届人大四次会议审议通过《厦门经济特区条例》等四个规定。

12 日　全国工程机械展览会在我市举行，20 日闭幕。

13 日　以明柯维奇为团长的奥中友协代表团来厦门访问。

14 日　厦门跨海高压输电线路工程的两座跨海大型输电铁塔竣工。每座铁塔高 122.64 米，跨越海面 1100 米。架设这样大型的输电铁塔，在国内是第一次。

15 日　厦门水产造船厂生产的第一艘玻璃钢游艇下水。

17 日　以市长栈熊狮为团长的日本佐世保市代表团到厦门市访问。

18 日　厦门水产造船厂与美国西来游艇公司合作加工玻璃钢游艇。

18 日　中国杂技团一行 34 人来我市演出。

19 日　市五次文代会（文学艺术工作者）开幕，20 日闭幕，选陈照寰为文联主席。

同日　市中医院名中医陈应龙等上街设摊,免费为民治病。

20 日　市召开街道工作先进集体,先进工作者表彰大会。

21 日　104 个青年服务队上街免费为民服务,项目共有理发、修车等38 项。

同日　以马丽安·赫德林小姐为首的瑞(典)中友联代表团来厦门访问。

22 日　汽车修配厂厂长刘宗保因贪污受贿,被开除出党并依法逮捕。

同日　国务院任命田昭武为厦门大学校长。1984 年 3 月 24 日,英国加的夫大学授予田昭武名誉博士称号。

23 日　厦门市煤炭、燃料公司获全国燃料管理节约竞赛先进单位。

1982 年 3 月 25 日《厦门日报》
刊登厦门百米高塔跨海送电的报道

同日　市政协五届三次会议暨市人大七届三次会议开幕,于 29 日、30 日闭幕。

同日　在英国举行的全英羽毛球锦标赛中,厦门运动员林瑛与吴迪西合作,获女子双打冠军,栾劲获男子单打亚军。

26 日　以厦门经济特区王一士为团长的厦门经济特区代表团赴香港考察,介绍厦门经济特区的规划与优惠办法,第一次提出外引内联。

28 日　世界著名电化学专家、英国凯恩大学电化学研究中心主任耶格教授访厦。

同日　在全英羽毛球锦标赛上,厦门运动员林瑛与广西运动员吴迪西合作,获女子双打冠军。1984 年,两人再获冠军,栾劲获男子单打亚军。

31 日至 4 月 5 日　省五届人大常委会举行第十四次会议,通过《福建省厦门经济特区企业登记管理规定》、《福建省厦门经济特区土地使用的规定》、《福建省厦门经济特区劳动管理规定》3 个单行法规。

3 月　中国红十字会总会组织训练部部长马天民,到厦门检查红十字会工作,深入基层了解红十字工作情况,指出指导意见。

4 月

2 日　厦门市委、市政府发出紧急通知,要求全市人民宣传和执行全国人大常委通过的《关于严惩严重破坏经济犯罪的决定》。

同日　市成立国库券推销委员会,500 万元国库存券开始在我市发行。

3 日　福厦广播电视微波线路开通,从此结束了厦门电视差转的历史,转播质量大大提高。西姑岭微波站接收从泉州清源山传来的广播电视信号,下传到狐尾山再发射。

同日　省内第一条电视专用微波电路—福州至厦门微波线路建成使用。该电路全程 305 公里,是全国第一条跨海面的微波电路。

4 日　截至今日止,全市已有 34 名经济罪犯投案自首。

5 日　同安县公布葫芦铁渣堆等第一批 15 个县级文物保护单位。

同日　我市第一家机械化采石场——市联合采石场建立。

10 日　工程厂试制 T1180 交接式轮胎推土机成功。

同日　以张承宗为团长的上海市爱建公司参观考察团抵达我市。

13 日　市举行文明礼貌月总结表彰大会,会上通过《厦门市文明公约》,同时举办市五讲四美展览会。

同日　以奥地利国民议会第一副议长明柯维奇为团长的奥中友好协代表团来厦门访问。

14 日　市府召开计划生育工作表彰大会,大会并发出计划生育的倡议书。

15 日　全市农村普遍实行以家庭经营为主的联产承包责任制。

同日　厦门市农村全面实行以家庭经营为主的联产承包责任制。

同日　市府召开学习《全国农村工作会议纪要》座谈会。我市农村全面实行以家庭经营为主的联产承包责任制。

16 日　联合国儿童基金会驻华代表萨迪希·普拉巴西一行访厦。

17 日　著名画家沈彬如向鼓浪屿驻军赠《高风劲节图》画。

17—20 日　日本佐世保市市长栈熊狮率团一行 10 人访厦。

18 日　市音协成立,选杨炳维为主席。

19 日　市曲艺工作者协会成立,选郭秀治为主席。

20 日　由温州市民间艺人叶其龙子制作的红楼梦《大观园建筑工艺造型》在我市展出。

21 日　市文协成立,许怀中为主席。

23 日　厦门籍运动员郑达真在北京跳过 1.93 米,再次打破女子跳高全国纪录。

同日　市政府公布烈士纪念碑等为我市第一、二批市级文物保护单位。

24 日　市委召开的统战工作会议结束。

26 日　台湾台北医药工会来厦考察。

本月　《鹭涛报》创刊,为我省第一家文学小报。

本月下旬　爱尔兰首任驻华大使坎贝尔来我市旅游参观。

5 月

1 日　高崎火车站改名为厦门北站。

同日　市科技咨询服务公司成立。

4 日　厦门市第十二届体育运动大会开幕。

5 日　市摄影工作者协会成立,选李开聪为主席。

同日　新西兰驻华大使司马尔来我市参观浏览。

同日　在厦门召开的闽台经济发展问题讨论会结束。

7 日　厦门市 3700 吨的货轮"汀江号"首航新加坡。

同日　省委书记项南等来厦门视察,检查特区工作。

9 日　美国雅典俄亥俄大学法律化学系主任、访问学者协调部主任庚寅北教授应邀来厦大作"化学"讲学。

12 日　在我市召开的中国国民党革命委员会工作会结束。

13 日　省长马兴元等视察东渡港工程。

14 日　174 医院为二化纤厂何其荣断掌再植手术成功。

17 日　联合国科教文组织大学项目代表团访问厦门。

17—18 日　联合国科教文组织大学项目代表团访问厦门大学。

18 日　从台湾回大陆定居的马璧教授应厦门大学之邀来厦讲学。

23 日　科威特经济发展基金代表团来厦门访问。

24 日　厦门大学经济学院成立,下设五个系,七个专业,一个所。

26 日　青年足球联赛(厦门赛区)在我市举行。

同日　中科(威特)关于厦门国际机场贷款协定在厦门签字。

6 月

3 日 第 12 届世界羽毛球锦标赛中捧得汤姆斯杯和尤伯杯的羽毛球名将栾劲、林江利、林瑛回厦,受到万余市民夹道欢迎。4 日晚,市府召开欢迎大会。

4 日 市召开七届人大常委会,号召全市人民讨论《中华人民共和国宪法修正草案》。

邓小平同志向栾劲等运动员
颁发国家体育运动荣誉奖章

7 日 福建省委书记项南一行来厦视察特区工作。

林瑛获得世界羽毛球女子双打冠军

林江利

同日 华东食品卫生检查团来我市检查工作。

同日 厦门市最大货轮——3700 吨的"汀江号"首航新加坡。

9 日 同安大嶝岛村民郑小旋将他在猪舍中挖得唐宋铜钱 100 公斤,无偿献给国家。

13 日 福建省长马兴元等视察东渡港工程。

14 日 投机诈骗贪污犯李长太被判刑 20 年。

16 日 市十二届体育运动大会闭幕,一人破省举重纪录。

23 日 科威特经济发展基金代表团来厦访问。

25 日 灯具厂吴宝留诈骗五万余元,法院提起公诉。

27 日 中科(威特)关于厦门国际机场贷款协定在我市签字。签字者中方为副省长张遗,科方为穆罕默德·格立德。

厦门高崎国际机场扩建工程贷款协议签字仪式

28 日　市委、市府发出《关于立即动员起来、支援闽北灾区（水灾）的紧急通知》，同时派 24 人的医疗队赴闽北灾区支援。

29 日　在全国银行业务技术比赛中，我市黄友德获珠算第一名。

30 日　海洋三所出版《台湾海峡》杂志发行。

本月　厦门港沙坡尾设立台轮停泊点。

7 月

7 月初　新中国成立以来，厦门大学首次向 1981 届、1982 届 2118 名本科毕业生授予学士学位。

1 日　开始厦门市第三次人口普查，至 8 月 20 日完成。全市总人口为 965985 人。

8 日　公安机关查获胡福、邱造走私黄金、银圆，折合人民币六万余元。

同日　厦门市水产电子仪器厂生产的手用钢锯条，在全国同类产品质量平将会上获第一名。

同日　市水产电子仪器厂生产的手用钢锯条获全国第一名。

12 日　我市银耳、鱼肝油等五种产品获省府颁发的 1981 年优质产品奖。

同日　在市民兵工作先进集体、先进个人代表大会上，35 个先进集体，38 个先进个人受表彰。

16 日　以海因茨·韦斯纳尔为团长的（联邦）德中友协代表团来厦门访问。

18 日　以柴田芳男为团长的日本长崎县友好访问团来我市参观。

20 日　全国青少年气象夏令营在我市举行开营式。

24 日　市举办首届书法篆刻作品展览。

26 日　省郑成功研究学术讨论会在我市开幕,参加大会的有国内外学者专家 120 多人。

8 月

12 日　市民盟召开座谈会,谴责日本文部省篡改历史,掩盖侵华罪行。

13 日　市工艺美术学会成立,推李素娟为理事长。

14 日　举行厦门市第七届人大常委会第十四次会议,通过《关于加强国民经济计划和财政工作》的决议。

17 日　市政协召开各界人士座谈会,揭露日本军国主义侵华罪行,谴责日文部省篡改历史的行径。

20 日　华东区科委主任二次联席会在我市举行。

同日　集美中国语言文化学校开办,并向海外招生。

20 日至 9 月 10 日　华东地区科技成果交流会在厦门市举行,来自华东地区的 13 个单位共 6000 多人参加。会上成交转让科技成果 96 项,正式签订 404 个技术交流协议。

24 日　针织厂漂染车间发生火灾,损失房舍及晴纶、棉纱、布匹等物资。

26 日　湖滨北路商场正式开业。

27 日　市召开殡葬改革工作会议,公布《殡葬管理暂行条例》,规定农村推广火葬等办法。

28 日　全国中学生"三好杯"足球赛厦门赛区结束,上海队获冠军。

9 月

1 日　上海—厦门海上货运航线开航。

同日　英籍华人女作家韩素音访厦。

10 日　全国游泳夏季分区赛(厦门赛区)开幕。

同日　香港厦门合资兴建的湖滨华侨新村首期工程竣工。

13 日　厦门沿岛环城柏油公路修建完工,线路是:厦门大学—曾厝安—黄厝—洪山柄—西林—金鸡亭—莲坂。

同日　以温惠迁为团长的夏威夷中华总商会旅行团访问厦门。

韩素音

14 日   美国海气代表团来厦访问。

18 日   位于湖滨南路的市十一中学举行建校典礼仪式。

20 日   在成都举行的全国乒乓球锦标赛上,郭跃华获男子单打冠军。

22 日   荷兰驻香港总领事史秋腾抵厦访问。

23 日   旅美华侨邱奇杰专程来我市为其夫周烈扫墓。周烈为国民党厦门要塞司令部少将参谋长,1949 年 10 月与我党联系起义事宜泄露,被国民党杀害。

29 日   日本电视台中国采访团一行 5 人在团长兼导演宙尾捷二率领访厦,拍摄厦门风光、名胜、特区建设与人民生活情况。

30 日   叉车厂试制全视野环卫叉车成功。

同日   厦门制药厂生产的胃得乐片获国家银质奖。

同日   位于中山公园的儿童乐园竣工开放。

同日   中山路文明街命名大会今日召开。

10 月

3 日   在福建省第八届运动会上,厦门市获足球、男子羽毛球、中国象棋 3 项冠军。

同日   在福州举行的省第八届运动会上,我市获三项团体冠军(足球、男羽、中国象棋)。陈国富等 6 人破省纪录 3 项,平 1 项。

4 日   市美术工作者协会成立,张晓寒当选为主席。

9 日   厦门电视台正式开播。

同日   在香港举行的第三届乒乓球世界杯上,郭跃华再获男子单打冠军。

同日   中共中央宣传部、中央对台领导小组经中共中央书记处、国务院同意,发传真电报答复福建省委、省政府"关于请求中央帮助解决对台湾广播电视斗争问题的报告","同意厦门市办电视台,用当地节目作为中央和省台节目的补充,加强该地区的电视宣传,以抵制台湾电视的'污染'"。

11 日   旅居巴西台胞观光团 13 人抵厦参观访问。

同日   旅日关西台湾同胞国庆观光团、旅日关东台湾同胞国庆观光团在厦门进行参观访问。

15 日   全国台籍青年参观团来厦访问参观。

21 日   全国帆船模型比赛在集美举行。

26 日   中共中央书记处书记、国务委员谷牧视察厦门经济特区,强调特区要有独立自主权。

27 日   著名经济学家于光远来厦门调查研究。

是月　厦门大学中国语言文字研究所主编、福建人民出版社出版的第一部《普通话闽南方言词典》正式出版。全书收入普通话词语 5 万多条,闽南方言词语约 7 万条。

11 月

2—8 日　中共中央总书记胡耀邦来厦视察,强调特区要成为"四个现代化"建设的"窗口",厦门经济特区要为福建省走在全国各省前列服务。

项南(左一)陪同胡耀邦(左二)视察厦门经济特区

4 日　以野田卿为团长的日本长崎经济访华团来我市访问。

5 日　中国现代史学术讨论会在我市举行。

13 日　厦门七中教师陈存义设计的汉字部首号码编码法上微机试验成功。

17 日　菲律宾摄影展览在我市开幕。

19 日　厦门市政府发出"保护有益珍稀动物"的通告,通告列出云豹等21 种动物为有益珍稀动物。

同日　在印度新德里举办的第九届亚运会上,厦门籍运动员郭跃华、栾劲、林江利、林瑛、郑达真等人共获 5 枚金牌、2 枚银牌、3 枚铜牌。

22 日　市地震协会成立,推周飞为理事长。

23 日　以洪文广为首的我市参观团赴三明市参观。

25 日　中共厦门市委党史征集研究办公室成立。

11 月　我国金融专家、中国金融学会理事陈穆和金融专家、研究员盛茂杰在厦门大学作金融理论研究报告。

12 月

2 日　我国在科威特将与科方签订贷款修建厦门机场协定。协调规定由科方向我方提供贷款 2050 万美元。在德里举行的第九届亚运会上,郑达真以 1.89 米获女子跳高冠军。

4 日　以杨·鲍达尔为团长的罗中友协代表团访问我市。

6 日　香港侨商第一个驻福建的办事处香港宝顿投资有限公司驻厦门办事处建立。

7 日　厦门特区顾问委员会成立,葛家澍等 23 人为顾问。

同日　市府拨款 7 万余元修缮伊斯兰清真寺。

10 日　厦门经济特区正式聘请一批经济、法律、科技等方面的专家、教授为顾问,特区顾问委员会成立。

20 日　鼓浪屿区被评为全国计划生育先进单位,获得金杯奖。

21 日　以美国美中关系全国委员会会长罗森为团长的美中关系全国委员会理事会代表团来厦门访问,对厦门经济特区的投资环境及政策进行了解。

23 日　全国政协副主席荣毅仁等来厦门视察。

24 日　凌晨,厦港金新河 26 号火灾,死 5 人,火灾波及 8 户 34 人。

27 日　海沧客运码头落成,为福建内河最大的客运码头。

同日　酿酒厂火灾,损失数万元。

同日　厦门客运码头重建并投入使用,为福建省内河最大的客运码头。

30 日　同安县小坪水库建成。坝高 55.3m,坝顶长 138m,库容水量达 408 万立方米,建有 4 级水电站,总装机容量 6200 千瓦,年发电量为 2000 万度。

同日　晚,月食。

12 月　福建省获得科威特阿拉伯经济发展基金会贷款 600 万第纳尔(约 2200 万美元),用于建设厦门机场。

1983 年

1月

4日　抗日战争时期日本埋在鼓浪屿底下的日造炮弹爆炸,死1人,伤2人。

9日　市对台办、市台联联合举行台胞台属新春茶话会,150名台胞出席。

13日　著名画家赖少其来我市参观、创作。

14日　中共福建省委任命邹尔均为厦门经济特区管委会主任,江平为副主任。

16日　莲荷—大嶝码头建成使用。

22日　寒雨,雨中夹冰粒,持续6小时。

同日　在市七届人大常委会十六次会上,通过关于邹尔均为代市长的决定。市长吴星峰调省工作。

25日　市府发出湖滨小区道路命名的通知,共命名湖光路等七条道路。

29日　全市自动电话号码由4位数升为5位数。

本月　福建省最大的内海码头—厦门海沧客运码头竣工并投入使用。该码头不受潮水影响,可同时靠泊两艘250座位的客轮。

本月　根据中央及公安部决定,厦门市人民边防武装警察支队改称中国人民武装警察部队厦门市支队,包括内卫、边防、消防三个警种。

本月　市建设银行特区支行开业。1989年10月迁址湖滨南路8号。

位于湖滨南路的建设银行

2月

3日　全市举行统一行动,打击走私贩私活动。

4日　在市七届人大常委会十七次会议上,任命李秀纪、张其华、陈植汉、柯雪琦为副市长。

9日　应厦门特区管委会邀请,摩利士率领的英国经济代表团结束在厦门的访问。

13 日　全国政协副主席刘澜涛与厦门军民共度春节。

同日　赵燕侠率领的北京京剧团一团来我市演出。

18 日　在香港举行的第六届中国家私优异产品设计奖上，我市木器厂生产的"多家沙发"、"双层床柜"等两套获一等奖。

20 日　获世界冠军的中国女排在集美举行表演赛。

同日　中国第三届电影金鸡奖评选工作在我市举行。

23 日　与港商合资的厦港旅游公司成立，是为厦门市首家合资的旅游公司。

24 日　全国资本论学术讨论会在我市举行。

本月　中共中央政治局委员习仲勋来厦视察。

本月　劳动合同制管理首先在外资企业——厦门印华地砖厂有限公司实行。

本月　全国政协副主席刘澜涛参观华侨博物院。

3 月

1 日　我市开始执行《海洋法》、《商标法》。

2 日　我市著名书法家罗丹逝世。

6 日　日本驻华大使鹿取泰卫来厦访问。

同日　在福州举行的省首届女子马拉松赛中，我市张丽获冠军。

10 日　东渡新港停泊 27000 吨货轮，为我市码头首泊万吨巨轮。

同日　利比里亚 2.5 万吨位"浪波号"轮在东渡码头 2 号泊位靠岸作业，为东渡港首泊的万吨级巨轮。

同日　市保险公司办理厦门经济特区第一家外商独资企业印华地砖厂安装工程险。

17 日　厦门中国旅行社新楼（即华侨大厦）全面开业。

18 日　中日经济协会第一批代表团由团长大久保率领访问厦门经济特区，了解投资优惠办法，探讨双方合作前景。

中旬　水利电力部副部长李代耕来厂视察工作。

25 日　市政协六届代表大会、市八届人代会开幕，4 月 1 日闭幕。选陆自奋为人大常委主任，施能鹤为政协主席，邹尔均为市长。

同日　波兰驻上海总领事科瓦尔·切一行访厦。

27 日　在伦敦举行的第七十三届全英羽毛球锦标赛上，厦门运动员栾劲获男子单打冠军。

28 日　厦门海关监管国际集装箱运输业务开始。是日，香港明华船务有限公司"华胜"号集装箱轮装载 265 个空集装箱首次抵厦门。4 月 5 日,举行首行典礼仪式。

29 日　英国加的夫市市长菲利浦·邓立维率领友好代表团一行 8 人访厦。3 月 31 日,双方签订缔结友好城市议定书。

厦门市与加的夫市缔结友好城市的签字仪式在厦门宾馆举行

4 月

1 日　3 月 25 日至 4 月 1 日,厦门市第八届人代会、市政协第六届代表会召开。大会选举陆自奋为人大常委会主任,张德贞等 6 人为人大常委会副主任;邹尔均为市长,张可同等 6 人为副市长;施能鹤为政协主席。

同日　厦门糖厂试炼原糖首获成功,并达部颁标准。

同日　市府再次进行殡葬改革,规定丧户应在 24 小时以内报告殡管所。

同日　由赵修谦教授在厦大水库附近发现我国大陆首次发现的伞状珍稀植物桫椤(俗称树蕨)。

5 日　福建省决定厦门市有权自己审批单项投资千万元以下的技术改造项目和引进项目。

同日,在东渡新港码头举行厦门—香港集装箱运输首航典礼。集装箱运输在福建和厦门历史上还是第一次。首航厦门的香港"华胜"号集装箱轮 3 月 28 日抵厦,7 日离厦往港。

香港"华胜"号集装箱轮首航厦门东渡一号泊位

6 日　贵州省部分工业产品展销订货会在我市揭幕。

12 日　环卫工人杨希聪获选为全国园林绿化、环境卫生系统劳动模范。

15 日　市人民银行批准厦门工艺美术厂服务部及厦门首饰厂门市部销售黄金饰品。

16 日　在科技大学就学的原二中毕业生周俊伟获郭沫若奖学金。

17 日　国务院经济体制改革委员会副主任童大林来厦门主持闽南经济区讨论会,视察了厦门经济特区,强调在厦门试办经济特区要建立厦门、泉州、漳州的闽南经济区。

19 日　东渡作业区万余斤小麦失窃,罪犯纪国成落网。

21 日　集灌公路市尾处发生吉普车与拖拉机相撞事件,死伤各三人。

同日　辽宁歌舞团来我市演出大型满族神话舞剧《珍珠湖》。

22 日　中国科学院学部委员、著名妇产科专家及中国现代妇产科的开拓者林巧稚(原籍厦门市)在北京逝世,终年 82 岁。厦门鼓浪屿专门建毓园以资纪念。1988 年 4 月 4 日,林巧稚的骨灰安放在毓园。

23 日　鼓浪屿公安分局获选为公安部先进单位,今举行授旗大会。

24 日　旅游总局局长韩克华视察厦门,赞扬厦门旅游条件好,旅游业要发展。

26 日　菲律宾国家羽毛球队来厦比赛,我市男女队皆获胜。

同日　市计算机学会成立,李文清任理事长。

同日　执行海关总署转发的《国务院关于台湾同胞到经济特区投资的特别优惠办法》,规定台胞到厦门等 4 个经济特区投资兴办工农业项目,除享受经济特区现有全部优惠待遇外,在减免企业所得税、内销产品的比例和征收土地使用费等方面再给予特殊的优待。

30 日　据厦门气象台报告,自 1 月 28 日至今,厦门阴雨连达 3 个月,雨量达 1359 厘米,为历史上所罕见。

4 月　厦门市执行国务院发布的《关于台湾同胞到经济特区投资的独资的特别优惠办法》,规定台湾同胞在经济特区兴办营业项目的独资企业、合资企业或合作经营企业,凡经营期在 10 年以上的,从获利年度起,第一至第四年免征企业所得税,第五至第九年减半征收企业所得税。

5 月

1 日　菲律宾驻华大使福图纳特·阿特访问厦门。

同日　市交通局、公安局、保险公司联合通知,对本市农村机动车辆实行第三责任保险。

4 日　中共中央国务院批准厦门经济特区扩大到全岛(包括鼓浪屿),面积 131 平方公里。

5 日　星鲨牌乳白鱼肝油在全国评比中获第一名。

6 日　市教育学研究会成立。

7 日　市公安机关破获国民党派遣特务林清团案。

9 日　郭跃华再获世界乒乓球锦标赛男子单打冠军,林瑛与吴迪西合作再获世界羽毛球锦标赛女子双打冠军。

16 日　市委发出"深入开展学习宣传张海迪活动"的通知。

16—17 日　加拿大大不列颠哥伦比亚大学精神病学教授、世界著名精神病学家加籍华人林宗义博士,偕夫人李美贞女士访厦并回云霄扫墓。

18—21 日　以联邦德国国家电视二台达姆希曼为首摄影队一行 3 人抵厦采访,拍摄厦门市容与特区建设。

19 日　瑞典驻华大使拉斯·贝里奎斯特到厦门参观。

20 日　福建省人民政府作出决定,归还胡文虎在厦门、福州的原永安堂和《星光日报》、《星闽日报》由政府代管的房屋财产。

同日　厦门直达香港的公众电话电路正式开通。

23 日　市"五讲四美三热爱"活动委员会成立,王金水任主任。

25 日　法国尾斯大学与厦门大学签署两校合作协定在有关学术领域合作研究与互相交流。27 日,该校校长马赛勒·阿扎罗访问厦门经济特区,探讨两市开展旅游合作的前景。

5 月　厦门电视台开拍首部风光片——《海上花园——鼓浪屿》。

6 月

1 日　市府布置国营企业实行利改税制,即由上交利润改为征收税金。

同日　新建厦门国际海员俱乐部开业。

4 日　日本长崎县第五次经济访华团访问厦门经济特区,探讨两市开展经济技术合作问题。

6 日　以川口英率领的日本青年一行 550 余人,乘日本 JC 青年之船"东海号"抵我市,进行 2 天的参观访问。随轮来访的日本海关关员久未正夫和崛英雄到海关作礼节性拜访,副关长柯焕孙等与他们进行友好交谈,并登轮进行回访。

7 日　已有百余年历史的庆兰饼家恢复营业。

10 日　碾米厂陈鼎缤、物资回收公司马春卿获全国商业劳动模范称号。

15 日　我市各界在集美归来堂举行陈嘉庚铜像奠基典礼,福建省省长胡平参加剪彩。

17—20 日　日本佐世保市缔结友好城市先遣组平野博、荒木直尧、喜多康郎一行 3 人访厦。

22 日　市党、政、军和归侨各界人士在政协礼堂举行廖承志的吊唁活动。

27 日　圆珠笔厂生产的 C111 型圆珠笔获全国圆珠笔质量评比第一名。

29 日　印度驻华大使文卡特斯瓦兰抵厦参观。

7 月

1 日　美籍台胞医生参观团来厦考察参观。

同日　我市开始实施国家公布的《食品卫生法》。

同日　以冈崎温为团长的日中友协青年代表团访问厦门。

同日　重建的厦门海滨公园剪彩开放。

4 日　我市陈明兰设计的时装获中国时装文化设计优秀奖。

5 日　以冈崎温为团长的日中友协青年代表团访厦。

同日　英国伦敦城市大学能源研究室主任、华裔化学专家蒋振宇来厦讲学。

10 日　厦门罐头厂生产的"水仙花"牌蘑菇罐头被评为全国优质食品。

12 日　市长邹尔均会见香港康力投资有限公司董事长柯俊文。

同日　以井上猛为团长的日中经济协会代表团访问厦门。

14 日　以厦门市人民代表大会常务委员会主任陆自奋为团长,厦门市政治协商会议主席施能鹤,厦门经济特区管理委员会副主任江平为副团长的厦门经济代表团赴香港,举行"厦门经济特区介绍会",介绍厦门经济特区投资环境和投资优惠办法。

16 日　市法院判粮食贪污犯颜志勇徒刑 20 年。颜犯等利用职权,先后盗运贪污粮食二万余斤,为我市 30 多年来最大的粮食贪污案件。

19 日　市广告协会成立。

20 日　冷冻厂试产啤酒并投放市场。

同日　台湾民主同盟厦门分支部成立,叶庆耀为主任委员。1987 年 11 月,更名为台盟厦门市委会。

20 日　组织厦门经济特区联合发展有限公司的总合同在香港举行签字仪式,我市人大常委会主任陆自奋、政协主席施能鹤出席签字仪式。

28 日　本市福建特产商店开业。

29 日　厦门国际机场试航成功。

30 日   以陆自奋为首的我市经济代表团访问香港归来。

31 日   驻我市的海军部队举行海上阅兵。

本月   市税务局开始实行集贸提成,主要用于税务局集体福利事业。

8 月

1 日   全市馅饼评比揭晓,鼓浪屿食品厂名列第一。

5 日   福建省政府颁发 1982 年度科技成果奖,厦门市获 20 个科技成果奖,占全省五分之一。

9 日   旅菲华侨任世光编写的陈嘉庚先生简史字像送交集美校委会。在大幅半身像上用二千余字编成陈嘉庚的简史。

同日   厦鼓过海输水管道竣工,全长 581 米。

11 日   谢汉慈、倪礼传在从美国进口的烟丝中首次检出对外植物检疫对象——烟草霜霉病菌,并经天津动植物检疫所复检确认。

15 日   厦门市首次女子足球赛在体育场举行,竹坝农场队获冠军。

同日   杏林高浦高清朝等人捕获大海龟一只,重 100 多公斤,长 1 米余,厚 65 厘米。

17 日   全印柯棣华纪念委员会主席巴苏大夫来厦访问。

19 日   邹尔均市长向全市人民发表关于严厉打击严重刑事犯罪活动的有线广播讲话。这日凌晨,根据中央在全国范围开展严厉打击严重刑事犯罪活动的决定,全市统一行动,共出动 4966 人搜捕罪犯,抓获各种犯罪分子 292 人,缴获赃款 11576 元,凶器、子弹、炸药等一批赃物,打响了"严打"斗争第一战役的第一仗。

21 日   福建省政府宣布同安县从 1983 年 6 月起为消灭血吸虫病县。

同日   应厦门特区建设发展公司邀请,美国杜邦公司代表秦门先生访问厦门。

29 日   以川田侃为团长的日中协会第 11 次访华团来我市访问。

31 日   感光厂陈润慈晋升为高级工程师,为我省第一位女高级工程师。同时晋升为高级工程师的还有王普厚、陈传培等八名。

同日   在武汉举行的全国摩托艇比赛中,厦门市运动员黄明发获 10 公里环圈第一名。

10 月

1 日   与香港联合举办的国外包装技术交流会在我市开幕。

2 日   厦门至香港的定期货班轮开航。

同日   著名经济学家千家驹来厦讲学。

3 日   "文革"时被改名为厦门市第三中学的华侨中学,举行恢复原校名典礼仪式。

同日 东京正式签订我市引进万门程控电话设备合同后,以郝峰云、张可同为首的代表团回到本市。

5—12 日 国家动植物检疫总所在厦门召开全国植物种苗检疫会议,厦门动植物检疫所派代表参加并承担会务工作。这是厦门动植物检疫所第一次承担动植物检疫系统的全国性会议的会务工作。

6 日 在厦门中医学会召开的验方交流会上,厦门中医院名誉院长陈应龙等献出 88 种验方。

7 日 市工人文化宫被全国总工会评为先进集体。

同日 香港集友银行何坤总经理率领香港南洋商业银行、华侨商业银行、宝生银行、澳门南通银行副经理一行 8 人抵厦,双方共同研究厦门经济特区联合发展有限公司章程草案等。

同日 在漳州召开的全省专员、市长、县长会议上,我市鱼肝油等三厂受表扬,瓷厂被点名批评。

8 日 厦门南普陀寺被国务院宗教事务局确定为全国重点佛教寺院。

同日 在徐州举行的全国信鸽通讯赛中,我市李有芳的信鸽已飞返我市。信鸽是 8 月 27 日自徐州放出的。

11 日 市审计局成立。

14 日 国际发育生物学家牛海江应邀来厦门大学讲学。

15 日 福建省特区工作会议在厦举行,特区管委会主任邹尔均作工作汇报,省委书记项南在会上讲话。

同日 厦门大学首次接受来自 7 个国家的 20 多名留学生。

同日 水产造船厂生产的第一艘玻璃钢游艇下水。

同日 同安县政府批准确认新店陈塘村 31 户,181 人丁姓为回族。

15—19 日 福建省经济特区工作会议在厦门召开。会议提出特区要实行"四特",即明确特殊的任务,实行特殊的政策,创造特殊的环境,使用特殊的方法。

16 日 在上海举行的全国第五届运动会上,厦门运动员郑宁林获帆船冠军。

19 日 盗窃、流氓犯柯有家等八犯伏法。

20—27 日 英国威尔士电视台拍摄组一行 7 人应邀来厦拍摄厦门风光及人民生活、文化、经济建设等。

22 日 厦门市地方志编纂委员会成立,开始编纂《厦门市志》,邹尔均为主任委员。

24 日　厦门经济特区管理委员会副主任毛涤生参加中国银行及企业家代表团访问欧洲英、法、德、意四国,介绍厦门经济特区投资环境和投资优惠办法,与经济界有关负责人洽商项目。

25 日　厦门华侨电子有限公司成立。是为厦门第一家大型中外合资企业。

26 日　郭跃华在上海作乒乓球告别赛。

同日　香港爱国人士桂华山捐资百万港币,建造厦大电镜楼。

同日　新加坡前总检察长、新加坡石油有限公司董事主席陈文德访问厦门经济特区,探讨投资可能性。

厦门华侨电子股份
有限公司车间生产线

29 日　从日本引进的第一条铝电解电容生产线在鼓浪屿无线电器材厂投产。

同日　国务院最近决定,中国人民银行专门行使中央银行职能,不兼办工商信贷和储蓄业务。

同日　厦门水产造船厂与美商香港西来雪游艇有限公司合作生产的第一艘玻璃游艇交船下水航行成功。游艇排水量 14 吨,时速 8 海里。

同日　祖籍禾山吕厝的菲籍华人企业家吕希宗偕夫人来厦参观。

9 月　按国务院通知,废止了子女补员顶替的招工制度。

10 月

1 日　儿童电影院放映立体电影《欢欢笑笑》,为我市首映立体电影。

同日福建省政府批准厦门市城建总体规划,将厦门定为海港风景城市。

同日　海味大厦竣工并开始营业。

同日　省府批准我市城建总体规划,规划中把我市定为海港风景城市。

5 日　马来西亚前卫生部长李孝友到我市访问。

6 日　厦门市鹭江中学获国家体委授予的国家体育运动荣誉奖章,并被评为全国业余体校先进集体。

9 日　厦门特区联合发展公司举行首届基金会,选邹尔均为董事长。

13 日　全国美学年会第二届年会在我市闭幕。

18 日　厦门清真寺经重修后正式开放。

19 日　第一批严重刑事犯罪分子被注销城市户口,押送新疆劳动改造。

20 日　全国人民代表大会常务委员会副委员长叶飞、全国政治协商会议副主席杨成武、全国归国华侨委员会副主席庄明理在参加陈嘉庚先生创办的集美学校 70 周年校庆活动期间视察厦门经济特区。

21 日　陈嘉庚创办的集美学校 70 周年纪念大会在集美举行,李先念主席为大会题词,叶飞、杨成武、项南出席大会,来自世界各地校友达千余人。同日,陈嘉庚铜像揭幕,陈嘉庚陈列室和"归来园"正式开放,集美校委会编辑出版《集美学校七十周年》。

22 日　厦门高崎国际机场建成正式通航,厦门—香港空中航线开通。厦门海关在机场设立海关驻机场办事处,开始对进出境民用航空器、机组人员、进出境旅客行李物品和货物实施监管。中央、省、市首长叶飞、项南、杨成武和科威特阿拉伯经济发展基金会理事长费萨尔等参加通航典礼。机场于 1982 年 1 月 10 日动工,1983 年 7 月 29 日试航成功。

1983 年 10 月 22 日,厦门高崎国际机场举行通航典礼

23 日　海关总署副署长高祚来厦门参加厦门国际机场通航仪式,并到厦门海关视察。

25 日　李先念主席来我市视察,11 月 4 日离开。在厦门考察期间参观厦门大学、集美学校、郑成功纪念馆和集美鳌园,赞扬陈嘉庚的爱国精神。

同日　厦门八中复名为双十中学。

同日　厦门至香港定期旅游包机首航。

同日　以副市长李秀记为团长的厦门代表团赴日本佐世保市访问。28

日，与该市签署结成友好城市议定书。

27 日—11 月 4 日 以副市长李秀记为团长的访日友好代表团出访日本，于 10 月 28 日上午在佐世保市文化体育馆正式举行厦佐友好城市议定书签字仪式。

29 日 全国苏联文学研究会在我市召开屠格涅夫学术讨论会，今日闭幕。

1983 年 10 月，中共中央政治局常委、国家主席李先念视察厦门警备区

30 日 国务院总理赵紫阳视察厦门经济特区，指示"特区要引进一些技术密集、知识密集的企业，成为学习世界先进技术、先进管理办法的窗口"。

厦门市—日本佐世保市缔结友好城市签字仪式

31 日 香港汇丰银行获准在厦设立常驻代表机构。

同日 中国图书馆学会第二次会员代表大会在我市召开。11 月 6 日闭幕，选丁志刚为理事长。

11 月

5 日　国务院总理赵紫阳视察我市,对我市提出办经济特区的主要目的是:引进一些技术密集,知识密集的企业,作为世界生产技术,先进管理办法的窗口。

10 日　联邦德国著名经济学家、汉堡大学世界经济文献研究所所长阿尔明·古托夫斯基教授访问厦门经济特区,谈厦门经济特区发展方向和立法等问题。

11 日　全长 581 米的厦门至鼓浪屿渡海输水管道正式通水,结束了鼓浪屿靠船载水的历史。

14 日　厦门感光厂扩建工程竣工,并投入生产。

20 日　市归侨九大闭幕,选颜西岳为侨联主席。

21 日　永安至厦门 22 万伏变压输电线路建成。线路全长 228 公里,给厦门经济特区建设注入强大动力。

28 日　与港商联合举办的微电脑技术交流展览会在我市开幕。

12 月

1 日　美国驻广州总领事余永润访厦。

同日　厦门大学陈传鸿在意大利获哲学博士学位。

3 日　市环境科学学会成立,推周绍民为理事长。

4 日　锻压厂生产的 6.3 吨压力机获机械部一等品。

6 日　香港集友银行邀集的香港客商团来厦门访问。

12 日　厦门经济特区第一家外资企业——印华地砖厂建成并举行验收签字仪式。翌年 7 月 4 日正式投产。

12 日　厦门警方破获国民党"大陆工作委员会"派遣特务刘燊荣案。

16 日　高崎至东渡铁路支线竣工,全长 6.25 公里。1985 年 5 月正式通车。

18 日　在印尼雅加达举行的羽毛球大赛上,厦门运动员栾劲击败"天皇巨星"林水镜,登上冠军宝座,被国际羽联推为当年世界羽坛最佳明星。

20 日　民主柬埔寨主席诺罗敦·西哈努克亲王、副主席乔森潘、总理宋双率民主柬埔寨代表团一行 25 人访问厦门。

中旬　国务委员谷牧视察厦门。

24 日　香港汇丰银行获准在厦门设立代表处,为厦门第一家外资银行代表处。1986 年 9 月升为分行。

27 日　深圳市坪口工业区代表团访问我市。

28 日　中顾委委员曾志来厦。经实地考察,确认鼓浪屿福州路 127 号三楼为 20 世纪 30 年代中共福建省委军委旧址。

30 日　厦大学生郑以勒在亚洲地区学生作文竞赛中获国家优胜奖。

30 日　市青年联合会第八届委员会开幕,选陈耀中为青联主席。

本月　厦门市首批闽南菜厨师赴日本鹿儿岛旅游中心进行烹调技术表演交流,为期三个月。

民主柬埔寨主席诺罗敦·西哈努克亲王访问厦门

本月　是年,省政协副主席蒋学道率省委落实宗教政策检查团来厦检查,推动厦门宗教房产政策进一步落实。市区开放万石莲寺,郊区退还 4 所教堂,同安退还 7 所教堂,日光岩、天界寺、养真宫由佛教协管理;归还天主教的神甫楼、基督教的牧师楼、基督教青年会;"文革"中被扣减的宗教界人士工资、生活费如数补发。

1984 年

1 月

1 日　中国工商银行厦门分行成立,同年 12 月 29 日开业。

1—9 日　英国加的夫市比尔·巴特尔市长、首席执行官克里平率领加的夫市代表团访厦,进一步探讨经济贸易往来途径。

7 日　市公安局破获台湾国民党派遣特务刘燊荣案件。

11 日　祖籍同安的著名华人学者、澳大利亚悉尼大学教授李全寿来厦进行学术访问。

12 日　厦门经济特区湖里工业区房地产开发公司成立。

16 日　厦门市造船厂首次按国际标准建造的千吨机动油驳船"飞航一号"下水。

18 日　在厦门第十次妇代会上,叶亚伟当选为妇联主席。

19 日　日本索尼株式会社卯木肇与我市签订合作生产录相机合约。

同日　厦门市首届社会科学工作者代表会闭幕,选李力为社联主席。

20 日　厦门大学陈嘉庚研究室成立,陈碧笙教授为主任。

同日　新疆古尸文物展览会在华侨博物院开幕。

26 日　市烟草专卖局、烟草公司成立。

28 日　我市感光杯足球赛闭幕,湖南队获冠军。

1 月　第一家对台贸易公司——厦门市丰顺公司成立。

1 月　厦门经济特区贸易有限公司成立。

1 月　省税务局对乡镇企业进一步放宽减免税范围,扩大市(县)减免税审批权限。

2 月

1 日　邹尔均市长来电台录制节目《向全市人民祝贺春节》。

6 日　海洋三所举行台湾海峡西部海域科学调查誓师大会。

8 日　福建省省长胡平宣布开放厦门等口岸为台湾商船避风锚地。

7—10 日　中共中央政治局常委、中央顾问委员会主任、中央军委主席邓小平在中共中央政治局委员王震的陪同下来厦视察。他视察东渡码头、高崎国际机场、湖里工业区、厦门大学、鼓浪屿、集美学村及驻厦部队,参观陈嘉庚故居、集美鳌园,并听取厦门经济特区建设情况汇报,而后作了"把经济特区办得更快些更好些"的题词。在结束视察之前,邓小平还冒雨到万石植物园种下一株樟树。在厦期间,邓小平接见了市各界人士代表。

1984 年 2 月,中共中央政治局常委、中共中央顾问委员会主任、中央军委主席邓小平在"鹭江"号游艇上,听取项南等省、市领导汇报,研究厦门经济特区范围扩大到全岛问题

1984 年 2 月 9 日,邓小平同志为厦门经济特区挥笔题词"把经济特区办得更快些更好些"

9 日　《厦门日报》报道:联合国难民署驻华任务代表处卡彭特一行,在省难民安置办公室主任陪同下到同安竹坝华侨农场视察工作。

12 日　厦门市特区管委会向福建省第七建筑公司发出创湖里速度的贺信。祝贺他们百日封顶 1.5 万平方米厂房的成绩。

同日　厦铭水产养殖有限公司网箱养鱼成功。首批 1100 公斤活红石斑鱼运往香港。

同日　以小田浩尔为团长的日本长崎县友好访问团来厦访问。

16 日　下午 5 时 30 分,日食。

18 日　厦门籍运动员栾劲、郭跃华被评为 1983 年度全国十佳运动员。

同日　在中央绿化委员会第三次全会上,厦门市获"全民义民植树选进单位"称号。

21 日　福建省华侨历史学会在厦门大学成立,张兆汉为首任会长。

同日　以坂野上吉为首的日本信托银行界友好访华团来厦门访问。

24 日　中共厦门市委召开五届五次全体(扩大)会议,通过了《关于更快更好地建设厦门经济特区的决议》。

同日　全国人大常委、中国科学院学部委员侯学煜来厦视察。

同日　东南亚第 4 次学术讨论会在厦门召开。会议的中心议题是:如何发挥华侨在振兴福建中的作用。会议通过了《关于更快更好地建设厦门经济特区的决议》。

24 日　以小田浩尔为团长的日本长崎县友好访问才团我市访问。

25 日　厦门市 35 个科研课题获中国科学院科学基金资助款 184.3 万元。

27 日　厦门市政府发出封山育林布告,确定仙岳山等为封山育林区。

28 日　交通部在我市进行国际标准改装海上浮标。

同日　日本驻广州总领事商桥迪访问厦门。

29 日　《厦门特区工人报》经市委宣传部批准创刊。1987 年元月起正式出版并向全国发行。该报前身为《厦门工讯》。

1984 年 2 月 29 日　中共福建省委第一书记项南,省长胡平、副省长张遗等来厦视察。

3 月

1 日　市外文书店剪彩开业。

同日　我市与香港英基(中国)投资公司签署合作兴建金桥大酒家合同。

2 日　与上海民航局合资的厦门航空有限公司成立。此为国内首家民间航空企业。

9 日　中顾委委员彭德清抵厦视察。

10 日　德意志共和国驻华使馆政治参赞罗德访厦。

同日　法国驻华大使夏尔·马乐来厦访问。

12 日　我市华丰贸易有限公司合同书在深圳签字。此为我市第一家中外合资的商业企业。

15 日　生产录相带的厦门磁带有限公司成立。

17 日　美国建东银行驻厦门经济特区代表处正式开业。

美国建东银行厦门分行

18 日　中共中央总书记胡耀邦会见日本客人时宣布:中央决定把厦门经济特区的范围扩大到整个厦门岛。5 月 4 日,中共中央决定指出:厦门经济特区扩大到全岛(包括鼓浪屿),实行自由港某些政策。是为了发展中国东南部经济,特别是加强对台工作,促进祖国统一大业而作出的重要部署。

同日　香港知名人士胡应湘访问厦门时,被聘为特区高级顾问。

同日　驻厦部队破雾出航,接回被围困在火烧屿上的 900 余名小学生。

24 日　英国威尔士加的夫大学授予厦门大学校长田昭武教授"名誉科学博士"称号。

25 日　以林继民为团长、陈共存为副团长的新加坡工商联合总会访华经济考察团来厦考察。

同日　在全英羽毛球锦标赛上,林瑛与吴迪西合作再获女子双打冠军。

27 日　香港厂商联合会会长黄鉴来厦观光。

28 日　举行厦门市第八届人大常委会第七次会议,任命王金水、叶树亮等二人为市政府副市长。

同日　香港贸易发展局代表团来厦门访问。

29 日　国家民航局和福建省政府正式批准成立厦门航空有限公司。

29 日　中共福建省委派出工作组赴厦门帮助工作,代表省委、省人民政府全权处理特区工作的各项事宜。

4 月

4 日　日本著名作家小田实访厦。

同日　薛岭公墓建成投入使用。

同日　以威廉·马尔霍兰为团长的美国俄亥俄州人民友好代表团来厦门访问。

5 日　福建省工贸会议作出决定,厦门市有权自己审批单项投资 1000 万元以下的技术改造和引进项目。

同日　上午,受飓风影响,市区出现大风、雷暴、冰雹达五分钟,东渡码头大吊车被刮倒。

同日　我市举办的新加坡图书展览开幕。

6 日　中共中央和国务院召开的沿海部分城市座谈会上,认为国务院和福建要帮助我市采取切实步骤,把厦门特区搞好。

8 日　旅日华侨、著名作家陈舜臣一行访厦。

同日　全国侨联委员,致公党中央常委柯朝阳逝世。

14 日　清华大学吴良镛教授抵厦并作题为《对厦门经济特区规划问题的调查与探索》的报告。

20—28 日　日本佐世保市市长栈熊狮率领友好城市访华团一行 5 人访厦。双方达成文化交流 4 个协议。

21 日　经福建省政府批准,同安县恢复马巷镇建置。

22 日　市决定同安县果园、汀溪两公社开展建乡试点工作。

22—27 日　美籍专家潘英章博士到厦门动植物检疫所讲授非洲猪瘟检疫。

24 日　全国台港文学讨论会代表和省市文化界在我市集会,纪念台湾新文学之父赖和诞辰 90 周年。

同日　厦门市天主教爱国会第四届代表大会召开,江耀南当选为爱委会主任。

29 日　架机起义回大陆的原蒋军李大维来我市参观。

5 月

1 日　供农业灌溉用的杏林提水工程建成。

4 日　市首届青少年运动会开幕。

同日　中共中央、国务院转发《沿海部分城市座谈会纪要》,指出厦门经济特区扩大到全岛(包括鼓浪屿),实行自由港某些政策,是为了发展中国东南部经济,特别是加强对台工作,促进祖国统一大业而做出的重要部署。

9 日　在杭州举行的全国青年田径赛中,我市周婉霞以 1′26″ 的成绩获女子 400 米栏冠军。

10 日　厦门兴厦有限公司在香港成立,为厦门驻港对外贸易总代理机构。

11 日　林巧稚大夫塑像揭幕典礼在鼓浪屿毓园举行。市举行林巧稚大夫纪念大会,中外来宾达千余人。邓颖超等同志寄来题词,市邮电局发行纪念封。5 月 10 日,厦门林巧稚纪念馆开馆。

林巧稚塑像

16 日　新加坡金门会馆主席王济堂来厦观光。

19 日　菲律宾中华艺术舞蹈所和菲律宾黄河合唱团来我市举行音乐舞蹈晚会。

23 日　20 世纪 20 年代厦门市学运和工运领袖罗扬才烈士塑像在厦门大学奠基。

25 日　以力丸司郎为团长的日本福冈青年之船一行 326 人来厦参观访问。

26 日　厦门市人民政府颁布《进一步扩大国营工业企业自主权的暂行规定》,在生产经营、财产资金、人事劳动管理和工资奖金等 4 个方面对国有工业企业放权。

27 日　旅日台胞回国探亲团抵厦活动。

28 日　日本长崎县友好代表团访厦。

29 日　中国烟草的第一家中外合资企业——中美合资在我市兴建的华美卷烟有限公司的合同在北京签订。

5 月　建筑工人萧振基把在市郊西姑岭基建工地发现新石器时代石锛 2 件捐献给厦门市博物馆。

6月

1 日 胡里山炮台辟为风景旅游点。

同日 厦门卷烟厂、厦门经济特区联合发展有限公司与美国雷诺士烟草国际（亚太）有限公司合资经营的华美烟草有限公司在厦门湖里工业区举行奠基仪式。华美烟草有限公司占地 4 万余平方米，总投资为 2000 万美元，为中国第一家中外合资卷烟企业。1988 年 10 月 28 日正式投产。

2 日 马来西亚外交部长加扎利来我市访问。

4 日 美国杜邦亚洲太平洋有限公司代表团抵厦访问。

5 日 莲河码头竣工。

7 日 中国银行厦门信托咨询公司成立。

同日 著名作家丁玲在厦会见日本专家。

11 日 厦门华侨啤酒厂正式投产。

13 日 以副市长叶树亮为团长的厦门市友好代表团访问日本。

同日 以永（定）、（南）靖同乡会为首的海外华侨、港澳同胞访问团来我市访问。

14 日 厦大陈碧笙等著作的《陈嘉庚传》获全国爱国主义通俗历史读物优秀奖。

同日 厦门举行中医学家吴瑞甫纪念会暨学术交流会。吴瑞甫为厦门人。

同日 以陈植汉副市长为团长的厦门市友好代表团赴英国加的夫市进行为期十天的考察访问。

15 日 22 万伏的杏（林）水（头）输电线路架通，永安火电厂的电力已直通我市。

16 日 厦门市政府颁布《关于进一步放宽集体工业企业若干政策问题的规定》。

17 日 在杏林湾的厦门淡水水产良种场建成投产。

18 日 香港集友银行总经理吴文拱率香港银行同业考察团抵厦考察。

19 日 中共中央书记处书记、中宣部部长邓力群来厦检查指导工作。

20 日 双十中学学生廖小青在国际少年书信写作比赛中获国内奖。

27 日 中国、加拿大交换纪念画册仪式在鼓浪屿区人民小学隆重举行。加拿大斯科舍省克里兰市华脱尔·福格利中学学生精心制作的纪念画册，通过中国红十字会赠予鼓浪屿人民小学红十字会。该校回赠加方本校学生精制的纪念画册。

同日 驻金门国民党军队炮击同安县角屿，中国人民解放军驻岛部队死 1 人,伤 2 人。

30 日　鸿山寺重修工程开工。

7 月

1 日　上海—厦门—广州客轮通航。

同日　厦门市首家外商独资企业——印华地砖厂正式投产。

7—12 日　以尼泊尔青年组织中央主席卡玛尔·塔帕为团长的尼青代表团一行 7 人访厦。

9 日　市南乐研究会成立,黄渊泽为会长。

12 日　厦门市服务公司与香港长有公司合资经营白鹤客车出租公司开业,我市首批 36 部"的士"投入营运。

同日　同安县洪塘、果园、新圩一带发现量大质优的高岭土矿。

12—16 日　冰岛中国文化协会执行主席艾米尔·博亚松率代表团一行 7 人访厦。

13 日　中国人民武装警察部队福建省总队任命王振和为中国人民武装警察部队厦门市支队第一政治委员(兼),杨立智为支队长,王念平为政委。

14 日　福建省第六届人大常委会第八次会议通过福建省人大常委会关于《厦门经济特区条例》(修改草案)的决议和五个单行经济法规的决议。

同日　省六届人大常委会召开第八次会议,原则通过《厦门经济特区条例(修改草案)》,审议通过《厦门经济特区入境出境人员管理规定》、《厦门经济特区企业登记管理规定》、《厦门经济特区劳动管理规定》、《厦门经济特区土地使用管理规定》、《厦门经济特区技术引进规定》、《厦门经济特区与内地联合的规定》等 6 种单行法规。

19 日　澳大利亚塔斯马尼亚州总理罗宾·格雷一行访厦。

20 日　鼓浪屿汽水厂正式投产。

同日　董事长钱德勒率领的美国柯达公司高级代表团抵达我市。

22 日　国务院批准调整厦门海关为厅局级机构。

同日　厦门市委召开农业经济会议,省委书记项南、省长胡平出席会议。

24 日　厦门感光材料有限公司与柯达公司在北京签订引进彩色感光生产先进技术和生产线的合同。

25 日　我国第一家地方航空公司——厦门航空有限公司成立,总部设在厦门高崎国际机场。

27 日　厦门首届伤残人运动会闭幕。

31 日　全国高考中，双十中学陈伟宏和李锦明分别以 619 分和 551 分夺得全省理科和文科总分第一名。

8 月

8 月　市政维修工程公司干部张加兴将朱德为高集海堤题写的"移山填海"手迹捐献给厦门市博物馆。

厦门航空有限公司

2 日　丹麦哥本哈根大学传染病学专家密格尔森教授在厦考察。

同日　厦门市地名委员会公布厦门岛屿面积：厦门岛 128.14 平方公里，鼓浪屿 1.77 平方公里。

4 日　何厝小学五(1)中队被命名为全国优秀少先队。

5 日　在西班牙举行的第八届帕洛马·奥塞亚国际钢琴赛上，厦门市许斐平获第四名。

6 日　菲律宾宿务市知名人士吴清源、吴秋霖一行 4 人来厦，商谈有关厦门—宿务建立友好城市事宜。

同日　意大利共产党领导机构成员乔治·纳波利塔诺等来我市访问。

9 日　国家动植物检疫总所副所长于湛、姚文国等一行六人到厦门动植物检疫所检查指导工作。

14 日　由板本俊造率领的日本三菱综合研究所访华团抵厦考察。

17 日　市民族事务委员会成立，辛秀桂为主任。我市共有 14 个少数民族。

20 日　中共福建省委书记项南、福建省省长胡平在厦门大学调查研究教育改革问题。

21 日　9 万吨级"探戈"号轮抵厦，这是进入厦门港吨位最大的货轮。

22 日　举行中共厦门市委第五届六次全委(扩大)会议，会议传达贯彻中共福建省第三届九次全委(扩大)会议精神，同时就加强厦门科学技术工作和社会主义精神文明建设等问题进行了讨论研究。会议通过关于召开中共厦门市第六次代表大会的决议。

同日　在衡阳举行的全国少年跳水比赛中，我市代表为主的省少年跳水队获女子团体冠军。

27 日　厦门市人大第八届第二次会议开幕。会议通过关于加强科技工作,加强精神文明建设决议。市政协第六届第二次会议同时举行。

同日　省图书馆学会成立,许仲凯任理事长。

同日　市政协六届二次会议、市人大八届二次会议开幕,市长邹尔均在政府报告中说,厦门岛是实行自由港某些政策的经济特区,使我市进入新的历史阶段。31 日闭幕。

29 日　新加坡佛教总会会长宏船法师率团访厦。

9 月

1 日　厦门经济特区管理委员会与厦门市人民政府合并,市政府行使管理经济特区的职能。

同日　我市与省内福州等市在福州签订创建文明城市竞赛协议书,副省长黄长溪主持签字仪式。

5 日　厦门市第一家超级市场—位于中山路的海滨超级市场开业。

6 日　世界著名自然科学史专家、英国人李约瑟访问厦门大学。

8 日　厦门市第十一届团代会闭幕,郭晓菱当选为书记。

同日　市幼儿游泳池落成。

10 日　四川省委代表团访厦。

13 日　由铁瑛率领的浙江省委参观团来厦访问。

14 日　厦门航空有限公司开始营业。

同日　厦门市工会第九次代表大会闭幕,黄国彬当选为工会主席。

15 日　市工业品贸易中心展销会开幕。

16 日　荷(兰)中友协代表团访问厦门。

同日　厦门市公交公司与港商合办的厦盛小巴士开业。

17 日　颜金村出席国务院口岸办公室在广东省中山县召开的全国口岸工作会议。

18 日　厦门市政府撤销经委、外经贸委、财办,合并成立“市经济贸易委员会”。

19 日　湖里工业区管理局成立。

20 日　福建省评选十佳运动员揭晓。厦门市占 5 名,他们是郭跃华、栾劲、倪志钦、林瑛、郑达真。

21 日　中央拨款 1200 万元,建设鼓浪屿旅游区。

23 日　在雅加达举行的第四届世界羽毛球赛中,林瑛与吴迪西合作,再次获女子双打冠军。

24 日　位于灌口的李林枢纽变电站建成使用。

29 日　鲁迅石雕立像在厦门大学揭幕。

29 日　厦门市首批 500 户居民用上液化石油气。

本月　市政协邀请全国政协副主席、著名科学家周培源教授来厦作《关于发展科技和培养人才》的报告。

10 月

1 日　举行庆祝新中国成立 35 周年文艺彩街活动,中山路举行灯展。入夜放烟火礼花,在主要马路上进行化装游行。

同日　全长 1100 多米的钟鼓(万石岩钟山—南普陀鼓山)隧道通车。

同日　与厦门市结成友好城市的英国加的夫市市长巴特尔一行前来访问,8 日离开。

2 日　万石莲寺重修落成,新加坡佛教总会会长宏船法师参加开光典礼。该寺位于万石植物园内,始建于明代。

3 日　省首届青少年运动会在我市举行。

8 日　以永山贞则为团长的日本青年代表团访问我市。

海上乐园"鹭江号"

9 日　海上乐园"鹭江号"正式开业,吨位达 8600 吨。

9 日　双十中学庆祝校庆 65 周年,美中友协创始人何连玉受聘担任名誉校长。

9 日　在万国邮政联盟举办的国际少年书信写作比赛中,双十中学学生廖小青获特别奖,今天在我市召开授奖大会。

11 日　市二千余名少先队员化装游行,庆祝少先队建队 35 周年。

12 日　全国政协副主席,光大实业公司董事长王光英一行来厦门视察。

13 日　鹭江宾馆(前身为鹭江大厦)修建竣工并开始营业。

14 日　厦门市民主同盟第六次代表大会闭幕,选陈碧笙为主委。

同日　全国农机科技情报工作会议在厦召开。

17 日　厦门市第八届人大常委会举行第十次会议,任命江平、毛涤生为副市长。

17 日　为庆祝我市解放 35 周年,市举行千人火炬跑活动。

20 日　厦门市建乡工作结束,公社改为乡,大队改为村,恢复灌口为镇。

21 日　福建省暨厦门市纪念陈嘉庚先生诞辰 110 周年大会在集美举行。全国政协文史资料研究委员会、全国侨联、华侨博物院、省政协联合出版大型纪念画册《陈嘉庚》,邓小平为画册题名。厦门大学恢复陈嘉庚奖学金,人民银行发行纪念银币,邮电部发行陈嘉庚纪念邮票。陈嘉庚创办的集美学校举行 70 周年校庆活动,李先念主席题词,叶飞、杨成武、项南出席大会,来自世界各地校友千余人参加庆祝活动。

23 日　以市长邹尔均为团长的友好代表团赴菲律宾访问,26 日与宿务市签署友好城市协议书。

25 日　美国可口可乐公司副总裁、出口公司总裁一行 12 人来厦,参加可口可乐厂开工剪彩,中美合建的可口可乐生产线在厦门饮料厂开工投产。

同日　厦门大学首次陈嘉庚学术讨论会结束,会上倡议成立"陈嘉庚研究会"。

同日　在全国伤残人运动会上,厦门运动员钟松德获游泳比赛两枚金牌。

同日　中医院名誉院长陈应龙被聘为《光明日报》创办的光明中医函授大学名誉校长。

27 日　厦门市与上海市普陀区结成友好市区。

28 日　橡胶移植同安县成功,今年开始割胶。

30 日　马来西亚驻华大使卡米勒来厦访问。

30 日　以苏和为团长的全国少数民族国庆观礼团来我市参观。

本月　全国第一次城镇房屋普查开始。

11 月

1—3 日　祖籍厦门的菲律宾天主教红衣主教海梅·辛来厦门进行友好访问和探亲访友活动。

3 日　《厦门广播电视报》试刊。12 月 29 日正式出刊。

5 日　参加中国开放城市投资洽谈会,厦门分团的邹尔均等一行抵达香港。20 日结束,我市达成协议 37 项,款额达三亿多元。

5 日　中国职工教育研究会在厦成立,浦通修为会长。

9 日　厦门市农科研究所首创尿素培育毛木耳成功。

14 日　厦门市第一家专业性律师事务所—厦门对外经济律师事务所成立。

14—17 日　美国新泽西州立罗格斯特大学植物病理学教授、美籍华裔陈泽安博士(国民党中央要人陈果夫之子)偕夫人、女儿一行 4 人访厦。

15 日　国务院发出《关于经济特区减征、免征企业所得税和工商统一税的暂行规定》。

16 日　厦门大学 81 年毕业生刘平获印度国际人口学院金质奖章。

同日　我国首次邮票极限画展在我市举办。

19 日　国务委员姬鹏飞来厦门视察。

同日　集装箱船"嘉禾"首航我市。

20 日　首届全国青年歌手电视大奖赛揭晓,厦门选手鲁帆获特别奖。

同日　以陈再道为团长的全国政协参观视察团抵厦门参观视察。

20—22 日　日本长崎县亲善访华团一行 74 人访厦,与厦门结成友好城市的佐世保市民代表 32 人随长崎县亲善访华团访厦。

21 日　中共中央政治局委员、全国政协主席邓颖超来厦视察。22 日,在毓园种植两株南洋杉纪念树,并参观厦门林巧稚纪念馆和集美鳌园。12月 3 日,结束在我市的视察。

25 日　厦门市举办国际电脑新技术展览会,7 个国家和地区的 62 个电脑厂家和 84 个国内有关单位参加。

26 日　泰中友协代表团访问厦。

邓颖超视察厦门东渡港区

12 月

12 月　市政府规定粮食、蔬菜、水果、水产品、肉、禽、蛋等七大类农、副、渔产品进入厦门岛一律不征产品税与营业税。

4 日　以罗素为团长的香港总商会考察团来我市考察。

6 日　李健日率领的朝鲜海洋代表团来厦门访问。

同日　以香港中华总商会会长王宽诚为团长的考察团一行抵厦考察。

7 日　集美水产学校 130 多名师生食物中毒,经抢救全部脱险。

同日　省税务局转发国务院《关于经济特区和沿海十四个港口城市减免征企业所得税和工商统一税的暂行规定》。

10 日　中共厦门市委召开六届一次全委会,选举邹尔均为市委书记,王金水、李秀记、李力为市委副书记,李秀记为市纪委书记。

10—11 日　中共中央书记处书记、国务委员谷牧来厦视察。

11 日　厦门建筑工人萧振基将两件新石器时代石锛赠给厦门市博物馆。

同日　以李学智为团长的宁夏自治区党委考察团访厦。

同日　以邵庚为团长的市工商联访问团到香港访问,12 月 26 日返厦。

13 日　联邦德国 ITT 集团广播通讯设备技术交流会在厦门开幕。

15 日　同安举办北宋著名科学家苏颂生平学术讨论会。

同日　中国农工民主党厦门市委员会举行第六届代表大会,苏节任主任委员。

22 日　全国台联会会长林丽韫来我市访问。

同日　我市卷烟厂获国家经委引进技术改造企业单项奖,工程机械厂获国家经委引进开发优秀项目表彰奖。

同日　中国第一家中外合资录像带生产企业——厦门磁带有限公司正式投产。该公司生产多种规格的录像带,年产量可达 130 万盒。

23 日　全国人大常委会副委员长彭冲参观华侨博物院和厦门郑成功纪念馆。

24 日　国家外汇管理局厦门分局正式从厦门中国银行划分出来,与市人民银行合署办公。

25 日　厦门人民广播电台庆祝建台 35 周年。

同日　市召开首批经理、厂长国家统考表彰大会。糖厂李炳章获成绩特优奖,橡胶厂程友良、新华玻璃厂潘若谷、纺织厂宋国安获双优奖。

27 日　市八届人大常委会召开第十一次会议,任命安黎为副市长。

28 日　东渡码头一期工程 4 个万吨泊位投入使用。该工程有 8 个万吨级深水泊位。

29 日　工商银行厦门分行开业。

同日　厦门特区广告报创刊。

同日　中国工商银行厦门市分行成立。

东渡码头

30 日　东渡码头深水泊位验收合格正式投入使用。

1984 年　机场的启用为厦门带来了最初的 30 多辆的士,起步价 3 元。

1984 年　在全国率先对国有企业退休职工保险金实行统筹使用的改革,实行社会保险基金筹集制度,根据工资总额,全民、集体企业按 20％提取,中外合资企业按 25% 提取。

1985 年

1 月

1 日 "三联"汽车服务公司正式成立,投入营运。

同日 举行万米环城赛跑,参加的 400 多名运动员,年龄最大 73 岁,最小的是 10 岁的小学生。

同日 厦门彩色感光材料工程正式开工。该工程总投资 5 亿多元,从美国柯达公司引进年产 1100 万平方米彩色感光材料生产线,是当时福建省最大的引进项目,也是国家重点引进工程项目之一。1989 年 1 月建成投产。

同日 厦门富岛有限公司在厦门宾馆举行开业典礼。

同日 我市第一个商品混凝土供应基地,中国港湾工程公司厦门分公司混凝土供应中心开业。

2 日 白鹭宾馆(原虎园宾馆)正式开业。

同日 市公安局表彰 1984 年在文保战线做出显著成绩的单位和个人。

3 日 市总工会宣传部和市工人文学社合办的厦门特区文学报——《鹭涛》创刊号问世。

4 日 中共厦门市委举办首期整党骨干训练班。

同日 中国第一个照相纸乳化工艺微处理机控制系统,由厦门感光化学厂和计算机厂研制成功,并在厦门感光化学厂投产运行。

5 日 经国家民航总局批准的我国第一家区域性航空企业——厦门航空有限公司正式营业。

同日 牛年邮票在本市发行。

同日 厦门大学科学器材公司和科学技术开发公司举行开业典礼,并为"科技交流开发中心大厦"举行奠基仪式。

同日 厦门电子计算机厂和厦门大学计算机科学系协作研制 G1—PC Ⅲ 中西文个人电脑—汉字信息处理系统获得成功,并通过技术鉴定。

同日 市经贸委厦门进出口商检局联合宣布,自 1985 年 1 月 1 日起,凡在本市从事出口食品的厂、库必须按照《出口食品的厂、库注册细则》的规定,分商品类别,向厦门进出口商检局申请注册。

同日 我国第一艘无限航区远洋调查船来厦。

同日 由领队张一沛率领的中国女排乘飞机到达厦门,前往漳州冬训。

同日　中国工运学院和福建省总工会干校联合举办的第二次全国工会理论教学讨论会在本市举行。

同日　国际新科技与体制研究会成立陈嘉庚开放大学筹委会,获秋泉任主任、关福成教授等四人为筹委会成员。

6 日　由市科委下达的泥蚶人工育苗,在同安县后滨乡赵厝村试验成功。

7 日　在大同小学举行以开发儿童智力,培养手脑并用能力为目的的市首次小学生"爱科学月"活动智力决赛,人民小学获得第一名。

8 日　厦门大学抗癌研究中心副教授王凯华相继培养成功两个人体胃癌细胞系之后,又建成一个人体胃分化腺癌细胞系 GC79—11。由专家、教授组成的鉴定委员会在厦门大学通过了这一研究成果的鉴定。

同日　由香港得利贸易公司和厦门第一印刷厂联合举办的印刷制版设备技术交流会开幕。

9 日　华东各省市在厦门举行首次人事工作交流协作会。

同日　原厦门经济特区机场修建处改组成立厦门建设工程承包有限公司。

10 日　鹭江宾馆正式开业。

同日　省伊斯兰教协会第一届第二次委员会在我市闭幕。

同日　市第一医院举行聘请原副院长黄锡隆为名誉院长的大会。

11 日　厦门东渡水产冷库通过国家验收,正式交付使用。

同日　同安县职工技术协作委员会正式成立。

12 日　厦门电池厂研制的新产品三圈牌 R14(即二号)高容量纸板电池已通过鉴定。

13 日　我市首家学贸结合,以发挥高等学府智力和技术优势,组织开发,引进技术密集和知识密集型的技术和产品为主要业务的厦门南江公司,正式开业。

同日　应中日友协邀请,以上村幸生为顾问,秋津宏机为团长的日本日中友好议员联盟秘书访华团(第八次)一行十三人,到达厦门参观访问。

14 日　陈嘉庚研究会成立,谢高明任会长。

同日　龙岩地区与厦门特区联合组建的经济实体—厦龙经济联合总公司和龙岩地区贸委在本市设立的龙津进出口贸易公司、龙岩重工产品厦门展销部正式开业。

14—17 日　中共中央政治局委员、国务院副总理万里前来我市视察工作四天,特别指出要把水和电加快抓上去。

15 日　交通部长江航运设计事务所厦门分所正式开业。

同日　郊区禾山乡召开第一届归国华侨代表大会,成立郊区归国华侨联合会禾山分会。

同日　劳动牌肥皂获得"省优"称号。

同日　厦门市医药研究所宣研室的"鲎试剂质量和中试工艺研究",获卫生部 1983 年医药卫生科技成果甲级成果奖。

18 日　前来访问考察的香港环球轮船代理有限公司董事长卓肇彬离厦返港。

19 日　丹麦王国大北电报公司执行副总裁费斯豪克一行 6 人访问厦门。

同日　厦门大学举行首届教职工代表大会暨第 16 届工会会员代表大会。

同日　厦门老年大学筹委会成立,4 月正式创办。

19 日　应厦门经济特区联合发展有限公司的

厦门老年大学

邀请,丹麦王国大北电报公司执行副总裁弗斯豪克先生一行 6 人访问我市,下午离厦返港。

20 日　厦门市从日本引进的万门程控电话系统正式投入使用,成为国内第一个全市纳入数字化程控电话网的城市。同年 10 月,福建省的第一家寻呼系统在厦门开通。

同日　市公交公司开辟厦门至丙洲、丙洲至同安及丙洲至马巷的公共汽车线路,使西柯乡沿途各村的交通与同安、厦门市区交通网点衔接起来。

同日　中国人民银行厦门市分行自今年起,专门行使中央银行职能,加强金融的宏观控制和调节,而不再兼办工商信贷和储蓄业务。这是银行体制的一项重要改革。

21 日　残疾人福利基金会成立。

同日　举行福建省第二次台湾同胞代表会。

同日　厦门经济特区体育中心建设纪念券本日起向海外和本市各单位发行。

22 日 "鼓浪屿"号获交通部"文明客船"称号。

24 日 北溪引水厦门岛内干渠改造工程提前竣工验收。

同日 厦大政法学院院长邹永贤主编的《国家学说史》书稿座谈会在厦大举行。

同日 受万里副总理的委托,戴副部长率领城乡建设环境保护部规划局局长王凡、中国城市规划设计研究院院长周干峙一行 7 人前来厦门市检查指导规划建设工作。

25 日 厦门市农村首次栽培 1370 亩优质早稻成功。

26 日 厦门叉车厂推广应用微型计算机通过技术鉴定并投入使用。这是厦门市第一家采用现代化手段管理的工厂。

同日 我市第一家专门提供商品信息的"飞鸿商品信息服务中心"开业。

同日 应中日友好协会的邀请,日本前法务大臣、前日中友好议员联盟会长、现任中日友好会馆长古井喜实及日本参议院议员西村尚治一行 7 人,在中日友好协会副秘书长李福德等陪同下,前来我市参观访问。

2 月

2 日 锻压机床厂获省"新产品开发"奖。鼓浪屿粮店、市粮油供应公司门市部和集美粮店,荣获省"文明粮店"称号。

3 日 厦门市人民政府与中华全国台湾同胞联谊会签订合资兴建台湾大酒店的协议。

5 日 国务院副总理吴学谦来厦视察,7 日离厦。

6 日 厦门电视台首次推出闽南话《厦视新闻》栏目。

6 日 溪岸小学的《红黄蓝》,思北小学的《大家来学五线谱》,鹭江小学的《眼睛》等三个儿童舞蹈节目荣获全国二等奖,开元区人民政府予以表彰。

7 日 目前我市最大和最好最豪华的酒家—悦华酒店开始部分试营。

10 日 厦门电视台与中央电视台在鹭江宾馆联合摄制文艺专题片——《闽南元宵行》。

12 日 全国(除台湾省外)第一家大面积养殖台湾草虾的企业—厦西水产养殖公司成立。

15 日 今日起全国增加 67 个开放市、县。我省榕、厦、泉、漳四市名列其中。

同日 鹭江出版社成立。该社为福建省出版总社设在厦门的综合性图书出版社。

16 日 经中央书记处批示,中纪委、军委纪委直接过问的厦门"6·13"

案件全案结束。今日召开专案总结表彰大会,19 位办案人员受到表彰。

同日　应我国政府邀请,巴布亚新几内亚副总理兼教育部长派亚斯·温蒂阁下一行 10 人,由外交部副部长朱启祯等陪同,乘机飞抵厦门进行友好访问。

19 日　集美财政专科学校获准创办,本市又增加一所高等学校。

同日　经厦门市人民政府批准,由市佛教协会主办的闽南佛学院正式复办,院址设在南普陀寺。闽南佛学院于 1924 年由高僧太虚法师创办于南普陀寺。

20 日　中国女排光临我市,在市羽毛球馆作了精湛表演。

21 日　中央领导人胡乔木和厦门军民欢度佳节。

24 日　经福建省第六届人民代表大会常务委员会第八次会议批准的《厦门经济特区企业登记管理规定》、《厦门经济特区土地使用管理规定》、《厦门经济特区劳动管理规定》、《厦门经济特区技术引进规定》、《厦门经济特区与内地经济联合的规定》等 5 种法规公布实施。

同日　厦门校友会联合会正式成立。

25 日　市人事局、人才交流中心召开座谈会,欢迎厦门籍大学毕业生回乡参加特区建设。

26 日　经有关部门批准,我省第一家民办杂志—《闽南乡土》(季刊)创刊号在厦门出版。

同日　举行首届歌星大奖赛。

3 月

1 日　《鹭涛》和《厦门采风》报公开发行。

同日　厦门开辟国际特快专递邮政业务。

4 日　经国务院侨务办公室和国家工商行政管理局批准,中国华侨旅游侨汇服务总公司厦门分公司成立。

5 日　以福建省政协副主席卢浩然为组长的全国政协委员、福建省政协委员一行 28 人抵厦参观考察。

8 日　全国监控报警多用机技术普及应用会在我市举行。

9 日　美国艺术教育代表团抵厦参观访问,并于当晚欣赏了艺校南曲班学员的演出。

11 日　厦门歌仔戏团赴香港、新加坡演出。

同日　市中山公园举行孙中山先生塑像揭幕典礼。

同日　晚 9 时左右,在钟宅村的市食品厂食糖仓库二号仓发生火灾,造成 20 万元财产损失。

12 日　美国艺术教育代表团结束了对厦门为期三天的考察和访问,今日中午离厦。

13 日　在鼓浪屿举行的省 1985 年女子足球赛结束,我市女子足球队获得冠军。

14 日　厦门市开办日本、美国直拨电话业务。

17 日　国家劳动人事部在厦召开《安全网》国家标准审定会结束。

同日　由团长何少川率领的福建省南音代表团赴菲律宾参加菲华闽风郎君社成立 50 周年庆祝活动。

同日　赵雅玲、龚佩玲荣获市首届歌星大奖赛一等奖。

18 日　鹭江道车行道翻修完工。

同日　厦门市与清华大学建立经济技术合作关系。

同日　以香港加拿大商会总裁苏彬为团长的加拿大商会代表团来厦访问。

20 日　湖滨东路大桥顺利通车。

同日　以郑绍麟为团长的新加坡工程与咨询服务有限公司研究团一行 9 人,由香港抵达厦门。

28 日　成立中国投资银行厦门市分行。

同日　东方歌舞团、厦门日报社、厦门影剧院联合举办捐助非洲灾民义演。

同日　驻厦海军部队团以上干部换上新式军服。

29—30 日　塞拉利昂总统史蒂文斯一行 20 人,自福州前来厦门进行为期两天的参观访问。

29 日　厦门经济特区第一个专营西餐西点的合资企业—“上海西餐厅”正式开业。

30 日　美国寄生虫学会会长、华盛顿大学动物医学部主任、国际著名寄生虫学家罗斯教授来厦讲学。

同日　厦门二中被评为全国体育传统项目学校先进单位。

31 日　丹麦籍旅游船“宝珠”号首航厦门,安全到达。

4 月

1 日　全国全面实行出口产品退税。但只退增值税和最后环节产品税,对于应退税款,属于经贸部和中央其他主管部门所属外贸企业经营的出口产品,由中央预算退税;属于工业企业和地方外贸企业经营的出口产品,由地方预算退税。

同日　厦门市邮电局开办热线电话、转移呼叫、遇忙回叫等程控电话新业务。

2 日　旅美著名女作家程若义前来厦门参观。

同日　旅美著名台湾女作家陈若曦来厦参观。

3 日　香港中华总商会会董、香港福建体育会理事长林诚致抵厦参观访问。

4 日　以日中协会评议员村井隆为团长的日本"中国茶史"里千家学术调查团一行 9 人来厦访问。

同日　厦门市系统工程学会成立。

同日　上海铁路局厦门保健中心建成。

同日　新加坡工程与咨询服务有限公司研究团结束为期两周的访问，今日乘机离厦。

4—7 日　由厦门航空有限公司与全日空商定的日本—厦门首航包机，自福冈飞厦，7 日离厦。随机来厦门游览的是日本中、小业主组成的旅行团。

5 日　3 日由厦开往南京的首趟 316 次列车，今日 12 点 10 分安全正点抵达南京西站。

同日　悦华酒店竣工试营业，同年 12 月 18 日正式开业。

6 日　厦门国际机场第一个国际航班——马尼拉经厦门至北京航班正式通航。

同日　市总工会与香港福建体育会签订建立友好合作关系协议书。

同日　香港华商银行篮球队到达厦门进行比赛。

7 日　福建学院闽南校友会成立。

同日　日本"厦门泉州经济考察团"离厦回国。

同日　由澳门日报、澳门广播电视公司、澳门华侨报、大众报、市民日报、正报和香港无线广播电台驻澳记者站等 7 家新闻单位组成的澳门新闻记者旅闽采访团来厦采访。

8 日　美国驻港副总领事事威廉斯访厦。

10 日　市经贸委和市机械冶金工业公司联合召开"TNC—810XK"可编程序控制器应用推广会。

11 日　加拿大密西苏加市市长从北京乘机抵达厦门参观访问。

12 日　菲律宾审计委员会主席坦杜依科及其一行 13 人抵厦参观访问。

14 日　比利时列日省三人代表团前来我市进行考察访问。

15 日　根据海关总署、福建省政府指示，厦门海关对关区内对台湾小额贸易进出口货物实施监管。指定惠安县崇武、东山县城关、泉州市前埔、漳浦县旧镇、厦门市沙坡尾等地为对台湾小额贸易口岸。厦门口岸对台湾小额贸易的监管自 10 月 17 日开始。

15 日　市政府在厦门火车站举行隆重仪式，热烈欢迎厦门 5 名海洋科技工作者参加南极考察归来。

16 日　前来厦门访问的英中了解协会组织英国妇女团今日离厦。

同日　特区第一家以经营进口汽车零配件为主的中外合资企业——佳运汽车维修配件有限公司开业。

同日　中国红十字会总会检查团抵厦检查红十字会工作。

17 日　坦桑尼亚副总统阿里·哈桑·姆维尼访问厦门。

18 日　厦门岛内第一台燃气轮机 2.3 万千瓦发电组安装完毕。

同日　应全国对外友好协会邀请，美国新墨西哥州副州长一行抵厦，开始为期五天的访问。

同日　著名老中医盛国荣教授应新加坡同济医药研究学院的邀请，离厦赴新加坡讲学。

21 日　厦门罐头厂 8 个产品在 1985 年全省罐头质量评比会上被评为一类品。

下旬　国务委员张劲夫同志视察厦门。

22 日　从去年 3 月开始的商业系统马拉松式首届职工运动会闭幕。

22 日　中日双方代表在厦签署中日合资兴建汀州大厦合同。

23 日　菲华青年学社中国访问团来厦门参观演出。

24 日　厦大罗季荣教授专著《马克思社会再生产理论》一书最近荣获孙冶方经济著作奖。

同日　厦门市豆品厂三角牌腐竹获全国同类优质产品第一名。

25 日　市府在市影剧院召开宣传贯彻《中华人民共和国会计法》大会。

26 日　厦门市副食品贸易中心正式开业。

同日　世界最大的保险集团英国伦敦劳合社主席彼得·米勒先生率领的伦敦劳合社访华代表团一行 12 人乘专机自穗抵厦。

27—30 日　瑞典皇家文学、历史、文物学院副院长悦然教授偕夫人访厦。

30 日　国务院副总理姚依林来厦视察。

本月　中国红十字会副会长谭云鹤到鼓浪屿区，视察鼓浪屿区人民小学小小救护队的急救包扎表演。

5 月

1 日 全市取消各种副食品票证供应办法,结束了 30 多年副食品凭票供应的历史。

同日 市区开始实行交通分流。

同日 市人民政府决定实行三种法定保险:即厦门籍的船舶和渔船(不论公私),由厦门起运到其他地区的货物(不论公私,不论海运或陆运),经营客运业务的厦门籍车、船的旅客人身意外伤害险。

同日 台湾"金鸿轮"与闽船碰撞事故妥善处理后离厦返台。

3 日 美国加州学校教育工作者代表团一行 14 人,结束在市访问离厦赴穗。

同日 以马来西亚驻华大使达图·卡米勒为团长的马来西亚经济贸易代表团访厦。

4 日 比利时通用银行总经理访厦。

同日 菲律宾宿务市友好代表团抵厦。5 月 8 日离厦。

同日 市青年和驻军青年 1000 多名隆重集会,纪念五四运动 66 周年。

5 日 国家海洋三所赴南极考察立功受奖人员代表赴京参加庆功授奖大会。

6 日 《厦门采风》报创刊号公开发行。

7 日 马来西亚经济贸易代表团离厦赴沪。

同日 在 1985 年全省青少年田径选拔赛中,我市取得八项冠军。

9—10 日 以中央委员、党中央事务局局长、总书记助理艾哈迈德·阿什卡尔·博坦为团长的索马里革命社会主义党中央代表团一行 5 人访厦。

10 日 著名诗人顾工,作家姜德明、赵金九、白槐、盛祖宏、刘贵贤等,莅厦旅游采风。

11 日 本市发生一起重大交通事故。下午 4 时 20 分左右,惠安县惠南中学高中团员乘车返回惠安,途经湖里工业区二号与三号公路交叉处,与由东向西行驶的省水利电力工程局三处一辆 8 吨的自卸货车碰撞,造成严重后果。当场死亡 22 人,住院治疗 24 人。

同日 市文教系统 10 人获省"五一劳动奖章"。

同日 以总书记党务助理艾哈迈德·阿什卡尔·博坦为团长的索马里革命社会主义党中央代表团抵厦访问。

11 日 中国致公党中央委员会主席黄鼎臣访厦。

11—18 日 世界著名房屋桥梁工程专家林同炎教授偕夫人访厦。

12 日 驻厦门部队通信连女战士程俏梅在全军读书演讲赛中获一

等奖。

14 日　省人民政府召开 1984 年计划生育表彰大会,我市鼓浪屿、开元、思明三个区被评为红旗单位。

同日　市政府最近决定:从今年 1 月 1 日起对农村基层老干部实行固定生活补贴办法。

同日　香港政府政治顾问布义德先生等一行 4 人乘机抵厦访问。

15 日　市旅游码头建设指挥部在第一旅游码头候船室举行"白鹭"号游艇剪彩仪式,同时宣告第一旅游码头和三丘田的趸船正式启用。

同日　我市囊括 1985 年全省帆板、帆船对抗赛各单项冠军。

16 日　福州闽剧院一团首次来厦公演。

同日　市委、市府召开会议,讨论为本市儿童少年办实事计划和措施,号召社会各方面关心儿童少年的健康成长,办好儿童少年的福利事业。

同日　香港嘉华银行在厦门设立代表处,开展洽谈、联络、咨询、服务等非营利性业务。

17 日　闽南佛学院举行复办开学典礼,首届招收 120 名学员。5 月 18 日开学。

18 日　菲律宾羽毛球队与我市男女羽毛球队比赛,在男、女单打、双打比赛中均主队获胜。

20 日　湖滨东路大桥竣工验收正式通车。

同日　联邦德国、法国新闻界人士先后访问厦门。

同日　日本工艺美术设计专家吉氏博士来厦讲课。

同日　市侨办、市文化局为应邀访华的菲律宾钱江联合会青年组民乐团、工商考察团举行联欢会。

同日　驻厦某部放映员徐金跃获"全国新长征突击手"称号。

21 日　港英政府团理布政司钟逸杰先生偕夫人抵达我市参观旅行。

同日　美国华盛顿律师访华团抵厦访问。

同日　日本长崎县水产友好代表团抵厦访问。

同日　厦门市红十字会决定从今日起开展为期一个月的为非洲灾民募捐活动。

同日　以香港建造商会会长卢云龙为团长,副会长余大鹏、邱锡藩、严健成为副团长的香港建造商会考察团一行 21 人抵达厦门市访问。

同日　以匈牙利人民共和国农业食品部部长万乔·耶诺为团长的匈牙利人民共和国农业代表团一行 6 人访厦。

22 日　集美中学师生隆重集会,纪念为抗战牺牲的校友李林烈士。

24 日 农牧渔业部部长何康最近到我市视察。

同日 日本水产株式会社长崎支社社长原田六郎应邀来闽讲学结束后,到集美水产学校参观访问。

同日 市邮电局开设工商包裹专台。

25 日 举行"五·二五"厦门破狱学术讨论会,当年领导破狱斗争的罗明、王德等同志出席。

同日 日本全国金属工会代表团抵厦参观访问。

同日 沙坡尾、第一码头、东渡三个鱼市场正式开张。

第一码头

同日 由斯蒂芬·索布先生率领的美国律师访华团一行 18 人,在司法部外交司联络处处长的陪同下,来我市访问。

26 日 "鼓浪屿好八连"获军区录音通讯赛优秀单位奖。

同日 前台湾大学教授、现任北京大学客座教授陈鼓应等一行 4 人自长汀抵厦参观。

同日 世界银行评估团抵厦考察。

同日 我市第一条油炸方便面生产线投产。

27 日 厦门汽车分公司获省汽车运输公司乒乓球赛女子团体冠军。

同日 省公安系统第二届田径运动会结束,我市代表队获总分第三名,陈英获女子 1500 米冠军,叶燕珍获女子投弹冠军。

28 日 美国布朗路特国际公司中国业务协理陈菊生先生访问我市。

29 日　市第一个成人高中文科专修班开学。

30 日　福建华南女子文理学院校友会厦门分会成立。

6 月

1 日　市庆祝第一个老师节筹委会成立。

3 日　厦门特区重点基础工程设施之一的高殿自来水厂及市区增压站正式投入运行。

4 日　日本兴业银行第二次客户访华团抵厦。

6 日　厦门市人民银行行使中央银行职能,向金融机构颁发《经营许可证》。

同日　市委宣传部、组织部联合举办的干部《政治经济学》电视教学班正式开学。

7 日　厦门华洋电子公司投产。

8 日　阿拉伯妇联代表团结束访厦赴京回国。

同日　国务院经济贸易部国际经济合作研究所副所长王子川等一行在我市调查特区经济。

同日　市武术队在 1985 年省武术观摩赛中共获得 15 个名次,金牌 8 块,银牌 7 块,2 人获精神文明奖。

9 日　《厦门日报》报道,我市社会各界及热心人士一个月来,为市儿童少年福利基金会捐赠钱款和物品,价值总计 15 万余元。

10 日　颁发居民身份证工作,今起在中华街道试点。

11 日　一种化痰止咳新药"羟甲基半胱氨酸"在第三制药厂研制成功并通过技术鉴定。

14 日　市伤残人乒乓球队在省赛中获金牌、银牌、铜牌各二枚。

15 日　市公安局在市区一批地段设立 10 个夜间执勤点。由治安中队、武警大队及派出所共同组成。同时,设立"110"报警电话。

同日　嵩屿轮渡客运码头破土动工。

16 日　"中海海监"47 号海洋污染监视船抵厦。

18 日　经市府批准,厦门市第四中学复名为厦门市大同中学。

同日　英国剑桥大学朱晓屏教授结束对我市的参观访问离厦。

19 日　国家海洋局厦门管区在厦门成立。这是国家海洋局设立的第一个区域性海洋管理机构,主要承担北起湄洲湾,南至南澳岛,总长 1650 公里海岸线的海域环保执法、环境监测和科学研究。

21 日　本市女诗人舒婷应邀参加联邦德国地平线艺术节活动。

同日　经市人民政府批准,厦门七中复名为厦门同文中学。

22 日　规模盛大的"嘉庚杯"龙舟竞赛大会在集美镇龙舟赛池举行。集美首次在龙舟赛上设立"嘉庚杯"流动奖作为最高奖项。领奖方式也比较特别,获奖龙舟队要划船到中庭的主席台去领奖。

1985 年 6 月,获得首届"嘉庚杯"的集美镇上厅队正在领奖(林火荣 摄影)

同日　香港市政局主席张有兴应邀乘航班机抵厦进行访问。

同日　中国民主促进会副主席、全国政协常务委员会委员葛志成抵厦参观。

25 日　富山国际展览城竣工并举办首届厦门国际展览会。展城建筑面积 3 万平方米。截至 1995 年,共举办 128 期展览会、洽谈会、展销会等,来自美国、日本、新加坡、

富山国际展览城

香港等地的 56 家公司和国内 11 家厂家参展。

同日　厦门大学成立学生人类学社。

同日　我国目前最大铜像林则徐纪念像,由厦门造船厂铸成。

26 日　五十年前代表我省参加全运会的原群惠女学篮球教练林维爵

自新加坡来厦。

同日　美国加利福尼亚洲律师罗伯特·罗斯夫人,在中国法学会常务副会长王仲方和上海市司法局办公室副主任毛柏根陪同下来厦门参观访问。

同日　我市许霏、孙煌的作品被选送日本,参加第六届国际扇面展览。

28 日　朝鲜《劳动新闻》代表团访厦。

同日　我市处理地下党历史遗留问题基本结束。

29 日　国务院批复福建省政府《关于报审厦门经济特区实施方案的报告》。批复指出:厦门经济特区的区域范围调整为厦门全岛和鼓浪屿全岛,并在特区逐步实行自由港的某些政策,把厦门经济特区建成为以工业为主,兼营旅游、商业、房地产业的综合性、外向型的经济特区。

同日　厦门市政府给本市 53 名"五老"(老苏维埃干部,老赤卫队员,老游击队员,老交通员,老共产党员)人员颁发光荣证。

30 日　厦门南乐团为援助非洲旱灾难民举行义演活动。

本月　由厦门选送的高甲戏《竹杠桥》、《争牛》,在文化部举办的首届全国农村业余戏剧创作评奖活动中,分获一等奖和丰收奖。

7 月

1 日　反映新民主主义革命时期厦门地下斗争史册《厦门地下火》出版。

同日　市邮局今日起开办国内特快传递邮件业务。

2 日　彩色科技片《怎样搞好城市绿化》在厦开拍。

3 日　申—厦—穗航线通航一周年,厦港接送旅客 5 万多人次。

同日　驻军 174 医院研制成功大通筋注射液。

同日　驻厦部队表彰 120 名面临精简整编,带头服从大局、稳定思想、服从命令、遵守纪律的优秀干部。

6 日　我市黄聪明饲养的闽 412 号信鸽在首届全国信鸽千公里赛中创新纪录。

10 日　以长崎县谏早市专门委员陈野久好为团长的日本谏早市友好调查视察访华团访厦。

13 日　索马里驻华大使哈桑·易卜拉欣一行开始对我市进行参观访问。

17 日　市环保办负责人宣布,自本月起开征噪声污染费。

同日　中国厦门残疾人福利基金会在政协礼堂隆重成立,聘请林一心、陆自奋任名誉理事长,推选施能鹤为理事长。

20 日　筼筜湖污水处理工程湖滨南路段大口径污水截流管道和箱涵工程竣工。

21 日　1985 年全国青年电子计算机程序设计竞赛厦门赛区揭晓,鼓浪屿区获小学组第一名,双十中学获初中组第一名,一中夺得高中桂冠。

24 日　全国帆船锦标赛由福建队获团体第一,厦门运动员林波、郑宁获"火球"形第一名。

25 日　今日起厦门市有电影夜市。

同日　中共厦门市委第六届二次全委(扩大)会议审议通过《认真贯彻省党代会的决议,更快更好地建设厦门经济特区》的决议。

26 日　本市第一个专业魔术团——厦门特区侨光正式成立。

31 日　厦新录像机工艺楼在东渡建成。

8 月

5 日　圣马力诺共产党代表团一行 4 人抵厦访问参观。

6 日　洪清煌赴滇参战荣立战功,市民政局领导专程到洪家报喜。

同日　湖滨北路全线通车。

7 日　由中国社会科学院台湾研究所、厦门大学台湾研究所、西蒙·弗雷泽大学联合举办的第二届《台湾之将来》学术讨论会在厦召开。

9 日　日本兵库县洋上大学勤劳青年 484 人访厦。

13 日　鹭江宾馆、华侨大厦成为全国学"建国"试点饭店。

15 日　以澳大利亚工党全国执行委员会委员、联邦众议员彼得·邓肯为团长的澳大利亚工党代表团访厦。

17 日　开元区人民法院在湖里工业区成立湖里人民法庭。

同日　我市沥青路面摊铺实现机械配套。

同日　中国国民党革命委员会厦门市委会举行第六次代表大会,选举产生第六届委员会。

同日　中华猕猴桃在同安栽培成功。

19 日　厦门市第一家快餐店—吉利快餐店开业。

20 日　举行福建省首次村镇规划方案设计评选,厦门郊区海沧乡青礁村疫计方案被推荐参加全国展览。

同日　香港大学学生会厦门、南昌及农村探访团一行 15 人来厦参观访问。

22 日　电视纪录片《中国女兵》在厦拍摄。

23 日　厦门首次与友好城市进行实质性文教交流活动,菲律宾宿务市七位英文教师来厦任教。对外友协厦门分会举行座谈会,欢迎宿务市文化教育交流代表团和英文教师。

　　同日　同安矿泉水饮料厂试产成功。这是厦门市首家矿泉水厂。

　　24 日　以马来西亚哈里森种植园公司主席炳·穆罕默德·阿里为团长的马来西亚哈里森公司贸易代表团一行 10 人抵达我市,进行为期三天的友好访问。

　　25 日　我市农村首次栽培 1370 亩优质早稻宣告成功。

　　同日　新加坡著名画家刘抗抵达我市参观访问。

　　26 日　市政府新办公大楼下午四时封顶。

　　27 日　民族英雄郑成功大型雕像在鼓浪屿覆鼎岩落成。塑像高 15.7 米,重 1617 吨,由 23 层泉州白花岗岩精雕砌成。

鼓浪屿覆鼎岩的郑成功塑像

　　29 日　以黄世楷为团长、吴荣芳为副团长的菲律宾西黑省菲中联谊会工商考察团一行 17 人前来我市参观考察。

　　30 日　以吴国森为团长,蔡友任、施性泰为副团长的菲律宾五谷商同业公会访华团一行 16 人抵达我市访问。

　　31 日　我市第一家从事电梯维修、安装等业务的内联企业——厦门经济特区电梯服务公司诞生。

9 月

　　1 日　马耳他共和国总统阿加诺·巴巴拉女士及其一行 11 人抵达厦门市参观访问。3 日结束访问。

　　2 日　市委宣传部、市总工会宣传部、市社联、市中学历史教学研究会在市工人文化宫举行纪念抗日战争和世界反法西斯斗争胜利四十周年报告会,厦大历史系副主任孙福生,市地方志办公室副主任洪卜仁分别作了报告。

　　6 日　林则徐后裔凌青夫妇等抵厦参观。

　　7 日　集美医院经省人民政府批准升格为市级医院,归市卫生局管辖。

　　同日　老人活动中心的"逸趣园"隆重开园。

　　同日　同安驻军某部警侦连指战员扑灭果园乡西坑尾村一场火灾,保护了人民群众的生命财产。

　　8 日　法国"国际技术交流顾问协会"中国组主任潘弼德和副主任恭容强,在中国科技交流中心有关领导的陪同下,抵达我市参观考察。

9 日　厦门市干部业余学校改名为厦门市干部学校。

同日　厦门铁路中学开学。

同日　在全国少年跳水比赛中,市少年业余体校女运动员荣获女子团体总分第一名;单项比赛中,湖滨小学陈春秀获女子甲组跳板跳水和跳台跳水两项冠军。

10 日　厦门举行第一个教师节庆祝大会。

14 日　市公安部门迅速破获一起万元外币被窃的大案,案犯王德谦落网。

16 日　厦门电子仪器厂向港商首次提供自己开发、研制的中、英、日文电子打字机专用软件包。

17 日　我国第一条跨海微波电路在福州、厦门间投入使用。

同日　我国驻菲律宾大使陈嵩禄偕夫人梁培璐女士抵达厦门参观访问。

18—19 日　加纳国家元首、临时全国保卫委员会主席杰里约翰·罗林斯访厦。9 日结束在我市的参观访问,乘专机离厦前往南京。

18 日　全国中学生手抄报评比揭晓,双十中学《百草园》编辑组获一等奖。

19 日　云南前线某部英模报告团结束在我市的活动,离开我市他往。

同日　中国人民的老朋友、日本著名历史学家井上清教授偕夫人井上初江抵厦参观访问。

同日　厦门教师进修学校正式成立。

同日　油厂干部职工齐心协力,连续六个多小时与大暴雨搏斗,保护国家财产 60 万斤花生果减少损失。

21 日　美国矫形外科专家吴光辉博士在厦讲学。

23 日　第一家获准在厦门特区设立的外贸金融机构——新加坡大华银行在厦设分行。

同日　新加坡大华银行在厦设分行。

新加坡大华银行厦门分行大厦

23—24 日　新加坡共和国总理李光耀偕夫人率团 29 人访厦。

27 日　“5·11”特大交通事故肇事者张钦南被处有期徒刑二年,监外执行;许川有有期徒刑五年。

同日　鼓浪屿音乐爱好者成立鼓浪屿音乐爱好者联谊社(简称“爱乐

社")。

28 日 全国水利电力工会副主席刘沛来厂,就粉尘防治等劳动保护问题作了检查,并召开座谈会,肯定成绩,提出建议。

同日 厦门华侨大酒家举行正式开业典礼。

9 月下旬 同安县文物保护单位——梵天寺钟楼的翻修主工程完工。

9 月 厦门国际经济技术合作公司同厦门水产造船厂、厦门造船厂、化工医疗器械厂共同参加香港一项油罐工程投标中标。这是厦门首次对外承包工程项目。

10 月

1 日 我市第一家沙场开始供应建筑用沙。

同日 同安吉银烟花厂今日投产,将生产各种不同规格的礼花。

2 日 我市树桩盆景在"中国盆景评比展览"中获二等奖。

4 日 在首届全国青少年运动会上,厦门运动员吴朱福与队友合作获男双 470 型帆船冠军。

5 日 全国桥牌比赛在我市鹭江中学拉开战幕。9 日结束,厦门荣获全国桥牌男子团队赛亚军。

8 日 以社长江一涯,副社长柯清淡、陈思为首的菲律宾新潮文艺社访华团一行 8 人抵厦,与市文学界进行文学交流。

9 日 以阿拉伯也门工会联合会总书记巴哈罗利为团长的也门工会代表团访厦。

11 日 市城乡少先队员和辅导员代表集会庆祝建队 60 周年。市少先队工作学会举行首届年会。

12 日 日本海事鉴定协会会长山本须一等一行访厦。

同日 厦门市邮电局寻呼系统开通,它是福建省第一家开通的寻呼系统。

同日 由议长内吉梅丁·卡拉杜晏率领的土耳其大国民议会代表团访厦。

13 日 法国计量管理局局长贝特朗先生一行前来我市访问。

同日 日本海事鉴定协会会长山本须一等一行访厦。

同日 世界佛教徒联谊会副主席、新加坡佛教总会会长、新加坡光明山普陀寺主持宏船法师一行 13 人结束了在厦门为期三天的访问,今日离厦前往泉州。

同日 由议长内吉梅丁·卡拉杜晏率领的土耳其大国民议会代表团结束在我市访问离厦。

14 日 英国标准渣打(麦加利)银行集团麦威廉一行结束在我市的参观访问。

15 日 厦门警备区正式组建。

16 日 由团长蔡文春率领的菲律宾洪门进步党观礼团和美国南加州福建同乡会会长陈果贝相继抵厦访问。

18 日 新华玻璃厂试制化学钢化玻璃成功。

20 日 以日本第一劝业银行副行长青木辰男为团长的日本银行界友好访华团一行 31 人抵厦。

21 日 集美水产学校师生和校友,庆祝建校 65 周年。

22 日 加拿大洪门民治党总支部主任委员郑吟后访厦。

25 日 日本鹿儿岛国际经济研究会访问团一行 5 人抵厦进行考察访问。

同日 由澳中友协主席,澳著名律师拉扎勒斯带队的各界知名人士一行 10 人访厦。

26 日 瑞士旅游教育专家格乌里·贝里来厦访问,并考察厦门的旅游教育事业。

27 日 同安"林公祠"修葺一新,对外开放,并作为同安县文物陈列室。

同日 以民主德国外交部部务委员、国际关系研究所所长、联合国协会主席格哈德·哈恩教授为团长的民主德国外交部国际关系研究所代表团一行三人抵厦参观访问。

28 日 新华社外国专家一行抵厦访问。

29 日 城市电视广告工作协作会在厦召开,来自全国各地 40 个城市电视台的代表出席了这次会议。

同日 我省第一所中心血站——厦门中心血站,近日开始动工兴建。

30 日 我国著名教育家刘佛年来厦作学术报告。

同日 著名催化专家、联邦德国慕尼黑大学柯金格教授来厦讲学。我国著名教育家刘佛年来厦作学术报告。

11 月

2 日 菲律宾文化中心主任露克拉西·卡西拉博士率领菲律宾文化代表团前来厦门参观、访问。

同日 厦门国际机场首期工程通过验收,同意办理固定资产移交手续。

同日 同安县第一个猪苗交易专业市场——陆丰猪苗交易专业市场建成,并正式投入使用。

同日 首批 37 个国家驻华大使节和外交会官访厦。

3 日　新加坡大学历史系吴振强博士应邀同本市学者、专家进行有关厦门历史研究的学术交流。

同日　中共中央政治局委员、国务委员方毅回故乡厦门视察。

4 日　标准渣打(麦加利)银行驻厦门代表处正式开业。1986 年 10 月 28 日,该代表处升格为分行。

同日　中国海关史研究中心在厦门大学正式成立。

6 日　《厦门邮政风景》明信片发售。

同日　本市首家生产聚氨酯泡沫塑料企业——厦门海绵学具厂最近正式投产。

方毅回故乡厦门视察

7 日　来厦参观访问的 37 国驻华使节和外交官,由我国外交部顾问宫达非陪同乘机返京。

同日　省职业中学音乐幼师中心教研组会议在厦召开。

同日　我市与美国巴尔的摩市结成友好城市,今日签订协议书并开始生效。

8 日　瑞典食品工业技术考察团访厦,双方就果品资源开发加工等 7 个项目达成一揽子协议。

同日　厦门市佛教协会第三届代表会议在南普陀寺隆重开幕。

9 日　保加利亚国民议会代表团访厦,省市人大常委会举行宴会,欢迎托罗夫主席一行。

同日　菲律宾代表团一行在团长奎亚博士率领下抵厦访问。

同日　美国际人民交流会证券法和公司法律师代表团抵厦参观访问和进行学术交流。

同日　市委书记邹尔均、副书记李力、秘书长赵克明在厦门宾馆会见了倪志钦、郑达真、邹振先、林江利等著名运动员。

10 日　朝鲜民航代表团一行 5 人抵厦访问。

11 日　邹尔均市长在鹭江宾馆会见新加坡大华银行集团主席黄祖耀及夫人一行。

14 日　为参加厦门航空有限公司新机交接启航仪式,美国波音飞机公司副总裁乔治·尼贝尔先生偕夫人一行五人抵达厦门。

同日　以波兰文学家联合会副主席萨孚扬为团长、《诗刊》主编德罗兹夫斯基和文学家联会中央理事会成员多米诺为团员的波兰作家代表团,应中国作家协会邀请,于今日抵达我市参观访问。

同日　以瑞典通讯社国际部主任托马斯·霍杰伯格为团长的瑞典新闻代表团抵达我市参观访问。

15日　高集海峡大桥初步设计通过审定,预计年第二季度开始施工。

同日　外国驻香港领事官员、记者及经济界人士一行14人抵厦访问。

16日　福建省公布第二批文物保护单位58处,厦门有陈嘉庚墓、厦门破狱斗争旧址等9处。

同日　厦门航空公司隆重举行波音新机交接启航仪式。

同日　受美国密执根考试中心的委托,从1985年上半年开始,厦大外语教学部设立新的出国留学考试点。

17日　新加坡中华总商会会长陈共存偕夫人于近日由上海乘机抵达厦门,商谈扩大集美制衣厂等有关事宜。

18日　厦门—杭州—西安首航班机,满载110名乘客离开厦门首航成功。

同日　厦门84岁高龄的陈应龙被评为全国"健康老人"。

20日　成立厦门黄埔军校同学联络组。

21日　菲律宾国家女篮首访厦门,与主队进行首场比赛。

23日　九三学社厦门市委员会举行成立大会,选举黄文澧为主委。

同日　市残疾人福利基金会领导施能鹤、袁连寿赴东京,出席日本残废人参加社会活动状况第四届年会和补装具展览会。

25—29日　联合国工业发展组织和福建省人民政府联会举办的福建省投资促进会在本市隆重举行,厦门代表团签署合同、协议和意向书共20项。

25日　香港旅游界福建考察团一行20人,抵厦参观访问。

26日　胡平省长、邹尔均市长在悦华酒店会见新加坡政府代表团一行,双方探讨了友好合作等有关事宜。

27日　厦门电控厂与波兰伊乐特里姆有限公司达成合资生产和经营带漏电保护塑壳开关的原则协议。这是厦门和波兰的首次合作。

同日　市总工会、市妇联、团市委联合为第三批分配到鸳鸯楼的大男大女举行集体婚礼。

28日　全国首家中外合资银行——厦门国际银行开业。

同日　厦门航空公司首批赴美培训人员返厦。

同日　省级技术鉴定会确认厦门鹭江工艺美术研制的箔画属全国

开业时的厦门国际银行大楼

首创。

  同日 属于全国领先地位的 HZC—1 型金膜测汞仪,最近由国家海洋局第三海洋研究所研制成功。

  同日 新加坡国立大学社会学博士郭振羽来厦讲学。

  30 日 "妙法林"落成揭幕,妙湛法师主持释迦牟尼佛开光典礼。

12 月

  1 日 港龙航空有限公司厦港包机首航成功。

  同日 海关总署署长戴杰等一行 6 人视察厦门海关。4 日召集全关党员、行政小组长及业务骨干会议,谈了形势,并对海关业务政策界限问题作了指示。

  2 日 澳门南光公司赴闽考察团抵厦。

  同日 厦门工程机械厂与美国客商签订合同,大型轮式装载机将首销美国市场。

  5 日 国家交通部、卫生部和中央爱国卫生运动委员会正式授予厦门港"无鼠害港"称号。

  6 日 第一百货公司荣获"全国商业系统先进企业"称号。

  同日 富山展览城第二届国际展览会揭幕,来自 8 个国家和地区 29 家公司、商社前来参展。

  同日 新中国规模最大的全国摩擦学工业应用技术交流会在厦召开。

  6 日 联合国亚洲太平洋地区经济委员会官员(泰国籍)克莱等来厦访

厦门工程机械股份有限公司生产的装载机出厂

问,毛涤生副市长专程到集美航专看望。

厦门市第一百货公司

同日　全国人大华侨委员会工作座谈会在鼓浪屿举行。会期 5 天。全国人大常委会副委员长兼华侨委员会主任叶飞,全国人大华侨委员会副主任何英、司徒慧敏、陈宗基,全国华侨副主席洪丝丝、郭瑞人、王汉杰、黄军军等出席座谈会。

9 日　福建省进口商品交易会在富山国际展览城举行,来自全国 28 个省市近 1000 名代表参加。

同日　全国人大常委会副委员长周谷城来厦视察。

13 日　国务院侨务办主任廖晖、省委书记项南、副省长黄长溪视察厦门国际银行。

14 日　日本国身体障害者团体联合会、县体障害者自动车协会会长池田利男先生一行 4 人来我市访问。

15 日　文化部部长朱穆之来厦视察检查工作。

16 日　作家曲波应邀在鼓浪屿疗养院作报告。

18 日　厦门工程厂举办产品订货会,会间装载机产品及配件销售额达7100 多万元。

同日　中外合资的豪华宾馆悦华酒店开业。

19 日　厦门市人民政府发出紧急通知,从 20 日起,封闭全岛沙场,包括原经批准开发的黄厝沙场和未经规划部门批准的违章采石场。

同日　司法部宣传司司长郭德治等一行四人到鼓浪屿召开普法调查座谈工作会。

同日　中外合资的厦华电子企业有限公司开业。

20 日　美国罗德岛大学海洋研究所大气化学研究中心海洋大气研究专家阿里托博士访厦。

22 日　我市首家群众自办武术馆——中国厦门万鹭武术馆开馆。

24 日　厦门市引进的三台法国产两万五千千瓦(总空量七万五千千瓦)燃汽轮发电机组整体启动试运行,并入省电网带负荷获得成功。

同日　厦门橡胶厂研制的节汇新品—6.00—15 和 7.00—15 轻卡轮胎,最近通过技术鉴定。

25 日　举行厦门经济特区第一届演讲比赛。

27 日　本市第一家整形外科医疗中心成立。

同日　市领导邹尔均、李秀记、李力等会见香港福建体育会赴厦友好访问团。

30 日　日本长崎青年友好之翼代表团抵厦参观访问。

同日　厦门罐头厂荣获“全国食品卫生工作先进单位”称号。

同日　厦门火车站截至今日连续 400 天无发生行车事故,实现了安全年。

本月　轮渡公司被评为全国公共交通先进企业。

本年　李焕之创作了大型民乐合奏曲《乡音寄怀》。

1986 年

1 月

1 日　厦门市“四无粮仓”率达 100%,名列全省第一。

同日　厦门市少年儿童图书馆开馆。馆舍为爱国人士郑忠益先生所赠,为全省首座专为少年儿童服务的公共图书馆。

4 日　厦门消费者委员会成立,选李锡龄为会长。

6 日　国家科委批准厦门大学化学系建立博士后示范科研流动站。

7 日　市八届人大常很会举行第 18 次会议,审议关于保护风景名胜岩石海滩资源问题。会议于 10 日结束,一致通过《关于保护风景名胜和海滩,岩石资源的决议》。

8 日　经中国人民银行总行批准,香港集友银行厦门分行举行开业典礼。香港集友银行董事长陈光别抵厦参加盛典。这是在我市开业的首家外资银行。

10 日　澳大利亚澳中友协霍巴特分会主席布鲁斯·约翰逊教授访问厦门水产学院,交流了两国大学科研、教学的基本情况。

同日　我国著名画家、美术教育家胡一川教授应邀来厦举办画展。今日在市群众艺术馆开幕。

16 日　"中国及东南亚经济问题"学者、格里费大学高级讲师凯文·巴克纳尔先生抵厦访问。先后与市经贸委、厦大经济学院、厦门经济特区建设发展公司和中国银行厦门分行等有关单位座谈,讨论有关厦门经济特区的外国投资等问题,并作了《中国与澳大利亚贸易过去,现在以及未来的愿望》的学术报告。

同日　苏丹武装部队参谋长陶菲克、哈利勒中将来厦访问。

17 日　美国三大核电设备公司之一的通用电气公司的 8 名核能专家,国家有关部、委、省、市的 20 多名学者、专家、工程技术人员,以及国内 20 多个急需解决供电、供热、供气企业(公司)代表在厦门交流讨论核电技术。

同日　郑成功部将杨权墓圹志砖铭在海沧出土。

20 日　厦门高甲剧团离厦赴菲律宾访问演出。24 日在菲律宾举行首场演出。

同日　我市一家新的专科医院——思明区康复医院落成开诊。

23 日　全国公安战线功臣模范汇报团在厦举行报告会。

25 日　全国儿童棒球冬训在集美举行。

同日　新西兰驻华大使华德一行访厦。

27 日　1985 年全省优秀广播节目评选揭晓,厦门人民广播电台的新闻《程控电话在本市正式投入使用》,现场报道《富山国际展览城首届国际展览会隆重开幕》分获一等奖和二等奖。

同日　经中国人民银行总行批准,香港上海汇丰银行厦门代表处升格为分行。

28 日　鼓浪屿三丘田旅游码头竣工验收。

同日　厦门中级人民法院和开元区、思明区、郊区、同安县人民法院分别在厦门影剧院和集美镇、大同镇召开打击严重经济犯罪活动大会,对十四名罪犯分别判刑三年至十六年。

同日　香港美术研究会在厦举办中西画联合展览。

31 日　厦门海景大酒店有限公司成立,海景大酒店举行动土典礼。

2 月

1 日　鼓浪屿区被评为全国计划免疫工作先进单位。

市中级人民法院召开公判大会

同日　经省卫生防疫站、省寄生虫病防治研究所和省内一些地市有关部门的专家、技术人员组成的"基本消灭丝虫病"验收组的全面、严格技术考核,我市被评为"基本消灭丝虫病"城市。

5 日　厦门市水产局副局长张鸿翱倒卖汽车,非法牟利,被依法逮捕。

10—15 日　国家主席杨尚昆视察厦门经济特区,希望厦门的同志要总结经验,坚定不移地坚持对外开放政策。

12 日　世界银行贷款 410 万美元支持厦门发展水产养殖业。

14 日　同安县莲花糖厂建成投产。

15 日　经中国人民银行总行批准,美国远东银行厦门代表处升格分行。该行是来厦设立分行的第一家在美国注册的银行。

16 日　由福建工艺美术学校女教师葛自鉴多年研制的"闪光装饰画"已获得成功,并由福建电视台录制成专题节目。

17 日　中央党校西藏党员参观团一行 47 人抵厦参观访问。

18 日　澳大利亚驻华大使罗丝·加诺特先生偕夫人,澳大利亚驻上海总领事黄乐哲等一行四人访问厦门,分别与厦门港务局、市经贸委和市计委的领导进行座谈。双方就港口建设和管理方面的进一步合作以及开拓其他新的合作领域等问题交换意见。

20 日　联邦德国"欧洲"号游船首航厦门。

21—24 日　福建省 1986 年南乐大会唱在厦门市举行,会前举行了南乐传统仪式——整弦游行,来自省内及东南亚、香港共 10 个社团的 200 多名弦友进行南乐表演和交流。

23 日　香港海外商业联谊会赴闽考察团访厦。

24 日　驻闽海军部队在厦门召开"海上猛虎艇"命名 20 周年纪念大会。海军某部 588 艇在 1965 年崇武以东海战中,以勇猛顽强的战斗作风,与兄弟艇一道击沉、击伤国民党军舰各 1 艘。1966 年被国防部命名为"海上猛虎艇"。

25 日　苏联高等教育科研工作代表团来厦访问,了解我市高等教育体制改革情况,探讨双边进行教育交流的可能性。

27 日　厦门造船厂设计生产的第一艘节能型沿海简易货船下水。

28 日　市八届人大常委会召开第十九次会议。听取关于召开本届人民代表大会第四次会议的筹备工作及有关会议安排意见的汇报,市政府关于上次大会代表的建议和意见办理情况的汇报,并讨论陈植汉副市长代表市政府汇报执行人大常委会十八次会议关于保护厦门风景资源决议的情况和对制定《厦门市沙、石、土资源保护管理规定》草案的情况说明;审议市八届人大常委会的工作报告。

3 月

1 日　参加南乐大会唱的海外弦友向市少儿福利基金会捐款二万五千元港币。

同日　厦门市邮电局"立接制"长途电话台,今日起正式开放。

2 日　港澳地区全国人大代表视察团一行 12 人,前来我市进行视察活动。

同日　市首批针织技术工人应美国聘请,到美国托管地太平洋上的塞班岛工作。

同日　应中联部的邀请,以卡伊纳穆·费里西安专员为团长的卢旺达全国发展革命运动干部访华团一行 12 人来厦参观访问。

3 日　鼓浪屿区荣获"全国计划生育红旗单位"称号。

同日　我国第一家有海外投资者参与的合资银行—厦门国际银行举行开幕典礼。海内外来宾近 600 人参加。

同日　由比利时王国列日省议会议长昂里·费莱隆率领的列日省政府代表团一行以及随同来访的经济代表团和比中文化中心代表团抵厦访问。

4 日　最近,中共中央血防领导小组、中共中央地方病防治领导小组授予我市同安县"消灭血吸虫病害"称号。

1986 年,国务院副总理谷牧视察同安县农科所

7 日　国务委员谷牧同志来厦检查经济特区工作。

8 日　我市首期十万标准立方米的管道煤气工程初审方案获得通过。

9 日　美国著名音乐家、指挥家罗大卫教授前来我市辅导小乐手。

同日　全国政协副主席杨静仁视察厦门。

同日　市邮电局和香港大东系统有限公司在我市联合举行数据通讯座谈会。

11 日　全国人大常委会副委员长班禅额尔德尼·却吉坚赞来厦视察。

同日　应市政府邀请,英国威尔士南部郡郡委员会主席肯尼思·哈庆斯率领南部郡代表团一行五人访厦。此次来访,旨在进一步探讨与我市开展经贸、教育和文化交流事宜。

12 日　北京协和医院副院长黄永昌来厦作《医院管理学的发展与我国面临的问题》的学术报告。

同日　厦门工程机械厂生产的 N140 轮式装载机和变型产品 Z1J40 夹木叉式装载机首次运销美国市场。

13 日　由团长庄南华先生率领的印度尼西亚大马集团贸易代表团一行 13 人抵厦,同厦门特区外贸总公司、建设发展公司、国际贸易信托公司等有关单位,就发展贸易、投资、租赁等方面的合作进行了探讨,并签署了有关备忘录。

15 日　著名书法家、中国科学院哲学研究所研究员、中国佛学院教授虞愚到市老年大学讲授《中国汉族书法艺术》。

17 日　厦门—南昌班机正式通航,江西省长倪献策率通航代表团抵厦。

18 日　厦门国际计算机联机情报检索终端正式开通。本市各单位可通过这一终端,迅速地从美国戴阿洛传报检索统计中索取所需资料。

23 日　厦门市第八届人民代表大会第四次会议开幕。副市长王金水受邹尔均市长的委托,代表厦门市人民政府作题为《团结奋斗,朝着建立外向型经济的目标前进》的政府工作报告。市人大常委会副主任张振福作人大常委会工作报告;市中级人民法院院长吴兹寿作法院工作报告;市人民检察院检察长林华作检察院工作报告。

25 日　上海黄埔军校同学会全体理事来厦参观。

26 日　以黄紫金为团长的菲律宾惠安公会回国访问团一行 40 多人,从香港、马尼拉抵厦。

27 日　杏林乡马銮村青年农民杜德钦、杜德妙兄弟在马銮港港内捕获一尾长 2.5 米,宽 0.3 米,重 175 公斤的大江豚鱼。

28 日　应最高人民检察院杨易辰检察长邀请,以朝鲜民主主义人民共和国中央检察所所长朝相奎为团长的中央检察所代表团一行五人访华抵厦。

　30 日　原台湾"立法委员"、台东县县长,现应聘为中国农业科学院顾问的台湾籍知名人士黄顺兴先生来我市参观视察。

4 月

　1 日　泉州海关和东山海关划归厦门海关管辖。

　2 日　厦门工商银行在全省工商银行调研信息竞赛评比中荣获第一名。

　3 日　中共中央政治局委员、中央书记处书记、国务院副总理田纪云在厦进行为期三天的视察活动。

　4 日　厦门水产造船厂建造的三百吨钢质货船"长发"号和"长安"号试航成功。

　6 日　厦大师生员工和省市领导、国内外校友在厦大建南大礼堂举行纪念陈嘉庚先生创办厦门大学 65 周年大会。

　7 日　中央爱国卫生委员会赴闽检查组来厦检查城乡爱国卫生工作。

　8 日　厦门市第十三届运动会开幕。这次运动会是我市规模最大的一次体育盛会,运动会继续进行田径、足球、蓝、排球等十一项目的比赛。

　同日　以池田利男为团长的日本身体障害者联合会访厦音乐团抵厦访问,进行为期三天的公演。

　12 日　第一部公众投币电话在新华支局试用。

　14 日　阿根廷前总统、综合发展运动创始人弗朗迪西一行 4 人访厦。

　15 日　厦门—广州邮路今起开通。

　同日　同安县莲花遭雨雹袭击,最重 1 颗达 7.5 公斤,尾林村房瓦被击破无数。

　16 日　我国著名海洋生态学专家李冠国教授和全国对虾养殖顾问张伟权研究员来厦考察。

　17 日　全国政协常委、梅派著名京剧表演艺术家杨秋玲同省艺术学校京剧班师生一行 23 人抵厦。

　同日　泰国工商总会访华考察团一行 37 人,抵厦参观访问。

　19 日　阿根廷前总统费朗迪西来厦访问。

　同日　以国际事务书记埃德华多·波索率领的委内瑞拉争取社会主义运动代表团访厦。

　20 日　应广播电影电视部的邀请,捷克斯洛伐克电视台总台长泽纶卡一行四人抵厦访问。

　21 日　1986 年 4 月 21 日,厦华彩色电视机通过美国 UL 认证,获准进入美国。厦华公司成为国内彩电行业第一家通过此种认定的企业。图为厦华生产线。

厦华生产线

23 日　英籍华人罗孝健一行来厦拍摄旅游风光电视片。

27 日　海滨大厦建设工地在施工中挖掘出我市 20 世纪 20 年代末的旧海堤遗址和其他废弃的城市地下设施。

同日　厦门师范学校学生何玉宝在全国大学生运动会上分别以四分五十秒四和十分四十七秒四的优异成绩打破了全国大学生（公共体育组）女子一千五百米和三千米的两项纪录。

28 日　我市荣获全国"五一"劳动奖章和省劳动模范奖章的五位同志赴榕受奖。

29 日　高集海峡大桥钻探测量任务全部完成。

30 日　新加坡客属人士闽粤友谊观光团访厦。

同日　以荷兰前首相为团长的荷兰建筑代表团 17 人访厦。

5 月

3 日　本市青年集会纪念"五四"青年节，118 名新长征突击手，10 个突击队红旗单位，在大会上受到团市委表彰。

同日　我市特聘幼教专家北京师范大学教育系学前教育研究室副主任祝士媛、北师大附属实验幼儿园园长周南讲学。讲学的主要内容有：评定幼儿园的标准，办好幼儿园的几个重要问题，幼儿园园长和教师的管理工作，幼儿语言能力的培养与其内容和方法。

4 日　厦门经济特区建设发展公司和刚果经济活动家全国联盟代表团，不久前在本市签署了一份合作意向书。

同日　我省第一个青年记者协会——厦门市青年记者协会成立。

5 日　厦门口岸出口商品在本届广州春交会上总成交额超过计划指标的 53.8%，是历年来成交情况最好的一届。

6 日　法国雇主协会代表团来厦参观访问。在厦期间，与市经贸委、建发公司、建委、中国银行厦门分行、港务局等单位进行洽谈，并探讨了几个项目的合作可能性。

同日　美国俄勒冈州州长维克多阿蒂耶率领的俄勒冈州代表团访问厦

门,同我市有关单位进行经济贸易洽谈。

7 日　厦门市党的建设学会正式成立。会上探讨党的建设和特区思想政治工作等方面的问题。

9 日　厦门市调整城市建设总体规划,确定以本岛为中心,把厦门建成"众星拱月,一环数片"的海港风景城市。

同日　市中外合作企业厦源塑料厂,首批二万支塑料丝绸花运往香港,转销世界各地。

10 日　全国铸造材料仪器设备展销会在厦举行。

同日　原美联社南美分社副社长、美国密执安大学新闻系终身教授、厦门大学新闻传播系客座教授莱德肖来厦讲课。

11 日　厦门市政府与西安交通大学签署开展横向联合协议。规定双方以互惠互利,有偿转让的原则,在科研成果应用,新产品、科技咨询,引进技术的二次开发等进行全面协作。

12 日　菲华青年学生艺术夏令营与市歌舞团举行联欢。

同日　鹰厦线高段区段进行东风 4 型内燃机车牵引试验获得成功。

13 日　朝鲜文艺总同盟代表团访厦。

同日　我市列为全国优质米生产基地,郊区岭头动工兴建精制米厂。

14 日　厦门电机厂教育股林忠泽和逸仙业余学校蔡望恒被评为"全国职工教育先进教师"。

同日　冰岛劳工联合会访华代表团抵厦访问。

同日　菲律宾大学音乐学院马赛达博士,抵达我市考察南乐艺术。

同日　我国著名控制理论研究学者、厦门大学计算机学系教授李文清结束在日本的交流讲学活动,近日返回厦门。应中华全国总工会邀请,冰岛劳工联合会访华代表团抵达我市,进行为期三天的友好访问。

15 日　电影《红楼梦》中贾宝玉、林黛玉的扮演者,著名越剧表演艺术家徐玉兰、王文娟率领的上海越剧院红楼剧团首次来厦献艺。

16 日　应项南同志的邀请,世界银行驻华首席代表林重庚夫妇莅厦访问。

同日　由馆主卢庆辉、团长李琼玩率领的菲华光汉国术馆访华武术表演团一行 50 人,前来我市进行为期 3 天的参观访问。

同日　第二届全国青年化学竞赛省挺拔赛成绩揭晓,我市集美中学的李宁、厦门一中的陈陆洋获一等奖。

17 日　瑞典《每日新闻》旅游采访团访厦。

17—23 日　全国首届新型建筑材料展销会,在厦门富山国际展览城召开,参展的有全国 24 个省、市、自治区的 280 多个厂家,3000 余种优质新型建材,有 100 项科研成果成交,签订产品销售合同总成交额达一亿元。

19 日　著名经济学家何建章来厦作《关于我国的经济体制改革问题》的学术报告。

19—28 日　文化部组织各国驻华使馆文化官员赴闽来厦参观。

21 日　全国人大常委会副委员长陈丕显来厦视察。

同日　厦门第一家在菲律宾投资企业——"联厦米粉食品有限公司"举行合同签字仪式,"联厦米粉公司"由米粉厂、建发公司与菲律宾联盟米粉厂合资联办。

同日　厦门建设特区国际信息开发有限公司与德意志联邦共和国利多富电脑(中国)有限公司,联合举办为期三天的利多富 8890 电脑系统技术研讨会。

21 日　中共中央书记处书记、全国人大常委会副委员长陈丕显最近到厦门视察,肯定了厦门经济特区建设取得的成绩,指出厦门经济特区是大有希望的,并题词"总结经验,不断创新,面向世界,放眼未来"。

22 日　美国斯坦福大学董事会成员,前斯坦福大学新闻系主任新闻专业国际研究计划负责人纳尔逊教授来厦为市新闻工作者讲学。

同日　厦门国际机场停机坪第一期扩建工程完竣验收合格。

同日　我市书法篆刻作品首次赴广州展出。这次展出的厦门书法篆刻包括厦门书协已故名誉主席罗丹先生、厦大书画研究会顾问虞愚教授以及其他 60 多位作者 100 多件。

同日　中国经济体制改革研究会副会长童大林同志向我市部分教育工作者作题为《现代教育学与现代教育体系》的报告。

23 日　厦门港口航道淤积研究调查全面展开,为期 8 天的第一航次海上调查开始,有 14 艘船进行海上大规模的同步观察。这在我省还是第一次。

同日　香港建筑界、法律界人士来厦作学术交流,介绍了香港及国外一些城市规划情况和香港多层大厦的管理,房产的买卖、抵押等问题。

24 日　澳大利亚总理罗伯特·霍克夫妇等一行 26 人访厦漳两市,他希望厦门和澳大利亚能在东渡码头第二期工程中进行商业性合作。

同日　市府港口建设领导小组在厦门港务局召开东渡二期工程建设长期工作协调会,讨论厦门东渡港区虎屿至石湖山以南一带港区总体规划。此工程是国家"七五"计划重点工程项目之一。

同日　中国经济体制改革研究会副会长童大林,向我市部分党政机关领导以及经济理论教学人员、一些企业的负责人作《从全球发展战略看厦门的发展模式》的报告。

25日　英国城市规划专家访问我市,向市土木学会会员、有关领导、规划工作者作了"英国城市规划概况"、"交通与城市规划"、"英国的新城建设"等学术报告,并对我市的规划发展情况提出了有益见解。

同日　驻华使馆和国际组织代表机构文化官员旅闽参观团抵厦参观。

26日　原台湾"国大代表"、回大陆定居的台湾党外知名人士张春男抵厦参观、考察。

同日　最近市人事局对国家承认学历和广播电视大学、职工大学、工人业余大学、夜大学、函授大学的各科毕业生,经自学考试取得大专以上毕业证书的人员,作出管理和使用规定。

27日　唐陈黯及夫人合葬墓在市郊柯厝社岩前水库北侧发现。这是本岛发现的第二处陈黯墓葬。

同日　应美国马里兰州巴尔的摩市威廉·多纳德·谢福市长的邀请,邹尔均市长率市政府代表团访美。

28日　财政部在《关于对深圳、珠海、汕头、厦门经济特区内联企业征收所得税问题的通知》中规定,从 1986 年 1 月 1 日起,特区内联企业不论经济性质和隶属关系如何,一律先按 15% 的比例税率就地交纳所得税。

同日　中药厂与中国药材公司达成联营协议。

30日　俄勒冈州高教代表团来我市考察,与省高教厅签订《福建省俄勒冈州高等教育交流协议》。

同日　厦门最大的对虾育苗基地——厦门京口水产养殖试验场投产。

6 月

1日　举行市首届家庭运动会,市区 16 所小学、幼儿园、托儿所的小朋友和他们的家长,共 148 个家庭 444 人参加了运动会。

2日　以日本荣动协会理事元井久为团长的日本国日中劳动调查交流团一行抵厦访问。

3日　厦门经济代表团访问加拿大。双方就在厦门合作建立生产工业轮船,厦门工艺品在加拿大和北美销售,在加拿大合作兴建米粉厂等项目进行洽谈。

同日　应密西沙加市政府邀请,厦门经济代表团访问加拿大,今日返厦。双方就共同感兴趣的项目进行洽谈,并签署了意向书。这些项目是:在厦门合作建立生产工业轮船,厦门工艺品在加拿大和北美销售,在加拿大合作兴建米粉厂等。

同日 应我国国防部邀请,由罗马尼亚全国民防司令约安·乔亚纳中将率领的军官休假组一行 20 人抵厦参观浏览。

同日 筼筜湖南岸污水治理工程开工。10 月竣工。

4 日 厦门—合肥火车正式通车。进一步发展闽皖两省横向经济联系。

同日 泰国羽毛球队抵厦,进行为期三天的训练比赛和参观游览。

5 日 法国《人道报》代表团访厦。

同日 菲律宾南岛厦禾公会参观团访厦。

同日 民政部部长崔乃夫来我市检查工作,肯定厦门的殡葬改革和社会福利院的工作做得好,提出民政工作要为特区建设服务。

7 日 本市第一所孕妇学校在鼓浪屿区成立,全区近半数孕妇参加首期学习。

10 日 厦门电池厂从丹麦引进的 R20 型(大号)铁壳纸板电池生产线投产。

同日 厦门鱼肝油厂冷库综合楼建成。这是我市第一幢高层、符合国家药品生产管理规范的工业厂房。

14 日 市长邹尔均圆满结束对美国马里兰州巴尔的摩市的友好访问,从香港乘机返厦。

同日 市政协台湾同胞、港澳同胞、海外侨胞成立"三胞"联谊委员会。

同日 香港甬港联谊会、香港宁波同乡会访厦考察团抵达我市参观访问。

15 日 联合国工发组织总干事夏松一行访厦。

同日 卢旺达友好代表团来厦参观访问。

16 日 在厦门的 20 多位黄埔军校校友在市政协礼堂聚会,纪念黄埔军校建校 62 周年。

同日 当时的厦门郊区体委组织本区军民数百人游泳横渡高集海峡。这是郊区最后一次横渡海峡的体育活动,横渡活动是从殿前游到集美的南薰楼。

17 日 美国国际人民交流协会经济管理代表团访厦。

18 日 市聋哑学校副校长陈纯娥荣获"全国优秀特殊教育工作者"称号。

同日 新加坡佛教总会会长广洽法师访厦。

19 日 一种由液压驱动的机帆灯围渔船捕捞机组最近由省水产研究所在我市研制成功,并经过技术鉴定。

郊区军民横渡高集海峡(林火荣 摄影)

21日　国家重点科研项目之一——氯化法金红石型钛白粉中间试验在厦门电化厂取得重大成果。

同日　瑞典《每日新闻》旅行采访团再次来厦旅行采访。

21日　厦门彩色感光材料厂等我省6项建设工程列入国家重点建设项目。

22日　福建省"十佳"风景区(点)评选揭晓,鼓浪屿名列榜首。

23日　近日集美校委会向市博物馆移交一批唐墓出土文物。

25日　国际激光与光电技术工业应用研讨会开幕。来厦参加研讨会的国内外专家学者认为,厦门特区具有发展激光电技术产业优势。

同日　市第一个邮政储蓄业务专台,从今日起在新华邮电支局正式开办。

26—29日　新西兰惠灵顿市长伊思·劳伦斯和市政官员大卫·尼文访厦,两市草签结好协议书。

27日　市扶贫医疗卫生工作队深入龙岩山区调查,就支援山区卫生事业建设事宜同当地卫生部门达成协议。

同日　市府做出关于特区企业减、免税的补充规定。这项补充规定从今年7月1日起执行。

同日　市直机关党委举行表彰会,向七个先进党支部、党小组和32名优秀党员颁发了奖状和纪念品。

28日　"鼓浪屿好八连"在南京军区首届歌咏录音通讯赛中夺魁。

30日　波兰司法代表团来厦参观访问。

同日　厦门彩色感光材料厂工程升格为国家重点项目之后,市府成立协调组,加强工程协调工作。

30 日—7 月 2 日　应司法部邀请,波兰司法部中央监狱管理局局长斯雅布罗诺·夫斯基率波兰司法访华代表团一行 5 人到厦门参观访问。

7 月

1 日　市府决定放开豆制品销售价格。厦门市沿用 26 年的"豆干票"取消。

同日　中国第一家塑料行业跨省大型联合企业—中联塑料实业股份有限公司在厦门成立。该公司是由 15 个省、市塑料生产企业和单位联营的工贸结合的经济实体。

同日　钟鼓隧道正式通车。该隧道于 1969 年开工,原为防空工程,1984 年 10 月试通车。全长 1161 米,净宽 7 米,高 5 米。其西侧的第二条通道于 1995 年 4 月 20 日竣工通车,长 1232 米,净宽 9 米,高 6.5 米。隧道通车缩短了市区与厦门大学一带的距离。

5—6 日　美国加利福尼亚州律师罗伯特·罗斯偕夫人应中国法学会邀请到厦门参观访问。

8 日　厦门市首批填料级和涂料级高岭土产品问世,高岭土第二选矿厂开工试产。

10 日　厦门大学学位评定委员会通过经济学院会计基本理论与方法研究方向博士研究生林志军为会计学博士。这是我国自己培养的第一个会计学博士。

16 日　应邀前来参加中国厦门残疾人福利基金会成立周年纪念活动的日本朋友池田利男夫妇等抵厦。

17 日　根据《中华人民共和国居民身份证试行条例》的规定,市公安局制发试点工作结束,在双十中学召开首批颁发居民身份证大会,1 万多居民首先领证。

18 日　厦门国际机场被评为我国国际航班机场之一。

22 日　位于马巷井头村北的林君升墓被盗。林君升为清代水师提督。

26 日　民盟厦门市委在市政协礼堂举行全市盟员大会,纪念民盟成立45 周年暨李公朴、闻一多殉难 40 周年。

27 日　16 日福建海洋研究所、中国科学院南海海洋研究所联合对台湾海峡进行地球物理调查,今日进入厦门港。

29 日　福建省标准情报网厦门特区分网正式成立。

同日　新西兰惠灵顿市市长劳伦斯访厦期间,与厦门市市长邹尔均在万石植物园共栽友谊树。

8 月

1 日　7 月 29 日,台湾海峡地球物理调查船队往晋江深沪湾外至闽江口以北的北段海区调查作业,今日返厦。

同日　中国人民银行厦门分行票据交换所正式开业。

2 日　日本安田信托银行集团访华团来厦访问。

3 日　日本第二次佐世保市教职员访华团一行抵厦访问。

5 日　日本佐世保市少年游泳代表团访厦。

7 日　美国华裔学生夏令营 15 名营员抵达厦门。

12 日　厦门华联电子有限公司引进国外发光器线生产设备试产顺利,已有 3.5 万支发光二极管首销香港。

13 日　由厦门大学海洋系、亚热带海洋所和厦门市水产研究所合作的大弹涂鱼人工育苗获得成功。

19 日　厦门国际信托投资公司成立。

同日　市人民政府公布《厦门经济特区关于鼓励内联企业出口创汇的暂行规定》。

同日　香港恒生银行厦门代表处开业。

20 日　索马里驻华大使优素福·哈桑·伊卜拉欣来厦访问。

21 日　全国政协副主席雷洁琼来厦视察。

22 日　台湾民主自治同盟厦门市分部召开第二次盟员大会,叶庆耀当选为主任委员。

同日　香港特别行政区基本法起草委员会经济等 4 个专题小组会在厦召开。

23 日　厦门罐头厂被命名为"轻工业部优秀质量管理企业"。

24 日　国务院批准福建省加入上海经济区。

同日　中国民航局开辟厦门—新加坡直航包机航线。

25 日　海关总署批准公布厦门海关对进出厦门经济特区的货物运输工具、行李物品和邮递物品的监管和征免税实施细则。

28 日　经国务院同意,厦门市列为全国第一批 16 个中等城市机构改革试点城市之一。

同日　前来我国访问的加拿大籍华裔电脑专家黄荣培博士应邀抵厦,同我市电脑工作者进行技术交流。

30 日　我国第一座跨海大桥——厦门高(崎)集(美)海峡大桥工程地震业务已获审定通过。

9 月

1 日　我国与外商合资兴办、投资 2000 余万美元的首家中外合资烟草企业——华美卷烟有限公司正式开业。

4 日　由菲律宾闽商会馆组织的中国观光考察团抵厦门访问。

5 日　经中国人民银行总行、国家外汇管理局批准,由厦门国际信托投资公司发行"高集海峡大桥建设债券"向社会各界人士筹集资金,发行额为 2000 万元。

7 日　6 万吨级"大德"号散装船运载 5 万吨小麦安全靠泊东渡港 2 号泊位。这是厦门港最大吨位直靠码头作业的船舶。

同日　由习近平副市长率领的厦门市政府经济协作代表团赴东北学习考察。共签订 10 项意向书。

7—11 日　中共福建省委、省人民政府在厦门市召开闽南三角地区开放改革座谈会,贯彻中央对福建工作的指示精神。

8 日　福建省委书记陈光毅、副省长陈明义向从事教育工作 30 周年的厦门中小学、幼儿园教师代表颁发省政府荣誉证书。

10 日　美国驻广州总领事余永闰访厦。

同日　厦门市李少菁、蔡辉松、白玉盛、庄心 4 位教师在全国教育系统优秀教师和先进集体表彰会上,被授予全国教育系统优秀教师称号,获"人民教师奖章"。

11 日 南乐界弦友庆祝集安堂建馆百周年,同时纪念纪经亩从艺 75 周年。

同日 应厦门市人民政府邀请,英国加的夫市首席执行官哈里·克里平及工商代表团抵厦访问。

12 日 全省第一所研究生院—厦门大学研究生院成立,省委书记陈光毅代表中共福建省委、省人民政府前来祝贺。

13 日 香港上海汇丰银行厦门分行举行开业典礼。(同年 1 月 9 日代表处升格为分行,7 月 2 日分行开始对外营业。)

同日 英国"小天使"木偶剧团来厦公演。

13 日 在厦(门)汕(头)漳(州)泉(州)龙(岩)五市机械行业联办的首届秋季机电产品展销订货会上,厦门产品成交额达 852 万元,居五市之首。

14 日 厦门市开办省内特快专递邮件业务。

同日 市引种试种泰国番石榴通过验收。

同日 由厦门华侨亚热带植物引种园和厦门制药厂附属保健饮料厂合作开发的百香果浓果汁试制成功。

15 日 全国医疗器械联合看样订货会在厦开幕。

同日 厦门——马尼拉航班首航成功。

同日 由香港贸易发展局主办,厦门经济特区国际展览公司协办的香港产品展览、洽谈会,在厦门富山国际展览城举行。

16 日 阿根廷武装力量联合参谋长特奥多罗·吉利尔莫·瓦尔德内尔空军上将一行来厦访问。

同日 厦门电机厂试制成功的 Y200 节能电机首次打入国际市场。

18 日 厦门东渡濠头液化石油气一期工程竣工。

同日 中国水声学分科学会在厦成立,并召开学术交流会,我国声学界著名专家学者汪德昭、应崇福、关定华、杨士茂、侯自强等 150 多人代表全国 40 多个单位出席会议。

19 日 受 17 号台风袭击,胡里山两个地段出现严重崩塌,决口长达 200 多米,数百名军民冒雨奋力抢修。

20 日 厦门市第一医院脑外科为一名 12 岁的男孩摘除了长在大脑深部的巨大脑膜瘤,使患儿获得新生。

同日 由科威特国家气象局、沙特阿拉伯民航气象局和世界气象组织的官员组成的阿拉伯国家气象考察团来厦考察。

21 日 全国政协赴福建参观考察团来厦考察。

同日 由美国、加拿大、英国、牙买加等国家部分高级旅馆的总经理等组成的美国国际人民交流协会旅馆管理访华团来厦访问。

24 日　台湾著名作家陈映真先生一行抵厦观光。

25 日　由厦渝市政工程公司承建的筼筜港南岸污水处理厂出海管工程竣工。

27 日　由澳门侨联总会副主席赵宣扬率领的澳门归侨总会赴闽考察团一行来厦访问。

29 日　李焕之为厦门人民广播电台所写的《开始曲》,由中央广播交响乐团演奏录音,在该台播出。

同日　美国音乐家达伊尔·丹顿偕夫人访厦。

10 月

1 日　巴拿马 7 万吨级散装货轮"大德号"顺利引航靠泊东渡二号泊位。

4 日　新加坡税务署长徐籍光率领新加坡会计师协会考察团一行抵厦考察。

5 日　"国际和平年"纪念币在厦发行。

同日　厦门人民广播电台设置对金门广播部,开办《为金门同胞服务》节目。节目立足厦门,兼顾闽南,面向金门,主持人采用闽南话形式播音,成为厦门唯一能覆盖金门的媒体。

6 日　美国亚特兰大商会代表团来厦访问。

8 日　1986 年国际医疗设备展览会在厦门富山国际展览城举行,来自英国、美国、联邦德国、加拿大和香港地区的厂商参加此次展览会。

9 日　坐落高崎(厦门北站)交通要道立交桥建成通车。立交桥长 29.3 米,宽 9 米,跨经斜长 10 米,引道长 1147 米,总投资 59 万元。

10 日　由电子工业部主办的全国录像机引进技术交流会在厦门召开。

同日　中共厦门市委、市政府召开厦门经济社会发展战略研究座谈会,邀请有关专家、学者共商特区建设大计。

11 日　菲律宾音乐表演团来厦演出。

同日　长崎县日中友好文化访华团抵厦访问。

12 日　福建省第一家公众无线传呼中心在厦投入使用。

同日　以印度人类资源开发教育部长助理安·鲍狄亚为团长的印度教育代表团一行抵厦访问。

同日　在巴黎举行的国际商品金牌奖授奖仪式上,厦门"新芽"牌乌龙铁观音茶和"鹭江"牌保健姜茶,获 1986 年国际美食旅游协会颁发的"金桂奖"。

13 日　以胡安·瓦曼齐莫·罗梅罗主席为团长的秘鲁利伯达省工商旅游协会企业家贸易代表团一行来厦访问。

14 日　38 个国家驻华大使外交官抵厦访问。

15 日　厦门市人民政府举行庆祝厦门经济特区建立 5 周年招待会。

同日　王亚南铜像揭幕仪式在厦门大学举行。王亚南,湖北人,中国著名经济学家,新中国成立后长期任厦门大学校长,1969 年病逝。

19 日　澳大利亚前总理、澳大利亚中国理事会主席惠特拉姆为团长的澳中理事会领导人代表团访厦。

王亚南铜像

同日　法国 ECTI(国际咨询技术交流协会)中国事务负责人潘弥德、慕容强抵厦访问。

同日　世界银行专家考察组一行来厦考察访问。

20 日　公安部部长阮崇武来厦门视察。

同日　王金水副市长率领厦门市政府代表团前往宿务市进行好访问。

22 日　北京时间 22:35,台湾海峡发生一次 5.4 级地震,震中距离厦门市约 200 公里,本市及漳泉等沿海地区普遍有震感。

同日　厦门市八届人大常委会第 23 次会议决定:凤凰树为市树,三角梅为市花,白鹭为市鸟。

市花三角梅

市树凤凰树

市鸟白鹭

24 日　国务院副总理乔石来厦视察。

同日　厦门国际机场联检楼建成。

同日　由黄琚宁率领的澳大利亚华侨、华人科技访问团一行抵厦进行学术交流活动。

27 日　厦门市农行利用世界银行贷款扶持水产养殖业,兴建连片化规格化的 4 个对虾养殖基地和 4 个淡水鱼养殖基地首部反映厦门经济特区改革开放题材的电影《幸福不是毛毛雨》在厦开拍。

27 日　由法国尼斯工商委员会主席莫里斯·埃斯德维率领的工商代表团一行抵厦参观访问。

原全国人大委员长乔石视察马塘村

28 日　本市普降喜雨,同安县 53 毫米,郊区 40～60 毫米,市区 40 毫米,旱情有所缓和。

同日　第二届"七星杯"中国象棋国际邀请赛在厦举行,11 月 5 日结束。这是厦门首次承办国际性体育比赛。来自 10 个国家和地区的运动员参加比赛,中国棋手于幼华名列榜首,厦门市棋手蔡忠诚获第二名,香港曾益谦名列第三。

本月　实施《全国发票管理暂行办法》,按规定发票必须套印县(市)以上税务机关发票监制章。

11 月

1 日　朝鲜人民军友好参观团来厦访问。

同日　福建省第一座鲸鱼馆在集美的水产学院建成。展厅有一条长 12.8 米,高 2.6 米,宽 1.6 米的抹香鲸标本。

同日　新加坡大华银行厦门分行开业。

同日　由国家海洋第三海洋研究所负责进行的福建省海岸带和潮间带地貌调查,历时 3 年 2 个月。现已圆满完成,并通过审查验收。

2 日　唐紫金光禄大夫陈夷则墓在江头百果山发现。这是"南陈北薛"陈氏家族最早的墓葬。

5 日　厦门叉车总厂与美国卡斯卡特有限公司共同投资兴办的厦门卡斯卡特有限公司成立。

8 日　厦门市"水仙花"牌糖水荔枝罐头获法国巴黎国际食品博览会金牌奖。

同日　应中国国际交流协会邀请,菲律宾马尼拉阿特尼奥大学访华团一行抵厦访问,双方就两校间的文化交流与合作进行磋商。

10 日　美国邓白氏商业资料(香港)有限公司韦地和营业经理叶文馨来厦讲学。

同日　厦门市首家进行股份制改革试验的国营企业厦门叉车总厂发行内部职工股票 100 万元。

厦门叉车总厂（供图 厦门经济特区纪念馆）

11 日　国家海洋局第三海洋研究所完成厦门港水文、泥沙调查，获得水文、泥沙以及污染方面的调查数据近 9 万个。

同日　厦门市政府与美国伊利诺州政府联合主办美国伊利诺州工业技术样本陈列会，同时进行经济贸易洽谈。

12 日　厦门市第一家城市信用合作社"开元城市信用合作社"开业。

同日　由比利时王国政府前任部长加尔率领的比利时高教界知名人士代表团一行访厦。

同日　祝贺卢嘉锡、蔡启瑞教授从事化学工作 50 周年暨学术讨论会在厦门大学举行。

14 日　厦门市环岛旅游公路拓宽整修工程竣工。

16 日　北京时间 5:20，台湾花莲以东发生 7.1 级强震。震中距离我市 380 公里，本市普遍有震感。

同日　厦门航空公司一架波音 737-200 型客机首次由厦门飞往上海。这是首次以厦门国际机场为基地，用自己的机组人员担负的飞行任务。

17 日　中国美国文学研究会在厦门大学举行海明威学术讨论会。

同日　中国医药学厦门国际学术交流培训中心主办的国际研讨会在厦门举行。来自新加坡、菲律宾、澳大利亚和香港地区以及上海等地的教授、专家、知名人士 30 多人参加了研讨会。

18 日　"闽台同乐文娱晚会"在厦举行。

同日　科威特财政大臣费西姆·哈拉菲一行访厦。

同日　以日本佐世保市副市长野田猛为团长的佐世保市经济交流团一行来厦进行经济交流考察。

19 日　同安县文物管理部门在同安县境内发现两块孙中山同盟会二次民主革命时期的烈士墓碑。

同日　以蔡子民为团长的全国人大台湾省代表视察团抵厦视察。

20 日　全国文化事业发展战略问题研讨会在厦开幕,大会探讨了文化事业如何适应现代化建设的规律等。

同日　厦门市首次公开招聘旅游局、规划局领导人。

同日　孙中山孙女孙穗芳抵厦参观访问。

21 日　波兰科学院院士、城市与区域规划教授彼得·萨伦巴博士一行来厦访问。

22 日　厦门自行车公司与联邦德国比利亚公司、布屈公司及香港金木国际有限公司合资经营"厦门欧拜克自行车有限公司"签订协议书。

23 日　我国第一部土工试验规程国家标准最近在本市审查通过。

24 日　《中国建设》杂志外国专家采访组来厦采访。

同日　国务院、中国银行行长陈慕华来厦考察。

同日　中共中央书记处书记郝建秀来厦视察。

25 日　江苏省、湖北省台胞参观团来厦寻根。

同日　全国综合大学《资本论》研究会成立暨第一次学术讨论会在厦门大学举行。

同日　市税务局发出《贯彻〈国务院关于鼓励外商投资的规定〉有关税收方面的实施意见》,提出对外商投资企业给予特别税收优惠的规定。明确"特区的外商投资企业,一律免征地方所得税,办在厦门市辖的同安、集美、杏林的产品出口企业和先进技术企业也免征地方所得税"。

27 日　日本三重县各界青年代表组成的国际交流研修团来厦访问。

同日　文化部副部长高占祥视察厦门市图书馆。高副部长是来厦参加全国文化发展战略研讨会的。

29 日　中国能源研究会在华东区域委员会和厦门地区有关专家、工程技术人员在本市科委召开研讨会,对"厦门建设潮汐电站综合利用"进行专题讨论。

12 月

1 日　厦门达真磁纪录有限公司引进的磁头零件生产线通过验收,正式投入生产。

2 日　厦门市首次举行水泥花砖质量评比。

同日　厦门书画院成立。

2—3 日　全国人防建设与城市建设相结合工作座谈会在厦门举行。会议肯定厦门市人民防空为现代化建设服务的经验。国务院副总理田纪云、总参谋部副总长徐惠滋部长等在会上作重要讲话。

3 日　厦门电机厂生产的 Y 系列电动机首次远销英国市场。这是厦门电机厂产品首次打入欧洲市场。

4 日　由澳大利亚贸易部长约翰·道金斯率领的澳大利亚交通运输代表团一行抵厦。

5 日　厦门大桥建设债券发行,是厦门第一次向社会发行地方债券。

6 日　本市城市规划管理局与新加坡国际发展与咨询私人有限公司关于合作进行厦门市城市规划的合同书在厦门宾馆签字。

7 日　国家重点科研项目——厦门电化厂年产 1000 吨金红石型钛白中间试验技术,在化工部主持下在本市通过鉴定。

同日　中国天主教厦门教区黄子玉主教在鼓浪屿天主教堂就职,成为厦门教区第一任中国主教。

10 日　著名相声演员侯宝林率相声艺术团来厦表演。

11 日　"高集海峡大桥建设债券"开始发行,第一期发行额为人民币 1000 万元。这是厦门市首次向社会公开发行地方债券。

11—13 日　司法部部长邹瑜一行 6 人来厦视察工作。

13 日　全国政协副主席王恩茂来厦考察。

15 日　厦门市第一医院为一女青年右臂断肢再植获得成功。

16 日　东渡码头重点配套工程之一——濠头仓库南库区四号、六号多层商品仓库竣工并投入使用。

18 日　厦门杏林至泉州井山 220 千伏输电线路通过验收。

21 日　厦门大学化学系和电子工程系共同设计研制,由厦门市英华无线电厂试制的国内首创 HF—1 型智能化学发光测定仪通过鉴定。

22 日　新加坡大华银行厦门分行举行开业典礼。

24 日　厦门市政府批准成立市劳动争议仲裁委员会。

25 日　厦门纺织厂首批从日本引进的 32 号台喷水织机调试成功,投入批量生产。

27 日　厦门市科学技术协会第三次代表大会结束，著名化学家蔡启瑞教授当选为第三届主席。

同日　香港各中学校长访问集美中学。

29 日　斯里兰卡共产党主席彼得·克尼曼一行来厦访问。

31 日　全国人大常委会副委员长朱学范来厦门视察。

本年　厦门被评为"全国绿化先进城市"。

1987 年

1 月

2 日　中共福建省委任命王建双为中共厦门市委书记。

3 日　厦门国际机场延长 550 米道面主体工程竣工。

4 日　全国九大港口接粮工作会议在厦召开。

6 日　厦门市首家由专业银行设立的非银行金融机构——建设银行厦门信托投资公司成立。

9 日　厦门中望塑料有限公司成功试产硬聚氯乙烯排水管管件。

10 日　在第一次全国城镇房屋普查总结表彰大会上，厦门市获"房普"先进城市称号。

11 日　泉州汽车运输公司湖头车队大客车载客 34 人由安溪驶往集美途中，在同安东岭下坡处翻车，死 6 人，伤 25 人。

12 日　全国人大常委会副委员长阿沛·阿旺晋美来厦考察。

13 日　厦门市外汇调剂中心正式成立，开始对外营业。

22—24 日　中央统战部部长阎明复来检查工作。

26 日　国家海洋局测定厦门港大部分海域水质良好，符合一类海水水质标准。

29 日（农历正月初一日）　晚 7 时 30 分，厦门市在何厝海边与一水之隔的金门、大担同时燃放节日焰火。这是海峡两岸同胞首次同放焰火共庆新春。

本月　厦门除有省赋予地市级临时减免的审批权限外，还享有部分归属省税务局掌握的减免审批权限。

2 月

3 日　以长崎县副知事柴男芳田为团长的日本长崎县中国亲善访问团抵厦访问。

5 日　以香港新鸿基集团国际服务公司经理蔡素玉为团长的香港闽籍科技经济实业人士访问团一行来厦访问。

6 日　鼓浪屿——万石山风景名胜区被省人民政府批准为首批省级风景名胜区。

10 日　从美国引进具有 20 世纪 80 年代世界水平的航管雷达,在厦门国际机场正式交付使用。

同日　应全国政协邀请,匈牙利爱国人民阵线总书记波日高伊率团访问我国并到厦门参观访问,市政协参加了接待。这是市政协首次参加重要的外事活动。

12 日　在中央绿化委员会第六次全体会议上,厦门市获全国绿化先进单位称号。

13 日　以联邦德国广播电视国外节目部编辑格尔德·鲁格为团长的联邦德国记者访华团一行抵厦访问。

14 日　意大利、日本、民主德国、苏联、联邦德国、美国、英国、波兰等国家驻上海领事馆一行 21 人来厦访问。

同日　中国东方租赁公司在厦设立办事处。

同日　中国国际信托投资公司、北京机电设备公司、日本东方租赁公司合资经营的东方租赁公司在厦设立办事处。这是中国第一家中外合资的租赁公司。

17 日　以大潼正当为团长的日本长崎县中日亲善访华团一行抵厦访问。

同日　著名作家、记者、文学翻译家萧乾在厦进行参观讲学活动,在厦门大学分别作了《我的记者生涯》和《论报纸的文艺副刊》报告。

18 日　厦门市各界代表隆重集会纪念郑成功收复台湾 325 周年。

同日　厦门市农村已建成沼气池 250 多个。市沼气技术服务站收到农牧渔业部授予的"全国农村能源建设先进集体"奖旗。

同日　厦门制药厂被国家医药总局授予"全国医药企业整顿先进单位"称号。

22 日　菲律宾著名钢琴家卡朋达·雷格拉在鼓浪屿音乐厅举办独奏音乐会。

同日　以厦门市音协主席杨炳维为团长的厦门音乐代?

24 日　厦门市第八届人大常委会第二十五次会议通过《关于加强鼓浪屿风景区的保护、建设和管理》的决议。

25 日　美中友好协会长珍·特洛伊一行应邀来厦访问。

26 日　介绍厦门全貌和厦门经济特区建设成就的《厦门经济特区》最近出版发行。

27 日　香港非官守太平绅士、世界龙冈亲义总会首任主席,昌利建筑有限公司董事长张镇汉来厦访问。

28 日　国家海洋局向获得科技进步奖的 26 项科技成果颁发奖状和奖金,市海洋三所的"西沙群岛南部海域污损生物研究"等 5 项科技成果获二等奖和三等奖。

本月　鼓浪屿音乐厅建成并投入使用,李焕之题写厅名。

3 月

1 日　国家卫生部授予厦门市杏林医院、厦门检疫所 1986 年全国卫生文明先进集体称号。

2 日　中共厦门市委举行第六届委员会第四次全体(扩大)会议,通过《中共厦门市委关于"七五"期间加强社会主义精神文明建设的若干措施》和《坚持四项基本原则,坚持改革开放搞活,把经济特区两个文明建设提高到一个新水平的决议》。

2—7 日　全国海军军民共建精神文明现场会在厦门召开,会议学习推广海军厦门水警区开展军民共建的经验,授予厦门水警区等 17 个单位海军共建精神文明标兵单位称号。

3 日　深圳、珠海、汕头、厦门 4 个特区首届经济特区广告管理研讨会在厦召开。

同日　泰国王储玛哈集拉隆功一行来厦访问。

4 日　由中国速递服务公司与美国安邦快递公司联合开办的国际邮件速递业务在厦门开办,成为福建省第一批开办这项业务的城市之一。

5 日　中国速递服务公司和美国安邦速递公司在厦门联合开办速递服务站,开展国际速递业务。

7 日　由香港太古旅游有限公司、民谊(香港)有限公司旅游部和厦门民谊旅行社联合组织的"闽之旅"福建旅游考察团一行来厦考察。

10 日　厦门轮船公司箟笃当油轮靠泊码头主体工程竣工。

16 日　厦门市 39 种产品荣获 1986 年度优质产品称号。其中部优 8 种,省优 31 种。

18 日　以政治局委员、交通部长格布扎为团长的莫桑比克解放阵线党代表团一行抵厦访问。

19 日　由泉州、厦门组成的中国福建南音代表团一行前往马尼拉市参加菲华国风郎君社 52 周年社庆活动。

21 日　香港东源机械有限公司驻厦代表处正式成立。

22 日　加拿大总督让娜·索维夫人访厦。

24 日　厦门大学设立"本栋奖学金"。该奖金是旅菲厦大校友为纪念已故校长萨本栋而捐资设立的,规定每年评选 10 名优秀学生给予奖励。

25 日　20 日至 25 日,厦门市第八届人民代表大会第五次会议召开。市长邹尔均作题为《深化改革,增产节约,加快发展外向型经济》的政府工作报告。大会通过厦门市国民经济、社会发展第七个五年计划等决议,选举王金水为市八届人大常委会主任。

同日　菲律宾演出交响乐团指挥家费利西亚诺、小提琴家阿方索·博利帕塔抵厦访问。

同日　厦门经济特区居民身份证发证工作全部完成,共有 276360 人领到身份证。

26 日　美国驻华大使洛德访厦。

27 日　西班牙驻华大使欧享尼奥·布雷戈拉蒂率西班牙经济技术代表团抵厦访问。

29 日　厦门政府制订 1986—2000 年房地产发展规划。"七五"计划完成时,人均居住面积可达 8 平方米;2000 年可达国际"舒适标准"。

31 日　经铁道部批准,厦门—上海 376/375 次快车改为特别快车,于是日首次开行,全程运行时间缩短 5 个小时。

4 月

1 日　菲华联谊会理事长吴永源博士率由菲律宾 8 所大专院校的菲华大学生组成的旅游团访厦。

4 日　加拿大谷物委员会代表团一行来厦访问。

同日　匈牙利经济学家代表团一行来厦访问。

7 日　日本出版界友好访华团一行抵厦。

9 日　由菲华社会知名人士、银行家、企业家组成的菲律宾宿务市白金集团及施能杞家庭回乡考察团一行 56 人,抵厦参观访问。

12—14 日　日本律师福建友好访华团一行 7 人应福建省司法厅邀请来厦门参观访问。

12—15 日　应全国律师协会邀请,由芬顿伯克率领的美国税法代表团一行 32 人来厦门参观访问。

15 日　联合国亚太经济社会地区工业发展高级顾问沙迪克来厦访问。

16 日　以新加坡知名人士、同安会馆主席孙炳炎为团长的"新同菲商业考察团"一行抵厦访问。

17 日　厦门市公开招聘市规划管理局、市旅游局局长。这是厦门市干部制度改革的首次尝试。

18 日　中国经济特区地方志研讨会在厦举行。会议探讨了编写经济特区地方志和地方志如何为"四化建设"和"两个文明"服务等问题。

19 日　中国人民银行总行在厦举办全国人行行长学习班，邀请日本银行有关专家讲授日本银行的组织机构，金融管理等业务知识。

20 日　厦门燃料站获国家计委、经委、物资总局授予的"1986 年度全国燃料管理节约竞赛先进单位"称号，连续 8 年捧得这一桂冠。

同日　泰国北榄府女子排球队来厦访问。

23 日　澳门东亚大学校长、联合国大学高级研究员林达光教授访问厦门大学。

同日　国家电子工业部和厦门市人民政府联合召开电子技术合作会议。

同日　国务院沿海经济开发顾问、原新加坡副总理吴庆瑞博士来厦考察访问。

同日　英国豪华旅游船"海神"号满载 100 多名欧美客人首次抵厦门。

24 日　香港正大国际有限公司董事长、著名爱国人士黄克立，应聘任厦门大学财政金融系客座教授。

26 日　厦门市人民政府和电子工业部签订协议书，拟在厦门联合建立 5 个电子研究所，从事 37 个生产开发项目。

27 日　第三次全国大中城市交通运输行业管理研讨会在厦召开。

同日　香港立法局议员、成人教育协会会长李汝大博士率香港成人教育协会、卓思教育机构代表团一行访厦。

本月　市税务局对外税务分局被评为 1986 年度全国财税系统先进单位。

5 月

3 日　新加坡与澳大利亚华人物理学家林国荣、放射科专家林许国兄弟来厦访问。

4 日　厦门第十次归国华侨代表大会召开，颜西岳当选为主席。

5 日　日本新闻记者访问团一行抵厦采访。

6 日　联合国海委会污染效应专家组成员、挪威奥斯陆大学格雷教授访厦。

同日　厦门—成都正式通航。

7 日　港澳工会"五一"代表一行由香港海员工会副主席梁球率领，来厦参观访问。

9 日　19 个国家驻华使馆商务、经济官员一行来厦访问。

同日　泰国中华总商会工商业代表团一行来厦访问。

10 日　全国政协副主席钱昌照来厦检查工作。

11 日　《福建日报》报道，邮电部重点工程，厦门至汕头小同轴电缆载波工程建成。该条电缆通信干线长约 304 公里，于 1983 年 12 月开始建设。

彭真视察厦门时，在万石植物园种下雪松

同日　厦门市 72 家预算内国营企业开始实行经营承包责任制。

13 日　全国人大常委会委员长彭真来厦视察。

同日　厦门市农科所从国外引进意大利球茎尚香和美国西洋芹 6 个品种试种成功。

同日　应中国青年旅行社总社邀请，美国犹他州普洛伏杨百翰大学舞蹈团抵厦旅游演出。

同日　由厦门大学物理系和医疗电子仪器厂共同开发的新产品 EJ1—Ⅰ型波导 CC2 激光治疗机通过鉴定。

同日　中共中央政治局委员、全国人大常委会委员长彭真到厦视察。翌日于植物园种植纪念树一株。

19 日　国家海洋局第三海洋研究所和加拿大合作，在厦建成我国第一个海洋生态系围隔实验基地。

22 日　中国城市经济学会、中国港口协会、中国城市导报和中国港口杂志社联合在厦举行办全国第二次"港口与城市关系问题"讨论会。

23 日　国家海洋第三海洋研究所青年科技工作者杨绪林，参加历时 199 天的中国史上首次环球航海科学考察和第三次南极考察返回厦门。

杨绪林

同日　厦门市召开残疾人第一次代表大会。

30 日　英国堪萨斯大学教授、上海同济大学顾问麦金斯来厦考察。

31 日　首届"全国环境优美工厂"评选揭晓,厦门市轴承厂、化学纤维厂、新华玻璃厂被评为"全国环境优美工厂"。

6 月

1 日　厦门市青少年宫正式对外开放。

2 日　对外经济贸易部批准厦门国际贸易信托公司和特区贸易有限公司两家地方外贸企业自营代理经营省内外出口业务。

同日　中国、澳大利亚两国第三次科学政策讨论会在厦举行。

4 日　以波兰人民共和国会议计划委员会第一副主席费·库比柴克为团长的波兰计划委员会代表团一行来厦访问。

6 日　菲律宾巴扬尼汗民间舞蹈团抵厦访问演出。

7 日　以政治局委员、书记处书记约翰·比泽尔为首的加拿大共产党代表团一行来厦访问。

9 日　菲律宾共和国特命大使吴朝平、吴秋霖抵厦访问。

同日　旅日台胞音乐家蔡江霖夫妇来厦参观、考察。

10 日　日本国会参议员喜屋武真荣一行抵厦访问。

同日　我市增开瑞士、比利时、澳大利亚、荷兰、瑞典、奥地利、西班牙、新西兰 8 个国家的长途直拨电话。

11 日　美国科学院院士、美国伯克利加州大学名誉教授、国家数学研究所所长、美籍华人陈省身教授,应邀到厦门大学讲学。

同日　厦门水警区海军指战员发现厦门港外出现"海市蜃楼"。两个景物相同的金门岛群,相距大约 6 海里,持续半个多小时。

同日　应公安部邀请,以李俊久少将为首的朝鲜民主主义人民共和国社会安全部政治工作者代表一行 5 人来厦访问。13 日离厦。

同日　由中国龙舟协会、福建省龙舟协会、中华全国体育总会厦门分会、厦门集美学校委员会联合举办的"嘉庚杯"国际龙舟邀请赛在集美龙舟池举行,澳大利亚、香港、日本、澳门和广东顺德、福建以及厦门等队参加。这是我国首次举办的国际性龙舟比赛。

12 日　厦门工程机械厂 10 台 Z150 装载机出口埃及。

13 日　厦门市沙虾人工育苗和养殖、江蓠的人工育苗及高产养殖示范、江蓠的良种培育及高产栽培三个科技开发项目,列入福建省 1987 年至 1988 年第一批"星火计划"。

同日　厦门市青年黄建通发明的"拉丝式剔牙器"获中国专利局授予的专利权。

同日　威尼斯—北京公司共同奔向未来项目主席毕尼、意大利贸易服务公司北京代表处副代表玛丽娅来厦访问。

17 日　澳门厂商会代表团抵厦访问。

同日　澳门工会联合总会代表团来厦访问。

17—24 日　邹尔均市长率团一行 5 人出访新西兰,于 23 日与惠灵顿市长贝利奇正式签署友好城市协议书。

20 日　厦门第一艘双层厦鼓渡轮首航。

22 日　厦门大学李滋仁发明的"世界各大城市时间换算盘",被中国专利局授予专利权。

同日　泰国妇女理事会代表团一行抵厦访问。

25 日　国际热源学术讨论会在厦举行。联邦德国、美国、日本、法国、民主德国、匈牙利、意大利及我国 110 多位专家学者参加了讨论会。

7月

3 日　由厦门、武汉科技开发交流中心联合主办的"全国应用技术与新材料、新产品、新设备展交会"在厦门科技展览馆开幕。来自中央各部、委和全国各地的十一大类 1200 多个技术项目和品种参加展交。

6 日　在厦门杏花饭店查获贩毒犯林瑞安,缴获鸦片 2.135 公斤。林犯于 12 月 1 日被判处有期徒刑 4 年。

8 日　国家人防委授予厦门市"全国人防建设平战结合先进城镇"称号。

11 日　联邦德国专利法院法官施塔克及负责专利侵权案件法官乌尔曼来厦访问。

13 日　福建省轻工业厅主持评定会,评定厦门化学纤维厂涤纶低弹丝、低弹网络丝和牵丝产品质量达到国内先进水平。

13—16 日　"出口加工区和自由港"国际研讨会在厦门举行,澳大利亚、英国、联邦德国、亚洲开发银行及中国的专家、学者出席,探讨出口加工区和自由港的经济发展模式、发展战略与对策。

15 日　日本日中友好文化交流里千家茶道访问团访厦。

17 日　厦门市农科所引种的日本巨峰鲜食葡萄棚架栽培获得成功。

同日　由厦门大学台湾研究所主持召开的郑成功研究国际学术会在厦门大学举行,中国、美国、荷兰、日本和香港近 40 名专家、学者及有关方面人士出席了会议。

19 日　厦门海关向中国电子器材公司厦门分公司颁发合格保税仓库证书。

21 日　美国报刊主编代表团来厦访问。

同日　厦门大学物理系设计,厦门齐鲁塑包装材料厂配合研制"MW－Ⅰ型微波测厚仪"成功。

同日　厦门分析仪器厂在中国科学院环境化学研究所和厦门大学协助下,研制成功 K1S－600 型快速离子色谱仪。经鉴定,被确认为全国领先水平的新产品。

24 日　全国邮运文明站(车)竞赛 1986 年度评比揭晓,厦门市邮电局转运组获"全国文明转运站"称号。

26 日　美国小企业经营管理代表团访问厦门。

29 日　厦门市工业污染源调查工作通过国家验收。

7 月　狐尾山卫星地面接收站建成。该站天线直径 7.3 米,是当时福建省最大的一座。

8 月

1 日,为庆祝中国人民解放军建军 60 周年,由体委主办,举行厦门军民横渡厦鼓海峡游泳活动,有 4277 名军民组成 12 个方队游进。市委书记、市长及驻厦部队首长登上游船,在海上观看壮观的活动场面。

厦门军民横渡厦鼓海峡游泳活动的场面

2 日　厦门市邮电局获全国首次邮电通信企业普查先进单位称号。

3 日　厦门市感光公司朱靖发明研制的全天候家用电动车获中国专利局控股的专利权。

5 日　电子工业部正式批准厦门电容器厂技术改造列为国空"七五"期间重点建设项目。

7 日　由杨·普龙克副主席率领的荷兰工党代表团抵厦访问。

同日　漳(州)厦(门)220 千伏Ⅱ回输电线路通过验收。该线路投入使用后,提高了厦门供电安全可靠性,将缓解我市用电紧张状况。

同日 中(国)日(本)美(国)第三届催化学术讨论会在厦举行。中国科学院学部委员蔡启瑞等 140 多人参加会议。

8 日 下午 6 时 30 分,杏林区锦园村、西亭村遭到龙卷风夹着冰雹和暴风雨袭击,时间长达 30 分钟。

9 日 由美国、英国、澳大利亚等国电脑专业人员组成的国际电脑技术交流团抵厦进行交流、参观访问。

10 日 西班牙共产党中央执委、书记处书记阿尔卡斯一行访厦。

11 日 共青团厦门市第 12 次代表大会召开。选举产生共青团厦门市第十二届委员会。

同日 日本华侨青年观光团一行抵厦访问。

12 日 市台联首次举办福建省台胞夏令营厦门分营,36 名台籍青年参加。

14 日 日本第 15 回青年洋上大学访问团 446 人访厦。

17 日 市外商投资领导小组向 26 家外商投资的产品出口企业和先进技术企业颁发了确认证书。这些企业可享受国务院鼓励外商投资规定的特别优惠待遇。

同日 以总统社会、文化首席顾问拉马扎尔·巴亚为团长的扎伊尔代表团一行抵厦访问。

18 日 厦门市政府颁发《厦门市科学技术进步奖励条例》、《厦门市科学会术研究成果管理暂行办法》和《关于厦门市与外地科研单位、大专院校开展经济技术合作的若干规定》。

19 日 由中国药材总公司牵头,全国 20 多个省、市、自治区中药行业 100 多名代表在厦召开促进行业横向联合,开拓中药国际市场研讨会。

21 日 国务院批准厦门市行政区划进行调整:郊区改名为集美区,设立湖里区。

23 日 日本长崎县少年管弦乐团一行 115 人抵厦访问演出。

同日 在全国第二届伤残人运动会上,厦门市运动员林文宪、张惠民、王小兵、周亚远、高秋月、钟松德被选入福建省代表队,参加乒乓球、游泳两大类 16 个项目的比赛,共获金牌 4 枚,铜牌 9 枚。

25 日 位于福厦公路和湖滨南路交叉口,总面积为 2800 平方米的厦门市最大街心花坛建成。

26 日 174 医院为一被割断全舌的患者实行再植手术成功。患者能用舌头发音和咽食食物。

27 日 农业部副部长刘江、国家动植物检疫总所副所长贾东等到厦门动植物检疫所检查指导工作。

9 月

1 日　日本长崎县中国经济交流团抵厦访问。

同日　厦门大学和加拿大达尔豪两大学工商管理学院联合创办我国第一个工程管理硕士班。

2 日　美国台胞经济考察团抵厦参观、访问。

5 日　中国经济特区在厦门举行首届普通话邀请赛,厦门代表队获团体总分第一名。

6 日　闽南三角地区和龙岩地区联办的外商投资贸易洽谈会在厦开幕。此后每年的 9 月 8 日皆举办洽谈会,规模逐年扩大。1997 年 9 月 8 日,正式更名为中国投资贸易洽谈会。

8 日　来自全国 26 个省、市、自治区的退休老台胞寻根访祖团访厦。

15 日　厦门发行可在全国通兑的人民币信用卡——"长城卡"。

同日　世界著名激光科学家、美国贝尔实验室光电研究所主任曾焕添博士访问厦门大学,并举办有关前沿科学讲座。

16 日　由美国洛杉矶等地旅美台胞组成的"中国大陆休闲活动考察团"来厦考察。

19 日　厦门市与河南省安阳市结为友好城市。

21 日　厦门经济特区举行首届腐蚀与防护新技术交流暨新产品展览会。展出国内金属防护新产品、新材料、新工艺,计六大类 120 多项。

李永得(左)、徐璐(右)、
厦大台湾研究所所长陈孔立(中)

24—27 日　台湾《自立晚报》记者李永得、徐璐来厦门参观采访。这是中华人民共和国成立后台湾记者第一次到大陆进行公开采访活动。

26 日　应公安部邀请,以许明喜少将为首的朝鲜民主主义人民共和国社会安全部友好代表团一行 7 人来厦门参观访问。30 日离厦。

27 日　一项填补国内空白的 DWC 强办化粪坐便器新产品,在厦门国兴电子卫生设备厂试制成功,并获得国家专利局颁发的实用新型专利权。

28 日　"旅美台胞教会团"来厦参观考察。

同日　厦门市革命烈士事迹陈列馆建成。全国人大常委会副委员长叶飞为陈列馆题名。

同日　由菲律宾众议院多数党领袖苏穆隆为团长的菲律宾众议院议员

访华团来厦访问。

10 月

1 日 厦门大桥破土动工。大桥由高崎引道、主桥和集美立交桥三部分组成。

3 日 英国加的夫市市长朱叶斯·赫尔默率加的夫市政代表团来厦访问。

5 日 经上海铁路局批准,厦门火车站由原二级站升为一级站,厦门北站由三级站升为二级站。

8 日 马达加斯加革命先锋党代表团来厦参观访问。

同日 台湾《人间》杂志社特约记者钟俊升抵厦门采访。

同日 泰国阿侬·尼鲁莲女亲王率领泰国儿童工作考察团来厦访问。

10 日 《菲华时报》社长、菲律宾陇西李氏宗亲总会理事长李南文一行来厦访问。

12 日 世界银行农业信贷专家西明德一行来厦考察。

14 日 厦门市和美国巴尔的摩市在今年 7 月美国国际姐妹城协会第 31 届年会上被授予"综合最佳奖"。

16 日 美籍鼓浪屿人吴光辉医学博士在厦门第一医院作学术报告。

18 日 新加坡佛教总会前任主席、光明山普觉寺住持宏船法师来厦访问。

21 日 联合国儿童基金会总部早期儿童教育专家罗伯特·迈尔斯来厦考察。

同日 厦门市开元区最近被国防部授予"征兵工作选进单位"称号。

22 日 在鼓浪屿少年宫工地上发现宋代古墓,出土有人、鸡、狗等陶俑和铜钱。

同日 中央电视台摄制组一行 4 人到海关拍摄反映改革情况的专题片《闪光的钥匙》。该片于 11 月 7 日拍摄完,1988 年 3 月 25 日在中央电视台"社会了瞭望"栏目播出。

25 日 美国夏威夷中华总商会会长欧锦鸿率美国夏威夷中华总商会代表团来厦访问。

11 月

1 日 美国职业教育代表团应邀来厦参观访问。

同日 厦门海关驻石狮办事处开始对外办公。

同日 厦门航空有限公司正式接飞香港地区航线。

同日 农业部人事司副司长王锵、国家动植物检疫总所副所长贾东、福建省农业厅人事处联合到厦门考核厦门动植物检疫所领导班子。

同日　泰国王氏宗亲总会理事长王捷枝率工商考察团近日来厦访问。

4—6日　国家海洋局在厦门召开"台湾海峡西部海域综合调查"成果验收评审会,确认"调查"成果。100万年以前,台湾海峡曾经一度是连接大陆和台湾的陆地。

5日　由厦门市计委、市经济信息中心牵头组织的厦门市人工经济信息网成立。此为厦门"七五"期间十大基础设施工程之一。

同日　由市计委、市经济信息中心牵头组织的市人工经济信息网成立。

6日　厦门大学潘懋元教授主编的《高等教育学》专著获首次吴玉章奖金优秀奖。

7日　菲律宾政府文化代表团抵厦访问。

同日　由交通部批准列入"七·五"规划重点工程项目之一的厦门港客运码头工程在和平码头港区全面开工。

8日　香港港台旅行社同业商会福建省考察团来厦考察。

10日　开办国内邮政快件业务。

11日　首批经台湾红十字会签证的43位台胞乘"鼓浪屿"号轮抵厦。

12日　丹麦籍北欧"宝珠号"旅游船访厦。

同日　植检科林奇力在隔离种植于南靖县友谊果场从菲律宾引进的香蕉苗上检出对外植物检疫对象——香蕉穿孔线虫。经上报,并配合有关部门做好控制疫情和线虫扑灭工作。该线虫于1993年被扑灭。

14日　日本日中经济协会常任顾问、全日本航空株式会社最高顾问岗崎嘉平太来厦访问。

15日　澳大利亚驻上海领事馆总领事麦墨瑞访厦。

同日　塞拉利昂政府文化代表团来厦访问。

同日　由中国光学学会、中国电子学会和中国物理学会联合主办的"87国际激光会议"在厦召开。

17日　菲律宾天主教红衣主教海梅·辛一行应全国对外友协邀请来华访问。今日下午由沪抵厦。在18日举行的友好集会上,辛主教说,厦门是我父亲的祖籍地,有我的许多亲戚,我到厦门是寻访我的"根"。

18日　开辟厦门—武汉空中航线。

19日　开辟厦门—沈阳空中航线。

20日　巴勒斯坦共产党代表团访厦。

同日　狐尾山卫星地面接收站投入使用,可同时接收印度洋上空国讯卫星的中央台一套、二套和教育节目。

30 日　亚太地区技术人力资源预测,规划及开发区域研讨会在厦召开。来自印度、泰国、菲律宾、斯里兰卡、尼泊尔等国家和我国的专家代表参加了会议。

本月　台湾开放民众赴大陆探亲,首批经台湾红十字会签证的43位台胞乘"鼓浪屿"号客轮抵厦探亲。离家50年的蔡先生在和平码头与其花白头发的姐姐抱头痛哭。两岸人民急盼早日三通。

12 月

1 日　全国首届残疾人福利基金会工作研讨会在厦召开。

2—5 日　厦门大学举办中国首届朱子学国际学术会议。来自中国、加拿大、美国、日本、联邦德国等8个国家和地区的106名专家学者出席。

4 日　德意志民主共和国外交部长奥斯·菲舍尔率领的代表团来厦访问。

5 日　在巴拿马货船"卡松号"遇难时失踪的中国水手王维祥获救。在获救的8名海员中,有7人是厦门海员。

5 日　在广州举行的第六届全国运动会上,厦门运动员陈瑞丽获女子470型帆船(双人)第一名。

6 日　博茨瓦纳民主代表团来厦访问。

7 日　厦门海关在驻厦海军的配合下,在龙海县镇海角的海面上查获菲律宾籍"龙"号走私船,查获走私"红双喜"牌香烟2836箱,案值420多万元。

7 日　厦门市政府开设市长专线电话。

10 日　由国家民族事务委员会主任司马义艾买提率领的少数民族经济工作考察团抵厦考察。

12 日　鼓浪屿英雄山鼓声隧道竣工,长159米,宽4.2米。

22 日　全国人大副委员长彭冲来厦视察。

同日　厦门市工商联合会邵庚会长向新闻界发布《竭诚为回祖国大陆探亲的台湾工商界人士服务八项措施》。

25 日　应我国棒球协会邀请,以牧野直隆为团长的日本大阪府高中棒球选拔队一行抵厦访问比赛。

26 日　21日至26日厦门市政协第七届第一次会议召开,选举林源为政协厦门市第七届委员会主席,王允晓等为副主席。

29 日　原中共中央总书记赵紫阳来厦视察。

30 日　22日至30日,厦门市第九届人大第一次会议召开,选举王金水为市人大常委会主任,张嘉种等6人为副主任;邹尔均为市长,习近平等5

人为副市长。

31 日　全长 4200 米的鼓浪屿环岛旅游路建成。

同日　厦门—上海客货班轮通航。

同日　原中央领导人视察厦门,对特区经济发展问题作了重要批示:特区的管理应实行计划单列。

12 月　市台办接待了冲破台湾当局限制第一批到大陆采访的台湾《自立晚报》记者徐璐和李永得。

本年　菲律宾红衣主教海棉辛应中国对外友协邀请来厦参观访问。

本年　厦门市在全国首届"花卉博览会"获"优秀展品奖"和"布置一等奖"。

1988 年

1 月

3 日　由厦门试验机厂生产的具有国内先进水平的 MM—1000 型摩擦试验机微型计算机系统近日通过鉴定。

4 日　香港华通船务代理有限公司的"卡松号"货轮,在大西洋航行时遭飓风袭击沉没。船上 17 名厦门籍船员遇难,其骨灰于 1987 年 12 月 31 日从西班牙运抵厦,今日举行遇难者追悼会。

7 日　同安县霞浯货运码头直达香港航线开通。

12 日　厦门电化厂年产 1.5 万吨氯化法金红石型钛白粉工业装置基础设计在北京通过审查。

13 日　陈嘉庚陵园被国务院列为第三批全国重点文物保护单位。

同日　位于湖滨南路新建的福建省最大的综合性汽车客运大楼——厦门长途汽车站竣工验收并开通。该车站占地 2.4 万平方米,建筑面积 1 万平方米,其中候车厅 2000 平方米,每天可发送班车 200 班次,接送旅客 2 万人次。

位于湖滨南路新建的厦门长途汽车站

14 日　全国政协副主席杨成武来厦视察。

20 日　厦门市 66 家预算内国营工业企业率先在全国实行税利分流，主要内容是降低所得税，取消调节税，改税前还贷为税后还贷。

25 日　厦门市首次公开拍卖国营和集体小企业，厦门商业局下属的佳味虾面店、竹树脚饮食店、内厝澳理发店被公开拍卖，首开厦门小型企业拍卖先例。拍卖后的企业所有权与经营权归私人，按个体经济管理经营。

同日　由政府部长纳兰霍率领的古巴政府代表团访厦。

28 日　厦门大学 8 项科技成果获国家教委科技进步奖。

同日　香港福建经济发展协会会长曾星如率领考察团抵厦考察。

2 月

1 日　厦门市政府制定《关于鼓励台湾同胞在厦门经济特区投资的若干规定》，台资企业除享受经济特区外商投资企业的全部优惠待遇外，投资兴办工农业项目经营期在 10 年以上的，还享受从获利年度起，企业所得税"免四减五"等优惠。

同日　厦门对外经济律师事务所主任张斌生代表中华全国律师协会出席在美国夏威夷召开的"中国法律研讨会"。张斌生在会上作题为"中国律师的职能和作用"的演讲。

9 日　厦门市人大常委会通过《关于维护老年人合法权益的决议》。决议规定每年重阳节为厦门市的敬老节。

同日　香港鑫港实业有限公司独资兴建的企业集团基地——厦门宏泰科学工业园举行奠基典礼。

13 日　面积 108 平方米的全国最大漆壁画《腾飞》在中国人民银行分行大厦落成。

15 日　我国第一个具有管理、打印汉字等功能的直拨长话立即计费系统在厦门问世。

厦门市政府大楼

23 日　中共厦门市委和厦门市政府由公园南路 2 号迁往湖滨北路的新楼。新大楼 12 层，建筑面积 20674 平方米。

26 日　财政部作出《关于对厦门经济特区内资企业征收所得税问题的批复》，规定从 1988 年起，在厦门经济特区生产经营的内资企业（中央老企业除外），一律按 15％比例税率征收所得税，同时取消税前还贷。

3 月

1 日　荷兰驻华大使杨乐兰来厦访问。

9 日　市公安局制定国务院颁发的《道路交通管理条例》具体实施办法。

10 日　法国驻华大使贡巴尔、墨西哥驻华大使福斯托·萨帕塔访厦。

12 日　美中友协全国领导人访华团来厦访问。

18 日　厦门市中外合资利恒涤纶公司试产。后改为厦门利恒股份有限公司，是集化工、化纤、机械、运输、贸易于一体的企业。

21 日　捷克斯洛伐克总检察院代表团来厦访问。

23 日　新西兰驻华大使华德来厦访问。

25 日　厦门市委市政府召开"厦门市 2000 年经济社会发展战略论证会"。

26 日　台胞王女士回厦门探亲期间心肌梗塞死亡，厦门市红十字会协助处理善后。这是厦门市红十字会首次协助处理这类事件。

27 日　英国 6.7 万吨级的超豪华游轮"伊莉莎白女皇二世"首航厦门，来自欧、美、日本等国家、地区的 1200 多名游客畅游厦鼓景点。

29 日　首届中国轻工业机械、衡器产品出口洽谈会在厦开幕。全国服装机械订货会同时举行。

30 日　联合国教科文委员会顾问及全环境污染监测方法、标准互校专家组主席威顿博士和道森博士、杜伊克博士来厦考察。双方专家就合作举办国际海洋沉积物污染监测讲习班的有关具体事宜进行了商谈。

4 月

1 日　A310－200 型大型客机首航厦门成功。

3 日　日本民俗音乐研究会福建戏曲考察团来厦考察歌仔戏。

同日　由美国国际人民交流协会组织的世界热带病医学代表团抵厦进行学术交流。

4 日　我国著名妇产科专家林巧稚骨灰在鼓浪屿毓园举行安放仪式。

同日　日本鹿儿岛经济大学商桥良宣教授来厦作国际金融学术报告。

6 日　厦门电池厂最近开发成功两种第三代超高性能系列产品——R6P 高功率氯化锌型电池与 CR2430 锂锰扣式电池。

7 日　以江平副市长为团长的厦门市经济代表团，在香港宣布厦门鼓励外商投资 7 项政策和措施。

同日　以瓦西·迭棍冲副总监为首的泰国警察厅一行 13 人来厦访问。

10 日　厦门市创办综合性劳务市场,并举行首届劳务交流大会。

13—16 日　应司法部外事司邀请,美国法院行政管理访华团一行 30 人,由美国国家法院行政管理协会主席朱迪丝·克雷默女士率领来厦门参观访问。

14 日　丹麦共产党代表团来厦访问。

同日　菲律宾共和国总统科拉松·阿基诺及其一行 65 人抵厦访问。

14 日　以邵庚会长为团长的市工商联代表团一行 4 人赴新加坡访问考察。

同日　应全国律师协会邀请,由迈克尔

菲律宾总统阿基诺夫人访厦

·斯帝特率领的美国计算机法代表团一行 9 人抵厦参观访问。

15 日　国家文化部社文局命名同安县为"中国现代民间绘画之乡"。

同日　南共联盟中央主席团执行书记斯托扬诺维奇访厦。

同日　由国家轻工业部和国家海关总署联合召开的"轻工保税工厂试点、沿海地区轻工出口工作座谈会"在厦举行。

17 日　由香港单车联合会和中华全国体育总会在厦门分会联合举办的 1988 年万宝路自行车精英大赛(厦门站)开赛。参加这次比赛的有来自香港、澳门、北京、上海、山西、福建 6 个地区、11 支代表队的 50 余名自行车高手。

18 日　国务院批准厦门在国家计划中实行单列,赋予相当于省一级的经济管理权限。

同日　台湾红十字会开始受理转递大陆信件。

19 日　香港协励行有限公司承包经营厦门光学仪器厂。这是厦门市首例由外商对国内企业进行承包管理。

23 日　贝宁妇女代表团访厦。

同日　国务院批准厦门市为计划单列市,赋予相当于省一级的经济管理权限。

24 日　以陈玉书大律师为团长的新加坡法律界人士访问代表团一行抵厦访问。

25 日　波兰记者协会代表团抵厦访问。

同日　厦门港客运站获国家交通部"部级优质运输先进单位"称号。

26 日　厦门市第二塑料厂第一批 50 余吨农用薄膜产品通过香港出口

国务院批准我市为计划单列市
赋予相当于省一级的经济管理权限

新华社北京4月23日电 国务院最近批准厦门市在实行计划单列中实行单列,赋予其相当于省一级的经济管理权限。

厦门市是我国重要的沿海城市,在实行对外 实行计划单列,有利于进一步搞活厦门特区经济开放、发展外向型经济中占有重要地位,厦门 济,加快发展外向型经济的步伐。

《厦门日报》刊登国务院批准厦门市为计划单列市的报道

韩国。

27 日　全国"利用外资与经济发展"研讨会在厦门召开,会议着重讨论了国际资本流向。

29 日　新西兰政府代表团访厦。

4 月　香港著名人士邵逸夫在香港兴厦公司董事长张其华陪同下来厦参观考察。

5 月

16 日　厦门电视台与厦门中药厂联合摄制的 10 集电视连续剧《传奇夫人》在厦门中药厂首映。这是厦门电视台摄制的第一部电视连续剧,也是首部与企业联合摄制的电视剧。

1 日　同安县税务局副局长杨永建被评为省、市劳模,荣获全国"五一"劳动奖章。

4 日　厦门大学经济学院教授余绪缨获美国伊利诺大学"会计教育与研究国际中心"最高成就证书。

5 日　厦门市博物馆正式开放。该馆位于鼓浪屿八卦楼,馆区面积 1.1万平方米,展厅面积 2600 平方米。

厦门市博物馆

6 日　厦门市举办友好城市艺术节,来自英国加的夫市、日本佐世保市、菲律宾宿务市、美国巴尔的摩市及新西兰惠灵顿市的艺术家参加了盛会。

8 日　菲律宾众议院议员团来厦参观访问。

9 日　厦门经济特区第一家报关行——厦门经济特区对外贸易(集团)公司报关行成立。

10 日　国际著名土木工程专家、国际预应力混凝土结构设计权威、美籍华人、建筑桥梁大师林同炎教授偕夫人高训铨女士来厦观光旅游。并访问厦门大学及视察厦门大桥工地。

同日　厦门台胞购物中心开业。

12 日　厦门航空公司 2510 号波音 737 型客机从厦门飞往广州途中，被昆明犯罪分子张庆国、龙贵云两人劫持飞往台湾台中清泉岗机场。翌日晨 5 时零 5 分,该机连同 107 名旅客,11 名机组人员安全返回厦门。张、龙两犯于同年 10 月 27 日,由台湾台北"地方法院"以违反民用航空罪名判处有期徒行 3 年 6 个月。

同日　台湾"支援中国大陆暨海外台湾人返乡协进总会"秘书长蔡四结一行抵厦访问。

13 日　尼日利亚新闻代表团访厦。

同日　以君特·伯格尔为首的奥地利维也纳市警察官代表团一行 4 人来厦访问。

14 日　保加利亚祖国阵线代表团访厦。

同日　新加坡全国新闻工作者协会代表团访厦。

同日　原籍厦门的中共党员、原全国政协副主席、全国侨联名誉主席庄希泉在北京逝世,享年 100 岁。

同日　中共厦门市委颁发《关于市属行政性公司职能转移的有关问题的通知》,决定停止机械冶金、电子、化工、轻工、纺织、建材、建筑综合总公司等 7 家行政性工业公司和二轻管理局行使主管单位的行政职能,转为经济实体;组建厦门集体企业联社,列属事业单位,代行市政府管理市属集体企业的部分职能。

17 日　厦门欧拜克自行车有限公司在香港举办自行车贸易洽谈会获得成功。

同日　厦门鱼肝油产品获比利时一家权威医药检验所颁发的合格证书。

19 日　中共中央书记处书记胡启立来厦视察。

22—25 日　日本广播协会(NHK)"海上丝绸之路"摄影队来厦摄部分镜头。

24 日　市政府公布青礁慈济宫等 7 处为第三批文物保护单位。

26 日　美国、英国、法国、加拿大、联邦德国、民主德国、瑞士、荷兰、匈牙利、南斯拉夫、苏联、日本驻京记者来厦采访。

同日　由总书记恩佐率领的南非非洲人国民大会代表团访厦。

27 日　厦门经济特区所属预算内国营企业"税利分流"方案正式出台,

主要内容是：企业实现的利润先按 15％的比例税率交纳所得税,然后按财政部门依户核定的固定上交比例,向财政交一部分利润、基建借款和各项专项借款,改税前还贷为税后还贷。

28 日　美国仪器技术代表团来厦访问。

29 日　香港前最高法院按察司(大法官)李俭偕夫人冯润婵大律师来厦访问。

30 日　厦门市第一次实行土地使用权有偿转让公开竞投,出让的 2 块地在湖滨南路东段。

31 日　厦门市经济师事务所成立。

本月　南非非洲人国民大会总书记恩佐访问厦门。

本月　厦门市人民政府下达了《关于恢复对进岛水果、水产品、肉、禽、蛋征收营业税、产品税的通知》,对进厦门岛销售水果、水产品、肉、禽、蛋,不分批发和零售一律恢复征收营业税。对在厦门岛内收购生猪、菜牛、水产品(鱼翅、鱼唇、鲍鱼、海参、干贝除外)恢复征收收购环节产品税。

本月　市委统战部协助引进杏林第一家台资企业广懋公司。

6 月

3 日　厦门—上海海上集装箱航线通航。为厦门港开辟的第一条国内集装箱航线。

7 日　徐州台联寻根访祖团一行 12 人来厦寻根。

8 日　波兰部长会议主席兹比格涅夫·梅斯内尔访厦。

同日　应邀前来我国进行国事访问的波兰统一工人党中央委员会政治局委员、部长会议主席兹比格涅夫·梅斯内尔抵厦访问。

9 日　以中国民航马尼拉经理关洪奎为名誉团长,菲律宾航空公司执行董事林大伟为顾问,菲律宾时代旅行社执行经理李妙龄为团长的菲律宾旅行社赴闽考察团抵厦考察。

10 日　厦门自立律师事务所(合作制)成立。这是厦门市第一家自律性律师事务所。

11 日　菲律宾国家房屋署总经理李顺一行来厦访问。

12 日　首次由国内独立承建的全国最长的 220 千伏海底电缆工程在厦门施工。该电缆为跨厦鼓双回路线路,全长 7.22 公里,其中跨海长度4.3 公里。1990 年 1 月 10 日投产运行。

15 日　美国公共卫生代表一行访厦。

16 日　菲律宾退伍军人总会访华团来厦访问。

同日　以市人大常委会副主任张嘉种为团长的市友好代表团前往英国

加的夫市访问。

19 日　菲律宾华侨抗日游击支队战友访华团来厦访问。

23 日　禾山镇钟宅村钟姓恢复畬族身份。

28 日　由黄保欣率领的香港经济代表团访厦。

28 日—7 月 2 日　由全国律师协会,香港律师协会,亚太地区律师协会联合举办"中国沿海开放城市经济法讨论会"在厦门悦华酒店召开,来自英、美、法、新加坡、南朝鲜、澳大利亚、香港及国内 14 个开放城市的 140 多位经济界、法学界人士出席会议。司法部部长蔡诚专程来厦参加会议。

30 日　国家海洋局第三海洋研究所为大亚湾核电站作海洋生态零点调查,通过由国家海洋局、广东核电公司等单位组织的专家临定,其成果达到国际同类调查水平。

同日　美国夏威夷水仙花皇后旅行团抵厦观光。

7 月

1 日　厦门音像出版社创办。这是闽南地区唯一的音像出版社。

4 日　全国政协副主席钱昌照、屈武来厦视察。

5 日　全国中西科学思想研讨会在厦门大学举行。

12 日　美国巴尔的摩市 11 名教师应邀来厦讲学,为本市培训中学英语教师。

14 日　由澳大利亚澳中贸易合作委员会主席芬莫率领的澳大利亚工商巨头一行来厦考察。

19 日　由美国国际人民交流协会组织的美国生物学教育代表团一行来厦访问。

22 日　厦门市体育中心"中国羽毛球队厦门训练基地"揭幕。

23 日　台湾岛内"夏潮联谊会"秘书长刘国基抵厦。

30 日　厦门融资公司、厦门证券公司、厦门企业证券评级所在市人民银行大楼开业。

本月　新建的中山医院正式开诊。

本月　厦门音像出版社成立。这是闽南地区唯一的综合性音像制品出版企业。

本月　市政协首次组团到香港开展联谊活动。

8 月

1 日　《厦门道路交通事故处理暂行规定》今起实行。

同日　台湾"大陆与台湾史研究现状考察团"抵厦参加在厦门大学台湾研究所举行"台湾学术讨论会"。王晓波等台湾史学者在厦与同行相会,并参加论文交流。

6 日　省电视大学厦门分校改名为厦门广播电视大学。

7 日　菲律宾广播电视代表团抵厦访问。

8 日　首批法国华裔青年夏令营一行来厦。

12 日　中央 8 家新闻单位记者抵厦,对福建沿海地区依靠科技进步发展外向型经济作专题采访。

18 日　台湾著名社会学家、劳工问题专家、台大社会学教授张晓春夫妇抵厦访问。

24 日　香港中文大学组团来厦考察。

25 日　厦门市新开通 138 个国家和地区直拨电话。至此,厦门直拨电话可通达世界五大洲 158 个国家和地区。

27 日　大同商场发生特大火灾,599 台彩电、3 台冰箱、百货商品及柜台设施绝大部分化为灰烬。

30 日　省人民政府批准厦门市建立科学技术园区,作为发展高技术、新技术产业,实施沿海地区经济发展战略的一项重要措施。

8 月下旬　厦门华侨啤酒厂建成我省啤酒行业第一个二级污水治理设施。

9 月

5 日　1 日至 5 日,厦门市国际友好城市艺术节开幕。来自英国加的夫市、日本佐世保市、菲律宾宿务市、美国巴尔的摩市、新西兰惠灵顿市的艺术家参加了盛会。

5 日　宏泰系列多功能按键式电子电话机通过国家标准鉴定。

同日　厦门市工商联第七次代表大会决定市工商联改名为厦门总商会。

5—6 日　市工商联举行第七次会员代表大会,选举谢福美为会长。大会决定厦门市工商联同时称为厦门市商会,并首次聘请 10 名海外人士为名誉会长和顾问。

6 日　1988 年国际海洋工程腐蚀与保护会议在厦举行。

同日　厦门—哈尔滨空中航线通航。

10 日　以香港中华总商会副会长何世柱为团长的香港中华总商会赴闽参观考察团一行抵厦考察。

11 日　1988 年福建省外商投资贸易洽谈会闭幕。我市共与外商签订投资项目合同 73 项,投资金额 2.19 亿美元;贸易成交额为 1.51 亿美元,其中出口成交额 1.36 亿美元。

厦门举行国际友好城市艺术节

同日 来自合肥的流窜人员乔辉明持炸药包企图劫持厦鼓 14 号渡轮逃往金门,被船员机警地制止,并在驻厦海军协助下将乔抓获。

13 日 美国中国基金会董事长兼第一东方证券公司董事长陈守廉率中国基金会董事访华团到厦访问。

16 日 由厦门大学化学系余乃梅教授和林剑清、张西西共同发明的冰糖快速结晶法获中国专利局授予发明专利权。

17 日 全国台联主办、市台联协办的"第二届全国老台胞寻根访祖团"在厦举行,各省市 40 位老台胞参加此次活动。

18 日 厦门市私营工商业工会成立。

24 日 新西兰前总理罗林访厦。

25 日 根据《中华人民共和国海关总署第一号令》,开征进口减免税和保税货物监管手续费。

同日 以英国加的夫市市长比尔·赫伯特率领的市政代表团和工商代表团访厦。两市代表就厦门在加的夫市的公园中建筑"厦门之角"和加的夫市在厦门筑"加的夫度假村"等问题进行磋商。

28 日 为方便台湾同胞回大陆探亲,厦门—那霸—基隆海上航线首航成功。该航线是由厦门鹭岛船务企业有限公司开辟,由"海樱"号客轮承担航运任务,首航旅客 103 人、台胞 90 人,厦门海关派员随船监管。

29 日 26 至 29 日,厦门市第九届人大常委会第四次会议举行,会议通过《关于加速筼筜湖综合整治工作的决议》,任命李秀记为市政府副市长。

10 月

3 日   国家海洋局第三海洋研究所研制发明的竹林防蛀防雾处理剂，获国家专利局授予的发明专利权。

5 日   参加中国合作黑潮调查研究的日本海洋科技中心"海洋号"考察船访厦。

8 日   圣地亚哥台美工商访问团一行 20 人抵厦考察、访问

12 日   厦门红十字会在二担至青屿海域将不慎落海的台湾青年许志松交台湾红十字会领回。这是两岸红十字会组织自 1949 年以来的首次接触。

12 日   世界银行建筑业考察团来厦考察。

同日   由中国厦门轮船公司、厦门对外贸易（集团）公司和香港华闽船务企业有限公司联合建设的厦门同益码头近日投入试运行。

13 日   美籍华裔博士、诺贝尔化学奖获得者李远哲来厦门大学作学术报告，同时接受厦大聘请为名誉教授。

14 日   厦门首届敬老节系列活动拉开序幕。许文辛等 20 人获省授予的"老有所为精英奖"。

15 日   由总部理事长许维新率领的菲律宾洪门进步党福建访问团和由总部副理事长杨其仁率领的菲律宾洪门竹林协议总团福建访问团来厦访问。

16 日   厦门致公党第一次代表大会召开。

同日   由主席尼尔森率领的挪威共产党代表团访厦。

20—25 日   厦门海外联谊会邀请新加坡著名指画家吴在炎来厦门举行指画展。这是以厦门海外联谊会名义举行的首次对外文化交流活动。

21 日   厦门集美校友、抗日民族女英雄李林铜像揭幕仪式在集美中学举行。

22 日   本市机械冶金产品在"88 香港工业交易会"上成交额达 141 万多美元。

同日   经国务院批准，厦门国际机场下放给厦门市人民政府管理，更名为厦门高崎国际机场。这是全国第一家交由地方管理的机场。

同日   厦门冶金产品在"1988 年香港工业交易会"上成交额达 141 万多美元。这是特区机械系统首次单独组团参加国际贸易所取得的成果。

25 日   丹麦王国驻港总领事尼尔森访厦。

同日   马来西亚槟州访问团来厦访问。

26 日   市人大常委会主任王金水率厦门市友好代表团访问日本。

同日　苏联妇女代表团来厦访问。

27 日　罗马尼亚《经济杂志》主编奥尔迪安努·约尼查访厦。

28 日　应民盟中央主席费孝通的邀请,前来大陆考察的"台湾中华经济研究院代表团"一行七人来厦进行考察活动。

30 日　厦门市民主促进会成立。

11 月

1 日至 5 日,中共厦门市委第六届全体(扩大)会召开,会议学习贯彻党的十三届三中全会和省委四届九次全委(护大)会议精神,研究部署我市治理环境、整顿经济秩序和全面深化改革、进一步实施沿海发展战略等工作。

6 日　香港总督卫奕信访厦。

7 日　1988 年第二次技术交易会在厦门科技开发交流中心举行。130 个驻厦的中央、省科研机构、高校和本市科研单位的 330 多个项目参加交易。

9 日　台湾著名诗人罗门、林耀德到厦门大学讲学。

19 日　同安县举行纪念中国宋代杰出科学家苏颂首创世界最早天文钟——水运仪象台 900 周年活动,同时举行苏颂科技馆和苏颂故居芦山堂竣工典礼。

20 日　开始为厦门口岸代征口岸管理费。

21 日　厦门感光材料有限公司引进美国伊斯曼·柯达公司彩色感光材料工程(草原Ⅱ号)移交签字仪式在厦举行。

26 日　福建省第一家从事财产拍卖业务的专门机构—厦门经济特区拍卖行成立。该行经营国有资产的拍卖及集体企业、个人资产的委托拍卖,受理土地使用权有偿转让,为

28 日　海峡两岸中医界人士在我市举行两岸首届中医药学术交流会。

29 日　美国商务部东亚及太平洋地区科技项目署主任理查德·李抵厦访问。

12 月

2 日　全国人大常委会副委员长王汉斌来厦门视察。

7 日　厦门电容器厂生产的"鹭岛"牌薄膜介质电容器 CR12 型和 CBB12 型容器,荣获 1988 年国家优质产品金质奖。这是福建省电子行业和厦门市工业系统第一种荣获国家最高金质奖的产品。

8 日　全国人大常委会赴闽视察组一行 9 人视察厦门海关。关长秦惠中向视察组汇报了厦门海关加强对进出口活动宏观监控、廉政建设及执法情况。

10 日　全国人大常委会委员、华侨事务委员会副主任委员梁灵光来厦视察侨务工作。

13 日　厦门市成立福建省第一家社会建设监理组织—厦门建设监理事务所。

同日　应福建省政府的邀请,澳大利亚工业技术贸易部长巴顿及驻华大使等一行 4 人来厦参观访问,并与市有关领导部门商谈合作兴建污水处理工厂事宜。

15 日　全国人大常委会副委员长倪志福来厦视察。

18 日　文化部部长、著名作家王蒙来厦视察,为厦门少儿图书馆题词"服务儿童最光荣"。

23 日　全国第一套彩色数字会议电视系统,厦门—福州的彩色数字会议电视系统开通。

同日　厦门艾迪轻型飞机公司用复合材料成功制成的两架鸭式轻型飞机试飞成功。

25 日　厦门海外联谊会正式成立。会长柯雪琦,副会长陈耀中、余基瑞。此前,开元区于 8 月 25 日,集美区于 9 月 27 日,同安县于 11 月 15 日分别成立区县海外联谊会。

25—29 日　中共中央统战部副部长李定来厦考察投资环境并指导工作。

26 日　厦门客运码头一号和三号深水泊位正式投入使用,轮船通过能力比原来的提高 50% 以上。

同日　厦门引进硅凝胶人工晶体植入技术。

本年　厦门人民广播电台和海峡之声广播电台,发起举行"福建省闽南语青年歌手广播电视邀请赛"。

1989 年

1 月

1 日　日本静冈县青年之船访华团 406 人访厦。

同日　厦门市台胞蔡朝阳第一个获准返台定居。

同日　福建厦门人民广播电台与厦门人民广播电台联合开办的《新工商界》节目开播。

2 日　菲律宾国会参议员兼财政委员会主席、菲律宾美国际贸易有限公司顾问银沙利斯一行 7 人来厦访问。

3 日　中央军委秘书长、总政治部主任杨白冰来厦视察。

6 日　台湾地质学术讨论会在厦举行,认为台湾与大陆同属欧亚板块边缘。

9 日　由国家自然科学基金委员会召开的第二届全国高温超导理论研讨会在厦门大学举行。

9—18 日　"国贸杯"国际女子足球赛在厦举行。这是厦门首次举办国际足球赛,中国队获冠军。

12 日　厦门动植物检疫所召开厦门、漳州口岸动植物检疫注册登记颁证暨表彰大会,向首批获准注册登记的 61 家企业颁发进出境动植物检疫登记证,同时授予厦门外贸冷冻厂等 5 个单位"模范遵守国家动植物检疫法规先进单位"称号。国家动植物检疫总所副所长姚文国、厦门市政府副秘书长陈榕生出席大会并讲话。

13 日　老台胞陈秀珠、吴清金赴台探亲,成为厦门市首例赴台探亲的台胞。

同日　厦门至日本那霸航线改为厦门至日本石垣。这比原航线缩短航程 10 多小时。

16 日　澳中友好协会塔斯玛尼亚洲主席布鲁斯·约翰逊博士偕夫人应邀访问我市,并携带塔斯玛尼亚 8 位画家的水彩画作品在我市展出。

厦门首次成批生产旅行车(梁伟　摄)

同日　厦门万山汽车工业公司生产的第一批"金龙"牌旅行车问世。这是厦门首次成批生产旅行车。

18 日　台湾正统中医学术交流考试团抵厦。参加在厦举行的首期台湾中医培训和考试活动。

同日　由联合国工发组织和福建省人民政府联合举办的国际出口加工区促进与开放研讨会在我市召开。有来自美国、加拿大、奥地利、爱尔兰、孟加拉、斯里兰卡、菲律宾等 16 个国家、地区和国内 4 个特区以及 14 个沿海开放城市的近百名代表参加。

22 日　省基督教协会在鼓浪屿三一堂举行按立牧师典礼。这是中华人民共和国成立以来厦门首次举行的按立牧师典礼。

23 日　我国"七五"期间重点建设项目——厦门引进美国伊士曼·柯达公司彩色感光材料生产线举行试车典礼。福建省省长王兆国,美国伊士曼·柯达公司董事会主席及执行总经理陈道纳等参加并剪彩。

鼓浪屿三一堂

27 日　厦门市从日本引进的二期程控电话扩容工程市话交换设备开通并投入使用。

同日　以苏联部长会议国家对外经济委员会副主席兹纳缅基为团长的经济特区考察团一行 14 人,来我市进行友好访问。

30 日　厦门人民武装警察部队举行首次授衔仪式。支队负责人被授予上校、中校警衔,受衔人员共 400 多名。

31 日　中共中央顾问委员会常委张劲夫抵厦考察。

1 月　大型画册《妈祖圣迹》由鹭江出版社出版。这是福建省第一部利用台资合作出版并在台湾公开发行的图书。

1 月　台湾"台湾史古建筑考察团"一行 16 人抵厦考察、游览。

2 月

4 日　鼓浪屿区政府在菽庄花园举行林尔嘉铜像落成揭幕仪式。林尔嘉是闽台著名绅商,清末民初长期担任厦门商务总会总理,为厦门早期的城市建设和工商发展作出重要贡献。

6 日　今晚,厦门、金门再次同时燃放焰火,共庆新春佳节。

15 日　联合国难民署援华项目工作会议在厦举行。

16 日　我市第一家台胞投资的鹭城建设发展有限公司,经

林尔嘉铜像

过 4 年的努力,已从单一的铝窗装潢发展为房地产开发等综合经营。

同日　由厦门商检局主办《罐头平酸菌检验方法及防治方法》研究项目,获 1988 年度对外经济贸易部科学技术进步一等奖和 1989 年度国家科技进步三等奖。

19 日　晚,海沧开往厦门的"海涵"号客轮因超载在鼓浪屿海面沉没,死 3 人。

20 日　由市规划设计研究院编制,附有中英两种文字的《厦门经济特区总体规划》及《厦门经济特区概况》近日出版。

21 日　全国人大常委会副委员长廖汉生来厦视察。

22 日　福厦记者通过彩色电视系统首次举行见面会。

25 日　厦门市残疾人联合会举行第一次代表大会,张宗绪当选为残联主席。

26 日　全国政协副主席谷牧再次来厦视察。谷牧在担任国务院副总理、全国政协副主席期间,于 1983 年 12 月至 1993 年 2 月 10 年间 6 次视察厦门经济特区。

同日　以赞比亚联合民族独立党中央妇女事务委员会主席富拉诺夫人为团长的赞比亚妇女考察团一行,抵厦考察访问。

28 日　经国家经贸部批准,厦门经济特区唯一经营对台贸易的厦门特区友利贸易有限公司成立。

3 月

1 日　台湾和福建两省戏曲、音乐艺术界 30 多位学者在鼓浪屿聚首,联袂参加首届台湾艺术研讨会。会议收到两岸学者论文 13 篇。

4 日　厦门商检局等单位联合研究的两项科技成果《罐头平酸菌检验方法及防治方法研究》、《进口小麦理化、工艺面团特性的研究》,获国家经贸部颁发的 1988 年进步一、二等奖。

4 日　厦门市人民政府发文,市第一医院同时成为厦门市红十字会医院,业务上接受市红十字会指导。

同日　厦门市社会科学联合会第二次会员代表大会召开。市委书记王建双出席大会并讲话,福建省社科联党组书记、副主席吕良弼到会讲了话,方友义代表市社科联第一届委员会作了工作报告。

同日　中午 11 时左右,厦门市"闽海渔 0173 号"渔轮在台湾海峡东碇东南海域捕鱼时,不幸失火,船上 37 名渔民仅 1 人生还。

5 日　海沧农械厂研制的喷泉式增氧机最近获国家专利局授予的实用新型专利权。

同日　中共厦门市委六届七次全体(扩大)会议召开。会议贯彻中央治理整顿、深化改革的方针,坚定不移地实施沿海经济发展战略。

7 日　厦门市第一医院、厦门市药品检验所、同安县卫生防疫站获福建省卫生文明建设先进集体称号。

同日　厦门市药品检验所获全国卫生文明建设先进集体称号。

10 日　国务委员、国家科委主任宋健来厦考察。

同日　加拿大驻华大使狄鄂访厦。

12 日　南普陀寺纠察队员曾燕安在巡逻中发现许志荣等 6 人设赌诈骗,上前制止,遭许等人殴打致死。省政府于 1990 年 3 月批准曾为革命烈士。1991 年 1 月,许犯被判死刑,另 5 名罪犯被判处有期徒刑。

18—21 日　美国著名华人、电视节目主持人靳以西女士一行 5 人访厦采访。

23 日　18 日至 23 日,厦门第九届人大二次会议召开,邹尔均市长作《把握时机,深化改革,在治理整顿中加快发展外向型经济》的工作报告。

26 日　厦门市药检所被评为全国卫生文明建设先进集体。

3 月　台湾淡江大学经济系教授、著名经济学家汤慎之及《台湾时报》、《中国晚报》副总编沈匡先生来厦考察、访问。

4 月

2 日　今起厦门—北京航线由"空中巴士"波音 767 型客机运行,每周两班。

2—5 日　农业部审计局局长陈宁圭在国家动植物检疫总所审计处处长申中武陪同下,到厦门动植物检疫所指导工作。

3 日　由联合国国际贸易中心主办的亚太地区中小型企业出口研讨会在厦开幕。

4 日　厦门锻压机床总厂研制成功的中国第一台 20 吨高速精密全自动压力机,被国家锻压机械产品质量监督检测部门评为一等品,并获准出口。

同日　厦门轴承厂的 180308K 深沟球和 644907 油泵轴承获机电部 1988 年部优产品证书。

5 日　全国宣传信息工作会议在我市举行。

同日　苏联政府运输代表团一行 15 人访厦。

9 日　中共中央书记处书记芮杏文抵厦考察。

11 日　经国务院机电产品出口办公室和对外经济贸易部批准,厦门市自行车公司、电池厂为出口基地企业;锻压总厂、电机厂为扩大外贸自主权企业。

14 日　瑞典政府贸易代表团和瑞典工业企业家代表团访问厦门。

同日　市工商局等部门联合行动,首次销毁非法出版音像制品近两万盒,同时销毁进口旧服装 1.47 多万件和一批冒牌茶叶、香烟、化妆品、劣质酒及假冒商标等。

同日　台北市中医师赴大陆参观团来厦访问。

同日　以新中贸协主席奥拉姆为团长的新西兰新中贸协代表一行 16 人访厦,并同市金融、外贸、工业等系统的一些企业进行业务、商务洽谈。

同日　由瑞典外贸大臣格拉丁夫人安尼塔率领的政府贸易代表团和瑞典工业企业家代表团访问厦门,促进双方的经济贸易和技术合作。

同日　中、美、澳三国为纪念中华人民共和国成立 40 周年联合出版的《中国一日》大型画册摄制组在厦拍摄镜头。

15 日　湖里区百乐园有限公司发生重大火灾。8259 箱杜康酒等物资被烧毁,损失达 104 万元。

17 日　北京—厦门—新加坡航线正式通航。

同日　厦门 6 家进出口公司日前参加在新加坡举办的"福建省出口商品展销会"。展销会期间,成交合同额达 1020 万美元。

同日　厦门感光厂 C 型冷调黑白相纸畅销国际市场。

同日　全国沿海海关关长汇报会在厦召开。

同日　台湾工商企业界、总经理代表团 50 多人抵厦考察投资环境。

同日　为增进台湾海峡两岸的了解,探讨与我市进行经贸合作事宜,50 多位台商组成台湾工商企业界、总经理代表团由广州抵厦。

同日　英国豪华游船"海国明珠"号抵厦。

20 日　国务院批准厦门经济特区及厦门市辖的杏林、海沧设立台商投资区,继而集美也获批准为台商投资区。

21 日　党政军领导在厦门宾馆明宵厅痛悼胡耀邦同志逝世。

同日　厦门港及其进港航道淤积调查研究成果通过验收。

同日　市社科联联合市委宣传部、市委政策研究室、市体改委召开了"厦门市治理整顿以来出现的新情况、新问题及其对策"理论座谈会。会议对治理整顿大环境中,厦门特区外向型经济的发展及存在问题,提出了具体意见和有益建议,提供市委、市政府和有关部门决策参考。市委常委赵克明与会听取意见。

同日　香港文汇报社副社长陈伯坚、香港大公报社副总编唐驾时等一行抵厦。

24 日　以民主德国妇女联盟主席团书记布格黑特·布隆泽为团长的民主德国妇女代表团一行来我市参观访问。

同日　由宁波飞往厦门的中国东方航空公司一架运七飞机,在途中遭 1 名歹徒劫持。机组人员在乘客协助下,制服歹徒,飞机安全降落福州机场。

25 日　中国华侨历史学会、福建省华侨历史学会、厦门大学南洋研究所和新加坡南洋学会联合主办的"战后海外华人变化国际学术讨论会"在鼓浪屿举行,国内外专家学者 150 多人参加,提交论文 78 篇。

27 日　我市 11 幅少儿作品参加国际画展。

同日　沿海开放城市商业系统发展外向型经济研讨会在厦召开。

28 日　闽台学术界在厦举行纪念吴真人诞生 1010 周年暨道教医学文化学术讨论会。海峡两岸 2000 多人参加青礁、白礁慈济宫祝嘏大典。

4 月　台湾第一个公开组织的中小企业考察团一行 55 人抵厦,市商会组织相关企业与之洽谈。

4 月　植检科在从美国、阿根廷进口的两批小麦中分别发现对外植物检疫对象——假高粱。

5 月

1 日　匈牙利人民监察委员会代表团一行来厦访问。

3 日　由香港秀德基金会捐建的秀德幼儿园建成并举行落成典礼。该园面积 2000 平方米,地址在同安路。

5 日　由厦门电化厂和化工部涂料工业研究所、化工部第三设计院共同承担的"年产一千吨氯化法金红石型钛白粉中式"研究项目荣获化工部 1988 年度科技进步二等奖。

6 日　北京—厦门—新加坡国际航线通航。

同日　厦门国际技术合作公司与厦门水产造船厂中标承建香港油罐工程。这是厦门首次中标承包境外工程。

8 日　市商会接待首次莅厦的台湾"三阳工业股份有限公司"董事长黄世惠。

11 日　由沿海 18 个城市,4 个经济特区和 4 个内地城市组成的第二届沿海开放城市协作网会议在厦召开。

12 日　厦门张康德一项研制成果"万国时钟"最近被中国专利局授予专利权。该钟能自动显示当地和世界各地、各时区的时间和昼夜的变化。

12—15 日　台湾"劳动党"中央常务委员工运活动家赖明烈来厦考察、访问。

16 日　湖光大厦落成,为厦门市第一个有屋顶花园与大型庭院建设的高层建筑群。

同日　香港《大公报》、《文汇报》老新闻工作者访闽团访厦。

19 日　受北京政治风波影响,厦门大学、集美各大专院校近万名学生上街游行,部分学生举行静坐绝食,延续数天,影响社会秩序。经市党政领导和学校负责人耐心劝说,学生全部返校。厦门局势相对稳定。

20 日　国务院批准厦门经济特区及厦门市的海沧、杏林地区,作为台商投资区。

杏林台商投资区旧貌

同日　以老挝人民党中央办公厅和部长会议办公厅第一副主席宋沙瓦·凌沙瓦为团长的老挝经济考察团一行应邀来厦访问。

21 日　厦门市李王锦、李庆森奖教奖学基金会成立。

22 日　捷克斯洛伐克社会主义青年联盟中国主席瓦西尔·莫霍里塔率领的捷克斯洛伐克社会主青年联盟访华团来厦访问。

23 日　厦门—青岛空中航线通航。

25 日　《福建日报》报道,厦门嘉丰机械厂与上海同济大学共同研制成功 SZ25-2 伸缩臂装载机。这在国内工程机械中属首创,其主要技术性能达到国际同类产品先进水平。

26 日　台资企业正新橡胶工业公司创建于杏林,占地 30 万平方米。1990 年 3 月投产。

27 日　群惠小学两名学生最近获中国少年"国际友谊书信"征文竞赛优秀奖。

同日　厦门市少年儿童图书馆最近荣获文化部颁发的"全国文明图书馆"称号。

厦门正新橡胶工业公司

31 日　美国华文报记者一行来厦采访。

同日　台湾"国家政策研究资料中心"执行长张瑞猛一行来厦考察。

本月　市商会接待首次来厦的台湾三阳工业股份有限公司董事长黄世惠。

6 月

1 日　全国少工委,《中国少年报》、《中国儿童》杂志在北京联合表彰 100 名"中国好少年"和"中国好儿童"。厦门市湖里区塘边小学王莉荣被授予"好学奖"。

2—13 日　厦门动植物检疫所会同厦门市粮食接转站等单位,派出两个调查组分赴泉州、南安、邵武、漳平、龙岩等地,监督接收带假高粱的进口小麦的十几个面粉加工厂,对疫麦进行加工除害处理。

4 日　李焕之为电视片《白鹭女神》写主题歌《白鹭女神之歌》(朱家麒作词)。

13 日　厦门市职业介绍所正式开业。

同日　市公安局召开会议,传达贯彻公安部《关于彻底平息反革命暴乱、制止社会动乱》的通告。市委、市政府等领导同志到会看望与会同志,对在制止动乱中恪尽职守,为稳定全市秩序做出贡献的公安干警、武警官兵表示慰问。

16 日　外资企业——凯歌(厦门)高尔夫球俱乐部有限公司创办。球场在天马山下福厦公路旁,占地 250 公顷。

17 日　15 日至 17 日,厦门市第九届人大常委会第八次会议召开,审议通过《关于"加快我市老企业技术改造"》、《关于"确立国民经济以农业为基础,把发展农业放在我市经济建设的重要地位"》等议案。

凯歌高尔夫球场

17 日　厦门至南昌旅客列车正式通车。

18 日　厦门市邮电局 800 线长途程控交换机投入使用,使厦门长途电话线路增加 1 倍。

22 日　国务院批准沿海划定地区,鼓励台商投资开发,厦门经济特区及杏林、海沧划定为台商投资开发地区。市政府成立杏林、海沧开发领导小组,并拨出 2000 万用于基础设施建设。

23 日　经省民政厅批准,厦门市湖里区禾山乡改为禾山镇。

27 日　厦门电容器厂获出口电子产品质量许可证。这是厦门市电子行业中第一家获得出口质量许可证的企业。

28 日　市属 10 家医疗卫生单位全面实行院长任期目标责任制。

7 月

1 日　港台旅游同业赴闽考察团到达我市,商讨复苏赴闽赴大陆旅游措施。

2 日　在中共厦门市委第六届八次全体(扩大)会议上,通过《关于认真学习坚决贯彻党的十三届四中全会精神的决议》。

3 日　厦门外汇调剂中心市场开张营业。

4 日　市人民政府通告,解散在动乱期间策划、煽动罢课游行的"全国高校学生自治联合会厦门大学分会"、"厦门大学声援团"等非法组织,命令非法组织的头头立即向所在地公安机关登记。

5 日　市社科联及时向各学会、研究会、协会发出通知,提出"认真学习、广泛宣传党的十三届四中全会精神,是当前和今后一个时期全党的重要任务"。要求所属各会会员,"在搞好自身学习和反思的基础上,坚决站在党和人民的立场上,结合本单位、本学科的实际,写出一批理论性强的、有说服力的文章,投寄各报刊发表,积极作出贡献"。

同日　德国统一社会党中央休假团一行 12 人,从西安飞抵厦门进行友好访问。这是我国平息暴乱后,厦门接待的第一个外国代表团。

同日　厦门市政府宣布鼓浪屿、开元、思明 3 个区在我省率先全面实行九年义务教育。

同日　市政协召开七届常委会七次会议,学习讨论党的十三届四中全会精神,并提出贯彻意见。

同日　在厦门举行的全军会计理论研讨和会计制度试点总结会的闭幕。

6 日　媒体报道:据统计,我国城镇有 541 名百岁以上老寿星,其中厦门有 6 人。

同日　厦门声星电子工业联合公司研制成功的扬声器半自动生产线填补了厦门电子工业的空白。

同日　市政府召开大会,在全省率先宣布我市的鼓浪屿、开元、思明 3 个区全面实施九年义务教育。

10 日　苏联国家国民教育委员会代表团一行 7 人来我市访问。

同日　杏林、海沧台商投资区开发领导小组日前举行首次会议。

12 日　美国巴尔的摩市教师讲学团一行 11 人,来我市讲学。

13 日　市府召开预防自然灾害会议。

同日　市社科联召开全体理事会,结合社会科学战线的具体任务,学习讨论贯彻党的十三届四中全会精神。会议回顾和反思了近年来我市学术界的活动。

14 日　根据中苏 1988 年至 1990 年文化合作计划,苏联文化部代表团尤·米·希利切夫斯基一行 7 人访问我市。

15 日　市社科联联合市委宣传部召开了"厦门市社会科学界学习贯彻四中全会精神座谈会"。这次会议是在首都平息反革命暴乱后及时召开的。与会代表讨论认真,发言踊跃,突出了"澄清理论是非,理直气壮地宣传马克思主义"这一主题。

17 日　下午 6 时 15 分左右,厦门电化厂发生甲苯贮罐爆炸事故。3 名职工当场死亡,2 人受伤。

19 日　只身骑自行车旅游全国的残疾人张正明抵达我市。

22 日　我市待业青年邓景福研制设计的"油水分离勺"、"多用途包装物"、"一种接线盒"三项发明最近获得中国专利局授予的实用新型专利权。

24 日　在首届北京国际博览会上,厦门珠拖鞋厂的"水晶"牌珠拖鞋获金质奖,厦门酿酒厂的固本药酒和春生堂药酒获银质奖。

27 日　全国幼苗杯足球分区赛开赛。

同日 中国霹雳舞明星团来厦演出。

29 日 27 日至 29 日,厦门市第九届人大常委会第九次会议召开,通过《关于"加强台湾三资企业咨询服务工作"议案的决议》《关于确保员当湖区域综合整治规划实施的决议》《关于批准厦门市实施九年义务教育的规划的决非议》等。

同日 我省唯一列入中纺部"七五"基建计划项目,厦门毛纺织厂基本建成。

31 日 为纪念人民解放军建军 62 周年,厦门电视台推出专题片《心灵的慰藉》。

7 月 厦门海关 VAX－11/750 计算机应用系统获全国海关第二次科技进步二等奖。

8 月

1 日 《商检法》今起实施。

同日 从今日起实行劳动合同签证。

2 日 全国高校中国象棋赛在鹭大举行。

3 日 本市召开大会公开惩治腐败分子,5 名腐败分子受法律制裁。

同日 菲律宾国家男子足球队一行 22 人,于今日飞抵厦门访问,在市体育场举行两场友谊赛。

8 日 厦门市公安局破获特大假钞案。案犯马文香等 6 人从香港带进的 34 万元假钞被查获。

9 日 我市三项高新技术被列入国家首批"火炬"计划,它们分别为厚膜混合集成电路、数据流磁带机和超大容量电容器。厦门市和丹东市横向经济联合友好城市意向书签字。

10 日 厦(门)—成(都)航线试航波音 707 客机获成功。

同日 厦门海关抓获 11 条香烟走私船,共缉获香烟 5505 箱(价值人民币 1000 余万元)及台湾轮走私烟款港币 46 万元。在此期间,厦门海关组成陆上小分队,在晋江、石狮沿海岸边巡回堵截,抓获走私香烟 400 箱和烟款人民币 110 万元。

海关查获走私进口香烟

11 日 厦门市大同小学生林虹利研制的"一种双控开关"获中国专利局授予的实用新型专利权。

15 日　厦门海关连续两天查获两艘香港走私船。

16 日　以菲律宾新联公会名誉理事长蔡友铁为团长的"菲华知识人士"访问团莅厦参观游览。

同日　由厦门大学生物系教师许玉德等发明的"家鸭人工授精装置",最近被中国专利局授予专利权。

20 日　厦门第二海洋渔业公司闽厦渔 0148 号船发生母船与玻璃钢舢舨子船相撞事故,三人落水,1 人死亡。

同日　我市青年朱培青和布米夏今起骑单车沿长征路采风。

22 日　菲律宾宿务市圣心友好旅游团一行来厦参观访问。

23 日　美国俄勒冈大学代表团一行 3 人对厦大进行为期四天的友好访问。两校就互派教师、学生及图书交流等方面达成协议。

同日　日前,我市小学生篮球女队获 1989 年福建省小学生篮球赛冠军。

25 日　厦门与漳州、泉州、上海市联合组团参加美国展销公司举办的"1989 中国商展"在美国洛杉矶市闭幕。厦门市成交 2195 万美元,约占厦、漳、泉赴美展览团总成交额的一半。

26 日　厦门少年男子足球队在省少年男子足球赛上夺得冠军。

29 日　"同安"号货轮首航抵达新加坡。

同日　厦门火车站查获一批走私进口香烟,价值人民币 20 多万元。

9 月

4 日　海峡两岸图书展在厦门对外图书交流中心展出。图书展陈列万余种图书,其中台港版图书 5000 种,大陆版图书 5500 种。参展的台湾出版机构 318 家,香港出版机构 183 家。

5 日　中共厦门市委六届九次全会通过关于召开市第七次党代会的决议。

6 日　全国华联商厦集团首届专业会议在我市召开。

8 日　中美联合投资兴办的厦门鹭美存储盘片有限公司正式投产。

8—12 日　福建省投资贸易洽谈会在厦门富山国际展览城举行。这是福建省历史上规模最大的一次国际性的经贸活动。厦门市投资贸易额居全省之首,签订合同 119 个,投资总额 4.9 亿美元,占洽谈会总成交额的 66.7%。田纪云副总理发来贺电。

9 日　厦门大学沈持衡等人发明的"脉搏控制按摩器"、"呼吸控制针灸仪"和"机电、呼吸、脉搏控制的自动摇床",由中国专利局授予专利权。

10 日　市党政军领导和各界群众集会庆祝中华人民共和国成立及厦

门解放 40 周年。市文艺工作者演出大型组歌《鹭江颂》。

同日 应全国妇联邀请,以欧尼塞·米契莱斯为团长的巴西女议员代表团一行来厦访问。

11 日 商业部长胡平视察我市商业工作。

同日 省外商投资贸易洽谈会闭幕。我市投资贸易额居全国之首,签订合同项目 119 个,投资总额 4.9 亿美元,贸易成交 1.2 亿美元,占洽谈会总成交额的 66.7%。

同日 中国第 8 届数据库学术会在厦大召开。

12 日 厦门汇成建设发展有限公司、厦门汇兴石材有限公司、厦门汇源商业机器有限公司举行开幕典礼。三公司捐款 10 万元人民币庆祝今年教师节,并选择两所中学建立汇成公司奖教、奖学基金会。

同日 市税务局三分局被评为全国税务系统先进集体,潘雯芳获该系统劳动模范称号。

13 日 经福建省饮服考评委员会批准,厦门市饮服行业有 24 名厨师荣获高级烹调师职称。

同日 我市省部属大中专学校 9 名教师荣获"全国优秀教师和教育工作者"称号。

同日 以芬兰作家陶·奥·雷塔为团长的芬兰旅游记者团一行 4 人结束了在厦门的 3 天采访,于今日离开厦门返回北京。

14 日 举办厦门南音大会唱,海峡两岸和海外南音弦友 300 余人在厦联欢,共庆中秋佳节。

同日 厦门电控厂承担 1990 年在北京举办的第 11 届亚运会建设工程的配套设备——GCKI 电动机控制中心共 127 台,可为国家节省外汇近 200 万美元。

同日 中共中央政法领导小组成员、最高人民检察院检察长刘复之来厦考察工作。

14—15 日 台北"汉唐乐府"名誉领队、台湾大学中文系教授曾永义,"汉唐乐府"团长陈美娥抵厦,与厦门大学台湾艺术研究所、厦门大学艺术教育学院音乐系的专家、学者、研究人员和学生们座谈,探讨南音艺术。

1989 年中秋 厦门南音大会唱举行,海内外 111 位弦友参加。

16 日 厦门市一中运动员郑雪洋以 1.69 米的成绩夺得第四届全国中学生运动会女子跳高金牌。并获大会颁发的体育道德风尚奖。

同日 最近,市交通运输管理处被交通部评为 1988 年度全国交通系统双文明建设先进集体。

17 日 联合国"消除对妇女歧视委员会"圭亚那全国最高法院大法官伯纳德一行来厦访问。

同日 厦门宏泰发展有限公司最近受日本东芝公司委托,设计生产"TOSHIBA"电脑电话,首批 1 万部已进入国际市场。

同日 中共中央政法领导小组成员、最高人民检察院检察长刘复之,9 月 14 日至 17 日来我市考察工作。

18 日 市公安机关及武警支队干警协同作战,破获一起特大军火走私案,缴获"七七"式手枪 600 支,子弹 1.05 万多发,捕获来自台湾的犯罪分子吴文信等 16 人及大陆犯罪分子阎景新等 14 人。省委办公厅、省政法委、省公安厅先后发来贺电,省委授予厦门市公安局"制止动乱和破获特大枪弹走私案先进集体"称号。

同日 应中华全国总工会邀请,以塞舌尔人民进步阵线党中央委员查尔斯为团长的塞舌尔工人工会代表团于 15 至 18 日来我市进行参观访问。

19 日 联合国"消除对妇女歧视委员会"前主席、圭亚那全国最高法院大法官伯纳德女士,一行 2 人,应中国全国妇联邀请访华,于 17 日至 19 日在我市进行参观访问。

21 日 全国经济特区、沿海开放城市物资信息网第六次会议,近日在我市召开。

同日 厦门锻压机床总厂最近被评为我市首家"国家安全级企业"。

同日 厦门—黄山—合肥空中航线今日开通。

同日 原集美航海专科学校今起改名为集美航海学院。

22 日 厦门市体育中心篮排球馆建成开馆,面积 3000 多平方米。今晚中国女排为观众作精彩的表演赛。

27 日 25 日至 27 日,厦门市人大常委会第十次会议举行。会议审议通过《厦门市"菜篮子工程"实施规划(1989—1992)》等。

同日 悦华酒店被评为我省目前唯一的四星级酒店,鹭江宾馆、信息酒店为三星级酒店,集美宾馆、航空宾馆为二星级酒店。

28 日 市社科联和市委宣传部联名发出《关于坚持四项基本原则,反对资产阶级自由化组稿工作的紧急通知》,将一份《撰写坚持四项基本原则,反对资产阶级自由化的论文著作选题》,印发给各学术团体和大专院校,发动广大理论工作者积极承担写作任务。

30 日 本市各界群众 2000 人隆重集会,热烈庆祝中华人民共和国成立 40 周年。

10 月

1 日　大型画册《中国厦门》于国庆前夕出版发行。

2 日　厦门科技成就展览暨厦漳泉三市技术交易会闭幕。参加展出和技术交易的有 293 个项目,达成书面协议和意向的有 50 个项目。

3 日　《福建日报》报道,位于湖里工业区的台湾工业园区首期工程动工兴建。该园区总占地 40 万平方米。首期工程占地 8 万平方米。

4 日　市聋哑人游泳队一行 8 人日前获省聋哑人游泳比赛团体总分第一名。

5 日　第七届全国美术展览评奖日前揭晓,我市 21 名名画家的 23 幅作品入选。

同日　以朝鲜文化部副部长金正浩为团长的朝鲜民主主义人民共和国艺术团一行 62 人抵达厦门,今晚举行首场演出。

同日　在商业部、中国财贸工会近日召开的表彰大会上,厦门肉类联合加工厂被授予"全国商业先进企业称号",同时还有 3 位商业工作者被授予"全国商业劳动模范"称号。

6 日　莲花新村获福建省住宅小区质量评比一等奖。

7 日　第二届全国邮电"鸿雁杯"足球邀请赛在我市举行。

同日　日本国策研究会代表团一行 5 人来厦访问。

8 日　南普陀寺为妙湛和尚举行方丈升座典礼。

9 日　双十中学举行建校 70 周年庆祝大会。

同日　为庆祝厦门解放 40 周年,厦门电视台与厦门边检站联合录制的专题片《丹心映国门》今日播出。

同日　我市 5 位书法家作品选入《当代中国书法作品集》。

13 日　厦门老年大学同安分校开学。

同日　台湾钢琴家陈淑贞来厦举办音乐会。

16 日　厦门革命烈士事迹陈列馆开馆。该馆位于革命烈士纪念碑园东北角,馆名为叶飞所题。

同日　厦门市赴南极考察队员郑健成启程。届时将在南极中山站矗立南极—福建、南极—厦门两块距离路标。

17 日　本市国庆文艺系列活动闭幕,全国妇联主席陈慕华和省市党政军部分领导同志出席。

同日　全国人大常委会副委员长、全国妇联主席陈慕华抵厦视察。

18 日　抚顺市与厦门市正式结为横向经济联合友好城市。

19 日　冈比亚人民进步党代表团一行 3 人访厦。

同日　旅外华侨林家栋捐资人民币 50 万元,为厦门师范学校建造一座音乐大楼。

20 日　港澳地区全国政协委员一行 28 人赴闽视察团莅厦。

同日　武术界名家何福生抵厦讲学。

21 日　厦门市隆重举行纪念陈嘉庚先生创办华侨博物院 30 周年大会。此前,国家主席李先念于 1988 年 7 月 20 日为陈嘉庚诞辰 110 周年和华博建院 30 周年写了贺信,全国人大常委会副委员长廖承志题词。全国侨联副主席庄明理、顾问张楚琨、市委书记王建双、统战部长柯雪琦同国内外宾客参加了庆典。

同日　英驻华大使艾伦多纳德勋爵一行 4 人来我市参观访问。

22 日　《厦门日报》庆祝创刊 40 周年。

24 日　我市塘边小学王莉兰获第二届《双龙杯》全国少年儿童书画大赛的"书法金杯奖"。

25 日　杏林—西亭公路建成。

26 日　全国仪器仪表新技术新产品交流会在厦举行。

27 日　阿尔及利亚女作家兼画家、历史学博士米丽亚·本访问我市。

同日　国家科委副主任李绪鄂一行 4 人来考察高新技术产业。

同日　日本喜屋武真荣参议员一行 4 人从福州抵厦。他们将与我市有关人士探讨加强彼此交流和合作等问题。

30 日　菲律宾国会代表团一行 9 人访厦。

同日　我市首次以单列市资格组成参加全国发明展览会。

31 日　市社科联和市委宣传部联合举行了"厦门市学术界深入学习江泽民同志报告座谈会"。

11 月

1 日　我市自 8 月 16 日开始贯彻两院一部通告精神的 75 天中,有 83 名经济违纪违法犯罪人员投案自首。

3 日　方毅同志及其夫人出席在我市举办的方毅墨迹展开幕式。

5 日　"厦门书画院藏方毅墨迹展"开幕,展出方毅同志赠送家乡的书法作品 120 件,方毅同志参加开幕式。

6 日　厦门万山汽车工业公司最近被列为国家计划内汽车生产企业。

7 日　厦门—大连空中航线正式通航。

同日　厦门市印尼归侨联谊会成立。

10 日　全国《侨乡侨情》摄影展览在我市开幕。

同日　厦门市中级人民法院开庭审理"罗星"轮船员林某不服厦门海关

没收其走私港币 15520 元的处罚而向法院提出的诉讼,以厦门海关胜诉告终。这是厦门海关首起行政诉讼案件。

同日　市第 11 次妇女代表大会闭幕,会议选出新的领导班子,戴丽芳任妇联主席。

同日　在省第四届(1987—1988)优秀文学作品奖会上,我市 5 位作家获优秀文学作品奖。

12 日　乌干达文化代表团一行 5 人访厦。

13 日　国家环境保护视察组视察厦门。

同日　台湾著名女高音歌唱家陈秉尤、张瑟瑟两教授在鼓浪屿音乐厅举行演唱会。

15 日　全国海洋青年学术研讨会在我市举行。

16 日　民航厦门飞行管制区正式成立并对外开放。

同日　省外向型经济欧拜克自行车记者采访团从厦门启程。

17 日　菲律宾中西篮球队来我市进行访问比赛。

同日　厦门港务局港口工程公司厦港 106 号多功能海上工程船,日前在同安刘五店码头一次试吊 205 吨预制板成功。

18 日　喀麦隆武装部队代表团访厦。

同日　中日生命保险业务研讨会日前在厦举行。

21 日　别墅式的宾馆——厦门鼓浪屿别墅开业。

同日　日本长崎县经济交流促进团一行访厦。

23 日　智利驻华大使马丁内斯夫妇前来我市进行友好访问。

24 日　奥地利驻华大使保尔·乌尔曼访厦。

25 日　流窜人员冉兆云、马志勇盗窃手榴弹 29 枚,子弹 1000 多发,于 11 时 15 分在厦门火车站接受检查时,引爆 1 枚手榴弹。纠察队员和民警当场将 2 人抓获。1990 年 9 月 5 日,冉、马 2 人被处死刑。

同日　厦门感光公司彩色材料厂建设安装工程,获得我国建筑工程质量最高荣誉奖——鲁班奖。

同日　中共中央政治局委员、国务院副总理吴学谦,中共中央政治局候补委员、书记处书记丁关根来厦视察。

27 日　1987——1988 年度"潘洛杯优秀电视艺术作品"评奖最近揭晓,厦门电视台摄制的 10 集电视连续剧《传奇夫人》,专题片《鼓浪屿的兵》等 4 部电视片获奖。

同日　厦门渔港监督被评为全国先进单位。

29 日　1989 年商业部优质产品评选揭晓,有厦门面制品厂生产的"晃岩"牌蛋面、速食面、即食蛋面、厦门食品厂生产的"三角梅"牌腐竹获奖。

本月　福建省红十字会发来贺信,祝贺本市六区一县全部建立红十字会组织。开元区红十字会被中国红十字会总会授予"全国先进集体"。

12 月

2 日　厦华电子企业有限公司生产的厦华牌 XT－5101 彩色电视机(51cm)和组合大屏幕电视墙,最近在我省首届工业的博览会上获金奖。

同日　市社科联和市委宣传部联合举行了《当前两岸关系与统一前景展望》的学术报告,由厦门大学台湾研究所政治社会研究室主任李强主讲。有关单位领导干部 100 多人到会听讲。

4 日　仙岳山发生山林火灾,过火面积 30 亩左右,烧伤烧死马尾松幼林 1 万多株。

5 日　苏联国家劳动委员会副主席布依诺夫斯基率领的代表团一行 4 人抵达我市访问。

同日　中共厦门市委举行第六届十次全体(扩大)会议,王建双、邹尔均分别传达中央工作会议、十三届五中全会和省委四届十一次全体(扩大)会议精神。

6—8 日　应全国律师协会邀请,苏联律师联合会主席奥斯克列车员夫斯基一行 6 人来厦门参观访问。

7 日　计划单列城市卫生防疫考核小组来厦考核。

同日　厦门珠绣拖鞋厂生产的"水晶牌"珠绣拖鞋又荣获省首届工业品博览会金牌奖。

8 日　全国旅游局局长研讨会在厦开学。

同日　厦门市文联第六次代表大会开幕,市委书记王建双向大会致祝词。

同日　香港工商界妇女访问团一行 8 人莅厦活动。

11 日　市公安机关近日查获 5 起贩卖文物案,缴获清代以前文物 274 件。

12 日　凌晨,集美镇第一大队铸造厂发生爆炸,烧毁两个车间,直接经济损失达万余元。

13—15 日　由美国共和党少数民族委员会主席陈香梅女士率领的美国国会合作委员会代表团一行 20 人访厦。

14 日　市工商局市、标准计量部门销毁一批假冒伪劣商品。

15 日　同安县刘五店千吨级码头竣工。

18 日　全国人大常委会副委员长卢嘉锡回厦视察,其后又多次来厦视察。

19日　厦门电视台摄制的文艺专题片《鹭海潮》,在中央电视台举办的《庆祝建国四十周年全国电视文艺专题节目展播》中获二等奖。

21日　由保加利亚、南斯拉夫、民主德国、巴基斯坦的驻华大使、参赞、领事等组成的驻华大使团访问厦门。

24日　中共中央总书记、中央军委主席江泽民来厦视察。他在海沧视察时说:"海沧已具备招商引资全面开发条件,欢迎更多的外商、台商前来投资。"

25日　集友陈嘉庚教育基金会在厦门成立。该基金会是香港集友银行股东为纪念集友银行的创办者陈嘉庚而设立的。自1987年财务决算年度起,基金会每年从银行的应派股息中提出10％赞助集美学校。

同日　全国军队离退休干部厦门接待站建成。

同日　厦门玻璃钢游艇厂成为国际帆协定点制造厂家。

同日　厦门感光公司彩色材料厂建设安装工程,获得我国建筑工程质量最高荣誉奖——鲁班奖。这是自1987年设奖以来,我省首次获此殊荣。

同日　厦门人民广播电台庆祝建台40周年。

同日　由海内外知名人士组成、香港集友银行出资的"集友陈嘉庚教育基金会"在厦成立。该基金主要奖励集美学村成绩突出的教职员工和优秀学生。

26日　厦门航标区镇海角航标灯塔正式启用,光照射程24海里,塔身为六角型,高18.2米。

27日　国家棒球队到厦门冬训。

同日　世界卫生组织顾问李浈博士访厦。

28日　本市10人被评为全国优秀归侨侨眷知识分子或企业家。

同日　市金门同胞第一次代表大会召开。金门同胞联谊会成立。

29日　同安县大同镇外校场发生火灾,明代古祠堂被烧毁。

30日　中顾委常委王首道来我市调查研究,希望厦门在稳定中求发展。

31日　中顾委常委陈丕显最近来我市视察,指出厦门特区要加快发展,胆子要更大一些。

本月　首届大陆闽南语歌曲广播电视歌手"金宝杯"邀请赛在厦门举行,大陆闽南语歌曲的创作和演唱开始迈入有组织、有周期的循环赛事进程。

1990 年

1 月

3 日　厦门市选送 53 个项目参加省首届"火炬杯"高、新技术产品展览，其中 20 个项目获荣誉奖，7 个项目获优秀奖。

同日　香港同胞杨贻瑶先生捐献 500 万港元兴建的市图书馆综合大楼破土动工。1991 年 12 月 17 日落成。该楼建筑面积 4410 平方米，共 5 层。

厦门市图书馆综合楼

8 日　台湾区道教领导人亲善访问团抵厦访问。

10 日　福建省最大的引进项目——厦门翔鹭涤纶纺纤工程破土动工。该工程占地 51 公顷，一期工程 31 公顷，引进国际先进设备及生产技术，年产 35 万吨聚酯粒和聚酯纤维。

11 日　捷克斯洛伐克、日本、印度的大使、参赞、秘书等 7 人抵厦访问。

13 日　同安县博物馆落成开馆。馆址设在孔庙。馆区占地面积 7000 平方米，馆藏文物（包括室外 300 多件历代石雕碑刻）1300 多件，大成殿展厅设有"同安重要史迹"、

同安县博物馆 馆址设在孔庙

"同安历史名人"和"同安馆藏文物"3 个专题陈列。

16 日　我市 41 家企业的 94 种产品获省"消费者信得过产品"称号。

同日　我市 42 人获工人技师合格证书。这是我市 1988 年 10 月开展技师考评试点工作以来,首批得到国家承认的工人技师。

22 日　厦门市 6 位同志分别荣获全国老有所为"精英奖"、敬老好儿女"金榜奖"。

同日　我市 26 位中小学教师列入《中国普通教育职业系统优秀教师名录》。

24 日　我市首家立体声电影院——思明电影院投入使用。

29 日　福建省第一个集中供热工程在杏林竣工。供热单管长 5400 米,受益工厂 11 家,于 1988 年动工。

30 日　继厦门电池厂、厦门自行车公司被国家批准为出口基地企业之后,"厦门华侨电子有限公司"又被国家定为出口基地企业。

本月　厦门市红十字会被中国红十字会总会评为 1989 年度先进集体。思明区穆蓉贞、鼓浪屿区颜惠庆、集美区吴金铭被授予中国红十字会先进会员(模范志愿工作者)称号。

2 月

2—9 日　中共中央政治局常委、书记处书记李瑞环来厦视察。同年 11 月 3—8 日再次视察厦门。

5 日　联合国教科文亚洲化学协调组年会在厦召开。

同日　厦门市王淑景、王文斗基金会召开颁奖大会,全国 21 所高校的 82 名厦门学生获奖。

10 日　凌晨 3 时月全食。因天气晴朗,月食过程清晰可见。

12 日　厦门汽车工业公司首批客车出口美国。

13 日　蒙古人民革命党中联部代表团一行访厦。

14 日　"90 鹭岛迎春新特产品展销会"在厦举行,全国 110 多个单位 300 多种产品和项目参展。

15 日　第二届中国兰花博览会在厦开幕,来自日本等 6 个国家和地区以及我国 17 个省、自治区的兰友参加了开幕式。我市获金牌 1 枚。

17 日　"好清香"名厨到新加坡表演烹调技艺。

19 日　海沧青礁慈济宫列为国家重点文物保护单位。青礁慈济宫举行后殿重建仪式,重建资金由台中市元保宫捐献,来自台湾的信徒 240 人参加。

21 日　台湾"中国统一联盟"主席陈映真率"台湾中国统一联盟访问

团"抵厦访问。

23 日 "七五"国家重点实验室建设项目之一——厦大固体表面物理化学实验室建成。

24 日 日本宜野湾市政府代表团访厦。

同日 新加坡金门会馆成立 120 周年庆典,市金门同胞联谊会组团前往祝贺。

24—27 日 国务院总理李鹏来厦视察。考察了海沧台商投资区,并会见厦门市台胞省亲恳谈会的部分台湾同胞。1995 年 2 月,李鹏再次视察厦门。1990 年 2 月到 2002 年 12 月间,李鹏先后共 5 次到福建考察。

1990 年 2 月李鹏总理带领国务院有关负责人实地考察海沧台商开发区

25 日 厦门市政府召开台湾同胞省亲恳谈会,提出"以港引台,以侨引台,以台引台"的方针,推动台商在厦门经济特区的投资。

27 日 有 500 多位台胞参加的厦门市台胞省亲恳谈会圆满成功。会上签订投资项项目合同、协议、意向书 51 项,投资金额计 1.92 亿美元。

28 日 凯歌(厦门)高尔夫球场破土动工。

2 月 海洋三所的科学家把"福建"和"厦门"两块路标树立在南极大陆上。以后又有更多的厦门科技工作者参加南极科学考察。

3 月

2 日 驻厦某集团军为舍己救人而献身的苗维荣烈士追记一等功,市妇联同时追认苗维荣烈士为"三八红旗手"。

4 日 厦门市彩色感光材料厂建设安装工程,荣获 1989 年度全国省建筑行业最高奖——鲁班奖。

8 日　第一届市红十字青少年工作委员会成立。名誉主任钟国全、郑炳忠,主任委员黄守忠。制订了《厦门市红十字青少年工作委员会工作细则》、《厦门市学校红十字会工作细则》。

同日　厦门市保险公司获"全国金融系统先进单位"称号。

同日　坦桑尼亚联合共和国桑治巴尔总检察长伊迪·旁杜·哈桑来厦访问。

10 日　我市农村第一所为农村弱智儿童开办的启智学校开学。

11 日　国际小行星中心和小行星命名委员会发表公报,将紫金山天文台发现并被编为 2963 号的小行星命名为"陈嘉庚星"。11 月 5 日,在厦门大学举行"陈嘉庚星"命名大会。中共中央政治局常委、书记处书记李瑞环出席命名大会。

同日　以对外贸易经济联络部部长康·费·卡图谢夫为团长的苏联政府贸易代表团一行 10 人,抵厦参观访问。

15 日　日本地方政府职员工会代表团访厦。

16 日　鼓浪屿皓月园郑成功巨型铜塑落成。高 5 米,宽 15 米,表现郑成功收复台湾的宏大场面。

同日　厦门经济特区外贸(集团)公司获国家外经部批准,成为我市对苏联、东欧贸易专营公司。

17 日　"七五"国家重点科技攻关项目"ZDC—5 型数据流磁带机"通过设计定型鉴定,于 4 月在厦投入批量生产。

同日　厦门市首批"火炬"计划项目—X1—90 高分辨率单色显示器由厦门新乐电子产业有限公司研制成功。

同日　在成都市举办的中国杯全国诗歌赛上,厦门市鲁萍的作品《抒情诗四首》获第一名。

18 日　厦门市第九届人大三次会议开幕,邹尔均市长作题为《把厦门经济特区办得更快更好更加繁荣》的政府工作报告。

21 日　经最高人民法院批准,厦门海事法院成立。该法院管辖南自福建省与广东省交界处,北至福建省与浙江省交界处的海域内发生的一审海事、海商案件。

22 日　厦门市歌仔戏剧团往新加坡演出。

27 日　在市社科联直接支持下,苏颂学术研究会隆重成立。台湾台北市苏姓宗亲会大陆恳亲团一行 16 人,趁回大陆探亲祭祖之便,也出席成立大会。会议选出盛国荣教授为会长、方友义为常务副会长,台胞苏克福为名誉会长。

28—20 日　台湾高雄市码头工会参观团抵厦访问。参观厦门港务局和东渡码头。

3 月　厦门菜篮子工程办公室成立。

4 月

1 日　厦门高崎国际机场成为世界民航图上的成员。4 月 5 日,高崎国际机场候机楼扩建工程通过竣工验收投入使用。位于原候机楼东侧,建筑面积 4187 平方米,三层结构,作为国内旅客候机大楼。

同日　中国工商银行人民币信用卡——牡丹信用卡在厦门市开始发行。

3 日　厦门大学生物系青年教师周峰等人的非职务发明“免洗多次使用清洁器具(皿)”,获中国专利局授予的专利权。

5 日　纪念李林烈士殉国 50 周年暨“李林园”落成大会在集美学村福南堂隆重举行。全国侨联、省市领导及市各界人士、海内外集美校友及师生代表 1000 余人出席。

同日　香港日本三菱株式会社社长财宝宏等 4 人组成的商务代表团抵达厦门参观考察。

9 日　马来西亚考察团访厦。

11 日　省委书记陈光毅来厦进行以高校为主的调查研究。

12 日　因海难事故在福建沿海获救的 5 名台湾船员从厦门返台。

13—14 日　厦门粮食、蔬菜铁路专用线及配套工程竣工,通过验收。总投资 1700 万元。专用线长 1670 米(轨道长 2593 米),占地面积 54000 平方米。全线由市粮油储运公司管理,9 月 20 日举行通车典礼。

14 日　厦门商会正式改称厦门总商会。同时保留厦门市工商联合会名称。

同日　以日本日中全国妇女委员会委员长长池博子为团长的日本日中友协妇女代表团一行抵厦访问。

18 日　台湾绩优企业投资考察团抵厦考察。

19 日　福建省 1989 年度“见义勇为十勇士”评选揭晓,与劫机罪犯顽强搏斗的厦门市交通运输公司党总支副书记林国平,勇抓流氓赌徒、为侦破全案作出突出贡献的厦门南普陀寺管委会职工曾燕安烈士榜上有名。

同日　中共福建省委任命石兆彬同志为中共厦门市委书记。

21 日　美国驻华大使李洁明、美国驻广州总领事贺德一行访厦。

同日　全国政协副主席谷牧来我市进行考察活动。

22 日　新西兰友好城市访问团部分成员访厦。

23 日　1989 年全国十大最佳生产型中外合资企业评选活动揭晓,厦门华侨电子有限公司荣列第十。

同日　厦门市组团参加全国首届科技成果展览会,获金箭奖银奖 1 项,金箭奖优秀奖 7 项。

26 日　菲律宾厦禾公会访问团一行到家乡厦门禾山参观和探亲访友。

28 日　加纳保卫革命委员会代表团访厦。

29 日　古巴商业部代表团访厦。

5 月

1 日　台湾赴大陆贸易投资商务考察团抵厦考察。

2 日　国家海洋局第三海洋研究所助理研究员郑健成参加我国第 6 次南极考察,历时 180 天,今日回到厦门。

3 日　龙卷风袭击同安新店一带,所过之处瓦飞树拔。

5—15 日　厦门女画家韦江琼的中国画 60 件在台北、高雄两市展出。

6 日　斐济武装部门总司令利格马达·兰布卡上将访厦。

同日　台湾彰化县幼稚教育事业学会一行 30 人来厦访问与交流,并向厦门两所幼儿园赠送图书与玩具。

9 日　台湾中、小企业协会大陆经贸考察团来厦考察。

同日　同安县中医院食用蓄水池被人投入砒霜,致 33 人中毒。经公安机关侦察,此案系该院总务科副科长庄志刚所为。同年 7 月 6 日,罪犯被处死刑。

10 日　"悦华"开办厦门市首家楼宇管理公司。

同日　台湾中小企业协会大陆经贸考察团一行 40 人抵厦,对厦门机械、电子、食品化工、加工业、贸易、服务业及投资的可能性进行考察。

11 日　厦门市房地产业最大的中外合作项目——厦门新世纪大厦正式签约。位于莲坂小区嘉禾路北侧,占地 1.05 公顷,建筑总面积 7.5 万平方米,总投资 2800 万美元,由一幢 18 层,一幢 24 层,一幢 34 层的大厦组成的高层建筑组团。

11—13 日　巴巴多斯总理劳埃德·厄斯金·桑迪胡德和夫人访问厦门市。

13 日　红十字国际委员会东亚地区代表来厦考察。

14 日　厦门市人民政府就厦门台商投资区(厦门特区及杏林、海沧地区)减征、免征企业所得税和工商统一税做出具体规定:台商在厦门台商投资区开办合资经营、合作经营和独资经营企业,可以享受厦门经济特区的有关税收优惠。

15 日　海沧地区开发建设管理委员会成立。

同日　全国卫生检查团来厦检查。

同日　泰国驻广州总领事罗维才访厦。

15—17 日　陈香梅女士率领美国国际合作委员会经贸考察团一行 39 人访厦。

16 日　塔桑尼亚青年代表团访厦。

同日　台湾电子工业第一个大型赴大陆考察团——台湾电子工业大陆考察团 72 人抵达我市,考察大陆投资环境,寻求投资机会。

18 日　我市举行纪念鸦片战争 150 周年报告会。

同日　以苏联海关总署署长维·康·鲍雅罗夫为团长的苏联海关代表团抵厦访问。

22—25 日　台湾海峡两岸商务协调会会长张平沼率访问团一行 15 人到厦门访问考察。5 月 24 日,邹尔均市长会见该团全体成员。

25 日　"宋庆龄同志生平展览"在厦门对外国书交流中心开幕。

同日　为纪念北宋名医吴真人逝世 954 周年,海峡两岸二千多人参加青礁、白礁慈济宫祝嘏大典。

30 日　市社科联联合市方志办、市博物馆召开"纪念鸦片战争 150 周年座谈会"。

同日　在亚太地区投资洽谈会上,厦门市签订投资合同、意向书 40 项,利用外资 2.76 亿美元。

6 月

2—5 日　台北市知名人士访问团一行访问厦门,考察厦门大学及小学、幼儿园。

5 日　全国人大常委会副委员长叶飞视察我市。

同日　以副市长野田猛为团长的日本佐世保经济交流考察团一行访厦。

6 日　大嶝岛供水工程进入前期工作阶段。预计总投资 1600 万元,工程建成后将结束岛上缺水的历史。工程分为两部分:一是陆地架设引水渠道至新店镇蔡厝村,另是在大嶝西北端与蔡厝村兴建 600 米长海堤。再经 3 公里的管道和渠道到岛中部一个水库。

同日　厦门艾迪轻型飞机公司首次出口旅游者 AD－100 型飞机装箱外运。

同日　厦门九州得益工贸公司雅丽家具厂发生特大火灾,价值 95 万多元的财物被烧毁。

同日　我市组团参加在哈尔滨举行的中国对苏联、东欧国家经济贸易洽谈会,参展的五大类 200 余种出口商品引起客户极大的兴趣。

7 日　我市首次出口超轻型飞机。

8 日　意大利驻华大使罗西访厦。

9 日　我市粮食、蔬菜专用铁路建成通车。

10 日　台湾钢铁业访问团访问厦门,考察湖里工业区和台资企业。

11 日　龙岩—厦门首趟特快列车"古田号"抵达厦门。

14 日　菲律宾众议院代表团一行访厦。

16 日　市各界举行抗英民族英雄陈化成殉国 148 周年纪念会。

同日　中共厦门市第六届第十一次全体会议召开,通过《关于召开中共厦门市第七次党的代表大会的决议》。

18 日　由厦门开往上海的 76 次特快旅客列车运行至来舟站附近,8 号车厢突然爆炸,造成死 18 人、伤 39 人的特大事故。

19 日　画册《中国厦门》在全国性的出版物评比中获画册一等奖。

22 日　海湾三国(阿曼、沙特阿拉伯、阿拉伯联合酋长国)驻华使节团访厦。

25 日　国家科委和厦门市政府举行共同创办厦门火炬高技术产业开发区协议签字仪式。

26 日　厦门市被列为中国首批公路主枢纽城市。

27 日—30 日　台湾长纤纺织同业公会抵厦考察厦门投资环境及在厦投资的外资纺织企业。

28 日　菲律宾宿务市政府友好访问团一行 10 人访厦。

30 日　27 日至 30 日,中共厦门市委第七次代表大会召开,会议选举石兆彬为市委书记,邹尔均、王金水、李秀记为副书记,张绪海为市委纪委书记。

7 月

1 日　工商银行总行行长张肖莅厦考察。

同日　开始厦门市第四次人口普查,至同年 10 月底完成,全市总人口1175554 人。

3 日　台湾企业家投资考察团抵厦。

4 日　鼓浪屿到海沧"海上小巴士"开航。

8 日　以黄森雄为团长的台湾经贸考察团一行 83 人抵达厦门,考察厦门有关投资环境、政策、优惠条件、投资项目等。

10 日　我市青年徐勇志研制的"鼻炎治疗器"获国家专利。

12 日　美国巴尔的摩市教师讲学团来厦讲学。

同日　台湾大陆投资贸易商务考察团抵达我市。

同日　以熊启放为团长的台湾大陆投资贸易商务考察团抵厦。

13 日　第七届世界台胞青年夏令营在厦举行。来自台湾、美国等 7 个国家和地区的一百多名青年台胞参加活动。

同日　厦门至温州通航。

14 日　第七届世界台湾青年夏令营营员同我市各界青年联欢。

15 日　澳大利亚前总理、澳中理事会主席惠特拉姆率团参加在厦举办的"中国第一届澳大利亚研究学术讨论会"。

同日　鼓浪屿区荣获全国卫生先进单位称号。

16 日　我省首家纺织机械制造企业——厦门嘉申纺织机械厂正式投产。

17 日　第一个经台湾当局正式批准前来大陆考察的台湾"大陆工业考察团"在考察北京、上海、宁波,后到达厦门,受到市政府接待。19 日,市总商会组织厦门台资企业会员、同业商会代表在悦华酒店同考察团座谈。

19 日　海沧投资区初勘工程提前完成。

21 日　王兆国省长来我市考察台商投资区。

24 日　成立厦门国际人才交流协会。

同日　台湾史研究会大陆学术访问团抵厦与厦门市同行进行学术交流。

同日　市召开引进国外智力工作会议,并成立厦门国际人才交流协会。

25 日　台湾政界人士大陆访问团来厦参观访问。

27 日　澳中友协主席约翰逊访厦。

28 日　厦门动植物检疫所查出龙海县龙泰果蔬有限公司未经审批,擅自从大豆和性花叶病毒疫区日本进口毛豆原种 1.4 吨。该批种子在海关和动植物检疫机关的监督下就地销毁,货主被处以罚款并通报批评。

31 日　厦门市"铝镁合金硬盘基片"等 4 个项目列入国家级"火炬"计划,"双千亩单性罗非鱼高产优质养殖基地技术开发"等 5 个项目列入国家级"星火"计划。

本月　中共中央政治局常委、中共中央组织部部长宋平参观华侨博物院。

8 月

3 日　受 9 号台风外围影响,自 7 月 30 日至今日下午 2 时,厦门市城乡连降暴雨,市区总降雨量达 506 毫米,郊县局部地区达 900 多毫米。这是本市近 50 年来降雨量最集中,雨量最大的一次,城乡受灾严重。

4 日 台湾剥粒菠萝在我市引种成功。

6 日 日本佐世保市文化体育交流代表团访厦。

11 日 国家旅游局正式批准金宝酒店为三星级涉外饭店且被第十一届亚运会组委会指定为定点接待酒店。

14 日 全国计划单列市少儿游泳比赛在厦举行。

16 日 市政府再次拨款 745 万元建设"菜篮子"工程。

18 日 由厦门汇成公司捐款 60 万元设立的厦门一中、双十中学汇成教育基金会成立。

23 日 厦门中国传统医学访问团一行 10 人赴菲律宾进行学术交流及医疗考察活动。

24 日 20 名台胞代表参加"亚运圣火照两岸"火炬交接仪式的环城游行。

25 日 厦门华侨大厦被评为首届"全国中旅十佳饭店"。

27 日 市社科联联合市委宣传部,召开"厦门市社科界纪念抗日战争胜利 45 周年座谈会"。30 多名与会专家学者,就"抗日战争胜利的伟大意义"、"加强在青少年中进行爱国主义教育"、"大力振奋民族精神"等问题,进行了热烈的讨论,提出了许多有益的建议。

同日 台湾嘉义县知名人士参观访问团抵厦考察。

30 日 "亚运之光"火炬抵厦门。这是第十一届亚洲运动会在北京开幕前夕,我国组织的火炬接力活动。

同日 台湾吕秀莲回南靖寻根祭祖后,前来厦门参观。

31 日 厦港避风坞污染已初步治理,市政府投资 37 万元,清除坞内淤泥 18000 立方米,拆除坞界违章搭盖 50 多处。

9 月

1 日 海沧至新垵公路破土动工,拉开海沧台商投资开发建设的序幕。

同日 厦门外国语学校成立。

6 日 市社科联联合市委宣传部,举行了"纪念抗日战争胜利 45 周年报告会"。由洪卜仁、许文辛、梁开明主讲。他们根据历史资料,结合亲身的经历,介绍抗日战争时期我市人民在党的领导下,英勇反击敌人入侵的事迹,进行了爱国主义宣传教育。

7 日 我市特快专递邮件首次直封香港。

8—11 日 福建省外商投资贸易洽谈会在厦门富山国际展览城举办。来自美国、日本、新加坡、菲律宾、泰国、澳大利亚、巴西、沙特阿拉伯,以及

港、澳、台等 23 个国家和地区的
客商 1000 多人参加洽谈会。本
届洽谈会共签订外商投资项目
合同 723 项,吸收外资 10.37 亿
美元,进出口贸易成交 2 亿多美
元,其中出口成交 1.46 亿美元。
厦门市与外商签订投资项目项
目 275 项,投资金额 9.66 亿美
元。其中合同项目 179 项,投资
金额 5.08 亿美元;协议 31 项,
投资金额 1.84 亿美元;意向书
65 项,投资金额 1.84 亿美元。

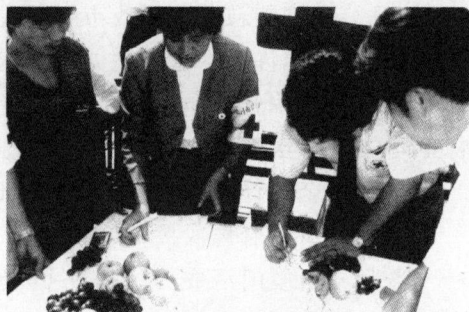

厦门红十字会将不慎落水的台湾青年
许志松(左一)交给台湾红十字会。这是我
市红十字会与台湾省红十字会首次接触

前三天贸易成交额 10473 万美元。台资合同项目 174 项,占合同项目
的 82%。

9—11 日　中国红十字会总代表从厦门东渡港乘船前往金门,与台湾
红十字组织代表洽谈,双方达成《金门协议》,建立两岸红十字组织事务性联
系和遣返渠道,实现海峡两岸关系历史性的突破。1990 年 12 月,台湾红十
字会组织人员乘船从金门直驶厦门,接回 6 名滞留在大陆的违法台湾人,开
辟两岸直接交接遣返人员的模式。

10 日　海沧地区 300 门程控电话投入使用。

同日　中国植物油公司、福建省粮油储运公司、厦门特区粮油进出口贸
易公司与马来西亚郭氏兄弟集团合资兴办“厦门中鹭植物油有限公司”项
目,于福建投资贸易洽谈会上签约。

13 日　印尼大马国际在世界 30 多个国家和地区分公司的总经理在厦
门举行一年一度的国际会议。

15 日　厦门动植物检疫所查出厦门华海水产开发有限公司未经审批,
擅自进口并将未经检疫的鳗鱼饲料调离使用,对货主处以罚款人民币 1 万
元。该公司不服,向国家动植物检疫总所申请复议,国家动植物检疫总所复
议后,维持原处理决定。

20 日　集美财专 200 多名学生食物中毒,经集美医院全力抢救,全部
康复。

21 日　厦门新闻快讯电子屏幕开播。

26 日　“东南亚出口加工区和自由港”国际研讨会在厦举行。

27 日　鼓浪屿皓月园建成,占地 2 万平方米,园中有郑成功巨型雕像

和郑成功将士群雕。

　　同日　首届海峡两岸儿童绘画比赛作品展览活动在我市举行。

　　28 日　海峡两岸《画我故乡》儿童绘画获奖作品在我市展出。

　　30 日　四川越西县民警武晋雄携 1 名妇女持枪劫持鼓浪屿海滨娱乐旅游公司游艇逃往金门。途中逼迫驾驶员及水手跳海,致 1 名水手溺死。10 月 6 日,金门方面将武及随行妇女遣返。1992 年,武被处死刑。

　　本月　市计委被国家计委列为第二期 OA 工程建设单位。

10 月

　　2 日　厦门航空公司 2510 号波音 737 型客机于 6 时 50 分从厦门飞往广州,途中被湖南犯罪分子蒋晓峰劫持,飞机在广州白云机场紧急降落时,受劫机犯破坏,撞上停机坪上其他客机,致爆炸起火烧毁,乘客及机组人员死亡 81 人,劫机犯也烧死。另一架被撞毁的东方航空公司 2812 号客机死亡 46 人。

　　同日　在第 11 届亚运会国际体育集邮展览会上,我市集邮协会会员苏钟文送展的《篮球》专题集邮获金奖。

　　7 日　厦门人民剧场重建竣工,总投资 600 万元,高 6 层,观众厅座位916 个。

　　12 日　海沧台商投资区生活区一期工程动工。

　　13 日　厦门港客运站改建、扩建工程开工。

　　16 日　莫桑比克解放阵线党政治局委员贡达纳夫一行来厦访问。

　　18 日　玻利维亚副总统兼国会主席路斯·奥西奥·圣西内斯来厦访问。

　　21 日　华侨领袖陈嘉庚铜像揭幕仪式在集美航海学院举行。同时举行纪念陈嘉庚创办职业技术学校 70 周年暨集友陈嘉庚教育基金会颁奖大会。

　　同日　《厦门日报》新闻出版告别铅印,实行激光照排和胶印印刷,告别铅与火,进入电脑时代,成为福建省内新闻界首家使用激光照排系统的单位。

　　22 日　厦门市区自来水管网改造中最长的一段——浮屿至华侨博物院的思明南北路主干管正式开工。管径 800 毫米和 600 毫米。

　　22—23 日　新加坡共和国总理李光耀和夫人一行 18 人第 3 次抵厦访问。

　　23 日　全国政协副主席赵朴初来厦视察。

　　同日　厦华电子有限公司生产的 XT－5124 型 51 厘米彩色电视机获

国家优质产品银奖。

24 日　台湾天后宫妈祖庙返乡祭祖团从香港乘"集美"号轮船抵达厦门。

26 日　以赵昌善少将为首的朝鲜民主主义人民共和国社会安全部友好参观团一行 6 人来厦访问,28 日离厦。

29 日　在鼓浪屿福建省工艺美术学校工地发现大批宋代铜钱,重约 100 公斤。

31 日　厦门蔬菜铁路专用线正式通车。

11 月

1 日　厦门证券公司正式对外营业。

1—7 日　全国台联宣传工作会议在厦召开。

3 日　全国政协副主席钱伟长视察厦门。

同日　著名海外企业家庄启程应聘为厦门大学经济学院名誉院长。

5 日　"陈嘉庚奖"第三次颁奖暨"陈嘉庚星"命名大会在厦门大学举行。中共中央政治局常委、书记处书记李瑞环到会并作重要讲话。国际著名化学家、诺贝尔奖获得者、美籍华人李远哲教授应邀到会,并向获得"陈嘉庚奖"的科学家颁奖。中国科学院院长周光召向陈嘉庚的家族代表、陈嘉庚基金会主席、新加坡中华总商会名誉会长陈共存颁发"陈嘉庚星"命名证书。

同日　福建省金门同胞联谊会成立五周年纪念大会在厦召开。

同日　匈牙利社会主义工人党主席蒂尔迈尔·乐洛和副主席波若尼·阿蒂拉一行访厦。

6 日　朝鲜劳动党代表团一行抵厦访问。

同日　厦门市中心血站建成投入使用,站址在中山医院西侧。该站是全市各医院的供血基地。

9 日　厦门警方破获台湾林子连为首的贩卖军火案,缴获冲锋枪、手枪共 18 支,子弹 729 发。案犯 3 人移广东饶平县并案处理。

12 日　厦门艾迪轻型飞机公司研制的"AD—100 超轻型飞机"、机电部 13 所厦门通讯分所研制的"SC—401AB 防窃听特种手持对讲机"两项新产品,最近被列入 1990 年度国家级新产品试制鉴定计划,同时荣获国家科委等部门联合颁发的"国家级新产品证书"。

14 日　中央统战部副部长宋堃来厦考察指导工作。

15 日　瑞典贸易代表团来厦访问。

20—23 日　全国十城市海外统战工作经验交流会在厦召开。

23 日　中国中医研究院西苑与厦门中药厂合作研制的御制平安丹通

过技术鉴定。

26 日　汽车工业厦门展示研讨会开幕,海峡两岸 102 家车辆制造厂商的代表应邀参加。

27 日　孟加拉国驻华大使法鲁克·索布汗一行访厦。

28 日　"七五"期间国家重点工业实验项目——农作物建议基地(厦门点)建成并通过验收。

29 日　世界银行中国局局长伯基和世界银行驻北京首席代表宋默之抵厦访问。

同日　由旅澳华人吴怀德先生捐资 50 万元设立的"吴怀德教育基金会"日前在厦门二中成立。

30 日　香港东亚银行厦门分行成立。

12 月

1 日　"海峡两岸道教交流会台湾宗教代表团暨池府王爷揭祖进香朝圣团"200 多人抵达厦门。

4 日　市狗吠桥山下发生一起山林火灾,过火面积 3500 平方米,烧毁成材山林 300 株以上。

10 日　根据两岸红十字会本年 9 月"金门协议",首批台湾非法入境人员 6 人,从厦门东渡码头移交给台湾方面红十字会代表送回台湾。

同日　清早,一场冬季罕见的浓雾笼罩本市,厦鼓停航两个小时。

同日　台湾红十字作业船首次经由金门直航厦门东渡码头,举行遣返交接仪式,接回 6 名在大陆从事非法活动的台湾人员。受总会委托,市红十字会全程参与见证作业及相关事务性工作。

12 日　部分欧共体国家驻华商务参赞来厦访问。

同日　厦门市与吉林市签订协议书,两市结为横向经济联合友好城。

13 日　我国第一座海峡大桥——高集海峡大桥下部工程全部完工。

15 日　厦门经济特区国际贸易信托公司举行创办 10 周年庆典。该公司创办至今为国家创汇 1.3 亿美元,创税利 3.3 亿元。

同日　在泰国曼谷举办的"中国实用新技术与成果展会"上,厦门代表团参展的 39 个项目中有 25 个同泰国方面签订经济技术合作协议书或意向书,10 个项目分获金银奖。

18 日　破获台湾犯罪分子胡仁义走私大宗假币案。缴获 100 元面额假人民币 316 万元,假美钞 2.4 万元。

同日　台湾何庆祥国际工程顾问公司在厦门悦华酒店第三期工程设计竞标中中选,开两岸营建市场合作的先河。

19 日　厦门华侨电子企业有限公司举行开业 5 周年庆典。该公司 5 年累计创税利 3.7 亿元、创汇 2.5 亿美元,生产的 XT－5124 型彩色电视机获国家银质奖,市国家出口基地企业和全国十大最佳生产型合资企业之一。

20 日　台湾"立法委员"朱高正率领的"中华社会民主党大陆交流团"抵厦访问。

23 日　零时,厦门地区电话号码全部升至 6 位。同安县程控电话开通并入市话网络,可直拨国内长途电话。

26 日　市召开首届台属代表大会,并成立市台属联谊会。

29 日　东渡港区二期主体工程开工。

30 日　国家科委和厦门市共办的厦门火炬高科技开发区破土动工。该开发区在小东山福厦公路旁,占地面积 1.17 平方公里。厦门火炬高技术产业建设发展公司同时成立。

1990 年 12 月 30 日,厦门火炬高技术产业开发区破土动工时,当时的厦门市副市长蔡望怀(前左二)任厦门火炬高技术产业开发区管委会主任
李世平 摄

31 日　厦门高崎国际机场已开通国内 31 条航线,1990 年客流量达 115 万人次,班机达 1.23 万余架,旅客吞吐量、货邮量均达居全国第六位,出入境旅客居全国第四位。

1991 年

1 月

4 日　第三届亚洲华裔"长青杯"足球邀请赛在厦门举行。

同日　市工商行政管理局和市消费者委员会授予华联商厦、华侨商店、友谊商店和百货公司建成百货商店为第二批"无假冒商品销售单位"称号。

5 日　中共厦门市委邀请民主党派、无党派人士座谈,征求对我市十年规划、"八五"的基本设想和今年工作打算的意见。

同日　厦门市新四军暨革命根据地历史研究会纪念"皖南事变"50 周年。

8 日　市第一家由国际酒店管理公司管理的涉外酒店——东南亚大酒店试营业。

8—11 日　全国政协宗教委员会组织宗教界委员来厦视察宗教工作。

9 日　市重点工程厦鼓 10 千伏海底电缆工程通过市经委主持的验收。该项工程总投资 433 万元。

10 日　第二届"晶莹杯"全国乒乓球精英邀请赛在厦门市体育中心开幕。

10—17 日　在福州召开的全国拥军优属、拥政爱民工作会议授予厦门市"双拥模范城"荣誉称号。1994 年 7 月 22 日,厦门市再次获此称号。

11 日　澳大利亚维多利亚音乐艺术学院指导唐·阿斯克、著名作曲家伯莱尔·格林伯格和演员、教师、编导简·莫蒂斯、苏萨·海利等一行来厦门访问。

同日　海峡两岸科技成果交流展示恳谈会在厦门科技开发交流中心开幕。

12 日　以蔡景祥副市长为团长的厦门代表团赴福州参加省农业综合开发暨产品展销会。

14 日　为适应海峡两岸形势的发展和各级有关领导对台工作的需要,市社科联和厦门大学台湾研究所、市台湾学会联合编印出版内部参考的不定期刊物——《台情内参》。

15 日　市召开首批专业技术拔尖人才表彰大会,丘继超等 24 人获"厦门市首批专业技术拔尖人才"称号。

16 日　厦门荣获"双拥模范城"荣誉称号。1994 年 7 月 22 日,厦门市再次获此称号。

同日　市土地局召开全市土地清理工作会议,布置开展土地清理工作有关事项。

同日　以王英伟为团长的香港工业署厦门经济特区考察团来厦考察访问。

17 日　应全国妇联邀请,以总裁杰瑞·尤伯利女士为团长的美国环球公司工作访问团一行 10 人抵厦访问。

18 日　德国驻华大使韩培德来我市访问。

19 日　全国人大常委会副委员长彭冲来厦视察。

同日　由机电部 30 所厦门通信分所、厦门现代通信联合公司联合试制的 SC－401 系列防窃听对讲机和 MT 系列防窃听器,通过市科委和市经委联合主持的技术鉴定和设计定型。专家们认为,该产品已达到国际 20 世纪 80 年代中期水平。

20 日　中国女排在厦门市体育中心举行表演赛。

中旬　国务委员陈俊生来厦考察。

22 日　福建省农业综合开发项目洽谈会结束。厦门市代表团与外商签订 11 个开发项目合同,金额 880 多万美元;签订对外贸易合同 280 份,成交额达 3950 万美元。

同日　由我市民间老艺人徐耀坤设计制作的大型刻纸花灯送往北京悬挂于 1991 年春节"双拥"电视文艺晚会会场。

25 日　厦门市政府被国家教委等 5 个部门授予全国职业技术教育先进单位称号。

30 日　厦门 10 万标立方米管道煤气和 2000 立方米液化气储配工程试供气一次成功。截至 1997 年 10 月底,居民用气户达 51289 户。

同日　厦门国际化学有限公司生产的"芳菲"香皂、"白光"超能皂经国家技术监督局和各部质量司组成的评奖委员会评审,在全国妇联等 8 个部、局及北京市人民政府联合举办的"中国妇女儿童用品 40 年"博览会上获银奖。

同日　新西兰驻华大使鲍迈克抵厦考察。

2 月

1 日　《厦门民俗方言》杂志第 1 期出版。该刊系《厦门社科联学刊》的增刊,由市社科联和市方志办、市语委办、市台湾艺术研究所、市民俗学会、市方言学会联合出版。该刊共出版 7 期,颇受海内外民俗、方言研究者和教学者等学术界人士的欢迎。

同日　厦门商检局开始对出口商品运输包装实施检验。

5 日　为纪念徽班进京 200 周年,由全国政协常委、京剧艺术大师张君秋率领的张派艺术家一行 13 人来厦表演。

同日　文园路车行高架桥建成通车,全长 234 米,桥宽 9 米。这是厦门市政府今年为民兴办的 12 件实事之一。

6 日　厦门华侨亚热带植物研究所引种台湾草莓获得成功,今日通过科委组织的专家技术鉴定。

8 日　台湾著名田径运动员、台北田径协会理事长纪政抵厦参观。

9 日　《厦门火炬高新技术产业开发区产业发展规划纲要》通过专家评审。

10 日　同安县知名爱国归侨柯朝阳诞辰 100 周年纪念活动在同安举行。

11 日　市政府召开科技进步奖励大会,向获得 1989 年度科技进步奖的 62 个项目的单位和人员颁奖,命名灌口镇、大同镇、西柯乡、高浦村为科技示范乡镇(村),表彰 18 个发明项目的单位和个人。

同日　在交通部最近召开的全国水运工作会议上,厦门"集美"号客轮再次荣获"文明客船"称号。这是全国水运国际航线中唯一获奖的文明客船。

12 日　福建省政府授予同安县"扫除文盲先进县"称号。大嶝岛供水工程日前动工兴建。

19 日　海湾三国(阿曼、卡塔尔、巴林)驻华大使来厦参观访问。

同日　全国人大常委会副委员长王汉斌近日在厦考察。

22 日　厦门市紫云蚊香厂生产的电热蚊香片荣获轻工业部优质产品称号。

24 日　在 CIR1990 年国际包装展览会暨中国包装十年成果展览会上,厦门新星包装公司的"1250 毫升聚酯瓶",厦门包装厂的"24 手观音包装盒",厦门齐鲁塑料包装材料厂的"双鹭牌食品包装用硬质聚氯乙烯薄膜"获全国十年包装成果金奖;厦门第一印刷厂的"儿童台球盒",厦门第三印刷厂的"PVC 热收缩标签"获银奖;厦门第二印刷厂的"五福香烟外盒"获优秀奖。

25 日　李立士等六位全国人大代表来厦视察,对整治交通市容卫生等提出建议。

同日　厦门旅游职业学校被福建省人民政府确定为首批省级重点职业高级中学。

26 日　中顾委常委康世恩莅厦视察。

28 日　第三届"海峡情"有奖征文活动在厦门颁奖,来自台湾省、市获奖作者和我市各界人士近 200 人出席颁奖大会。

3 月

1 日　厦门市外事工作领导小组成立。组长邹尔均(市长),副组长王金水(市委副书记)、张宗绪(主管外事副市长),成员陈成香、许甘露、林文显、苏水利、林华明、郭淑周。机构设在市外办。

同日　由香港亚洲电视台、广东电视台、福建电视台和厦门电视台共同举办的"闽港粤厦闹元宵"大型文艺晚会在厦举行,并对四地进行电视直播。

4 日　中国对外文化交流协会会长朱穆之视察厦门。

4—6 日　中共厦门市委第七届二次全体(扩大)会议举行。会议中心议题是:继续认真学习贯彻党的十三届七中全会精神和进一步贯彻落实省市党代表精神,回顾总结 1990 年工作情况,分析特区建设面临的形势,提出特区国民经济和社会发展十年规划及"八五"计划的基本设想,明确今年工作的指导思想和工作重点。会议号召全市共产党员和全市人民认清形势,展望未来,团结一致,埋头苦干,努力完成今年的各项任务,以实际行动迎接中国共产党成立 70 周年和厦门特区建设 10 年。

5 日　雷锋铜像在海滨公园落成。重 500 公斤,高 1.5 米。

6 日　厦门火炬高技术开发区被列为国家高新技术产业开发区之一。

7 日　朝鲜政府贸易代表团访厦。

同日　台湾民进党县市主委联谊会大陆访问团抵厦参观考察。

8 日　厦门市中心体育场举行奠基仪式。

9 日　台湾省民进党县市主委联谊会大陆访问团来厦访问。

10 日　在"滕王阁"杯全国少年儿童书法大奖赛中,我市双十中学初一学生胡盛获优秀作品奖。

14 日　国家副主席王震考察厦门特区,并题词:"祝厦门经济特区日新月异办得更好。"

同日　能源部副部长史大桢为厦门供电局题词"有电八十年,才逢腾飞机。特区日日新,电在前头行"。

15 日　中共福建省委书记陈光毅日前来厦检查工作。

17 日　中国民主同盟厦门市委会集会,纪念中国民主同盟成立 50 周年。

19 日　"七五"期间,厦门市共有 517 项科技成果向市登记取得认可,其中 192 项向福建省登记项目。

同日　国务院批准建立 26 个高新技术产业开发区,厦门火炬高技术产业开发区名列其中。

　　同日　第七届全国人大厦门市代表陈联合等 7 人赴京,出席即将召开的第七届全国人大四次会议。

　　20 日　鼓浪屿龙山洞地下通道建成,通道全长 426 米。这是厦门市政府今年为民办的 12 件实事之一。

　　21 日　参加全国政协第七届四次会议的厦门市全国政协委员离厦赴京。

　　同日　厦门十大风景名胜区之一的金榜公园最近动工投建。

　　22 日　厦门市县以下单位实现普及儿童免疫目标。

　　23 日　中国人民解放军海军"郑和"舰抵达厦门港。

　　24 日　宋代神医吴真人的祖宫——青礁慈济东宫重修落成。

　　25 日　南京军区学雷锋、学"好八连"事迹报告团来我市作报告。

　　26 日　市政府召开表彰大会,表彰了厦门经济特区贸易有限公司、福建省九州集团公司、厦门中贸进出口有限公司等 190 家"1990 年度重合同、守信用企业"和 64 名优秀经济合同管理工作者。

　　同日　市组团赴北京参加全国火炬高新技术产品展览交易会。

　　本月　厦门市获"全国职业技术教育先进单位"称号。

4 月

　　1 日　厦门港集装箱第二泊位正式投入使用。该泊位投入使用后,厦门港每年可增加 15000～20000 个标准箱的吞吐能力,缓解厦门港集装箱运输能力不足的局面。

　　同日　首届厦门景德镇精品展销会开幕。

　　2 日　港台厦广告学术交流会在厦门大学举行。

　　同日　厦门高集海峡大桥主体工程全部完工。

　　3 日　厦门——马来西亚槟城航线正式开通。这是高崎国际机场开辟的第三条国际航线。至此,高崎国际机场已有国内外航线 33 条。

　　5 日　海内外来宾 800 多人在集美学村举行"敬贤堂"重建落成典礼。

　　6 日　厦门大学举行建校 70 周年校庆,同时召开第十一届科讨论会。全国政协副主席钱伟长、卢嘉锡等中央、省市领导及海内外校友参加。

　　9 日　《厦门市市民文明公约》在全市试行。

　　同日　《厦门书画院藏方毅墨迹选》出版发行。

　　同日　在北京举办的全国轻工业博览会上,厦门珠拖鞋厂的"水晶牌"珠拖鞋获金奖;厦门石雕厂的青石雕,厦门国兴电子卫生设备厂的 DWC—ZA 型电动化粪坐便器,厦门家具厂的"美家牌"系列椅床,厦门齐鲁塑料包装厂的扭结薄膜,厦门蚊香厂的"雄鸡牌"蚊香和"青蛙牌"液体蚊香获银奖;厦门紫云蚊香厂"必克"电热蚊香片,厦门皮鞋厂的软面皮鞋和硫化皮鞋获铜奖。

10 日　厦门市政府召开 1991 年经济体制改革工作会议,提出增强改革力度,加大改革分量。

11—16 日　政协厦门市第七届五次会议开幕。会议听取并审议了林源主席代表常委委员会所作的工作报告,补选陈洛为市政协副主席。

12 日　厦门市第九届人大第四次会议召开,会议审议通过我市国民经济和社会发展十年规划和第八个五年计划纲要(草案),号召全市人民以高度的历史责任感和时代紧迫感,积极投身经济特区建设。同心同德,艰苦创业,为全面完成我市国民经济和社会发展十年规划和"八五"计划纲要所确定的宏伟任务,把厦门经济特区建设得更快更好更加繁荣而努力奋斗。

15 日　福建省政府授予厦门市 1990 年度"双增双节"先进地区称号。

同日　荷兰前外交大臣施梅尔策夫妇来厦访问。

同日　厦门市"福达"牌 135 彩色胶卷及黑白涂塑相纸,"三圈牌"R20、R6C 电池,"松筠堂"牌松筠堂酒获第二届北京国际博览会金奖;"福达牌"彩色相纸,"丹凤"牌高粱酒、啤酒获铜牌奖。

同日　在第二届北京国际博览会上,厦门市"福达"牌 135 彩色胶卷及黑白涂塑相纸,"三圈"牌 R20、R6C 电池,松筠堂药酒获金奖。

17 日　厦门市邮电局引进美国摩托罗拉公司的移动通讯系统投入试运行。

同日　厦门——永安长途光缆铺设完成。

18 日　市政府决定将高崎至集美的跨海大桥正式定名为厦门大桥。

同日　在第 19 届日内瓦国际发明与新技术展览会上,厦门大学杨晓文研制的便携式低强度成像仪获镀金奖,厦门市科委陈庆喜研制转印彩色墨水及印花方法获银牌奖。

21 日　厦门福达感光材料有限公司福达牌 GA－100 彩色胶卷、RC－90 彩色相纸和彩色扩印控制片(牛眼片)三种新产品,日前通过省级鉴定。

同日　厦门市开展以查处乱捕滥猎野生动物为主要内容的爱鸟周活动。

同日　最近,厦华电子公司获"全国合理化建议和技术改进活动先进集体"称号。

22 日　同安县获福建省政府、省水电厅授予的"全省农田水利建设先进县"称号。

同日　由厦门市人民政府对外友好协会、荷兰王国驻华大使联合主办的"梵高画展"在我市举行,展出 48 幅梵高作品的复制品。

22—29 日　市社科联与中华全国美学学会、全国青年美学研究会、福建省美学研究会共同主办"当代中国美学研究前景展望学术研讨会"。会议主题为中西文化碰撞中的当代中国美学以及中国美学的现代意义。全国美学家近 200 人参加了会议,是我国美学界的一次空前盛会。

23 日　苏共列宁格勒州委第一书记、苏共中央书记吉达斯波夫率代表团访厦。

24 日　大嶝岛邮电通讯工程竣工。

同日　即日起,中国人民解放军驻福建部队设在厦门沿海地区的有线广播站和所属各分站,一律停止对驻金门等岛屿国民党军官兵的广播喊话。

26 日　中共中央顾问委员会委员项南来厦考察。

同日　菲律宾移民局局长杜明戈夫人一行 7 人来厦访问。

27 日　关东王守兰在我市开办花园酒家,营业利润将全部用于发展我市社会福利事业。

29 日　印度驻华大使任嘉德来厦门参观访问。

30 日　菲律宾华勒尔特青年羽毛球队访厦。

5 月

1 日　市社科联组织所属 14 个学会、研究会 186 人,在厦门中山公园广场开展了"厦门社会科学界社会咨询服务活动"。这种活动形式多样,内容丰富,切合群众需要,受到大众欢迎。

同日　中国第一座跨海大桥——厦门大桥竣工通车。该桥由主桥、引桥和集美立交桥组成,主桥 2070 米,全长 6599 米。1987 年 10 月 1 日动工。12 月 19 日,举行正式通车典礼,江泽民总书记为大桥通车剪彩。

3 日　福建省 14 个城市创建文明城市竞赛初评考查团第二分团结束厦门

江泽民总书记为厦门大桥通车典礼剪彩

市的考查,认为厦门市采取有力措施加快了精神文明建设步伐,推动了社会风气、社会秩序、社会治安的好转,促进了全市环境卫生的改观。

同日 闽台经贸信息交流会在厦举行,海峡西岸有关人士 200 多人出席了交流会。

9 日 墨西哥、巴西和乌拉圭三国驻华大使和商务等外交使节抵厦观光。

同日 全国妇幼卫生暨合作项目工作会议在厦门举行,李鹏总理为会议题词:"关心妇幼保健,努力提高人口素质。"国务院有关部门领导、联合国驻华有关代表省及市领导出席了开幕式。

10 日 厦门东渡二期驳船码头建成。该码头岸线长 250 米,可停泊拖轮、驳船以及供水、供油等工作船,是东渡二期主码头的配套工程。

同日 天马火葬场启用。

同日 在由中国保健食品协会、中国医药保健品进出口公司、中国蜂产品协会和中国保健科学技术协会等单位共同举办的全国优质保健产品评选活动中,厦门矿泉水厂生产的"岳口"牌优质天然矿泉水获"全国优质保健产品金质奖"和"首家全国消费者信得过优质饮料奖"。

11 日 厦门电池厂获国家经贸部和国务院机电产品办授予的"七五"期间全国机电产品出口先进企业称号。

同日 我市 2 万吨级运煤船投入使用。

12 日 新加坡副总理李显龙抵达厦门访问。

13 日 泰国国家妇女院主席诺盖·奎亚甲暖丙夫人率团来厦访问。

17 日 160 余部移动电话(俗称"大哥大")在厦门开始试运行使用。

20 日 湖里 30 号通用厂房封顶。这是湖里工业区迄今最大的通用工业厂房。

21 日 在国务院口岸领导小组召开的全国共建精神文明表彰会上,厦门海岸口岸被评为共建社会主义精神文明口岸,厦门港东渡作业区与厦门边防检查站监护二中队被评为共建先进集体。

22 日 由德国、日本、瑞士、奥地利、比利时、丹麦、新加坡、美国、澳大利亚、英国等国驻香港的总领事、领事、商务专员、参赞、军事联络官、企业家、学者、作家、大律师组成的访问团来我市访问。

25 日 1990 年度全国优秀广播节目评选揭晓,厦门人民广播电台《新闻广场》节目播发的系列报道《海沧开发畅想曲》获专稿一等奖。

27 日 坦桑尼亚人民国防军代表团访厦。

28 日 举办首届幼儿园师生画展。

31 日 日资东亚银行厦门分行开业。

同日　为接回逃往台湾的刑事犯罪分子李大昌等 4 人，由省、市红十字会、公安、边防 22 人组成的交接工作组，于当日上午乘船从厦门前往金门，顺利完成交接。下午返航。

5 月

本月　市社科联支持、协助市吴真人研究会，组织安排与台湾台南学甲慈济宫谒祖进香团 400 多人开展大型联欢活动。联欢活动受到了台胞的欢迎，增进了两岸同胞情谊。

6 月

1 日　在香港举行的第二届亚太区国际投资与贸易展览会上，厦门市与外商签订意向、协议、合同书 58 项，投资金额近 2 亿美元，出口贸易成交额 4346 万美元。

4 日　李秀记副市长率团参加在意大利米兰举行的博览会国际周活动。

同日　厦门市远洋渔业船队首航贝劳生产，标志着厦门渔业发展进入新阶段。

5 日　坦桑尼亚革命党总书记霍拉西·科林巴率团访厦门。

6 日　巴布亚新几内亚总督一行访厦。

7 日　为缓解旱情，在同安汀溪、莲花、五显、新圩一带实施人工降雨作业。

同日　以巴基斯坦穆斯林联盟秘书长阿哈默德·伊克巴尔为团长的巴基斯坦穆斯林联盟代表团一行 11 人来厦访问。

12 日　11 日至 12 日，厦门市九届人大常委会二十一次会议召开，会议审议通过关于《抓紧修订厦门港总体规划及搞好配套设施》等三个议案审议结果报告，并任免了一批国家机关工作人员。

13 日　厦门市恢复政治报告员制度。

同日　应厦门市中级人民法院的要求，李德平、颜金村、李增华代表厦门动植物检疫所出庭为"国贸鱼粉诉讼案"作证。1989 年 7 月，厦门经济特区国际贸易信托投资公司报检进口智利产鱼粉 3 150 吨，该鱼粉是向香港某公司购买的。货物经检疫发现带有活的拟白腹皮蠹成虫和幼虫，按检疫规定实施了熏蒸除害处理。1991 年初，该货物的卖方就货款清算和熏蒸费用问题向法院起诉买方。

16 日　厦门市与青岛市结为友好城市。

17 日　香港联席出版集团董事长李祖泽抵达厦门观光。

18 日　北京—厦门—雅加达班机通航。这是高崎国际机场开辟的第四条国际航线。

同日　厦门冷冻厂通过国家二级企业考评。

同日　厦门青礁慈济宫、同安芦山堂最近被福建省政府列为省级文物保护单位。

同日　香港福建同乡会回乡访问团抵厦。

同日　中国国际航空公司开辟北京—厦门—雅加达国际航线。

20 日　厦门第十四届体育运动会开幕。运动会设田径、游泳、篮球、排球、围棋等 10 个项目,有 3471 名运动员参赛。

21 日　《国际商报》排列出 1990 年中国进出口额最大的 500 家外贸企业名单,厦门经济特区建设发展公司等 11 家企业入榜。

23 日　在 1991 年全国青少年体操锦标赛上,厦门市运动员谢剑辉获鞍马项目冠军。

25 日　市纪委、市委组织部、宣传部联合举办《光辉的历程——中国共产党建党七十周年》图片展览。

27 日　马来西亚旅游同业、报界赴闽考察团抵厦考察。

28—29 日　塞舌尔共和国总统弗朗斯·阿尔贝·勒内访问厦门。

29 日　举行《毛泽东选集》第二版首发式。

30 日　美国"SEE"国际眼科手术远征队一行 10 人抵厦。

同日　市举行庆祝建党 70 周年文艺晚会,石兆彬等领导同志同 1000 多军民观看演出。

7 月

1 日　福建省政府颁布决定:厦门经济特区审批外商投资项目按省级权限执行。

同日　厦门市居民粮油改为凭证供应,油票停止使用。

4 日　《管理世界》中国企业评价中心、国家统计局工交司联合发布"1991 年度中国 500 家最大工业企业"排行名单,厦门华侨电子企业有限公司、厦门卷烟厂、厦门华美卷烟公司入榜。

同日　同安县获中国人民保险公司授予的"全国保险先进县"称号。

5 日　经福建省省市考核组技术考评认定,厦门城区灭鼠达国家先进标准。

6 日　同安县与安溪县交界处发生车祸,死 5 人,重伤 8 人,轻伤 19 人。

8 日　台湾省"海峡交流基金会"副秘书长石齐平率"海基会"访问团一行 9 人抵达厦门,厦门市人民政府秘书长蔡模楷等代表市政府会见客人,双方就共同关心的问题进行商谈。

9 日　中航技厦门工贸中心获福建省人民政府和省府经济技术协作办公室授予的"出口创汇先进企业"和"省、部、际合作先进单位"称号。

10 日　由华北计算机技术研究所厦门分所研制的计算机中西文终端 BN280/282,被列为 1991 年厦门市火炬计划项目。

11 日　在深圳举行的全国火炬高技术产品展示会上,厦门市参展的铝镁合金硬盘基片、彩电 HRC 红外遥控器获金奖,电力半导体模块 HN(JT)5412 型厚膜电路获银奖,防窃听特种无线保密对讲机等获优秀奖。

12 日　市支援灾区办公室开始办公,我市许多单位和群众积极捐款援助灾区。

14 日　在全国帆船锦标赛上,厦门队获 OP 级团体和个人第一名。

16 日　在全国表彰经济效益好、出口创汇多外商投资企业会上,厦门华侨电子企业有限公司获"双优"称号。

18 日　厦门、巴尔的摩暑假英语教师培训班开学。

同日　市首届"十大杰出青年"评选活动近日开幕。

同日　也门咨询委员会秘书长侯赛因·迈格达米一行 5 人访厦。

19 日　日本佐世保市中国经济交流团访问厦门。

同日　厦门市 11 家企事业单位与驻厦前沿岛屿连队挂钩结对,并举行"双拥共建"协议书签字仪式。

同日　厦门兴华机电研究所开发的"无线卷匹配机械滤波器"等 6 项新产品,最近列入福建省重点科技新产品试制计划。

20 日　厦门搏击气功培训中心鸿源拳击队员萧华斌在全国青年拳击锦标赛上,获 75 公斤级第三名。

21 日　福建省最大议价粮油储备库在厦门建成。

22 日　江苏、安徽两省严重水灾,我市掀起捐款捐物活动,组成三个慰问小组携带赈灾捐款分赴皖、苏、沪慰问灾区人民。

24 日　厦门火炬高技术产业建设发展公司的"啤酒保鲜机和酒醇化机",以及该公司和厦门技术创新公司合作承担的"超薄型录音卡和＝超薄型录音机"列入今年国家"火炬"计划。集美区科委的万亩高糖高产甘蔗综合技术开发基地,同安县经济作物站的二万亩早熟优质龙眼商品基地;集美区灌口镇科技办、灌口镇肉鸽场的肉鸽及白绒鸡生产基地,杏林区杏林乡科委的 3000 亩立体农业生产基地,同安县科委和汀溪乡科委的汀溪乡两万亩"南亚"水果示范区,同安县科技开发交流中心和同安西科乡 7000 亩对虾连片开发示范区;橡塑联合工业公司和北京化工研究所的粘合剂系列产品开发,英元工贸有限公司的带发光二极管指示灯 86 系列暗开关系列产品,英玛公司的回扫变压器等列入国家"星火"计划。

27 日　汇成商业中心裙楼、附楼交付使用。总面积 2.5 万平方米,是厦门市目前最大的商业中心。

30 日　日本长崎县福建省经济交流促进团访问厦门。

8 月

1 日　海沧投资区第一块工业用地 60 公顷动工。

同日　厦门大桥和高集海堤开始征收通行费。

5—7 日　市工商联胡世曦副会长参加全联组织的"中国工商代表团"赴新加坡参加第一届"世界华商大会"。

7 日　台湾 17 位中医来厦参加厦门国际中医培训交流中心举办的第二期中医内科进修班。

7—9 日　厦门市第九届人大常委会第二十二次会议召开。会议通过关于"深化法制教育,促进依法治市"议案审议结果的报告,任命叶天捷为市政府副市长。

8 日　海沧投资区生活区第一期工程动工。

同日　厦港液化石油气供应站开始供气。这是厦门市政府今年为民办的实事之一。

同日　香港华星投资有限公司董事长邱季端向厦门市教育基金会捐资设立"邱季端奖教基金"。

10 日　同安县开辟首处外商投资工业区,地址在大同镇东南部。

同日　同安县占地 1.8 平方公里和占地 1.56 平方公里的城东、城南开辟为首批外商投资工业区。

12 日　1991 年全国青少年信息学(计算机)竞赛在厦门开幕。

同日　中国和平公司厦门典当拍卖公司开张。

同日　中国女排和日本女排来厦门进行友谊比赛。

14 日　印度舞剧团来厦门访问演出。

同日　在中国外商投资企业协会举办的 1990 年全国外商投资"双优"企业评选会上,厦门华侨电子企业有限公司、欧拜克自行车有限公司、华美卷烟有限公司、乐合丝绸有限公司、三德兴工业有限公司、东南铝业有限公司、北安针织有限公司、胜天企业有限公司、宏泰企业有限公司、宏达洋伞有限公司、佳兰化工有限公司、吉立企业有限公司、长力电子有限公司、菱达服装有限公司、鸿佳地毯有限公司、建源企业有限公司、鹭路塑料异型材有限公司入榜。

14—16 日　台湾《自力晚报》、《自力早报》总编辑胡元辉来厦访问。

16 日　厦门旧市区配水干管改造调整工程基本完成,改造调整了 10 多公里长的干管。由此,旧市区生产、生活用水得到解决,且可满足今后 10 年以上城市发展供水需求。

20 日　厦门市成立外商投资工作委员会。

21 日　我市第一家从事为家庭和单位搬迁、安装、维修业务的企业安乐居搬家公司开业。

同日　印尼全国工会代表团访问厦门。

同日　中共厦门市委举行七届三次全体(扩大)会议,号召全体党员和全市人民振奋精神、共同奋斗、创造优异成绩,迎接特区建设十周年。

21—23 日　市委第七届三次全体(扩大)会议召开,会议通过《厦门市“八五”期间社会主义精神文明建设规划要点的决议》和《关于依靠科技进步振兴厦门经济的决定》。

27 日　由厦门电视台和台湾电视台“五灯奖”制作中心合作摄制的《闽南民艺电视文艺》在厦门开拍。

28 日　日本国际政治经济学者访问团一行 10 人访厦。

29 日　在首届全国老同志先进活动室评比活动中,厦门市鼓浪屿区老年活动站获一等奖,厦门狮山幸福园获三等奖。

31 日　厦门电视台和中央电视台联合举办庆祝厦门经济特区建设 10 周年《综艺大观》节目。

同日　以上智大学教授三好崇一为团长的日本国际政治经济学者访华团一行 10 人来厦门访问。

9 月

1 日　厦门——北京新闻传输微波线路正式开通,厦门电视台可直接在播出机房通过微波线路向中央电视台新闻中心传送电视新闻。

4 日　党和国家领导人为厦门经济特区建设 10 周年题词,江泽民总书记题词:“坚持改革开放,努力办好有中国特色的社会主义经济特区。”杨尚昆主席题词:“把厦门特区办得更好。”李鹏总理题词:“深化改革,扩大开放,进一步发展厦门经济特区。”

同日　日前,在 1991 年全国少年跳水赛上,厦门市男子少年乙组获团体总分第一。

同日　我市首次举办“鹭岛杯”服装赛。

5 日　厦门海关、厦门烟草专卖局烧毁大批走私假冒香烟。

7 日　福建省省长贾庆林等一行到厦门大学看望师生。

8 日　'91 福建投资贸易洽谈会今日开幕。

同日　波兰参议院参议长安哲依·斯泰尔霍夫斯率团访问厦门。

8—10 日　由议长安哲依·斯泰尔马霍夫斯基率领的波兰参议院代表团访问厦门。

9 日　福建省书记陈光毅在厦门检查工作。

8—12 日　1991 年福建投资贸易洽谈会在厦召开。本届洽谈会经国家外经贸部批准升格为口岸洽谈会，由福建省、云南省、贵州省和厦门市主办。来自全球 28 个国家和地区约 1800 名外商和来自国内的 20 多个省、市和国家部属公司 29 个代表团的 2000 多位客商参加了洽谈会。会议期间，厦门市代表团签订项目合同 165 个，投资金额 6.59 亿美元。台商投资合同 58 个，投资金额 3.78 亿美元；签订贸易成交额 1.57 亿美元。

17 日　中共中央政治局常委乔石、中共福建省委书记陈光毅视察厦门火炬高技术开发区。

18 日　日本兵库县友好访华团乘万吨豪华游船"东方维纳斯"号抵厦访问。

19 日　在由商业部组织的全国同类产品评优活动中，厦门面制品厂生产的"双山"牌即食伊面获 1991 年度商业部优质产品奖。

20 日　市第一百货商店获国家技术监督局、商业部联合授予的"全国商业计量先进单位"牌匾和荣誉证书。

21 日　1991 年度中国 500 家最佳经济效益工业企业评价揭晓，厦门卷烟厂、厦门华美卷烟有限公司、厦门华侨电子企业有限公司入榜。

22 日　奥地利新闻代表团访问厦门。

同日　厦门罐头厂的"水仙花"牌 8113 型 567 克糖水荔枝罐头和"水仙花"牌 751 型香菇肉酱罐头获经贸部部优产品称号。

26 日　厦门台湾中医师联谊会代表大会在厦门举行。

同日　在 1991 年北京国际田径邀请赛上，厦门市运动员陈俊麟在男子标枪比赛中以 76 米、90 米的成绩获亚军。

同日　在第二届全国城市运动会乒乓球决赛中，厦门市混合双打运动员潘朝辉、汤晓梅获银牌。

27 日　1991 年中国旅游商品国际博览会在厦门举行，共展出 20 多个省市近 200 家企业的数千种旅游商品。

28 日至 10 月 3 日　1991 年中国旅游购物节、旅游商品国际博览会在厦门举行，参展的有 20 多个省市的近 200 家工商企业及海外展商，展品达 4000 多种。

29 日　英国加的夫市市长杰弗里·塞恩斯伯里率英国加的夫市市政工商代表团抵厦访问。

同日　在第二届全国城市运动会上,厦门市女运动员陈芹在女子 400 米栏决赛中以 58 秒 44 的成绩获铜牌。

30 日　日本横滨台湾访问团抵厦活动,受到厦门台胞乡亲的欢迎。

本月　邓小平同志为《厦门经济特区建设十周年》题写书名。

10 月

4 日　厦门特区建设 10 年庆典文艺调研开幕。

7 日　《厦门经济特区年鉴　1991》公开发行。

同日　市政协召开座谈会,纪念辛亥革命 80 周年。

同日　苏联驻华大使索罗维也夫来厦门参观访问。

10 日　220 千伏的李林变电站主变大修及改造工程完工投入运行。

同日　南京—厦门—武夷山旅游航线正式通航。

同日　全国口岸动植物检疫系统情报工作会议在厦召开。

14 日　市委统战部组织举办首次全市统战知识竞赛。各区和市直委办局组织了 20 多队参赛,厦门电视台全程录像并在黄金时间播出。

15 日　鹭江职业大学举行建校十年庆祝大会。

同日　厦门经济特区成立 10 周年纪念大会,在新落成的厦门体育中心隆重举行,中共中央总书记江泽民亲临大会作了重要讲话。厦门电台派出精干的采编播力量,进行现场直播。

同日　驻厦某集团军某团五连排长、一等功荣立者、南京军区学雷锋标兵张奇,在第二届"中国十大杰出青年"评选活动中获十杰称号。

16 日　国际佳里扶轮社福建考察团抵厦考察。

同日　美国洛杉矶—广州友好协会主席阿曼森夫人访问厦门。

17 日　塞浦路斯妇女代表团一行 4 人访问厦门。

18 日　朝鲜人民军友好参观团访问厦门。

20 日　在 1991 年全国田径冠军赛上,厦门市运动员陈俊麟以 76.50 的成绩获男子标枪赛银牌,高炳耀以 50 秒 54 的成绩获男子 400 米栏银牌,陈芹以 57 秒 13 的成绩获女子 400 米栏银牌。

21 日　集友陈嘉庚教育基金会颁奖,集美区、集美学村 472 名优秀师生获 1990—1991 年度奖。

同日　著名经济学家王亚南诞辰 90 周年纪念大会在厦门大学举行。

22 日　日本东大阪访华团访问厦门。

同日　市第四届民兵代表大会开幕。

同日　由市邮电局自行开发研制的"无线寻呼自动系统"试验成功,全面投入试运行。

23 日　马来西亚驻华大使达图·诺尔·阿德来厦访问。

同日　市直机关工会工作委员会成立。

24 日　老挝人民民主共和国总理坎代·西潘敦一行来厦访问。

同日　天津企业界在厦设立"天津广告角"。

25 日　全国政协赴闽视察团抵达厦门。

同日　在福建省征兵工作会议上,厦门被评为征兵工作先进市。

26 日　福建省首届书市在厦门市举办,集中销售中央及各省、市、自治区出版社出版的图书两万余种。

同日　举行厦门市台胞第三次代表大会。

同日　尼泊尔前首相比斯塔一行来厦访问。

同日　厦门市小学电教覆盖率达百分之百。

27 日　香港英皇金融集团在厦设立代表处。

28 日　美国哈林篮球队来厦门表演。

同日　市第十四届运动会闭幕。运动会期间共有 6 人两队打破 9 项福建省同龄组纪录,24 人 8 队打破 28 项厦门市纪录和市同龄组纪录。

同日　市第二批赴贝劳生产渔船启航。

29 日　1991 年中国奥委会执委会会议在厦门举行。

同日　国家"八五"重点工程,我国第三条长距离、大容量光缆通信工程——沪闽榕穗光缆工程厦门段近日动工。

31 日　德国多纳斯贝格德中友协代表团一行 18 人访问厦门。

同日　市组团参加全国星火计划成果博览会。

同日　在 1991 年中国旅游商品国际博览会上,厦门"龙舌山"矿泉水被评为名优金奖产品。

11 月

3 日　厦门艾迪轻型飞机公司获民航管理部门颁发的"型号设计批准书"和"生产许可证"。

4 日　厦门建立文昌鱼自然保护区,保护海区在黄厝、鳄鱼屿、小嶝岛等海域,为新发现的文昌鱼栖息地。

7 日　香港中华出入口商会青年访闽团来厦访问。

同日　以谢汉为团长的新加坡会馆来厦参观访问。

9 日　在 1991 年全国台湾知识电视大赛上,厦门市代表队获第二名。

10 日　在"七五"全国星火计划成果博览会上,厦门市"思明"牌人工晶体,"必克"电热蚊香片及电热蚊香滴药包装机,"三角梅"牌锦纶复丝网聚脂压榨网带,"爱美"牌 AM—874 内墙涂料,灌口镇万亩山地果树开发基地,六甲基环三硅氧烷(D3)及其制品,"龙舟"牌电热水器,"鹭芳"牌婴幼儿食用大米粉系列产品,"茶花"牌单晶冰糖、"鳄鱼"牌浓缩油、"银城"牌啤酒,带发光二极管指示灯开关插座等 12 个项目获金奖。

同日　在第六届全国发明展览会上,厦门市首获先进展团专项奖,厦门福达感光公司感光化学厂曾竹仪等人发明的"超低银量的不水洗照相纸制备技术"获银牌奖;厦门嘉丰机械厂郑祖江发明的"一种轮胎在转动中自动充气装置",厦门市科委职工技协陈庆喜发明的"快速转印彩色复写纸",厦门六中傅学伟发明的"多用途旋转体教具"获铜牌奖。

12 日　举行《厦门的路》歌曲集发行仪式。

13 日　厦门仙岳山失火,过火面积 40 多亩,烧死烧伤马尾松幼树 5000 多株。

14 日　"厦工杯"国际足球邀请赛在厦门开幕,朝鲜卡车队、香港南华队、广州白云队、辽宁队四支足球队参加竞赛。

同日　我市与淮阴市结为友好城市。至此,和我市"义结金兰"的已有 11 个大中城市。

同日　以香港《经济导报》编委梁廉梦为领队的港澳记者访闽团一行 12 人抵厦访问。

同日　在首届全国老同志先进活动室颁奖会上,厦门市"长寿园"等 6 单位获奖。

16 日　经厦门市、县(区)农委、农业局、农资公司、统计局等部门验收,同安县新店镇连同早稻产量和晚地瓜的估产,亩产 1.203 吨,成为我市继该县内厝乡之后第二个实现吨粮的乡镇。

同日　同安刘五店至港澳航线定班货轮开航。

同日　以日本千曲产业株式会社社长细井馨为团长的日中经济贸易中心友好商社部会华南经济考察团一行 10 人访问厦门。

17 日　以宫内雪夫议长为团长的日本长崎县议会代表团一行 9 人访问厦门。

18 日　特区政府秘书长办公厅(室)主任联席会议在厦举行。

18—20 日　全国人大常委会委员长万里再次莅临我市视察工作。

20 日　厦门市中心体育场竣工并举行落成典礼。该体育场址在湖滨北路,占地 5 万平方米,看台可容纳 3 万余人。

同日　以朝鲜劳动党中央委员会民防部部长金益铉大将为团长的朝鲜

厦门市中心体育场

人民军老干部代表团一行 7 人来厦参观访问。

22 日　市台盟召开第三次盟员大会。

23 日　全国少儿电视理论研讨会在我市举行。

24 日　"厦门机场杯"全国职工棒球邀请赛在厦举行。

同日　厦门市海洋管理处成立。

25 日　我市林安怀等 7 人获福建省"庄重文优秀校长奖"。

28 日　1990 年度全国少儿电视"金童奖"在我市揭晓,厦门电视台制作的木偶剧《两个猎人》获二等奖。

30 日　1991 年厦门商标节活动开幕。举办以商标为主题的大型宣传活动,这在我国尚属首次。

12 月

1 日　《厦门美术书法摄影展》在北京开幕,全国政协副主席杨成武、中顾委常委陈丕显为展览会剪彩。

同日　海沧台商投资区马青、翁角两条公路开工。

1—4 日　日本广播协会香港支局局长中村龙一郎率领"亚洲经济摄制组"一行 3 人来厦采访拍摄。

2 日　以日本大阪府议会议长加藤法瑛为团长的大阪府议会中国友好代表团一行 10 人访问厦门。

4 日　中共厦门市委召开党员领导干部会议,传达党的十三届八中全会精神。

6 日　首届厦门特区十大杰出青年评选揭晓,刘文万、林瑛、应鹃、王燕平、刘兰荪、林卡、王鹭佳、黄先勇、黄建通、郑健成获此殊荣。16 日举行颁奖仪式。

同日　思明区少年宫王静雯创作的《快乐的圣诞之夜》,施达思创作的《回家路上》,入选中国人民对外友好协会主办的"中国儿童赴欧洲展",已送往比利时、挪威展出。

7 日　奥地利驻华大使布科夫斯基和商务参赞库恩等一行 3 人访问厦门。

同日　经省民政厅批准,厦门市农村各乡一律改为"镇"建制。

同日　全国科技进步法研讨会在我市举行。

同日　厦门航空有限公司开辟厦门至常州航线,每周六往返一班。

8 日　台湾《自立晚报》以显著版位刊登厦门经济特区 10 周年的祝贺广告和介绍厦门特区文章。

同日　为庆祝厦门特区十周年,福州市老战士合唱团抵厦。

同日　新加坡大华银行在厦兴建的大厦奠基。

9 日　日本中国文化交流协会代表团访问厦门。

10 日　以色列共产党总书记陶菲克率代表团访问厦门。

同日　展现厦门特区建设者风貌的报告文学集《世纪之光》首发式举行。

12 日　1991 年海峡两岸科技合作项目洽谈会开幕,来自海峡两岸的 600 多人参加了洽谈会。

同日　厦门大学杨仁敬教授获美国肯尼迪图书馆 1991 年海明威研究奖。

同日　设备齐全的公寓大厦——鸿山大厦主体封顶。

同日　中国跳伞队来厦参加厦门特区十周年庆典。

12—14 日　1991 年海峡两岸科技合作项目洽谈会在厦门举行,大陆方面有 20 多个科技所、500 余个科技合作项目参展,台湾科技企业界 100 多人赴会。会上签订正式合同金额共 4600 万美元。

12—15 日　厦门发明协会和台湾省发明人协会签订合作协议书,将促进厦、台发明人之间的科技交流。

14 日　海峡两岸科技合作项目洽谈会闭幕。会议期间,共签订合同、协议、意向 90 多个,其中厦门火炬高技术产业建设发展公司与台商、港商签订 3 个高技术项目合同,投资额为 3100 万美元。

同日　举行"我为特区作奉献"系列活动表彰大会,王金水、李秀记等领导同志为十大奖获得者颁奖。

15 日　厦门经济特区建设 10 周年"十大新闻"评选揭晓,它们是邓小平同志视察厦门并题词:"把经济特区办的更快更好些。"我国第一座海峡大桥——厦门大桥建成,厦门经济特区首期工程破土动工,厦门经济特区范围扩大到全岛并逐步实行自由港某些政策,国务院批准厦门经济特区及厦门市辖的杏林、海沧为台商投资区,国务院批准厦门市为计划单列市,高崎国际机场建设创造"厦门速度",厦门荣获"双拥模范城"称号,厦门成为台商投资大陆最集中地区,我国首家地方航空公司——厦门航空有限公司成立。

17 日　举行庆祝厦门特区建设 10 周年电影"新片展"和"回顾展"开幕式暨故事片《情归鹭岛》首映式。

同日　厦门经济特区十年建设成就展在富山展览城开幕。

同日　由香港杨贻瑶捐资兴建的厦门市图书馆综合楼落成。该楼建筑面积 4410 平方米,共 5 层。于 1990 年 1 月 3 日动工。

18 日　厦门经济特区 10 周年庆典活动在厦门市中心体育场举行,党和国家领导人江泽民、田纪云、温家宝、陈丕显、姬鹏飞、叶飞、王汉斌、洪学智、谷牧、王光英及省市领导,来自友好城市的代表团与厦门人民共庆厦门特区 10 周年。会后,江总书记接见港澳台胞、侨胞知名

中央、省、市领导和中外贵宾组在庆典大会的主席台上

人士。晚上,举行大型歌舞表演《飞向新世纪》。《厦门经济特区十周年》纪念册同日出版发行。

同日　司法部张秀夫副部长、省司法厅陈振亮厅长、省司法厅党组成员丘一平等领导应市委、市政府邀请,专程来厦参加特区建设 10 周年庆典活动。同时考察了我市司法行政工作。

同日　为庆祝厦门经济特区十周年,市委市府举行盛大酒会。

19 日　江泽民总书记相继参观厦门特区十年建设成就展,同厦大师生座谈并发表重要讲话,并为"鼓浪屿好八连"题词:"弘扬雷锋精神,建设保卫特区。"

同日　我国首座海峡大桥——厦门大桥正式通车。江泽民总书记为厦门大桥题写桥名并剪彩,两千余名中外来宾参加了通车典礼。

同日　田纪云副总理在厦门考察。

同日　波兰、美国、日本、泰国四国驻广州领事馆官员访闽团一行 11 人及新加坡驻华使馆官员来厦访问。

同日　厦门中友贸易联营公司友谊商场投资合作协议签字。这是商业

1991 年 12 月,江泽民同志来到厦门大学考察,受到师生们热烈欢迎

部对我市商业网点最大的投资合作项目。

同日　杏林台商独资兴办的厦门正新橡胶工业有限公司开业。

同日　由香港大庆企业有限公司、中国抚顺铝厂、香港兴厦有限公司和厦门国际信托投资公司合资兴建的厦门厦顺铝箔有限公司正式投产。

同日　中国植物油公司、福建省粮油储运公司、厦门经济特区粮油进出口贸易公司和马来西亚郭兄弟集团共同投资举办的厦门中鹭植物油有限公司奠基。

20 日　叶飞副委员长视察工程机械厂。

同日　海峡两岸书画展览在厦门对外图书交流中心开幕。这是中华人民共和国建立以来厦门市举办的首次海峡两岸书画交流,共展出作品近200 幅。

同日　由厦门汽车工业公司、二汽集团柳州汽车厂和香港法亚洋行合资的中国第一家汽车车身制造专业化企业—厦门金龙汽车车身有限公司投产、总投资 7500 万元,具备年产 3 万辆台套车身生产能力。

21 日　全国经济特区工作座谈会在厦举行。国务院副总理田纪云要求经济特区把工作重心转移到提高经济效益上来。

同日　全国政协副主席洪学智看望驻厦某集团军领导同志和厦门各民主党派负责人。

同日　海峡两岸闽南语歌星演唱会在市影剧院演出。

同日　我市举办庆祝厦门特区成立十周年活动,统战系统各单位积极参与,邀请了二百多名来自海外的嘉宾与会,约占全市邀请海外宾客的三分之一。

27 日　中国民主促进会厦门市委会举行第一次代表大会,卢丹青当选主委。

23—28 日　全国爱卫会灭鼠技术考核鉴定组在厦考评,认为厦门市灭鼠工作符合国家先进城区标准。在全国星火计划成果博览会上,厦门思明区人工晶体、热水器、箔画、降糖茶、专用新型日光灯镇流器五项产品获金银牌奖。

28 日　国务院副总理吴学谦在厦门考察,强调进一步扩大海峡两岸各项民间往来与交流,发展两岸经贸合作,加快台商投资区建设。

同日　福达电影彩色负片试拍影片成功。福达公司举行新闻发布会,并放映长影采用该负片拍摄的故事片《女歌星的故事》。

同日　中安观光企业股份有限公司每年捐赠 30 万元奖励厦门 9 所普通高等院校(班)中家境清寒、品德优良、学习成绩好的 500 名学生,颁奖大会在鹭江大学举行。

同日　中国致公党厦门市委会举行第二次代表大会,丘涟滨当选主委。

同日　最近在全国星火计划成果博览会上,思明区五项产品获金、银牌奖。

28—29 日　厦门地区骤冷,市区温度为 1.5℃,同安的莲花、汀溪山区下雪,积雪厚 3 厘米,为解放以来所罕见。

30 日　厦门经济特区成立 10 周年系列庆典中,举行了"海峡两岸闽南语歌曲歌手邀请赛",台湾歌手张秀卿、王建杰在隔绝几十年后第一次出现在厦门的舞台上演唱他们的成名曲,获得本次原创歌曲一等奖的《鹭岛谣》被张秀卿带回台湾演唱。从此,两岸闽南语歌手的互动与创作交流进入了活跃期。

本月　厦门大学教授张乾二、唐崇惕当选为中国科学院学部委员。

本月　为庆祝厦门办电 85 周年,全国人大常委会副委员长叶飞题词"发展厦门电力基础工业,保障特区经济腾飞",中共中央顾问委员会常委陈丕显题词"电力工业要服务于经济的发展,要为人民服务",余秋里题词"鹭岛之光",原全国政治协商委员会副主席杨成武题词"光明的使者"。

1992 年

1 月

1 日 1992 年中国(厦门)友好观光年活动开幕。

4 日 厦门市民政局被评为全国抗灾救灾先进集体。

5 日 鼓浪屿新建水族展览馆建成向游客开放,展出热带鱼、金鱼、海鱼三大类 100 多个品种。

5—10 日 美国《纽约时报》驻北京记者伍洁芳女士来厦采访。

6 日 国务院总理李鹏、副总理田纪云,全国人大常委会副委员长荣毅仁,全国政协副主席谷牧为即将于 8 日在厦门召开的首届中国外商投资企业出口商品交易会题词。

同日 举行"鼓浪屿好八连"事迹报告会。

8 日 中国投资环境研讨会在厦门市召开,国家有关部委领导,美国、日本、澳大利亚、新加坡等国以及港、澳、台地区的企业界人士参加研讨会。

8—12 日 全国政协民族宗教委员会组织五大宗教领导人来厦视察。

8—15 日 首届中国外资企业出口商品交易会在厦门举行,来自 30 多个国家、地区的 1000 多名海内外来宾、客商参加。会议期间,出口贸易成交额达 2.98 亿美元,内销订货 5.8 亿元,签订投资项目合同协议、意向书共 222 份,投资总额 2.08 亿元。其中厦门代表团参展的外资企业 74 家,累计成交 1.5 亿美元的出口贸易和 7400 万元的内销订货,签订了 50 个外商投资项目合同,投资额 1.47 亿美元。

10 日 《厦门特区交通邮电十年》一书公开发行。

同日 目前厦门最高层的涉外酒店——厦门海景大酒店开始对外营业。

同日 市百货同业商会成立。

11 日 市外商独资企业工会联合会举行表彰大会。

14 日 市党政军领导参加同安水利工程劳动。

15 日 在厦门举行的首届中国外资企业出口商品交易会闭幕。会议期间,出口贸易成交额达 2.98 亿美元,内销订货 5.8 亿元;签订投资项目合同、协议、意向书共 222 份,投资总额 2.08 亿元。其中厦门代表团参展的企业有 74 家,累计成交 1.5 亿美元的出口贸易和 7400 万元的内销订货,签订了 50 个外商投资项目合同,投资额 1.472 亿美元。

16 日 市召开土地清理工作会议。

17 日　市举行农村工作会议。

18 日　全国首届文化旅游研讨会在厦门市举行。会议提出尽快建立文化旅游网络,开拓文化旅游资源,发展文化旅游事业。

20 日　法国驻华大使马腾一行来厦参观。

同日　全市组织工作会议在集美召开。

21 日　由福建省、厦门市科委和英国文化委员会联合召开的 1992 年厦门科学园区管理和发展国际研讨会在厦门市举行。

23 日　厦门大学召开第六次党代会。

28 日　副市长蔡望怀会见中国台北奥委会主席张丰绪一行 5 人。

同日　厦门高科技产业区首幢通用厂房——光厦楼封顶。

同日　市县区各级政府召开慰问环卫工人大会。

同日　我省首家采用电脑管理的综合性超级市场——厦门家乐超级市场开业。

29 日　贾庆林省长率福建省春节拥军优属团慰问驻厦部队官兵。

30 日　全国政协副主席钱正英考察厦门时说,重视保持和合理开发利用水资源,是进一步发展特区经济的重要条件。

同日　台湾“知识界反‘台独’大联盟”大陆访问团抵厦活动考察、访问。

31 日　刘金耀、颜金村在检疫厦门海景大酒店进口的动植物性配餐料时发现其中夹带毒品源植物——罂粟种子。该种子由厦门动植物检疫所公开销毁。

本月　国家动植物检疫总所确定厦门动植物检疫所为使用世界银行支持中国动植物检疫项目单位。该项目中厦门动植物检疫所获得 23 万美元世界银行贷款和 62 万元人民币国内配套资金,用于购买仪器设备和国外培训。

2 月

4 日　市委、市政府举行盛大春节团拜会,国务委员李贵鲜应邀出席。

7 日　厦门酿酒厂生产的“丹凤”牌高粱酒被评为部优产品。

10 日　省重点科研项目国产彩色胶卷原辅材料 1 号粘纸由省轻工业研究所与厦门感光材料有限公司共同研制成功并通过省级鉴定。该产品达到 20 世纪 90 年代水平,属国内首创。

11 日　武昌至厦门增开临时直快客车。

12 日　在印尼举行的中国科技成果实用技术展览会上,厦门市参展团有 1 个项目达成贸易额 20 多万美元的合同,3 个项目签订了合作开发协议。

14—17 日　以邹尔均市长为团长的厦门经济特区代表团赴港招商。在香港举行酒会,答谢 10 年来关心和参与厦门经济特区建设的各界朋友。

15 日　台湾社会大学经济技术考察团访厦。

16 日　厦门教育书画院成立。

18—20 日　闽台文化学术研讨会在厦门举行。两岸专家、学者 140 多人参加,中华文化研究会执行长萧克、中国和平统一促进会会长程思远与会并讲话。

18—22 日　台湾观光协会唐学斌一行 5 人抵厦,探讨发展两岸旅游观光合作事宜。

21 日　中共福建省委作出《关于开展向"鼓浪屿好八连"学习活动的决定》。"鼓浪屿好八连"是 1982 年 3 月由原福州军区命名的。

鼓浪屿好八连

22 日　全国政协副主席程思远参观厦门郑成功纪念馆。

同日　"全国十大杰出民警"陈善珉来厦作报告。

23 日　由日本、美国等 10 个国家和地区近 20 家旅游商社组成的"福建旅游考察团"来厦参观。

24 日　丹麦工业及能源大臣安娜·博基特·朗德霍尔特夫人率领的丹麦代表团一行 39 人访厦。

同日　市九届人大常委会 25 次会议闭会。会议强调,要认真实施市"二五"普法规划,深化法制教育,促进依法治市,并通过有关人事任免。

同日　市计划、财政工作会议召开。

25 日　丹麦工业及能源大臣安娜·博基特·朗德霍尔特率代表团访厦。

26 日 "安徒生生平及创作展"在厦门市图书馆开幕,副市长蔡望怀和丹麦工业及能源大臣谢朗德·霍尔特夫人为展览剪彩。

28 日 市边防公安局将两名台湾通缉犯自厦门遣返台湾。双方船只在金、厦之间海面顺利完成交接。

3 月

1 日 宏发电声有限公司研制的"690 小型大功率快速连接型继电器"、厦门嵩山电子设备厂研制的"ADC-5 型数据流磁带机"两项新产品列入国家级重点科技新产品试制计划。

同日 厦门至福州的中国第一条夜间专线特快邮路开通,全程 300 多公里。

同日 我市学雷锋活动拉开帷幕。

2 日 以皆见修为团长的日本中国经济特区考察团抵厦考察。

3 日 福建省最大的煤炭专用码头——东渡二期煤炭专用码头"青年工程"竣工。

同日 在厦省政协委员继续在我市视察。

6 日 厦大召开"巾帼建功"表彰大会。

同日 团市委命名十个"青年突击队"。

7 日 日本日中技能者交流中心代表团一行 6 人抵达我市访问。

9 日 中共厦门市委第七届四次全体(扩大)会议开幕,11 日闭幕。会议的主要任务是学习贯彻中央领导同志和老一辈无产阶级革命家最近的讲话精神,传达贯彻省委对外开放的各项工作的主要措施,动员全市党员干部和群众进一步解放思想,加快改革开放,为开创厦门经济特区建设新局面而努力奋斗。

9—11 日 中共厦门市委第七届四次全体(扩大)会议召开。市委书记石兆彬作《进一步解放思想,加快改革开放步伐,努力开创特区建设的新局面》的报告。

10 日 举行纪念教育学家陈鹤琴诞辰 100 周年活动。

11 日 市人寿保险公司正式开业。

13 日 由中国通用航空公司开辟的太原—厦门航线首航成功。至此,国内外已有 16 家航空公司在厦门开辟航线。

14 日 以吉村真一为团长的日本产业经济访华团来厦考察。

16 日 市政府向享受国家特殊津贴的专家蔡俊德、叶振团、柯吉恩及获省优秀专家称号的叶振团、柯吉恩、陈慧瑛、张斌生等人颁发证书。

18 日 市九届人大常委会第 26 次会议闭会,原则通过我市房改实施方案。

同日　市首次举行"产学研"联合技术洽谈会。

同日　英国驻华大使麦若彬及其夫人等一行 4 人来厦访问。

同日　中国科技成果及使用技术展览会评选揭晓,厦门中药厂的八宝丹,厦门大同电子厂的高效节能灯,紫云蚊香厂的"必克"电热蚊香片获金奖;厦门中药厂的福寿胶囊、平安丹,紫云蚊香厂的电热蚊香器,厦门市开元对外贸易公司的有机肥料皮粉,大同电子厂的液体驱蚊器及驱蚊剂等获银奖。

20 日　全省第一家专业性资产评估机构—厦门大学资产评估事务所开业。

同日　香港橡胶及鞋业厂商会考察团访厦。

同日　以美中关系全国委员会会长兰普顿为团长的美中关系全国委员会美中经济代表团一行 8 人访厦。

21 日　国家动植物检疫总所副所长姚文国等到厦门动植物检疫所检查档案工作。

同日　同安城东外商投资工业区首家外资企业破土奠基。

26 日　市人大第九届常委会举行第二十七次会议。鉴于副市长陈植汉触犯刑律,已由检察机关逮捕,决定免去其厦门市人民政府副市长职务。

27 日　市人大代表全面开展视察活动。

28 日　以州参议院院长约翰·基茨哈伯为团长的美国俄勒冈议会代表团一行 11 人抵厦访问。

同日　中共厦门市委第七届五次全体(扩大)会议召开,会议推荐党的十四大代表候选人。

29 日　全国学校体育研讨会在厦召开。

同日　日本第一劝业银行厦门代表处开业。

同日　厦航客机首航深圳。

30 日　英国前驻香港总督、上议院议员麦理勋爵和上议院议员格德斯勋爵抵厦访问。

本月　全国人大常委会副委员长康世恩参观华侨博物院。

本月　养老、待业、工伤和医疗等四项保险制度改革。在试点企业中推行工伤保险制度,建立工伤保险基金。按上年度全市全民企业月人均工资总额的 25％缴纳社会保险基金,其中养老 18％,待业 1％,工伤 1％,医疗 5％,职工个人缴纳工资总额的 2％养老保险金。

4 月

1 日 厦门海关试行改革人事制度。

同日 台湾著名作家张晓风与丈夫台湾中原大学教授林治平,与厦门大学台湾研究所就有关文学创作、两岸交流进行广泛的交谈。

3 日 市交通运输公司工人陈亚波获 1991 年度"福建省见义勇为勇士"称号。

4 日 财政部在我市举行"住房改革与资金管理"国际研讨会。

同日 全国邮电职工第三届乒乓球赛在我市开幕。

同日 中国现代著名书画家作品展在鼓浪屿开幕,共展出黄胄等 17 人的 40 余幅作品。

7 日 市首家心理咨询诊所成立。

7—12 日 政协厦门市第七届六次会议召开,会议通过政协厦门市第七届委员会第六次会议政治决议和关于常委会工作报告决议,会议期间共收到提案 218 件。

8 日 安徽省民间艺术团来厦演出。

同日 厦大化学系黄培强博士、法律系曾华群教授获第三届霍英东高等院校青年教师基金。

9—14 日 厦门市第九届人大第五次会议召开,会议号召全市人民在中共厦门市委领导下,振奋精神,团结一致,艰苦创业,开拓进取,把厦门经济特区建设得更快更好。

10 日 华东地区包装装潢设计评选揭晓,厦门市南盛糖果食品有限公司林正茂设计的《八仙茶礼品盒》获金奖,另 4 件设计作品获铜牌奖。

同日 泰国驻华大使蒙迪·查利一行 3 人抵厦参观。

11 日 石兆彬会见美籍华人赵浩生。

同日 著名记者、作家、美籍华裔人士赵浩生抵厦参观访问。

12 日 "欧洲号"国际游轮抵达厦门。

同日 东南亚大酒店蓝带国际联谊中心开业。

15 日 举行菲律宾爱国华侨抗日志士于以同骨灰安葬仪式。

同日 劳动部乡镇私营三资企业职业安全卫生研讨会在我市举行。

同日 狮山幸福园近日庆祝建园十周年。

同日 我市向高龄离退休职工发优待证。

15—21 日 台湾"劳动党中央委员会"委员刘芳萍访厦。

16 日 由旅菲华侨许自钦捐资兴建的厦大学生活动中心落成。这是我省高校第一个功能最齐全、设备最先进的学生活动中心。

同日　在1991年度全国对外贸易企业管理经验交流表彰会上,厦门联发进出口贸易公司、厦门经济特区贸易有限公司、厦门经济特区建设发展有限公司和厦门经济特区国际贸易信托公司获经贸部授予的"全国对外经贸企业管理工作先进企业"称号。

同日　在龙岩举行的1991年度福建省优秀新闻作品(报刊部分)评选会上,《厦门日报》4篇新闻获省一等奖。

18日　我国青年油画家金德峰个人油画艺术展在工人文化宫举行。

19日　福建省首家证券事务所——厦门宏达证券事务所开业。

同日　葡萄牙共产党中央书记处书记奥塔维奥·帕托来厦访问。

同日　厦门宏达证券事务所开业。这是迄今我省的第一家证券事务所。

同日　市社科联组织所属23个学术团体,150多人,举行"厦门市社科界第二次社会咨询服务活动"。

21日　菲籍华人、著名企业家、亚洲世界(国际)集团创始人郑周敏来厦考察。

同日　近日,厦门市政府颁发《关于深化流通体制改革,进一步搞活国营商业企业的决定》。

同日　美国医士代表团访厦。

同日　厦门一中艺术楼落成。

22日　厦门市眼科医院成立。

同日　希腊共产党总书记阿·帕帕莉卡率团访问厦门。

同日　召开全市保密工作会议。

23日　全国人大常委会副委员长彭冲来厦视察。强调思想要大解放,要大胆闯,善于总结经验,抓住时机,争取今后十年各项建设有新的突破。

同日　举行市体改工作会议。会议提出我市体改工作要实现五个突破。

同日　"台湾地区政治受难人互助会"旅行团抵厦参观。

同日　市举办民间职业剧团调演。

同日　市住房委员会成立,蔡望怀副市长任主任。

24日　澳大利亚城市规划代表团来厦访问。

同日　东渡二期工程驳船码头竣工启用。

同日　美国国际人民交流协会(PTP)医师助理代表团应邀访厦。

同日　市少年宫访日歌舞团结束对日本佐世保市的友好访问演出,近日归来。

同日　市政府日前成立创建卫生城市指挥部。

25 日　喀麦隆文化新闻部长孔楚·古梅率政府代表团访厦。

同日　厦门市首次实行科技项目公开招标。

26 日　日本兴业银行代表团访厦。

27 日　"厦新"电子有限公司 XR—907 录像单元、XR—908B 录像机通过机械电子部部级设计定型鉴定。

同日　全国海关纪检工作会议在我市召开。

28 日　"八五"期间省重点建设项目之一——厦门嵩屿电厂可行性研究通过最后审查。计划首期工程 60 万千瓦,投资 18 亿元。

同日　厦门市特种有色金属带材等 18 个项目列入 1992 年国家科技项目计划。其中火炬计划项目 5 个,星火计划项目 8 个,全国科技攻关计划项目 5 个。

同日　市 61 件中小学和幼儿园书画作品在福建省第八届中、小学生和幼儿园书画展上获奖。

同日　为纪念共青团建团七十周年,举办"五四"青年艺术节。

同日　我国著名画家、美术教育家、漆艺大师沈福文在市图书馆举办沈福文漆艺展。

29 日　厦门工程机械厂和厦门邮电局市区分局投递组获全国"五一劳动奖状"。

同日　省市劳模、先进工作者晋京参加"五一"庆祝活动。

同日　团市委举行电视剧《荒原》首映式。

同日　我市获全国"五一劳动奖章"和全国"五一劳动奖状"的单位、集体和个人前往北京或福州领奖。

本月　全国政协常委、中华全国归国华侨联合会主席庄炎林等 24 位委员在全国政协七届五次会议上向大会提交《归还华侨博物院土地,支持该院发展》的议案。厦门市博物馆与重庆市歌乐山纪念馆在厦门联合举办重庆中美合作所集中营史实展览。

5 月

1 日　举行李战和书法展和独唱会。

同日　老市区首家永久性室内市场——定安市场开业。

同日　厦门市住房改革方案正式实施。

同日　市首家不二价集市——金城商场问世。

同日　植物园举办大型根雕展览。

2 日　澳门福建同乡总会一行来厦考察。

同日　国家经贸部、《国际商报》最近公布中国进出口额最大的 500 家企业,厦门经济特区贸易有限公司、厦门经济特区建设发展公司、厦门经济特区国际贸易有限公司等 9 家公司入榜。

同日　厦大中文系开展"希望工程——百万爱心行动"。

3 日　厦大举行"五四"精神与当代"博士生"茶话会。

同日　市 9 家外贸企业进入中国最大进出口企业之列。

同日　我市与香港合作的厦门金鼎高新技术研究所成立。

4 日　福建省政府制定的《厦门特区加快改革开放措施》出台。

同日　鹭江大学成立青年共产主义学校。

同日　厦门水产学院庆祝建校 20 周年。

同日　市开展"情系北京,心向奥运"宣传活动。

同日　市青年集会纪念共青团建立 70 周年,"五四"青年节 73 周年。

同日　同安农村第一个程控电话工程——新店模块局动工。

同日　在"五四"青年节期间,厦门市青少年向农村和老区赠书 5 万多册。

5 日　市信息协会证券信息专业委员会成立。

同日　首期优秀专家、高级知识分子读书班开学。

同日　新老团干部举行联欢,庆祝共青团建立 70 周年。

6 日　市第十届学校音乐周开幕。

同日　同安县农民画展揭幕。

7 日　市召开创建卫生城市工作会议。

8 日　市佛教协会召开第四届代表大会。

同日　印尼全国工会总书记来厦访问。

9 日　国家科委和市政府在市科技开发交流中心举行共同创办中国科技开发院(厦门),兴建厦门国际科技商城协议签字仪式。

10 日　巴西、智利、阿根廷 3 国驻华大使抵厦参观访问。

同日　全国《中华大家唱(卡拉 OK)曲库》群众歌唱比赛复赛(厦门赛区)开幕。

同日　市第二届"金钥匙"少儿电子琴选拔赛结束。厦门一中的苏悦,大同小学施鹏,实验小学段悦分别获甲、乙、丙组一等奖。

同日　为纪念残疾人保障法实施一周年,我市部分残疾人举行骑车拉力赛,并同部队指战员联欢。

11 日　旧市区首期路灯网络改建工程已经完成。城市路灯改造是市政府今年为民办十件实事之一。

同日　香港美菲发展有限公司、厦门华侨房屋建设投资有限公司向厦门实验小学捐赠 20 万元人民币,设立厦门实验小学玉屏奖教基金。

同日　由中央政治局委员普拉卡拉·卡拉特率领的印度共产党(马克思主义)代表团一行 5 人访厦。

12 日　厦门港客运站站房大楼提前封顶。

同日　香港工业署署长鲍明率代表团访厦。

14 日　厦门市与哈尔滨市结为友好城市。

15 日　全省首次报纸广告论文评选揭晓,《厦门日报》陈逸心的论文"公关广告与企业形象"获一等奖。

同日　市侨联举行第十一届二次全委会,补选陈联合为市侨联主席。

16 日　"齐白石及其弟子画展"在市对外图书交流中心开幕。

同日　市党政军领导率干群 2.5 万多人走上街头打扫卫生。

17 日　市工商局下放登记管理权限。

同日　市各界踊跃参加助残活动。

18 日　厦华公司四种电话机通过由邮电部委托省邮电管理局主持召开的设计生产定型鉴定。

同日　以自治区主席布赫为团长的内蒙古自治区代表团来厦考察。

同日　最近,在全国沿海 12 城市青年"喜得宝"杯新人新歌大赛中,厦门警备区政治部戴向红获金奖,厦大陈言放、徐珊珊、厦门戏曲舞蹈学校李朝辉获银奖。

19 日　孟加拉国军事友好访问团访厦。

同日　市煤气公司等 10 个单位获省"安全生产先进单位"称号。

同日　以孟加拉武装部队国防指挥参谋学院院长马布波少将为团长的孟加拉国军事友好访问团一行 6 人访厦。

20 日　盗窃厦门集装箱公司 317 台进口彩电后潜逃的陈志明在新疆落网,被押回厦门。

同日　第二届全国电视文艺"星光杯"揭晓,厦门电视台摄制的文艺专题片《岛歌》获一等奖。

同日　举行杏林台商投资区设立三周年庆典。

同日　市外汇调剂中心新交易大厅落成,复式竞价交易方式正式运行。

同日　市教委表彰一批职教先进单位和个人。

同日　市首家少儿书店开业。

同日　杏林台商投资区首批通用厂房落成。

21 日　日本井川株式会社福厦高速铁路调查组来厦调查。

同日　市委举行全市文艺工作会议。石兆彬出席会议并讲话。

同日　为纪念《在延安文艺座谈会上的讲话》发表五十周年,市举办歌舞晚会。

21—22 日　中共厦门市委第七届六次全体(扩大)会议,会议决定召开中共厦门市代表会议,选举产生我市出席中共福建省代表会议的代表。

同日　市公安局破获特大贩卖海洛因案,缴获海洛因 4799 克,抓获贩毒犯 8 人。

23 日　厦门市委、市政府制定《关于创建卫生城市工作纲要》。

同日　民盟厦门市第八次代表大会召开,选举洪惠馨任主委。

25 日　首家以境外客商为服务对象的厦门海峡送代服务部开业。

26 日　由北京市海淀区北方肿瘤医院院长魏文江提供 20 万元,设立的魏文江医学教育基金,近日在厦门卫校设立。这是我市第一个用于奖励医学教育的基金。

同日　市经济师协会成立。

同日　台湾《工商时报》社长张屏峰来厦参观访问。

同日　同安县新店浦江冷冻厂今年技术改造项目,经国家计委等 6 个部门批准,纳入 1992 年国家“贸工农”联合出口商品生产基地技术改造项目计划,并拨出 50 万元贴息贷款。

同日　台湾《工商时报》社长张屏峰来厦参观访问。

27 日　市民间文学三套集编成出版。

同日　在全国职工(业余)大学综合评估工作会上,厦门工人业余大学获福建省唯一达标的职工高校。

28 日　市举办第三届中学生英语文艺会演。

29 日　厦大图书馆向赠书的已故教授庄为玑、陈仁栋的遗属颁发荣誉证书和奖金,并设立专橱展出。

29—30 日　贝宁共和国总统尼塞福尔·索格格偕夫人一行 32 人访厦。

30 日　大同小学举办儿童画展。

同日　公园幼儿园新园舍落成。

同日　省婚纱人像摄影艺术交流会近日在我市举行。

同日　由哈辛多·德洛斯·桑托斯率领的多米尼加工人统一联合会代表团一行 3 人来厦访问。

31 日　“无吸烟工作场所”评选活动今日开始。

同日　国际豪华游轮“海国明珠”号访厦。

同日　团市委、市青联、市学联和少先队工作委员会在全市开展"希望工程——百万爱心行动"宣传周活动。

6 月

1 日　《共产党员须知》在我市发行。

2 日　日本冲绳武术交流访华团来厦。

同日　以台湾中华经济研究院政策顾问、前"经济部长"赵耀东为顾问的台湾"大陆经改前景及投资机会考察团"来厦考察。

4 日　市首次召开群众信访参政议政座谈会。

5 日　市首次在筼筜湖举办龙舟赛,同安县后田队、福建体院队分别获男、女冠军。

6 日　市召开计划生育工作会议。

同日　市职工技术、技能技巧比赛开幕。

同日　台湾"纪念郑成功成道 330 周年祝嘏团"一行 100 多人抵厦追思访问。

7 日　市社科联和政协三胞委联合接待并出面欢宴由台胞黄志贤带领的,由 100 多位台胞组成的"纪念郑成功成道 330 周年追思祝嘏团"。宴会密切了两岸人民联系,增进了台胞对祖国的向心力和归属感。

8 日　鼓浪别墅旅游码头建成投入使用。

9 日　厦门华侨电子企业有限公司进入 1991 年中国最大的 100 家机电出口生产企业之列。

同日　在华鸿花园落成仪式上,香港鸿润集团、厦门华建公司向市残疾人基金会捐赠 100 万港元。

10 日　《陈化成研究》一书在我市发行。

同日　澳门中华总商会副会长崔德祺率澳门建筑置业商会赴闽访问团访厦。

同日　福建省 1991 年度科技进步奖评选揭晓,厦门市农科所的"厦花80 天"等 10 项成果获科技进步奖,厦门市电气设备厂的"电热水器系列产品技术开发"等两个项目获星火奖。

同日　在市少工委组织的"手拉手"助我失学小伙伴一百个中队签约仪式上,全市 7 个区、县小学 100 个少先中队为"希望工程——百万爱心行动"捐款 2 万元。

11 日　在'92 中国友好观光年美食节开幕式上,厦门菜荣登开幕式主席台。

12 日　老挝人民革命党中央顾问富米·冯维希来厦访问。

同日　蒙古和平委员会副主席译·古拉格查少将率蒙古和平委员会代表团访厦。

同日　新中国建立以来第一次全国旅行社行业优秀经理评选,近日在京揭晓,厦门中国旅行社总经理黄学群榜上有名。

13 日　美籍教师潘维廉获在华永久居留权,授证仪式在厦大举行。

同日　以推广我市思明区开展消费教育经验为主要内容的省消费教育现场会在我市召开。

14 日　仿古青铜艺术珍品在我市展出。

15 日　省优秀党员事迹报告团来我市做报告。

16 日　日本新闻界人士访厦。

同日　市举行各界纪念陈化成殉国 150 周年大会。

同日　由国家地矿部在北京举办的"首届全国天然矿泉水展览会"上,厦门市"天第"牌天然矿泉水获金奖和天然矿泉水开发奖。

18 日　福建省表彰"质量、品种、效益年"活动先进企业,厦门市工程机械厂等 10 家企业入榜。

同日　交通部领导前来我市视察东渡二期工程。

同日　在省第六届(1991 年)优秀文学作品奖、第二届黄仲咸文学奖颁奖仪式上,我市 5 位作者获奖。

19 日　1991 年全国优秀广播节目评选揭晓,厦门人民广播电台新闻部记者林开源、黄若虹采写的录音新闻《台湾"自立晚报"刊登"祝贺厦门特区十周年专版"引起轰动》获一等奖。

同日　港岛台北国际青年商会访问团访厦。

同日　全国建材名优新产品展示交易会在我市举行。

同日　市股份制改革试点工作实施,厦门汽车股份有限公司、厦门国贸泰达股份有限公司、厦门市海洋渔业开发股份有限公司、厦门市龙舟实业股份有限公司四家改制企业将于 21 日向社会公开发行不上市股票。

20 日　农工民主党厦门市委会第八次代表大会召开,大会选举黄奕卿为主委。

同日　厦门大学 5 位教授赴台湾参加"闽台社会文化比较研究计划"的合作研究。

21 日　厦门经济特区首批股票发行认购。4 家股份制试点企业公开发行不上市股票 4650 万股,厦门 10 多万人争购股票认购申请表,26 个股票认购申请表出售点 1 个月发售申请表 46.5 万张。

22 日　"百灵杯"首届全国省市广播电台综合文艺节目联播评选日前

10 万人排队买股票

揭晓,厦门人民广播电台文艺部的《欢乐在今朝》节目获一等奖。

同日　举行厦门火炬高技术产业开发区授牌仪式。

同日　厦大中文系林兴宅、俞兆平和朱水涌三位教师被载入《国际知识界名人录》。

同日　同安县第一家自选商场——厦门一百同安五交自选商场正式开业。

同日　中国东南亚学会第四届年会在厦召开。

23 日　俄罗斯国土资源院代表团来厦考察。

同日　厄瓜多尔民主党左派代表团来我市参观访问。

同日　科威特阿拉伯经济发展基金会贷款评估团一行 6 人抵达我市访问。

26 日　以总书记素福·费萨尔为团长的叙利亚共产党代表团抵厦参观访问。

27 日　"情深似海——希望工程百万爱心电视义演"在影剧院开演。

同日　国家税务局下达国家级新产品减免税名单,厦门市宏发电声有限公司的"690 小型大功率快速连接型继电器"等 5 个项目享受减免税优惠。

同日　中亚置业有限公司与厦门市土地开发总公司的"亚洲工业城"土地使用权转让合同签字仪式在厦门宾馆明宵厅举行。

28 日　江西省赴闽考察团在厦举行对外联谊恳谈会。

同日　香港武夷建筑有限公司向市教育基金会捐赠港币 100 万元。

29 日　科威特为厦门高崎国际机场二期工程提供 1800 万美元贷款的协议在厦门签署。

同日　全国专业艺术表演团体政工座谈会在我市举行。

同日　我市"七一"党员奉献工程展开,市党政军领导和 3000 多名党员、干部、群众及部队指战员投入清理 17 号排洪沟劳动。

同日　以厄瓜多尔全国高等研究院院长卡洛斯·哈林中将为团长的厄瓜多尔军事友好访问团访厦。

30 日　全国计划单列市药学工作研讨会在我市举行。

本月　国家文物局副局长马自树考察全国重点文物保护单位陈嘉庚陵墓(集美鳌园)的维修工程。

本月　洪朝选学术研讨会在同安县举行。

7 月

1 日　今起,厦门市对原由国家统一分配的大中专毕业生一律实行合同制管理。

2 日　市伊斯兰教协会召开第三届代表会议。

同日　台北—马尼拉—厦门班机航线开通。

同日　在首届全国天然矿泉水展览会上,厦门矿泉水厂生产的岳口牌矿泉水荣获金奖。

同日　中美时装名模在厦大明培体育馆展风姿。

4 日　厦门华侨电子企业有限公司、厦门卷烟厂跻身 1991 年全国 500 家最大工业企业行列。

同日　山西运城地区在厦举行关公庙会新闻发布会。

5 日　湖南省委书记熊清泉率团来厦考察。

同日　厦门经济代表团赴港招商。6 天来签订项目 152 项总投资 18.7 亿美元,其中第三产业比重上升,签订项目 20 项。

7 日　国务院副总理朱镕基近日来厦考察。

8 日　以日本著名作曲家田伊玖磨为团长的日本音乐家演出团一行 7 人来我市演出。

同日　由市二轻局联合塑料厂和国兴电子卫生设备厂分别研制生产的可替代进口的新产品——高速卷烟胶粘剂和 DWC-3 型电动化粪坐便器,列入国家星火计划。

9 日　市政府决定把外商投资项目审批权限下放给所辖各县、区人民政府,以进一步简化手续,提高办事效率,共同做好外商投资引进工作。

10 日　在市政府召开的普及 9 年制义务教育工作会议会上,市政府和同安县政府签订责任状。

11 日　第二期厦门——巴尔的摩中学生夏令营在厦举行。

13 日　中美经贸研讨会在厦门召开。来自 30 个省、市的 200 多名经贸部门、进出口企业的代表参加会议,听取中美经贸关系发展情况,最惠国待遇,关贸总协定及美国经济和美国市场等问题的讲座并进行研讨。

14 日　"中国 500 家最大服务企业"评选在北京揭晓,厦门国际信托投资公司和厦门对外供应公司入榜。

同日　厦门经济特区东方发展有限公司经国家经济贸易部批准,成为我市第二家获部批对台(湾)进出口贸易经营权的专营公司。

14—17 日　美国有线电视公司北京记者站记者齐迈可等一行 4 人来厦采访拍摄。

16 日　市首家兴医基金会——厦门三德兴兴医基金管理委员会成立。

同日　浙江省委书记李泽民率团来厦考察。

18 日　厦门国旅、中旅、青旅升格为一类旅行社。

同日　厦门证券公司成为上海深圳证券交易所会员。

19 日　郑州——厦门航空线正式运行。

20 日　市青年油画家徐里油画作品《吉祥雪城》日前入选"首届中国油画年展",赴香港展出。

21 日　1991 年全国百家最大零售商店排序近日揭晓,厦门华联商厦入榜,位居 79 名。

同日　厦门市公安机关破获一起特大贩毒案,抓获贩毒分子 6 名,缴获海洛因 3300 多克。

同日　由《管理世界》中国企业评价中心、国家统计局共同评价的 1992 年度中国 500 家最佳经济效益工业企业在北京揭晓,厦门酿酒厂、厦门卷烟厂、厦门华美卷烟有限公司入榜。

22 日　孟加拉国、印度尼西亚、英国、美国的专家学者来厦考察。

25 日　市委、市政府决定向南平地区受灾群众捐赠救灾款 50 万元。

28 日　经国务院特区办和国家海关总署批准的中国第二家保税市场——厦门经济特区保税生产资料市场正式开张营业,共设 9 个专业市场。厦门海关制定《厦门海关对保税生产资料市场管理规定》。

同日　市委、市政府举行军民联欢会,庆祝中国人民解放军建军 65 周年。

30 日　厦门市允许企业单位利用土地与国内外投资者合作合资建设。

本月　厦门高崎国际机场二期扩建工程开工,工程项目包括候机楼、滑行道、联络道、停机坪及配套设备。

8 月

1 日　海沧台商投资区孚莲公路动工兴建。

同日　象征我市军民团结、体现我市双拥成果的军民"团结"号送水船下水。

3 日　厦门华侨电子企业有限公司获 1992 年第 13 届国际技术、质量优胜者奖杯、奖状。

4 日　第四届全国儿童电子琴邀请赛在我市开幕。

5 日　厦门福达感光材料有限公司生产的"福达"牌彩色胶卷,被国家体委定为 25 届奥运会中国体育代表团唯一指定胶卷。

同日　台湾台北县广告界组团来厦考察。

6 日　市第九届人大常委会第 29 次会议举行,会议提出强化城市管理,建设文明卫生城市,及搞活国营企业,大力发展第三产业。

同日　原台湾"国科会"副主任委员何宜兹参观厦门火炬高技术产业开发区。

8 日　鼓浪屿历险游乐宫开放。

13 日　以石黑隆司为团长的日中文化交流财团华南经济考察团来厦考察。

14 日　厦门市加入全国证券自动报价系统。

同日　厦门卫星测控站完成"澳星"测控任务。

16 日　厦门 OP 帆船队最近在全国 OP 级帆船锦标赛上获队赛第一名,并囊括个人赛前 5 名。

18 日　以菲律宾中华总商会名誉理事长李冠群为名誉团长的菲律宾中华总商会投资考察团抵厦。

20 日　厦门大学 18 个课题最近列入国家哲学社会科学研究课题。

22 日　集美区建成创汇农业基地。

23 日　国家对外经济贸易部批准厦门兴厦有限公司、厦门商业对外贸易总公司、厦门联发进出口贸易公司、厦门嘉华进出口贸易有限公司、厦门友利贸易有限公司等 5 家公司经营省内外进出口业务。

同日　厦门—济南首航成功。至此,高崎国际机场已有国内外航线 41 条。

23 日　厦门市鹭江宾馆、厦门华纶化纤有限公司获"1990—1991 年度全国思想政治工作优秀企业"称号。

24 日 "1992 年海峡两岸隋唐五代学术"研讨会在厦门大学举行。

同日 也门共和国驻华大使加利·赛利德·阿杜菲来厦参观访问。

25 日 市开展创建科技先导型企业活动。

26 日 东渡水产冷冻厂举办冰雕艺术室内展览,厦门市民首次在本地看到冰雕。

27 日 福建省厦门市交通人民警察支队改为厦门市公安局交通警察支队,启用新印章。

同日 市委、市政府召开双月座谈会,通报《厦门旧市区控制性详细规划》、《厦禾路改造规划》等旧城改造工作进程。

28 日 共青团厦门市委十三次代表大会闭幕,会议选举郭恒明为团市委书记。

29 日 厦门市试行上门收集垃圾有偿服务。

30—31 日 "香港港澳台湾同乡会大陆考察访问团"一行 9 人到厦访问。

31 日 截至今日,我市外国(地区)企业常驻代表机构已达 502 家。

31 日—9 月 6 日 日本广播协会 NHK 摄影队来厦采访拍摄,用卫星直播《你早,厦门》节目。

本月 在第二届全国保健品营养品百寿奖博览会上,厦门火炬生物技术工程有限公司的"百宝"胶囊获特等金奖金杯。

9 月

1 日 台湾影视红星方芳等来厦献艺。

同日 以周清运为团长的菲律宾国际商会中国经济考察团抵厦。

5 日 厦门中山路霓虹灯开始亮灯。这是市政府今年为民办的十件实事之一。

同日 首届黑龙江、厦门冰雕艺术室内展开幕。

7 日 1992 年厦门友好观光年贸易洽谈会开幕。

同日 厦门市利用外资进行工地成片开发最大项目——杏林台商投资区"中亚工业城"破土动工。

8—12 日 '92 福建投资贸易洽谈会在厦开幕。本届洽谈会由福建、云南、贵州和厦门联办,来自海内外的 1 万多名客商参加了洽谈会。会议期间,厦门代表团共签订外商投资项目 447 项,投资总额 38.67 亿美元,其中利用外资 33.84 亿美元。进出口贸易成交额 2.2 亿美元,其中出口 1.53 亿美元,进口 6752 万美元,分别比上届增长 40.5%、52%、35%。签订土地有偿转让利用外资合同 5 项,外商投资额 1500 万美元。

同日　马銮湾南部新阳工业区和东方(厦门)高尔夫球场举行开工奠基典礼。

同日　迄今我市投资最多、规模最大的综合性、多功能现代化零售商场——厦门友谊商场开业。

同日　厦门第一个中韩合作项目—厦友集装箱制造有限公司奠基。

同日　我市成片改造旧城项目之一玉屏城奠基。

同日　我市旧城改造重点工程—美仁宫大厦一期工程奠基。

同日　中韩建交后我市第一个中韩合作项目—厦友集装箱制造有限公司举行奠基仪式。

10 日　"祥发商贸中心"、"祥业广场"举行奠基仪式。这是杏林台商投资区第一个外商开发的大型商品房项目。

同日　我市 7 幅土地使用权出让转让各得其主,总成交价为 1.46 亿元,平均每平方米 6411 元,比去年同期高出 1.5 倍。

11 日　福建省九州集团公司提供 100 万元在厦门大学设立"九州教学科研基金会"。

14 日　由旅菲爱国华侨陈国祺亲属捐资 312 万元人民币兴建的同安国祺中学落成。

15 日　全国城市卫生检查团莅厦检查卫生。19 日结束对厦门市的检查考评活动,认为我市城市卫生整体水平大幅度提高。

18 日　长城航空公司重庆—厦门首航仪式在厦门高崎国际机场举行。这是第 19 家航空公司在厦门高崎国际机场投入营运。

25 日　高 2 米多的医圣张仲景青铅雕像在国家中医药管理局厦门国际培训交流中心大楼前落成揭幕。

26 日　新加坡国家艺术理事会主席许通美率新加坡新闻艺术代表团参观华侨博物院。

27 日　在大嶝岛举行供水工程海堤通水典礼。该海堤长 573 米,宽 9.5米,亦可通汽车。大嶝岛从此成为半岛。

28 日　孟加拉国人民联盟主席团成员、议会反对党副领袖萨马德·阿扎德一行访厦。

同日　英国加的夫市代表团抵达我市参观访问。

28—29 日　市第九届人大常委会举行第 30 次会议。会议听取并审议市政府 1992 年 1 月至 7 月我市国民经济计划和财政预算执行情况报告,通过关于调整我市 1992 年财政预算的决定。会议强调严格执行涉外经济法规。

29 日　阿根廷正义党前国际书记、省长博尔车一行访厦。

同日　市劳模、先进工作者共 20 人晋京参加国庆活动。

本月　海峡两岸首次海上通航学术研讨会在厦召开,两岸港口、航运界专家、学者 94 人出席研讨会。

10 月

2—4 日　"台湾地区政治受难人互助会大陆访问团第三团"在厦考察。

4 日　第三届全国报刊展示会在厦举行。

同日　俄罗斯"小白桦"歌舞团来厦演出。

同日　市举行敬老庆祝活动。

5 日　新加坡资政、前总理李光耀抵厦参观访问。随访的有李光耀夫人和新加坡副总理王鼎昌夫妇等人。

同日　杏林—海沧给水管道工程动工。

8 日　厦门市电器控制设备厂开发的"固定封闭式低压开关柜"等 7 项新产品列入国家级试制计划。

同日　厦门市与南京市结为友好城市。

同日　四川航空公司成都—厦门首航仪式在高崎国际机场举行。

9 日　市政府召开节粮宣传周动员会。

12 日　日本冲绳市中国经济特区视察团抵厦。

15 日　厦门轴承厂管理信息系统通过市科委、经委主持的技术鉴定。

同日　同安县 11 万伏输变电二期扩建工程竣工。

同日　厦门电视台组团赴台交流采访。这是大陆第一个赴台交流的新闻单位团组。11 月 4 日,采访团回抵厦门。

16 日　我市有 7 项产品在北京国际发明展览会上获奖。

17 日　中国国际经济法学研讨会在厦大举行。

18 日　日本长崎县议长宫内雪夫率团访问厦门。

19 日　博茨瓦政府劳工内务部部长 PA1OPI 率领的政府文化代表团参观厦门市博物馆。日本长崎县平户市市长油屋亮太郎、议长莜崎郁雄等一行访问厦门郑成功纪念馆。

同日　市举行庆祝十四大游园歌舞晚会。

23 日　中国保护消费者基金会在厦颁奖,向获 1992 年全国消费者信得过产品称号的宏泰发展有限公司和龙舌山矿泉水厂颁发奖牌、证书。

24 日　韩国朝阳(香港)有限公司在我市成立代表处,成为韩国企业在我市设立的第一家代表处。

同日 日本社会经济国民会议访华团来厦门考察。

同日 厦门市面积最大的通用工业厂房华夏工业中心正式交付使用。

同日 厦门市批准《关于对有突出贡献的科技人员奖励暂行办法》。

25 日 市首届"康利杯"海峡两岸网球友谊赛开幕。

26 日 厦门大学集会庆祝汪德耀教授执教 60 周年暨 90 华诞。

27 日 "改革与开放"全国中青年经济理论研讨会在我市举行。

同日 厦门首次开展公民无偿献血宣传周活动,一周内近 200 人自愿献血 3.8 万毫升。

28 日 文化部副部长徐文伯参观厦门郑成功纪念馆。

同日 以纽约证券交易所总裁丹尼尔·皮尔斯为团长的美国金融证券代表团抵厦访问。

30 日 台湾"高雄市、县建筑投资公会大陆房地产投资考察团"在厦参观、考察。

11 月

1 日 在福建省第十届运动会上,厦门市体育代表团共获金牌 69 枚,银牌 64 枚,铜牌 65 枚。团体总分居全省地市组第 2 名。

同日 中国(厦门)第二届亚洲机械五金展览会在厦门富山国际展览城开幕。

2 日 国家卫生部和中国红十字会总会在厦门召开第二届全国输血工作会议,厦门市副市长、市红十字会会长蔡望怀到会致贺。

4 日 经福建省有关方面考核检验,厦门市控制碘缺乏病达到国家标准。

同日 厦门市青少年宫获全国先进称号。

5 日 为海沧开发及嵩屿电厂建设提供可靠电源,贞庵 11 万伏变电站主体工程动工。

6 日 日本、美国等 7 国驻沪总领事、副领事一行访厦。

7 日 第一医院首次完成球囊导管心脏扩张手术。

同日 香港永安集团董事、香港第一策略集团主席郭志强来厦考察。

8 日 "全国建设项目用地跟踪管理与复核验收课题审定会"在厦举行。来自全国 19 个省、自治区 30 多名代表出席。

同日 1992 年厦门花卉博览会开幕。

9 日 摩尔多瓦共和国总统米尔恰·斯涅古尔访问厦门。

11 日 1991 年度全国规模最大外资企业排序揭晓,厦门市由 24 家外资企业入榜,其中排名在 100 名以内的有厦门华侨电子企业有限公司、厦门华美卷烟有限公司、厦门利恒涤纶有限公司、厦门华纶化纤有限公司、厦门灿坤电器有限公司。

12 日　孟加拉国、赞比亚、匈牙利等 17 国驻华大使馆商务经济参赞一行 20 人来厦参观。

同日　中国唐代文学学会成立十周年国际学术讨论会在厦举行。来自美国、日本、新加坡等国和国内各地、港、澳台地区的 120 多位专家学者参加了研讨会。

12—13 日　市委第七届七次全体(扩大)会议召开。会议通过《关于学习贯彻党的十四大精神的决议》，号召全市共产党员和广大干部群众，在党的十四大精神指引下，更加紧密地团结在以江泽民同志为核心的党中央周围，振奋精神，加快改革开放和经济建设步伐，把厦门建成现代化的港口城市而努力奋斗。

14 日　日本长崎县经济交流促进团抵厦参观。

15 日　"纪念郑成功收复台湾 330 周年名家书法展览"开幕。

17 日　市各界集会纪念郑成功收复台湾 330 周年。

18 日　国务院批准设立厦门象屿保税区，首期面积 0.6 平方公里，于翌年 11 月 28 日正式开关运转。

厦门象屿保税区

同日　中日签订合建高速铁路基本协议。

20 日　华君武漫画展在我市开幕。

21 日　由国家科委和厦门市政府共同创立的中国科技开发院(厦门)在北京举行成立大会和第一次理事会。

23 日　香港恒丰集团、厦门恒丰房地产开发有限公司向我市四家医疗、教育单位捐赠发展基金。

25 日　国家经贸部批准厦门市在比利时设立华阳(比利时)贸易公司。这是我市在西欧设立的首家贸易企业。

26 日　南京—厦门友好城市首次海上通航成功。

同日　我市"八五"十大基础设施建设项目之一的厦门特区供水工程开工。

27 日　马来西亚、菲律宾、韩国、日本四国驻华使馆领事官员一行 7 人抵厦访问。

同日　厦门高崎码头扩建工程竣工并交付使用。

27 日至 12 月 8 日　厦门总商会以机械同业商会名义组织厦门工程机械厂等 16 家会员企业前往菲律宾、香港进行工商经济考察,达成合作意向项目 24 个。

28 日　经海关总署验收批准厦门象屿保税区正式开关运转。

同日　全国计划单列市党报头条新闻评选揭晓,《厦门日报》发表的《七学士创新业服务社会》获一等奖,《生命有限学无涯,父女接力攀高峰》、《闪光的金项链》获二等奖,另 3 篇作品获三等奖。

同日　市举行首次国有资产授权委托仪式,市财政局将国有资产股权委托厦门汽车工业公司总经理。

同日　自 6 月份以来,厦门市各界向"希望工程"捐款 109 万元,有 2200 名贫困地区的失学少年儿童因此重返校园。

30 日至 12 月 6 日　市政协第八届全体委员会议召开,会议选举蔡望怀为主席。

同日　厦门电视台耗资 55 万多美元,从香港易达公司购买 1 部 5 讯道电视转播车。11 月 30 日,首次现场直播政协厦门市八届一次会议实况。

同日　经中国企业评价中心和 11 家部委联合评出 1991 年中国 500 家最大服务企业,厦门市邮电局荣登金榜。

12 月

1—10 日　市第十届人民代表大会召开,会议选举李秀记为市十届人常委会主任,陈联合等 6 人为副主任;洪永世为市长,张宗绪等 6 人为副市长。

同日　在全国第三届广告作品展(评比)会"中国广告大奖"评选中,厦门市 12 件广告作品获奖,其中市商业广告公司设计制作的"银城啤酒霓虹灯广告"获福建省唯一的一等奖。

同日　战士作家高玉宝来厦访问。

2 日　市煤气公司提前 83 天和 44 天完成今年省、市下达的新增管道煤气和液化气供应各 1 万户的为民办实事计划。

4 日 截至今日,市第一百货商店今年累计销售额突破 1 亿元大关,比去年同期翻一番,从而跻身全国大型零售商业企业行列。

5 日 '92 厦门中学科技节开幕。

同日 1992 年度庄重文文学奖在我市颁奖,我市著名女诗人舒婷和《厦门文学》副主编阎欣宁获该奖。

同日 日本派遣"厦门西通道建设计划事前调查团"到厦门进行业务考察,并与洪永世市长签署合作协议。

6 日 开元区"增强石膏水泥圆孔内墙隔板"等四项新产品通过省级鉴定,其中一项达国际先进水平,一项属国内首创,两项达国内先进水平。

同日 厦门经济特区出口商品展销会在吉隆坡开幕。

同日 市社科联秘书长林美治,以市政协委员名义,在《厦门日报》发表《繁荣社会科学,服务特区建设》一文,建议加强和改善党和政府对我市社会科学工作的领导,早日建立厦门社会科学院,赞助优秀社会科学论著的出版等。

7 日 泰国国家电视台在华侨博物院拍摄以侨华出国谋生为主题的纪录片。

8 日 我市首航贝捞的远洋渔业船队满载归来,捕获的金枪鱼直接卖往日本,创汇 400 多万美元。

12 日 金谷商场开业,这是我市首家采用电脑技术管理的超级市场。

13 日 厦门市 1991 年度科技进步奖评审揭晓,"筼筜湖纳潮排污搞活水体及其对西海域影响试验研究"等 44 项科技成果获奖,其中 5 项达国际水平,16 项属国内首创,20 项跃居国内先进行列。

16 日 厦门、咸阳结为友好城市。

同日 中国残疾人联合会主席邓朴方抵厦考察。

17 日 "中国城市综合实力 50 强"评选在北京揭晓,厦门位居前 10 名。

同日 福建省 1992 年经济发展十佳县(市)评比揭晓,同安县名列其中。

同日 经中国城市社会经济发展水平评价中心评估,厦门为"首批投资硬环境 40 优城市"之一。

18 日 2000 名市政职工在工人文化宫集会庆祝厦门特区首届市政工人节。

同日 厦门与陕西省咸阳市结为友好城市。

同日　香港星岛集团执行主席胡仙博士及其母陈金枝女士一行抵厦考察访问。

20 日　菲律宾驻华大使菲利普·马比兰来厦参观访问。

同日　市台商投资企业协会暨首届会员代表大会召开。大会选举产生理事会、常务理事会和秘书长、副会长、会长。

21 日　50 多位海峡两岸经济学家聚会厦门,研讨海峡两岸产业发展战略。

同日　香港锦隆公司捐资 40 万港元,支持我市文体事业。

22 日　运检处在执行进境船舶检疫任务时首次截获危险性害虫——谷斑皮蠹,并进行灭虫处理。

23 日　召开 1991 年度厦门科技进步奖颁奖暨技术市场工作会议。会上,市政府向获奖的 44 个项目颁奖并公布《厦门市对有突出贡献的科技人员奖励暂行办法》。

24 日　厦门市政府召开表彰大会,授予一批个人和单位"技术状元"、"技术能手"、"优秀组织单位"光荣称号。

25 日　福建省政府近日授予厦门市总工会等 4 个单位"双拥共建三挂钩"先进单位称号。

同日　举行 1992 年李王锦、李庆森教学基金会颁奖大会。

同日　土耳其驻华大使雷夏特·阿勒母抵厦参观访问。

28 日　市委、市政府、警备区举行授勋仪式,连保舜等 15 名老同志获人民解放军荣誉勋章。

29 日　厦门市区最低温市区达 1.5℃,同安达 0.1℃,破解放后 40 年来最低温纪录,同安莲花汀溪山区出现历史上少有的降雪达 3 厘米。

同日　市人民政府举行为公安干警首次授衔仪式。其中授予三级警监 1 人,一级警督 59 人,二级警督 233 人,三级警督 160 人。

31 日　1993 年厦门南京艺术灯会开幕。

同日　3 万多门程控电话开通。至此,厦门市程控电话达 89500 门。

同日　国务院批准设立厦门集美台商投资区,辖集美、后溪两镇,规划面积 78 平方公里,对区内台资企业实行厦门经济特区政策。

本月　厦门经济特区出口商品展销会在吉隆坡开幕。

本月　省委、省政府授予厦门市公安局出入境管理处"省级文明单位"称号。

本月　中国红十字会总会授予厦门市红十字会"全国先进集体"。

1993 年

1 月

1 日　厦门市取消粮油定购任务,全面放开粮油购销价格,所有粮票一律停止使用。

同日　交通部长黄镇东来厦视察港口建设。

7 日　开元区、思明区获"全国城市计划生育工作先进集体"称号。

同日　鹭江出版社日前被评为全国新闻出版系统先进集体。

8 日　白俄罗斯共和国最高苏维埃主席舒什克维奇一行抵厦参观访问。

同日　市政府确定今年为民办 12 项实事,其中包括建设厦门有线电视网等。

10 日　1992 年度全国城市卫生暨环境综合整治检查评比活动日前在北京揭晓,厦门市跻身全国卫生城市排行榜,位居第 17 名。

11 日　以中央书记安东诺夫为团长的哈萨克斯坦社会党代表团来厦门参观访问。

13 日　厦门才华涂料厂开发的"HY—918 建筑装饰高光乳胶涂料"等 7 项科技新产品获减免税。

15 日　召开全市发展和保障邮电通讯工作会议,厦门市政府发布《厦门市政府关于保护邮电通讯设施的通告》。

16 日　国家文物局局长张德勤考察厦门文物工作。

17 日　以人民院议长希夫拉吉·维什瓦纳特·帕蒂尔率领的印度议会代表团来厦访问。

19 日　市委、市政府召开创建卫生城市迎春座谈会,提出把厦门建成国家级卫生城市。

同日　在福建省委、省政府和省军区最近举行的"纪念双拥运动 50 周年暨双拥模范单位命名表彰大会"上,厦门市湖里区禾山镇和同安县大嶝镇获省"双拥模范镇"称号。

20 日　厦门市军民共建福厦文明路指挥部向我市首批文明路(集美镇、后溪镇、禾山镇、湖里街道)达标路段授牌。

22 日　今年春节是厦门市居民告别所有商品票证的第一个春节。

同日　美国驻华使馆政务公使衔参赞苏礼文、美国驻广州总领事彭达抵厦参观访问。

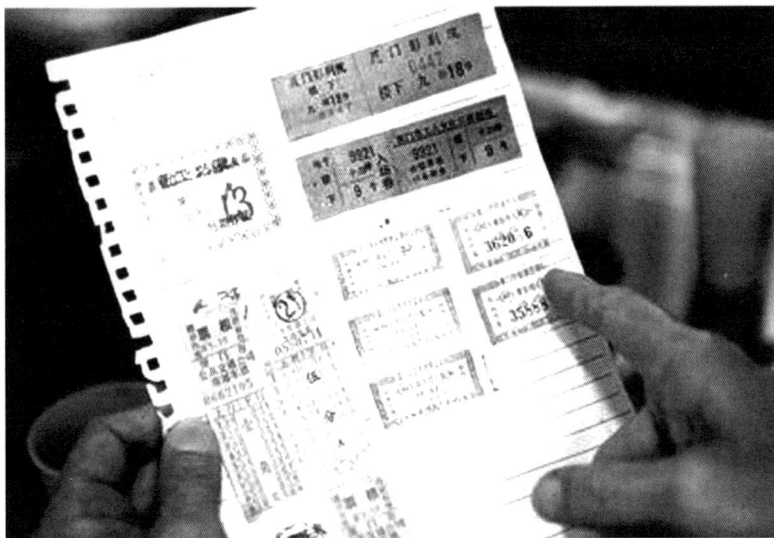

厦门结束"凭票供应"年代

27 日　厦门质量体系评审中心成立。

28 日　由厦门经济特区贸易有限公司捐赠 50 万元人民币设立的厦门一中特贸教育发展基金会成立。

28 日至 2 月 6 日　英国加的夫市琼·格雷菲斯和玛丽·特雷纳两姐妹访厦。(两姐妹的父亲弗兰克·格雷菲斯解放前在厦门鼓浪屿传教,两姐妹均在厦门出生,直至 1942 年才离开中国)

31 日　海峡两岸关系协会会长汪道涵一行来厦考察。

同日　全省第一家由高等院校与地方企业联办的金融机构——厦门市南强城市信用合作社最近开业。

同日　厦门市王淑景、王文斗奖学基金会近日举行奖励大会,为北京大学等 37 所高校的 73 名品学兼优的厦门籍学生颁发奖学金。

2 月

1 日　厦门地区 12 项科技成果最近获 1992 年度省科技进步奖,1 项获省星火奖。

同日　台北市出版商业同业公会福建访问团抵达厦门进行有关交流活动。

4 日　厦门环境监测站获国家环保局授予"国家环境监测优质实验室"称号。

6 日　以中央执行委员会主席拉法尔·皮内达庞塞为团长的洪都拉斯

自由党代表团访厦。

6—7 日　新加坡国家博物院院长柯宗元率新加坡文物代表团访问华侨博物院。

8 日　集美区获国家民政部授予的"全国农村社会养老保险先进区"称号。

同日　厦门市最大跨街霓虹灯"厦华啤酒敬告司机酒后勿开车"亮灯。

9 日　厦门市经济特区国际贸易股份有限公司、厦门经济特区贸易公司、厦门经济特区建设发展有限公司和厦门经济特区中国贸易进出口有限公司四家企业获福建省出口创汇和经济效益"双优"称号。

11 日　以远藤太志为团长的日本中国厦门贸易投资促进考察团一行14 人到厦门考察、洽谈。

16—17 日　市第十届人大常委会一次会议召开,会议审查通过 1993年工作要点,听取和审议关于"杏林—海沧污水处理一期工作尽早建成投入使用"等五个议案审议结果的报告。

16—25 日　应马来西亚侨领骆文秀先生的邀请,以统战部长陈洛为顾问、北方工业公司林琦为团长的商务考察团一行九人出访马来西亚,进行考察和洽谈活动。

17 日　巴基斯坦军事友好访华团访厦。

19 日　全国政协副主席谷牧来厦考察,要求我市加快开放步伐,抓住时机再上新台阶。

同日　厦门市改革商业、粮食、供销体制实施方案出台,撤销商业局,精简粮食机构,恢复供销社经济实体的性质;组建商业、粮食、供销集团公司,不再行使政府行业管理职能。3 月 18 日,厦门商业集团公司成立。

20 日　全国妇联书记处书记康冷来厦考察。

24 日　我国驻外商务参赞考察团一行 26 人来厦考察。

25 日　台湾力霸集团远东仓储股份有限公司董事长王令麟率力霸集团商务考察团抵厦考察。

26 日　市委、市政府颁布《关于支持厦门地区高等院校改革与发展的决定》。

27 日　市委、市政府召开大会,授予去年 10 月 14 日在执行扑救火灾任务中牺牲的傅田华"武警消防好战士"称号。

本月　王景明、黄印尧等在从新加坡进口的斑节对虾亲虾中首次检出斑节对虾杆状病毒。

3月

1日　中央军委发布命令,授予厦门警备区某部八连"鼓浪屿好八连"称号。4月30日,"鼓浪屿好八连"命名大会在厦隆重举行,国务委员、国防部长迟浩田代表军委向八连授旗。

2日　福建省沿海市县全部开放。

3日　陈华忠、沈仕良、黄元成等3人赴新加坡执行斑节对虾亲虾产地检疫任务。这是厦门动植物检疫局派出的第一个出国小组。

同日　联合国开发计划署考察团来厦考察。

6日　厦门市卫生局开放医疗卫生市场,30余家私人(联合)诊所开业。

同日　市妇联举行纪念"三八"节大会,向取得优异成绩的女科技人员颁发"巾帼科技奖",授予"三八"红旗手称号,并表彰一批妇女先进集体和个人。

7日　市委书记、市对外友协名誉会长石兆彬率我市政府友好代表团访问加的夫市。

8日　厦门市颁布《关于进一步下放(或授权)投资项目审批权限暂行规定》《关于加快外资工程建设的暂行规定》两个加快外引内联暂行规定,即在外商投资项目方面,同安县、杏林区、集美区可以审批投资总额3000万美元以下的生产项目及房地产项目,湖里区、开元区、思明区可以审批1000万美元以下的生产项目。

10日　荷兰驻华大使馆农业参赞范斯达抵厦。

16日　以石兆彬为团长的厦门经济代表团赴香港招商。招商期间共签订外商协议、合同251项,投资总额23.8亿美元,利用外资17.3亿美元,并签订了一批进口贸易合同。

18日　中国厦门国际经济技术合作公司与香港飞机工程有限公司签署合资在厦建立厦门太古飞机维修公司协议书。

19日　厦门市决定提前一年于1996年实施普及九年义务教育。

同日　香港"海豚星"号游轮首航厦门。

22日　1990年、1991年中国500家最大服务企业及行业评价揭晓,厦门市粮油储运公司、市粮油进出口接运公司、厦门华联商厦3家商业企业入榜。

同日　以吴国威为团长的香港总商会赴闽考察团一行24人来厦考察。

24日　厦门举行首家集体企业国有资产授权仪式,厦门海洋实业总公司法人代表获市财政局授权经营国有资产股权。

24—29日　陈嘉庚国际学会会长、诺贝尔化学奖获得者李远哲先生率部分学会董事等 20 多人来厦考察陈嘉庚教育事业,举行董事会筹备会。中央统战部长王兆国委托五局局长胡德平来厦参加接待,中科院物理研究所所长郝伯村院士、中央统战部副部长万绍芬、副省长王良溥等省领导及石兆彬、李秀记、蔡望怀、王榕、陈洛等市领导参加了接待,并同来宾一起参观、座谈。期间,李远哲等访问华侨博物院,并种植三株"陈嘉庚国际学会纪念树"。陈嘉庚国际学会董事会于 26 日在厦门成立。

25 日　厦门市赴港招商团在港签订外商投资协议、合同 251 项,投资总额 23.8 亿美元,利用外资 17.3 亿美元,并签订了一批进出口贸易合同。

26 日　香港星岛集团执行主席、星岛有限公司董事长胡仙博士将已故父亲胡文虎所遗中山路房产出租,租金收入用于厦门慈善公益事业。

31 日　在北京举行的全国沿海开放城市改革开放成就展上,厦门展馆获"最佳设计制作奖"和"最佳组织奖"。

4 月

1 日　市镇居民原《市镇人口粮油定量供应证》换发《粮籍证》。

2 日　"台湾主妇联盟"大陆访问团在厦考察环保、教育等。

同日　市政府向 27 位经国家人事部核批享受政府特殊津贴的专家、学者、技术人员颁发证书。

4 日　独立波兰联盟主席莫楚尔斯基一行访厦。

6 日　厦门大学举行建校 72 周年庆典暨成立"厦门市外经贸厦大教育发展基金会"。该基金由我市 14 家地方外经贸企业发起设立。

同日　厦门厦门大学教育发展基金,首期基金 1320 万元。

7 日　采用 GPS 卫星定位技术建立厦门市 H·M 等城市控制网,经省建委验收合格。并获国家测绘局科技进步三等奖。

12 日　福建省委、省政府在厦门召开现场办公会议,省委书记陈光毅,副书记、省长贾庆林要求厦门解放思想,转换脑筋,抓住机遇,加快发展,力争 3 年内经济建设上一个大台阶。

13 日　厦门航空港获福建省精神文明领导小组授予的"共建精神文明口岸"称号,厦门高崎国际机场获"精神文明建设先进单位"称号,机场团委和机场武警中队获"福建省结对子共建文明口岸先进单位"称号。

同日　厦门航运电子仪器有限公司开发的"WYM—12 直流稳压电源系列"等 4 项产品获福建省新产品证书。

13—16 日　台湾血液基金会访问团访问厦门中心血站并进行学术交流。

16 日　加拿大驻华大使碧福一行访厦。

同日　中央电视台和厦门电视台主办的"海峡之春"演唱会在厦门市举行现场直播。

17 日　美国驻广州总领事马继贤一行来厦参观访问。

同日　厦门巨鼎国际期货交易有限公司开业。该公司是中国大陆首家在美国交易所拥有会员资格的期货公司,初期交易的期货有轻原油、大豆、小麦、棉花、咖啡、铜等大宗商品。

同日　厦门市青联举行第十届一次全体会议,会议选举郭恒明为主席。

18 日　厦门—黄山、厦门—洛阳空中航线开通。

同日　由厦门当代艺术开发公司工业设计部叶锦兴发明设计的"封闭式全自动擦字无尘黑板"最近获国家专利,并被国家专利局定为重点科技发明开发项目。

20 日　厦门市 60 岁以上居民持身份证可免费进公园。

22—23 日　中央统战部副部长刘延东来厦考察和调研。

23 日　最近,在 21 届日内瓦国际发明与新技术展览会上,由厦门交通局组织开发的"交通运输管理信息系统"和"交通运输统计微机处理系统"两个项目分获金、银牌。

24 日　中国大陆首例涉台环保官司在厦门开庭。

25 日　厄瓜多尔巴列霍议长抵厦参观访问。

同日　由国家科委和厦门市政府共同创办的中国科技开发院(厦门)在厦门科技开发交流中心正式挂牌。

26 日　国家对外贸易经济合作部及其主办的《国际商报》社排出"1992年中国进出口额最大的 500 家企业",厦门市经济特区贸易有限公司、厦门市经济特区国际贸易有限公司等 11 家企业入榜。

同日　位于疏港路东渡市场路口的市第一座人行天桥主桥一次吊装成功。人行天桥跨度为 24.5 米,宽 4.5 米,钢结构,钢梁重达 40 吨。

28 日　东渡二期工程部分投入试营运。"九嶷山"货轮满载着从印尼进口的一万多吨钢材,停靠在二期工程第 8 泊位。这是厦门东渡二期工程首次停靠外贸进出口货轮。

同日　厦门市政府发布《关于土地登记的公告》。

29 日　荣获 1993 年全国"五一"劳动奖章、奖状和 1993 年省"五一"奖章、奖状的厦门市先进个人、先进单位代表分别前往北京、福州参加表彰大会。

同日　厦门市劳模和先进工作者"五一"观光团启程晋京。

本月　国务院批准国家计委上报的嵩屿电厂一期工程可行性研究报

告,确认嵩屿电厂规划容量为 120 万千瓦,并留有再扩建的余地。总投资 18.88 亿元,其中配套输变电工程投资 2.75 亿元。

本月　台湾台南学甲慈济宫,通过市社科联邀请市吴真人研究会会长赴台湾进行访问交流。

5 月

1 日　目前厦门市规模最大的综合性市场——灌口市场正式启用。

同日　施纯仁率领台湾红十字访问团一行 13 人来厦门参访,副市长王榕会见访问团一行,双方就红十字组织的合作交流交换了意见。

2 日　塞浦路斯劳动人民进步党政治局委员、国际书记多尼斯·赫里斯托菲尼斯抵厦访问。

4 日　海峡两岸"体育交流杯"羽毛球决赛在厦门市体育中心开幕。

同日　厦门市与三明市结成经济技术合作对子。

同日　以《联合早报》副总编成汉通为团长的新加坡报业控股华文报集团代表团一行抵厦访问。

7 日　1992 年全国百家最大规模、最佳效益零售商店排序结果在北京揭晓,厦门华联商厦、第一百货商店入榜。

同日　孟加拉国民族主义党总书记、内阁地方政府乡村发展部部长塔鲁克一行抵厦访问。

同日　市红十字会第七届会员代表大会暨红十字工作表彰大会召开。选举产生市红十字会第七届理事会,聘请蔡望怀、张可同、毛涤生、陈应龙、李金龙为名誉会长,王榕出任会长。

8 日　《中国改革开放辉煌成就十四年》(厦门卷)出版发行。

同日　开展纪念国际红十字日,鹭江大学学生无偿献血 4 万毫升。

同日　厦禾路旧城改造区三块国有土地使用权有偿出让,出让总面积约 1.85 万平方米,总成交额 2.3 亿元。

10 日　荷兰王国驻华大使赫德扬抵厦访问。

13 日　马来西亚《南洋商报》、《星洲日报》、《中国报》、《新通报》4 家华文报代表团抵厦。

同日　在首届东亚运动会上,厦门籍选手陈俊林获男子标枪银牌。

14 日　举行香港大庆有限公司董事长陈影鹤奖教奖学金捐赠仪式。

14—15 日　台湾民营银行考察团抵厦考察。

15 日　黄德聪、李碧萍、万三元等 3 人赴新加坡执行斑节对虾亲虾产地检疫任务。

16 日　澳门在厦门最大投资项目——厦门宝龙中心举行奠基典礼。

这是厦门市目前最大的综合性楼群建筑。

17 日　国家科委下达厦门承担 1993 年国家科技项目计划"高可靠性工业控制计算机系统研制"等 12 个项目。

18 日　厦门市旅游考察团应邀访问菲律宾宿务市。

同日　市首座交通人行天桥——莲坂嘉禾路上鼎炉人行天桥正式通行。

同日　以中央第一书记拉苏洛夫为团长的乌兹别克斯坦人民民主党代表团一行抵厦访问。

19 日　厦门火车站至湖里双层巴士线路今日开通。

同日　鹰厦铁路电气化铁塔装上厦门海堤,为电气化铁路进入厦门岛奠定了基础。

同日　由厦门大学和菲律宾岷厦教育基金会有限公司联合创办的岷厦国际学校成立。

21 日　原厦门市中医院院长、92 岁高龄的陈应龙教授最近被英国剑桥国际传记中心选入《世界国际名人传记辞典》第 23 版及《世界杰出(男性)名人录》第 16 版。

25 日　全国计划单列市红会第四次协作会议暨全国中国城市红十字会经济协作会在厦门召开,厦门市副市长、市红十字会会长王榕出席开幕式,向来自全国各地红会代表介绍了厦门经济特区的发展概况。

同日　厦门市第一个科技示范街——厦港街道发展规划通过可行性论证。

26 日　杏林区被福建省政府评为计划生育工作达标先进区。

27 日　厦门市各方热情支持特殊教育事业,各区县都设立教育点,成为全省最早完成布点的城市。

28 日　厦门市岛内 4 区"两基"工作成绩喜人,各区已经实施 9 年义务教育率达 92％,青壮年扫盲工作也取得显著进展,其中 15～40 周岁非文盲率达 98.25％。

同日　厦门市新华玻璃厂"三晶"牌中碱玻璃纱等 18 项产品获福建省名优产品称号。

30 日　菲律宾经济考察团抵厦参观访问。

本月　市红十字会在中国银行厦门支行设立银行账户。

6 月

1 日　据《经济日报》报道,首都经济理论界 50 多位著名专家学者在北京举行研讨会,就厦门进一步加快以经济特区和实行自由港某些政策为中心的改革开放,进行了深入的探讨。

同日　市政府制定的《关于办理"蓝印户口"的暂行规定》和《厦门市收取城市增容费暂行办法》今起实施。

同日　世界银行副行长约翰尼斯·林抵达厦门考察。

3 日　厦门后江小学从小爱劳动实践活动获全国少年儿童从小爱劳动"实践活动"优秀活动奖。

同日　由厦门国际经济技术合作公司、香港飞机工程有限公司和北京凯兰技术开发服务公司合资创办的厦门太古飞机工程有限公司举行合同签字仪式。该公司将兴建厦门太古飞机维修中心。

同日　最近,厦门鱼肝油厂获全国质量效益型先进企业奖状。

4 日　国家建设部科技司专家鉴定委员会确认厦门市水污染综合治理居国内领先水平。

5 日　省八届人大常委会第三次会议通过《厦门经济特区与内地经济联合的规定》。

同日　同安县获"全国平原绿化先进单位"和福建省"沿海防护林体系一期工程建设先进单位"称号。

6 日　厦门市"高可靠性工业控制计算机系统研制"等 12 个项目列入国家级科技项目计划。

同日　厦门台商投资区管委会迁入海沧办公。

7 日　福建省长贾庆林视察海沧。

7—9 日　市委第七届八次全体(扩大)会议召开,会议通过《关于抓住机遇,加快发展,实现特区建设再上新台阶的决议》。

8 日　厦门市派四名中文教师前往菲律宾宿务市圣心学校任教。

同日　首批台湾直封航空邮件抵达厦门。

9 日　台湾企业经理协进会访察团抵厦与厦门台商协会座谈"台商与两岸产业分工策略"。

10 日　市第一百货商店股份有限公司创立。这是我市首家改制的国有商业企业。

同日　由总统经济事务特别顾问、前总理弗拉尼奥·格雷古里奇率领的克罗地亚共和国政府代表团一行 10 人抵厦门访问。

11 日　市政府推出象屿保税区 4 个暂行办法,以象屿作为社会主义自由港的试验区,并为自由港扩大到全岛作出有益的探索。

同日　台湾国民党中央机关报《中央日报》刊发邓小平 1984 年 2 月视察厦门经济特区时题写的"把经济特区办得更快些更好些"的大幅照片。

12 日　厦门市国有资产投资公司挂牌,行使国有资产所有权代表者的职责。同日,厦门市海燕实业总公司等 7 家试点国有企业,开始成为所有权与经营权分离的自主经营者。

14 日　巴基斯坦议会长贝雷斯塔拉·尼斯访厦。

同日　孟加拉国前副总统毛杜德一行来厦访问。

同日　厦门宝龙房地产发展有限公司向市公共交通公司捐赠 64 万元人民币,用于购置 4 部公交通道车投入营运。

15 日　被誉为"厦门第一街"的中山路近日开始全面整容。

同日　古巴政府科技合作代表团访厦。

16 日　厦门大学创办厦门建南集团公司。

同日　市财政局向厦门国贸公司授予国有资产股权证书。

17 日　厦门卫星测控站落成。翌年 4 月 20 日投入使用。

18 日　福建省首家资金市场——中国工商银行厦门资金市场成立。

同日　厦门海洋实业(集团)股份有限公司成立。

同日　象屿保税区管委会成立。

19 日　海沧、杏林台商投资区大型新闻发布会宣布:海沧 80 平方公里土地向全世界招商。

20 日　厦门卫星测控站工程师吴文平研制的多通道电视接收机,获国家专利局授予的实用新型专利权。

22 日　市举行支持北京申办奥运会自行车环城活动。

同日　市开展"价实质好量足"活动取得成效。近日,市政府授予 31 家商业企业为厦门市"1991—1992 年度物价、质量、计量信得过企业"。

23 日　厦门市第一个希望小学在同安县汀溪镇褒美村奠基。

同日　市政府取消我市涉及农民负担的 8 个文件全文或部分条款规定。

24 日　厦门航空公司一架波音 737 飞机于今天下午从常州起飞,前往厦门途中被劫持到台湾桃园机场。3 小时后,于 19 时 40 分安全返厦。

同日　厦门招商团赴香港招商,首次推出海沧和象屿两大项目。这是海沧投资区第一次通过香港向全世界亮相。

25 日　厦门鼓浪屿万石山风景名胜总体规划通过由国家建设部、著名学者、专家组成的技术鉴定。

同日　市第十届人大常委会举行第三次会议。听取关于"杏林——海沧污水处理一期工程应尽早建成投入使用"议案办理情况的报告,任命朱亚衍为副市长。

27 日　市政府颁发"海沧台商投资区暂行管理办法"等 6 个政策规定和管理办法。

同日　著名经济学家于光远来厦考察。

28 日　厦门市首批挂职干部启程前往龙岩市、三明市。

同日　由中国厦门国际经济技术合作公司、香港飞机工程公司、香港国泰航空公司、北京凯兰技术开发服务公司 4 家股东共同投资 6300 万美元的波音飞机维修中心"厦门太古飞机工程有限公司"正式签订合同。

30 日　国务院发展研究中心、《管理世界》中国企业评价中心和国家统计局工业交通统计司联合发布 1992 年中国 500 家最大工业企业,厦门卷烟厂、厦华电子企业有限公司、厦门工程机械厂入榜。

同日　厦航新辟厦门至南昌航线。这是厦航经营的第 32 条航线。

同日　市委、市政府向我市李忠恩等 6 位第二批专业技术拔尖人才颁发荣誉证书。

同日　台资企业厦门灿坤实业股份有限公司股票灿坤 B 股在深圳股票交易所上市。

同日　中共福建省委近日任命刘丰、苏增添为中共厦门市委副书记,朱亚衍为市委常委。

本月　中旬以来,开元区红十字会与开元交警大队密切合作,率先在全市开展机动车驾驶员卫生救护培训。思明区红十字会与区卫生局、区交警大队联手成立区红十字会机动车驾驶员工作委员会,组织有交警、军队、地方医务人员三方组成的师资队伍,分批办班,使辖区机动车驾驶员普遍持有急救员合格证。

7 月

1 日　厦禾路改造工程正式动工。先后拆迁安置居民户 5000 户,经营户 1000 户,沿路两侧的一些老企业同时也顺利完成异地改造。拓宽道路总长 4.46 公里,前期拓宽 38.4 米(规划宽 50

改造前的厦禾路

米)。改造后的厦禾路成为厦门经济特区集金融、商贸、综合办公、文化娱乐及居住于一体的综合性现代城区。

同日　厦门市同安县大同镇党委等 8 个先进党组织,林丽琴等 25 名优秀共产党员和徐学富等 11 名优秀党务工作者受福建省委表彰。

2 日　台湾武园集团联合考察团访问厦门。

4 日　福厦高速公路泉州——厦门段动工。

同日　厦门工程机械有限公司生产的"厦工"牌装载机在中国城市商品售后服务调查中获第一名。

同日　以总书记库马尔·辛德为团长的印度国大党(英)代表团抵厦。

6 日　市政府举行常务会议决定,市府领导不再参加一般性礼仪活动。

同日　中美合资企业厦门视明人工晶状体有限公司研制开发的眼内人工晶体状,最近通过国家医药管理局组织的专家评审鉴定。

7 日　厦门经济代表团赴港招商团在港共签约 245 项,投资总金额 41.5 亿美元,其中合同 110 项,投资总金额 14.4 亿美元。

7—11 日　市委书记石兆彬、市长洪永世率厦门经济协作考察团在三明、龙岩考察。

8 日　近日,市直机关工委和部委办及下属企业向市中小学、幼儿教师奖励基金会拨款 10 万元。

9 日　厦门酿酒厂、厦门卷烟厂、厦门工程机械厂、厦门光夏印刷企业有限公司、华厦食品工业有限公司 5 家企业跻身 1993 年中国 500 家最佳经济效益工业企业行列。

10 日　第六届厦门—巴尔的摩市暑期培训班在鹭江大学举办。

12 日　在第二届中国专利新技术新产品博览会上,厦门金龙汽车公司的型材镶嵌结构客车车身等 9 项产品获金奖,13 项产品获银奖和铜奖。

14 日　马绍尔群岛共和国外交部长基吉纳抵厦访问。

15 日　美国驻华大使馆公使斯科特·霍尔福特抵厦。

同日　厦门市与四川万县市结为友好城市。

17 日　福建省交响乐团和台湾省立交响乐团联袂演出"海峡潮声两岸情"交响音乐会,演出闽台两地作曲家作品。

同日　厦门质量体系评审中心经国家出口商品生产企业质量体系(ISO9000)工作委员会评定考核合格并获得国家评审机构注册证书。

19 日　香港丽新集团主席、亚洲电视董事局主席兼总裁林百欣来厦考察。

20 日　厦门市 4 艘新渔轮启锚,赴贝劳作业。

同日　东孚、后溪两镇程控电话割接成功,从而使厦门城乡电话实现全部程控化。

同日 厦门中贸进出口德国第一艘"温妮莎"号 7300 吨多用途集装箱货轮在福建省马尾船厂下水。该船由德国设计,由马尾造船厂承造。

同日 台盟厦门市委会召开成立 10 周年庆祝大会。台盟中央副主席陈仲颐、台盟省委副主委杨玉辉及中共市委副书记、市人大常委会主任李秀记,市政协副主席柯雪琦等领导出席了会议。

21 日 厦门同安、集美、杏林三个区县的适龄儿童入学率、巩固率等指标均达福建省一类标准,或高于全省平均水平。

同日 台湾民进党籍"立法委员"谢长廷、姚嘉文等家属组成的"台湾社会知名人士"大陆旅游参观团来厦参观。

22 日 厦门航空有限公司和中国民航厦门航务管理站共同投资 160万元铺设的光纤通讯电缆近日投入使用。

同日 第一所市属民办全日制新型大学——私立厦门华厦大学开办。拟今秋招收商务英语、国际商务和现代会计 3 个专业 100 名学生。

23 日 被命名为"青年工程"的东渡码头二期 3 个万吨码头水上工程竣工。

24 日 厦航机组首次驾机飞越太平洋。

25 日 福建省红十字会和台湾红十字组织在厦门鼓浪屿联合举办首届闽台红十字青少年夏令营。

26 日 乌克兰文化部部长久巴·伊万·米哈依罗维奇一行抵厦参观访问。

同日 中国无损检测学会、中国科技开发院(厦门)和台湾非破坏检测同业委员会联合举办"闽台超专声波检测高级研讨班"开学。

27 日 国家海洋局第三海洋研究所首次以 7.4 万元奖励 6 名有突出贡献的科技人员。

28 日 "'93 质量万里行"系列活动东南线采访团抵厦。

同日 市政府第一次召开境外企业工作会议。

29 日 美国巴尔的摩市新闻代表团访厦。

同日 全国首次会计专业技术资格考试成绩近日揭晓,厦门市 1637 位会计专业技术人员达到会计师、助理会计师、会计员 3 个档次资格考试合格分数线,成绩名列全国榜首。

同日 厦门叉车总厂和德国林德集团在北京举行新闻发布会,宣布在厦门合资兴建一家,年产 1.5 万至 2 万台叉车。

同日 中共中央政治局委员、国务委员、国家体改委主任李铁映来厦门市考察时指出:厦门要抓住机遇,加快改革,促进发展,再造社会主义"香港"。

本月　集美校委会编辑出版《集美学校八十周年》。

8月

1日　经国家出入境管理机关批准,从本日起,厦门将作为由水路前往香港探亲出入境口岸。

同日　市物价局批准,即日始实行居民生活用电分档计价。计价办法为居民生活用电每户每月基数 100 千瓦时,电价为 0.216 元/千瓦时。超基数 101～150 千瓦时,每千瓦时加价 0.15 元;超基数 151～200 千瓦时、每千瓦时加价 0.40 元;超 201 千瓦时及以上,每千瓦时加价 0.60 元。

2日　中共中央政治局委员、国务委员、国家体改委主任李铁映视察嵩屿电厂工地现场强调,新上的项目要按照新的体制运作。

3日　市第一座坐落于居民生活区的清洁楼——南华路清洁楼竣工投入使用。

5日　思明区少年宫 18 位小舞蹈演员和泉州市青少年宫民乐队组成"福建省少儿艺术访问团",赴台湾进行 23 天的交流演出。

7日　在 1993 年福建省第三产业企业规模评价中,厦门东南亚大酒店蝉联饮食服务业榜首,市粮油储运公司居仓储业首位。

8日　1993 厦门纺织服装商品交易会开幕,来自各地的 157 家单位组织了 190 个摊位参加。

同日　香港厦门联谊总会在香港隆重成立。王汉斌、卢嘉锡、彭冲等 22 位中央、省市各级领导为联谊总会题词,市领导石兆彬、李秀记、杜明聪、陈联合、叶天捷、江平、张奋生及相关部门、各区县、有关社团负责人等组成祝贺团赴港参加成立庆典。香港厦门联谊总会聘请了 20 个永远名誉会长、28 个名誉会长和 38 个顾问。选举陈金烈为理事长、庄绍绥为监事长。

8—11日　市纺织服装同业商会在富山国际展览城举办首届"厦门市纺织服装商品交易会",交易会合同成交额 5000 多万元。

9日　越南共产党中央政治局委员、书记处书记阮德平率团访厦。

10日　由北京经厦门飞往印尼雅加达的中国国际航空公司 2554 号波音 767 客机,在进入厦门空中管制区时遭一歹徒威胁,飞机被劫往台湾。在台湾有关方面配合下,飞机安全从台北飞回厦门,劫机歹徒被台湾方面扣留。

同日　由国家统计局评选排定的 1992—1993 年度"中国 500 家最大医药工业企业"揭晓,厦门中药厂入榜。

同日　中共中央政治局委员、国务院副总理邹家华到嵩屿电厂工地视察,称赞该工地是视察过的最好的建设工地之一。他在考察厦门特区时,肯定厦门市的建设成就,要求大力加强基础设施建设,进一步改善投资环境,加强特区经济的发展。

12 日　在厦门举行台湾海峡及邻近海域海洋科学讨论会,来自两岸的 144 名海洋科学家出席。

13 日　福建省精神文明建设工作会议暨表彰会在厦门召开,我市荣获"福建省文明先进城市"称号。

同日　省委书记陈光毅考察海沧、杏林台商投资区。

14 日　"台湾两岸劳工事务考察团"抵厦参观。

17 日　厦门市机电设备总公司最近获中国机电设备总公司授予的"优质服务先进单位"称号。

同日　在青岛举行的 1993 年全国城市帆板锦标赛上,厦门一队的罗巧巧包揽了女子组奥林匹克场地赛、长距离和障碍滑赛 3 项冠军。

同日　召开市"捐资兴学尊师重教"奖励工作会议,会议决定我市将奖励捐资兴学有功者。

同日　由交通部和《中国交通报》社组织的"改革开放交通双十大工程"评选活动揭晓,厦门大桥是福建省唯一入选双十大工程的项目。

18 日　马来西亚原产部部长林敬益率经济技术代表团访厦。

同日　厦门市属 6 家房地产公司为市区特急危房户向市政府提供住房 40 套。

19 日　赵克明副市长率厦门市政府经贸代表团访问澳大利亚和友城惠灵顿市。

20 日　由广播电影电视部和中国电视协会主办的 1992 年全国电视社教节目评选揭晓,厦门电视台《夫妻船》获一等奖。

24 日　印尼驻华大使古纳迪尔查一行来厦访问。

25 日　李林变电站四期工程竣工。

26 日　东渡二期六、七号泊位水工及航道疏浚工程通过验收交付使用。

同日　近日,在全国 OP 级帆船锦标赛上,厦门市运动员陈欣、洪大川分获三角绕标银、铜牌,厦门队获队赛第三名。

26—27 日　市第十届人大常委会第四次会议召开,会议审议通过本届政府任期内的奋斗目标及厦门市国民经济和社会发展 10 年规划。

28 日　'93 厦门山海风光旅游月拉开帷幕。

同日市第一座新型曲梁钢结构人行天桥在富山展览城附近的福厦、莲坂路口建成,正式交付使用。全桥为三孔曲线型受截面钢结构,总长 55.6 米,桥面净宽 4 米。

本月 市经贸委与市贸促会组织 12 家公司前往悉尼,参加每年一届的澳大利亚"国际家庭用品展销会"。这是厦门市首次在大洋洲开展的大型经贸活动。

9 月

1 日 厦门市政府公布今日起厦门岛内全面淘汰人力三轮车,除保留少数特殊行业用车外,岛内所有客、货人力三轮车禁止上路行驶。1994 年 9 月 1 日起,特殊行业专用三轮车也予以淘汰。

2 日 台湾《工商时报》大陆新闻中心主任李孟洲一行 3 人莅厦访问。

同日 杏林台商投资区新建第二座 110KV 变电站——高埔变电站及输配电线路日前正式投入运行对外供电。

3 日 全国人大常委会副委员长王汉斌来厦视察,为厦门象屿保税区码头、曾纪华人才交流基金会题词。

同日 市区中山路整修工程竣工。

同日 英国加的夫市莱利市长率市政代表团访厦。

6 日 国家进出口商品检验局在北京人民大会堂向厦门灿坤实业股份有限公司董事长吴灿坤颁发了国家进出口商品检验局 ISO9002 贸易体系注册证书。这是国内首批电子电器业第一家获此重要认可注册证书的企业,也是国内首家三资企业获此殊荣。

同日 由社会各界和海内外热心人士捐资 100 万元设立的厦门实小奖教基金会成立。

6—12 日 日本佐世保市市长栈熊狮率领该市经济交流团和友好访问团一行 61 人访厦,庆祝两市结成友好城市十周年。

8—12 日 '93 福建投资贸易洽谈会在厦门开幕。本届贸洽会的主要内容是:外商直接投资、进出口贸易、土地批租、技术引进和输出、"三来一补"项目及工程承包和劳务输出。厦门市代表团共签订投资 223 项,投资总额 15.83 亿美元,其中合同项目 180 项,总投资 10.84 亿美元,合同利用外资 8.53 亿美元;协议、意向项目 43 个,总投资 4.99 亿美元,利用外资 3.99 亿美元。签订进出口贸易合同总值 2.3 亿美元,批租土地 1.4 万平方米,地价成交总金额 1.3 亿元。

同日市首座大型互通立交桥——石鼓山立交桥正式动工。

9 日 福建省委、省政府在厦门举行庆祝教师节座谈会,省委书记陈光毅、省长贾庆林等省市领导出席了座谈会。

9 日　海沧台商投资区第一座 110KV 变电站——贞庵变电站及输配工程日前通过竣工验收。

10 日　厦门经济特区贸易有限公司向鹭江职业大学捐款 50 万元设立"鹭江大学厦门特贸奖教基金"，厦门聚泰房地产投资开发有限公司每年以 50 万元存款数提取利息交付鹭大设立"鹭江大学聚泰房地产奖励基金"。

12 日　在第七届全国运动会上，厦门籍选手陈跃艺以 5.20 米的成绩获男子撑杆跳高第二名。

14 日　厦门国际金融大厦等 4 项工程被评为福建省十佳建筑工程。

15 日　《厦门市海洋开发规划》通过专家评审。

同日　厦门市工商银行城镇储蓄存款余额突破 15 亿元大关，达 154493 万元，比去年底净增 26920 万元，创历史最高纪录。

16 日　由何立峰副市长率领的厦门市政府经贸代表团一行 10 人，首次赴巴西、阿根廷考察。

17 日　厦门评审中心最近获国家出口商品企业质量体系（ISO9002）工作委员会评定批准、国家商检局注册，成为我国首批、福建省首家获国家批准注册的第三方质量体系评审认证机构。

18 日　'93 厦门中外种子经贸会在湖滨饭店举行。这是厦门市首次举办的中外种子经贸会。

同日　同安—厦门光纤电缆开通使用。

21 日　日本驻广州总领事古森利贝一行抵厦。

21—24 日　毛里塔尼亚共和国总统马维亚·乌尔德·西德·艾哈迈德·塔亚偕夫人等一行 42 人访厦。

22 日　王榕副市长率厦门市政府经贸代表团参加美国洛杉矶"中国商品博览会"。

同日　为贯彻中央关于反腐败和治理乱收费的指示精神，厦门市财政局、物价局决定即日起分期分批公布取消 27 个（包括去年以来已取消未公布的）收费项目。

同日　香港知名人士黄宜弘博士和梁凤仪博士伉俪抵厦探亲访友。

22—24 日　省八届人大常委会举行第五次会议，通过《厦门经济特区劳动管理条例》。

23 日　象屿码头动工兴建。

同日　由香港惠扬控股集团有限公司董事长曾纪华捐赠 500 万港币设立的厦门国际人才交流基金会成立。

23—27 日　美国《美国之音》驻香港记者苏菲来厦采访。

25 日　全国人大检查团莅厦检查《企业法》和《转换经营机制条例》贯彻情况。

同日　香港建成创业有限公司董事长、姚贻忏纪念基金会董事长姚嘉熙在厦门大学设立的奖教奖学金首次颁发。

28 日　福建省首家采用电脑磁卡委托买卖业务的证券商——建行厦门信托投资公司证券交易营业部，开通上海、深圳、中证交三大股市。

同日　市召开严厉打击经济犯罪宣判大会，原副市长陈植汉被一审判处 6 年有期徒刑。

30 日　厦门市有线电视工程开通，目前可覆盖湖滨南路、禾祥西路两侧居民户 1.5 万户。其设备可传输 51 套电视节目，首期开通 18 套。

同日　同安新店至大嶝公路通车。

10 月

1 日　《厦门日报》由对开 4 版改为对开 8 版，方毅为该报题写报名。

同日　市青少年科技文化艺术节开幕。

同日　印度前总理拉·甘地的遗孀索尼亚抵厦参观访问。

2 日　美国加州"SEE"国际眼科远征手术队一行 6 人来厦进行学术交流，并在开元眼科医院为患者作手术。

同日　印尼工会代表团访厦。

5 日　厦门市友谊商场等 7 家企业分别获福建省"三信一优无假冒"最佳单位和优秀单位称号。

同日　中国第一个专业民间舞艺术表演团体——厦门小白鹭民间舞团成立。

6 日　改革开放后厦门市首家私立小学——同安县私立育安小学创办。

同日　举行《光辉的胜利》出版首发式，市委副书记李秀记到会讲话。《光辉的胜利》全书约 45 万字，由市委统战部、市委党史研究室、市档案馆、总商会共同编纂。该书从不同侧面较客观地记述了厦门 20 世纪 50 年代对资本主义工商业的社会主义改造的进程和全貌。

同日　全省首家外商独资银行——厦门商业银行开业。注册资金 3000 万美元，由菲律宾陈永栽财团投资创办。

同日　厦门大学工商管理教育中心、美籍专家潘维廉博士获"1993 国庆友谊奖"。

7 日　厦门大学校友丁政曾、蔡碧娥向母校捐赠 400 万元港币，兴建"蔡建文楼——厦门大学教职员活动中心"。

8 日　1993 年度省优秀新产品奖评选近日揭晓,厦门市有 6 项产品获奖。

同日　八届全国人大台湾团代表一行 11 人,在全国台联会长张克辉带领下来厦考察。

同日　厦门市率先在全国推行广告代理制,今后广告代理权统归广告公司。

10 日　国务院宗教事务局授予厦门市宗教事务局"全国宗教工作先进单位"称号。

11 日　福建省政府批准同安刘五店为台湾渔船停泊点。

同日　厦门火车站结束了数十年人工板道岔历史,由中央信号台遥控转换股道。这是鹰厦铁路电气化工程技术改造的重要一步。

12 日　厦门市组团赴京招贤,确定接收各省市在职专业人才 449 人,1994 年应届大中专毕业生 129 人。

13 日　荷兰经贸代表团访厦。

14 日　1992 年度全国对外报道优秀节目评奖最近揭晓,厦门电视台对台对外部拍摄的专题片《冰城行》(上下集)获全国二等奖,《厦门广角》获全国优秀栏目奖。

同日　国家统计局和国内贸易部最近排出全国百家最大批发商和全国百家最大餐饮店,厦门百货批发公司、新南轩酒家入榜。

同日　市第二届社会科学优秀成果评奖揭晓,获奖专著 35 部,获奖论文 138 篇。

15 日　为纪念毛泽东诞辰 100 周年,市各界捐款近百万元建设韶山烈士陵园等两项工程。

17 日　由中国记协和海南蓝星经济文化发展实业公司联合组织的中国十家著名新闻单位东南沿海《踏浪行》采访团,抵达厦门采访。

18 日　由中国包装技术协会、中国科学技术协会主办的首届海峡两岸包装技术交流会暨展览会在厦门富山国际展览城开幕,有 160 家厂商参加。

20 日　陈嘉庚故居修葺一新,免费向公众开放。

同日　丹麦王国外交部长尼尔斯·海尔威·科威特彼特森率贸易代表团一行 52 人抵达我市访问。

21 日　象屿保税区首次向本市招商。

21—23 日　厦门市隆重举行纪念陈嘉庚先生创办集美学校 80 周年活动。21 日召开纪念大会,并举行了"嘉庚公园"主体落成典礼和厦门市"捐资兴学、尊师重教"荣誉牌坊奠基仪式。成立集美大学筹委会。全国政协副主席钱伟长、全国台联会长张克辉、中央统战部副部长万绍芬等中央、省市领导参加了纪念活动。

22 日　高崎国际机场举行通航 10 周年庆典,科威特驻华大使加齐·雷耶斯及市党政军领导出席。

同日　旅居海外的集美中学校友吴瑞景、何锦霞夫妇捐资参与兴建集美镇第二所幼儿园。

同日　市消费者委员会近日被授予"全国保护消费者权益先进集体"称号。

同日　由洪永世市长主持的华侨博物院发展规划座谈会在厦门宾馆举行,中央统战部副部长万绍芬和海外华人社团领袖共 100 余人参加会议。

同日　在第七届全国发明展览会上,厦门 11 项发明成果获奖,获奖率居全国各展团榜首。

24 日　全国政协赴闽视察团莅厦。

同日　市社科联组织所属 20 多个学术团体,190 多人,举行"厦门市社科界第三次社会咨询服务活动"。

24 日—11 月 3 日　由常务副市长朱亚衍率领厦门市经贸代表团一行 28 人出访日本佐世保市,参加两市结好 10 周年庆祝活动。代表团还访问长崎、东京以及韩国。

26 日　高崎联检站工程动工。

同日　厦门市公用事业局杨南承等 10 名环卫职工当选 1993 年度市"十佳美容师"。

28 日　近日,中国证券监督管理委员会分别批准了厦门市首批股份制试点企业——厦门渔业开发股份有限公司、厦门汽车股份有限公司和国贸泰达股份有限公司向社会发行的个人股票,可以向证券交易所申请上市交易。

同日　疏港路 3 号人行过街天桥竣工。

同日　厦门市土地交易所成立。

同日　我市乡镇跨行业的厦门禾山集团成立。

29 日　厦门大学教授田昭武当选第 46 届国际电化学会第 46 届年会主席。

30 日　鼓浪屿龙头路、思明区中山路、杏林区杏东路被市政府命名为"三优街",湖里区湖里大道命名为"文明路"。

同日　台湾"中华社会民主党"朱高正来厦访问。

本月　厦门音像资料馆成立。这是中国 4 个早期经济特区中唯一的音像资料馆。

11 月

1 日　国务院批准嵩屿电厂一期工程开工,电厂筹建处全面启动工程建设。

同日　海峡两岸关系协会与台湾海峡交流基金会工作商谈开幕。

同日　厦门市确定今年居民最低生活保障线:民政对象户月人均 150 元,非民政对象户月人均 130 元,凡户月人均实际生活水平低于最低生活保障线的我市城市居民符合社会救济条件的民政对象,可由户主向所在地居委会申请补助;非民政对象户,可由家庭中的在职人员向其所在工作单位申请补助。

同日　新加坡社会发展部高级政务部长庄日昆率工商代表考察团来厦考察。

同日　最近由 174 医院王锡宏研制成功的"X 线机工作状况数显仪"获国家专利。

2—7 日　海峡两岸关系协会与台湾海峡交流基金会工作商谈会在厦举行。双方就全面落实"汪辜会谈"(指海协会负责人汪道涵与海基会负责人辜振甫之间的会谈)有关协议举行第二次工作会议,讨论妥善安排遣返私渡台湾的大陆居民,解决海上渔事纠纷,遣返劫机犯等问题,部分议题获得共识。

3 日　日本国日航 JA1、新加坡新航 SIA 加盟厦门太古飞机工程有限公司合同签字。

同日　最近,厦门华侨电子企业有限公司和厦门华纶化学纤维有限公司跻身全国大型工业企业排行榜。

4 日　《邓小平文选》第三卷在我市发行,社会各界踊跃购买。

同日　福建省政府批复建立厦门大屿岛白鹭自然保护区,保护区总面积为 217 公顷。

同日　国家建设部副部长谭庆琏来厦考察,指出厦门城市规划建设管理起点要高一些。

同日　厦门与保定市结为友好城市。

5 日　以市长费兰·威尔德女士为团长的新西兰惠灵顿市代表团抵厦访问。

同日　由广州飞往厦门的厦门航空公司 8302 航班 2593 号飞机,在广东汕头附近上空被一歹徒劫持飞往台湾。飞机于次日凌晨 1 时 40 分安全飞返厦门。

8 日　厦门汽车股份公司和国贸泰达股份公司发行的股票在上海证券交易所上市。

同日　台北市茶商业同业公会代表团一行 60 多人抵厦参观、考察。

9—14 日　由洪永世市长率领的厦门市代表团出访马来西亚槟岛市。双方签订友好城市协议书,结为友好城市。

9—15 日　1993 年亚洲地区妇女儿童精品博览会在厦门富山国际展览城展出。泰国、日本、马来西亚等国和台湾及大陆 14 个省(市)200 多个厂家参展。

11 日　"台湾海峡两岸行"台湾文化艺术界代表团抵达厦门,开展闽台青年文化艺术交流活动。

同日　厦门与太原市结为友好城市。

同日　市邮电局"全自动无线寻呼综合服务系统"获"厦门市首次科技成果一等奖"。"语音回响系统"、112"自动查询系统"和"全自动无线寻呼系统"等 5 个项目参加"第二届全国青年科技成果展"。

11—13 日　联合国开发计划署和全球环境基金组织联合在厦门召开东亚海域海洋污染预防和管理项目第一次政府间协调会,会议正式宣布厦门市为该项目的三个示范区之一。

12 日　由厦门、漳州和美国美之杰集团控股有限公司合建厦漳高速公路项目签约。

同日　由外贸部外贸局、国家统计局工交司等联合评定的 1992 年度全国外资企业 500 强排序揭晓,厦门厦华电子企业有限公司等 21 家企业入榜。

13 日　华夏证券厦门业务部开通电话委托交易。这在福建省证券交易活动中尚属首创。

同日　近日,厦门市 11 项发明成果在全国发明展览会上获奖。

同日　象屿保税区管委会、象屿保税区管委会办公室挂牌办公。

同日　在全国发明成果展览会上,厦门大学潘沧桑等人发明的"穿刺芽孢杆菌剂及制造方法",厦门双十中学学生骆露得发明的"平板玻璃间粘油涂层包粘贴"获金牌奖;另 9 项发明成果获银、铜牌奖。

14 日　厦门市广告公司总经理吴连城抵台北访问,为大陆访问台湾地区广告业第一人。

同日　厦门市同安县大同镇、集美区集美镇获 1992 年福建省"明星镇"称号,同安县大同镇东山村、杏林区杏林镇内林村获省"明星村"称号。

15 日　华夏证券厦门业务部开通电话委托交易。

同日　天安(厦门)地产投资有限公司向市公交总公司捐赠 92 万元,用于添置公交车辆。

16 日　厦门叉车总厂与德国林德股份公司合资经营林德——厦门叉车有限公司合同在北京签字,国务院总理李鹏、德国总理科尔出席签字仪式。该公司为中国叉车行业规模最大企业。

18—20 日　哥伦比亚前总统、自由党元老洛佩斯·米切尔森偕夫人访厦。

20 日　市首次重奖有突出贡献的科技人员,郝松乔等 46 位科技人员共获 200 余万元的奖金。

同日　市红十字会接待前来讲学访问的美国红十字会霍兰研究所 H1A 实验室主任李政道和夫人李葆芸。本年度,开元区红十字会为两岸渔船民提供海上医疗救护,在位于金厦海域的上屿岛建立海上救护站,专门配备一艘救护交通船。

22 日　1993 年中国 500 家最大服务企业及行业评价揭晓,厦门经济特区贸易有限公司、厦门经济特区国际贸易信托集团股份公司、厦门航空公司、厦门市邮电局入榜。

同日　台湾新竹科学园区前管理局局长何宜慈先生来厦考察,被聘为厦门火炬高技术产业开发区管委会首位高级经济顾问。

24 日　中共中央政治局常委、全国人大常委会委员长乔石一行来厦视察。

25—28 日　中央政治局委员、国务院副总理李岚清在福建考察,期间曾在厦门市考察。

26 日　厦门——衢州空中航线通航。

同日　中国社科院社会学所小康社会指标研究课题组公布研究成果,厦门列为中国 24 个小康城市第 9 位。

28 日　第二届中国外商投资企业出口商品交易会在厦门富山展览城开幕。

同日　马来西亚沙巴州政府在我国投资参股的厦门中鹭植物油有限公司正式开业。

同日　厦门电视台二套节目正式开播,晚上举行"黄金之夜"大型综合晚会。

同日　厦门人民广播电台第一个系列台——厦门音乐台开播。这是福建省第一家 24 小时直播的电台。

同日　厦门象屿保税区开关运转,国务院特区办主任胡平、省市领导和海外来宾参加开关典礼。

同日　鹰厦铁路电气化工程全线开通,并在厦门市举行庆典仪式。

28 日至 12 月 4 日　中国外商投资企业协会在厦门富山国际展览城举办"第二届中国外商投资企业出口商品交易会",有 42 个省、市、计划单列市组团参加,万余名海内外客商与会。厦门代表团成交商品近百种,出口额 2.03 亿美元,内销额 2.35 亿元,分别占本届交易会外内销总额的 2/3 和 50％以上;签订 82 个投资项目,投资总额 3.5 亿美元。

12 月

1 日　全国各省市(地)台办主任座谈会在厦召开,国务院副总理钱其琛、全国政协副主席王兆国出席。

同日　厦门市对 4 岁以下儿童强化免疫。

同日　香港丽新集团主席、亚洲电视董事局主席兼行政总裁林百欣和台湾台北福建同乡会理事长颜伯岑共同投资 4 亿元人民币在厦兴建"香港广场"。在当晚举行土地使用权有偿出让合同签字仪式上,两人同时捐赠厦门市 80 万港元购置眼科巡回医疗车。

同日　国务院特区办主任胡平视察嵩屿电厂一期工地。

5 日　厦门白鹿洞禅寺重建开光。

同日　在美国举行的"1993 年国际全息包装及印刷"会议上,厦门外资企业冠华镭射标饰制品有限公司生产的产品获最佳防伪全息图奖。

6 日　纪念毛泽东同志诞辰 100 周年系列活动开幕。

7 日　厦门市开元区何厝小学、湖里区高殿中心小学等 7 所小学最近获"福建省农村示范小学"称号。

9 日　厦门市政府今年为民办实事的 12 个项目之一——改建杏林湾水库溢洪道维修相应设施竣工。

《厦门晚报》试刊号

11 日　新中国成立以来厦门市第一张综合性晚报——《厦门晚报》试刊号今天与市民见面,并将于 1994 年元旦正式创刊发行。

同日 厦门进出口商品检验局和厦门鑫昌仪器仪表技术开发公司开发的"CCIBX92——型单纤维测长仪"最近通过投产鉴定。

11—13 日 市委第七届第九次全体(扩大)会议召开,会议通过《关于加快建立社会主义市场经济体制的决议》。

14 日 第五届福建省优秀企业家评选近日揭晓,厦门市刘爱治等 10 人荣登红榜。

15 日 在北京举行的第二届中国青年科技博览会上,厦门市邮电局吴江洪等人设计的"40 万门全自动无线寻呼系统"和厦门轮船公司黄建通设计的"学生通用绘图板"获金奖,厦门邮电局庆国宝、林丰、黄育智、苏文贤和厦门小白鹭艺术团邓小晶获"新星奖"。

16 日 全国政协委员、台盟厦门市委主委叶庆耀获"南平荣誉市民"称号。

18 日 厦门华侨电子企业有限公司通过 ISO9002 质量认可,厦华公司的彩电、监视器系列产品获得了销往世界各地的"全球通行证"。

19 日 俄罗斯特别使命大使吉列耶夫率团抵厦。

22 日 厦门大桥通过国家级验收。

同日 厦门市参加"毛泽东同志诞辰 100 周年纪念活动"代表团一行 14 人前往韶山。

28 日 市政府为民解决"住房难",计划兴建 5000 套住宅工程中的第一个项目——湖里康乐新村动工。

同日 鹰厦铁路电气化工程全线开通庆典仪式在厦门市举行。

29 日 市政府召开 1992 年市科技进步奖授奖仪式大会。市污水处理筹建处的"筼筜湖区域水污染的综合治理与开发利用"等 36 项科技成果和 156 位科技人员获奖。

1994 年

1 月

1 日 从今年起,市财政在国家预算中实行计划单列,直接与中央财政部进行财政收支预决算。

同日 岛内包括鼓浪屿,实行严禁燃放烟花爆竹和禁止无证养狗的规定。后逐渐扩大到岛外的集美、杏林、同安等城镇。

2 日 厦门工程机械厂等 15 家企业及个人向市见义勇为基金会捐赠近百万元。

4 日　厦门市代表队在第三届全国烹饪技术（团体）比赛上获金牌奖。

同日　在马来西亚 1993 年槟州同乐会工商展览会上，厦门市贸促会商展团成交额达 200 万美元。

5 日　市再次有偿出让两地块使用权：16 号地块在原开明电影院，面积 4169 平方米，出让金额为 4522 万元；69 号 C 地块原齿轮厂的工业用地，面积 6617.2 平方米，出让金额 4446.72 万元。将按规划兴建商住大厦。

6 日　厦门荣滨实业总公司提供 20 万元人民币建立荣滨"希望工程"事业发展基金。

同日　在厦的全国人大代表视察厦门市公安工作。

同日　召开市农村工作会议。

10 日　厦门叉车总厂重奖 5 位有突出贡献的科技人员，奖金 12.5 万元。

同日　厦门大学化学系教授黄本立当选为中国科学院学部委员。

11 日　厦门市卫生防疫站获"全国卫生防疫防治工作先进集体"称号。

同日　新加坡《海峡日报》、《商业报》、《联合早报》记者来厦门采访。

同日　在南京军区召开的全军后勤三年建设总结暨争先创优表彰大会上，厦门市获"军队好后勤"称号。

12 日　厦门一中获福建省"数学尖子摇篮"锦旗。

14 日　厦门市政府 1993 年为民办的 12 件实事全部完成。

同日　市委、市政府举行表彰见义勇为大会，授予王滨等 10 人"厦门市见义勇为公民"荣誉称号。

15 日　大嶝岛通讯线路网工程动工。

18 日　第二届海峡两岸"体育交流杯"羽毛球赛暨赴台体育交流代表队选拔赛在厦门开幕。

19 日　中央电视台在厦门郑成功纪念馆拍摄电视专辑《中华名将——郑成功》。

20 日　台湾《中国时报》周刊记者考察团拜会厦门市副市长朱亚衍，了解厦门市经贸发展和台资投资情况。

21 日　集美区七届人大一次、政协三届一次会议闭幕，分别选举刘朝勇为区人大常委会主任，李炳章为区长，周冬月为政协主席。

22 日　思明区十二届人大、政协三届一次会议结束，许雨川当选为区人大常委会主任，吴瑞炳当选为区长，林久来当选为区政协主席。

同日　同安县十二届人大、政协八届一次会议结束，选举陈再文为县人大常委会主任，陈韬为县长，黄尚山为县政协主席。

24 日　杏林区六届人大一次,政协三届一次会议结束,会议分别选举于庆岐为区人大常委会主任,林长青为区长,林荣习为区政协主席。

25 日　市公安局召开全市治安防治安联防工作表彰大会,厦港、梧村及同安县大同镇 3 个治安联防指挥部被评为先进集体。评出先进联防队 9 人,治安联防先进工作者 7 名,优秀联防队员 88 名。

26 日　厦门华联商厦被列为"全国百家无假冒伪劣商品商场"之一。

同日　厦新电子有限公司跃入全国电子百强前 30 名,福建省电子行业第 3 名。

27 日　市政府向我市 31 位享受 1993 年政府特殊津贴的专家、学者、技术人员颁发荣誉证书。

28 日　开元区十二届人大,政协三届一次会议闭幕,选举吴沧海为区人大常委会主任,杨玲为区长,杨养生为区政协主席。

同日　厦禾路最大的返迁安置房工程——"城市花园"动工兴建。

同日　厦门经济特区贸易有限公司资助中山医院 600 万元人民币,购买一套核磁共振设备。

2 月

1 日　鼓浪屿区十三届人大,政协三届一次会议闭幕,徐学富当选为区人大常委会主任,郑振生当选为区长,林善淦当选为区政协主席。

3—5 日　中共中央政治局常委、国务院副总理朱镕基到厦门视察。2 月 4 日,朱镕基视察嵩屿电厂建设工地时,称赞建设工地现场管理好,厂址很好,应扩大建设规模,建成福建大型能源基地。

5 日　厦门经济特区国际贸易信托(集团)股份有限公司连续两年创汇超亿美元,进入全国十佳出口创汇企业排行榜。

同日　厦门—武夷山、武夷山—上海航线开通。

同日　在厦门市首批高新技术企业颁证暨火炬计划实施 5 周年表彰会上,厦门华侨电子企业有限公司等 12 家企业获"高新技术企业"称号。

7 日　厦门电视台与福建省委宣传部、厦门市委宣传部、厦门大学、福建电视台联合摄制的《侨魂》首次与厦门观众见面。这部展现一代侨领陈嘉庚爱国主义精神的电视连续剧获得 1994 年度全国"五个一工程"优秀电视剧奖。

同日　厦门市第一百货商店股份有限公司获"全国文明经营先进单位"称号。

9 日　中共中央政治局常委、中央军委副主席刘华清,全国人大常委会副委员长叶飞等国家领导人与厦门人民共度新春佳节。

10 日　厦门何厝和隔海相望的大担岛、小金门同时燃放焰火庆新春。

12 日　台湾商会总会理事长王又曾偕夫人与亲属考察厦门投资环境。

14 日　巴西亚美利加、中国国奥佛陶足球队抵厦。

同日　厦门电话普及率达 27.92%,名列全国第二位。

15 日　集美台商投资区重点建设项目,日供水 12 万吨的自来水工程开工。

16 日　全国人大常委会副委员长王炳乾来厦视察。

17—19 日　市第十届人大常委会第七次会议召开。会议讨论决定了第十届人大二次会议的有关事项,通过了即将提交市十届人大第二次会议审议的常委会工作报告,听取了有关负责人的报告。

18 日　国家民政部公布 1992 年度全国最大经营规模福利企业、最佳经济效益福利企业"双五百强",厦门毕升印刷厂、市福利厂入榜。

19 日　厦门六中获福建省二级达标学校牌匾。

同日　市委、市政府作出规定,鼓励出国留学人员来厦工作。

21 日　全国拳击精英邀请赛在厦开幕。

22 日　市委、市政府公布《厦门教育之城规划(征求意见稿)》。

23 日　市委、市政府确定今年为民办十项实事,市委副书记刘丰、副市长蔡景祥分别代表市委和市政府与今年为民办实事项目承办单位的负责人签订责任书。

同日　在厦门举行的全国拳击精英邀请赛上,厦门搏星队何卫国、马玉分别获 63.5 公斤、75 公斤级冠军。

26 日　厦门海沧港区一期工程破土动工,总投资 4 亿多元人民币,建设年吞吐能力 100 万吨的 3 万吨级集装箱泊位 1 个,年吞吐能力 50 万吨的散杂货泊位 1 个。

27 日　厦门各界 2000 多人集会,纪念邓小平同志视察厦门经济特区 10 周年,杨成武、韩光、贾庆林和中央有关部门及省市有关领导出席了大会。

同日　厦门经济特区管理线高崎联检站落成,占地 87 万平方米。该工程仅用 4 个多月时间,创造了特区建设史的新纪录。

3 月

1 日　英国太古集团名誉主席施约翰爵士一行抵厦访问。

3 日　林德—厦门叉车有限公司开业。

3—8 日　政协厦门市第八届委员会第二次会议召开。会议通过《政协厦门市第八届委员会第二次会议决议》。

4—9 日　市第十届人大第二次会议召开,会议审议通过《厦门市依法治市方案》等。

5 日　厦门地区 10 位全国人大代表和 14 位全国政协委员赴京参加八届全国人大二次会议和政协全国八届二次会议。

同日　台湾中山大学中山学术研究所市政建设研究班考察团抵厦考察,探讨市政建设。

6 日　零时起,厦门市电话号码由 6 位升至 7 位。

同日　以厦门大学教授、省注册会计师协会名誉会长葛家澍为团长的福建注册会计师协会代表团一行 6 人应邀前往台湾,参加闽台会计师咨询业务研讨会。这是大陆会计界首次组团赴台进行学术交流。

8 日　香港妇女代表团访厦。

11 日　由我国驻外大使、总领事、参赞等组成的驻外使节团一行 14 人抵达厦门考察。

12 日　原全国政协第七届副主席方毅和厦门市党政军领导参加义务植树。

同日　厦门大学"八佰伴多国籍明星女排邀请赛"开幕。

同日　私立厦门华厦大学举行首届开学典礼。这是中华人民共和国成立以来厦门第一所民办全日制大学。

同日　来自全国各地专家教授评审认为:高崎联检站是厦门特区标志性建筑。

13 日　厦门警备区和驻厦某集团军获"全国绿化先进单位"称号。

15 日　市政府成立市容环境卫生考评委员会,并将出台市容环境卫生考评标准(试行)。

17 日　交警二大队三中队公园岗、厦门航空乘务队等 10 个单位获厦门市首批"青年文明号"命名。

18 日　同安新店 35 千伏变电站建成。

19 日　著名经济学家、厦门大学经济学院博士生导师余绪缨,获英国剑桥国际传记中心授予的"1992—1993 年度国际杰出人士"称号和"20 世纪成就奖银质荣誉奖章"。

22 日　第八届全国人大二次会议通过"关于授权厦门市人民代表大会及其常务委员会和厦门市人民政府分别制定法规和规章在厦门经济特区实施的决定"。

同日　厦门航空公司乘务队被国家民航总局授予"最佳乘务队"称号。

同日　厦门市"龙舟"牌全自动电热水器等 28 种商品获"福建省消费者

委员会推荐商品"称号。

24 日　市公安局破获特大走私文物案,缴获恐龙蛋化石 20 枚,古瓷 44 件,古字画 37 幅。

25 日　世界银行驻中国首席代表鲍泰利来厦考察。

26 日　ABB 厦门开关公司获 ISO9001 证书。

同日　厦门金莲升高甲剧团一行 45 人赴台湾、金门、马祖公演,并参加台北市的"传统艺术节"和高雄市的"戏剧节"。这是大陆文艺团首次赴金门、马祖演出。

27 日　经省人民政府批准,厦门开始推行区域性劳动制度综合配套改革。

28 日　1994 年厦门纺织服装商品交易会开幕,参加交易会的有来自北京、上海、广东等省市及港、澳、台等地的 209 家企业。

同日　厦门有线电视台综合频道开办"有线点歌"。这是有线台第一个自办栏目,也是厦门地区首开电视点歌服务项目。

同日　宋庆龄基金会捐赠 3 万元支持设立厦门少儿艺术基会。

29 日　日前,厦门大学固体表面物理化学国家重点实验室主任、中科院院士田昭武参加"1994 年国际电化学会第 45 届年会"的项目获香港王宽诚教育基金会资助。最近,厦门大学新增两个博士授权点和 12 名博士导师。

4 月

1 日　今日起,禁止未粘贴防伪标志的进口食品进入厦门市场销售。

同日　由议长朱格尔·马丁内斯率领的欧洲委员会议会代表团访厦。

2 日　由厦门市人民政府、中央音乐学院主办的殷承宗钢琴独奏会在鼓浪屿音乐厅举行。这是殷承宗赴美国定居后首次回国演出。

3 日　菲律宾华商联合会总会考察团抵厦。

4 日　第八届全国人大常委会副委员长卢嘉锡来厦考察。

5 日　市党政军领导和各界群众前往烈士陵园祭扫烈士墓。

6 日　厦门大学举行建校 73 周年庆祝大会,"厦门外经贸企业厦门大学教育发展基金会"首期基金第一批捐款 2000 万元人民币全部到位。

6 日　厦门市书画院副院长张人希赴台,参加由台湾中华文化总会主办的第四届诗、书画、摄影作品展览。

7 日　马来西亚福建省友好访问团访厦。

8 日　厦门红十字基金会正式成立。

9 日　全国人大常委会副委员长李锡铭来厦考察。

同日　中央机构编制委员会批准厦门的行政级别为副省级。

11 日　厦门嵩屿电厂及送出配套工程,鹰厦铁路电气化改造工程,厦门港东渡码头二期工程列入福建省重点建设项目。

12 日　厦门市教育基金会代表团赴台参加"海峡两岸第一届技职教育交流研讨会"。

同日　厦门市三项发明成果"百宝胶囊"、"益丰素"和"丰鲜宝"入选参加 1994 年第 22 届日内瓦国际发明展览会和 1994 年第 85 届巴黎国际发明展览会。

同日　由首席部长许子根博士率领的马来西亚槟州代表团抵厦访问。

13 日　由陈锦华市长率领的马来西亚槟岛市代表团一行 188 人抵厦。

14 日　厦门一中、双十中学、厦门实验小学等 15 所学校获福建省级"文明学校"称号。

同日　驻厦某集团军给勇斗歹徒的卓军记一等功。

15 日　由国家外经贸部、国际商报社共同组织评选的 1993 中国进出口额最大 500 家企业揭晓,厦门有 13 家企业进入排行榜,其中 8 家企业的进出口额超过一亿美元,厦门经济特区贸易有限公司、厦门国际贸易(集团)股份有限公司、厦门经济特区建设发展公司包揽福建省前三名。

15—17 日　由中央统战部组织的党外人士专家团来厦考察。

16 日　马来西亚中华大会堂联合会文化访问团抵厦。

17 日　香港建南财务集团董事长吕振万应聘为厦门大学客座教授,同时捐资设立"厦门大学吕振万书籍出版基金"。

同日　由旅居香港的海外华人钟宝玉、钟宝珠诸姐弟捐建的厦门大学钟林美广场落成。

18 日　从今日厦门人民广播电台午间直播板块《经济方圆》开播起,午间交通高峰市区主干道车辆的疏导内容纳入直播节目中。

19 日　三德兴兴医基金会颁奖,厦门市的 22 位医务工作者获奖。

20 日　台湾十大财团之一的三阳工业股份有限董事长黄世惠抵厦。

22 日　厦门卫星地球站近日正式投入使用,这使厦门特区长途通信水平跨上一个新台阶。

同日　市社科联举行"两门(厦门金门)对开和建立对台自由贸易小区问题献策座谈会"。与会者踊跃为本市建立对金、台的直接贸易区献策。

23 日　国家卫生部、中国红十字会授予从安徽来厦打工的龙玉玲无偿献血银质奖章。这是厦门市乃至福建省第一个,从 1993 年 4 月 12 日起龙玉玲共无偿献血 1600 毫升。

25 日　在国家建设部召开的全国城市园林绿化工作会议上,厦门市荣获全国园林绿化先进城市称号。

同日　美国"明珠"号游轮抵达厦门。

25—27 日　澳大利亚总督比尔·海登偕夫人一行抵达厦门访问。

29 日　厦门涉外经济管理培训中心落成,为福建唯一的全国定点培训中心。

同日　由香港爱国企业家、金融家黄克立捐巨资兴建的厦门大学克立楼落成。

30 日　厦门市邮电局电报投递班近日获邮电部授予的 1993 年度先进集体称号。

同日　由泰国正大集团厦门农牧公司投资兴建的集美种鸡场建成投产,为福建省最大的肉鸡种苗基地。

5 月

1 日　为纪念厦门建城 600 周年,厦门城墙遗址修复工程动工。

2 日　厦门海关"819"缉私艇在崇武以东海域缉获一艘"装甲式"走私船,查获走私香烟 2700 多箱,价值 630 万多元。

3 日　厦门市小学生田径运动会开幕。

4 日　厦门市"中山医院"、"第二医院"通过国家级考评,达到"爱婴医院全球标准",目前正式授匾挂牌。

5 日　厦门市第四届中小学生艺术节,第十二届学校音乐周开幕。

6 日　厦门卫星通信电路正式开通使用。

7 日　厦门口岸木质包装箱和进境空集装箱的动植物检疫工作正式展开。

同日　由厦门高崎国际机场、市工人文化宫和市体育舞蹈协会联合创办的"厦门航空金跑道体育舞蹈团"成立。

8 日　近日,厦门市容卫生考评委向一批脏乱差的街道、不文明施工工地亮"黄旗"警告,并在新闻媒介上曝光,这在我市尚属首次。

11 日　市政府召开 1993 年度市优秀新产品、新技术奖颁奖大会,全市有 21 个项目获奖。一等奖为厦门电控厂开发的具有国际先进水平的系列隔离开关熔断器组,获奖金 2 万元。另二等奖 9 项,三等奖 11 项。

12 日　厦门灿坤实业股份有限公司创办的灿坤学院开学。这是厦门市首家由企业创办培养专门人才的学校。

13 日　菲律宾马尼拉儿童合唱团来厦门演出。

14 日　市委、市政府召开命名表彰大会,授予林义恭等 10 人为厦门市文明市民(村民)标兵称号,陈碧玉等 48 人为厦门市文明市民(村民),华美卷烟有限公司等 52 个单位为市文明单位,高仲坚等 46 人为市级精神文明建设先进工作者。

15 日　今日起,厦门市公交总公司推行文明乘车法,在市区 16、17 路车率先实行无人售票乘车。

17 日　国家教委和厦门市政府共建厦门大学议定书签署,双方决定共建厦大工学院。

18 日　"金马杯"中国国际标准舞第八届全国锦标赛在厦门举行,来自全国 20 多个省市的近 600 名选手参加了角逐。

同日　厦门港口职业学校成立。

同日　香港著名实业家许明棋、许明良两兄弟捐资 300 万元人民币为鹭江大学兴建新教学楼。

19 日　市十届人大常委会第八次会议审议通过《厦门市制定法规规定》。这是我市获立法权后的首部法规。

同日　菲律宾华中学院校友会访华艺术团来厦公演大型历史歌舞剧《菲华颂》。

22 日　鼓浪屿 6 名小学生获全国小学生数学奥林匹克竞赛奖。

23 日　《厦门文化丛书》发行。

同日　全国女篮邀请赛在厦门举行。

24 日　按高等级城市主干道标准改造的国道 319 线集(美)灌(口)段全线贯通。

同日　近日,台湾《中国时报》记者来厦采访。

同日　厦门、潍坊结为友好城市。

同日　世界钢琴大师迈克·庞蒂来厦演出。

26 日　最近,厦门市中年书法家曾文瑜、郭日星、张之江、罗钟、张明观被编入《中国硬笔书法家名人辞典》。

27 日　国家机电产品进出口办公室公布了 1993 年机电产品出口创汇逾 500 万美元的生产企业排序名单,厦门市灿坤电器有限公司等 12 家机电生产企业跻身排行榜。

27—31 日　以朱亚衍副市长为团长的厦门市经济代表团赴港招商,在港签订合同 31 项,投资额 2.52 亿美元,其中利用外资 1.92 亿美元;签订协议 34 项,总金额 3.95 亿美元;签订意向 31 项,总金额 7.96 亿美元。

30 日　厦门市第二届"鹭岛幼苗"文艺会演开幕。

同日　泰国警厅副总监阿玛·阿迈特耶克率代表团访问厦门市公

安局。

同日 在第十次全国民政会议上,厦门市集美区获"全国民政工作先进区"称号,湖里区禾山镇、思明区厦港街道分别获"全国民政工作全优镇和全优街道"称号。

31 日 中共福建省委、省政府授予厦门市福建省"儿童工作先进市"称号,授予思明区"儿童少年工作先进区"称号。

本月 厦门民立小学被授予首批"福建省红十字青少年工作模范校"。

6 月

1 日 集会庆祝"六一"国际儿童节,会议号召全市少先队员开展"雏鹰行动",努力把自己培养成为特区跨世纪合格建设者和接班人。

同日 举行厦门市首届独生子女绘画比赛。

同日 杏东公园建成并对游客开放,公园占地 3 万平方米。

2 日 厦门市容环卫考评形成制度,今后考评委将逐月在《厦门日报》上公布考评结果。

4 日 市环保局发布 1993 年厦门市环境状况公报:在全国 37 个重点城市环境质量指标中厦门市排行第 12 位。

6 日 厦门大学台湾研究所教授李强赴台参加《迈向二十一世纪的中国人》大型学术研讨会。会后,留台访问研究 3 个月。

7 日 增容 2 万立方米的中航油厦门高崎国际机场油库扩建工程竣工。

8 日 厦门嵩屿油库增容扩建工程完工,总增容规模 3 万立方米。

同日 厦门远洋渔业公司 6 艘渔轮赴贝劳海域作业。

10 日 市召开无偿献血表彰暨动员大会,受卫生部和中国红十字会总会委托,向本市的全省第一位国家银质奖章获得者龙玉玲颁奖。

同日 菲籍华人姚嘉熙捐资 5000 万元与厦门市体委合作兴建保龄球、网球馆。

同日 国家"七五"重点建设项目——厦门彩色感光材料工程通过国家验收。该项目设计能力为年产彩色感光材料 1100 万平方米,全套引进美国伊斯曼柯达公司彩色感光材料生产线。

同日 集美泵站改造工程竣工试通水,输送厦门岛内原水由每日 30 余万吨提高到 50 万吨。

12 日 文化部副部长刘德有参观华侨博物院及厦门郑成功纪念馆。

13 日 东盟各国议会组织代表团访厦。

14 日 德、意、法、英、美及中国著名时装模特来厦表演。

15 日　800 兆集群移动电话开通。

同日　厦门旧市区 20 个地段自来水管网改造竣工。

同日　市政府公布一批新地名,它们是鼓浪屿的观海路、西苑路、兆和路、延平路,集美镇的印斗路、集源路、石鼓路、塘埔路,开元区的东岳路、宏祥路、泰兴路、金桥路、仙阁里、莲岳里,思明区的曾厝垵路、黄厝路和禾山镇的金尚路。

17 日　由海外乡亲李吉成捐资兴建的同安一中松林教学楼落成。

同日　在福建省委、省政府表彰全省思想政治工作优秀企业大会上,厦门市木材总公司等 7 个单位获"1992—1993 年度全省思想政治工作优秀企业"称号。

20 日　厦门太古飞机工程有限公司与英国卢卡斯宇航公司在厦门合资兴建飞机附件维修厂。

21 日　厦门警备司令部被中国人民解放军总参谋部评为"全军城市警备工作先进单位"。

同日　香港金日投资(集团)有限公司捐资 150 万元兴建同安医疗中心。

22—23 日　中共中央总书记、国家主席、中央军委主席江泽民来厦考察,指出:厦门优势、特色应该体现在与台湾的经济合作和贸易往来上,这个作用是其他特区不能代替的,这个作用将随着历史的前进越来越显示出来。

23 日　中共中央总书记江泽民亲临嵩屿电厂建设工地视察,关注该工程"百日会战",与建设者亲切交谈,叮嘱"夏季高温,高空作业要注意安全"。

25 日　厦门市强制戒毒所正式成立。该所占地 7000 平方米,凡吸毒者将送往该所实行封闭式管理,强制戒毒 60 天。

同日　厦门市商检局被国家商检局评为全国贯彻执行《商检法》先进单位。

28 日　周斌华赴美国明尼苏达大学学习禽流感等病毒性禽病的检疫技术,为期 3 个月。这是使用世界银行贷款的培训项目。此后,又有林石明赴美国佛罗里达大学学习香蕉枯萎病生物学特性及检测技术,高泉准赴荷兰学习大豆萎蔫病的生物学血清学检疫技术,孙福泉赴德国学习鱼眩转病的检疫技术。

29 日　近日,福建省环保执法检查团在我市检查,认为厦门环保工作成效较显著。

30 日　荷兰驻华大使赫德扬一行来厦访问。

7 月

1 日　举行纪念中国共产党成立 73 周年大会。

同日　福建省规模最大的互通式立交桥——厦门石鼓山立交桥通车。该桥由 13 条匝道组成,总长 6.6 公里。

同日,厦门开始对厦禾路全面扩建。经过一年的改造,4.46 公里长的厦禾路变宽了,路幅 44 米,1 万多户居民迁入新居。

同日　厦门市城市居民最低生活保障标准提高,民政对象户月人均生活费由 150 元提高至 180 元,非民政对象户月人均生活费由 130 元提高至 150 元。

1994 年 7 月 1 日,经过全面拓宽改造的厦禾路竣工通车,拥有 6 条机动车道的新厦禾路横跨厦门老城区,使整个市区的交通状况为之改观

1—10 日　故宫博物院代院长、国家文物局专家组组长吕济民应厦门市市长洪永世邀请,前来厦门华侨博物院指导工作。

4 日　国务院批准设立厦门象屿保税区海关机构。

同日　厦门大学化学系张乾二和生物学系唐崇惕分别当选为新一届中科院化学部常委和生物学部常委。

同日　市首家村办集团企业——钜鹏集团公司成立。

5—6 日　中共厦门市委七届十次全体(扩大)会议召开。会议通过《关于认真学习、全面贯彻江泽民总书记视察广东、福建和厦门经济特区时的重要讲话的决议》。

同日　市"养殖对虾病毒性疾病及其综合防治的研究"等 15 项科研项目列入国家计划。

同日　市东海大厦和鹭江宾馆跻身全国 50 家外商投资先进饭店行列。

8 日　第二条钟鼓隧道动工兴建。

11 日　大陆和台湾学术、工商界人士在厦门大学研讨经贸与科技交流问题。

同日　海峡两岸经贸与科技学术研讨会在厦门大学举行。

12 日　国道 324 线同安段拓宽改造工程全线动工。

同日　厦门高崎国际机场成为全国第 6 个二类机场,并获得国际货运

钟鼓隧道

代理权。

16 日　我市首次在菲律宾举办"厦门暨闽南地区出口商品展销会"。

17 日　由总编辑林国卿率领的台湾《中时晚报》大陆访问团来厦采访。

18 日　海峡之声广播电台厦门记者站成立。

22 日　林火财、余芳平在检疫厦门商业外贸保税品公司代厦门万石娱乐中心从香港进口的配餐料时,查出其中夹带毒品源植物——罂粟种子27216 克(60 磅)。厦门动植物检疫局将此案移交厦门市公安局缉毒大队审理。

同日　同安县首座液化石油气储灌站投入使用。

同日　厦门电业局湖里供电公司正式开通用电自动电话查询系统,客户只需拨通 6037096 电话,电脑即能回答电表申请报装、当月电度电费和用电咨询等问题。

23 日　全国双拥工作领导小组最近授予厦门等 136 个市(区)县为全国双拥模范城(县)。这是厦门市第二次获此殊荣。

24 日　厦门华侨电子企业有限公司和厦门电器控制设备厂获"福建省十佳企业"称号。

同日　在由中国社会经济调查研究中心组织的"全国产品品牌知名度调查"中,厦门工程机械厂股份有限公司生产的"厦工"牌系列装载机、推土机获"全国知名品牌"称号。

26 日 洪秋生律师事务所开业,为厦门市首家私人开办的律师事务所。

28—29 日 厦门市十届人大常委会举行第九次会议。会议通过了《厦门市环境保护条例》、《厦门市人民代表大会常务委员会议事规则》和有关人事任免。

29 日 1993 年度厦门市建设工程质量"白鹭奖"评选揭晓,厦门港客运站大楼工程获全市唯一最高荣誉——"白鹭奖"。

同日 台湾翊成实业股份有限公司捐款 50 万元,成立厦门少年儿童文化基金——"冠天下基金"。

同日 中国未来研究会直属的国际经济委员会在厦门成立。

31 日 首届中国经济区少儿钢琴邀请赛结束。厦门市选手获 4 个一等奖,6 个二等奖,6 个三等奖。

8 月

1 日 对直抵厦门口岸的台湾同胞实行落地签证。

同日 经国家主管部门批准,厦门口岸实行"落地办证"签证。签证机关从 8 月 1 日起,为直抵高崎国际机场、和平码头口岸的台湾居民审批签发一次有效的《台湾居民来往大陆通行证》。

同日 厦门火车站实现吊机内燃化。至此,厦门站的铁路设备全部实现了半自动化。

3 日 以长崎县经济部长田中敏宽为团长的长崎县经济代表团抵厦访问。

4 日 厦门市关心下一代工作委员会成立。

同日 厦门水警区连续四年获"军事学术研究先进单位"称号。

同日 厦门知识产权工作领导小组成立。

5 日 厦门经贸代表团赴菲律宾宿务市参加庆祝两市结好十周年活动。

同日 市东西通道城市一级主干道仙岳路一期工程交付使用。

6 日 为避 13 号台风,两艘台轮获准驶入厦门港。

同日 新加坡驻华大使关东发一行抵厦。

同日 在全国中华见义勇为基金会颁奖会上,驻厦某集团军战士卓军、许永楠获奖。集团军党委分别给这两人记一等功。

9 日 厦门有线电影台开播。播出的第一部影片是国产获奖片《过年》,同时推出自编栏目《电影之旅》。

10 日 市援藏考察团暨工作组离厦赴西藏。

11 日 110 千伏湖滨南变电站率先进行无人值守改造。

13 日 福建省首座无人值守变电站——厦门湖里华荣变电站通过验收。

同日 经福建省政府验收小组最近评估认定:厦门市杏林区已基本普及九年义务教育和基本扫除青壮年文盲。至此,占我市总人口 43.03％ 的五个区已基本实现"两基"。

同日 厦门市第一所希望小学——同安褒美小学落成。

17 日 '94 海峡两岸汽车工业助残宣传、汽车拉力展示活动车队驶入厦门市。

同日 厦门市公安局高崎国际机场公安处改为公安分局。

18 日 福建省第一条浮法玻璃生产线——明达玻璃有限公司生产线在厦门兴建。

同日 厦门(本岛)城市绿化系统规划通过专家评审。

19 日 召开全市精神文明建设工作会议。

21 日 1994 年全国小学数学奥林匹克总决赛近日揭晓,厦门市首次组队参赛,并获得城市队(乙组)接力赛第四名。3 名参赛队员均获得计算竞赛个人成绩三等奖,孙凯获总决赛一、二试个人成绩三等奖。

23 日 市团委、市少工委授予舍己救人而英勇牺牲的同安马巷镇山亭小学学生陈明道"特区英雄少年"称号,并追认他为"厦门市优秀少先队员"。

24 日 我国第一艘自行设计建造的高速游艇——"华湾"号在厦门投入使用。

28 日 厦门第一医院等 7 家医院通过福建省级爱婴医院评估。

同日 厦门市公安局破获特大贩毒案,逮捕案犯王如芳、黄益金,缴获 2735 克咖啡因。

29 日 在市十届人大常委会第十次会议上通过《厦门市台胞投资保障条例》和《厦门象屿保税区条例》。

31 日 市外资委、市外商投资企业协会召开表彰大会,表彰了厦门市 46 家获 1993 年全国外商投资双优企业和 54 家市外商投资先进企业。

9 月

1 日 厦门市对肉蛋蔬菜等主要副食品实行差率管理,限价销售。

同日 市委、市政府举行庆祝第 10 个教师节暨表彰大会,119 位教师获"厦门市优秀教师"称号。

2 日 "今日中国市场'94 贸易展销订货会"在厦开幕。

同日 以佐藤龙为团长的日本长崎县劳评中心友好访问团抵厦。

同日　驻闽海军"厦门舰"抵厦。

5 日　厦门思明南北路市容整顿工程全部竣工。

6 日　福建省委书记贾庆林来厦考察。

7 日　为方便台胞来厦投资,厦门市公安局决定对来厦投资的台胞,根据投资金额、企业规模大小,经审批签发两年多次有效入出境签注。

8—12 日　1994 年福建投资贸易洽谈会在厦开幕。本届洽谈会由福建、云南、贵州、山西、四川、厦门五省一市联办,推出 2000 多个项目和 10 亿美元的出口商品供外商选择投资贸易。洽谈会期间,厦门招商团共与外商签订投资项目 246 个,总投资 23.74 亿美元,利用外资 16.46 亿美元,其中合同 85 项,投资总额 9.64 亿美元;协议、意向共 161 项,投资总额 14.1 亿美元,其中利用外资 9.87 亿美元。签订进出口贸易合同金额 2.49 亿美元,其中出口成交金额 1.83 亿美元,进口 0.66 亿美元,为历届洽谈会最好成绩。

9 日　第二届厦门美食节开幕。

12 日　厦门市杏林烤鳗有限公司董事长周建福捐款支持杏苑小学。今年全校学生实行免费入学。

13 日　全国环保执法检查团来厦检查。

14 日　厦门大学海滨浴场污水截流工程竣工正式投入使用。

同日　在第七届全国青少年发明创造比赛和科学讨论会上,厦门一中学生陈欣发明的《斜面上物体受力分析演示仪》获发明创造一等奖,厦门一中科技班学生王珏发明的《家用压力锅防喷溅限压阀》获发明创造三等奖,双十中学学生石劲敏撰写的《关于糖厂废水处理的调查报告》获科学论文二等奖。

15 日　厦门市液化气储配站扩建工程竣工投入使用。

17 日　香港裕景兴业集团有限公司为厦门涉外经济管理培训中心捐资。

18 日　110 千伏钟山至翔鹭输电线路投运,长 2.16 公里。该线路为海沧开发区第一家台商投资企业——翔鹭涤纶化纤厂专用线路。

同日　我国当代著名文学大师、中国作家协会主席巴金向厦门集美图书馆赠送一批珍贵著作。

同日　最近,厦门市被列为首批金桥工程建设城市。

19 日　集美纪念全国人民代表大会成立 40 周年暨地方人大常委会设立 15 周年。

同日　年运量 50 万吨的厦门东渡二期煤码头铁路专用线竣工通过

验收。

21 日　福建省创建文明城市初评考察组抵厦考查。

22 日　福建省《农业法》执法检查团来厦检查。

23 日　"建国 45 周年体坛 45 英杰"评选在北京揭晓,厦门籍运动员郭跃华人榜。

同日　厦门大学等 8 所高校联合举办建国 45 周年"祖国颂"文艺晚会。

同日　厦门市列为全国"三金工程"(金桥工程:建设国家公用经济信息通信网;金关工程:全国外贸专用信息网联网;金卡工程:建立全民信用卡系统)试点城市。

23—29 日　市第十届人大常委会第十次会议召开,通过《厦门市台湾同胞投资保障条例》和《厦门象屿保税区条例》。《厦门市台湾同胞投资保障条例》,自 1995 年 1 月起实施。这是厦市获全国人大授予立法权后制定的第一部地方性涉台法规。

24 日　中华环保世纪行记者团来厦采访。

25 日　黑龙江省组团来厦招商。

27 日　国家体委主办的'94 世界旅游日"鼓浪屿旅游杯"全国帆板优秀选手赛在鼓浪屿开幕。

同日　市赈灾衣被发送江西。在这次捐衣捐物活动中,市民政局共接受 655 个单位 11 万余人捐赠衣物 50 多万件,现金 10 多万元。

同日　由外籍华人胡彩英捐资 20 万元设立的"同安国祺中学基金会"首次颁奖,130 名教职员工和学生获奖。

28 日　省道 205 线改建工程同安段全线贯通。

29 日　厦门经济特区建设(1981.10—1994.8)十大新闻评选揭晓,邓小平同志视察厦门并题词:"把经济特区办得更快些,更好些"位居十大新闻之首。其他依次为,江泽民总书记出席厦门经济特区 10 周年庆典并发表重要讲话,全国人大授予厦门经济特区立法权,厦门经济特区首期工程 1981 年 10 月 15 日在湖里破土动工,我国第一座海峡大桥——厦门大桥建成通车,厦门旧城改造重点项目——厦禾路拓宽工程全线通车;厦门经济特区范围扩大到全岛,并逐步实行自由港某些政策;国务院批准厦门经济特区及厦门市辖的杏林、海沧为台商投资区;厦门高崎国际机场经 22 个月建成,于 1983 年 10 月 27 日正式通航;国务院批准厦门市为计划单列市。

30 日　举办邓小平图片展。

同日　举行"迈向辉煌"千人火炬长跑活动。

同日　厦门新闻、经济信息大屏幕落成开播。

10 月

1 日 《厦门市环境保护条例》实施。这是厦门市获得立法权后颁布实施的首部专业性法规。

3 日 福建省整治城乡治安检查组结束在厦检查,对我市城乡治安整治工作表示满意。

同日 厦门大嶝岛二期供水工程开工。

同日 在华东地市报副刊作品评选中,《厦门日报》社 8 件作品获奖。

4 日 第二届"福建省十大杰出青年"评选揭晓,厦门市邮电局工程师吴江洪入榜。

6 日 由东芳山庄开发商厦门金宾士房地产开发有限公司资助 45 万元人民币,购置公交车的 18 路车开通。

同日 在福建省第二届艺术节上,厦门市获优秀演出奖。

7 日 "海峡两岸闽南方言学术"研讨会在厦门召开,两岸学者围绕闽南语这一同源的方言展开研讨。

同日 菲律宾众议长何塞·德维内亚一行访厦。

同日 台湾工商考察团来厦参观考察。

9 日 厦门双十中学举行 75 周年校庆。

同日 在 1994 年蒙古乌兰巴托国际博览会上,厦门同茂食品罐头有限公司生产的"银鹭"八宝粥罐头获金奖。

10 日 厦门大学与厦门太古飞机工程有限公司合作创办的首届飞机维修工程专业开学。

11 日 全国爱卫会灭蟑螂考核鉴定组抵厦。

同日 在第五届亚太国际贸易博览会上,厦门罐头厂的"古龙"牌迷你系列罐头获金奖。

12 日 我国首次"高新技术企业百强榜"在北京公布,厦门华侨电子企业有限公司名列第五。

13 日 市第一医院和集美医院通过由世界卫生组织、联合国儿童基金会和国家卫生部联合组成的"爱婴"评估抽查验收,达"爱婴医院"全球标准。至此,我市有 9 家医院达"爱婴"标准。

同日 在第四届全国体育舞蹈锦标赛上,厦门国际航空港"金跑道"体育舞蹈团获摩登舞团体第三名。

14 日 《管理世界》中国企业评价中心、国家统计局工业交通统计司公布 1994 年度中国 500 家最大工业企业名单,厦门华夏集团、厦新电子有限公司、厦门卷烟厂、厦门工程机械股份有限公司 4 家企业入榜。

同日　经全国爱卫会考核鉴定组认定,厦门市创建灭蟑螂先进城区工作达标。

15 日　市 1993 年度科技进步奖评选揭晓,厦门电控厂的"H(QSA)系列隔离开关熔断器组"等 40 个科技成果获奖,其中 6 项成果达国际先进水平,26 项居国内先进行列。

同日　在第八届全国发明展览会上,厦门市 10 项发明成果分获金、银、铜牌奖及最佳新产品奖、优秀项目奖。获金牌奖的是厦门大学林秀华等人发明的"磷化镓发光二极管电极制备工艺"和厦门一中学生陈欣发明的"斜面上的物体受力分析演示仪",陈欣的发明项目同时获王丹萍基金会设立的专项奖——青少年发明奖。

同日　最近,厦门大学获"1993 年全国普通高等学校优秀教学成果奖励工作先进单位"称号。

16 日　中央军委副主席张震来厦视察。

同日　市举行庆祝厦门解放 45 周年文艺晚会。

同日　厦门鱼肝油厂获"全国用户满意企业"称号。

同日　为庆祝厦门解放 45 周年,市社科联组织所属社会科学团体,举行"厦门市社科界第四次社会咨询服务活动"。

同日　中外合资经营的新悦华大酒店合同签约仪式举行。

17 日　厦门虎溪岩寺重建落成。

同日　宋庆龄同志生平展览在集美宾馆开幕。

同日　香港《文汇报》开辟 10 多个专版,以"新厦门 45 华诞志庆"为题,报道厦门解放 45 年来,尤其是创办特区以来的成就。

18 日　厦门华侨电子企业有限公司近日向厦门电子职业学校捐资 20 万元人民币,设立该校奖学奖教教育基金会。

同日　日本摄影家川上绿樱白鹭展在厦开幕。

同日　厦门——台北象棋团体友好邀请赛在厦开赛。

19 日　市象棋手蔡忠诚获中国象棋大师称号。这是我市第一位、福建省第二位获此称号的选手。

19—21 日　厦门市在集美举行纪念陈嘉庚诞辰 120 周年活动,江泽民、李鹏、乔石、李瑞环分别为大会题词,国务院副总理李岚清、全国政协副主席孙孚凌、省长贾庆林来厦参加纪念活动。江泽民总书记为集美大学题写了校名。20 上午,举行集美大学校牌揭幕仪式。20 日,在华侨博物院举行纪念陈嘉庚先生创办华侨博物院 35 周年活动,新版《华侨历史陈列》正式展出。

20 日　福建省委书记贾庆林、省长陈明义来厦考察高崎机场二期工程。

同日　巴基斯坦议长一行访厦。

同日　集美大学正式成立。

集美大学校区

同日　嘉庚公园开园仪式举行。

嘉庚公园桃李芳菲群雕

同日　镌刻着"集社会之力,兴千秋之业"的尊师重教荣誉碑在集美落成。

同日　香港胡应湘为厦门市教育基金会捐资。

同日　由台塑关系企业董事长王永庆捐建的集美大学综合教学楼奠基。

411

20—21 日　巴基斯坦议长尤素夫·拉扎·吉拉尼率领巴国民议会代表团访问厦门。

21 日　举行集友陈嘉庚教育基金会颁奖大会,500 多位教职员工、学生获奖。

同日　厦门市与河南省平顶山市结为友好城市。

22 日　首届厦门友城电视艺术周开幕,中央、省市有关领导和国内外友城嘉宾及各界人士万余人出席开幕式。

22 日　"厦门市首届友城电视艺术周"开幕。中央有关部门、省市领导和国内外友城嘉宾及各界人士万余人出席开幕式。24 日闭幕。

25—27 日　中共厦门市委七届十一次全体(扩大)会议举行。会议的主要任务是传达学习党的十四届四中全会和省委五届九次全会精神,研究讨论市委贯彻《中共中央关于加强党的建设几个重大问题的决定》的实施意见,对学习贯彻十四届四中全会精神作出全面部署。

26 日　宋志扬等 10 名环卫工人获厦门市 1994 年度"十佳城市美容师"称号。

27 日　厦门正新橡胶工业有限公司日前通过国际标准化组织 ISO—9002 质量管理与质量保证体系的国际(DNV)和国内认证,并获得合格证书。

29 日　香港厦门联谊总会举行周年庆典,洪永世市长率厦门代表团到港祝贺。

30 日　经福建省教委验收复查组验收,厦门一中达一级普通完中标准。

同日　台湾"两岸文艺交流访问团"抵达厦门,与厦门市文艺界人士进行座谈。

同日　在北京举办的第十一届世界技巧锦标赛上,厦门籍运动员梁海琼获金牌 2 枚,银牌 1 枚。

31 日　据国家统计局最新统计,厦门人均国内生产总值列全国第 13,国内生产总值列 40 开外,落于福州、泉州之后。

同日　市对外友好协会会长蒋韧率厦门小白鹭民间舞蹈友好访问团访问日本佐世保市并举行公演。

同日　杏林污水处理厂日处理 3 万吨污水的应急氧化塘系统投入运行。

同日　在国家科委、成都市人民政府共同主办的"1994 年成都全国星火科技精品展示会"上,厦门钜鹏集团公司生产的人造毛皮产品等五项产品获金奖。

同日　中美第四期缉毒培训班在厦开学。美国专家6人参加。

11 月

1 日　全省第一条浮法玻璃生产线在明达玻璃(厦门)有限公司投产。该生产线总投资4亿元,年产优质浮法玻璃233万重量箱。

同日　厦门国际信托投资公司北京证券营业部正式开业。这是福建省首家驻京从事证券业务的金融机构。

同日　市政府召开城市园林绿化工作表彰会,驻军某部机关、市环境保护管理局等7个单位获"厦门市城市绿化工作先进单位"称号。

2 日　《邓小平文选》第一、二卷第二版在厦发行。

3 日　厦禾路改造的又一批安置房——仙岳西小区474套住宅竣工。

同日　厦门海燕实业总公司列入国务院确定的全国100家大中型企业现代企业制度试点之列。

同日　厦门市获"全国募集衣被跨省支援先进城市"称号。

同日　市总工会、市妇联分别作出决定,追授在"9·18"太平路火宅中为救火而献身的厦门塑胶总厂女工郑爱珠"厦门市文明职工标兵"、"厦门市三八红旗手"称号。

6 日　1993年全国500家最大服务业企业及行业评选揭晓,厦门高崎国际机场列航空港第4位。

7 日　杨尚昆同志来厦视察。

同日　阿拉伯埃及共和国总检察长拉加·阿拉斯马仪·阿拉比一行来厦访问。

8 日　经福建省教委定级验收组验收,厦门华侨中学达三级普通完中标准。

同日　经国家教委检查组实地考核,厦门大学校园文明建设成绩优秀。

同日　台湾国际贸易协会福建考察团抵厦考察,开展经贸洽谈活动。

9 日　厦门宏泰发展有限公司捐资300万元人民币设立厦门宏泰教育基金会。

10 日　瑞典驻华公使斯派利一行抵厦访问。

同日　市委常委会议提出:1997年将厦门建成国家园林城市。

11 日　原国家主席杨尚昆参观集美鳌园。

14 日　福建省委书记贾庆林、省长陈明义等领导来厦检查"先行工程"。

同日　上午10:40左右,金门方向国民党驻军发射十多发炮弹,落在厦门市郊黄厝村塔头自然村。打伤 4 人,其中重伤 2 人。

14—15 日　全国百万人参加的《中华人民共和国红十字会法》知识竞赛颁奖大会在京举行,市红十字会获集体奖。

15 日　洪永世市长及我市有关部委办、区、企业的领导分别与龙岩地委、行属赴厦考察团的对口机构签订各类经济技术协作项目 42 个,总投资 2.7 亿元,其中厦门有关方面投资 1.7 亿元。

同日　"远南残疾人健儿报告团暨演出团"莅厦报告演出。

16 日　由国防部长洛朗多纳·福洛戈率领的科特迪瓦民主党代表团抵厦。

19 日　全国人大台湾省代表团来厦视察。

21 日　1993 年中国最大 500 家外商投资工业企业评选日前揭晓,厦门华侨电子企业有限公司、厦新电子有限公司、厦门灿坤实业股份有限公司进入百强之列。

同日　由国家对外贸易经济合作部外资司国家统计局工交司、《世界经济年鉴》编辑部、《中华工商时报》联合排名的"1993 年度中国最大 500 家外商投资工业企业"揭晓,厦门华侨电子企业有限公司、厦新电子有限公司、厦门灿坤实业股份有限公司进入全国百强之列。

22 日　厦门一中被福建省教委正式确认为省普通中学一级达标学校。

同日　新西兰惠灵顿市副市长大卫·瓦特一行抵厦。

同日　在全国对外经贸优秀企业、优秀企业家评比活动中,厦门经济特区建设发展公司被评为全国对外经贸优秀企业。

同日　驻厦某集团军战士许永楠被南京军区评为"优秀士兵标兵"。

23—24 日　首届女子帆板世界冠军巡回赛(厦门赛区)在鼓浪屿港仔后海滨浴场开赛。

24 日　厦门市中学生田径运动会开幕。

25 日　"闽厦渔 0170"和"闽厦渔 0167",营救一遇险台轮上的 5 名台胞船员,并将遇险台轮拖离险境。

同日　1994 年福建省工业百佳明星企业评选揭晓,厦门塑胶总厂、厦门麦克奥迪光学仪器有限公司等 18 家企业入榜。

同日　厦门市科技中学成立。

同日　厦门市妇女第十二次代表大会开幕。

27 日　厦门大学 37 科研项目获 1994 年度国家自然科学基金委员会批准立项,资助金额 241.70 万元。

28 日　市公安机关近日开展大规模打击流氓帮伙专项斗争。

厦门市科技中学成立

同日　以陶鸿杰为团长的台湾国际贸易协会福建考察团一行抵厦。

29—30 日　市十届人大常委会第十一次会议举行。

30 日　厦门测控站完成卫星入轨段的测控任务。

同日　厦门港货物吞吐量突破 1000 万吨大关,步入国家大型一类港口行列。

12 月

5 日　市政府召开 1993 年度市科技进步奖新闻发布会,全市 39 项科技成果获奖。

同日　由民营企业家周清水捐资 40 万元兴建的厦门梧村小学综合楼落成。

6 日　台商第一座 110 千伏专用变电站——翔鹭变电站建成投运。主变 1 台,容量 3150 千伏安。

7 日　香港南源永芳集团董事长姚美良一行来厦考察。

9 日　楼高 168 米、45 层的国贸大厦封顶。该大厦创福建省当时楼层高度第一,并首设屋顶直升机停机坪。

10 日　厦门港东渡港区二期工程通过国家验收委员会验收,工程质量等级核验评定为优良。该工程包括:新建 3.5 万吨级集装箱泊位 1 个,2.5 万吨级煤炭泊位 1 个,2 万吨级杂货泊位 2 个及相应配套设施,设计年吞吐能力为 350 万吨,总投资 3.8 亿元。翌年 3 月 31 日,省人民政府授予厦门东渡二期工程“福建省重点项目建设优胜奖”。

同日　邮电部发行的“经济特区”纪念邮票在厦发行。

11 日　在国内贸易部和上海市政府联合主办的’1994 上海全国商品交易会上,厦门市成交额 2 亿元,居全国第四。

12 日　开展《劳动法》宣传周活动。

18 日　厦门市第一家由企业投资创办的全寄宿制中小学校——英才

学校在杏林奠基。定于 1995 年 9 月正式开学。

20 日 举行厦门建城 600 周年纪念活动。

同日 马来西亚驻广州总领事拿督方卓雄一行抵厦。

同日 日本摄影家川上绿樱的摄影作品在厦竞价义卖,所得 16.9 万元捐献给大屿岛白鹭自然保护区。

25 日 厦门人民广播电台经济台开播。市交警支队与经济台合作,推出《交通旋律》栏目,在每天交通高峰期播出,开展交通安全宣传。

26 日 厦门目前最大的内联项目——世纪广场动工。

同日 市政府发布《厦门市制止价格欺诈和牟取暴利的暂行规定》,自 1995 年 4 月 1 日起施行。

29 日 厦门市"光彩事业"计划开始实施。由市总商会组织的"光彩事业"赴龙岩考察团,与当地签订了一批合资合作项目。

30 日 3000 套厦禾路拆迁安置房竣工。

同日 市警察学会成立。

同日 小嶝岛开通程控电话。

同日 同安县进入 1994 年全省经济发展"十佳"县(市)和经济发展实力"十强"县(市)行列。

同日 中外合资厦门永昌柴油机发电厂 4 台机组正式并网发电。装机容量 4.6 万千瓦,整个工期仅 7 个月,创造世界同类电厂建设最快速度。

图书在版编目(CIP)数据

新中国厦门 65 周年纪事/林丽萍主编;厦门市图书馆编. —厦门:厦门大学出版社,
2016.7
ISBN 978-7-5615-5943-7

I.①新… II.①林…②厦… III.①社会主义建设成就-厦门市 IV.①D619.573

中国版本图书馆 CIP 数据核字(2016)第 041603 号

出 版 人	蒋东明
责任编辑	薛鹏志
封面设计	李嘉彬
责任印制	朱 楷

出版发行 厦门大学出版社

社　　址	厦门市软件园二期望海路 39 号
邮政编码	361008
总 编 办	0592-2182177　0592-2181406(传真)
营销中心	0592-2184458　0592-2181365
网　　址	http://www.xmupress.com
邮　　箱	xmupress@126.com
印　　刷	厦门市金凯龙印刷有限公司

开本	720mm×1000mm　1/16
印张	50.5
插页	4
字数	900 千字
印数	1～2 000 册
版次	2016 年 7 月第 1 版
印次	2016 年 7 月第 1 次印刷
定价	200.00 元(全二册)

本书如有印装质量问题请直接寄承印厂调换

厦门大学出版社
微信二维码

厦门大学出版社
微博二维码

1995 年

1 月

1 日 《厦门市台湾同胞投资保障条例》开始实行。台湾同胞投诉受理中心正式挂牌并对外办公。

同日 厦门动植物检疫局实现全局各部门、各对外工作窗口的计算机联网,厦门岛内的报关报检代理企业同时入网。"厦门动植物检疫局动植物检疫业务管理系统"启用运行,动植物检疫报检预录入制度正式实施。此后,下属机构和漳州、泉州等市的报关报检代理企业相继入网,实现了全辖区动植物检疫业务一体化运作,实现了从报检预录入开始到审单、计费、收费、检疫检验、出证、放行整个流程的电脑化管理。该业务管理系统于 1994 年 6 月成立局计算机开发应用领导小组时起,开始调研开发,故又称"Q946 工程",Q 为检疫的英文字首。

同日 厦门高崎国际机场更名为"厦门国际航空港集团有限公司"。

2 日 停航 45 年之久的厦门五通至同安刘五店客运航线恢复通航。

6 日 厦门大学书法家张之江最近被国家人事部中国人才研究所所属的国际华人书画艺术家资格评定委员会评为"国际华人书画艺术家"。

同日 厦门—那霸—博多集装箱航线首航典礼在厦门同益码头举行。

同日 厦门、鹰潭市结为友好城市。

7 日 厦门"视频图像水下传输实验研究"通过国家"868"计划"智能机器人"主题专家组的验收。

9 日 厦门市检察院成立反贪局。

11 日 第二届厦门市十大青年评选揭晓,福建体工队厦门籍女运动员梁海琼,开元公安分局莲花派出所副所长白鸿辉,厦门祥业房地产有限公司董事长颜章根,厦门大学海洋系教授商少平,厦门文联《厦门文学》编辑鲁萍,厦门市工商银行副行长朱晓平,厦门中心血站科长黄如欣,湖南国托厦门公司总经理吴超,厦门星鲨实业总公司总经理郑栅洁和厦门警备区某部分队指导员许文善等十人入选。

同日 全国和省人大代表视察我市。

13 日 厦门市华侨电子股份有限公司在上海证券交易所以竞价方式向全国公众发行股票。这是福建省企业首次采用竞价方式向公众发行的股票。

同日 市政府和陈嘉庚国际学会签订协议,决定联合创办集美大学工商管理学院,培养面向海内外、面向 21 世纪的实用型高级管理人才。

14 日　民政部授予厦门市社会福利中心"国家二级社会福利事业单位"称号,成为国内第一批最高等级的福利事业单位之一。

15 日　厦门大学历史学科获国家教委批准,进入首批国家文科基础人才培养基地行列。

20 日　南湖公园建成开放。公园占地 10.5 公顷。

同日　由香港至成投资有限公司投资开发的"厦门 SM 商业城"奠基。

21 日　国道 324 线福建段(福州—厦门—漳州)改造工程全线通车。原 375 公里不及二级公路标准的国道 324 线福建段线,拓宽改造成 23 米宽 6 车道的准一级公路。

1995 年 1 月,国道 324 线福建段(福州—厦门—漳州)改建工程全线通车。在高速公路建成之前,这条路为福建经济发展做出重要贡献

同日　集美大学首期工程开工。

同日　全国地方政协经济会议代表来厦考察。

24 日　厦门经济特区贸易有限公司、厦门经济特区国际贸易(集团)股份有限公司等 17 家公司成为国际商会中国国家委员会会员。

25 日　厦华电子股份有限公司成立。

同日　鼓浪屿区等 7 个双拥先进单位和 11 人在福建省双拥模范城(县)、双拥模范乡(镇)活动表彰大会上受表彰。

26 日　杏林湾打出一口孔深 170.3 米,孔口水温 90 摄氏度,日流量为 2000 吨的高产地热井。

28 日　市委、市政府作出决定,再次授予王玉良等 22 位专业技术人员"厦门市专业技术拔尖人才"荣誉称号。

2 月

3 日　国务院总理李鹏视察厦门,与台资企业代表座谈时,表示愿与台湾当局谈判,促进祖国和平统一。

同日　厦门大桥获由中国建筑行业联合会设立的我国建筑行业工程质量最高荣誉奖——鲁班奖。

4 日　市政府批准厦门市钨制品厂、厦门市海燕实业总公司等 6 家企业为市第二批创建科技先导型试点单位。

7 日　国务委员、国家科委主任宋健来厦考察。

同日　中共中央政治局委员、国家体改委主任李铁映来厦考察。

9 日　厦门市春节元宵"政通人和百业兴"大型民俗活动在白鹭洲开幕。

10 日　全国海外电视宣传选题规划会议在厦召开。来自全国各地 80 家省、市电视台代表参加了会议。

12 日　福建省委、省政府表彰一批"明星乡镇"、"明星村",厦门市湖里区禾山镇,湖里区五通村、县后村、后坑村、后埔村、枋湖村、蔡塘村、集美区叶厝村及思明区曾厝垵村等 9 个镇村入榜。

13 日　厦门海沧大桥通过国家计委立项,国家计委批准该项目总投资 26.7 亿元。

同日　《闽西南区域经济合作与发展规划》编制筹备工作会议在我市召开。

同日　市政府在厦门宾馆明宵厅举行政府成员单位 1995 年工作目标责任书签订仪式。

14 日　蒙古大呼拉尔法律常设委员会主席代表团一行访厦。

同日　在福州举行的中专体协 1994 年年会上,厦门市旅游职业学校和集美轻工业学校获国家教委、国家体委和劳动部授予"全国职业技术教育系统体育工作先进学校"称号。

15 日　市政府发布《关于防治机动车噪声污染的通告》,今起全市 15 条主干道禁鸣喇叭。

同日　菲律宾共和国驻厦门总领事本尼托·巴乐亚诺先生(Mr. Benito B Valeriano)抵厦。

同日　以菲律宾华商总工商委员会主任黄呈辉为团长的菲律宾晋江同乡总会回乡访问团一行 60 余人抵厦访问。

16 日　英国太古公司主席施雅迪一行访厦。

同日　由福建省建委委托工程建设质监总站和省工程质量管理协会主持的 1994 年省级优质工程和省级优质住宅工程评选活动揭晓,厦门市市政工程公司承建的厦门湖滨东路拓宽工程和省四建公司承建的厦门凤凰山庄 G—C3 公寓楼工程,分别获省优质工程和省优质住宅工程称号。

20 日　由香港裕景兴业投资有限公司投资兴建的厦门商业银行中心举行奠基典礼。该公司陈永栽向厦禾路旧城改造指挥部捐赠人民币 500 万元。

21 日　中共厦门市委召开全市领导干部会议,学习贯彻江泽民总书记关于台湾问题重要讲话和李鹏总理等中央领导视察福建、厦门重要讲话精神。

23 日—3 月 1 日　政协厦门市第八届第三次会议召开。会议通过了《政协厦门第八届委员会第三次会议决议》,并增选乐鸿宜、陈金烈为市政协副主席及许明良等 7 位常委。

24 日　联合国难民署援华项目工作会议在厦举行。

同日　以陈允火为团长的金门总工会厦门访问团一行 51 人抵厦。

25 日　新华社播发题为"闪光的青春足迹"通讯,介绍优秀士兵标兵、一等功臣驻厦某水陆坦克旅战士许永楠的事迹。

25 日—3 月 3 日　市十届人大三次会议召开,人大议案组首次开通专线电话。会议通过了《厦门市人民代表大会议事规则》和关于政府工作报告的决议等,补选了 6 位市人大常委会委员。

27 日　由郑明训率领的香港总商会厦门访问团一行 27 人抵厦。

同日　在厦全国人大代表、政协委员赴京参加全国人大、政协会议。

28 日　菲律宾驻厦门总领事馆开馆。领区范围包括福建、广东、海南三省,首任总领事本尼托·巴乐亚诺先生(Mr. Benito B Valeriano)。1997 年 5 月,菲律宾驻厦门总领馆领区调整为福建省、江西省。

3 月

3 日　林祖赓连任厦门大学校长。

同日　香港华懋集团董事局主席王龚如心一行抵厦考察访问。

5—8 日　由省委书记卢荣景率领的安徽省代表团抵厦参观考察,并参加安徽省合肥、芜湖、黄山、阜阳等四地市在厦招商活动。8 日,厦门市与安徽省芜湖市结为友好城市。

8 日　市第一所女子职业学校成立。

9 日　厦门海沧港区一期工程的两个万吨级泊位主体工程动工。

同日　厦门市首届精神文明建设理论研讨会举行。

同日　由中华全国工商业联合会信息中心与零点市场调查公司联合进行的中国投资环境调查结果表明:厦门市最适宜投资的城市之一。

同日　召开厦门市农村工作会议,提出今年我市农业和农村工作总的指导思想是:全面发展农村经济,形成"服务城市,出口创汇,富裕农村"的特区农业格局。

12 日　海峡两岸商务协调会会长张平沼率团访问、考察厦门投资环境。

同日　中央人民广播电台今起推出"海沧之声"新栏目。

13 日　市公安边防支队干警江振东获公安部授予的"全国优秀人民警察"称号。

14 日　厦门大学化学系田中群教授入选国家教委遴选的第二批"跨世纪人才计划"专家。

17 日　厦门市南音代表团赴菲律宾演出。

18 日　澳大利亚驻华公使郭森若等一行 3 人抵厦访问。

19 日　厦门何厝小学获福建省"首批农村示范学校"和省"文明学校"称号。

21 日　厦门经济特区代表团在香港招商,共签订 71 个投资项目,投资总额 10.27 亿美元。

同日　台湾台南县渔会大陆考察团抵厦,考察福建省水产养殖业及投资环境。

22—25 日　台湾"经济研究院"四所所长杨丰硕等考察台商在厦投资办厂情况,走访灿坤、华懋等台商企业,并到厦门大学台湾研究所与翁成寿教授就海峡两岸经济有关发展情况互相交流。

23 日　中共中央政治局候补委员、全国人大常委会副委员长王汉斌来厦考察。

同日　1995 年厦门纺织服装商品交易会开幕,来自台湾、香港、上海、广东、江苏、浙江等省市和地区的 142 个厂家参加交易会。

23—25 日　比利时前首相廷德曼斯访厦。

24 日　中共中央政治局常委、全国人大常委会委员长乔石来厦考察。

同日　举行 1995 年市委、市政府为民办实事责任书签字仪式。今年市委市政府为民办的实事有十大类 27 个项目,其中有新建扩建 6 个商办养猪场,建设千亩蔬菜基地,建设解困房 6000 套,中山路路面翻修,整治火车站广场等。

25 日　全国人大常委会主任乔石冒雨视察嵩屿电厂建设工地,在电厂总平面布置图前听取筹建处有关工程进展情况汇报。

26 日　厦门工程机械股份有限公司高级工程师严光贤设计的"后控制卸荷阀"、"等值控制卸荷阀"获国家专利局颁发的《实用新型专利证书》。

同日　市首座自动化停车库建成。占地 56 平方米,高 20 米,可停车 14 部。

27 日　香港市政建设公务员来厦考察。

28 日　江头旧城改造的主要工程江头街(又称台湾街)全线通车。

同日　厦门眼科中心奠基。

同日　由厦门市有关部门共同组织的 1994 年我市农村奔小康进程监测结果揭晓,全市综合评分为 89.28 分,比 1993 年推进 2.25 个百分点。

30 日　厦门高崎国际机场长 2.3 公里,宽 44 米的平行滑道全线开通。这是厦门航空港发展史的一个里程碑。

31 日　市公安局破获一起特大团伙走私案,查扣走私物品价值 150 万元,依法逮捕 8 名境内外案犯。

4 月

1 日　《厦门市制止价格欺诈和牟取暴利的暂行规定》今起实施。

同日　今天是厦门市第一个全民健身日,全市各体育场馆全部对外免费开放。

同日　台湾学者、工商业者访问团抵厦参观访问。

3 日　厦门市企业开始实行集体协商签订集体合同制度。

4 日　全国口岸动植物检疫系统监察工作会议在厦门召开,国家动植物检疫局局长刘士珍主持会议,农业部纪检组长宋树友作报告,中共厦门市纪委书记张清钳出席开幕式。

同日　改革开放以来厦门市首家汽车出租公司——厦门大众汽车租赁有限公司开业。

5 日　台湾中山大学文学院兼外国文学研究所所长余光中应聘厦门大学外文系客座教授。

6 日　德国莱法州美因茨市市长威尔率团访厦。

同日　国家动植物检疫局局长刘士珍赴漳浦县虹海育苗场,指导厦门动植物检疫局开展的集约化养虾新模式的课题研究。

同日　印度尼西亚共和国驻华大使尤瓦纳一行抵厦访问。

8 日　海峡两岸 6000 多人在北宋名医吴真人故居——海沧青礁慈济宫举行谒祖进香仪式。

11 日　东方(厦门)高尔夫乡村俱乐部正式开业。

同日　厦门城乡学校"手拉手——温暖工程"开幕。

同日　最近,厦门大学 17 项自然科学研究成果获 1994 年度国家有关部门、福建省和市级科技进步奖。

同日　由海外华人集资(投资)2.7 亿美元兴建的翔鹭涤纶纺纤(厦门)有限公司正式投产。

13 日　厦门—台湾小朋友"手拉手"联谊活动在厦举行。

翔鹭涤纶纺纤(厦门)有限公司,是当时台商到厦投资最大的企业

14 日　东渡三期工程可行性研究报告通过国家评估。该工程拟建 3 个两万吨级通用深水泊位,一个 5000 吨级件杂货泊位和 298 米小船码头,总投资 7.6 亿元。

同日　近日,厦门市被中共中央组织部地方干部局确定为直接联系点。

同日　坐落于鹭江道的海光大厦竣工。

15 日　中山路路面大规模翻修工程动工。

16 日　在团中央、建设部等 8 个部联合召开"全国首届青年文明号"表彰会,厦门轮渡公司厦鼓二十号船获"青年文明号"称号。

19 日　厦门嵩屿电厂列入国家重点建设项目。这是 15 年来我市继"草原号"(福达彩色感光工程)和海沧开发两项目之后获此殊荣的第三个建设项目。

20 日　长 1232 米的厦门钟鼓山新隧道全线贯通。

20—22 日　市第十届人大常委会第 14 次会议召开,任命刘成业为副市长,并通过《厦门市城市规划条例》。

21 日　在 1995 年中国民营科技企业科技成果和新产品博览会上,厦门求实高新技术产业有限公司开发的"QSA 楼寓防盗门控对讲系统"等 10 项科技成果获金奖,厦门市展团获优秀组团奖,并签订了 3 个专利项目的经济技术合作协议。

22 日　厦门经济特区贸易有限公司捐赠 50 万元,在双十中学设立"特贸教育发展基金"。

同日　著名话剧表演艺术家李默然来厦演出话剧《夕照》。

23 日　以台湾工业总会常务理事何语为团长的台湾工业总会福建经贸考察团来厦考察。

23—25 日　台湾民进党前主席、台湾"立法委员"黄信介一行 5 人抵厦考察、访问。

26 日　厦门鼓浪屿—万石山风景名胜区被定为国家级风景名胜区。其规划总面积为 245.74 平方公里,其中海域 211 平方公里。

鼓浪屿全景

同日　以新西兰驻华大使艾尔德为团长的新西兰经贸考察团访厦。

27 日　"1994 年厦门市城市管理十件大事"评选揭晓,"实施两禁,净化城市环境"位居榜首。

同日　1994 年中国进出口额最大的 500 家企业排名揭晓,我市厦门经济特区贸易有限公司等 16 家企业入榜。其中厦门经济特区贸易有限公司和厦门经济特区国际贸易集团股份有限公司进入前 100 名之列。

同日　国家民航总局公布"十万旅客话民航"综合评价结果,厦门航空有限公司在"办理乘机手续服务"和"空中服务"等 19 个项目中综合得分 88.35 分,位居 17 家航空公司之首。

同日　鹭江大学 15 名学生前往加拿大学习。这是我国高校首次组织在校生出国学习。

同日　香港台湾商会福建考察团抵厦。

30 日　厦门市林铭铭等 7 人获全国劳动模范称号,郑兰荪等 2 人获全国先进工作者称号,林永东等 27 人获福建省五一奖章,厦门星鲨实业总公司等 5 个单位和集体获省五一劳动奖状。

同日　在福建省首届体育金牌、精品拍卖会上,厦门籍乒坛名将郭跃华的一枚金牌以 83 万元成交,创造了国内体育金牌拍卖的最高纪录。

本月　嵩屿电厂一期工程列入国家"八五"期间重点建设项目,是当年全国 4 个新增电力重点建设项目之一。

5 月

1 日　跨越同安、安溪的省道 205 线改建工程暨龙门隧道竣工通车。

同日　全国最大的毛泽东像章在厦展出。

同日　杏林首座人行天桥——曾营小学人行天桥破土动工。

2 日　红十字国际委员会东亚地区办事处代表团克里斯托夫·斯文纳斯基处长一行,应中国红十字会总会的邀请,由总会国际部副部长任浩陪同来厦门访问。

3 日　两年一届的全国执行物价计量政策法规最佳单位评选活动在北京揭晓,厦门市华联商厦、友谊商场入榜。

5 日　厦门伊美制衣厂设计生产的"伊如风姿三件套",在北京CHIC1995 年中国国际服装服饰博览会上获展品金奖。

同日　最近,集美大学联办四方(交通部、农业部、福建省政府)签署集美大学办学协议书。

6 日　以阿拉伯工联总书记哈桑·贾玛姆为团长的阿拉伯工联代表团近日访厦。

8 日　中共厦门市委第七届十二次全体(扩大)会议召开,会议通过《关于召开中国共产党厦门市第八次代表大会的决议》。

同日　台湾学者访闽团抵厦。

同日　美国杨伯翰大学舞蹈团在厦演出《美国舞蹈之旅》。

9 日　厦门市与鸡西市结为友好城市。

10 日　厦门电视台首次独立操作、自行编剧的 16 集大型电视连续剧《蛇侠》在厦开拍。

11 日　《海沧大桥工程可行性研究报告》通过专家评审。

12 日　全国少年儿童手拉手"星星火炬"传递到中国少年先锋队队歌发源地——厦门市何厝小学。

同日　厦门市向菲律宾宿务市赠送装载机启运。

13 日　中共中央政治局常委、书记处书记胡锦涛参观集美陈嘉庚故居和鳌园。并视察嵩屿电厂建设工地,听取筹建处领导关于工程建设概况汇报,询问工程资金到位,设备厂家生产,电厂燃煤供应,3.5 万吨级煤码头建设以及福建目前的装机容量和年投入装机等情况。

14 日　马来西亚福建社团联合会代表团一行抵厦。

15 日　厦门特区供水二期工程在高殿自来水厂工地正式开工。

同日　厦门外贸集团仓储运输公司、厦门经济特区贸易保税品公司、北方储运公司荣获国家外经贸授予的"对外经贸仓储行业最佳五优企业"

称号。

16 日　市红十字会召开七届三次会员代表大会暨红十字工作表彰大会,向荣获全国无偿献血奖章获得者刘晓梅等三人颁发了奖章和荣誉证书,民立小学被授予福建省红十字模范校奖牌。厦门鼎炉实业总公司等单位在会上向爱心工程捐款。

17 日　厦门艾迪轻型飞机公司制造的艾迪双座超轻型飞机启运销往北美。这是我国自行设计生产的民用飞机首次进入北美市场。

19 日　市邮电局今起开办国际商业信函业务。

同日　台资企业厦门灿坤实业股份有限公司架设的厦门—香港—台湾信息高速公路最近进入试用阶段。

20 日　红十字国际委员会亚太地区办事处寻人局艾伦先生来厦门访问,参观了开元区上屿岛海上救护站等,并与市红十字会工作人员座谈交流国际寻人业务。

23 日　由香港知名人士陈本铭后人捐赠 100 万元港币设立的厦门市戏曲舞蹈教育基金首次颁奖,全市有 25 人获奖。

23—26 日　全国天主教爱国会秘书长会议在厦门召开。

24 日　英国太古集团赴厦考察团一行抵厦。

同日　厦门市岛外第一条高等级城市道路——集灌路全线贯通。全长 11.6 公里 6 车道,为城市一级主干道,总投资 2.3 亿元。

26 日　福建省红十字会副会长计克良搭乘开元区红十字会添置的海上救护专用船,前往上屿岛红十字救护站进行考察。

27 日　厦门市无线寻呼、移动电话数码由 6 位升 7 位。

29 日　市政府颁布《关于保护大屿岛白鹭的通告》,并于 6 月 5 日起实施。

30 日　佛得角共和国总统安东尼奥·马斯卡·雷尼亚斯·蒙特罗及夫人一行 18 人访问厦门。

同日　市红十字基金会为全市一批孤儿和贫困儿童举行投保助医仪式,向受助孤儿和贫困儿童分发医疗卡。同日,市红十字会与市教委等 12 个单位联合发出给全市中小学幼儿园学生家长一封信,大力倡导校园生命工程,市区有近 6 万名中小学生参加了住院医疗保险。

31 日　在英国黑池举行的第 70 届世界体育舞蹈锦标赛上,代表我国首次参赛的厦门市"金跑道"体育舞蹈团获团体摩登舞第三名。

本月　同安博物馆被授予"全国文化先进集体"称号。

6 月

1 日　市金尚路 700 米路段快车道提前完成。

同日　省八届人大常委会第十七次会议通过《福建省人大常委会关于厦门市人大及其常委会修改或终止原由省人大常委会通过的厦门经济特区单行经济法规的决定》。

2 日　举行'95 厦门市集美学村"嘉庚杯"、"敬贤杯"龙舟赛。

同日　厦门高崎国际机场跑道柔道加盖工程完工,结束了该机场不能起降波音 747—400 型等大型客机的历史。

5 日　厦门北溪引水工程高崎段扩建竣工。这将缓解厦门岛内夏季用水紧张状况。

同日　厦门航空有限公司最近获民航总局授予的"1994 年度全国民航经营管理优秀企业"称号。

同日　市政府公布 1994 年我市环境状况:大气、水环境质量较好,城市绿化率上升,工业固体废物量下降,环境噪声污染依然是主要问题。

同日　实施《关于保护大屿岛白鹭的通告》。

同日　首次台商投资区工作研讨会在厦门举行。

同日　中国个体劳动者协会首次表彰一批全国个体先进单位,厦门开元区个协入榜。

6—8 日　市第十届人大常委会第 15 次会议召开,会议审议通过了《厦门市企业登记管理条例》。

7 日　324 国道拓宽改造竣工验收结束,厦门路段工程质量优良。

8 日　国家教委专家组抵厦,开始对厦门大学进行"211"工程部门预审。

9 日　国家教委和福建省政府签署《关于共同建设厦门大学的议定书》,共同支持厦门大学进入"211"工程建设。

同日　集美区"基本普及 9 年义务教育"、"基本扫除青壮年文盲",经福建省考核达标。

10 日　中国跨世纪小康型城乡住宅综合科技产业示范工程评选在北京揭晓,厦门海滨经济发展联合公司筹建的"黄厝跨世纪农民新村"规划设计方案名列榜首。

11 日　厦门大学通过由国家教委、福建省人民政府和厦门市人民政府共同组织的专家评审,成为第 12 所由专家组建议通过"211"工程部门预审的国家教委直属高校。

同日　香港立法局议员、港事顾问黄保欣抵厦访问。

14 日　市委、市政府与下属 7 个区县领导签订社会治安综合治理目标管理责任状。

15 日　全国、省、市人大代表视察我市创建国家卫生城市工作。

同日　中国厦门汽车体育文化节开幕。

16 日　'95 八闽质量行采访团抵厦。

17 日　张宗绪副市长率厦门市经贸代表团出访菲律宾宿务市、马来西亚槟岛市。

19—21 日　日本东京华侨商工联合会一行 21 人抵厦考察。

20 日　厦门—珠海通航。至此,厦航国内航线达 56 条。

21 日　厦门 ABB 开关有限公司投资 4000 多万美元,建造中国第一个 ABB 工业区。

厦门 ABB 开关有限公司

同日　厦门中药厂的八宝丹最近获卫生部保密级新药证书。

25 日　厦门银城联合啤酒厂的"啤酒工业废水的厌氧生物处理工程"等 19 个项目列国家科技计划。

26 日　市公安机关破获厦门市解放以来最大毒品案,缴获海洛因 7800 克及巨额毒资。

27 日　市政府颁布《厦门市改进行政机关作风和提高办事效率的规定》,将于 11 月 1 日起实施。

29 日　"中国经济特区未来与发展"国际研讨会在厦门举行。来自美国、日本、新加坡、马来西亚、澳大利亚、比利时、加拿大及香港地区、台湾地区和大陆各省市、各经济特区的近 200 名专家学者、企业家出席了大会。

30 日　"七一"前夕,800 面室内国旗送到湖里区禾山镇后埔村每户村民家里。该村成为全国第一个国旗村。

同日　金尚路主干道全线通车。

本月　市社科联主席方友义,在北京召开的中国通俗文艺研究会第三次全国会员代表大会上,被授予"全国优秀活动家"称号。

本月　厦门市政工程公司获全国"市政施工经济效益十佳企业"称号。

7 月

1 日　《厦门市城市规划条例》今起实施。

同日　今起提高厦门城市居民最低生活保障标准,民政对象由现在户月人均 180 元提高到 220 元,非民政对象由现在的户月人均 150 元提高到 185 元。

同日　厦门航空有限公司面向社会公开招聘"空嫂"(已婚育的妇女)。

同日　以经济宣传和信息传播为主的综合性经济类日报——《厦门商报》正式出版发行。

3 日　厦门特宝生物工程联合公司研制成功国家级二类新生物制品"重组人粒——居噬细胞集落刺激因子",并列入今年国家级火炬计划。

4 日　中国科技开发院(厦门)中试基地举行奠基开工仪式。

7 日　《厦门旅游行业发展规划纲要》通过专家评审。《纲要》提出把厦门建成我国东南部现代化口岸国际滨海旅游城市。

8 日　国务院副总理吴邦国到嵩屿电厂建设工地视察,了解工程建设进展情况,关注电厂生产的 2 号机组主设备的制造和交货的问题。

8—11 日　全国流动人口管理工作会议在厦门召开。中共中央政治局委员、中共中央书记处书记、国务院副总理吴邦国出席会议并作重要讲话,中共中央书记处书记任建新作会议总结,国务委员罗干主持会议。

10 日　司法部部长肖扬在省司法厅厅长洪进宝、副厅长张阳春等陪同下视察厦门市司法行政工作,先后到市司法局机关、厦门劳教所、市公证处和对外经济律师事务所视察。

11 日　国务院副总理吴邦国参观集美鳌园。

同日　台湾民俗村(即景州乐园)正式对游客开放。民俗村位于塔头村,占地 40 公顷,为台胞黄景山独资兴建。

13 日　我市推出新的城镇住房制度改革方案。

13—19 日　全国台联举办的第十二届海外台胞青年夏令营来厦活动。营员有来自台湾以及居住在美国、加拿大、巴西的 15 位台胞青年。

14 日　香港金日投资集团有限公司李仲明、李仲树兄弟向同安县医院、大同镇和香港同安联谊会捐赠 100 万元。

15 日　市区中山路翻修改建竣工通车。

16 日　厦门市烈士陵园被国家民政部确定为首批爱国主义教育基地。

17 日　国家水利部、福建省水利厅、厦门市水电局与厦门警备区共建"英雄三岛",做好双拥工作协议签字仪式在大嶝岛举行。

18 日　近日,"福建省十佳职业道德先进集体"评选揭晓,厦门航空有限公司和厦门市邮电局、厦门市粮油公司军供门市部入榜。

18 日　美国恒福产物保险股份有限公司在厦门设立代表处。这是厦门第一家外资保险机构。

19 日 集友(私立)台湾子弟学校获准秋季开学。此为福建省首度专门为到大陆工作的台湾员工之子女而开设的私立学校。

20 日 厦门行政学院成立。

22 日 应台湾中国时报事业股份有限公司的邀请,厦门市羽毛球代表团赴台参加"中国时报杯"第五届羽毛球锦标赛暨第二届"海峡两岸体育交流杯"羽毛球总决赛。

厦门市烈士陵园

23 日 建设部将厦门航空公司职工住宅工程列为首批"全国建筑业新技术应用示范工程"之一。

同日 中国厦门国际经济技术合作公司全套外派船员服务于香港"华美"轮,遭台风袭击,在日本海沉没。

24 日 福建省环保局日前宣布,经对 20 个重点城市环境综合整治工作考核,全省有 10 个城市入榜,厦门市名列榜首。1994 年厦门市政府投资 3000 万元建设石油液化气供应系统,投资 1.3 亿元建设煤制气厂和输配系统,使城市气化率达 82％,每年可减少排放二氧化硫 67.2 吨。

25—26 日 市公安机关在全市城乡开展"反黑打毒"统一行动,共抓获违法犯罪分子 239 名,缴获海洛因 580 多克。

26 日 国家民政部在全国范围内确定了 100 处烈士纪念建筑物为首批爱国主义教育基地,厦门市烈士陵园名列其中。

29 日 厦门市第四次台胞代表大会举行。

30 日 厦门大学敦聘著名物理学家杨振宁为名誉教授。

31 日至 8 月 4 日 中共厦门市第八次代表大会召开。大会通过了《中共厦门市委关于制定厦门市国民经济和社会发展第九个五年计划的建议》,提出把厦门建设成为社会主义现代化国际性港口风景城市的奋斗目标。

31 日至 8 月 4 日 第 19 届国际统计物理会议在厦门大学召开,来自 51 个国家和地区的 700 多名代表出席了开幕式。这次会议是经过近 30 年后又一次在亚洲国家召开的,也是厦门大学和厦门市首次承办的大型国际性学术会议。

本月 福建厦门嵩屿电厂成立,黄家穆任厂长,陈定华任党委书记。

8 月

1 日 集口岸检查检验,港口部分生产功能,口岸服务设施于一体的厦门港联检报关中心正式启用。

同日　厦门歌仔戏剧团应新加坡"广大世界发展有限公司"邀请,赴新加坡访问演出。

2 日　日本佐世保市新任市长光武显一行访厦。

5 日　中共厦门市第八届委员会举行第一次全体会议,选举石兆彬为市委书记,洪永世、刘丰、鲍绍坤、朱亚衍、陈维钦为市委副书记。

5 日　中共厦门市纪委举行第一次全体会议,选举张清钳为市纪委书记,林文布、黄杰成、李德源为市纪委副书记。

8 日　海峡两岸近百名优秀教师抵厦参加由中国中小学幼儿教师奖励基金会、厦门市教育基金会举办的海峡两岸教师"园丁之家"活动。

同日　香港《大公报》"今日厦门"版创刊。

11 日　在"首届中国少年儿童歌曲卡拉 OK 电视大赛"上,厦门市少儿歌手叶日耀和叶伟伟分获二、三等奖,田寿玲老师获辅导奖。

12 日　福建省创建卫生城市及灭蝇达标考核检查团宣布:厦门市创建国家卫生城市及创建灭蝇城区工作达标。

同日　中国机械工业百家企业评价委员会最近公布 1994 年度中国机械工业百家最大工业企业,厦门工程机械股份有限公司入榜。

12—16 日　1995 年全国 OP 级帆船锦标赛在厦门举行,厦门代表队获队赛第三名。

14 日　最近,我市第一家民营高科技集团——厦门求实高科技集团成立。

16 日　运检处受古巴籍"梅西"(MAISI)轮船方的委托,对该轮运载的 12944 吨大米实施熏蒸杀虫处理。该船从越南运载大米拟开往古巴,途中因主机发生故障停泊厦门修理,由于船上感染且航期较长,大米严重染虫。实施大船熏蒸对厦门动植物检疫局来说尚属首次,熏蒸获得成功。

17 日　由台湾"海运研究协会"秘书长朱于益率领的"大陆港口考察团"一行 17 人抵达厦门,考察厦门港航运事业,探讨通航事宜。

19 日　国有企业厦门钨品厂以 1 万吨钨冶炼能力成为世界最大的钨冶炼企业。

同日　乒乓球世界冠军对抗赛在厦门大学明培体育馆举行。

21 日　福建省红十字会来电通知,厦门双十中学初二年级陈怡宁的《和平的天使、善良的鸿雁》荣获《我心中的红十字》征文全国的最高奖一等奖。

22 日　郑成功纪念馆、陈嘉庚生平事迹陈列馆、华侨博物院被中共福建省委、省人民政府命名为首批省级爱国主义教育基地。

25 日　美国红十字会 H1A 实验室主任李政道及其夫人李葆云来厦门考察。

同日　市窗口行业开展遵守"十不准"规范,讲文明用语活动。

同日　市社科联与市委宣传部、市党史研究室联合举行"厦门市纪念抗日战争胜利 50 周年学术研讨会"。

27 日　第八届全国电化学会议在厦门召开,全国百余名电化学学者参加了会议。

28 日　由厦门大学主办的第四十六届国际电化学会(ISE)年会在厦门开幕,51 个国家和地区近 800 名专家学者到会,其规模为历届 ISE 年会之最。大会收到论文 900 多篇,也是最多的一次。

同日　市红十字中心血站举行隆重的授书仪式,聘请李政道为血站技术顾问。

30 日　台湾富邦产物保险股份有限公司来厦考察金融业、保险业。

31 日　市外资委与市外商投资企业协会联合举行 1994 年度厦门市百家外商投资先进企业表彰大会,厦门灿坤实业股份有限公司等 55 家企业获"1994 年度全国外商投资双优企业"称号,厦门华纶化学纤维有限公司等 52 家企业被评为"1994 年度厦门外商投资先进企业"。

同日　"1995 闽台民间信仰学"研讨会的台湾中华道教总会客人在厦考察。

本月　厦门口岸今日起实行外国人特区旅游签证政策。这是继 1994 年对直抵厦门口岸台胞实行落地办证之后,我市又一项加快实施自由港某些政策的重要举措。外国人可凭有效护照直抵厦门口岸,办理在厦停留 5 天的特区旅游签证。

9 月

1 日　《厦门市公共场所禁止吸烟暂行规定》开始实施。

同日　第 46 届国际电化学年会在厦闭幕。国际电化学会主席舒尔茨称 ISE 首次在中国举行的年会获得"极大成功"。

同日　市首批全国信誉承诺企业授匾仪式举行,厦门华联商厦等 9 家企业获"全国商业企业信誉企业"牌匾。

2 日　1995 年中秋厦门南音大会唱开幕,海内外 37 支代表队,650 多位弦友赴会。

3 日　获"九连冠"的厦门市邮电局邮政转运站荣获省局授予的"全国邮运文明站标兵单位"荣誉匾。

6 日　泉(州)厦(门)高速公路联接线工程破土动工。

同日　厦门锻压机床总厂等 4 家企业的 6 个项目列入国家级重点新产品试产计划。

8 日　厦门嵩屿客渡码头正式启用。

8—12 日　1995 年福建投资贸易洽谈会在厦召开。本届洽谈会由福建、贵州、云南、山西、安徽、青海、西藏、重庆、厦门七省区二市及国家有关部、委联合主办,来自美国、德国、澳大利亚、日本、英国、荷兰、瑞士、韩国、新加坡、菲律宾、马来西亚及港、澳、台等 48 个国家和地区的海内外来宾两万多人参加了贸洽会。洽谈会参展摊位 1500 个,推出重点对外招商项目 4000 多个,展出大宗出口商品近万种。洽谈会期间,厦门招商团与外商签约 80 个项目,投资总额 12.4 亿美元,其中利用外资 9.8 亿美元。在签订的项目中,合同 56 项投资总额 2.87 亿美元,利用外资 2.33 亿美元;协议 15 项,投资总额 3.73 亿美元,利用外资 2.98 亿美元;意向 9 项,投资总额 5.79 亿美元,利用外资 4.48 亿美元。成交了一批进出口贸易,合同总金额达 2 亿美元,其中进口 6700 万美元,出口 1.83 亿美元。同时签订 5 个内联项目,总投资 6.08 亿美元。

9 日　首届'95(厦门)海峡两岸商品博览会举行,国务院特区办主任胡平、福建省省长陈明义、厦门市市长洪永世等出席开幕式。

同日　高崎国际机场标志性建筑——三号候机楼封顶。

同日　我市三条一级主干道——同集路、集灌路、福厦路石鼓山立交桥至厦门大桥段建成通车。

11 日　国内首次拍卖当代工艺美术大师作品的 1995 年厦门中国工艺美术珍品拍卖会举行。共成交工艺品 22 件,成交额 124.52 万元。

12 日　首届"九八中国专利奖"评选揭晓,共有 42 个项目分获金、银奖,厦门招商团有厦门海洋科技发展有限公司的金贝皇胶囊和海珍精胶囊等 6 个项目获金奖。

同日　在全国航海模型锦标赛上,厦门代表队获 C1 级第三名和 FSR—3.5 级第五名。

15 日　厦门市行政学院在市委党校成立。

17 日　由国家对外贸易经济合作部外资司、国家统计局贸经司、《世界经济年鉴》编辑部、《国际商报》、《中国信息报》联合排名的"1994 年度中国最大的 500 家外商投资工业企业"排序结果日前揭晓,我市厦门中鹭植物油有限公司等 14 家外资企业入榜。

18 日　被称为"水火英雄"的南京军区驻厦某集团军优秀士兵许永楠

433

当选为全国十大杰出青年。

同日 厦门市科学技术大会开幕,大会提出到 2000 年我市科技进步要实现"三大目标"。会上,厦门电控厂等 55 个单位获"科技工作先进集体"称号,施平等 186 个获"科技工作先进个人"称号。

19 日 17 日抵厦的福建省环境与资源保护执法检查团历经两天的检查,认为厦门市环境与资源保护措施有力,成效显著。

同日 1994 年度厦门市科技进步奖颁奖,厦门大学的"不锈钢表面耐蚀处理新方法"等两个项目获一等奖,"四管法"快速检测沙门氏菌的研究等 10 个项目获二等奖。获三等奖的有 13 个项目。

同日 5 位高级知识分子享受市政府特殊津贴。

20 日 1995 年中国民用飞机维修国际研讨会在厦开幕,来自中国大陆、台湾地区和美国、新加坡等国的 300 多位代表参加了研讨会。

21 日 海峡两岸经贸投资法律理论与实践研讨会在厦门举行。来自海峡两岸的法学界、法律界人士 73 人出席研讨会。

22 日 厦门市银隆信用社、厦门经济特区贸易有限公司分别向市教育基金会捐赠教育基金 100 万元和 50 万元,市人寿保险为近 600 名教育工作者无偿购买保险。

同日 由新加坡新湾控股有限公司与鼓浪屿风景区建设开发公司合作兴建的"厦门海底世界"奠基。

27—29 日 市第十届人大常委会第 18 次会议召开,会议通过了《厦门市沙、石、土资源管理规定》。

28 日 厦门大洋集团等 5 家公司向市老年基金会捐款捐物计 131.5 万元。

同日 市政府为民办实事的重点工程——杏林污水处理厂一期工程竣工,结束了杏林工业区 30 年污水无处理的历史。

10 月

7 日 以议长詹姆斯·乔治·克拉科为团长的澳大利亚西澳洲下院议会代表团一行抵厦访问。

8 日 '95 厦门最大经营规模"十强"工业企业名次近日排定,厦门中鹭植物油有限公司等 10 家企业入榜。

9 日 举行鼓浪屿菽庄花园创建人林尔嘉诞辰 120 周年纪念会。

10 日 同安县同民医院通过卫生部、国际卫生组织和联合国儿童基金会组织的国家级爱婴医院联合评估。至此,我市 11 所设有妇产科、小儿科的综合性医院全部通过国家级评估。

12 日　华东、华南八城市工商银行计算机系统联网正式开通。厦门与上海、深圳、长沙等 8 个城市之间实现 ATM 及活期储蓄通存通取。这种跨越 4 省 1 市的计算机实时联网系统在国内尚属首创。

同日　美国《洛杉矶时报》北京分社社长唐佩石来厦采访。

同日　市霞溪新市场建成启用,总面积为 4200 平方米。

15 日　中共福建省第六次代表大会报告提出,今后一个时期我省区域发展的战略布局以厦门经济特区为龙头,加快闽东南开放与开发。

同日　第三届全国城市运动会举重决赛结束,厦门市代表队以 1 金、3 银、2 铜获奖牌总数第一,市代表队和运动员万建辉获体育风尚奖。

同日　市 45 家外贸企业和 11 家三资企业参加秋季中国出口商品(广州)交易会,会上厦门企业成交 1.1 亿美元。

同日　在由国家工商局个体私营经济监督管理司和中国企业协会共同开展的"中国 500 家最大私营企业评价"活动中,厦门市大洋实业有限公司进入排行榜第八位,居福建省私营企业首位。

16 日　国家邮电部决定在厦门建设邮件处理中心,同时将厦门列为中国首次开通的邮航飞机通航的 5 个城市之一。

17 日　"国际奥委会主席杯"全国百城群众自行车赛(厦门赛区)在市体育中心举行。

同日　德国莱法州副州长雷纳·布吕德勒率经济代表团访厦。

同日　在第三届城运会羽毛球赛上,厦门市运动员曾雅琼获女单金牌。

19 日　全国城市卫生检查团抵厦检查考评厦门创建国家卫生城市工作。

23 日　召开贯彻厦门市政府 13 号令(颁布《厦门市改进行政机关作风和提高办事效率的规定》)动员大会。大会宣布成立厦门市行政机关办事效率投诉中心。

24 日　全国城市卫生检查团通报在我市检查结果,认为厦门创建国家卫生城市坚持高起点、高标准、高档次,取得了突破性进展,达到历史最好水平。

同日　市委、市政府为民办实事重点工程之一——中山路新华书店装修改造工程提前 15 天竣工。

同日　台湾布袋港开发暨两岸通航促进会抵厦与厦门有关单位探讨经贸合作。

27 日　以日本长崎县经济部长田中敏宽为团长的长崎县经济代表团一行抵厦访问。

28 日　1994 年度福建省卫生系统"双十佳"评选日前揭晓,厦门市第一医院获"白求恩杯"。

同日　以市长罗伯特·金为首的澳大利亚马卢奇郡代表团一行抵厦访问。

29 日　马来西亚槟州元首汉姆丹一行抵厦访问。

同日　在全国十年优秀发明成果暨第九届发明展览会上,厦门市有 16 项发明成果获奖,其中厦门大学化学系蔡加勒等人的"碱性电镀锌镍合金方法"获金牌奖,厦门嘉禾玻璃工业有限公司周清水的"钢化玻璃彩砖"等 5 个项目获银牌奖,另 10 个项目获铜牌奖。

同日　在由国家国有资产管理局和"中国经济效益纵深行"组委会共同发起和组织的"中国的脊梁"——国有企业 500 强评选活动中,厦门市邮电局、厦门航空有限公司、厦门工程机械股份有限公司获"中国的脊梁"称号。

30 日　在第三届全国城市运动会上,厦门代表团共获得 3 金 6 银 7 铜,总分 130 分,在 49 个参赛城市中,列金牌榜第 18 位。

同日　在第四次全国信访工作会议中,中共中央办公厅、国务院办公厅、人事部授予厦门市信访局"全国信访工作先进集体"称号。

31 日　市第十届人大常委会第 19 次会议结束,会议通过《厦门市产品质量监督管理条例》和《厦门大屿岛自然保护区管理办法》。11 月 4 日,福建省政府批复同意建立厦门大屿岛自然保护区,总面积 217 公顷。

同日　市委、市政府召开厦门市精神文明建设先进单位、先进个人命名表彰大会。向 50 个家庭授予"厦门市首届文明家庭"金质奖章。

11 月

1 日　《厦门市改进行政机关作风和提高办事效率的规定》今起实施。

同日　今日起,同安县农村全面实行火葬。

同日　厦门市个人所得税收入首次超亿元。

同日　由福建省省委、省政府组织的检查组认定厦门市实际有林地超过省定目标 2.5 万多亩,全面完成省定绿化达标任务。

3 日　市最大的散货码头——厦门嵩屿电厂煤码头主体工程通过有关部门验收,煤船停靠获得认可。

4 日　福建省政府批复同意建立厦门大屿岛自然保护区,总面积为 217 公顷。

同日　张斌生、费克俊赴泰国参加亚洲及太平洋律师学会第六届年会,张斌生以全国律协副会长的身份为代表团领队。会上,张斌生当选为亚太律协副主席。

5—6 日　多哥共和国总统纳辛贝·埃西德马将军偕夫人一行 58 人访厦。

7 日　由厦门大学、北京大学、清华大学和北京师范大学联合发起的"海峡两岸和港澳地区研究生教育研讨会"在厦门开幕。港、澳、台 11 所知名大学和祖国大陆近 20 所国家重点大学的主要负责人参加会议。

同日　厦门旭瀛学校同学联络会成立。

8 日　厦门产权交易中心开业。这是福建省首家、厦门地区唯一的产权交易市场。

9 日　厦门经济特区贸易有限公司与中国冶金部黄金指挥部及菲商签订黄金项目,合资在菲律宾棉兰老岛开采金矿,"特贸"成为福建省内首家到境外开采黄金的企业。

同日　台湾中华汽车股份有限公司及 42 家配套厂的负责人一行抵厦考察。

10 日　福建省创建文明城市竞赛总评检查团第一分团抵厦。

11 日　台湾"政治受难人互助会"一行 16 人访厦。

13 日　以全国人大常委会副委员长倪志福和以全国人大常委、财经委主任柳随年为组长的全国人大常委会《台湾投资保护法》执法检查组抵厦。

15 日　市第十二次归侨侨眷代表大会召开,大会选举陈联合为市侨联主席。

16 日　全国人大外事委《商检法》执法检查组抵厦。

19 日　全国政协调查组抵厦调查我市贯彻执行涉台法律法规情况。

21 日　日本冲绳县宜野湾市市长桃原正贤率代表团抵厦访问。

22 日　1995 年度中国工业综合评价最优 500 家揭晓,厦门工程机械股份有限公司、厦门卷烟厂、厦门绿泉实业有限公司、厦门三德兴有限公司入榜。

23 日　市十届人大常委会第 20 次会议举行,会议听取和审议市政府关于市十届人大三次会议期间代表提出的部分议案办理情况的报告等。

25 日　厦门佳丽公司通过 ISO9002 质量体系认证。这是福建省通信行业率先获取的国际市场合格证书。

28 日　全国人大教育检查组来厦检查,认定厦门对教育投入之大全国少见。

同日　厦门国际银行捐款 100 多万元港币,作为厦门市奖教基金。

同日　首届中国经济特区三资企业名优产品交易会在厦门富山国际展览城开幕,国务院特区办主任胡平、福建省长张家坤等领导参加了开幕式。

交易会由深圳、珠海、汕头、厦门、海南和上海浦东联合主办,12 月 2 日闭幕。会议期间,共签订内贸合同总金额 39920 万元人民币,外销合同金额 7580 万元美元。

29 日　全国公安系统"警民同心万里情"英模事迹报告团抵厦。

30 日　波兰驻上海总领事馆总领事斯坦尼斯拉夫·白维之抵厦。

同日　我市一项重要基础设施项目——厦门象屿保税区专用码头合作项目正式签署。

12 月

1 日　省人民政府在厦门召开"八闽杯"竞赛先进城市表彰大会,厦门市获"优胜城市"称号。

同日　厦门港开放夜航,厦门港从此成为不夜港。

2—5 日　国家卫生城市调研组在厦调研,调研组宣布:厦门创建国家卫生城市已基本达到《国家卫生城市检查考核标准实施细则》。

3 日　日前,"国家杰出青年科学基金"第二届基金评选工作结束,厦门大学孙世刚和林昌健博士获本年度该项基金各 60 万元。

4 日　由首都新闻记者组成的"国门之旅——'95 中国商检口岸行"采访团抵厦。

同日　嵩屿电厂一期工程 1 号发电机首次并网发电。次年 11 月 18 日,该厂 2 号发电机(30 万千瓦)并网发电。

6 日　厦门市基本完成儿童脊髓灰质炎强化免疫。

6 日　国家民政部召开的全国村民自治示范工作经验交流暨城乡基层先进集体和先进个人表彰会上,厦门市湖里区禾山镇被命名为"中国乡镇之星",思明区厦港街道被命名为"中国街道之星"。

7 日　全国人大 1995 年环境与资源保护工作座谈会在厦开幕,全国人大常委会副委员长王丙乾等领导人到会祝贺。

7 日　中共中央宣传部、司法部向全国推广厦门市领导带头学法用法,全面实施依法治市经验。

8 日　首届海峡两岸武术邀请赛在厦开幕,全国人大常委会副委员长程思远等领导人出席了开幕式。

12 日　国务委员、国务院秘书长罗干视察嵩屿电厂建设工地。

同日　已开关运转的象屿保税区近日又推出 10 项优惠政策。

13 日　在福建省精神文明建设工作暨命名表彰会上,福建省委、省政府授予厦门市第五届(1994—1995 年度)福建省创建文明城市竞赛优胜城市称号。

同日　近日,厦门市委宣传部、市教委制定颁布了《厦门市中小学爱国主义教育实施意见》。

同日　台湾保生大帝庙宇联谊会访问团抵厦,前往青礁慈济宫进香拜祖。

同日　以论说委员竹居照芳为团长的日本经济新闻社代表团访厦。

14日　厦门工程机械有限公司与德国雪孚集团公司合资成立,厦门雪孚工程机械有限公司合同签字仪式举行。

16日　"八五"期间,厦门港投入建设资金4亿美元,新增万吨级以上码头4个,改建、扩建码头5个,另有5个万吨级码头正在兴建。港口吞吐量由1990年的528.9万吨增加到今年的1300万吨左右,集装箱吞吐量由1990年的4.5万标箱增加到今年的约30万标箱。在吞吐量和固定资产总值方面,厦门港已步入国家大型港口行列。

17日　中共福建省委正式批准设立中共集美大学常务委员会和集美大学校务委员会。

同日　中共厦门市委第八届二次全体(扩大)会议召开,会议传达中央经济工作会议精神,确定明年我市经济建设总体要求、主要任务和措施。

18日　大嶝岛供水工程试通水一次成功。

同日　厦门市科委组织评审委员会审定并批准我市17家企业为高新技术企业,享受国家及省政府给予的优惠政策。至此,我市已有三批共47家企业被认定为高新技术企业。

同日　厦门四星级酒店悦华酒店建店十周年,国务院总理李鹏的题词是:"悦华建店十周年,而今迈步从头越。"

同日　厦门同茂食品罐头有限公司获"全国乡镇企业安全管理先进集体"称号。

19日　厦门技术创新联合公司、厦门信隆房地产公司、厦门邮电枢纽大厦筹建处等单位分别捐资250万、320万、110万元修建湖滨南路穿越西堤与鹭江道、厦禾路相联接的延伸道路。

同日　由厦门市一些企业、厦门大学和杏林区政府共同投资1.4亿元人民币兴建的厦门英才学校落成。

19日　中国佛教协会咨议委员会副主席、福建省佛教协会名誉会长、厦门市佛教协会会长、闽南佛教学院院长、厦门南普陀寺、福建鼓山涌泉寺方丈妙湛法师圆寂。

21日　全国政协副主席、中共中央统战部部长、国务院台办主任王兆国来厦视察。

同日　南斯拉夫联盟共和国总统佐兰·利利奇访问厦门。

同日　福建省财政厅、国税局、地税局、省政府发展中心、省企业评价中心最近联合发布'95福建省企业利润排序前 300 家企业名单,厦门市有华美卷烟有限公司等 124 家企业入选。

22 日　市政协举行常委会,通报市"九五"计划和明年经济工作的要点,反馈"菜篮子"和物价问题建议案的办理情况等。

23 日　由中央与地方合作、军民双拥共建的大嶝—小嶝—角屿供水工程建成,结束"英雄三岛"军民用水用电难的历史。同时,也为实现大陆向金门供水创造条件。

24 日　厦门 3000 多名军、警、民奋勇扑灭仙岳山大面积山林火灾。此次火灾过火面积约 45.022 公顷,损失 7 万多株幼苗林及 353 立方米松木,为岛内有史以来最大的山林火灾。

25 日　国家教委直属高校工作咨委会六次大会在厦门开幕,国家教委主任朱开轩及有关领导出席了会议。

26 日　国家重点工程——厦门嵩屿电厂一期工程 1 号 30 万千瓦燃煤机组建成正式投产发电。嵩屿电厂成为闽南地区骨干电源,同时厦门市应得新增电力至少每年增加社会产值 47 亿元。

26 日　厦门市与长沙市、韶山市结为友好城市。

本月　市委统战部副部长区礼华出席全国第一次光彩事业工作会议,并在会上介绍经验。

1996 年

1 月

1 日　1996 年起,厦门市列入全国"优化资本结构"试点城市之一。

同日　厦门市《产品质量监督管理条例》今起实施。

同日　中共中央纪律检查委员会副书记陈作霖来厦考察。

同日　经福建省人民政府批准,厦门集美区海沧镇、东孚镇划为杏林区。

4 日　中共中央政治局委员、全国人大常委会副委员长田纪云来厦考察。

5 日　以黎明智市长为团长的桂林市华东学习考察团抵厦。

7 日　全国规划处长、甲级规划院长工作会议和规划设计专业委员会年会在厦召开。

8 日　厦门仲裁委员会成立。

9 日　厦门海关高崎陆路监管中心正式启用。

同日　香港政府贸易署副署长谭荣邦率代表团抵厦考察。

10 日　8 日至 10 日,厦门市第十届人大常委会第二十一次会议召开,会议审议通过了《厦门市城市园林绿化条例》及有关人事任免等。

同日　新加坡驻厦门总领事馆总领事林明河抵厦履任。副领事翁江潮于 1 月 9 日先行抵厦,在假日海景大酒店内 2118、2119 号房设立临时办公室。(1996 年 12 月 6 日,该馆迁往湖滨北路大华银行大厦 09—02、03、04 号新址)

11 日　厦门航空有限公司获中国民用航空总局批准,经营福建始发的邻近国家或地区航空客货运输业务。厦航是国内数十家航空运输业中首家获得经营国际航线资格的地方航空公司。

同日　香港贸发署副署长谭荣邦一行访厦。

14 日　原国家主席杨尚昆来厦门视察。

16 日　厦门市代表团赴台出席 1996 年海峡两岸广告研讨会。

同日　中共厦门市委、厦门市政府召开动员大会,布置市级党政机关机构改革工作。

18 日　厦门太古飞机工程有限公司举行开业典礼,福建省委书记贾庆林,省长陈明义,省委常委、厦门市委书记石兆彬,市长洪永世等省市领导和有关部队首长出席了开业典礼。厦门太古飞机工程有限公司是由中国、英国、日本、新加坡、香港等国家和地区 6 家联合成立的跨国联营企业。首期工程建成后,可同时进行两架波音 747 飞机的维修。

同日　泰国驻华大使孔诗礼一行抵厦访问。

19 日　厦门市"八五"十大基础设施项目之一特区供水一期工程——江东泵站取水工程和直径 2 米,长达 40 公里的钢管铺设工程竣工。至此,每日输送进岛的原水达 50 万吨,可基本满足特区本岛 2000 年以前自来水供应,同时从根本上解决我市水质受污染问题。

同日　厦门市湖里区县后小学、高林中心小学,杏林区内河小学、高浦小学,同安县新店中心小学、浔江小学等 6 所小学获福建省"农村示范小学"称号。

同日　苏水利副市长率市政府代表团访问菲律宾宿务市。

20 日　第三次全国城市卫生检查评比结果揭晓,厦门市居 155 个城市之首,获卫生城市称号。5 月 18 日,被正式授予"国家卫生城市"牌匾。

21 日　福建省确立首批 58 种名牌产品,厦门市厦门华侨电子企业股份有限公司的"厦华"牌彩电,星鲨实业总公司的"星鲨"牌鱼肝油,宏发电声公司的"宏发"牌 AZ2100JQS—13F 继电器,厦门工程机械股份有限公司的"厦工"牌轮式装载机,厦门法拉发展总公司的"鹭岛"牌 C1、CBB 系列薄膜电容器入榜。

同日　福建省统计局对全省 971 个乡镇排出综合经济实力 50 强,厦门市禾山镇和杏林镇分别名列第 6 名和第 25 名。

同日　日前,在机械工业部召开的可靠性考核达标产品特别推荐新闻发布会上,厦门电机实业总公司的 H80—H160Y 系列电机产品入榜。

25 日　"1995 年全国市场产品竞争力龙虎榜"揭晓,厦门市富丽电子有限公司的"富丽"电话机,灿坤电器公司的"优柏"电熨斗入榜。

30 日　全市经济体制改革工作会议召开,会议传达贯彻全国全省体改工作会议精神,总结我市"八五"期间改革经验,部署我市"九五"期间的改革目标和今年的改革工作。

同日　以蓝印户口为奖励的厦门市首届"十佳"外来青年评选活动揭晓,公园街道治安联防队队长朱作忠,龙艺(厦门)企业有限公司质控员林秀珍,省四建工程公司第一分公司木工班长张培元,禾山后坑运输发展公司"的士"驾驶员李锦文,开元区花都美容化妆品公司总经理林金松,三德兴工业有限公司课长黄金旺,湖里区高林中心小学代课教师杜建华,《厦门青年报》编辑黄华南,佳利企业有限公司总经理秘书赵武玲和开元区锦龙贸易商行总经理许木杰等 10 位外来青年入榜。

31 日　厦台第一次土地学术交流会在厦门举行。

1 月　国家计委国土地区工作会议在我市召开,国家计委副主任陈耀邦到会指导。

2 月

3 日　"海上猛虎艇"命名 30 周年纪念大会在厦门举行。30 年前,该艇官兵在崇武以东海战中,与兄弟艇一起,先后击沉敌舰"沱江"号、"永昌"号,击伤"永泰"号。1966 年 2 月 3 日,国防部授予该艇"海上猛虎艇"称号。

9 日　1995 年厦门市委、市政府为民办实事的"十件大事"之首——6000 套"安居工程"完工。"安居工程"建筑面积 58 万平方米,总投资额约 7.2 亿元,住房质量经验收百分百合格。

10 日　厦门市委、市政府确定今年为民办十二实事。这些实事涉及城市建设、市场管理、稳定物价、环境保护、交通治理、文化教育、社会福利、维护治安等方面。

同日　张斌生荣获"全国十佳律师"称号。

11 日　6 日至 11 日,政协厦门市第八届第四次会议召开,会议动员全体政协委员和各界人士,认真履行人民政协的主要职能,为厦门特区完成"九五"计划各项任务开好头、起好步、积极建言献策。大会表决通过《政协厦门市第八届委员会第四次会议决议》。

12 日　7 日至 12 日,厦门市第十届人大第四次会议召开,大会《通过厦门市国民经济和社会发展"九五"计划和 2010 年远景目标纲要的决议》等。

14 日　全面开展食品卫生专项整治。

同日　首届厦门市直属机关"十佳青年公仆"评选揭晓,市仙岳医院李玉妹,厦门海关丁鹭榕,市计委吕永辉,市交警支队开元大队吴桂财,厦门宾馆钟伟红,市委统战部董仁生,市经贸委许文恭,市地税局许玉真,市中级人民法院陈国猛和市检察院反贪局刘国龙入榜。

16 日　中华民族风情艺术节在厦门南湖公园开幕,云南、新疆、青海、内蒙古等地的 7 支展演团参加表演。

18 日　厦门市旅游服务业率先推行 ISO9000 国际标准活动。

23 日　厦门足球俱乐部股份有限公司成立。

28 日　厦门市人才市场正式挂牌开业。这是市委、市政府今年为发办十大社会公益项目之一。

29 日　厦门市获全国总工会授予的"全国工会基层工作先进市"称号。

同日　原全国人大常委会副委员长彭冲来厦视察。

3 月

1 日　台北—澳门—厦门航线正式开通。

6 日　厦门至美国远洋货运航线开航。这是继厦门至日本、厦门至新加坡航线之后,由厦门港始发的第三条国际航运干线。

8 日　"希望工程"新项目——"希望书库"捐献活动在厦开展。

同日　由全国妇联提倡的"巾帼文明行动"在厦拉开帷幕。

12 日　厦门市政府颁布《厦门经济特区保税生产资料市场管理办法》。

同日　台北—澳门—厦门航线正式通航。

13 日　全市农村工作会议召开,会议提出"九五"期间我市农业和农村经济发展的主要任务和今年我市农业和农村工作总的奋斗目标。

14 日　厦门开元区、思明区红十字会通过由福建省红十字会组织的评审,成为福建省"最佳红十字会"。

15 日　清晨 6 时许,厦门电化厂发生氯气泄漏事故,文灶、九中、一中、火车站等处空气受到污染。

同日　厦门市政府举行 1995 年度纳税大户大会,纳税 1000 万元以上的 32 家企业和纳税在 500 万元以上的 38 家企业受市政府表彰。

18 日　厦门市国有资产管理局成立。

25 日　开展爱鸟周活动,20 多尾花鳗鲡,近 10 只陆龟等国家二级野生保护动物被放归大自然。

26 日　由厦门火炬特种金属材料公司承担的"高镍锌白铜线材"等 6 个高技术项目列入国家级火炬计划。

同日　原全国政协副主席方毅近日来厦考察。

28 日　经国家教委批准,厦门旅游职业中专学校成为首批国家级重点职业高级中学。

同日　厦门经济特区贸易有限公司、厦门国贸集团股份有限公司、翔鹭、建发、中鹭、九州、正新、北方、台和、进雄、灿坤、厦华入榜 1995 年厦门外贸百强企业。

30 日　举行厦门人民武装部军官任职授衔仪式。

31 日　厦门市自 1992 年开展无偿献血工作,总献血量 418.6 升,占全市总用血量的 10% 以上,率先在全省达到中国红十字会、国家卫生部设立的"无偿献血先进城市"铜质奖标准。

4 月

4 日　厦门大学校园程控电话交换局正式开通,该校原 3000 多门四位数的校内电话全部自动转为七位数程控电话,成为全国高校中最早完成电话通信系统改造的学校。

6 日　1986 年 4 月试办的厦门大学研究生院正式建院,海洋与环境学院、工商管理学院、南洋研究院同日成立。

同日　林德—厦门叉车、厦工半装载机扩建工程、嵩屿电厂一期两个电站、高崎国际机场二期工程、海沧港区一期工程等一批重点项目列入全省计划。

同日　厦门大学举行建校 75 周年活动。

7 日　厦门大学教育和科研计算机网(简称 XMUNET)正式开通与外界的联系。

10 日　厦门高崎国际机场在 1995 年中国民航服务上台阶评比中名列全国各大机场第二,并获 1995 年中国民航最佳地面服务奖。

同日　在日本东京举行的亚洲举重锦标赛上,厦门选手王国华包揽男子 64 公斤级抓举、挺举总成绩 3 枚金牌,还以 148.5 公斤的成绩打破抓举世界纪录。

11 日　"双鱼星"号游轮满载 1700 名香港游客抵厦。

13 日　厦门市今起清理整顿社会用字,保证在 8 月底使面向社会公众告示性、标识性文字杜绝使用繁体字、错别字等不规范用字。

15 日　司法部党组成员、纪检组长韩灵在福建省司法厅厅长洪进宝的陪同下视察了厦门市司法行政工作。

16 日　全国人大常委会常委、教科文卫委副主任委员郝诒纯率《中华人民共和国红十字会法》执法检查组,来厦门进行执法检查。

同日　厦门双十中学通过福建省教委验收,被定为省一级达标学校。

17 日　举行林炳熙同志先进事迹报告会。

19 日　金门爱心慈善事业基金会董事长许金龙受金门县卫生局长和县立医院院长的委托专程来厦门,就金厦两岸建立医疗交流和紧急医疗互助达成共识,同厦门市红十字会医院院长叶刚签署合作意向书。

同日　日本读卖新闻代表团访厦。

19—21 日　福建省城市环境综合整治定量考核检查团第一组在厦进行为期 3 天的检查考核工作,对厦门的评价是:领导组织有力,保证投入责任落实,措施有效成绩突出,环境质量年年提高。

21—24 日　国家卫生城市考核鉴定组在厦考核,认为厦门已达到国家卫生城市考核标准《实施细则》的要求,建议全国爱卫会命名厦门为国家卫生城市。

22 日　国家计委市场司与宏观经济研究院共同召开的“统一市场和流通现代化”国际研讨会在我市举行,国家计委副主任郝建秀同志到会指导。会议为期 3 天。

23 日　根据全国、全省统一部署,厦门市自今日零点起开始在城乡内外开展“严打”各类严重刑事犯罪分子。

同日　厦门市旧城区改造项目华辉广场奠基。

24 日　21 日至 24 日,国家卫生城市考核鉴定组在厦考核,认为厦门已达到国家卫生城市考核标准《实施细则》的要求,建议全国爱卫会命名厦门为国家卫生城市。

同日　波兰议会代表团一行访厦。

25 日　斯里兰卡总统钱德里卡·班达拉奈克·库马拉通加一行访问厦门。

27 日　农村人口占 90％的同安县通过福建省政府的“两基”(基本普及九年义务教育及基本扫除青壮年文盲)验收,比原计划提前一年半达标。至此,厦门市在全省九地市中率先实现“两基”达标。

28 日　新加坡驻华大使郑东发及新加坡大华银行集团主席兼总裁黄

祖耀抵厦访问。

29 日　英国驻华大使艾博雅来厦访问。

30 日　本市"红十字声命救助大行动"组委会召开新闻发布会和全市动员大会,并举办各项活动,全市共有 849 个单位 30 多万人捐款。

同日　厦门市社会科学联合会第三次代表大会举行。杜明聪当选为社科联第三届理事会主席。

5 月

1 日　同安县莲花镇实行火葬制。至此,厦门市城郊死亡人口火化率达 100%。

2 日　厦门汽车工业企业金龙旅行车有限公司、厦门工程机械股份有限公司获"1995 年年度中国机械工业优秀企业"称号。

3 日　厦门市委常委和市政府、市人大、市政协领导分别与厦门 24 个集体收入 5 万元以下的贫困村挂钩,以确保实现扶贫目标。

5 日　紫金山天文台发现编号为 3067 号小行星,4 月 16 日被命名为李陆大小行星。李陆大为集美学校和厦门大学校友。今日在集美举行李陆大小行星授名大会。

11 日　福建省第一艘海上混凝土搅拌船投入使用。

15 日　在第四届全国残疾人运动会上,厦门市选手共获 5 枚金牌、2 枚银牌。

17 日　铺轨 1.66 公里,其中专用线路基长 704 米的厦门港煤码头铁路专用线开通。

18 日　厦门市委、市政府指定的权威性新闻发布机构——市绿泉新闻中心正式启用。

同日　厦门市正式设立"五套班子"新闻发言人,并首次举行新闻发布会。

同日　全国爱卫会做出决定,命名厦门市为国家卫生城市,授予"国家卫生城市"奖牌。

20 日　菲律宾驻华大使照会我国外交部称:菲律宾政府已任命维拉番多为驻厦门总领事馆总领事。5 月 29 日,我国外交部向维拉番多颁发领事证书,同意维拉番多为驻厦总领事(维拉番多自 1995 年 9 月任菲驻厦总领馆领事,原总领事巴乐亚诺于 1996 年 1 月 30 日离任,由维拉番多接任)。

同日　日本佐世保市政府代表团光武显市长一行抵厦访问。

21 日　厦门市与安庆市结为友好城市。

同日　厦门至日本冲绳空中货运航线正式营运。

24 日　巴基斯坦议会代表团一行访厦。

同日　厦门电视台《看厦门》栏目获广播电影电视部颁发的 1995 年中国电视奖(社教类)栏目一等奖。

同日　厦门市破获新中国成立以来最大毒品案,查获一类毒品咖啡因 100 公斤。

25 日　海岸带综合管理国际研讨会在厦开幕,来自世界 23 个国家和地区的 120 名海岸带管理员、专家、学者等参加了会议。

26 日　福建省长陈明义在同安考察农村奔小康建设。

同日　厦门特区工程建设公司捐资 200 万元兴建白鹭女神雕塑园。

27 日　在日内瓦国际发明新技术、新产品展览会和巴黎国际发明博览会上,厦门大学化学系教授蔡加勒发明的"碱性电镀镍合金方法"获日内瓦发明展览金奖。厦门嘉禾玻璃工业有限公司总经理周清水发明的"钢化玻璃彩砖"获巴黎国际发明博览会"维克图尔瓦．德．萨莫布拉斯"(胜利女神)专项奖,厦门家福工贸公司总经理曾文发明的"姜枣茶新饮品"获银奖。

27—31 日　厦门市第十届人大常委会第二十三次会议举行,会议审议通过了《厦门市各级人大常委会执法检查监督规定》和《厦门市荣誉市民称号授予办法》。

29 日　厦门港首航欧洲地中海地区的巨轮"枫河"号出航。至此,厦门港已有至日本、新加坡、美国、地中海四条国际航线干线。

同日　中共福建省委书记贾庆林在厦门考察。30 日,贾庆林到厦门港联检报关中心的动植物检疫报检服务台了解电脑咨询情况,看到货主可以在电脑上自动查询有关检疫规定及收费标准后说:这样可以提高政府服务质量,提高办事效率和透明度,推动廉政建设。他称赞厦门市带了个好头,要求进一步完善相关职能,在改善投资环境方面发挥特区示范作用。

6 月

1 日　今日起,厦门市生猪屠宰和鲜肉经营实行"定点屠宰集中检疫,统一纳税,控制批发,分散经营"管理办法。

2 日　厦门华侨电子企业股份有限公司等 13 家公司参加布加勒斯特第十三届国际消费品交易会。厦门与外国客商签订的出口合同额约为 10 万美元,意向性合同额为 500 多万美元。

3 日　厦门集美中学通过福建省二级学校定级验收。

同日　以香港荃湾区议会主席陈流芳太平为团长的荃湾区议会访问团一行抵厦参观访问。

5 日　纪念世界环境日,厦门大屿白鹭自然保护区筹建处、市环境信息中心同时成立。

9 日　全国第五届 17 个经济中心城市计委办公室主任联席会议在福州和厦门召开,国家计委办公室主任陆凯军到会指导。会议于 6 月 15 日结束。

11 日　菲律宾共和国外交部长多明戈·西亚松一行抵厦访问。

12 日　厦门新亚塑胶有限公司生产的"万通"牌 U—PVC 建筑用排水管材,被中国轻工协会、中国保护消费者基金会联合推荐为 1996 年中国消费者信得过名优产品。

同日　以市政协副主席郑镇安率领的厦门市龙舟代表团访问马来西亚槟岛市参加龙舟节。

同日　由厦门大学出版社出版的《税利分流研究》(邓子基等著)获中国出版界最高荣誉奖项——中国图书奖。

16 日　菲律宾知名实业家吴逸辉抵厦考察。

同日　凯歌(厦门)高尔夫俱乐部开业。

同日　台湾《工商时报》大陆新闻中心主任李孟洲带领大陆采访团访厦。

19 日　台湾台塑关系企业总经理王永在一行访闽,在厦期间考察了海沧投资区、火炬高科技园区和集美学村。

20 日　菲律宾驻厦门总领事馆照会通知:菲驻厦总领馆新任副领事安默维拉小姐已抵厦履任。

21 日　我市在美国熊猫电视台举办"今日厦门"电视周暨厦门经济特区改革开放情况介绍会。

22 日　厦门大学集会纪念我省第一个中共党支部成立 70 周年。

同日　厦门市获全国"二五"普法先进单位称号。

23 日　在韩国汉城举办的亚洲杯羽毛球赛上,厦门市运动员曾雅琼荣获女子单打冠军。

23—26 日　加拿大北约克市市长麦尔·拉斯蒙率领的北约克市代表团一行 18 人访厦。24 日,厦门市副市长张宗绪与北约克市长麦尔·拉斯蒙分别代表两市签订了友好交流意见书。

24 日　在韩国汉城举行的亚洲杯羽毛球赛上,代表中国参赛的厦门运动员曾雅琼获女子单打亚军。

26 日　厦门市场开发建设服务中心正式成立。

27 日　厦门市开始试行社会服务承诺制度。在学习徐虎、林炳熙,试行社会服务承诺制度新闻发布会上,通报了《实施细则》,首批五家试点单位将陆续公布各自的承诺内容。

同日　厦门市列为全国职工医疗保障制度改革试点城市。

28 日　厦门第二中学通过福建省二级达标学校验收。

7 月

1 日　厦(门)漳(州)高速公路厦门段全线动工。

2 日　厦门市人大常委会副主任陈联合率市政代表团、经贸交流团及小白鹭歌舞团往菲律宾宿务市举办两市友好交流会。

3 日　厦门市《鼓浪屿——万石山风景名胜区》在全国国家级风景名胜展览会上,获银杯奖。

4 日　海峡两岸书画印名家促进祖国和平统一研讨会在厦开幕。

同日　厦门工程机械股份有限公司生产的"厦工"牌装载机,在 1996 年中国城市商品售后服务调查中获第一名。

同日　台湾"布袋港开发暨两岸通航促进会"网球队抵厦门比赛。

5 日　国家外经贸部日前公布 1995 年度中国进出口额最大的 500 家企业,我市厦门经济特区贸易有限公司等 9 家企业入榜。

同日　中共福建省委书记贾庆林率省委精神文明调研组来厦门考察调研。

6 日　美国国际传记协会授予厦门大学经济学院博士导师邓子基教授1995 年"世界终身成就奖",即"金人奖"。

同日　厦门市人大常委会主任李秀记率代表团访问新西兰惠灵顿市和澳大利亚马卢奇郡。

16—17 日　中共厦门市委第八届三次全体(扩大)会议开幕,会议通过《中共厦门市委关于积极推进经济增长方式转变的若干意见》。

17 日　16 日至 17 日,中共厦门市委第八届三次会议(扩大)会议开幕,会议通过《中共厦门市委关于积极推进经济增长方式转变的若干意见》。

18 日　厦门市政府颁发《厦门市银行卡跨行联网管理规定》。

19 日　1996 年全国足球乙级联赛(东区)复赛结束,厦门队获得乙级联赛决赛入场券。

同日　植检处在检疫进境的美国小麦中检出小麦矮腥黑穗病菌(TCK),经国家动植物检疫局指定,由上海动植物检疫局专家及章正教授复核,予以确认。8 月 7 日,颜金村等在上海向参加谈判会的中美双方的进出口商和检疫专家通报了检疫结果,美方认可无疑。该批小麦按中国的有关规定实施处理。

22 日　台湾中国传统国术损伤整复协会访问团在厦门市中医院参观

与学术交流。

24—26 日　全国经济特区精神文明建设研讨交流会在厦门召开,通过建立全国经济特区精神文明建设研讨交流会制度的协议。

28 日　厦门工程机械有限公司列入全国 300户重点企业。

生产装载机的厦门工程机械股份有限公司

同日　厦门罐头厂、厦门达真磁纪录有限公司、厦门星鲨实业总公司、厦门海燕实业总公司获国家经贸委授予的"1995 年自营出口先进企业"称号。

同日　厦门市政府在同安县投资兴建的两个菜篮子工程项目全面投产,今后每年可供生猪 6 万头及万吨稀有品种蔬菜。

30 日　海峡两岸有机肥技术交流会在厦门市举行。

同日　台湾《联合报》记者汪莉娟来厦进行采访活动。

8 月

2 日　昨晚 8 时至今日上午 8 时,8 号台风袭击厦门市各县区。全市过程雨量 200.6 毫米,最高达 348 毫米,同时出现历史上少有的高潮位。据不完全统计,全市海堤决口 102 处,长 2068 米,盐场被冲 9934 亩,鱼虾池受淹 1 万多亩,8 万多亩农田被淹,部分房屋倒塌。

4 日　厦门市政协主席蔡望怀一行访问日本佐世保市。

5—9 日　厦门市第十届人大常委会第二十四次会议召开,审议通过《厦门市城镇房屋管理条例》、《厦门市城市房屋拆迁管理规定》和《厦门市禁止赌博条例》。

13 日　廖天福为团长的"台湾两岸事务交流参观团"抵厦。

15 日　漳州"110"先进事迹报告团抵厦。

18 日　率先发动会员赶赴长汀灾区慰问。

20 日　中华人民共和国交通部颁布的《台湾海峡两岸间航运管理办法》今起实施。交通部决定先开放厦门、福州两个港区,作为两岸间船舶直航试点口岸。

21 日　厦门市各界捐款捐物支援龙岩灾区,捐款累计人民币 683 万多元,衣被 61 万多件,药品 30 箱,电话机 71 部,大米 1 吨。

23 日　厦门市陈嘉庚生平事迹陈列馆等 12 家单位被命名为首批市级爱国主义教育基地。

26 日　台湾屏东县残障协会参访团访问厦门。

30 日　同安新西桥通车。桥长 110 米,宽 34 米。

9 月

3 日　旅外乡亲、集美大学高级顾问李引桐为集美大学捐资。

同日　中共中央政治局委员、国务院副总理姜春云来厦考察。

5 日　厦门大学师生捐款 21.8 万元、衣被 1.6 万件支援闽西受灾群众重建家园。

6 日　大型城雕"白鹭女神"在白鹭州南岸落成。高 14.3 米,由 100 多块优质花岗岩组成。

同日　厦门鼓浪屿夜景工程竣工。

同日　厦门市岛内 403 条大街小巷设立了 932 块新型路牌,路牌正面标明所在地附近主要公共设施的走向指示,背面是旅游交通图等,中英文对照。

同日　厦门市污水处理二厂一级处理和长 1.411 公里,直径 1.8 米的深海排放管投入使用。

同日　厦门市政府投资 200 万元兴建的湖滨南路夜景工程亮灯。该工程安装了 232 组共 464 盏射灯,全长 2.3 公里。

8 日　由香港丽新集团、丽新(厦门)房地产开发有限公司投资 4.5 亿元人民币兴建的厦门香港广场奠基。

8—10 日　第十届福建投资贸易洽谈会在厦门开幕,本届洽谈会由国家科委、煤炭部、国内贸易部、农业部、国家专利局、中国开发区协会、中国外商投资企业协会和福建、贵州、云南、厦门等 19 个部(委、局、协会)、省、自治区、计划单列市共同主办。洽谈会设 1800 个摊位及 26 个展馆。各招商团对外招商项目约 5000 项,展品近万种。与会客商 3 万多人,其中境外 42 个国家和地区客商 4263 人,来自全国各地和境外展团的参展企业达 2000 多家。洽谈会上,厦门招商团共与外商签订项目 53 个,投资总额 9.33 亿美元,利用外资 7.81 亿美元,其中合同项目 26 项,投资总额 3.8 亿美元,利用外资 3.27 亿美元。签订的合同贸易总额 3.08 亿美元,其中出口 2.24 亿美元,进口 8400 万美元。

8—12 日　海峡两岸商品博览会在厦门召开,厦门市对台贸易成交额 5336 万美元,其中出口 3851 万美元,进口 1485 万美元。

8—12 日　首次由台湾岛内台商组成的台商团前来参加厦门"9·8"贸

洽会。

9 日　厦门港目前唯一可以靠泊第四代国际集装箱船泊的海沧港区 2 号、3 号码头主体基本完成，厦门海沧港务有限公司、厦门港口开发有限公司正式开业。至此，海沧港区开始运作。

厦门港集装箱吞吐量居全国前列　图为东渡海天码头

同日　由福建省开放办、省外经贸委、厦门象屿保税区管委会和台湾国贸协会联合主办的第二届海峡两岸商品博览会在厦门开幕。本届博览会的主题是"发展台湾海峡两岸经贸合作，促进两岸工商界携手走向世界"。

13 日　惠灵顿市新任市长布朗斯基率代表团访厦。

18 日　国家电子部批准厦门高卓立液晶显示器有限公司为国家平板显示工程技术研究中心厦门中试生产基地。

同日　加拿大多伦多大学植物生态学博士、环保专家戴子仙一行抵厦考察。

同日　以芬兰外交部新闻官（参赞）佩·阿尔托为团长的芬兰新闻代表团访厦。

19 日　全国人大常委会办公厅正式复函，认为厦门市制定的法规适用全市范围。

20 日　《中华人民共和国厦门海关对进出厦门经济特区贸易、运输工具、行李物品和邮递物品的监管和征免税实施细则》实施。

同日　厦门 ABB 开关有限公司获得首份 ISO14001 国际环保体系认证证书；厦门台洋电子、通达公估等 5 家外资企业加盟推行 ISO14001 行列，并与厦门质量认证中心签订了认证协议。

同日　厦门市被国务院纠风办列为全国社会服务承诺试点城市之一。

26 日　首届海峡两岸中华酒节开幕，海峡两岸 108 家酒厂登场。

28 日　同安县大嶝岛公路通车。

29 日　国家外经贸部、中国人民银行、国家税务总局专门函复厦门市政府，支持厦门扩大对台贸易，将在出口配额、信贷资金、出口退税等方面给予适当优先。

30 日　厦门经贸团赴台访问。

同日 在厦门大学新闻传播系任教的美籍教师简·恩斯伯格和大力支持厦门眼科中心建设的新加坡国立眼科中心医学主任林少明获我国国家级"友谊奖"。

10月

4—5日 台湾民主自治同盟厦门市第四次盟员大会召开,选举产生新一届台盟市委会,郭允谋当选为主任委员。

6日 在德国举行的第十三届世界技巧锦标赛中,厦门籍运动员梁海珍与漳州籍队友陈美合作获得双人全能第一套两枚金牌。

7日 由市委书记王武龙率领的南京市赴福建学习考察团抵厦。

8日 "台湾劳权会"来厦参观访问。

9日 1996年全国部分中心城市机关后勤改革研讨会在厦门召开。

同日 福建省首届海外华裔青年联欢节在厦门开幕。来自美国、日本、香港等国家和地区的99名华裔青年参加了联欢节活动。

同日 全国政协委员赴闽视察团莅厦,视察我市社会主义精神文明建设情况。

同日 厦门大桥日前获我国工程质量最高奖——中国建筑工程鲁班奖(国家优质工程)。这是福建省建设工程迄今为止所获的最高奖项。

同日 香港星岛报业集团主席胡仙访厦。

11日 德国驻广州总领事齐默曼访厦。

同日 由晋江市政府和厦门大学联办的厦大晋江学院成立。

同日 由厦门市政府和厦门大学联办的厦门大学医学院暨董事会成立,全国人大常委会副委员长卢嘉锡及省、市、厦大领导出席成立大会。这是该校第十个学院,学制5年,首期设临床医学专业,以心血管为主修方向。

11—13日 中国致公党厦门市第三次代表大会召开,胡明辉当选主任委员。

12日 以勃杰·霍朗省长为团长的瑞典西诺兰省代表团访厦。

13日 11日至13日,中国致公党厦门市第三次代表大会召开,胡明辉当选主任委员。

15日 厦门市公安局交警支队获"全国公安机关学济南交警先进集体"称号,并荣立集体一等功。

同日 厦门市杏林区杏林镇获第三批全国"亿万农民健身活动"先进乡镇称号。

同日 新加坡劳工部高级政务次长李玉胜一行访厦。

同日 由中宣部、人事部、厦门市委、市政府联合组织的"做人民满意的公务员"事迹报告会在厦举行。

16 日　第八届全国催化学术会议在厦门大学举行,来自国内和新加坡、香港等国家和地区的 350 多人参加了会议。

17 日　由邮电部规划研究院 16 位专家制订的《厦门信息港基础设施总体发展规划》通过专家评审。

18 日　由厦门市政府和厦门大学联合创办的厦门市科技中学揭牌,著名物理学家杨振宁为该校题写校名。

19 日　全市隆重集会纪念红军长征胜利 60 周年,市党政、军领导和老红军老干部等出席会议。

同日　厦门鑫泉集团有限公司等单位向市老年基金会捐款 110 万元。

同日　由文化部、国务院港澳办、国务院新闻办和新华社等共同主办的《香港的历史与发展》大型图片展在厦展出。

20 日　福建省最大的老人活动场所——厦门市老人活动中心建成并投入使用。

22 日　湖南靖州周清江烈士事迹报告团莅厦巡回报告,市直机关 800 多名党员干部聆听首场报告。

23 日　1995 年度厦门市科技进步奖评审揭晓,厦门市公安局指挥中心完成的"厦门市公安指挥系统"等 31 个项目获奖。

同日　荷兰商业银行厦门分行开业。

24 日　由国际商业机器公司(IBM)捐赠价值 85 万美元计算机设备建立的厦门 IBM 技术中心正式运行。

24—26 日　中国民主建国会厦门市第七次代表大会召开,会议选举产生新一届市委会,吴松柏当选主任委员。

25—26 日　中国国民党革命委员会厦门市第九次代表大会召开,会议选举产生新一届市委会,庄威当选主任委员。

27 日　厦门市人民政府发布《厦门市劳动监察规定》。

28 日　28 日至 30 日,厦门市委八届四次全体会议召开。会议学习贯彻党的十四届六中全会精神和省委六届三次全体(扩大)会议精神,总结交流我市社会主义精神文明建设的经验,审议通过《厦门市"九五"期间社会主义精神文明建设规划》的决议。

同日　福建省政府授予全省 61 项产品为 1995 年度省优秀产品称号,厦门市电控厂的 QSA 系列隔离开关熔断器组等 9 项新产品入榜。

同日　厦门市人民政府发布《厦门水产品批发市场管理规定》。

28—30 日　厦门市委八届四次全体会议召开。会议学习贯彻党的十四届六中全会精神和省委六届三次全体(扩大)会议精神,总结交流我市社会主义精神文明建设的经验,审议通过《厦门市"九五"期间社会主义精神文明建设规划》的决议。

30 日　国家民航总局对部分机场、航空公司运输服务质量进行的综合执行检查结果揭晓,厦门机场在 8 大机场排序中名列第二,厦门航空公司在 12 家航空公司中位居第三。

同日　中共厦门市纪律检查委员会第三次全体(扩大)会议举行,会议审议通过中国共产党厦门市纪律委员会第三次全体(扩大)会议决议和报告。

31 日　全市召开第三次环境保护会议,提出"九五"期间和跨世纪环保工作目标及创建国家环保模范城市任务,市长洪永世要求各级政府把环境保护纳入经济和社会发展的总体规划。

同日　中国农工民主党厦门市第九次代表大会闭幕,选举产生以黄奕卿为主任委员的新一届市委会。

11 月

1 日　我市陈嘉庚、郑成功纪念馆被国家教委、民政部、文化部、国家文物局、共青团中央、解放军总政治部命名和推荐为全国中小学爱国主义教育基地。

同日　我市一批项目获国家科委批准列入国家科技开发计划,这些项目包括国家级星火计划 6 项,国家级科技成果推广计划 2 项和全国科技攻关计划项目 3 项。

2 日　九三学社厦门市第四次代表大会闭幕,选举产生了以吴家仁、黄培强为副主任委员的第四届市委会。

同日　市政协举行八届二十五次常委会,石兆彬到会传达中共十四届六中全会和省、市委扩大会议精神。

3 日　中共厦门市委、厦门市人民政府作出《关于环境保护若干问题的决定》。

4 日　以大城其淳委员长为团长的日本冲绳县宜野湾市议员团访厦。

同日　中国民主促进会厦门市委会第二次代表大会闭幕,选举产生了以林仁川为主任委员的第三届委员会。

6 日　运检处首次对船舶在港排放的压船水 1 万多吨进行消毒处理。

8 日　厦门机场 3 号候机楼正式启用,楼高 45.7 米,分 4 层,总建筑面积 12.7 万平方米。3 号候机楼的保障能力为特区航空业务的发展提供了坚实后盾。

1996 年,厦门高崎国际机场 3 号候机楼开始启用

同日　厦门市政府召开第四次全体成员会议,贯彻落实党的十四届六中全会和市委八届四次全会精神。洪永世市长作了重要讲话,提出要把精神文明建设摆到更突出位置。

同日　在第三次全国共建设精神文明口岸交流会上,厦门口岸第三次蝉联"文明口岸"称号。

9 日　全国国债工作会议在我市召开,会议提出了强化国债市场管理,执行发行交易法规,完善制度建设新思路。

10 日　中国民主同盟厦门市第九次代表大会闭幕,选举产生了以郑兰荪为主任委员的第九届市委会。

12 日　由国家教委组织实施的"面向 21 世纪教学内容和课程体系改革计划"中,厦门大学共有文科 3 项,经济学科 7 项,理工科 9 项获得国家首批立项。

13 日　厦门首届国际中医药学术研讨会举行,来自全国 15 个省、市,解放军 44 个医院和台湾、香港地区以及马来西亚、新加坡、德国的专家、学者参加了会议,并提交了 80 篇论文。

同日　投资 1.6 亿元的高崎国际机场飞行区延长填海主体工程通过验收。并被有关验收单位推荐为优良工程。

15 日　今年 10 月在德国里萨举行的第 13 届世界体操技巧锦标赛上勇夺两金一银的国际级运动健将、厦门籍运动员梁海琼获市政府嘉奖。

同日　厦门市人民政府发布《厦门市工程建设监理管理办法》令。

18 日　隶属厦门海关的龙岩海关正式开关。

20 日　'96 全国流体传动与控制暨机电液一体化学术交流会在厦门大学召开。

同日　国务院公布第四批全国重点文物保护单位,其中包括本市胡里山炮台、海沧青礁慈济宫两处。

同日　举行厦门市第十届人大常委会第 26 次会议,会议通过了《厦门市城市建设管理监察条例》、《厦门市劳动安全卫生条例》和我市首批荣誉市民名单。

同日　市政府召开表彰大会,奖励 1995 年度有功科技人员该年度科技成果奖,主要是围绕我市经济建设和社会发展的重点和热点攻关开发,计 31 项。

同日　在首届亚太地区特殊奥林匹克运动会上,我市运动员陈黎明、吴伟艺、吴俊峰、蔡美美共获 3 金 4 银 1 铜。

22 日　计算机接制版技术落户厦门。北京大学和华通集团在厦门火炬高技术产业开发区举行合同签字仪式。

同日　全长 11.6 公里和 15 公里的同安县大同——竹坝、大同——莲花公路建成通车。

24 日　第二届世界同安联谊会在同安开幕,近 20 个国家和地区 2000 多位同安人参加盛会。

26 日　"海峡两岸文化交流回顾与前瞻研讨会"在厦门召开。

同日　第二届中国经济特区商品交易会在厦开幕。全国人大常委会副委员长王汉斌为交易会剪彩。

同日　我市公路施工养护实现机械化,干线好路率达 91.1%,机械化水平居全省首位。

28 日　第七次特区政府秘书长、办公厅(室)主任联席会议在厦举行。

同日　以约翰·菲力普郡为首的英国加的夫郡代表团访厦。

同日　在深圳举行的全国保龄球锦标赛上,厦门队选手叶韶阳夺得男单冠军,并打破全国纪录。

29 日　莲坂西小区获"全国城市物业管理优秀住宅小区"称号。

11 月　司法部下发《关于表彰全国司法行政系统先进集体英雄模范和劳动模范的决定》,授予张斌生英雄模范称号。

12 月

1 日　两台高达 50 多米的港口装卸设备——门座起重机近日安装完毕年底投入运作。

同日　武警厦门市警备指挥部成立。

同日　中午,开元区辖区水磨内山发生重大山林火灾,上千名部队官兵和干部群众连续奋战八个多小时将山火扑灭。

2 日　对虾新模式(半封闭精养)养殖技术在同安试验成功。

同日　厦门海洋实业(集团)股份有限公司 A 股(社会公众股)股票 1100 万股,在深圳交易所上网定价发行。

5 日　经济特区思想道德文化建设研讨会在厦召开。

同日　以李启发为团长的香港政务官代表团访厦。

同日　朱镕基总理近日视察厦门,赞赏厦门抓住改革开放机遇建成现代化国际性城市雏形,把投资重点放在基础设施方面的重要经验很值得总结和借鉴。

6 日　湖里区完成对禾山镇 1995 年农村小康建设进程的验收工作。经监测考核,禾山镇全面达到农村小康建设目标。

同日　在广东顺德举行的'96 中国合唱节落幕,我市星海合唱团在与来自全国 35 个专业、业余合唱团同台竞艺中获取银牌。

7 日　福建省委书记陈明义和代省长贺国强在厦考祭。

同日　国际光谱化学高级研讨会在厦门大学召开。

8 日　1996 年厦门足球甲级联赛在市体育中心拉开战幕。

同日　由火车站发至机场 3 号候机楼的市公交 37 路无人售票车投入营运。

9 日　厦门门山堡公司获国际知名认证机构挪威船级社和中国商检厦门质量认证中心颁发的 ISO9000 质量体系认证证书,成为我国 O 型环等橡胶密封制品行业首家获此殊荣的企业。

10 日　由同安县城开往厦门市最大山区镇——莲花镇后埔村的 7 路公交车开通。

11 日　闽南地区首家专业性美容整形外科中心——厦门市整形美容外科治疗中心在市第二医院正式成立。

12 日　经国家环保局同意,厦门市为我国实施 ISO14000 系列标准的首家试点城市。

同日　由厦门市十大杰出青年、市十佳外来青年、特区青年卫士、市十佳青年公仆、市杰出青年科技人才奖获得者组成的特区杰出青年报告团成立。

13 日　《厦门与台湾交流合作画册》举行首发式。

13 日　厦门市公安局破获台湾洪门武当山总会在厦门非法成立的帮

派组织"厦门分会",其头目刘水发、林标祥、谢国进被依法遣送出境。

同日　我省首艘万吨级举力船坞——"厦门一号"安全驶进厦门港,结束了我省修船没有浮船坞的历史。

同日　筼筜湖内环境夜景工程提前竣工。

14 日　经过三天对区级农村小康水平的验收,开元区、思明区、湖里区被评定为全面实现小康,杏林区、集美区评定为基本实现小康。

同日　厦门工程机械厂股份有限公司从德国引进一台价值 45 万美元的 C1DOS 焊接机器人。

同日　市委、市政府今年为民办实事的 12 个项目有 11 个已完成。

15 日　鼓浪屿夜景首期工程竣工剪彩。

同日　全国政协委员、香港特别行政区第一届政府推选委员会委员、香港文汇报社社长张云枫一行抵厦。

16 日　《脚印——厦门经济特区建设 15 周年画册》举行首发式。

同日　《中国经济特区的建立与发展·厦门卷》近日由中共党史出版社出版发行。

同日　国内首家集装箱水路运输定期班轮厦门—上海航线开通。

同日　横贯厦门岛东部的第一条主干道——莲前路正式通车。该路西起莲坂,东至前埔,全长 6.2 公里,宽 44 米。

同日　由马来西亚《南洋商报》、《光华日报》、《中国报》、《光明日报》、《国际时报》、《星洲日报》组成的华文报记者考察团抵厦访问。

同日　长 11.28 公里,面积约 132 公顷的筼筜湖夜景工程正式启用。

同日　中国太平洋保险公司厦门分公司正式成立。

同日　坐落在杏林九天湖畔的厦门国际学校举行揭牌仪式。

17 日　《中国经济特区大辞典》、《厦门经济特区辞典》在厦门市政府东楼举行首发式。

同日　安庆市庆祝厦门经济特区建设 15 周年黄梅戏专场晚会在厦门影剧院举行。

同日　大型歌剧《阿美姑娘》作为献给厦门经济特区建设 15 周年的一份厚礼首次公演。

同日　厦门东浦路一期工程竣工。从火车站往东浦的 38 路无人售票车开通。

同日　厦门经济特区建设 15 周年庆祝大会在厦门人民会堂举行。李鹏总理发来贺信,祝贺厦门特区建设 15 周年。

同日　厦门经济特区建设 15 周年重大新闻评选揭晓,依次为:1.邓小平同志视察厦门并题词:"把经济特区办得更快些更好些",厦门经济特区范围扩大到全岛,并逐步实行自由港某些政策;2.江泽民总书记出席厦门经济特区建设十周年庆典,发表重要讲话,并为我国第一座海峡大桥——厦门大桥建成通车剪彩;3.厦门市名列全国卫生城市评比榜首,被授予"国家卫生城市"称号;4.八届全国人大二次会议决定授予厦门经济特区立法权;5.厦门经济特区发祥地——湖里工业区破土动工;6.国家交通部、外经贸部分别颁布《台湾海峡两岸间航运管理办法》和《关于台湾海峡两岸间货物运输代理业管理办法》,明确提出厦门港区为两岸间直航试点口岸之一;7.中国共产党厦门市第八次代表大会通过了《中共厦门市委关于制定厦门市国民经济和社会发展第九个五年计划的建议》,提出把厦门建设成为社会主义现代化国际港口风景城市的奋斗目标;8.在厦门举行的第十届"九·八"福建投资贸易洽谈会取得丰硕成果,大半个中国派团参加,并已升格为全国口岸洽谈会;9.厦门高崎国际机场建成全国规模最大的候机大楼,该机场于1983年10月22日正式通航;10.国务院批准厦门市为计划单列市;11.历时三年,总投资近六亿元的厦门特区供水一期工程把九龙江水引进厦门,日输水量达52万吨,从此明渠和管道一起供水,可满足厦门特区跨世纪用水需要;12.国务院批准厦门经济特区及厦门市辖的杏林、海沧为台商投资区;13.厦门市被评为中国城市综合实力50强城市的第十名及首批投资硬环境40优城市之一;14.历时一年的厦禾路改造揭开大规模改造旧城区序幕;15.厦门市再次荣获全国"双拥模范城"称号。

同日 厦门人民会堂举行落成剪彩仪式。会堂有1500座位的主会场,四周有7万余平方米的广场绿地。

同日 我市第一家政策性金融机构——中国农业发展银行厦门市分行成立。

17—19日 日本佐世保市社会教育课课长深堀宽治、文化交流课课长小浦康正、佐世保—厦门青少年交流协会会长竹末义登及随行人员岛田哲彦和松本宏一、新泻—厦门委员会会长五十岚佑司等6人来厦参加厦门特区建设15周年庆祝活动。竹末义登和五十岚佑司还参加我市荣誉市民授证仪式,成为厦门市首批荣誉市民。

18日 海沧大桥正式动工。海沧大桥由东西航桥道、引桥、主桥等组成,全长5926.5米,主桥长1108米,为大跨度悬索桥,桥面为6车道,总投资28.7亿元。

19日 ABB工业园落成。该园投资1亿元人民币,是跨国公司ABB集团在中国兴办的第一家合资企业。

厦门人民会堂

同日　闽粤赣十三地市党政领导聚会厦门,共商区域经济合作大计。

同日　厦门环岛路二期工程动工。

同日　位于马銮湾的新阳大桥竣工通车。全桥长 3.72 公里,桥面宽 21 米,设双向 4 车道。

20 日　"厦门市十佳建筑"评选揭晓,依次为:厦门高崎国际机场三号候机楼、大华银行大厦、厦门人民会堂、国贸大厦、闽南贸易大厦、假日海景大酒店、中国银行大厦、华景花园、维多利亚俱乐部、高崎联检大楼。

同日　海沧镇供水工程竣工供水。

同日　厦门市破获一起金融诈骗大案。案犯吴兹虎等 3 人伪造银行公私章和房屋产权证明,办理虚假的担保连续骗取贷款 8 次,总款额达 2160 万元。

同日　厦新电子有限公司 3500 台"厦新"PD100 录像机启运菲律宾。

21 日　遇险的台湾渔轮"进丰一号"经厦门有关方面的救助、修复,离开厦门港。

23 日　首届中国十杰百优外来务工青年评选揭晓,厦门市朱作忠榜上有名。

25 日　庆祝厦门经济特区建设 15 周年摄影艺术展在市图书馆开幕。

同日　厦门足球队冠名"厦门银城足球队",冠名权、胸前广告和指定饮料签约仪式在厦门月光文化城举行。

同日　台湾大学农业专家陈希煌教授等一行 4 人访厦,与厦门同行进行学术交流。

25—27 日　部分全国和省人大代表在厦视察,对厦门一年来两个文明建设取得的成就给予充分肯定,对加快特区发展提出建设性意见。

27 日　厦门市警方破获特大贩毒案,缴获甲级冰毒 7.39 公斤。

同日　台湾大学农业专家、学者陈希煌、陈昭郎、石正人教授,台湾大学医学院公共卫生学院医管所所长杨志良教授等来厦考察访问。

28 日　日本著名经济学家馆龙一郎、石川滋、小官隆太郎教授一行访问厦门。

同日　厦门经济特区建设 15 周年重大新闻颁奖暨厦门人民广播电台成立 47 周年文艺晚会在厦门人民会堂举行。

29 日　全国政协副主席、全联名誉副主委孙孚凌与同期在厦的全联副主席胡德平莅会看望商会干部,并与部分民营企业家座谈。

同日　厦门大学承担的国家"八五"重点项目"光谱分析联用技术的理论,新技术和新方法的研究",通过国家自然科学基金会组织和专家评审和结果验收。

30 日　中央统战部副部长郑万通莅会。

31 日　由厦门大学生物系汪德耀教授、洪水根副教授编著,厦门大学出版社出版的《膜分子生物学》一书获 1996 年度中国图书奖。

本年　砖头一样粗笨的"大哥大"风光不再,以 139 为打头号码的轻巧手机风靡鹭岛。

1997 年

1 月

1 日　松柏公园正式开放。公园占地 7 万余平方米。

2 日　全国政协副主席阿沛·阿旺晋美抵厦视察。

8 日　厦门电视台刘海涛编导并摄像的作品《闽海情韵》获全国百家城市电视台音乐电视大赛最高奖——综合节目大奖。

9 日　厦门市公安局破获特大贩毒案。逮捕案犯魏武川,缴获冰毒 7390 克。

10 日　厦门市歌舞团的歌剧《阿美姑娘》晋京演出。该剧曾获文化部文华奖中的 5 个单项奖,在第五届中国戏剧节上,获优秀剧目奖及 8 个单

项奖。

15 日　在全国双拥模范城（县）命名大会上，厦门市获全国双拥模范城"三连冠"。

16 日　自 13 日，厦门市十届八大常委会第 27 次会议举行，会议审议通过《厦门市海域使用管理规定》、《厦门市禁止燃放烟花爆竹规定》、《厦门市归侨侨眷权益保障条例》、《厦门市无偿献血条例》等 4 部法规。

17 日　嵩屿电厂一期工程正式投产，两台各 30 万千瓦发电机的发电量并入省电网。

19 日　厦门市人大常委会宣布《厦门市无偿献血条例》将于 4 月 1 日

厦门市歌舞团的歌剧《阿美姑娘》晋京演出

嵩屿电厂

正式施行，市红十字会起草无偿献血倡议书，与市委宣传部、文明办等 10 个单位和团体联合发出倡议，在全市掀起无偿献血的热潮。

20 日　福建省目前唯一一家国家级拍卖企业——厦门国际商品拍卖

中心正式成立。

同日　近日,福建省政府发布第二批经省名牌产品评定委员会评审省级名牌产品,厦门"白鹭"牌糖果等 7 项产品入榜。

24 日　第二次民航企业运输服务质量综合执法检查结果日前揭晓,厦门航空公司、高崎国际机场分别以 97.47 分和 98.2 分的成绩获航空公司、机场航站第一名。

25 日　建设部部长侯捷来厦考察。

26 日　菲律宾菲华商联总会访华团访厦。

28 日　日本驻华大使佐藤嘉恭一行访厦。

30 日　以香港工业署新任署长何宣威为团长的香港工业署代表团一行访厦。

同日　在福建省双拥模范单位命名大会上,厦门市有 11 个县、区、街道、镇、公司入榜。

2 月

2 日　两艘万吨级集装箱船"闽达"轮、"龙通"轮在厦门港外南碇岛附近发生碰撞,"龙通"轮沉没,2 人失踪。

17 日　由民航总局组织进行的全国 27 家航空运输企业 1995 年度经营管理综合水平评价排序结果近日揭晓,厦门航空公司在年营业额 5 亿元以上企业中名列榜首,被民航总局授予"1995 年度全国民航经营管理优秀企业称号",获流动奖杯"飞马杯"。

同日　中共厦门市第八届委员会第 5 次全体会议举行,会议通过《关于召开中国共产党厦门市代表会议的决议》、《关于争创优异成绩,迎接党的十五大召开的决定》。

18 日　厦门市政协委员、香港宏雅企业集团有限公司董事长洪涛为厦门市民办私立高等学校华夏大学捐资 500 万港币。

19—24 日　市政协八届 5 次会议召开,会议总结市政协过去一年的工作,确定 1997 年工作任务,审议通过市政协八届 5 次会议决议。

21—25 日　厦门市十届人大 5 次会议召开,会议号召全市人民在中共厦门市委的领导下,继承邓小平同志的遗志,化悲痛为力量,更加紧密地团结在以江泽民同志为核心的党中央周围,高举邓小平建设有中国特色社会主义理论的旗帜,把经济特区建设搞得更快更好。会议表决通过关于《政府工作报告》,关于《厦门市 1996 年国民经济和社会发展计划执行情况和1997 年计划草案的报告》,关于《厦门市 1996 年预算执行情况和 1997 年预算草案的报告》,关于《厦门市人民代表大会常务委员会工作的报告》等决议。

24 日　厦门市民警林松嵘在福厦公路孙厝段追捕歹徒时牺牲。市公安局和团市委分别授予他"优秀人民警察"和"和特区青年卫士"称号。

26 日　举行"工商业人士深切缅怀邓小平同志"座谈会。

同日　第一条国内空中邮路天津—上海—厦门投入试运行。

3 月

1 日　厦门市爱国主义教育基地陈化成纪念馆组成部分——丙洲陈化成陈列室近日正式开放。

2 日　在巴拿马注册的货轮"联丰号"直接从厦门抵达高雄。这是自 1949 年 10 月下旬以来首艘两岸直接通航的货轮。

5 日　开展向不文明行为告别活动,公布《厦门市市民文明公约》。

10 日　国家计委批准,厦门海沧大桥 1997 年正式开工建设,同时下达该项目 1997 年基建投资计划 77000 万元。

同日　台湾运东航空公司一架波音 757 飞机在由高雄飞往台北途中遭歹徒刘善忠劫持,15 时 36 分安全降落厦门机场,18 时 52 分由厦门机场安全飞回台湾。劫机犯刘善忠于 5 月 14 日被移交给台湾有关部门。

13 日　丹麦、瑞典、冰岛三国驻华大使白慕申、林德思、肖·韩纳松抵厦访问。

14 日　美国驻广州总领事馆文化新闻参赞克利斯基先生专程到厦门市图书馆参观访问。克利斯基对市图书馆充满活力的运行机制和中山分馆独特的建筑风格表现出极大的兴趣,并赠送了 186 册中外文图书。

同日　厦门电控厂近日同时通过挪威船级社和中国商检质量认证中心对企业 ISO9001 标准的认证审查并获证书,成为我市通过此认证的第一家市属国有企业。

同日　晚十一时,位于胡里山炮台旁的厦门外贸食品包装厂发生氯气泄漏重大事故。

17 日　近日,鼓浪屿区被人事部、中央综治委评为全国社会治安综合治理先进集体。

18 日　厦门公用信息服务网络开通。

同日　以洪永世市长为团长的厦门市政府代表团一行前往菲律宾宿务市、新西兰惠灵顿市进行友好访问。

22 日　厦门市公安局指挥中心等 26 个先进青年集体获 1996 年度省级青年文明号称号。

23 日　厦门华侨电子企业有限公司跻身国家大型一档企业。

465

同日　象屿码头试营业。该码头为中外合资兴建,总投资 3.2 亿元。

24 日　中央电视台"中华文明之光"摄制组在厦门郑成功纪念馆拍摄"郑成功"专题电视片。

26 日　南普陀寺举行第九任方丈升座庆典仪式,新任方丈为圣辉法师。

28 日　第二届"厦门市十佳新闻工作者"评选揭晓,《厦门晚报》叶胜伟等 10 人入榜。

同日　国家计委将厦门海沧大桥列入国家重点项目。

31 日　《厦门市无偿献血条例》今起实施。

同日　香港红十字会代表团一行十八人由总会国际部工作人员陪同抵厦,访问市红十字会,先后参观了市开元区、思明区红十字会、大同小学、演武小学红十字会和下沃居委会红十字会。本月,台商投资在上屿救护站进行第二期工程建设。

4 月

1 日　厦门市职工医疗保障制度改革正式启动,《厦门市职工医疗保险试行规定》同时颁布。

同日　中国红十字会第六届理事会第 4 次会议在厦召开。

3 日　陈华忠、倪礼传、方元炜等 3 人赴泰国对淀粉生产、加工产地进行考察。

同日　国家海洋局、厦门市政府共建厦门海洋研究开发院协议书签字仪式举行。

5 日　为防止正在台湾暴发流行的猪口蹄疫传入大陆,厦门动植物检疫局开始对来自台湾的船舶实施防疫性消毒。

6 日　国家动植物检疫局特派员高健到厦门检查指导口蹄疫防范检疫工作。

同日　香港特别行政区筹备委员会委员陈　洱、翁心桥应聘厦门大学兼职教授。

8—13 日　首届厦门对台出口商品交易会暨'97 台胞回乡旅游购物节在富山展览城举行。国务院总理李鹏,副总理钱其琛、李岚清为大会题词,钱其琛副总理参加大会并剪彩。"台交会"出口成交额 1.5 亿美元,"购物节"销售总额 1150 万元人民币。

9 日　"台湾街"举行揭牌仪式。原称江头街,全长 837 米,宽 40 米。吕厝一带开始大举拆迁。

同日　日前,交通部正式批准祖国大陆 6 家航运公司的 6 条集装箱班轮参加海峡两岸试点直航,其中中国远洋运输(集团)总公司厦门远洋运输公司的"蔷薇河"轮(巴拿马籍),福建省厦门轮船总公司的"盛达"轮(圣文森特籍)将航行厦门—高雄航线。

9 日　厦门海沧大桥列为今年国家新增重点项目。

10 日　中共厦门市委、市政府与有关部门单位签订今年为民办 12 件 26 项实事责任书。

11 日　东山动植物检疫局在进境货物的木托盘中检出二类危险性害虫——双钩异翅长蠹。这是该局首次发现对外植物检疫对象。

12 日　位于前埔的健美织品有限公司发生火灾,损失达千万元以上。

14 日　国家交通部航务资讯网络中心统计评定 1996 年中国国际集装箱吞吐量前 10 名,厦门港集装箱吞吐量为 40.01 万标箱,位居全国第六。

同日　厦门人民广播电台与市委宣传部外宣处、中国国际广播电台华语台联合举办《海峡明珠——厦门》特别节目,每周 1 档,历时半年,定时向港澳及东南亚、澳洲、新西兰播出。这是厦门人民广播电台首次向上述地区较全面、较系统地介绍发展中的厦门经济特区。

18 日　位于厦门海沧嵩屿的成品油码头——博坦油码头正式投入使用。该码头是国内目前唯一集成品油、石化产品、液化石油气接卸仓储于一身的码头,能够接卸 10 万吨级船舶。

19 日　海峡两岸直航试点正式开始,厦门轮船总公司所属的 6000 吨级货船两岸直航试点第一轮厦门"盛达轮"从厦门港首航高雄。

23 日　去年 11 月 20 日前往南极参加第 13 次中国南极科学考察的厦门考察队员返厦。

24 日　在曾厝垵山上抓获一条省内罕见的大蟒蛇,蛇重 64 公斤,长 3.85 米。6 月 20 日,在捕捉地放蟒归山。

30 日　同安县撤县改区。5 月 1 日,区人民政府正式挂牌。

5 月

1 日　白鹭洲公园开工。白鹭洲公园为市民休闲娱乐的大型开放式公园,是厦门市第一座现代化欧式景园。公园占地 10.5 万平方米,其中绿地 6 万平方米,以及下沉式音乐喷泉广场、雕塑广场,一期工程投资 2800 万元。

同日　厦门市同安区成立大会举行,正式对外挂牌。置县 1700 多年的同安县从此撤县为区,厦门市辖下的区由原 6 个增至 7 个。

3 日　厦门市纪念五四运动 78 周年暨中国共产主义青年团建团 75 周年大会举行,大会授予陈泰馨等 114 名社会各界人士首届"跨世纪特区良师益友奖"。

5 日 在鼓浪屿南部海面上出现国家级保护动物中华白海豚,一群健壮的白海豚列队有节奏地跃出海面达数十分钟之久。

6 日 国家外经贸部日前正式批准祖国大陆首批 10 家企业从事台湾海峡两岸间货物运输代理业务,中国外运福建厦门公司、厦门外代国际货物有限公司、厦门特贸国际货物运输公司、厦门建发国际货物运输公司、厦门泰达国际货运公司、厦门象屿集团国际货运有限公司入榜。

同日 龙卷风袭击同安竹坝华侨农场,平屋 30 余间被掀,树木被扭断无数,损失达百万元。

8 日 近日,年产 25 万吨轧钢的厦门众达钢铁有限公司第一期轧钢棒材生产线正式投产,在厦门首次推出自产钢材产品。

12 日 厦门大力士王国华在东亚运动会上打破 64 公斤级抓举世界纪录。

13 日 厦门市帮助特困白内障患者完成复明手术的"复明工程"正式启动。

14 日 市红十字会召开第七届第四次会员代表大会暨表彰大会,市领导向全市先进单位和积极分子颁发奖牌和证书。会议增补了 3 名副会长,并向名誉会长颁发了证书和证章。

同日 台湾"三一〇"事件劫机犯刘善忠被移交台湾有关方面。这是海峡两岸依据《金门协议》首次从厦门遣返劫机犯。两岸红十字人员签署了交接见证书,台湾作业船在办理完相关手续后,由厦门渔监船引导离开东渡码头返回金门。

同日 中国红十字会台湾事务部代表在厦门东渡渔港码头将台湾劫机嫌疑犯刘善忠遣返,移交台湾有关方面。

15 日 中共厦门市代表会议召开,339 名代表出席会议。会议选举产生了厦门市出席福建省党代表会议代表。市委书记石兆彬要求全市各级党组织和广大党员努力作好各项工作,以优异成绩迎接党的十五大召开。

17 日 全国"无偿献血宣传周"期间,市红十字会与市中心血站、厦广音乐台和团市委等单位,联合举办宣传《厦门市无偿献血条例》群众大会,市领导到场为无偿献血金杯奖和金银铜质奖章获得者佩挂绶带。

18 日 可接卸 10 万吨级船舶的博坦油码头正式投入使用。

19 日 厦门大桥发生车祸,逆向行驶的小车与中巴相撞,致使中巴冲坏护栏跌入海中,18 人遇难,6 人重伤。

20 日 红十字国际委员会亚太地区寻人局代表艾伦由总会国际部陪

同来厦考察,查阅了市红十字会寻人档案,并与工作人员交流国际寻人业务。

25 日　厦门市第 15 届运动会开幕,21 个代表团约 6000 名运动员将参加 13 个项目的比赛。金门县体育会观摩团参加了开幕式。

26 日　两岸 1997 歌仔戏创作研讨会在厦开幕。

26—30 日　厦门市十届人大常委会第 29 次会议召开,会议主要听取市政府关于对 1996 年预算执行和其他财政收支的审计工作报告。审议、通过《厦门市各级人民代表大会常务委员会人事任免办法》等。

27 日　美国共和国国际学会学者团和美国驻广州总领事馆官员 6 人在国家、省、市民政部门和外事部门有关领导陪同下,到曾厝垵村现场观摩村民投票选举过程。

5 月　司法部副部长刘飏视察厦门市依法治市工作。

6 月

1 日　厦门市举行"向不文明行为告别"公益广告宣传月活动。

3 日　11 家主要中央新闻单位今起陆续刊播厦门加强精神文明建设经验。

同日　凤梨山蛋鸡场建成,占地 5165 平方米,可饲养蛋鸡 5 万只,年产蛋 750 吨。为厦门最大的蛋鸡场。

4 日　以石兆彬为团长的厦门经济特区代表团访问美国。

5 日　台湾建筑材料厂商 30 多人莅厦考察象屿保税区,落实成立厦门海峡建材装饰展销城及商贸中心有关事宜。

同日　交通部长黄镇东来厦考察。

6 日　菲律宾驻厦领事馆总领事维拉番多先生一行,在文化局陈克华副局长陪同下专程来市图书馆参观访问,并向该馆赠送《菲律宾艺术》、《菲律宾神化和传奇》等图书。

同日　厦门市今起实行空气质量周报制度。

7—10 日　厦门大学第七次党代会召开,会议选举产生中共厦门大学第七届委员会和中共厦门大学新一届纪律检查委员会,陈传鸿当选厦大党委书记。

9 日　厦门市首家托老所——西山幸福院近日起开始接纳市离退休职工申请托养。

同日　在厦门伪造假护照的菲籍人陈顺来被驱逐出境。这是在福建省首次被驱逐出境的外国人。

20 日　卢森堡大公国驻华大使罗彬禄一行抵厦访问。

同日　首届厦门市公益广告冠名权拍卖会以 524 万元的总成交额打破全国公益广告冠名权拍卖最高纪录。

同日　由国家教委和厦门市政府共建的厦门大学工学院飞机维修专业首届 35 名毕业生毕业。

23 日　中共中央政治局委员、国务院副总理邹家华同志在国家计委副主任叶青陪同下到我市视察。

25 日　厦门白鹭州公园主体工程竣工,公园下沉式音乐喷泉有 1195 个喷头,540 盏彩灯,七层水塔的喷水高度可达 15 米以上。

26 日　马里、摩洛哥、阿尔及利亚、突尼斯、科特迪瓦、毛里塔尼亚 6 国驻华大使抵厦访问。

27 日　厦门市东北部第一液化气空混站建成。

28 日　"一国两制统一中国"大型宣传牌在前埔广播山和青屿岛上落成。

30 日　厦门各界举行庆香港回归祖国游园联欢晚会。

6 月　苏国强被评为全国优秀公证员,邢素琴被司法部评为"优秀法制宣传员",郑茹娟被评为全国优秀人民调解员。

1997 年 7 月 1 日　市职工医疗保障制度今起实施,医保职工凭 IC 卡就诊。

7 月

1 日　自昨晚至凌晨,10 余万人在白鹭洲彻夜狂欢,喜庆香港回归中国。晚又在体育中心举行大型文艺表演,并进行万人踩街游行。

3 日　福建省省长贺国强到厦考察。

同日　最近,厦门市获全国儿童工作先进市称号。

5 日　菲律宾驻厦门总领事馆的领区范围由原来的福建、广东、海南三省调整为福建、江西、浙江三省。(因菲律宾在广州设立总领事馆,其领区范围为广东、广西、海南、湖南四省)

9 日　在扬州举行的亚洲举重锦标赛上,厦门市运动员万建辉在男子 70 公斤级中以 163 公斤的成绩打破抓举世界纪录并囊括这个级别的 3 枚金牌。

10 日　厦门市委、市政府最近批转《厦门市实施再就业工程方案》,全市再就业工程由此启动。

同日　在"96 旅客话民航"评比活动结果发布会上,厦门高崎国际机场获年旅客吞吐量 200 万~1000 万人次机场第一名。

10—12 日　台湾省汽车货运同业联合会大陆访问团抵厦访问。

11 日　同安区获全国中华扫盲奖先进县市区称号。

15 日　"厦门—台湾青少年环保夏令营"在厦开营。

同日　在公安部召开的 1996 年度电话表彰大会上,厦门市杏林公安分局再次获全国优秀公安局称号。

16 日　台湾有关方面在金门水头码头将劫机犯罪嫌疑人黄树刚、韩凤英移交大陆警方,两岸红十字会人员参与交接见证。

18 日　象屿保税区海关正式开关。

22 日　厦门市政府代表团赴台湾参访。

同日　应台湾"海峡交流基金会"邀请,张宗绪副市长由香港抵台湾,进行为期 11 天的经贸交流和参观活动。

23 日　厦门始发北京列车开出,列车沿鹰厦、浙赣、京沪线行驶,途经 7 省 3 市,停靠 56 个站。全程 2838 公里,约需 65 个小时。

24 日　台北市商业会大陆经贸访问团应邀抵厦考察。

25 日　由国家民航总局发起,中国民航运输服务质量评定委员会审查评议的"中国民航优质服务奖"揭晓,厦门高崎国际机场获地面服务第一名,厦门航空有限公司获空中服务第二名。

8 月

1 日　今日起,由公安部授权,厦门口岸签证机关为台湾居民签发一次入出境有效签证。

3 日　中国港口协会最新信息资料显示,厦门港跻身世界 100 大集装箱港行列,位居第 78。

6 日　厦门市获国家园林城市称号。目前,厦门建成区绿地覆盖率、区绿地率分别达 36% 和 33% 以上,人均公共绿地 9.9 平方米。

7 日　厦门市被建设部列为第四批国家园林城市。

8 日　根据《金门协议》,海峡两岸红十字组织在厦门东渡渔港码头交接,遣返一批私渡人员。

10 日　福建首家为外来打工青年开办的学校——厦门青年业余学校成立。

12 日　厦门市各区同时进行"扫黄打非"大行动,全市共缴获非法录音带 2652 盒,录像带 1591 盒、CD85 片、VCD2014 片、1D4 片,卡通和迷信图书 3112 本。

13 日　国家外贸部日前公布 1996 年度全国进出口额最大 500 家企业排行榜,厦门市 10 家外贸企业入榜,特贸公司、国贸集团、建发集团、九州集团进入前百名。

同日　鼓浪屿工业园竣工。工业园占地 1.2 万平方米,建筑面积 3.46 万平方米,由一幢 8 层的主厂房和一幢 7 层宿舍楼组成,总投资 4400 万元。

15 日　国家动植物检疫局副局长夏红民先后视察了东山局、龙海局和南方培训中心大楼装修现场,听取了厦门动植物检疫局领导的工作汇报,对培训中心的建设、经营管理等工作提出了方向性意见。

16 日　香港知名爱国人士邵逸夫、安子介一行抵厦访问。

19 日　厦门市"灿坤"等 43 家外资企业获 1996 年全国外商投资双优企业称号。

23 日　最近厦华电子公司开发出我国第一台 97 厘米(37 英寸)超大屏幕彩色电视机。

25 日　市人大常委会公布第二批共 49 名海内外人士为厦门荣誉市民。9 月 8 日,洪永世市长为他们举行授证仪式。

同日　总部设在美国洛杉矶的宇德集团在厦门市设立中国投资总部。此为厦门市第一家外商独资的投资公司。

25—29 日　厦门市十届人大常委会第 31 次会议召开,会议审议通过《厦门市海上安全监督管理条例》(草案)、《厦门市禁毒条例》等。

31 日　厦门高殿水厂特区供水二期 30 万吨制水工程竣工,正式供水。

8 月　杏林区广播电视台在全省县级台站中第一家将光缆通到行政村。

9 月

3 日　福建省政府近日批准建立厦门中华白海豚省级自然保护区。至此,厦门市拥有大屿岛白鹭、中华白海豚、文昌鱼三个省级自然保护区。

5 日　厦门市荣获"国家环境保护模范城市"称号,这是中国城市环保工作的最高荣誉。

同日　位于湖滨北路振兴大厦路口的厦门市首座下穿过街通道竣工。

7 日　第一届"中国投资贸易洽谈会"开幕。

同日　台湾工商企业联合会理事长许胜发率台商赴福建省经贸考察团抵厦考察。

8 日　王为谦等 49 人获厦门市第二批荣誉市民称号。

8—13 日首届 97 中国投资贸易洽谈会在厦召开。本届洽谈会由外经贸部主办,福建雀人民政府和厦门市人民政府承办,36 个省、市、自治区和国家有关部、委、办、协会作为成员单位参加,全国人大常委会副委员长卢嘉锡出席并剪彩,国务院副总理李岚清为大会题词。洽谈会共设 40 个专馆,1200 多个展位,1.2 万多个对外招商项目。在洽谈会上,厦门市代表团共与外商签约 62 项,投资总额 11.33 亿美元,其中外资 10.36 亿美元。在签订的项目中,合同项目 24 项,投资总额 4.54 亿美元,利用外资 4.2 亿美元。

9 日 比利时列日省文化、青年、体育部长克洛德·德罗乔渥斯基在市文化局陈克华副局长等有关领导的陪同下,专程到厦门市图书馆参观访问。

15 日 厦门市歌舞团创作排演的歌剧《阿美姑娘》获文化部第七届“文华奖新剧目奖”。

24 日 同安梵天寺举行大雄宝殿落成暨佛像开光仪式。

28 日 台湾“工人大陆访问团”一行 12 人抵厦活动。

同日 新中国成立以来厦门市最大贪污挪用公款案犯,原市财政局干部谢明被一审判处死刑。谢在职期间,以个人名义挪用公款 6040 万元,受贿人民币 40 万元,美金 1 万元。

10 月

2 日 近日,杏林新阳开发区许厝村发现一处唐代古窑址遗迹。古窑址遗迹位于许厝村内,分布范围约两千平方米,发现两个窑炉。这是厦门地区迄今发掘的年代最早的古窑址遗迹。

3 日 厦门市第一外来员工党支部近日在马垄外口公寓成立。

同日 最近,厦门特贸有限公司,厦门古龙进出口有限公司和厦门建发集团有限公司获中国对外贸易经济合作企业协会授予的“1996 年对外经贸质量效益型先进企业”称号。

6—7 日 中共厦门市委八届 7 次全体(扩大)会议召开,会议通过《中共厦门市委八届 7 次全体会议关于认真学习贯彻党的十五大精神的决议》。

8 日 台湾石化界访问考察团一行考察海沧投资环境。

8—10 日 厦门市十届人大常委会举行第 32 次会议,会议审议通过《厦门市人民代表大会常务委员会关于法规解释的若干规定》等。

9 日 由海外华侨、校友捐资 4000 多万元兴建的建筑楼群——厦门大学嘉庚楼群动工兴建。该楼群由五幢大楼组成,总建筑面积近 5 万平方米,其中主楼“颂恩楼”高 21 层,其余四幢从楼各为 6 层。

10 日 瑞景新村——福建省第一个国家级城市住宅建设试点小区全面开工。

11 日 近日,厦门海沧青礁东宫附近发现古人类打制石器。石器均由灰白色、灰色燧石制成,器型有石核、凹刃刮削器,长 15~25 毫米。这一发现将厦门历史往前推进约 5000 年。

同日 厦门市博物馆考古人员对杏林许厝、祥露唐五代窑址进行多次调查,发现龙窑 8 座,并对其中已被破坏的祥露古窑进行抢救性发掘,出土碗、盘、壶、罐、灯等一批瓷器残件。该窑群为目前本省已发现的模最大的古窑群,对研究厦门及闽南地区的制瓷业提供了重要的实物资料。

15 日　由新华通讯社、中共厦门市委、市政府联合举办的《厦门为什么这样美》图片展在北京中国革命历史博物馆开展。图片展分五大部分,有各类新闻图片 220 多幅。

17 日　厦门市 6000 多名青年在革命烈士纪念碑前参加成人(18 岁)宣誓仪式。这是我市的第一个成人宣誓日。

18 日　厦门市政府颁布保护中华白海豚的规定,界定保护区为:从第一码头、嵩屿一线以北和高集海堤以南的西海域,钟宅、刘五店、澳头、五通四点连线的同安湾。

18—21 日　以全国人大常委会委员、全国人大外事委员会副主任周觉为组长,全国人大常委会委员、全国人大外事委员会邱晴、张挺,全国人大外事委员会委员林虎为成员的全国人大外事委员会执法检查组,在国家动植物检疫局副局长夏红民、福建省人大常委会副主任兼秘书长宁峻、福建省政府省长助理李庆洲等陪同下,到厦门检查《进出境动植物检疫法》执行情况。陈华忠向检查组作了贯彻执行《进出境动植物检疫法》情况的汇报。检查组对厦门动植物检疫局认真执法、严格把关,促进对外贸易的发展作了充分肯定。

20 日　全国人大常委会委员、全国人大外事委员会副主任周觉为厦门动植物检疫局题词"做好检疫工作,服务特区建设"。

23 日　"台北戏剧艺术访问团寻根之旅"抵厦访问。

同日　厦门市第 15 届运动会闭幕。在 13 个项目比赛中,有 2217 人次参赛,产生金牌 110 枚,36 人次打破 8 项市最高纪录。

25 日　对外贸易经济合作部外资司与国家统计局贸经司与前联合发布 1996/1997 年度中国最大的 500 家外商投资企业排序,厦门市翔鹭涤纶纺纤公司等 9 家外资企业进入五百强。

26 日　澳门至厦门往返定期航班正式开通。谢斌参加厦门—澳门首航团活动。

27 日　厦门造船厂在海沧排头村新厂区举行 20 标箱万吨船上船台仪式。

28 日　厦门火车站直通湖里的城市主干道地下工程——仙岳山隧道工程动工。该隧道南接湖滨东路,北连湖里华荣路,总长 2000 多米。

29 日　厦门市人民政府发布《厦门市中华白海豚保护规定》。31 日,成立厦门中华白海豚自然保护区。

11 月

1 日　'97 世界高力 F1 摩托艇锦标赛第 8 站厦门站比赛在筼筜湖进行计时排位赛。

2 日　'97 海峡两岸汽车摩托车零配件精品展在厦开幕。

同日　世界高力 F1 摩托艇锦标赛第八站决赛在筼筜湖举行。

3 日　由厦门市博物馆、厦门大学历史系、厦门市文管办等有关考古专家组成的考古队,在海沧发现 40 余件打制石器。据初步判定,它们与"漳州文化"一样,属闽南小石器类型,距今在 10000—8000 年之间。

4 日　第七届中国新闻奖新闻论文评选揭晓,《厦门日报》的《关于热点引导的几点思考》(作者:陈炳琳)获二等奖。

8 日　《厦门市消防条例》今起实施。

9 日　福建省目前规模最大、设施最先进的多功能商业中心——华辉广场开张,广场一期工程竣工并投入营业。该广场高 6 层,建筑面积达 2.2 万平方米,内有超级百货市场、餐饮、娱乐休闲等设施,投资 1.8 亿元。

10 日　在首届"中国杰出(优秀)青年卫士"评选活动中,厦门海关调查局海上缉私处三分队队长陈启明获"中国优秀青年卫士"称号。

同日　国际红十字联合会亚洲地区办事处卫生代表斯巴切尔一行,由中国红十字会总会救护部、国际部陪同来厦,先后考察了开元区上屿救护中心等单位的红十字活动。同日,闽南三角区红十字联谊会第八次工作会议在厦门召开。

11—12 日　厦门市十届人大常委会第 33 次会议召开,会议审议通过《厦门市反不正当竞争条例》,表决通过《关于召开厦门市第十一届人民代表大会第一次会议的决定》等。

11 日　厦门市红十字会在大嶝金门海域,接回因前往金门拖回被风浪飘到古宁头海滩的闽侯采砂船和被金门军方抓扣的 3 名大陆船工。

18 日　厦门钨品厂改制为厦门钨业股份有限公司。该公司为中外合资,是世界规模最大的钨冶炼厂之一。

26 日　国家计委常务副主任王春正同志在市委副书记、常务副市长朱亚衍、省计委主任余金满陪同下到市计委看望全体干部。

28 日　1997 年度中国建筑工程"鲁班奖"评选揭晓,厦门市吕岭花园住宅小区入榜,为福建省第一个获此殊荣的住宅小区。

29 日　近日,全国人大常委会委员长乔石在厦考察。

30 日　湖里区红十字会、区卫生局与交警湖里大队组织成立区红十字会机动车驾驶员工作委员会。同日,以钱正英会长为团长的中国红十字会

厦门吕岭花园

代表团一行,应邀参加香港红十字会举行的"'97红心同心显爱心会操嘉年华"庆祝活动。李明珠代表厦门市红十字会,作为代表团正式成员专程赴港参加这一盛典。

12 月

1 日　厦门市煤气总公司维修中心陈建平班组获建设部授予的"文明服务示范窗口"称号。

1—5 日　政协厦门市九届一次会议举行,会议通过《政协厦门市第九届委员会第一次会议决议》,大会选举蔡望怀为市政协第九届委员会主席,叶天捷、林智忠、郑镇安、陈耀中、林义恭、庄威、郑兰荪、林仁川为副主席。

1—7 日　厦门市第十一届人民代表大会召开,会议选举李秀记为市人大常委会主任,林伯龄、陈联合、张斌生、郭安民、林明鑫、王榕为副主任;洪永世为市人民政府市长,朱亚衍、刘成业、赵克明、苏水利、蓝甫、卓钦锐为副市长。会议审议通过市政府、计划、财政、市十届人大常委会、市中级人民法院、市人民检察院等 6 个工作报告的决议。会议选举产生市人大常委会委员、出席省九届人大代表,通过市人大各专委会组成人员名单。

3—6 日　叶天捷会长会见菲律宾宿务工商会会长艾弗南·费里安德先生一行 4 人。

5 日　厦门大学化学系万惠霖教授日前当选中国科学院院士。

同日　新加坡共和国内阁资政李光耀一行抵厦访问。

新加坡共和国内阁资政李光耀一行抵厦访问

同日　日本输出入银行向海沧大桥贷款 1.3 亿美元。

6 日　第三届东南亚华人文学研讨会在厦门大学举行,来自东南亚各国代表百余人参加研讨,提交论文 60 多篇。

8 日　在泰国清迈举行的 68 届世界举重锦标赛中,厦门籍运动员王国华获 64 公斤级抓举冠军,成绩 147.5 公斤。

9 日　厦门市第一民建公司被评为"全国优秀施工企业"。

10 日　"世界记忆工程"亚太地区专家会议在厦召开,来自联合国教科文组织亚太地区分部及澳大利亚、中国、韩国、马来西亚、巴基斯坦等国家的代表参加会议。

11 日　首届中华名小吃认定揭晓,厦门市黄则和花生汤、吴再添沙茶面、双全炒面线、好清香烧肉粽等荣获"中华名小点"称号。

13 日　厦门航空有限公司客舱服务部乘务队获"全国青年文明号"。

15 日　接待南非新堡市政府代表菲乐帝·亚伯斯先生和该地港商柯贤富先生。

同日　泉(州)厦(门)高速公路建成通车。泉厦高速公路 1991 年经国家批准正式立项,1994 年动工,总投资 27 亿元,高速公路全长 81.4 公里,并配建两条长 6 公里多的联接线直通泉州、厦门市区。

20 日　'97 全国跨世纪住宅小区竞赛颁奖大会在厦召开,瑞景新村荣获部级优秀奖。

21 日　厦门悦华酒店被评为五星级涉外饭店,成为福建首家五星级饭店。

22 日　全国经济体制改革工作会议在厦召开。国务院总理李鹏发来贺信,国务委员兼国家体改委主任李铁映抵厦参加会议。

26 日　厦门市档案馆通过国家档案局目标管理考评,获"国家一级档案馆"称号。

30 日　本市无偿献血工作取得重大进展,全年献血首次超万人,步入全国无偿献血先进城市的行列。

31 日　厦门市首次举办新年音乐会。

同日　中国港口协会最新统计资料显示,1997 年厦门港以全港货物吞吐量 1753.71 万吨,首次跻身我国沿海十大港口行列,排名第 10 位。

本年　厦门电视台被中共中央宣传部、国家广播电影电视部、新闻出版署、中国记协联合树为全国新闻系统"精神文明示范单位"。

1998 年

1 月

1 日　厦门电视台记者王海青参加中国第 15 次南极考察队赴南极考察采访。次年 4 月 4 日返厦。

2 日　厦门市鼓浪屿区被团中央确定为"全国十大青年志愿者服务示范基地"。这是福建省唯一一个示范基地。

3 日　台湾慈济教师联谊会与厦门市教师共同举办"两岸教育文化交流联谊"活动。

13 日　在全国首批实行空气质量周报制度的 13 个城市中,厦门市的空气质量最好。

14 日　海峡两岸投资及贸易中心主体工程封顶。总建筑面积 20.32 万平方米,是福建省迄今最大的单体工程。

15 日　联合国儿童基金会、世界卫生组织最近认定我国 6 个城市为世界首批"爱婴市",厦门荣列其中。

16 日　以托马斯·萨维议长为团长的爱沙尼亚议会代表团抵厦访问。

21 日　全国人口与计划生育形势分析会在厦召开,国务委员彭佩云出席会议。

24 日　厦门市被列为国家综合配套改革试点城市。

25 日　《迈向二十一世纪的厦门》图片展在厦门人民会堂开幕,230 幅图片集中反映了厦门经济特区两个文明建设的辉煌成就。

27 日　吕岭花园小区、康乐新村和金鸡亭小区荣获国家安居工程优秀住宅小区称号,金鸡亭小区、康乐新村和闽南大厦、海滨大厦获全国城市物业管理优秀示范住宅小区和优秀大厦。

28 日　农历正月初一,国务院副总理朱镕基视察厦门高崎国际机场,与执勤员工一一握手,互相祝贺新春愉快。

同日　同安洪塘镇康浔村发生一起持枪劫持人质恶性案件。公安武警当场将犯罪嫌疑人苏水槽击毙,3 名人质被安全解救。

31 日　公安部授予厦门市公安局杏林分局陈煌一级英模称号。

同日　美国驻广州总领事馆领事泰淑姗及中秘彭华女士拜会厦门动植物检疫局,陈华忠就农产品进出口问题与客人交换意见。

2 月

6 日　厦门至北京的直达列车正式开通。

8 日　运检处发现从香港进境的两艘船舶所装载的印度产石材黏带大量土壤。在动植物检疫机关的监管下,该货物被原船退回。

10 日　由中央电视台与厦门市委、市政府共同举办的 1998 年元宵电视文艺晚会在鼓浪屿港仔后海滩举行。

11 日　市歌仔戏剧团赴台,开始为期一个月的演出。厦门市歌仔戏剧团成立于 20 世纪 50 年代,由著名的"福金春"和"群声剧团"合并而成,在闽南、台湾以及东南亚享有较高的声誉,是福建省重点剧团之一。剧团从建团之日起就承担着继承传统、融入现代、两岸交流、衔接闽台的历史使命。

厦门市歌仔戏剧团照片

12 日　国家专利局和厦门市政府联手,协议设立全国首家专利技术园区——中国厦门专利技术园区。

同日　厦门市歌仔戏剧团应邀赴台演出一个月。这是 50 年来大陆首次赴台访问演出。

同日　厦门艺术家代表团一行抵达金门,参加"金厦风情联展"。

14 日　厦门金尚二期道路近日被建设部评为 1997 年市政工程质量优良工程。该路长 1390 米,宽 50 米,为 6 车道城市一级干道。

16 日　国家民航总局在厦门召开表彰庆祝大会,授予厦航"航空安全金雁杯"三连冠称号,厦门机场"全国文明机场"奖牌。从 1995 年至 1997 年,厦航运输飞行 12 万小时,8.5 万架次,没有发生飞行事故,连续 3 年实现与民航总局签订的安全责任目标。"金雁杯"将在厦航永久安家落户。

19 日　举行纪念邓小平同志视察南方大型图片展暨《春天的故事》大型画册首发式。

21 日　台湾夏潮联谊会陈明忠会长来厦观光。

23 日　厦门酿酒厂产权整体转让外商,开创外商整体并购我市国有企业先例。

同日　中共厦门市委和市政府办公地点由公园南路 2 号迁往湖滨北路。

25 日　在福建省精神文明建设工作会暨命名表彰大会上,厦门市获省委、省政府授予的第六届创建文明城市竞赛活动一级达标城市称号。

26 日　厦门港年吞吐量突破 1700 万吨,首次跻身全国沿海十大港口行列,排名第十位。

27 日　举行 1997 年厦门市纳税大户表彰大会,纳税额超亿元的企业有厦门卷烟厂、厦门电业局、厦门航空有限公司、华美卷烟有限公司、翔鹭涤纶纺纤(厦门)有限公司。

3 月

4 日　在全国最高文学奖"鲁迅文学奖"首次评奖会上,厦门警备区政治部何光喜与人合著的长篇报告文学《开埠》获全国优秀报告文学奖。

5 日　厦门海沧港区两台大型集装箱桥吊,5 台集装箱龙门吊正式交付使用,结束了厦门码头不能装卸第四代集装箱船的历史。

11 日　厦门电视台第一部跨国拍摄的 20 集电视连续剧《追逐墨尔本》,在澳洲艰苦工作 75 个昼夜后封镜。同月 15 日,摄制组人员返厦。

15 日　厦门市 96315 投诉中心暨各台站成立。

16 日至 4 月 23 日　厦门动植物检疫局按上级指示,顺利完成 31210 吨来自美国的带小麦矮腥黑穗病菌(TCK)疫麦的接卸监管工作。

18 日　厦门市委、市政府举行为民办实事项目责任书签字仪式。

22 日　国务院批准厦门东渡港区三期工程开工。该工程包括三个 2 万吨级件杂货泊位和三个 1000 吨级小船泊位,设计年吞吐能力 210 万吨,投资 7.88 亿元。

26 日　经国务院批准,厦门市福达感光材料有限公司与美国柯达公司合资合作,组建柯达(中国)股份有限公司厦门分公司,注册资本 3.85 亿美元。是柯达公司在中国最大的生产基地。

27 日　26 日召开的厦门市十一届人大常委会第三次会议完成议程闭幕。会议传达九届全国人大一次会议精神,听取和审议市政府关于 1997 年度计划和财政预算执行情况及 1998 年度计划草案的报告,并通过人事任免。会议还决定将《关于加强厦门岛东部岸线与土地的严格保护合理利用》议案列入市人大常委会议程交市政府办理。

31 日　国家交通部决定今年在厦门港等 9 个港口建立国际集装箱电子信息系统。

同日　建设部副部长李振东在厦调研时强调,加快基础建设,增强发展后劲。

4 月

1 日　大陆优质名牌产品展销月在厦门开幕,有近 1.8 亿元的货物参展。

同日　福建省投资环境综合评价揭晓,厦门市名列综合评价第一名。

2 日　厦门与法国尼斯市签订友好交流意向书。

3 日　1997 年度全国城市电视台、福建省电视新闻节目评比揭晓,厦门电视台选送的《民警陈煌奋不顾身排除爆炸装置》、《劫机犯罪嫌疑人刘善忠今天被遣返台湾》获全国城市电视台评比一等奖。另《劫机犯罪嫌疑人刘善忠今天被遣返台湾》和《祖国大陆六家航运公司获准参加两岸试点直航》获福建省电视新闻评比一等奖。

4 日　含有 280 套住房的前埔居住南区厦大住宅区奠基,开创全国高校教师住宅商品化先河。

6 日　厦门市面向全国公开选拔正处(副局)级领导干部及部分企事业单位领导人。9 月 18 日,入选的市政府副秘书长等 8 位领导干部正式接受任命。

8 日　厦门市与温州市结为友好城市。

8—12 日　第二届厦门对台出口商品交易会及'98 友城商品博览会、

'98台湾建材展同时举行,大陆各地前来参加台交会的人数近万人,境外客商 1500 多人,其中台湾客商 1200 多人。据不完全统计,本届台交会及配套举行的"友城博览会"共实现出口成交合同金额 5564 万美元(不含出口成交协议金额),其中"台交会"出口成交 4200 万美元,"友城博览会"出口成交 1364 万美元;建材展进口成交额 128 万美元。

18 日　由全国绿化委员会主办的全国造林绿化"四佳"(十佳城市、百佳县区、百佳乡、千佳村)暨部门造林绿化"四百佳"评比活动揭晓,厦门市获 1996—1997 年度"十佳城市"称号。

同日　厦门港站正式开通。厦门港货物可通过港站实现全国各地以至欧亚大陆桥的国际铁路运输。

23 日　"福建省首届十大杰出工人"评选近日揭晓,厦门煤气总公司陈建平、厦门制药厂王国梁入榜。

同日　厦门 ABB 低压电器设备有限公司通过挪威船级社(DNV)和中国商检厦门评审中心共同实施的"职业安全和卫生"管理体系的审核,成为全国首家通过此类体系认证的企业。

同日　厦门市 12 个项目最近被国家科技部列入 1998 年度国家级星火计划或火炬计划。

25 日　全省第一栋钢骨结构 5A 自动化办公大楼——九州大厦封顶。

28 日　厦门市公安局杏林分局获 1997 年度"全国优秀公安局"称号,曹卫国、刘联坤被评为"全国优秀人民警察"。

29 日　中共厦门市委八届八次全体(扩大)会议举行。会议的主题是:高举邓小平理论伟大旗帜,以党的十五大精神为指导,深入贯彻党中央、国务院和省委、省政府指示精神,应对东南亚危机,继续扩大对外开放,提高利用外资水平,推进特区二次创业,确保"九五"期间我市国民经济持续快速健康发展。

5 月

1 日　1998 年厦门市委、市政府为民办实事项目——市早餐工程启动。该工程的两个主要项目——厦万主食加工配送中心和厦门粮食集团雪花豆制品有限公司揭牌。

6 日　第二届国际中西医结合肾脏病学术会议在厦召开,全国人大常委会副委员长、中国科学院院士、中国工程院院士吴阶平等出席。来自国内外的 600 多名代表参加了会议。

同日　以会长沈文炳为领队的"新加坡厦门公众访问团"一行 23 人抵厦参观探亲。

12 日　由厦门市发明协会选送的三个发明项目在 39 届巴黎国际发明博览会上获铜奖。获奖项目是:市科委陈庆喜发明的"快速转印彩墨水及其印花方法",厦门黄河贸易有限公司黄达新发明的"'黄河'牌大理石板材一次压制成型机",厦门大学吴明光等发明的"天然结晶辣椒碱制造方法"。

15 日　海沧大桥列入 1998 年国家重点建设项目名单。

厦门海沧大桥

22 日　厦门市重点工程项目——北溪引水改造工程正式动工。

同日　中国光大银行厦门支行开业,并与厦门航空工业有限公司、厦门象屿集团有限公司签订了 6500 万元贷款合同。

同日　为解决厦门经济特区跨世纪供水问题,北溪引水改造工程正式动工。

26 日　台湾石油化工工业同业公会厂商赴闽考察团抵厦,考察海沧石化基地。

28 日　台湾工商建设研究会大陆经贸考察团一行 160 人抵厦考察。

30 日　'98 厦门集美旅游文化节开幕。

同日　团中央、国家民航总局在厦门举行命名仪式,授予厦航乘务队"全国青年文明号"称号。

5 月　本月厦门市广泛开展创建中国优秀旅游城市活动。

6 月

1 日　厦门市"110"报警与社会救助联合行动试运行。

2—5 日　厦门市十一届人大常委会举行第四次会议。会议主题为:听取市政府关于对 1997 年度财政决算的报告,听取市政府三年来贯彻实施《厦门市台湾同胞投资保障条例》情况报告等。

3 日　全国政协委员赴闽视察团抵达厦门视察台商投资区。

6 日　'98 厦门图书商贸会开幕,来自 170 多家出版社和全国 150 个大中城市的新华书店参加了商贸会。

8 日　厦门市鹭江道拓宽改建工程正式开工。

9 日　厦门造船厂为德国索勒控股有限公司建造的 10500 吨集装箱货船"凯普·考德贝克"号建成下水。

同日　中国最大感光材料生产基地,总投资 6.5 亿美元,占地 43 万平方米的柯达工业园在厦门海沧奠基。

10 日　厦门市台联举行"林祖密将军诞辰 120 周年纪念会"。林祖密将军在台湾、北京、日本、香港等地亲属及我市各界人士一百多人出席纪念会。

18 日　在'97 旅客话民航活动中,厦门航空公司、厦门高崎国际机场名列旅客评价榜首。

20 日　世界银行项目检查团澳大利亚籍官员茵格尔德到厦门动植物检疫局检查世界银行贷款的使用情况,颜金村向世界银行官员介绍贷款使用情况并带其参观了有关实验室。

21 日　厦门人民广播电台开办的《美丽的厦门》节目在新加坡丽的呼声有线电台播出第一档,以后每月 1 档。这是厦门人民广播电台开办的栏目首次在境外电台播出。

22 日　大嶝喜获全国村镇建设先进称号。

23 日　中共厦门市委、市政府致电慰问南平灾区,并捐助两百万元支援灾区抗灾救灾。

24 日　交通部长黄镇东及省市领导视察厦门市路、桥建设情况。

26 日　接待菲律宾国际商会董事长王文星一行。

28 日　厦门市同安区新圩镇马塘村党支部获"全国农村基层组织建设工作先进党支部"称号。

6 月　厦门动植物检疫局根据厦门市住房制度改革的有关规定,首批出售职工住房 88 套,面积 7919.4 平方米。

7 月

1 日　公交 IC 卡正式在全市 29 条公交线路 377 部车上投入使用。

3 日　联合国中国国家清洁生产中心在厦门正式向厦门 ABB 开关有限公司颁发清洁生产企业证书和牌匾,是全国首家获此殊荣的企业。

同日　福建省首条盲人通道在鼓浪屿铺设。

10 日　厦门各界 600 多个单位 11 万人共向闽北灾区捐款 450 万元人民币,49 万件衣物和价值 138 万元的食品与药物。

同日　厦门海沧铁路破土动工,起点为贞庵村,在东孚与鹰厦线接轨,全长 19.301 公里。

11 日　海沧港区首次驶出直航台湾货轮,"集运"号经海沧开往高雄。

13 日　美国"全美台湾同乡联谊会"访问团参观考察。

14 日　厦门市十一届人大常委会五次会议召开,会议审议通过了《厦门燃气管理条例》和《厦门市教育督导条例》等。

15 日　第十五届青年台胞夏令营在厦门闭营。

同日　福建省首次实现鲜荔枝成功出口日本。在此之前,日本因桔小实蝇问题长期禁止中国的鲜荔枝进口。1994 年,日本政府宣布有条件解除对中国鲜荔枝进口日本的禁令后,漳州德兴果蔬开发有限公司拟开拓鲜荔枝出口日本,厦门动植物检疫局帮助解决检疫技术问题,并派员驻厂和日本农林水产省派遣的次席植物检疫官共同进行现场检疫监管,终于攻克检疫难题。

同日　国家机械工业局最近公布 1997 年机械工业名牌产品认定结果,厦门工程机械股份有限公司的"厦工"牌 Z140 轮式装载机入榜。

24 日　福建省液化气汽车加气站在厦门正式投入使用。这是我市今年为民办实事项目之一。

30 日　海上"110"报警指挥中心正式开通。

31 日　220 千伏安兜变电站一期工程完工投产,投运主变 1 台,容量 18 万千伏安。该站是厦门岛内电源第一通道,准备承接 500 千伏厦门变电站输送的电力负荷。

8 月

1 日　台湾"老人社会大学旅学团"来厦参加"第二期药膳按摩培训班"。

10 日　全市首家民办成人中专——厦门市兴才成人中专成立。

同日　厦门鼓浪屿家庭文化艺术节开幕。

15 日　厦门市自来水公司供水技术服务中心研制的多媒体供水调度天线四遥系统获第十一届全国发明展览优秀新项目金杯奖和产品铜奖。

同日　中国经济特区暨港澳普通话比赛在厦门举行。

17 日　"海峡两岸第二届职业教育理论研讨会"开幕,两岸 130 多位职业教育界专家、学者与会。

19 日　厦门市住宅建设总公司建设的吕岭花园住宅小区荣获 1997 年中国建筑工程"鲁班奖",成为福建省第一个获此殊荣的住宅小区。

同日　在长江流域抗洪救灾期间,厦门市民政局、市红十字会募集赈灾款数累计达 800 多万元。

22 日　政协厦门市第九届委员会第三次常委会举行,通过《关于厦门市科教兴市战略的若干问题的建议》(草案)。

同日　坐落于白鹭洲商城 A1 区的厦门市第一条旅游街开业。

24 日　《人民日报》等 8 家新闻单位赴闽采访团抵厦采访。

同日　国内首条彩色道路在厦门环岛路黄厝段建成。该路段长 3.4 公里,面积 12750 平方米,路面呈红色。

国内首条彩道惊艳环岛路

同日　在国家科技部举行的全国火炬计划 10 周年经验交流会上,厦门市"厦华"、"厦新"两家企业获"火炬优秀企业奖"。

28 日　厦门市被国家科技部评为 1997 年度"全国科教兴市先进城市",石兆彬、洪永世、王榕、林福俤被评为"全国科教兴市先进个人"。

29 日　厦门监狱正式设立。

9 月

3 日　厦门市自来水公司"供水热线中心"开通。这是福建省第一条、全国第四条供水热线。

6 日　'98(厦门)海峡两岸首届名人钓鱼邀请赛开幕。

8 日　厦门农信会计师事务所分别出具对厦门动植物检疫局、厦门海天宾馆、全国口岸动植物检疫南方培训中心、厦门银海技术发展公司清产核资的审计报告。这是厦门动植物检疫局根据国家出入境检验检疫局的部署,首次委托社会中介机构对本局和下属企事业单位进行财务审计。

同日　在富山展览城举行的第二届中国投资贸易洽谈会期间,厦门人民广播电台首次开播英语新闻节目,每天两次,每次 5 分钟,还播出几档英语新闻专题。

8—12 日　第二届中国投资贸易洽谈会在厦门举行。本届洽谈会由国家对外贸易部经济合作部主办,福建省政府和厦门市政府承办,全国 31 个省、自治区、直辖市人民政府、部分计划单列市政府和国家有关部、委、局、办、协会等单位参加,海外一批知名国际组织、跨国公司和企业家应邀与会。本届洽谈会共签订外资项目 2766 项,利用外资总金额142 亿美元,其中签订合同项目 1606 项,合同外资额达 55.2 亿美元。厦门市代表团签订项目 86 个,投资总额 8.96 亿美元,利用外资 7.30 亿美元。

9 日　福建省第二条高速公路——厦漳高速公路通车。全长 31 公里,双向四车道,路宽 26 米。

同日　建设部副部长宋春华考察洪文、前埔、金尚等生活小区。同时指出厦门有条件在住宅产业化课题先行于全国一步进行探索。

同日　厦门爱乐乐团成立,由我国著名指挥家郑小瑛教授任艺术总监和首席指挥。

10 日　经国家有关部门批准,厦门市设立大嶝对台小额商品交易市场。市场占地面积 1 平方公里,凡福建省居民及台湾、金门同胞持有效身份证明,经交易市场管委会批准,并办理规定的登记注册手续后,均可在市场上设立摊位从事商品交易活动。

同日　中国工商银行厦门市分行及毅宏房地产开发有限公司等 21 家企业捐资 271 万元,共同设立"厦门市牡丹教育基金"。

11 日　许斐平于 1979 年赴美后首次回故乡,在鼓浪屿音乐厅举行钢琴独奏音乐会,获得很高的评价。他将此次演出个人所得的人民币 2 万元,悉数捐献给长江水患灾区的人民。

14 日　厦门市成为第四次全国卫生城市大检查免检单位。

19 日　福建省创旅初审团在厦检查工作结束,厦门市初审得分已超副省级城市创旅达标标准。

22—25 日　厦门市十一届人大常委会第七次会议举行,会议审议并通过《厦门海沧台商投资区条例》等。

22—25 日 台湾"中国统一联盟"考察团一行来厦门考察。

28 日 开元区成立我市第一个区商会党委。

同日 厦门 96315 开通消费者网上投诉服务。这是全国第一个上英特网的 96315 消费者投诉服务站点。

30 日 厦门市民政局、红十字会又接收社会各界向灾区捐赠款项 3639.87 万元,捐物折合人民币 3140.15 万元,捐衣服 86.33 万件。

同日 厦门至北京特快列车正式运行。

本月 驻厦某集团军奔赴九江抗洪,涌现出"抗洪勇士"翟冲等一批英雄模范。

10 月

4 日 中国"雪龙"号极地科学考察船首航抵达厦门。

6 日 厦门市首届"十大优秀工人"评选揭晓,市煤气总公司陈建平等 10 人入选。

19 日 美国城市规划专家贝定中先生(著名建筑师贝聿铭之子,美国规划协会的创始人之一)受父托,考察厦门岛东部的重点开发项目——东南海国际乡村俱乐部。

20 日 近日,全国人大常委会副委员长、全国妇联主席彭佩云和原全国人大常委会副委员长王汉斌来厦门考察。

同日 厦门市人民广播电台开辟栏目,定向欧美宣传厦门。

24 日 在第十一届福建省运动会上,厦门市体育代表团共获金牌 7 枚,银牌 68 枚,铜牌 60.5 枚,总分 2654.5 分,名列全省第二。

27 日 厦门市十一届人大常委会举行第八次会议,审议并通过《厦门市华侨捐赠兴办公益事业管理条例》和《厦门市实施〈中华人民共和国教师法〉办法》、《厦门市住宅物业管理条例》等。

28 日 厦门市和日本佐世保市缔结友好城市 15 周年纪念日举行。佐世保市市长光武显率团抵达厦门参加纪念活动。

同日 已合并 25 年的厦门市邮电局正式分营为市邮政局、市电信局。

同日 "福建省四建建筑工程有限公司"揭牌,成为福建省建筑系统首家成功改制企业。

28—30 日 象征我市和日本佐世保市友谊长存的"庆祝中国厦门—日本佐世保缔结友城十五周年友城美术书法交流展"在市图书馆展厅展出。厦门市市长助理江曙霞、日本佐世保市市长光武显、议长市冈博道等出席开幕式并参观展览。

11 月

3 日　美国戴尔计算机公司在厦门设立"中国客户服务中心"。该中心将生产戴尔公司全系列产品,为中国客户提供所有的销售、服务和技术支持。

同日　万石植物园将代表福建省参加中国'99 昆明世界园艺博览会。

3—4 日　新加坡总统王鼎昌偕夫人等一行 16 人来厦作私人访问。11月 4 日上午,王鼎昌总统在厦门市委书纪石兆彬陪同下,前往其祖籍地集美后溪珩山参观,并与王氏宗亲代表亲切会面。

6 日　国家旅游局验收组抵达厦门,对我市创建"中国优秀旅游城市"工作进行检查验收。

8—9 日　中共厦门市委八届九次全体(扩大)会议召开,会议的主要任务为:贯彻落实中共十五届三中全会和省委六届九次全体(扩大)会议精神,总结我市 20 年农村改革与发展的成就和经验,进一步提高新形势下做好特区农业和农村工作重要性的认识,明确跨世纪发展的目标任务,研究布置农村经济、政治、文化建设工作。会议通过《中共厦门市委关于认真贯彻落实党的十五届三中全会精神,率先基本实现农业现代化的决定》。

9 日　国家出入境检验检疫局局长田润之到厦门动植物检疫局视察,并为厦门出入境检验检疫局题词。

同日　中共中央政治局常委、全国政协主席李瑞环来厦门视察。李瑞环主席认为厦门发展旅游业的前景十分美好。

10 日　国家出入境检验检疫局副局长宋明昌到厦门动植物检疫局指导工作。

12 日　'98 秋季全国日用百货商品交易会在厦门开幕,"全百会"共设展位 626 个,来自美国、日本、韩国、印尼、捷克、香港、台湾等 10 多个国家和地区及全国 31 个省市区的 1000 多名参展商参加交易会。

同日　海峡两岸 100 多名纺织界同仁聚会厦门,共商两岸纺织、工业发展与合作。双方讨论两岸有关的贸易与市场行销、投资、设计研发、管理议题等。

同日　建设部副部长叶如棠考察厦门安居工程认为:厦门住宅小区建设起点高,环境质量好,设施配套齐全,在全国属一流水平。

同日　近日,厦门成为联合国东亚海域管理示范区。

15 日　清华大学 21 世纪发展研究院、台湾大学土木文教基金会联合主办"台湾海峡隧道论证学术研讨会"在厦门开幕。

18 日　厦门港恢复升挂风情信号,这是时隔 30 多年后,鼓浪屿升旗山信号台重新为市民和在港船舶提供强风和台风信息服务。

19 日　经国务院批准,厦门东渡三期工程启动。该工程总投资 78838 万元,亚行贷款 4700 万美元。共 7 个泊位,设计年吞吐能力 210 万吨,工程 2002 年全部竣工投产。

12 月

1 日　厦门市首次向国有企业委派财务总监(试点)暂行办法实施。

2 日　'98 厦门多国纺织制衣机械、服装展览会开幕,来自日本、法国、意大利、比利时、韩国及港台等 8 个国家和地区以及国内 7 个省市的厂商参展。设摊位 102 个,展品主要有纺织、针织、化纤、染整机械、各种服装机械、电脑绣花机及各式服装鞋类等。

同日　市确定首批专利试点企业,厦门华侨电子企业有限公司等 10 家企业入榜。

4 日　福建省九届全国人大代表第二视察组抵厦视察。

同日　厦门市确定首批专利试点企业,厦门华侨电子企业有限公司等 10 家企业入榜。

7 日　国家文物局局长张文彬在省文化厅厅长吴凤章陪同下来厦门视察工作,参观了胡里山炮台、南普陀寺和郑成功纪念馆,充分肯定厦门市文物工作所取得的成绩。

同日　由日本日商岩井株式会社、厦门建发集团及龙海泰隆金属制品有限公司联合经营的泰隆钢板剪切中心开业。这是福建省目前规模最大、技术设备最先进的专业钢板剪切中心。

14 日　厦门市十一届人大常委会举行第九次会议,会议审议《厦门市风景名胜资源管理条例(草案)》等。

15 日　瑞景新村通过建设部验收,是福建省首个,厦门市唯一的国家级试点小区。小区于 1996 年 9 月 25 日开工,今年 11 月 30 日全面竣工。

18 日　厦门市经济工作会议举行,会议提出明年经济工作的指导思想:高举邓小平理论的伟大旗帜,深入贯彻落实党的十五大、十五届三中全会和中央经济工作会议精神,深化改革,扩大开放,促进发展,保持稳定,把积极合理有效利用外资、千方百计增加出口和努力扩大内需作为促进经济增长的主要措施。调整优化经济结构,深化国有企业改革,稳定和加强农业,积极开拓城乡市场。防范和化解金融风险,整顿经济秩序,提高人民生活水平,保持国民经济持续快速健康发展和社会全面进步,迎接建国 50 周年。

瑞景新村

19 日　近日,厦门市厦华 16 画面图像菜单彩色电视机等 5 个项目产品获国家级新产品奖。

本年　"早餐工程"让许多上班族改掉了不吃早餐的习惯。当时,早龙是第一批承办"早餐工程"企业。随后,又发展了第二批经营者,林扁和富力维就是第二批承办单位。2004 年,为扩大品牌影响力,我市的老字号黄则和也被"早餐工程"发展为承办单位。如今"放心"、"营养"的早餐工程,已经成为厦门多数上班族的"田螺姑娘"。十多年来,这位"田螺姑娘"还很贴心,市民需要什么,她就提供什么。

厦门市启动早餐工程

1999 年

1 月

1999 年起　厦门爱乐乐团开始举行新年音乐会、春节音乐会。

5 日　国家旅游局在桂林市召开第一批中国优秀旅游城市命名大会，厦门市获"中国优秀旅游城市"称号。

6 日　中国建筑三局二公司承建的厦门嵩屿电厂工程荣获中国建筑工程鲁班奖。

15 日　1998 年度市直机关"作风好、效率高单位"评选揭晓，市工商行政管理局、市地税局、市计委被评为"作风好、效率高单位"。

同日　中共中央政治局常委、国务院总理朱镕基抵厦考察。

19—23 日　厦门市第十一届人民代表大会第二次会议召开，大会通过《关于进一步加强依法治市的决议》和《关于〈政府工作报告〉的决议》等。

23 日　在国家民航总局召开'98 全国民航工作会议上，厦门航空有限公司获民航总局授予的 1998 年度航空安全金鹰杯。

25 日　厦门市第一条 50 万伏超高压送电线路（国内最高压等级）——漳州后石电厂至厦门 50 万伏送电线路竣工，进入验收阶段。

29 日　厦门市建成华东地区最大跨度铁路公路立交桥——仙岳路铁路立交桥，顶进跨度 62 米。

2 月

4 日　厦门市推行 ISO1400 全国领先，厦门环境管理体系认证中心成为全省首家认证机构。

6 日晚　200 余名来自美国、英国、加拿大、韩国、德国、菲律宾等国家和地区 20 多家外资企业高级职员的太太自发举办慈善晚餐会，募捐了一批红十字善款。

9 日　市红十字会参与见证 5 名大陆劫机嫌犯交接作业。

14 日　仙岳山隧道正式通车。隧道总长 2000 余米，净宽 9.25 米，净高 6.7 米。10 月，该工程被中国市政工程协会授予"金杯奖"。这是福建省首次获得的全国市政行业工程质量最高奖。

19 日　海沧大桥首节钢箱梁吊装成功。大桥钢箱梁 94 节，每节长 12 米，宽 36.6 米，最重的达 206 吨。

25 日　市红十字会接待金门爱心慈善事业基金会参观"'99 献爱心万人行"代表团。

仙岳山隧道

28 日　本市举行"'99 献爱心万人行"活动。"'99 万人献爱心"活动通过厦门公用信息网"闽南之窗"站点正式上网,这是厦门市第一个上网的大型公益活动。此间,市红十字会、市卫生局制定的《厦门市红十字志愿捐献遗体登记接受站工作规范》公布。

本月　厦门市人民政府授予李焕之"厦门市首届文学艺术创作荣誉奖"。

3 月

1 日　厦门市无偿献血、免费用血今起实施。

9 日　"厦门海沧大桥工程信息系统"项目通过市科委组织的专家鉴定。

16 日　荷兰博坦公司向市政府赠送荷兰古船模型,赠送仪式在郑成功纪念馆举行,荷兰驻广州总领事 IEM. G. ROOS 出席了仪式。

同日　马来西亚国际马戏团(又称伦敦皇家马戏团)从厦门口岸入境,并在厦门开始了在我国的巡回演出,5 月 15 日演出结束。厦门动植物检疫局首次开展对演艺动物的检疫和监管工作。

23 日　瑞景新村给水工程获"优质工程"称号。

25 日　瑞景新村荣获建设部 1998 年试点小区综合奖的金牌,还囊括了规划、设计等所有新单项奖的第一名。洪永世获城市住宅小区建设试点优秀领导奖,厦门市建坤实业发展公司获得开发建设单位优秀管理奖。

26 日　厦门获全省文明城市初评第一名。

28 日　厦门市民政局获"全国民政系统抗洪救灾先进集体"称号,市民政局副局长杨昌民获"全国民政系统抗洪救灾先进个人"称号。

同日　同安区近日获文化部授予的"万里边疆文化长廊"文化先进区称号。

31 日　厦门市公开向全国选聘企业经营者,公开选聘的职位有厦门工程机械股份公司总经理等 7 个职位。

31 日至 4 月 2 日　市十一届人大常委会第十一次会议召开,会议审议通过《厦门市风景名胜资源保护管理条例》等。

4 月

1 日　由厦门市医学会和台湾慈济基金会联办的"两岸医学文化交流联谊活动"在台湾民俗村举行,两岸医学界人士及部分台商近千人参加活动。台湾慈济基金会还向厦门市捐赠 200 部轮椅。

2 日　'98 全国城市电视台新闻评比日前在青岛揭晓,厦门电视台参评的 5 条新闻全部获奖,其中《为公车"遮羞"酒楼服务有新招》获短消息一等奖。

同日　3 月 31 日至今日,市十一届人大常委会第十一次会议召开,会议审议通过《厦门市风景名胜资源保护管理条例》等。

同日　马来西亚驻华大使拿督阿卜杜·马吉德一行抵厦访问。

3 日　美国通用电气公司(GE)副总裁小本杰明·W·海内曼一行来厦参观访问。

同日　厦门市全面实施城乡居民最低生活保障制度,保障标准为单人户每人每月 260 元,双人户月人均 235 元;农村居民最低生活保障标准保底线为户月人均 100 元。保障标准居全国之首。

4 日　芬兰驻华大使鹿达宁一行抵厦访问。

同日　举行李王锦、李庆森奖教奖学基金会成立 10 周年庆典大会。10年前,台湾航运界企业家和慈善家李宗吉捐赠 100 万元港币,以其父母的名义在我市设立奖教奖学基金。至今,已奖励和资助 3500 多名教师和学生。

同日　厦门市参加中国第十五次南极考察队的 6 位队员载誉归来。此次考察活动历时 149 天,航行 20326 海里。

6 日　1998 年全国第十二届电子元件百强排序日前揭晓,厦门 TDK有限公司等 5 家企业入榜。

8 日　第三届对台出口商品交易会暨'99 海峡两岸产学研合作洽谈会在厦开幕,参加交易会的有来自全国 26 个省市的 500 多家企业,12 个台湾工商团组以及来自日本、意大利、菲律宾、美国及香港等 20 多个国家和地区的客商,共设展位近 600 个。

同日　全国爱卫会发出通知,因去年救灾防病需要而暂停的第四次全国城市卫生检查评比活动继续进行,厦门仍被确定为免检城市。

同日　厦门市司法局召开迎接人大代表评议司法行政工作动员大会的筹备会议,林细缨局长在会上就认真总结 1996 年以来的司法行政工作,开展自查自纠,撰写自查报告及依法履行法定职责,贯彻市政府 13 号令,转变机关工作作风等问题作了总体的安排和部署。

同日　台北汉唐府南管古乐团在厦门献演。

9 日　举行第一届海峡两岸企业家高尔夫球赛。

10 日　厦航波音 737 货机首次跨越 3 个外国领空执行国际货运包机任务,经 4 个架次的飞行,将总重 43 吨的泰国小鳄鱼从曼谷安全运抵福州长乐国际机场。

11 日　全国人大常委会副委员长、农工党中央主席蒋正华来厦视察。

12 日　各民主党派中央、全国工商联领导人和无党派人士对台工作考察团莅厦,就推动海峡两岸政治谈判、经济合作和"三通"问题进行为期两天的考察和研讨。

16 日　德国赫司特国际集团高级专家柯那夫博士和该集团中国投资有限公司总监邬瑞祺博士一行来厦,就共同建立厦大膜技术中心,参与市政府投资近 3 亿元的垃圾厂的废液膜技术处理等事宜与市领导进行商谈。

同日　厦门杏林建材综合厂等首批 21 家军队、武警和政法机关企业正式移交地方。

同日　市十一届人大常委会举行第十二次会议,任命袁汝稳为厦门市副市长,同时免去卓钦锐厦门市副市长职务。

同日　市长洪永世会见德国赫司特国际集团高级专家柯那夫博士和该集团中国投资有限公司总监邬瑞祺博士。宾主就共同建立厦大膜技术中心,参与市政府投资近三亿元的垃圾厂的废液膜技术处理等事宜进行商谈。

17 日　国家民政部近日命名表彰的 95 个全国村民自治模范县(区)中,湖里区荣获"全国村民自治模范区"称号,成为全省唯一获此殊荣的区。

同日　中国第二届优秀青年卫士评选活动揭晓,厦门市公安局刑警大队经侦大队大队长缪闽江、湖里区法院经济庭副庭长何如男入榜。

17—19 日　荷兰王国贝娅丽克丝·威廉敏娜·阿姆德女王和克劳斯亲王一行访厦,进行私人访问,游览了厦门景区并往武夷山游览。

19 日　厦门、三明两市对口帮扶和山海协作联席会议在厦举行。两市重点合作项目—投资 1000 万元的三明进出口货物报验中心和投资 900 万元的侨丹二期万吨结晶味精生产线签字仪式同时举行。

同日　厦门出入境边防检查站将 1 名肯尼亚籍偷渡人员遣返出境。这是厦门首次遣返外国籍偷渡人员。

同日　省司法厅黄忠岩副厅长到厦门市司法局指导工作。黄忠岩副厅长认真听取了林细缨局长的工作汇报，并着重关心和询问了厦门市司法局办公大楼和"148"法律服务专线的筹建情况。

同日　省长贺国强和市长洪永世在悦华酒店拜会来厦进行私人访问的荷兰女王贝娅特克丝·威廉敏娜·阿姗哈尔德和克劳斯亲王一行。

20 日　市政府电子信箱正式开通,增加了政府与市民沟通的渠道。

21 日　太古飞机工程有限公司二期机库建成开业。该机库于 1997 年 7 月 30 日动工兴建,投资 5000 万美元,可同时容纳两架宽体飞机的大修。

22 日　厦门、龙岩两市山海协作联席会议在厦门宾馆举行。两市有关部门签订 28 个投资贸易合作项目,总投资金额 4.68 亿元。

28 日　台湾省妇女精英友好访问团抵厦访问。

29 日　厦门路桥股份有限公司的"厦门路桥"A 股在深圳证券交易所正式挂牌交易。

30 日　海沧大桥东岸混凝土引桥全线贯通。东引桥长 420 米,主体工程投资 3300 万元。

5 月

1 日　厦门大嶝对台小额商品交易市场开业。该交易市场总面积 1 平方公里,首期开发面积 8 万平方米,是经国家批准的全国唯一的对台小额商品交易市场。该市场 1998 年 5 月经国家批准,是厦门市为规范管理厦金海域民间小额贸易,推动海峡两岸民间贸易发展,促进两岸"三通"而作出的贡献。这是迄今为止祖国大陆唯一的一个对台免税交易市场,人们形象地称之为——"两岸大超市"。

大嶝对台小额商品交易市场开业

4 日　为期 4 天的亚洲分析科学大会在厦门开幕,来自 20 多个国家和地区的 450 名分析科学界知名专家学者出席会议。

8 日 厦门大学、鹭江大学约 5000 名学生举行示威游行,抗议以美国为首的北约轰炸中国驻南斯拉夫大使馆的暴行。

9 日 市委、市人大、市政府、市政协致电中共中央,对北约袭击我驻南使馆表示强烈抗议,坚决拥护我国政府的严正声明。与此同时,我市各民主党派和机关团体纷纷集会,强烈谴责北约的野蛮行径。

16—17 日 由全国政协副主席孙孚凌率领的全国政协中小企业调研组来我市调研,与我市 12 家中小企业负责人进行座谈,还走访了通士达公司等企业。

18 日 经国家信息化办公室批准,厦门市成为首家电子商务(即利用计算机网络进行商务活动)试点城市。9 月,厦门电子商务中心正式成立。

同日 厦门市第一家妇产专科医院——思明妇产医院正式开诊。

19 日 为期 5 天的 1999 年厦门产品(西安)展销暨经贸合作洽谈会在西安国际展览中心隆重开幕。此次展洽会的贸易成交额达 18.11 亿元,其中现货交易额 512.8 万元;签订各类合作项目 100 项,总投资额 7.07 亿元。

21 日 市十一届人大常委会召开第 13 次会议,批准任命于伟国、江曙霞为市人民政府副市长。

21—28 日 中共中央政治局委员、全国人大常委会副委员长田纪云来厦进行《产品质量法》执法情况调查。

22 日 厦门至美国西部集装箱班轮航线开通,担任首航的船舶"东河"轮从海沧国际货柜码头启航,取道日本,驶往美国西部的长滩港和奥克兰港。

23 日 为期 5 天的'99 厦门产品(西安)展销暨经贸合作洽谈会在西安国际展览中心闭幕。此次展洽会的贸易成交额达 18.11 亿元,其中现货交易额 512.8 元;签订各类合作项目 100 项,总投资额 7.07 亿元。

26 日 以越共中央政治局委员、政府常务副总理阮晋勇为团长的越南党政代表团来厦参观访问。

27 日 下午 3 时许,海沧大桥最后一节(第 94 节)钢箱梁吊装成功,至此大桥正式合龙。

28 日 市"148"协调指挥中心成立,市"148"法律服务专用电话同时对外开通。

29 日 厦门首条公交车专用车道——湖滨南路段破土动工。

30 日 被象屿集团兼并的厦门为天实业总公司经改制改组后成立的厦门新为天食品工业有限公司举行揭牌仪式。

6 月

5 日　市环保局投资 450 万元设立的"白鹭彩屏"在白鹭洲公园正式开播。彩屏面积 25 平方米,可将大屿岛上 6 组电子探头拍摄的白鹭生活情况显示在屏幕上。这是全国首座在公共场所设立的专门用于环保宣传的彩屏。

9 日　全市境外企业工作会议召开。自 1982 年厦门市首家境外企业厦铃公司在香港注册成立以来,全市现有境外企业 56 家,分布在 22 个国家和地区。

16 日　'99 首届全国(厦门)沿海内地高新技术成果转化展示交易洽谈会在厦门白鹭宾馆举行。

同日　厦门市电子机械配套招商洽谈会在人民会堂开幕。这是厦门市首次举办专业性招商洽谈会。会上共签订投资合同、协议、意向项目 21 个,项目总投资 1.5 亿元,协议外资 1.49 亿元,配套贸易成交金额 4.5 亿元。

16—18 日　1999 首届全国(厦门)沿海内地高新技术成果转化展示交易洽谈会在白鹭宾馆举行。北京大学、清华大学、中科院等十几家科研单位在会上发布 3000 余项科研成果。在洽谈会上,有 410 项科技成果达成合作或投资交易意向。

18 日　厦门火车站与华东四省一市的 41 家火车站实现铁路售票联网。

同日　厦门市电子机械配套招商洽谈会在市人民会堂开幕。这是厦门市首次举办专业性招商洽谈会。会上共签订投资合同、协议、意向项目 21 个,项目总投资 1.5 亿元,协议外资 1.49 亿元,配套贸易成交金额 4.5 亿元。

19—21 日　中共中央政治局常委、国家副主席胡锦涛在福建省委书记陈明义陪同下来厦门视察。

20 日　厦门—九江—阜阳空中航线开通并举行首航仪式。

22 日　21 时许,一架由美国休斯敦飞抵厦门的波音 747—200 型载重飞机安全降落在厦门高崎国际机场,机上载有 95 吨机器设备。这是该机场建成以来降落的重量最大的飞机。

同日　由全国 16 家航空公司和 40 家民用机场参加的'98 旅客话民航活动评价结果揭晓,厦门国际航空港集团有限公司获年吞吐量 200 万～800 万人次组第一名。这是该集团第三次在此项活动中夺冠。

同日　海沧大桥主体工程完工。

25 日　厦门首次举办军队转业干部安置工作专场选调会,170 多家有接收任务的单位在市人才市场与军转干部当面洽谈,进行双向选择。

26 日　厦门市第一家外来员工子弟学校成立并正式对外招生。

28 日　参加中国首次北极科学考察的厦门海洋三所 5 名专家乘机离厦,将于 7 月 1 日由上海乘"雪龙号"破冰船开赴北极。

29 日　厦门市工读学校正式成立。该校位于禾山镇高林村林边社,是全省第一所工读学校。

30 日　厦门市'99 万人献爱心活动总结表彰大会召开。此项活动自上年 12 月 10 日正式启动以来,共筹措红十字救急基金 980 多万元。

7 月

1 日　《厦门商报》网络版正式推出,成为厦门第一家电子报纸。

同日　厦门电视台记者王海青从上海乘"雪龙"号启程前往北极,参加国家组织的首次北极科学考察采访报道。厦门电视台为其配备了数字摄像机、数码相机和数码录音机等先进的采访设备。王海青成为我国首位一年内两次参加国家科学考察队考察和采访南北两极的记者。

5 日　交通部副部长李居昌在海沧大桥工地检查。

7 日　由厦门东磊贸易有限公司创意的"如意"玉雕龙船,被吉尼斯总部评为"大世界吉尼斯之最"。该船用米黄玉为主要材料,船身长 6 米,宽 0.77 米,高 4.6 米,重 2.25 吨,船身雕有 178 条龙、凤。共用整材 80 吨,投工 20 人,历时 3 年多精雕完成。

11 日　厦门一中高三女生洪毅颖获得第 31 届国际化学奥林匹克赛金牌。这是自 20 世纪 80 年代后期我国开始参加国际奥赛以来,厦门中学生取得的第一块金牌。

12 日　厦门一中环境教育基地举行授牌仪式。这是厦门市和福建省的第一个环境教育基地。

15—21 日　"海景花园杯"全国青少年帆板锦标赛在厦门举行。参赛的有来自全国 13 个省市近百名运动员。厦门二中初二学生方清田获男子温氏级冠军。

19 日　由思明区关工委和驻厦海军水警区共同创办的厦门海军少年军校成立。这是福建省第一所海军少年军校。

26 日　"膜科技与厦门经济可持续发展"研讨会召开,全国人大常委会副委员长成思危出席会议,江曙霞副市长代表厦门市政府致贺词。

同日　举办"厦门台湾两地书法家联谊笔会"。

27 日　世界上首台光盘录像机在厦门诞生。这一面向普通家庭用户的全新视听产品是厦新公司与美国视讯科技有限公司共同设计的。

28 日　厦门海警三支队在漳州海域缉获一艘涉嫌走私的橄榄船,查获走私香烟 1300 箱,价值人民币 500 多万元。这是福建省公安边防部门首次在海上抓获载有走私货物的橄榄船。

28—30 日　全市各级公安机关开展"追逃"专项斗争第一次集中统一行动。共出动警力 6159 人次,群防组织力量 3522 人次,破获各类案件 101 起,抓获各类违法犯罪嫌疑人 193 人。

29 日　洪永世市长签发厦门市政府第 85 号令,宣布自即日起施行《厦门市企业国有资产流失查处暂行办法》。这是国内首部涉及企业国有资产流失查处问题的地方政府规章。

31 日　同安金门书画联展在大嶝岛举行。同安、金门两地书法家、美术家的 270 幅作品参展。

8 月

3 日　福建省第十一届大学生运动会在集美大学体育学院开幕。全省 30 个高校代表队的 954 名运动员参加为期 4 天的比赛。本届大学生运动会是历届规模最大,参赛人数最多的一次。

同日　厦门市召开全市领导干部会议,省委常委、组织部长陈营官代表省委宣布中共中央决定:石兆彬调任中共福建省委副书记,不再担任中共厦门市委书记职务;洪永世任中共福建省委常委、中共厦门市委书记。

同日　中国首家飞机发动机大修企业——通用电气发动机服务(厦门)有限公司奠基。该公司坐落在厦门航空城,占地 6 万平方米,首期投资 2980 万美元,建成后一年可维修飞机发动机 300 台。

3—6 日　福建省第十一届大学生运动会在集美大学体育学院开幕。全省 30 个高校代表队的 954 名运动员参加为期 4 天的比赛。本届大学生运动会是历届规模最大,参赛人数最多的一次。厦门大学和集美大学分别获得甲组和丙组团体总分第一名。

8 日　'99 厦门群众文化艺术节正式拉开帷幕。本届艺术节由各区、各系统、各院校及驻厦部队 22 个单位抽调的优秀节目同台演出,历时两个月,其规模为历届群众文艺调演之最。

12 日　9 时 30 分,324 国道同安区内厝新坡路段发生一起特大交通事故。一辆来自惠安的中巴客车因越过道路中心双实线与两辆货车相撞,造成 12 人死亡,13 人受伤,三辆车严重受损。

20 日　全市第一条公交专用车道—湖滨南路公交专用车道正式开通。

24 日　文莱达鲁萨兰国苏丹和国家元首哈桑纳尔·博尔基亚来厦访问。

9 月

1 日　厦门电子商务中心正式成立。该中心由厦门信息港建设发展有限公司、厦门市信息投资有限公司、厦门信达股份有限公司、厦门经济特区华夏集团四家股东共同投资组建。此举标志着厦门电子商务系统的建设正式启动。

同日　厦门市正式实施市政府第 80 号令,挂岛外牌照的摩托车一律禁止在市区通行。

5 日　厦门市首家由企业和高校联合设立的高新技术研究机构——厦大宝龙电池研究所成立。研究所由厦门大学和宝龙集团(澳资)共同组建,注册资金 300 万元。

同日　市政府和福州铁路分局联合举行新闻发布会,宣布自 10 月 1 日起,进入厦门岛的火车禁止鸣笛,同时实行岛内火车封闭式行驶,使厦门成为全国第一个禁止火车在市区鸣笛的城市。

6 日　岛内第一家区行业组织——湖里区商会建材行业工会成立。

8—12 日　第三届中国投资贸易洽谈会在富山展览城举行,中共中央政治局候补委员、国务委员吴仪为洽谈会揭幕。来自世界 80 多个国家和地区的 6400 多名客商参会,共签订合同外资项目 1228 个,合同外资金额51.83 亿美元,协议项目 595 个,协议外资金额 32.34 亿美元;进出口贸易成交总额 8.13 亿美元,其中出口 7.09 亿美元;签订内联项目 126 个,总投资 47.21 亿元,其中合同项目 38 个,合同金额 7.7 亿元。厦门代表团在本届洽谈会上共签约外商投资项目 77 项,总投资 8.61 亿美元,利用外资 7.49亿美元,其中合同项目 50 项,协议外资 4.41 亿美元。

9 日　厦门市首家由外资创办的研究所——TDK 电子研究开发中心举行签约仪式。该中心是日本 TDK 株式会社和厦门 TDK 有限公司的合资项目,总投资 1000 万美元,主要从事电子原料及磁性材料的开发研究。

14 日　厦门市首次评选"十佳建筑工人"。

16 日　厦门中旅 1 辆大巴在深汕高速公路汕尾段发生翻车事故,造成6 人死亡,8 人受伤。

同日　中央文明委在京召开电视电话会议,隆重表彰在全国精神文明工作中做出突出成绩的先进单位。厦门市荣获"全国创建文明城市工作先进城市"称号,同安区新圩镇马塘村等 7 个单位同时受到表彰。

同日　厦门荣获"全国创建文明城市工作先进城市"称号。

17 日　厦门运动员刘俊宏、石智勇在第四届城运会(西安)上分别夺得3 米板跳水和 62 公斤级举重金牌。

18 日　厦门湾 10 万吨级航道正式启用,使厦门港跻身全国少数几个拥有 10 万吨级航道的港口行列。航道全长 42 公里,1978 年 7 月动工建设,耗资 1.05 亿元。

同日　厦门在全国率先开通数字视频广播,受众可在家中自由选择电视节目。这套系统由市有线广播电视传输中心开发。

21 日　凌晨 1 时 46 分,台湾东北部海域发生里氏 7.4 级地震,震中距厦门 300 多公里。此后又有 5 次 6 级以上余震发生,厦门地区震感强烈,烈度达到 4 度强。

同日　台湾东北部发生里氏 7.4 级地震。厦门人民纷纷为台湾地震灾区同胞捐献爱心。

22 日　参加第十二届全国发明展览会的厦门市代表团载誉归来。在这届展览会上,厦门选送的 27 个参展项目有 17 个获奖,其中金奖 4 个,银奖 7 个,铜奖 6 个。获奖数量在全国各省市参展团中名列榜首。

24 日　厦门市"心系台湾地震灾区同胞"募捐义演音乐会在人民会堂下沉式广场举行。

25 日　厦门空港联检报关中心投入使用,通关手续大为简化,提高口岸国际货物的通关速度。至此,厦门海陆空口岸国际货运联检报关体系正式形成。

同日　由厦门市选送的 20 集电视连续剧《追逐墨尔本》和歌曲《居住》获全国第七届"五个一工程"奖。

28 日　厦门市与澳大利亚马卢奇郡市缔结友好城市签字仪式在悦华酒店举行。中共厦门市委书记、市长洪永世和马卢奇郡市长唐·卡利分别代表两市在协议书上签字。

28 日—10 月 1 日　澳大利亚马卢奇郡市长唐·卡利和阳光海岸大学教授艾蔚博士访厦。28 日,厦门市长洪永世与马卢奇郡市长唐·卡利分别代表厦门市与马卢奇郡市签署了《中华人民共和国福建省厦门市同澳大利联邦昆士兰州马卢奇郡缔结友好城市协议书》。29 日,唐·卡利市长和其他人士被授予第三批厦门市荣誉市民。

29 日　市政府在人民会堂举行第三批厦门市荣誉市民授证仪式,江真诚等 22 位对厦门有突出贡献的港澳台同胞、华侨华人和外国友人接受了洪永世市长颁发的荣誉市民证书。

30 日　历时两年多的环岛路二期工程暨会展南路正式通车。环岛路二期全长 12.8 公里,双向四车道,按城市一级主干道标准设计,兼具旅游道路功能,工程总投资 5.9 亿元。

厦门环岛路

同日　厦门市庆祝建国 50 周年大会暨"时代礼赞"大型晚会在市体育中心举行。有近 4 万名军民参加演出。

本月　厦门爱乐乐团与钢琴大师殷承宗合作,举办纪念肖邦逝世 150 周年国际音乐周。

本月　香港《大公报》刊登厦门总商会专稿宣传厦门私营经济。

10 月

2 日　厦门闽台农业高新技术园区园林花卉展销中心开业。该中心一期工程占地 0.6 公顷,是全市目前最大的花卉市场。

9 日　第 14 号台风正面袭击厦门,台风中心在厦门上空停留时间达五六个小时,最大风力为 14 级,风速每秒 46 米。受台风影响,全市普降大雨,过程雨量 208.6 毫米。台风和暴雨造成 3 人死亡,3 人失踪,727 人受伤,直接经济损失 19.37 亿元,灾情之重为 40 年来之最。厦门人民广播电台、厦门电视台奋战在抗灾第一线,受到市委、市政府的表彰。厦门电台 3 个系列台开办"抗台风特别节目",为市委、市政府和广大市民架起一道空中桥梁。厦门电视台派出记者 42 组 146 人次赶往抗灾抢险一线报道,共 11 档反映厦门军民抗击 14 号台风的新闻节目。市红十字会迅速筹集款物实施救援行动。会长江曙霞率领红十字会人员深入沿海遭受重灾的乡村,发放粮油食品,慰问遇难者亲属。林明鑫等领导深入五通浦口、凤头等村庄,慰问受灾群众,送去大批慰问款物。

同日 厦门市工业污染源达标排放和城市环境功能区达标通过国家环保总局的验收,成为继深圳之后全国第二个提前完成"双达标"的城市。

11 日 纪念厦门解放 50 周年大会在人民会堂举行。全国政协副主席张克辉以及 500 多名为厦门解放作出重要贡献的原中共厦门闽西南、城工部的老战士出席大会。

12 日 第六届"全国十佳少先队员"评选活动在北京揭晓,厦门市实验小学六年级女生方佳佳当选。

14—16 日 汤加王国国王陶法阿豪·图普四世一行 22 人于 10 月 6 日至 18 日来我国进行国事访问时间来厦访问。14 日晚,福建省代省长习近平、厦门市市长洪永世在悦华酒店会见宴请汤加国王一行。在厦期间,国王一行参观了造船厂,游览厦门市容和乘游艇环鼓游览。

15 日 台湾省米谷商业同业公会粮食考察团、高雄市米谷商业同业公会代表团抵厦考察。

16 日 厦门市八项工程荣获"闽江杯优质工程奖",分别是:吕岭花园住宅小区、市公安局办公大楼工程、前埔南区二组团一期工程、芙蓉苑二期 A1 幢和 A2 幢住宅楼、嵩屿电厂煤码头水工工程、嵩屿博坦石化仓储库、10 万吨级油码头工程,瑞景新村小区。

17 日 福建移动通信有限公司厦门分公司正式成立。这标志着厦门电信继无线寻呼分营之后,移动通信业务也进入独立运作、专业经营的新时期。新成立的移动通信分公司拥有 30 万个用户,固定资产 13 亿元。

同日 全国第三届高校红十字会工作研讨会在天津召开,市教委梁景瑚、市红十字会杜振华、厦门集美大学和其他地区 6 个单位被指定在大会介绍经验,其余以书面材料交流。

18 日 由国务院侨办、省侨办等主办的 1999 年中国寻根之旅暨福建省第二届海外华裔青年联欢节开幕式在集美归来堂举行。来自 16 个国家的 123 名华裔青年参加此次活动。

19 日 市公安局破获一起新中国成立以来厦门最大的假币案,抓获犯罪嫌疑人杨香水,当场缴获 1990 年版百元面值的假人民币 195.4 万元。

22 日 市人大副主任、市红十字会副会长林明鑫率红十字会代表团一行 3 人,前往哈尔滨市举行赈灾救护车捐赠仪式,将厦门人民捐赠的 10 部赈灾救护车的钥匙发给受灾县(市)、区红十字会代表。1998 年抗洪期间,厦门人民通过红十字会向友城哈尔滨市空运大批药品,并汇出一大笔赈灾捐款用于备灾仓库建设、乡镇卫生院重建和配备赈灾救护车。同日,哈尔滨市向厦门市遭受 14 号台风正面袭击的灾区募捐仪式在当地举行,哈尔滨市红十字会受托向厦门市红十字会捐款,用于建设备灾救灾仓库和赈灾活动。

27 日　省消灭丝虫病审评组经考核验收后宣布,厦门市已消灭丝虫病。

同日　日本红十字会血液事业代表团一行 6 人,由中国红十字会有关人员陪同来厦进行学术交流。同日,市红十字会协助金门知名人士李先生夫妇办理其女儿海难善后事宜。

29 日　仙岳山隧道工程被中国市政工程协会授予"金杯奖"。这是福建省首次获得的全国市政行业工程质量最高奖。

本月　厦门日报社创办《厦门日报》网络版。

11 月

2 日　经中国民航总局批准,马来西亚航空公司开通厦门至吉隆坡航线。

9 日　美国巴尔的摩市市长施莫克签发证书,正式宣布将 8 月 13 日改定为"厦门姐妹城市日"。

10 日　总投资 6.5 亿美元的柯达海沧工厂部分投产。市委书记、市长洪永世与柯达总裁兼首席行政官邓凯达在海沧工厂主楼前主持升旗仪式。柯达公司还捐赠人民币 100 万元,用于绿化位于湖滨北路"柯达园"。

12 日　厦门市马巷镇被国家正式列为全国小城镇综合改革试点。

13 日　中共中央政治局委员、书记处书记、国务委员、中央政法委书记罗干来厦门进行为期两天的考察。

14—15 日　美国盖蒂文化遗产保护所副所长阿格纽先生和澳大利亚文化遗产委员会主席助理彼得金先生等,在国家文物局张柏副局长陪同下参观鼓浪屿近现代历史风貌建筑保护区。

15 日　21 时 58 分,厦华公司 4 号厂房发生特大火灾,彩电组装线部分设备被烧毁,直接经济损失近 242 万元。火灾是因外来电焊工违规操作引起的。

19 日　厦门市建委和轮渡公司荣获"全国建设系统精神文明建设先进单位"称号。

21 日　由民革厦门市委与澳门福建总商会联合创建的"澳门回归纪念林"开园。纪念林位于岳阳西里后山,占地 2000 余平方米。

29 日　中共厦门市委书记、市长洪永世在悦华酒店会见飞利浦照明电子集团全球总裁彼得·斯特普,并为其颁发工商营业执照。总部设在荷兰的飞利浦集团是全球最大的照明电子公司,此次在厦门首期投资 434 万美元,在枋湖共和工业园设立飞利浦照明电子(厦门)有限公司。

12 月

4 日 厦门市足球协会在市中心体育场举行庆功大会,庆祝厦门足球队成功实现晋升甲 A 的目标。

6 日 市委书记、市长洪永世在悦华酒店会见以美国共和党大会主席、美国爱荷达州联邦参议员、美国参议院共和党政策委员会主席莱瑞·克雷格率领的访华团一行,双方就进一步推进爱荷达州与厦门市经济合作签订谅解备忘录。

同日 台湾嘉农农业考察团一行来厦考察台资企业。

8 日 厦门太古飞机工程有限公司正式承接客机改货机业务,成为美国本土以外首家掌握和使用这项技术的企业,同时填补中国航空工业大型飞机改装技术的空白。

10 日 厦门市信息港建设的重要组成部分——市人民政府网站正式开通。此举标志着厦门市政府上网工程全面启动。

17 日 国家科技部授予厦门市“1997—1998 年全国科教兴市先进市”称号,同时授予思明区、开元区为“先进城区”,湖里区、集美区为“先进县(市、区)”。

20 日 319 国道改线一期工程全线贯通。该路段东连海沧大桥石塘立交,西接角嵩公路,全长 8.23 公里,双向 6 车道,总投资 1.42 亿元。

同日 厦门市庆祝澳门回归祖国文艺晚会在人民会堂下沉式广场举行,同时在白鹭洲举行盛大的焰火晚会。

23 日 厦门市消毒站通过 ISO9002 质量体系评审,成为中国同行业中首家建立与实施国际标准保证体系的单位。

23—24 日 厦门市妇女第十三次代表大会在人民会堂召开,大会选举产生第十三届妇联领导班子,黄学惠当选新一届市妇联主席。

25 日 海沧大桥夜景工程完工。

26 日 国家知识产权局公布 11 个城市为全国专利工作试点城市名单,厦门市作为福建省唯一的入选城市名列其中。

28 日 厦门海沧大桥工程交工验收。交通部厦门海沧大桥质量全监督工程师办公室的质量评定报告认为:海沧大桥各部分工程优良率均为 100%。

30 日 世界第二座、亚洲第一座三跨连续全漂浮钢箱梁悬索桥——海沧大桥建成通车。大桥全长 5926.53 米,总造价 28.74 亿元。1996 年 12 月 18 日正式动工兴建,总工期 3 年,创同类桥梁建设速度之最。

1999 年 12 月 30 日海沧大桥建成通车

31 日　厦门市迎接新世纪文艺焰火晚会在海沧大桥东桥头举行。

2000 年

1 月

4 日　晚 10 时 35 分,海沧镇东屿村一加油摊点发生爆炸,造成 3 人死亡,1 人受伤。

5 日　集美宝龙工业园首期工程建成并投入运行。该工业园由澳门独资企业宝龙集团属下的厦门宝龙工业有限公司投资兴建,拥有国内第一条自行设计、自行制造的固态锂电池生产线,设计生产能力为日产固态锂电池 8000 只。

鼓浪屿钢琴博物馆

8 日　鼓浪屿钢琴博物馆开馆。该馆设于菽庄花园听涛轩内,收藏有世界古钢琴 30 台,全部是旅居澳大利亚的鼓浪屿人、钢琴收藏家胡友义个人收藏的珍品。根据协议,这些展品在展出 10 年后,将无偿捐献给鼓浪屿区政府。

12 日　全国双拥模范城(县)命名大会在北京召开,厦门市被命名为

"全国双拥模范城"。这是自 1991 年全国首次命名表彰双拥模范城以来,厦门市连续第四次获得此项荣誉。

19 日 《厦门日报》报道:厦门市荣获"全国无偿献血先进城市"称号。

2 月

4 日 厦门航空有限公司正式开通厦门—曼谷国际航线。该航线是福建与泰国之间首条正式航线。

16—20 日 市十一届人大三次会议召开,会议通过关于市政府工作报告的决议等。会上朱亚衍当选厦门市人民政府市长,张清钳当选厦门市人大常委会副主任。

23 日 市教委出台《厦门市减轻初中生过重负担的十项规定》。

28 日 台湾樱花集团暨关系企业厦门考察团抵厦考察。

3 月

11 日 厦门海域发现 1 条已死亡的抹香鲸,体长约 19 米,重 40 多吨。后抹香鲸尸体被制成标本,在鼓浪屿海底世界展出。

13 日 厦门市中山路和华联、大陆商厦被列入全国百城万店无假货示范街店。

16 日 厦门—欧洲远洋航线开通。省航船"麦斯托—马士基"号装载 4200 标箱驶离海沧港区。

26 日 解放军第 174 医院肾内科副主任关天俊与其导师黎磊石院士、刘志红教授承担的"基因多态性与我国肾脏疾病临床表型及预后的研究"获国家科技进步奖二等奖。

30—31 日 第十一届人大常委会第 24 次会议举行,会议审议了《厦门市消防条例修正案(草案)》等,并任命郭安民、潘世建为市人民政府副市长及其他有关人事任免。

31 日 以"爱国、和平、发展"为主题的"厦门世纪和平园林广场"奠基。广场已到位建设资金和认养树木资金 306 万元,植树 2000 多株。

4 月

2 日 世界著名航运公司铁行渣华旗下的"铁行渣华悉尼"轮由厦门国际货柜码头出发,开始厦门至美国西岸的首航。

同日 台湾中山大学访问团访问厦门大学。

6 日 厦门大学、漳州市和龙海市政府以及招商局中银漳州经济开发区正式签订厦大漳州新校区协议书。厦大新校区计划 10 年内建成,投资 10 亿元。

同日 亚洲最大的国际邮轮——"狮子星"号满载 2000 多名海外游客

首航厦门。

国际邮轮"狮子星号"靠泊厦门海沧国际货柜码头

8 日　泰国下议院副议长颂萨一行抵厦访问。

9 日　台湾赴祖国大陆物流考察团一行到厦。

11 日　台北市电器公会一行到同安区考察投资环境。

12—16 日　第四届厦门对台出口商品交易会举行。本届"台交会"由"海峡两岸（机械电子）商品交易会"、"2000 年厦门电脑展览会"、"厦门电子机械配套招商会"三个部分组成。约 6000 名境内外客商前来参加,有 130 多家台湾本岛企业在会上设展位 222 个。本届"台交会"进出口成交额约 1.5 亿美元,内贸订货协议金额超过 1 亿元人民币;"厦门电子机械配套招商会"签订项目 23 项,总投资 1.64 亿美元,成为全国首个专业性的机械电子进出口交易会和祖国大陆迄今为止台湾企业参展规模最大的展览会。

15—17 日　中国厦门高新专利技术项目投资洽谈会召开。大会期间,有 32 家企业对 23 项技术提出合作意向,有 6 个高新技术项目进入海沧专利技术园区并举行签约仪式。

20 日　1999 年度福建省科技进步奖评奖结果揭晓,厦门市有 12 项重点科技成果获奖。其中金鹭特种合金有限公司完成的"高性能超细碳化钨粉"获一等奖。

25—26 日　世界华人促进中国和平统一联合会会长、香港中华通讯总商会主席、世界通集团总裁萧云升先生率香港中华通讯总商会考察团拜访厦门总商会,双方建立联系。

26 日 全澳华人联络会主席洪绍平太平绅士莅会座谈,推介澳洲中国文化村项目。

同日 厦门市民建一公司木工班班长陈永祥等 8 位劳模晋京参加全国劳模表彰大会。

30 日 由市旅游局、贸发委和开元、思明、鼓浪屿等区联合举办的厦门旅游购物周开幕。这是厦门市第一个以旅游购物为主题的宣传促销活动。

5 月

7 日 经国务院批准,厦门市建立珍稀海洋物种国家级自然保护区。该区由已建立的中华白海豚自然保护区、白鹭自然保护区和文昌鱼市级自然保护区联合组成。

8 日 由台盟中央、全国台联、海协会及厦门大学台研所共同举办的两岸关系研讨会在厦召开。全国政协副主席张克辉等中央、省、市领导及 100 多位海峡两岸的专家学者出席了会议。

9 日 两岸关系研讨会在厦门举行。

16 日 在南京召开的全国城市建设管理工作会议上,厦门市获"全国城市环境综合整治特别奖"。

19 日 菲律宾共和国总统约瑟夫·埃赫西托·埃斯特拉达率政府代表团抵厦参观访问。

22 日 在第五届全国残运会上,厦门运动员吴伟艺、林永庆、侯滨分别在田径、游泳、跳高等项目上获一金三银二铜好成绩。

23—26 日 市十一届人大常委会第 25 次会议召开。会议审议《厦门市企业职工基本养老保险条例(草案)》、《厦门市失业保险条例》、《厦门市土地管理若干规定(草案)》等法规,并任命陈聪辉为市人民政府副市长。

27 日 国家环保总局公布 1999 年度城市环境最新排名,在 8 个国家环境保护模范城市中厦门名列第五。

同日 厦门市实现消除碘缺乏病阶段目标通过省级评估。

本月 美容美发协会理事、中盛粮油董事长黄文传被评为全国劳模。副会长蔡艺卓获中国美容美发师称号。

本月 许兴艾应鼓浪屿区邀请,回到阔别 19 年的故乡,在鼓浪屿音乐厅举行钢琴独奏音乐会,获得热烈欢迎。

6 月

3 日 经国家人事部批准,厦华电子企业有限公司设立厦门市第一家企业博士后科研工作站,并获市政府 200 万元建站经费支持。

同日 柯达公司在亚洲最大的生产基地——柯达海沧厂全面投产。柯达海沧新厂位于海沧新阳工业区,占地 43 万平方米,是柯达公司 30 年来最大的投资项目之一,总投资额超过 6 亿美元。

4 日 凌晨 3 时 07 分,位于厦门火炬高科技园区内的富士电气化学有限公司发生重大火灾,8 名女工窒息身亡。

5 日 德国汉堡市工商会 Thomas Reichenbach 先生莅厦考察并了解我会职能。

8—12 日 2000 年厦门商品(成都)博览会在成都国际会展中心举行。厦门有 300 多家企业参展,并带去九大类、2500 多种展出商品及 1000 多个洽谈项目。大会期间,厦门与西南地区的经贸总成交额 35.98 亿元。

11 日 厦门市公路局开发引进的路灯监控系统正式启动。5000 多盏路灯,全天 24 小时都处在工作人员监控之下,做到第一时间故障自动报警和自动开关灯,为全国最先进的路灯监控系统。

17—19 日 厦门市遭遇暴雨袭击。这场暴雨持续 44 个小时,市区过程累计降雨量达 391.8 毫米,同安为 359.7 毫米。其中厦门岛内 18 日降雨量高达 320 毫米,突破厦门自 1892 年有气象观测纪录以来的日最大降雨量(原纪录是 1973 年 4 月 23 日的 239.7 毫米)。

20 日 厦门旅游职业中专学校和厦门电子职业中专学校定为首批国家级重点中等职校。

21—23 日 市十一届人大常委会举行第 26 次会议。会议审议并通过《厦门市职工基本养老保险条例》、《厦门市失业保险条例》等,任命丁国炎为市人民政府副市长。

22 日 市重点建设项目——海沧嵩屿污水处理厂投入运行。该厂规划建设规模为日处理污水 40 万吨,工程总投资 1.958 亿元人民币。首期建设规模为日处理污水 10 万吨。

23 日 福建省司法厅批准我市设立全省首家合作制公证处——厦门市鹭江公证处。

26 日 厦门宝珠屿周围海域出现由硅藻引发的赤潮。

7 月

1 日 福建省第一家合作制公证处——厦门市鹭江公证处成立。

同日 总投资 2.05 亿元的环岛路"演武路口—白城段"开工,路线总长 1300 米,预计 2001 年 9 月 8 日建成通车。

6 日 罗马尼亚参议院议长米尔恰·约内斯库·昆图斯一行抵厦访问。

18 日 "21 世纪人类生存与发展"国际学术会议在厦开幕,费孝通、大卫·帕金、李亦园等 180 多位专家学者出席。

20 日　厦门嵩屿电厂获国家电力公司授予的"国家一流火电厂"称号。

28 日　福建省最大的台商投资项目之一——翔鹭 PTA 工程奠基。该项目经国务院同意，国家计委批准立项。工程选址海沧南部台商工业区，占地 41.55 公顷。第一期工程投资 6.5 亿美元，预计 2003 年投产。

8 月

1 日　厦门市纳入第一批全国假日旅游统计预报体系，成为全国 21 个纳入该体系的旅游重点城市之一。

4 日　在 2000 年全国青少年帆板锦标赛中，厦门市帆板队陈秋斌夺得温氏级女子乙组障碍赛金牌。

同日　总部设在香港的东方海外货柜航运有限公司宣布，该公司的中国—欧洲主干线自本月中旬起加挂厦门港。

9 日　厦门国际会展中心落成，并投入试运行。该中心于 1999 年 9 月开始兴建，总投资 10 多亿元人民币。

投入使用的厦门国际会展中心首期工程

9—14 日　2000 年厦门消费品博览会暨厦门图书展在会展中心举行。"消博会"共设展位 1000 个，占地 2.5 万平方米；图书展区占地 6500 平方米，共展出全国 238 家出版社的 5 万多种图书。展览期间，成交额 2315 万元。

15 日　国际表面拉曼光谱研讨会在厦门大学召开，23 个国家和地区的 70 多名学者参加会议。

24 日　在中央电视台、上海东方电视台、上海大世界吉尼斯总部联合主办的"2000 年大世界吉尼斯纪录颁证晚会"上，安放在厦门市胡里山炮台的 28 厘米口径克虏伯大炮,以"现存最大的海岸炮"获大世界吉尼斯最佳项目奖。

25 日　厦门市友城日本佐世保市"佐世保·厦门青少年交流协会"会长竹末义登率青少年交流代表团一行 86 人抵厦门访问。

28 日　据《厦门日报》报道:厦门安普利生物工程有限公司的"沙眼衣原体 PCR—荧光检测试剂盒"项目,获国家创新基金无偿拨款 70 万元人民币的资助。这是厦门企业迄今为止得到该基金无偿拨款资助额最高的一笔款项。

9 月

1 日　鼓浪屿区 ISO14001 环境管理体系试运行。该区成为国内首家建立该体系的一级行政区和国家级风景名胜区。

8 日　厦门电视台与福建电视台、东南电视台联合对第四届中国投资贸易洽谈会开幕式等活动进行现场直播,动用 3 台转播车和 17 部摄像机,参与直播节目的记者、摄像、灯光、音响、传输保障等 100 多人,并通过福建东南卫视向国内外播出盛会你人家仪个公司实况。这是厦门电视台历史上规模最大的一次新闻直播节目,点多面广线长,现场报道同 1000 平方米演播厅主持人与嘉宾的谈话结合,历时 90 分钟。"投洽会"期间,厦门人民广播电台三个系列台协同作战,首次联合西部三个省级电台进行开幕式现场直播,有效地扩大了"投洽会"的覆盖面。

8—12 日　第四届中国投资贸易洽谈会在厦开幕。国务委员吴仪,泰国副总理素帕猜等出席开幕式。来自世界 60 多个国家和港澳台地区的 200 多个团组,8500 名客商参加贸洽会。会议期间,签订合同项目 1261 个,合同外资金额 50.01 亿美元;协议项目 577 个,协议外资金额 44.7 亿美元。进出口贸易成交总额 7.86 亿美元。其中厦门代表团与外商签订项目 58 个,协议利用外资 7.68 亿美元。其中合同项目 34 项,合同外资 4.67 亿美元。

11 日　经国务院批准设立,由海关监管的特殊封闭区域——厦门出口加工区举行奠基仪式。该加工区规划面积 2.4 平方公里,拟分两期建设。

18 日　中共中央政治局委员、全国人大常委会副委员长田纪云在厦考察。

19—22 日　市十一届人大常委会第 28 次会议举行,会议审议《厦门市道路交通 安全管理若干规定(草案)》等,并通过有关人事任免。

20 日　晚 10 点 21 分,一辆载有 40 人的大巴车因驾驶员违章超速,从厦门大桥翻车坠海,车上 6 人当场死亡。

23 日　厦门选手吉新鹏获第二十七届奥运会羽毛球男子单打冠军。

这是厦门运动员在奥运会上获得的首枚金牌,也是福建历史上第一枚个人项目的奥运金牌。

吉新鹏在比赛结束后与教练击掌相庆,右边戴帽者甲队汤仙虎

10 月

2 日　历时 3 年多,经专家学者反复考察、论证和广大市民投票选出的"新厦门二十名景"正式公布。它们是:万石涵翠、大轮梵天、云顶观日、五老凌霄、太平石笑、天界晓钟、北山龙潭、东环望海、虎溪夜月、东渡飞虹、金山松石、金榜钓矶、青礁慈济、胡里炮王、鸿山织雨、皓海雄风、菽庄藏海、鼓浪洞天、筼筜夜色、鳌园春晖。

8 日　"大宝杯"2000 年"炎黄"世界龙舟龙狮系列赛厦门赛区赛在筼筜湖举行,来自 13 个国家和地区的选手参加比赛。

13 日　据《厦门日报》报道:国家重点高新技术企业厦华集团的注册商标"厦华"(XOCECO)被国家工商行政管理局认定为"中国驰名商标"。这是厦门市迄今第一个中国驰名商标。

15 日　台湾省米谷商业同业公会粮食考察团和高雄市米谷商业同业公会代表团抵厦考察。

16 日　第二届全国粮油精品交易会暨中国国际粮油技术设备展览会在厦门会展中心开幕。

21 日　集美大学举行庆祝陈嘉庚创办集美航海、财经教育 80 周年纪念大会。来自部、省、市有关部门和驻厦部队领导、海内外嘉宾及集大师生员工 3000 多人参加大会。

26 日　厦门选手侯斌在悉尼残疾人奥会男子跳高 F42 级比赛中,以 1.87 米的成绩夺得金牌。这是厦门首次获得的残奥会金牌。

11 月

5 日　香港中华总商会隆重举行成立 100 周年庆典暨第四十二届会董就职典礼,叶天捷会长受朱亚衍委托,赴港参加庆典。

8 日　厦门特大走私案首批 25 起案件一审公开宣判,对 84 名被告人作出一审判决。1996 年以来,赖昌星走私犯罪集团及其他走私犯罪分子在厦门关区大肆走私进口成品油、植物油、汽车、香烟等货物,案值人民币 530 亿元,偷逃税款人民币 300 亿元。

9 日　中央纪委监察部召开新闻发布会,通报厦门特大走私案首批案件有关涉案人员的党纪政纪处理情况,厦门市委原副书记刘丰、原副市长蓝甫,厦门海关原关长杨前线等 26 人被开除党籍、开除公职。

11 日　环岛路上的雕塑《鼓浪屿之波》被列入基尼斯之最,成为"最长的五线谱音乐雕塑"。该雕塑长 248.71 米,宽 3.70 米,1998 年 9 月建成。

14 日　厦门市第二届"十大优秀工人"评选揭晓,硕士研究生、厦门嵩屿电厂检修部电气一班班长唐海平榜上有名,成为厦门有史以来学历最高的工人标兵。

18 日　世界客属总会总会长、台湾政界知名人士吴伯雄一行 40 多人在前往龙岩参加世界客属第 16 届恳亲大会及返乡祭祖活动时途径厦门观光访问。

22 日　据《厦门日报》报道:《厦门市城市总体规划》正式获国务院批准通过。

23—25 日　中共厦门市委八届十二次全体扩大会议召开。会议审议、表决通过《市委关于制定厦门市国民经济和社会发展第十个五年计划建议》和《关于认真学习贯彻省委从严治党若干问题的决定的决议》。

25 日　厦门市第 13 次归侨侨眷代表大会举行,来自全市各行业的 293 名归侨

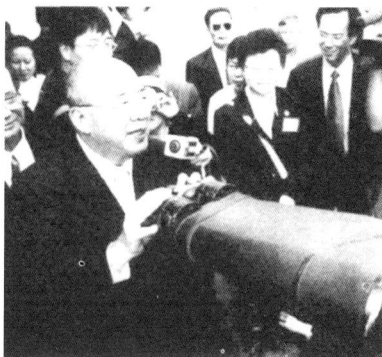

台湾政界知名人士吴伯雄在厦门

侨眷代表、特邀代表和列席人员出席了大会,大会通过《关于市第十届委员会侨联工作报告的决议》。陈联合当选为主席。

27 日　市第十一届人大常委会第 30 次会议举行,会议通过《厦门市促进民营科技企业发展条例》及有关人事任免。

29 日　以陈水木为团长的金门县各界人士考察团一行 35 人抵厦考察交流。

12 月

2 日　第四届世界同安联谊大会在厦门人民会堂开幕,来自 26 个国家和地区的 54 个代表团约 1600 多名同安乡亲到会。

4 日　湖滨中学成立首家红十字志愿者活动站,厦门十一中、交通职业中专学校相继成立红十字志愿者活动站。

6 日　市九届政协举行第 18 次常委会,会议着重讨论并原则通过《关于加快厦门岛外发展的几点建议》。

7 日　厦门港集装箱吞吐量突破 100 万标箱,成为继上海、深圳、青岛、天津、广州之后,第 6 个年吞吐量百万标箱以上的港口。

11 日　海南省遭遇洪灾,市红十字会迅即致电慰问,并捐助一批大米帮助灾民。

14 日　厦门国联大厦获 2000 年中国建筑工程质量最高奖——鲁班奖,成为厦门首座获此奖项的高层建筑。国联大厦位于江头台湾街,楼高 108.7 米。

15 日　来自海峡两岸的 115 幅名家书画作品在厦门市图书馆展出。这是有史以来厦门市举办最高水准的海峡两岸书画交流展。

16 日　19 时许,一对母女在莲花新区附近遭抢劫,路过此地的莲花广场物资回收店员工郑志强挺身而出,奋力追赶抢包的歹徒,被歹徒刺中胸部牺牲。后郑志强被追授为"厦门市见义勇为勇士"、"特区青年卫士"、"特区建设青年突击手标兵"等荣誉称号。

同日　厦门总商会 50 周年庆典大会在悦华酒店隆重举行,海内外嘉宾 600 多人参加。市长朱亚衍出席致词。

18 日　厦门市厦禾路至公园岗亭段正式动工。该路段全长 890 米,道路红线宽 38 米,主车道为双向 6 车道,两侧各有 7 米宽的人行道和绿化带。

27—29 日　越南国家主席陈德良访华后,由我国驻越南大使齐建国陪同来厦门访问。

28 日　本市大同小学、东渡小学被评为"福建省红十字青少年工作模范校"。

29 日　第三届厦门市红十字青少年工作委员会成立。名誉主任朱玉珍、邓渊源,主任委员许十方。

2001 年

1 月　台湾当局开放了关闭 50 多年的金门与厦门、马祖与马尾的海上直接往来。自此,由福建沿海港口直接往来于金门、马祖、澎湖的航线成了越来越多台胞尤其是台商的首选,厦门更成为直航的热点城市。

同日　《厦门日报》网络版正式更名为海峡网站,成为厦门市最大的新闻网站。

2 日　金门县长陈水在一行 180 人乘"金门"号客轮,自金门直航厦门参观访问。这是自 1949 年以来厦门和金门首次实现直接往来。

12 日　厦门造船厂为德国船东建造的 3 万吨多用途集装箱货船"凯普·达比"号下水。

18 日　厦门市主要污染物总量控制工作通过福建省政府验收,环境功能区和工业区污染源达标工作(双达标)同时通过复验。

21 日　近日,鼓浪屿区继获"全国文明风景旅游区示范点"称号后,再次获"国家 4A 级旅游区"称号和国家 ISO14001 环境管理体系认证书。

鼓浪屿日光岩

2 月

2 日　在全国"畅通工程"表彰总结电视电话会议上,厦门市获全国实施畅通工程"优秀管理城市"称号。

6 日　90 多位生活在福建的金门同胞从厦门和平码头乘"鼓浪屿"号客轮直航金门料罗港。这是第一个从祖国大陆直航金门的探亲团。

9 日　近日,厦门市供电进岛第三通道、厦门港东渡港区三期工程、厦门东部污水处理系统一期工程、厦门环岛路三期工程列入福建省 2001 年重点建设项目。

15 日　厦门市为民办实事项目之一——农村电网改造工程全面完成。该工程总投资 2.73 亿元,受

90 岁的金门人李情(左)与离别 61 年的弟弟李明福重逢(梁伟　摄)

益农户 28 万户,全年可减轻农民负担 2500 万元。

18 日 根据国家外经贸部、工商总局、海关总署等七部委联合年检统计,厦门华侨电子股份有限公司等 10 家外企列入 1999—2000 年度全国最大 500 家外商投资企业(以销售收入计)排行榜。

18—22 日 厦门市政协第九届第四次会议召开,大会通过《政协第九届厦门市委员会第四次会议决议》。

19—24 日 举行市十一届人大四次会议,大会审议通过《关于市政府工作报告及〈厦门市国民经济和社会发展"十五"计划纲要〉的决议》等 6 个决议和立法条例。

22 日 教育部、福建省和厦门市联合签署重点共建厦门大学协议。在今后的三年中,上述三方将共同为厦大提供总计 6 亿元的建设经费。

23 日 英国驻华大使高德年爵士一行抵厦访问。

27 日 厦门市特大走私案第二批 94 起案件一审宣判,129 名涉案人员中 4 人被依法判处死刑,6 人处无期徒刑,其余 119 人被判有期徒刑。

3 月

2 日 厦门市两岸交流协会与金马两岸交流协会在厦举行商谈会,就加强厦金两地民间合作达成协议。双方一致认为,厦门金门同属一个中国,加强两地民间交流有利于共同发展。

12 日 立陶宛考纳斯市政府代表团一行抵厦访问,并与厦门市签订缔结友好关系协议书。这是厦门市缔结的第八个友好城市。

23 日 厦门市"引鸟进城"工程启动,首批 300 个鸟笼将陆续挂上狐尾山等处树梢。

26 日 荷兰"铁行渣华沙克尔顿"号超大型集装箱船靠泊厦门港。该船可装载 6800 多个标准箱,最大载重量 11 万多吨,最大吃水量 14 米,是迄今为止靠泊厦门港的最大船舶。

4 月

1 日 市万人献爱心活动组委会举办"万人献爱心"义演晚会及捐赠仪式,中国红十字会宣传处、中央电视台专程来厦现场采访。

6 日 厦门大学举行建校 80 周年庆典,中共中央总书记江泽民发来贺信,全国人大常委会副委员长成思危、全国政协副主席张克辉,福建省、厦门市领导及来自全国各地和海外的厦大校友、嘉宾和师生代表 2000 多人出席庆典活动。

9 日 台湾赴祖国大陆物流考察团一行 29 人抵厦考察。

12—15 日 第五届厦门对台出口商品交易会、海峡两岸(机械电子)商品暨第二届台胞回乡旅游购物节同时在厦举行。全国人大常委会副委员长何鲁丽、全国政协副主席张克辉为大会揭幕。来自全世界 65 个国家和地区的 4357 名境外客商参会,其中台湾客商 3026 人。参会的境内客商 1.2 万人。本届"台交会"首次由海峡两岸共同举办。大会签订各类贸易合同和协议订单总金额 4.2 亿美元,其中两岸间的贸易额约 1.85 亿美元,对其他国家和地区出口约 2 亿美元,内贸订货协议金额超过 3 亿元人民币。

13 日　香港红十字会青年福利事务部协调干事梁士杰率香港红十字会成人义工代表团前来厦门访问和交流。

14 日　市红十字会副秘书长李明珠带队走访同安特教学校、厦门特教学校,并送去慰问款。

23 日　由《中国航务周刊》杂志主办的第二届中国货运大奖——货运质量调查活动评奖结果揭晓,在"最佳集装箱港口"的综合服务、集疏运条件、作业效率及科技管理水平等 4 项基本指标评选中,厦门港均名列第 5 位。

28 日　厦华公司自行研制开发的中国第一批数字高清晰度电视上市。厦华成为国内第一家、世界第四家能生产数字高清晰度彩电的厂家。

5 月

1 日　厦门市第一条以经营女性用品为主的特色街,长 397 米的女人街(一期)正式命名开街。

10 日　戴尔全球中国客户中心落成。该中心是戴尔在亚太地区的第二个集成制造设施,也是其在中国唯一的生产基地。占地面积 3.6 万平方米,可以从事计算机系列产品的制造并提供综合销售以及全方位的服务和技术支持。

22—24 日　厦门市十一届人大常委会第 33 次会议举行,大会审议通过"改革厦门大桥的收费办法,促进岛外经济发展"议案审议结果的报告及有关人事任免。

24 日　晚 8 时左右,一妇女在仙岳村村口遇歹徒抢劫,海燕实业总公司橡胶厂装卸工颜斌闻讯赶到,奋不顾身与歹徒搏斗,被刺成重伤。事后共青团厦门市委授予颜斌"特区建设青年突击手"、"厦门市见义勇为先进分子"称号。

25 日　鼓浪屿全岛 1 万伏高压架空供电线路缆化工程全面完成,全岛实现地下电缆供电。同时,具有现代化水平的鼓浪屿配电综合管理系统也如期建成。

6 月

3 日 闽南佛学院获准招收 4 名外国留学生,成为国内首家被允许接收外国留学生的佛学院。

闽南佛学院的师生

5 日 今起,中央电视台将发布包括厦门市在内的重点城市空气污染预报。厦门本地媒体将发布市区及杏林、集美、同安、海沧等地的空气质量预报。

同日 厦门市招商中心成立。这标志着招商引资工作从过去的纯政府行为转变为由政府主导、专业运行的市场行为。

同日 市严打头号大案——"一·二三"除夕夜好清香大酒楼爆炸案告破,嫌犯沈金平夫妇及提供炸药的沈宝德被抓获归案。

8 日 台湾"萧太傅大陆进香团"366 名信众乘坐"金门快轮"号客轮,从高雄出发经金门直航厦门。这是本年 1 月厦金开通直航以来,第一艘由台湾本岛经金门直航厦门的台湾客轮。

10 日 厦门市华侨博物院被列为全国第二批百个爱国主义教育示范基地。

12 日 金门红十字观摩交流参访团首次组团直航厦门访问。

15 日 金门县总工会代表团一行 131 人,从金门直航抵达厦门进行交流行动。

22 日 福建省首家"保险超市"——厦门金富安保险代理有限公司正

式挂牌。

26—29 日　中共厦门市第九次代表大会召开,大会召开全市共产党员要紧密团结在以江泽民为核心的党中央周围,高举邓小平理论伟大旗帜,深入贯彻党的基本路线,在新一届市委的领导下,团结和带领全市人民解放思想,振奋精神,凝聚力量,加快发展,为我市率先基本实现社会主义现代化而努力奋斗。大会对厦门城市建设作出从海岛型城市向海湾型城市转变的战略性调整。会议通过了《关于八届委员会工作报告的决议》和《关于市纪律检查委员会工作报告的决议》,并选举产生新一届市委委员 35 名,市纪委委员 29 名。在九届委员会第一次全体会议上,洪永世当选市委书记,朱亚衍、张昌平、吴凤章当选市委副书记。

27 日　"城市化,中国世纪发展的挑战与对策国际研讨会"在厦开幕,百余位中美经济专家参加研讨会。

本月　《厦门日报》成为获准参加国台办每月一次发布会的唯一地方纸质媒体。

7 月

1 日　厦门电视台和厦门有线电视台合并,合并后的电视台名称为"厦门电视台",统管无线电视 2 套节目和有线电视 2 套节目。

同日　厦门市国税系统金税工程计算机广域网全线开通,并与全国金税工程正式并网运行。

2 日　美国西菱科技股份有限公司落户杏林中亚城。这是厦门市迄今最大的 IT 项目,单项投资总额 3 亿美元。

10 日　厦华电子股份有限公司和厦门市金鹭特种合金有限公司被列入国家外经贸部和科技部公布的"2001 年科技兴贸百家重点出口企业"名单。

18 日　厦门电信开通福建省内第一家互联网数据中心。

26 日　市人大常委会第 35 次会议审议通过,任命张昌平、詹沧洲为厦门市人民政府副市长。

8 月

9 日　厦门市第二届消费品博览会暨厦门图书展开幕。本届博览会共设 800 多个展位,参展客商数千家。同时还展出 110 家出版社的 2 万多种,15 万余册书籍。

11 日　400 位三峡库区移民入住同安、集美 4 个移民点。

16 日　两岸民航业界第一个合作项目——厦门航空港新货运站奠基。该站建筑面积约 3.8 万平方米,年货物吞吐能力为 15 万吨,总投资 2.25 亿元人民币,其中厦门空港集团拥有 51％的股权,台湾航勤拥有 41％的股权。

22 日　以台湾中华资讯软件协会理事长翁正雄为团长的"2001 年台湾软件业大陆访问团"抵厦访问。

9 月

1 日　全国首批中国名牌产品评选揭晓,厦华彩电获"中国名牌产品"

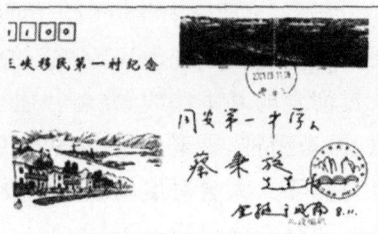

厦门三峡移民第一村纪念信封

厦门三峡移民第一村纪念信封

邮政分局还特在三峡移民入住新村之际,发行《厦门三峡移民第一村纪念》信封以资纪念。

邮政分局发行《厦门三峡移民第一村纪念》信封

称号。为此次评选中福建省唯一上榜产品。

6 日　中共中央政治局委员、国务院副总理吴邦国来厦考察。

8 日　阿拉伯国家联盟代表团团长、约旦副首相穆罕默德·哈莱加率团来厦出席"第五届中国投资贸易洽谈会"和"中国和阿拉伯国家双向投资研讨会"。

同日　厦门台商会馆落成。该馆占地面积 3538 平方米,总投资 3800 万元,是全国首家台商会馆。

8—12 日　第五届中国投资贸易洽谈会在厦开幕,来自 97 个国家和地区的 8950 名客商与会,共签订合同项目 1027 个,合同外资金额 47.98 亿美元,意向项目 368 个,意向外资金额 33.52 亿美元。在洽谈会上,厦门代表团共与外商签订 48 个项目,协议利用外资 8.74 亿美元。其中签订合同项目 35 项,合同利用外资 5.06 亿美元。

16 日　总投资近 1 亿元的曾厝垵厦门大学学生公寓投入使用。公寓占地约 100 亩,总建筑面积 6.71 万平方米,建有学生宿舍 7 幢和教学楼、食堂、招待所各 1 幢,总建筑面积 6.7 万平方米,可满足 5000 名学生住宿和学习需要。

17 日　新加坡总统纳丹一行抵厦访问。

20 日　凌晨,"爱丁堡"号集装箱船与"运鸿"号油轮在厦门正南 6 海里处发生碰撞,致"运鸿"号油轮沉没,23 名遇险船员全部获救。沉船除机舱中少量燃油外溢外,货仓中的 8600 多吨柴油没有泄漏。这是厦门港有史以来最大的一起沉船事故。

25 日　在第十三届全国发明展览会上,厦门大学化学系胡荣宗等发明的"PCD－1 型高性能智能化离子色谱仪",厦门一中江腾舟发明的"可收集降水的植物栽培容器",厦门外国语学校周倩倩发明的"多轴片式转轴拉杆天线"获得金牌,此外厦门展团还获得 8 枚银牌和 6 枚铜牌。

28 日　厦门市正式启动"平改坡"工程,逐步将多层住宅的平屋面改建成"坡屋顶"。

10 月

11—14 日　中国国际果蔬产业博览会在厦门开幕。博览会集中展示改革开放以来中国南方省市及海内外果蔬产业发展的最新成果,共设国际标准展位 1076 个,展品 30 多类。全国政协副主席宋健参加了开幕式,5 万多名海内外宾客参展参会。博览会期间签约项目 153 个,其中合同 101 个,协议 52 个,总投资额 6.8 亿美元,利用外资 4.8 亿美元;贸易额 1.5 亿美元。其中厦门市签约项目 48 个,投资贸易总额 2.17 亿美元。

17 日　第八届中国广告节在厦门开幕,上万幅广告作品参展,展览面积 3.2 万平方米。全国人大常委会副委员长王光英为开幕式揭幕。

23 日　历时 4 个多月的市第十六届运动会结束。本届运动会共设 13 个比赛项目,296 枚金牌。共有 21 个代表团,1700 多名运动员参加运动会。

31 日　据全国工商联统计,厦门市有厦门惠尔康公司等 7 家民营企业进入 2000 年民营企业 500 强排行榜。

11 月

2 日　厦门国贸集团股份有限公司赴金门商贸考察团一行 11 人,乘"太武"号客轮直航金门。这是今年"两门"、"两马"直航以来,首个赴金门的祖国大陆商贸考察团。

8—11 日　首届中国(厦门)国际城市绿色环保博览会在厦开幕,83 个国内外城市代表团,2 万多名海内外客商参展。本届绿博会围绕绿色城市这一主题,通过系列展览活动、"21 世纪绿色城市论坛"、城市生态环保建设项目投资合作洽谈等多种形式,向人们展示国内外城市在环保及园林绿化方面取得的成就,以唤起社会各界积极保护生态,吸引国际社会关注支持中国的环保事业。展会上,有 10 个招商项目达成合作意向,涉及金额 1.6 亿美元。

　　12 日　晚,湖里海天路冰青美容美发婚纱摄影中心发生重大火灾事故,4 人窒息死亡。

　　15 日　在市青年文明号表彰暨信用建设示范行动推进大会上,厦门市环境监理中心等 84 个单位获 2000 年度市级"青年文明号"称号,厦门电信公司客户服务部江头营业厅等 10 个单位被确定为首批"厦门市青年文明号信用建设示范创建单位"。

　　17 日　在 2000 年度厦门市科学技术进步奖评奖会上,厦门大学肿瘤细胞工程国家专业实验室副研究员夏宁邵、厦门眼科中心主任洪荣照获市科技重大贡献奖并分获奖金 30 万元。

　　20 日　厦门港内首座新建灯塔——高 33.1 米,射程 16 海里以上的猴屿灯塔正式启用。

　　21 日　赤道几内亚共和国总统奥比昂·恩奎马·姆巴索戈抵厦访问。

　　23 日　经国家科技部批准,厦门市 19 个项目列入 2001 年度国家级火炬计划项目。19 个项目包括电子与信息、新材料及应用、生物工程和新医药、光机电一体化、新能源与高效节能等。

　　26 日　在中国第七届戏剧节上,厦门市歌仔戏剧团创作演出的歌仔戏神话剧《白鹭女神》获"中国曹禺戏剧奖优秀演出奖"及单项奖第 8 个奖项。

《白鹭女神》剧照

27 日　许斐平因车祸罹难,巨星陨落,环球同悲。

28 日　在 2001 年"旅客话民航"评价活动中,厦门航空有限公司获旅客运输量 350 万～800 万人次组别旅客评价第一名。

30 日　鼓浪屿通过国家环保总局、建设部"ISO14000 国家示范区"验收。

本月　《鼓浪屿文史资料》第七辑推出《音乐专辑》,比较全面、详细地介绍鼓浪屿的音乐概况和著名音乐家。

本月　荷兰王国驻广州总领事向郑成功纪念馆捐赠人民币 80000 元,用于该馆"雕塑碑刻园"的专项建设。

12 月

6 日　经专家推选和市民投票,厦门国际会展中心、海沧大桥等 10 个项目入选市"十大优秀建设工程"。

7 日　在 2000—2001 年度中国最大的 500 家外商投资企业(以销售收入计)排行榜上,厦门市有戴尔计算机(中国)有限公司等 11 家外企入榜。

9 日　厦门大学化学系教授郑兰荪当选为中科院院士。

20 日　湖里大道中段铁路立交桥建成通车。该桥跨越鹰厦铁路和东苑路,桥面宽 37 米,长 144.16 米。

22 日　举行厦门经济特区建设 20 周年庆祝大会。全国政协副主席、中共中央统战部部长王兆国等中央、国家领导人出席庆祝大会。

25 日　中共中央政治局常委、国务院副总理李岚清在厦门考察。

27 日　市红十字医疗急救中心举行命名揭牌仪式。

28 日　2002 年度全国煤炭订货交易会在厦门开幕,来自全国的煤矿企业、用煤单位等 1200 多人参加会议。

同日　2002 年度全国煤炭订货交易会在厦门开幕,来自全国的煤矿企业、用煤单位等 3 万多人参加本次交易会。

28—29 日　中共厦门市委九届三次全体(扩大)会议举行,会议审议通过《中共厦门市委关于 2002 年经济工作的意见》。

2002 年

1 月

6 日　厦门市"城市生态环境改善工程"获建设部颁发的 2001 年"中国人居环境范例奖"。

15 日　福建省博物馆和厦门市博物馆联合对同安汀溪水库内的宋代

窑址进行科学考古发掘。

汀溪窑址

18 日　厦港新村一住宅发生爆炸,造成 1 死 1 伤,犯罪嫌疑人被警方抓获。

同日　厦门市党政机构改革正式实施。

23 日　厦门出口加工区通过国家验收并正式运作。该加工区是国务院于 2000 年 4 月批准设立的全国首批 15 家试点出口加工区之一,于 2000 年 9 月 11 日奠基。加工区规划总面积 2.24 平方公里,实行一次规划、分期建设、分别验收。

2 月

6 日　全国政协副主席、著名科学家钱伟长来厦视察。

10 日　厦门市药品监督管理局挂牌成立。

20—25 日　政协第九届厦门市委员会第六次会议召开。会议听取并审议市政协九届常委会工作报告、市政协九届常委会提案工作报告等,通过《中国人民政治协商会议第九届厦门市委员会第六次会议决议》。

22—26 日　厦门市十一届人大五次会议召开,大会通过厦门市人民政府工作报告、厦门市 2001 年国民经济和社会发展计划执行情况和 2002 年计划的报告等。大会共收到议案 52 件,建议、批评和意见 115 件。在五次会议举行的第三次全体会议上,补选杜明聪为厦门市人大常委会副主任。

27 日　厦门国贸集团租用的"中洲"号货船从厦门港同益码头运送 1900 吨沙石建材等物资直航金门料罗湾码头。这是厦金两地 50 余年来的货运首次直航,实现厦金直接贸易零的突破。

春节　在厦台商 300 多人首次走厦金航线直接返乡过年。

3 月

2 日　厦门大学 19 名在校选拔国防生正式签订协议,成为首批在福建名校选拔招收的国防生。

6 日　在厦门银城股份有限公司抵押和查封物拍卖会上,青岛啤酒股份有限公司和中国欧美投资有限公司以 1.42 亿元的成交价拍得银城资产。这是福建省标的物价值最大的一起拍卖案。

12 日　同安北辰山发生特大杀人案,4 名郊游女子惨遭杀害。这是厦门市解放以来受害人数最多的一起杀人案。5 月 29 日,犯罪嫌疑人先承海、孔德春被厦门警方抓获,7 月 29 日被市中级人民法院一审判处死刑。8 月 30 日执行枪决。

18 日　海沧大桥旅游区近日获国家 4A 级旅游区称号。这是厦门市继鼓浪屿、园林植物园之后第三个获国家旅游区最高等级殊荣的景区。

23 日　2002 年台湾海峡桥隧建设学术研讨会在厦门召开,两岸 60 多位专家、学者参加了研讨会。

24 日　厦门警方破获一起特大贩枪案,缴获冲锋枪 13 支,子弹、榴弹 323 发。

26—29 日　厦门市十一届人大常委会举行第四十二次会议,会议通过《下大决心依法整治西海域,大力推进生态型海湾城市建设》议案审议结果的报告及《关于修改〈厦门象屿保税区条例〉等 13 件法规的决定》。

27 日　《厦门经济特区鼓励留学人员来厦创业工作规定》出台,厦门成为全国率先通过立法吸引留学人员回国创业的城市。

30 日　海峡两岸隔绝 50 多年来,首批 126 名在闽台商乘坐"同安"号客轮,从厦门和平码头取道金门直航台湾扫墓。

31 日　《厦门日报》报道:国家海洋局首次公布海洋环境质量公报,厦门市东部浴场被列入我国"健康型"海水浴场名单。

3 月　厦门电业局在处理用户拖欠电费和纠正违章建筑保护电力设施工作中,首次采取现场公证措施以增强电力执法的严肃性。

4 月

1 日　在山东济南市召开的中国红十字会七届三次大会上,厦门市红十字会被国家人事部、中国红十字会总会授予"全国红十字会系统先进集体"。

2 日　由闽南佛学院 20 名学僧组成的佛指舍利赴台供奉护法二团,完成护持舍利的使命返厦。

5 日　厦门大学纳米科技中心成立。这是福建省唯一的纳米科技中心。

12—15 日　第六届厦门对台出口商品交易会暨海峡两岸（机械电子）商品交易会召开。本届台交会设机械电机、电子电器、电脑资讯、五金工具等四个展区，来自 50 个国家和地区的 1 万多名境内外客商参会。厦门市在大会期间共签订 20 个投资项目，投资总额 2.508 亿美元，利用外资 2.367 亿美元，其中台商项目 9 个，投资总额 1.686 亿美元，台商投资 1.569 亿美元。

16 日　《厦门日报》连续 3 天以头版头条或第二条，大篇幅推出题为《钱从哪里来？》《钱到哪里去？》《"钱"途在哪里？》的万人献爱心系列报道。

17 日　1625 箱金门高粱酒从金门料罗湾直航运抵厦门大嶝岛。这是厦门 50 余年来首次从金门按一般贸易方式直航进口商品。

18 日　厦门市举行纪念郑成功收复台湾 340 周年学术研讨会。

19 日　厦门市医疗机构第十六期药品集中招标采购开标。68 家医疗机构参加的招标采购药品共计 1120 种，总金额为 2.5 亿元。这是厦门历史上规模最大的一次药品集中采购招标。

22 日　第 47 届全国医疗器械春季博览会在厦门召开，近 2000 家企业参展，展出品种上万个，台湾地区展团首次参展。

同日　菲律宾众议院议长德维尼西亚一行抵厦访问。

23 日　《厦门市社会医疗机构设置管理若干暂行规定》出台，个人办诊所自此开禁。

同日　加拿大驻华大使柯杰来厦访问。

同日　厦门西海域水产养殖综合整治正式启动。整治范围为嵩屿—第一码头连线，第一码头—机场跑道东侧顶端沿岸连线，机场跑道东侧顶端—集美鳌园、北门连线，集美鳌园北门—集杏海堤—马銮海堤—吴冠—嵩屿沿岸连线范围内的海域和马銮海堤以西的海域及海沧港区范围内的海域。

24 日　全市科技工作会议召开，会议聘请 29 位专家学者为市第一届科学技术顾问。会上，夏宁邵、洪荣照两位科技工作者获厦门市科技重大贡献奖，各获奖金 30 万元。

29 日　经国家外经贸部批准，由厦门贸促会和台湾台中世贸中心共同主办的首届台湾消费品（厦门）博览会在厦举行，200 多家企业报名参展，共设展位 300 个。

本月　鼓浪屿音乐厅改建完成。

5 月

4 日　厦航客舱服务部乘务队团总支获"全国五四红旗团支部标兵"

称号。

10 日　中共中央政治局委员、全国人大常委会副委员长田纪云来厦考察。

10—20 日　由中国音乐家协会、鼓浪屿区政府合办的第二届中国音乐"金钟奖"暨首届鼓浪屿(国际)钢琴艺术节在鼓浪屿举行。其间,举办了第二届(厦门)国际(美国)音乐周、首届"民族之光"大学生音乐节、中华民族儿童歌舞周、全国第三届小提琴学术活动、中央电视台《同一首歌》大型艺术活动。5 月 16 日,鼓浪屿"名人手掌墙、脚印路"启动,中外 11 名音乐家留下第一批手足印,他们包括:周广仁、鲍惠荞、陈佐湟、杰弗里·托萨、米歇尔·布敦克、乔治·菲德里克、奥索金奥、柳芭·蒂莫菲耶娃等大师。在金钟奖颁奖典礼上,中国音乐家协会授予鼓浪屿"音乐之岛"称号。

11 日　厦门—汉城空中航线首航。

12 日　由中国音乐学会、鼓浪屿区联合主办的"海峡两岸少年儿童音乐舞蹈大联欢"在鼓浪屿开幕,参加大联欢的有来自全国各省、市、自治区,以及港澳台的 22 个少儿艺术团体。

14 日　厦门市举行防范生物恐怖袭击及突发疫情应急演练。

19 日　塔吉克斯坦总统拉赫莫诺夫一行抵厦访问。

22—24 日　厦门市第十一届人大常委会第四十三次会议在人民会堂举行,会议审议了《厦门市城市规划条例(修订草案)》(二审)、《厦门市查处无照经营办法(草案)》,保护环岛路自然景观被提上立法程序。

25 日　《厦门日报》两名特派记者启程赴韩国、日本,开始为期 39 天的采访。这是福建记者首次全程采访世界杯足球赛。

27 日　马来西亚雪兰莪州州长夫人拿汀斯里查哈拉母吉,通过市红十字会向社会福币旷中心捐善款和食品。

同日　外经贸部公布 2001 年中国出口额最大的 200 家企业和进出口额最大的 500 家企业名单。厦门市有厦门建发股份有限公司、厦门灿坤实业股份有限公司、厦门经贸集团公司、厦门太古飞机工程有限公司、戴尔计算机(中国)有限公司、厦门进雄企业有限公司等 6 家企业入围出口额最大的 200 家企业名单,厦门建发股份有限公司、厦门太古飞机工程有限公司、厦门灿坤实业股份有限公司、戴尔计算机(中国)有限公司、厦门进雄企业有限公司、厦门经贸集团公司、翔鹭石化企业(厦门)公司、厦门 TDK 公司、厦门国贸集团股份公司、华闽进出口公司、厦门建松电器公司、厦门松下音响有限公司、厦门象屿集团、厦门富士电气化学公司、厦门多威电子公司、厦门华侨电子股份公司等 16 家企业入围进出口额最大的 500 家企业名单。

同日　中共厦门市委九届四次全会召开。市委书记洪永世主持会议并强调要努力保持经济发展势头,保持安定稳定良好局面,保持奋发有为精神状态,为党的十六大召开营造良好氛围。会议差额选举了厦门市出席省党代会的代表。

29 日　经上级主管部门批准,厦门市临床检验中心、市肿瘤中心和市呼吸病诊治中心正式成立。

同日　厦门电业局成功实施全省首例带电更换 10 千伏直线杆和 10 千伏带电更换横担绝缘子,并通过专家验收。

30 日　《厦门日报》报道:经省教育厅批准,厦门演艺职业学院在鼓浪屿成立,并于秋季开始首次面向全国招生。

6 月

2 日　信息产业部近日公布 2001 年度全国电子"三资"百强企业名单(按产品销售收入计算),戴尔计算机(中国)有限公司、厦门华侨电子企业有限公司、厦门灿坤实业股份有限公司、厦门 TDK 公司、厦新电子有限公司、厦门建松电器公司、厦门松下音响有限公司、厦门富士电气化学公司等 8 家企业入榜。

4 日　在第二届全国体育大会上,厦门市代表团的林迪之、杨建耀、李佳、王敏夺得台球美式普尔团体冠军,曾国升夺得航海运动仿真模型冠军。

7 日　来厦旅游的患病台胞铙永江由市红十字会和医护人员及金门县红十字义工接力护送,经由厦金航线顺利返回台北,厦金航线"生命救助绿色通道"由此拉开序幕。

12 日　同安实施人工降雨。自 5 月以来,同安遭遇 1958 年以来最严重旱情。

15 日　全国人大常委会副委员长蒋正华来厦视察。

同日　厦门市公开招考 11 个政府部门副职领导干部。此次招考共收到报名表 594 份,报名者中硕士以上学历的占 60.2%。

16 日　2002 年国际控制与自动化学术年会在厦召开,来自 17 个国家的 420 多名专家学者出席了大会。

20 日　《厦门日报》报道:湖里区继 1997 年被国家民政部命名为全国民政工作先进区之后,再次成为厦门市唯一获此殊荣的区。

21 日　福建省红十字会向台湾红十字组织移交的"五二五"华航失事飞机残骸和罹难者遗物从厦门海天码头直航台湾高雄。

24 日　11 时,厦门地区日用电最大负荷突破百万大关,达到 100.69 万千瓦。

25 日　厦门市土地交易市场揭牌运作。今后全市所有经营性商品房用地的出让，都将在该市场进行公开招标、拍卖或挂牌交易。

7月

1 日　中共厦门市委召开常委扩大会议和全市党员领导干部会议。会上，中共福建省委副书记卢展工宣布中央和省委关于调整厦门市委领导班子的决定：郑立中任中共厦门市委书记，于伟国、陈炳发任市委副书记。

2 日　全市首家由电业局与居委会双向联动的电力抢修延伸服务队在厦门思明区鹭江街道禾祥西居委会正式成立。

3 日　市十一届人大常委会举行第四十四次会议，会议决定张昌平为厦门市人民政府代理市长，任命黄菱为厦门市人民政府副市长，同意朱亚衍辞去厦门市人民政府市长职务。

10 日　从即日起至 9 月底，厦门市公安机关开展为期三个月的"天网行动"，全面推进严打整治斗争。

11 日　福建省创建文明城市初评揭晓，厦门市以总分第一的成绩名列榜首。

13—20 日　首届"民族之光"全国音乐专业大学生音乐节在厦门举行，来自全国 17 所高等院校的 800 多名大学生参加了此次音乐节。

15 日　厦门电业局电力呼叫中心正式启动，可供客户电话查询，举报、投诉，提供供电抢修、业扩流程等系列服务。

22 日　根据英国《货运系统》杂志对全球 100 个港口上年集装箱吞吐量的排名，厦门港的名次比 2000 年上升 6 位，跃居第四十六位，首次进入世界集装箱港口 50 强行列。

24 日　全国优秀新闻作品年度最高奖——中国新闻奖评选揭晓，《厦门日报》的消息《金门学生直航厦门考厦大》（作者佘峥）获二等奖，散文《忘不了，那挥动的手臂》（作者武阳宾）获三等奖。

同日　厦门建行与东亚银行厦门分行签订《全面业务合作协议》。这是厦门市中外银行的首度合作。

25 日　厦门海沧最大的亲海房产项目——厦门未来海岸"浪琴湾"近日被国家住宅工程中心专家

厦门未来海岸"浪琴湾"

委员会评定为国家健康住宅试点工程。这是继北京的两个健康住宅项目后,我国南方地区第一个健康住宅项目。

同日　以加拿大驻广州总领事刘兆珩为团长的外国驻广州领事团成员抵厦观光。

同日　由厦门市南乐团、市歌舞剧院和台湾艺术研究所联合创作演出的大型南音乐舞《长恨歌》获文化部颁发的第十届"文华奖"新剧目奖。这是继 6 年前歌剧《阿美姑娘》之后,厦门市第二次获得这一奖项。

26 日　海外华商与中国企业深度合作大会在厦门召开。来自近 20 个国家的海外华商和我国港澳台地区及部分省、市的企业家 500 余人出席大会。会上,厦门市推出首批 10 个公用项目公开招商。

27 日　厦门大学登山队 A 组在西藏成功登顶海拔 6206 米的启孜峰。

28 日　福建省首次评出百大企业,建发集团等 28 家厦门企业入榜。

29—30 日　厦门总商会(工商联)第十届会员大会召开。大会选举江曙霞为厦门总商会(工商联)第十届理事会会长。

30 日　在福建省庆祝中国人民解放军建军 75 周年暨双拥模范城(县)命名大会上,厦门市及厦门市思明区、鼓浪屿区、集美区、开元区、同安区被中共福建省委、省政府、省军区命名为"双拥模范城(区)"。

31 日　厦门银祥实业有限公司的"银祥放心肉"获福建省 001 号"无公害食品"认证证书,为福建省首个获得此项认证的生鲜肉类产品。"银祥放心肉"于 2002 年 2 月 5 日首度在同安上市,4 月 21 日进入岛内 8 个农贸市场的 58 个销售摊位。

本月　厦门电业局在龙景台配电站安装第一台 SG10 型非包封线圈干式低噪音变压器。

8 月

6 日　市红十字会参访团一行 35 人赴金门进行交流联谊活动。这是两岸红十字组织恢复往来十余年后,厦门市红十字会首次正式组团赴金门交流。

8—31 日　厦门市第一个以激情狂欢为特色的大型节庆活动——首届鼓浪屿 SUNYOU 旅游狂欢节在鼓浪屿举行。

12 日　厦门市在福建省率先试行公职律师制。

16 日　厦门市社会科学界联合会第四次代表大会召开,大会选举厦门大学副校长朱崇实为市社科联第四届常务委员会主席。

同日　在厦门市首批挂牌出让的国有土地中,厦禾路 2002G01 地块以 9220 万元成交。这是自福建省国有土地使用权公开出让以来楼面地价的最高成交价。

17 日　2002 年中华民族儿童歌舞周暨厦门思明少儿艺术节开幕,来自全国 21 个省市和地区的 30 个艺术团体约千名少儿参加为期 7 天的歌舞盛会。

同日　在北京举行的"李宁杯"国际体操精英挑战赛中,厦门体操选手谢剑辉在男子吊环比赛中以 9.775 分的成绩夺得冠军。

18 日　嵩屿国际货柜码头附近发现一只已经死亡的白海豚。这只白海豚长 2.66 米,重约 250 公斤,属非自然死亡。白海豚为国家一级保护动物,厦门保护区内仅有几十只。

19 日　国家质检总局公布国家免检食品及生产企业名单,厦门中鹭植物油有限公司的小包装系列色拉油,厦门汉记食品有限公司的酱油、厦门商业集团淘化大同调味品有限公司的酱油和白米醋等产品入榜。

22 日　根据英国交通部门近日出版的《货运系统》杂志对全球 100 个港口 2001 年集装箱吞吐量的排名,厦门港的名次比 2000 年上升 6 位,跃居第 46 位,首次进入世界集装箱港口 50 强行列。

24 日　在国家教育部、团中央、中国科协等有关单位组织的"首届中国民办高校'就业之星'评选活动"中,厦门南洋学院荣获"中国民办高校学生就业创新奖"称号,成为这一殊荣的唯一获得者。

28 日　《厦门晚报》报道:厦门市容环卫处获"全国城市市容环境卫生先进集体十佳标兵时传祥奖"。自 1998 年以来,环卫处共处理生活垃圾 147 万吨,垃圾无害化处理率达 95.5%,粪便无害化处理率达 100%。

同日　厦门市面积最大、起始价最高、全商业性的莲坂旧城改造开发用地正式上网公开向海内外投资商挂牌出让土地使用权。挂牌出让的土地面积共 16.64 万平方米,起始价为 7.2 亿元。

29 日　厦门"长安"号货轮装载近 200 吨的木门窗、木板、工艺品和其他用品在台湾金门料罗湾直接通关入境。这是 53 年来厦门与金门两地首次实现直接双向贸易。

31 日　厦门市首次举行全市党政机关内设机构领导干部竞争上岗笔试,第一批 31 个部门有 346 人报考 102 个处级领导职位,其中正处级 21 个,副处级 81 个。

9 月

1 日　《厦门晚报》报道:厦门市首家房产超市——厦门房地产展示服务中心成立。该中心位于世贸商城 4 楼,建筑面积约 2000 平方米,是商品房楼盘、空置尾盘房、拍卖房、房地产项目理想的展示平台。

6 日 在"2002 年全国少儿艺术电视大赛"电视节目主持人决赛中,厦门选手王宇曦获全国大赛银奖。

7 日 厦门市第一家司法所在湖里区禾山镇揭牌。该所将协助镇人民政府开展依法治镇。

8 日 厦、漳、泉三地电台首次联手推出两个小时的《直播九·八》特别节目。

同日 总投资 3.22 亿元的海沧隧道建成通车。该隧道全长 3 公里,双洞四车道,与海沧大桥共同组成厦门市西通道的干线路网系统,是厦门市"三环三辐射"路网系统的重要组成部分。通车后使厦门西向交通里程缩短约 7 公里。

8—11 日 由国家外经贸部主办、福建省和厦门市政府承办的第六届中国投资贸易洽谈会在厦门举行。中共中央政治局委员、国务院副总理钱其琛出席开幕式。本届洽谈会成员单位 45 个,来自欧洲、美洲、非洲、东南亚及日本、韩国等近 100 个国家和地区的境外客商首次突破万人。投洽会期间,厦门代表团签订项目 77 个,其中外商投资项目 72 个,利用外资 10.25 亿美元,分别比上年增长 50% 和 17.25%。

10 日 《厦门晚报》报道:厦门电影艺术学校成立,这是福建省唯一一家被国家承认为正规学历教育的电影专科学校。

16 日 厦门银祥食品有限公司跻身全国百家"三绿工程"试点单位,同时也是福建省唯一一家被国家命名为"争创全国绿色零售市场示范单位"的企业。

17 日 厦门 ABB 开关有限公司获 2002 年全国质量管理奖,成为全国唯一一家获此奖项的中小型企业。这也是 ABB 集团分布在全球 100 多个国家的企业中首个获得企业所在国颁发的国家质量奖。

18 日 共青团厦门市第十五次代表大会召开,会上 80 多个"五四红旗团组织",50 名优秀共青团干部和 100 名市优秀共青团员获表彰。会议选举产生新一届团市委,陈琛当选为共青团厦门市委书记。

同日 厦门市产权交易中心电子竞价厅正式启用。该厅具备项目演示和电子报价双重功能,买方可直接通过电脑进行集合报价,竞价系统自动将最高报价方确定为买受人。

18—19 日 全国"亿万农民健身活动"先进乡镇健身秧歌比赛(南方片)在体育中心篮排球馆正式开赛,来自全国 12 个省(市)代表队的 144 名农民运动员参赛。代表福建省参赛的厦门湖里区禾山镇农民代表队以 9.35 分(满分 10 分)的成绩夺得冠军。

21 日 《厦门晚报》报道:厦门植物园先后通过 ISO14001 环境管理体系和 ISO9001 质量管理体系认证,成为我国目前唯一一家获得"双证"的旅游风景区。

同日 厦门市举行"海峡月圆"中秋焰火晚会。晚 8 点 57 分,厦门"集美"号轮和金门"太武"号轮在厦金海域中线赤礁附近海面对接,近 800 名两地民众在海上相会,共度中秋。

23 日 应厦门市政协邀请,著名经济学家吴敬琏教授在厦门作"中国经济运行走势与民营经济发展"的报告,并与企业界人士座谈。

24 日 市旅游局组织有关专家评选出厦门旅游口号、标志和吉祥物。旅游口号为"海上花园、温馨厦门""温馨厦门、海上花园""天风海涛琴音、温馨滨海厦门",憨态可掬的海豚"海海"为厦门旅游吉祥物,以抽象的白鹭、海浪和海豚构成的图案为厦门旅游标志。

29 日 厦门台湾书店开张。该书店位于大中路 55 号,营业面积 580 平方米,经营图书品种 8000 多个,是大陆第一家主营台湾图书的书店。

30 日 第二届厦门市群众文化艺术节在国际会展中心前广场开幕。全市 6000 多名文艺工作者和各界群众在历时 3 个月的艺术节期间进行 40 余台丰富多彩的文艺演出。

同日 莲坂旧城改造 16.64 万平方米开发用地以 7.85 亿元被成功拍卖,创下厦门有史以来一次性土地挂牌出让面积最大、成交价最高的纪录。

本月 厦门市首家产值超百亿的企业诞生。1—9 月,戴尔计算机(中国)有限公司创产值 103 亿元,比上年同期增长 1.3 倍,占全市规模以上工业产值的 14.2%。

10 月

7 日 在德国斯图加特市 2002 年国际"花园城市"颁奖晚会上,厦门市荣膺国际"花园城市"桂冠,被评为人口规模最大、级别最高的 E 组第一名。每年一度的国际"花园城市"评比由联合国环境规划署认可的"国际公园与康乐协会"举办,其评选内容包括景观改善、遗产管理、环保实践、公众参与、未来规模五个方面。此前全世界有 56 个城市被评为国际"花园城市",我国为深圳、广州两城市。厦门是我国继深圳之后第二个获得 E 组第一名的城市。

15 日 中国(厦门)国际航空维修设备与工程技术展览暨 2002 年航空维修工程国际研讨会在厦门召开,来自世界各地的近 200 位航空业界人士参会。

17 日 厦门市诞生首个百亿企业。1—9 月,戴尔计算机(中国)有限公司创产值 103 亿元,比上年同期增长 1.3 倍,占全市规模以上工业产值的 14.2％。

18—31 日　第四届柴可夫斯基国际青少年音乐比赛在厦门举行,来自 20 多个国家的参赛选手分别参加了钢琴、大提琴和小提琴的比赛。这是厦门首次举办国际艺术赛事,也是历届"小柴"比赛规模最大、评委规格最高的一次。

音乐会授牌

19 日　第十三届全国书市厦门分会场在新华书店富山销售中心开幕,共展出图书、期刊、音像制品和电子出版物 8 万余种,是厦门市近年来规模最大、品种最多、门类最齐全的一次图书展活动。

同日　厦门北大生物园的"年产 600 万支神经生长因子"和中坤化学有限公司的"右旋龙脑等手性药物原料"项目,被国家计委命名为"高新技术产业化示范工程"。

25 日　由台湾高雄应用科技大学金门分部观光管理系师生组成的访问团从金门乘船直航厦门观光,成为第一个由金门直航到祖国大陆的台湾大学生团体。

26 日　《厦门日报》"双语专刊"出版。这是全国党报第一份双语专刊,每逢周日刊出汉英双语版。

29 日　中央精神文明建设指导委员会表彰一批在全国精神文明创建工作中取得突出成绩的先进单位,厦门市同安区新民镇禾山村荣获全国精神文明创建工作先进单位称号。

30 日　厦门市十一届人大常委会举行第四十七次会议,会议审议通过《厦门市人大常委会关于预防职务犯罪的决定》。

31 日　在 2002 届"挑战杯"中国大学生创业计划竞赛中,由厦门大学 MBA 学生组成的创业小组凭借"e 客软件有限责任公司"的创业项目获得比赛金奖。这是福建省参赛大学生获得的唯一金奖。该项目是一个将电话和电脑连接的语音识别系统,当客户打进电话时,电脑会识别客户的身份,并将资料显示在屏幕上。

同日　厦门警备区青屿四连获南京军区授予的"海岛钢四连"称号。

本月　由柴可夫斯基国际明星协会和厦门市人民政府共同主办的第四

届柴可夫斯基国际青少年音乐比赛在厦门举行。

11 月

1 日　由厦门城市规划设计研究院汇总的《鼓浪屿发展概念规划》通过来自北京、广州、深圳和厦门市的专家评审。这是厦门市第一个通过专家评审的概念规划。

4 日　九龙江北溪引水左干渠改造工程全线完工，其输水能力从原来的每秒 6 立方米提高到 12 立方米，日供水可达 100 万立方米。

5 日　厦门电视台影视频道观众俱乐部正式成立。这一电视媒体与观众参与的互动活动，在福建省电视媒体中尚属首次。

6 日　福建省第十二届运动会闭幕，厦门体育代表团共获得金牌 146 枚，银牌 109 枚，铜牌 94 枚，总分 3943 分，金牌数及总分均排名全省第二。有 5 人 9 次破省最高纪录。同时，厦门市体育代表团还获得省运会组委会颁发的体育道德风尚奖。

8 日　厦门市党政机关机构改革基本结束。改革后，市级政府机构由 50 个精简为 41 个，全市行政编制精简 22%，全市党政机关内设机构由 525 个精简为 415 个，市直党政机关领导职数精简 10.3%。

9 日　厦门红狮队提前一轮夺得全国足球甲 B 联赛冠军。

13 日　2001—2002 年度中国最大的外商投资企业（以销售收入计）排序结果日前揭晓，厦门市戴尔计算机（中国）有限公司、厦门灿坤实业股份有限公司、翔鹭涤纶纺织（厦门）有限公司、厦门华侨股份有限公司、厦门金龙联合汽车有限公司、厦门进雄企业有限公司、厦门正新橡胶有限公司、厦门 TDK 有限公司、厦门金龙旅行车有限公司、厦新电子等 10 家企业入榜。

16 日　厦门警方侦破一起全国最大医保诈骗案。犯罪嫌疑人杨希达利用其养父的医保 A 卡，从 2000 年 7 月至 2002 年 11 月在全市 9 家医疗机构骗取价值 27 万余元的药品。

18 日　厦门市获得第二届跨国零售集团国际采购会主办权。

22 日　中国优生优育协会厦门摇篮工程眼科示范基地落户厦门，是我国首个摇篮工程眼科示范基地。

23—29 日　首届全国漆画展在厦门举行。本次展览从全国各地的 613 件应征作品中评选出获奖作品 40 件，其中厦门有 14 件作品获奖（包括金奖 1 件，银奖 2 件）。

24 日　全国人大常委会副委员长姜春云抵厦考察。

25 日　1600 台厦华彩电从厦门港启运英国，重返欧盟市场。这是中国彩电反倾销应诉获胜后对欧盟的第一次商业性批量出口。厦华公司于

2000 年 4 月 2 日独家应诉欧盟反倾销案,历经两年四个月的艰苦努力,欧盟终于在 2002 年 8 月 29 日发布公告,允许厦华等中国彩电进入欧盟市场。这是自欧盟发起反倾销调查,中国彩电被逐渐排挤出欧盟市场 15 年来第一次回到欧盟市场。

26—27 日　中共厦门市委九届五次全体(扩大)会议召开,会议通过《关于学习贯彻党的十六大精神的决议》和《厦门市加快海湾型城市建设实施纲要》。

30 日　在第五届全国计划单列市小学教学观摩研讨会上,厦门槟榔小学教学观摩课获全国一等奖。

30 日至 12 月 1 日　红十字会与红新月会国际联合会东亚地区办事处卫生代表 Audrey Smmwift 女士与荷兰红十字会项目官员 Gerrcdina Willemina TER HEEGE 女士由中国红十字会和省红十字会陪同来厦访问,对艾滋病预防项目进行调研评估。此间,市委办公厅印发《厦门市红十字会机关职能配置,内设机构和人员编制方案》的通知,重新核定市红十字会编制,内设办公室、赈济部、事业发展部三个职能部(室)。

本月,市红十字会李明珠应邀参加中国红十字会、周培源基金会组织的访问团,前往总部设在瑞士日内瓦的红十字国际委员会、国际红十字会与红新月会联合会参访,并至德国红十字会进行工作访问。

11 月　袁荣昌为南音乐舞剧《长恨歌》作曲,荣获"文华音乐创作奖";吴世安荣获"文华音乐创作奖"和"文华表演奖"。

12 月

2—7 日　厦门市政协十届一次会议召开,大会审议并通过《政协第十届厦门市委员会第一次会议决议》,选举产生了第十届市政协领导班子,陈修茂当选为政协第十届厦门市委员会主席,陈维钦、叶天捷、林智忠、陈耀中、庄威、郑兰荪、林仁川、江曙霞、桂其明为副主席。

3—9 日　厦门市十二届人大一次会议召开,会议通过《关于政府工作报告的决议》等 6 项决议,选举产生了新一届厦门市国家机关领导班子,洪永世当选为市十二届人大常委会主任,杜明聪、郭安民、陈联合、林明鑫、汪兴裕、曾国玲、苏文金为副主任;张昌平当选为市人民政府市长,丁国炎、潘世建、詹沧洲、黄菱、徐模、叶重耕、郭振家为副市长。

4 日　厦门市最高气温达 28℃,创下 50 年来 12 月份的日最高气温之最。此前 12 月份日最高气温为 1987 年 12 月 29 日的 27.4℃。

11 日　在中国民用航空协会主办的"2002 年旅客话民航活动"中,厦门航空有限公司获年旅客运输量 400 万至 800 万人次组第一名;厦门国际航空港集团有限公司获年旅客吞吐量 200 万至 400 万人次组第一名,并获机组评价机场保障服务第一名;中国油料总公司厦门分公司航空加油站获航油供应保障第一名。

厦门航空班机

13 日 第二届"福建省杰出(优秀)青年卫士"评选揭晓,厦门市地税稽查局的钟晖获"杰出青年卫士"称号,厦门公安局集美分局经侦大队黄锦城等 5 人获"优秀青年卫士"称号。

14—17 日 全国人大常委会委员长李鹏来厦门考察。

18 日 招商银行厦门分行开业。这是进入厦门的国内第一家上市银行。

19 日 连续两天,厦门冬雷阵阵。下午,湖里、同安、集美、杏林等地遭遇冰雹突袭,最大的冰雹有拇指大小,时间持续数分钟。厦门地区在如此大范围内下冰雹,气象部门观测到的只有 1979 年和 1984 年。

同日 国家经贸委和福建省政府分别公布 2002 年度国家重点新产品名单和 2001 年度福建省优秀新产品奖名单,其中厦新电子股份有限公司的DVR3000 硬盘录像机和 A8 手机,宏发电声有限公司 JQX－102F 小型大功率电磁继电器,涌泉集团有限公司的改性马尾松制品,千秋业水泥制品有限公司的带管座钢筋混凝土排水管 5 项产品列为国家重点新产品;厦华电子股份有限公司的数字高清晰度电视显示器和厦新电子股份有限公司的 A8手机获省优秀新产品一等奖。

22 日 厦门如意集团有限公司首批 25 家如意绿色食品连锁超市开业。这是福建省内第一家以社区连锁超市的模式专营绿色和无公害食品的企业。

24 日　经科技部等国家五部委联合认证,厦华高清晰度电视为国家级重点新产品。

29 日　历时 3 个多月,有上万人直接参与的厦门市第二届群众文化艺术节闭幕。本届艺术节共产生各系列活动的金、银、铜、优秀、特别奖等奖项 300 多个。

30 日　市蔬菜公司批发市场被授予"农业部定点批发市场"。

31 日　由国家计委高新技术产业司批准设立的我国工业"产品创新设计奖"评选揭晓,厦新电子股份有限公司的 DVD8300、潜龙 A6 手机获金奖,1IFESPS－16AV 环绕功放获银奖。

本月　全市"第二次全国基本单位普查"结果揭晓。至 2002 年底,厦门市法人单位数(不含个体经营单位,下同)为 20041 个,产业活动单位 24761 个,分别比 1996 年底的第一次全国基本单位普查时增长 52.74% 和 52.15%;全部单位从业人员 841628 人,增长 34.12%。

本年　这一年,厦金两地个案直航共 500 多航次,300 多批次,近 4 万人。而且两地直航还由"人流"拓展到"物流",首次实现了货物直航。

2003 年

1 月

1 日　厦门在全国率先推出《交通事故简易程序处理规定》,对轻微和一般交通事故,只要当事双方同意就可以自行协商解决。此举旨在提高交通事故处置效率,减少因此而产生的道路堵塞现象。

同日　由市纠风办和厦广新闻台联合主办的《新闻招手停——行风热线》开播仪式在白鹭洲广场举行。税务、电业、市政、公安等 22 家窗口单位和职能部门到现场开展咨询。这一活动吸引了数千名市民参加。

6 日　槟榔小区 16 幢"平改坡"房屋的夜景工程试亮灯,成为全市首批完成的住宅夜景工程。

在开播仪式上,22 家窗口单位和职能部门现场接受市民咨询,并推出一系列改进作风为民办实事的措施

8 日　厦门大学学生公寓服务中心通过中国质量管理体系认证,成为全国首家通过 ISO9001 认证的高校后勤社会化管理单位。该公寓已入住的研究生、本科生近 5000 人。

同日　市法院机构改革全面启动,撤销经济庭、房地产庭、知识产权庭,建立统一的大民事审判格局。

9 日　厦门市在全国率先启动"维护社会治安志愿者筑城行动"。这是根据公安部和团中央要求实施的青年志愿者参与维护社会治安的活动。

11 日　海沧大桥东岸旅游区通过 ISO14001 环境体系认证并举行授牌仪式。这是继日光岩、万石植物园之后,厦门第三个通过该项认证的景区,也是全国首家通过环境体系认证的无居民海岛旅游区。

同日　世界上第一支注射用神经生长因子 NGF(恩经复)在厦门上市。这是厦门北大生物公司与卫生部兰州生物制品研究所联合研发的福建省第一个获得国家一类生物制品新药证书的产品。

13 日　12 时 25 分,市人民防空办公室在安装调试新购置的警报器时出现操作失误,导致 4 台警报器错鸣,在部分市民中造成惊扰。

14 日　根据国家渔政局关于查处食人鱼(即纳氏锯脂鲤)的紧急通知精神,市渔政部门将厦门海底世界的 29 条食人鱼处死。

15 日　中国人民保险公司厦门市分公司与厦门延铭房地产开发有限公司签订协议,为"华天花园"9.78 万平方米的建筑物提供 3.7 亿元的住宅质量保险,保险期限为 10 年。这是福建省内首张住宅质量保险保单。

16 日　"厦门商品(金门)展销会"在金门县立体育馆开幕。参加展销的有 85 种厦门的商品和房地产、旅游资讯。副市长黄菱、金门县县长李炷烽出席开幕式。

同日　厦华 HDTV(数字高清晰度彩电)中标美国营业额最大的连锁店 Best Buy,总标的 1.8 万台。这是中国高端彩电第一次大举挺进美国主流家电市场。4 月 28 日,这批彩电启运美国。

17 日　《厦门及周边地区中草药资源现状的调查与评价》课题通过专家鉴定。该项成果是由市九三学社组织的课题组经过 5 年调查才完成的,共查明厦门及周边地区有 146 科,558 个药用植物品种,其中有 17 种濒临灭绝。

同日　南普陀寺举行恭迎第十一任方丈的礼请仪式,圣辉大和尚第二次连任该寺方丈。

同日　市政府正式向社会公布 90 项被取消和暂停执行的行政审批事项。这是厦门市自行政审批制度改革以来第五批被削减的行政审批事项。

18 日　禾山镇江村社区居民委员会正式挂牌。这是厦门市第一家由村委会改造而成的居委会,标志着厦门农村城市化发展又向前迈进了一步。

20 日　奇创自动化科技(厦门)有限公司出口至德国的一批自动化设备获得海沧出入境检验检疫局签发的普惠制产地证。这是检验检疫部门对厦门出口加工区企业签发的第一份普惠制产地证。

21 日　据新华社电:2002 年祖国大陆集装箱港口座次排定,厦门港的集装箱吞吐量位居第七。前六位港口依次是上海、深圳、青岛、天津、广州和宁波。

同日　云顶隧道正式通车。该隧道工程全长 4615 米,是全市最长的一条隧道,总投资 3.9 亿元。

同日　北京、上海、广州、深圳、厦门 5 个试点城市正式开通银行卡(自动柜员机)跨行转账业务。厦门首批开通该项业务的是邮政储汇局、建设银行、农业银行。

22 日　厦门 ABB—MNS 低压成套开关设备获得中国国家强制性产品认证(即 3C 认证),成为国内同行业中首家获得此项认证的企业。

24 日　2003 年厦门市应届大中专毕业生和毕业研究生人才招聘洽谈会在国际会展中心举行。350 多家用人单位为 3 万多名来自全国各地的毕业生提供了 5663 个职位。

25 日　第二届全国儿童剧交流会演在北京落幕,市青少年宫选送的《一个真实的故事》等 4 出儿童剧全部获得金奖,并被选送中央电视台播出。

同日　今晚,几艘小渔船不听管理人员的劝阻,强行靠近大屿岛白鹭自然保护区作业,轰鸣的挂机声使性喜安静的白鹭受到惊吓而飞走,原本有 2000 多只白鹭的保护区内仅剩下 40 多只。

26 日　2003 年厦金直航春运自本日开始,祖国大陆各地的台商可经厦门直航金门中转回台湾。这是自上年福建台商由厦金直航返乡之后,第一次把直航对象扩大到福建省以外的台商。

同日　7 时 30 分,执行春节台商包机首航任务的台湾"中华航空公司"一架编号为 CI585 的波音 747-400 型客机进入厦门高空管制区,随即飞往上海浦东机场。这是台湾民航客机自 1949 年以来首次通过厦门空域,标志着海峡两岸民用航空隔绝 54 年的历史就此结束。

27 日　建设银行厦门分行人民币储蓄余额在全市同业中率先突破 100亿大关,达到 100.5 亿元。

28 日　厦门火车站为让民工及时返乡过年,在春运期间增开一趟厦门—阜阳的新型双层空调列车。开行这种双层列车在福建省亦属首次。

同日　涌泉集团有限公司举行股份捐赠仪式,在集美区公证处公证员的见证下,该公司董事长赖桂勇将其集团 90％的股份以受益权的方式无偿赠送给员工和社会。涌泉集团是一家民营高新技术企业,拥有净资产 1.8 亿元,年销售总收入 4.6 亿元。

30 日　厦门市首届美术书法精品展在市文化宫举行,展出了由本市 100 多位书画家精心创作的 200 多幅作品。这次美术书法展是厦门市迄今为止规模最大、层次最高、参与人数最多的一次。

31 日　厦门市 2003 年春节团拜会在国际会展中心举行。全国政协副主席陈锦华,福建省、厦门市领导和全市各界代表出席团拜会。

2 月

1 日全国首条保姆谈心公益热线在厦门开通。这条热线是由厦华社区在线网络有限公司设立的,号码为 96365－4。

5 日　台湾报纸首次经由厦金航线直递厦门,而不必再绕道香港转递。这批报纸有 5 种共 127 份,是由台湾空运到金门,再由台轮"永馨"号从金门水头码头送抵厦门东渡台轮渔港码头的。厦门及周边订户从此可以看到当天的台湾报纸。

同日　国家乒乓球队首次在厦门集训。为备战第四十七届世界乒乓球锦标赛,国家乒乓球队 67 名运动员、教练员及后勤保障人员在总教练蔡振华率领下,自本日起在厦门进行了为期 4 周的封闭式训练。

8 日　厦门市举办第十八届青少年科技创新大赛。全市有 56 所中小学,700 多名学生参赛,申报的参赛项目有 214 项。

10—11 日　因广东部分地区发生非典型肺炎(SARS),厦门市民为防病纷纷抢购板蓝根和白醋,一度造成市场上该类商品脱销。

12 日　市公安机关悬赏 3 万元,缉拿发生在厦门港区的一起特大诈骗案的犯罪嫌疑人。这个诈骗团伙以"厦门环宇航务公司"名义,骗取厦门中正商航货运代理公司价值 200 万元的货品和 5 万元现金。这是厦门警方首次悬赏搜寻非命案线索。

13 日　为帮助本地企业应对反倾销,全国首家地方性的产业损害调查机构在厦门成立。新成立的产业损害调查机构为市经济发展局属下的产业损害调查处。

14 日　开元区企业服务中心正式挂牌。这是厦门首家为企业办理申请注册登记及相关证照提供"一条龙"服务的政府机构。首批进驻该中心的有工商、文化、卫生、计生、环保、银行等 6 个部门,可以在 15 个工作日之内办完全部手续。

15 日　"鹭岛庆元宵"大型焰火晚会在白鹭洲广场举行。五彩缤纷的焰火持续燃放了 30 分钟,吸引了数万名市民前来观赏。

16 日　厦门三安电子投产全色系超高亮度发光二极管芯片项目,在国内首家实现这一项目的产业化,结束了芯片完全依赖进口的历史。

17 日　莲坂旧城开始大规模拆迁。拆迁总占地面积约 26 万平方米,房屋总建筑面积约 50 万平方米,拆迁企业 47 家,涉及居民户 1248 户。这是厦门有史以来拆迁标的最高、涉及搬迁的群众和企业最多的一次。

20 日　6 时 30 分,武汉冠中航运公司"仁和 11"号货轮在东碇岛以南 7 海里处沉没。经厦门海事局全力救助,15 名落水船员有 12 人获救,但仍有 2 人死亡,1 人失踪。

24 日　根据市政府的部署,市有关执法人员在强制拆除莲龙果品批发市场时遭到部分经营户的围攻,市政府一名副秘书长被打伤。这起严重抗法事件引起市领导高度重视,要求依法坚决处理,8 名以暴力阻挠执法的为首分子被移交公安机关处理。

27 日　厦门警备区角屿五连被总政治部树为全军学雷锋先进集体。

同日　因犯受贿罪,厦门工程机械股份有限公司原总经理俞步凡被依法执行枪决。俞步凡在担任该公司总经理期间,利用职务之便受贿 228 万元,另有巨额财产不能说明合法来源。

同日　在全国畅通工程总结部署电视电话会议上,厦门市被授予"交通模范管理城市(一等)"荣誉称号。

同日　厦门市在人民会堂举行 2003 年外经贸政策宣讲会暨首届银企协作推广日活动。8 家与外经贸相关的政府部门和近 20 家金融机构、中介组织向 1000 多家与会企业提供政策和咨询服务。这是厦门首次面向外经贸企业举办政企联手、银企互动的大型活动。

同日　市总工会职工帮扶中心和思明区就业管理服务中心同时成立。这种由人民团体和政府部门联手帮困的新模式在全省尚属首创。

3 月

1 日　《厦门市海上交通安全管理条例》正式实施。这是我国第一部具有地方特色的综合性海上交通安全管理法规。

4 日　《厦门日报》报道:厦门海事法院设立行政审判庭,这在全国海事法院中属于首创。

同日　厦门大学在国内第一个研制出快速检测艾滋病的诊断试剂盒,只需 3～30 分钟便可得出结果。该项成果经卫生部艾滋病检测中心等 6 家权威机构联合验证,已经达到国际水平。

7 日　全省第一家全部由未成年人担任演员的儿童剧团——厦门儿童剧团成立。

11 日　14 时 30 分,位于杏林区东孚镇的特区供水管道排气阀被施工机械撞断,致使 3.6 万吨原水泄漏。因抢修需要,12 日晚厦门全市首次全面停水,直至 13 日上午才恢复正常供水。

12 日　麦德龙在中国开设的第 17 家店——厦门湖里商场正式开业。商场营业面积 1.2 万平方米,经营品种 2.5 万种。这是厦门市首家大型现购自运式、仓储式会员制配销中心。

17 日　国内龙头航运企业之一的中海集装箱运输有限公司将一艘新建造的巴拿马型集装箱船命名为"新厦门"号。从此,厦门首次拥有了世界航运界公认,能够提高城市国际知名度的"形象名片"。

18 日　双十中学和厦门大学达成合作协议,由厦大派出教师为双十中学高中生开设选修课,并可获得学分。如果今后考入厦大,学生所获学分将被承认。此种合作方式在国内属于首创,为中学和大学的衔接作了有益探索。

21 日　市规划局公布新的审批方案,将办理建设项目规划"一书两证"的审批时限由原来的 48 个工作日压缩为 25 个工作日,这一审批速度创造了全国之最。

21 日　厦门至三明的城际列车正式开通,单程行车时间由原来的七个半小时,缩短至五个多小时。

同日　位于厦门航空工业城内的太古三期机库建成开业,加上原有的一期、二期机库,可以同时维修 9 架大型飞机,成为亚太地区规模最大的飞机维修服务中心。

24 日　下午 4 时许,国道 324 线同安洪塘路段发生一起特大交通事故,一辆微型面包车与一辆小轿车相撞,造成车上驾乘人员 6 死 3 伤。

25 日　厦门市首批 49 位公职律师持证上岗。这批公职律师分别来自公安、工商、海关等 21 个政府职能部门。

26 日　同安发生一起特大抢夺案,某纸业有限公司出纳员李某从银行提取的 33.4 万元现款被抢。经警方全力侦破,4 名嫌犯先后落网,3 月 22 日被押回厦门。

27 日　由象屿保税区的象屿、惠建、港发 3 家码头合并重组的象屿码头有限公司正式营运。该公司的新股东为(香港)新创建港口管理有限公司和厦门象屿集团有限公司,双方各占 50% 的股份,成为我国内地首个外贸控股达到 50% 有限公司。

28 日　厦门反倾销咨询服务中心正式挂牌。该机构为全国仅有的两家获得批准的专业机构之一,将为企业开展反倾销申诉、应诉提供法律咨询,指导和协调服务。

同日　厦门航空港集团与福州市国有资产营运公司签署《福州长乐国际机场资产重组合同书》。根据该合同书,厦门航空港占有 90% 的控股权,并斥资 4.5 亿元对长乐机场进行改造。这是国内首例通过商业运作进行的机场重组。

29 日　位于 SM 商业城三楼的厦门图书文化城正式开业。该文化城营业面积 7500 平方米,是福建省最大的书店。

30 日　此前的 2002 年厦门"两会"期间,一位名叫马达的市民在"市长热线"中提出"在厦门环岛路上举行 42.195 公里的马拉松赛"的倡议,引起市人大代表关注并最终形成提案。

同日　首届厦新厦门国际马拉松赛暨 2003 年全国马拉松锦标赛在厦门举行。11998 名选手参加比赛,数十万市民走上街头为选手们呐喊助威。

首届厦门国际马拉松赛暨 2003 年全国马拉松锦标赛开跑(姚凡摄)

同日　厦门电视台与中央电视台联合直播首届厦门国际马拉松赛暨全国马拉松锦标赛,同时向大连、青岛、宁波、深圳电视台提供卫星直播信号。这是厦门电视台首次使用移动设备直播大型国际赛事,成为全国第一家全程直播国际马拉松比赛的市级电视台。厦门人民广播电台新闻频道的节目主持人乘坐热气球,在百米高空现场直播比赛实况,开创我国电台高空直播的先河。

31 日　2003 年"SM 杯"厦门市业余乒乓球大奖赛闭幕。此次大赛参赛人数达 1102 人,创造了福建省业余乒乓球赛参赛人数最多的纪录。

同日　据电业部门统计,一季度全市累计售电量 13.96 亿千瓦时,其中岛外用电量占 52.9％,首次明显超过岛内。这表明海湾型城市建设启动以来,岛内用电占主导地位的传统用电格局已经发生了根本改变。

本月　厦广音乐台举办首届闽南地区广播电视节目主持人大赛。

4 月

1 日　《厦门市建设工程最低投标价中标实施办法》出台。该办法规定,对全部使用国有资金或国有资金占主导地位的项目全面实施最低投标中标,以增强市场运作程序的严密性、公开性和透明度。这一举措在全国属于首创。

同日　傅聪钢琴专场音乐会在厦门人民会堂举行。

同日　厦门理工学院(筹)正式揭牌。该学院是在鹭江职业大学基础上成立的以工科等应用科学为重点的本科院校。

如今鹭江职业大学已升格为厦门理工大学

同日　厦门市发现两例在香港发病后返回的输入性非典型肺炎病例。市卫生部门立即对这两名女性患者进行隔离治疗,没有造成疫病的传播和扩散。

3 日　厦门市中级人民法院和各区人民法院正式设立执行局。作为全国法院执行工作改革的试点单位,厦门与绍兴的两级法院,率先在执行局内部建立实施权和裁决权运行机制。

同日　中华街道社区中心人民调解室正式启用。这是厦门市首个设在街道的民间纠纷调解室。

4 日　中国红十字会会长彭珮云在福建省人大常委会副主任曾喜祥等的陪同下,来厦门调研考察,厦门市副市长、市红十字会会长郭振家代表市红十字会作汇报,市人大、市委组织部、宣传部、市府办、财政局、卫生局等单位领导参加汇报会。

6 日　由厦门路桥公司研发的特大桥梁养护管理系统(1BMMS)通过省交通厅、省科委组织的专家鉴定。这套耗资 866 万元的管理系统属于国内首创。经海沧大桥两年来的运行,节约管理费用 1905 万元,并可使桥梁使用寿命延长 20%。

8 日　市红十字会资助市社会福利中心儿童院一名罹患法洛氏四联症的孤儿,在市红十字会医院进行心脏手术治疗获得成功。

同日　市住宅总公司等 7 家企业与市政园林部门签订认建绿化用地协议,拉开了"企业绿色文化工程"序幕。"企业绿色文化工程"是由企业出资,在城市里建造反映企业形象的绿地,此举属全国首创。

11 日　中午 12 时许,位于集美灌口镇境内的惠尔明化工有限公司的化工仓库发生爆炸,过火面积约 1200 平方米。市消防支队出动 100 多名官兵前往扑救,下午 2 时 20 分,大火被扑灭,未造成人员伤亡。

13 日　第七届海峡两岸机械电子商品交易会暨厦门对台商品交易会在国际会展中心开幕。本届交易会共有 60 多个国家和地区的 800 多家企业参展,其中台湾企业 200 多家。

同日　厦门中化建防水工程有限公司等 6 家防水企业自愿组成诚信联盟,向全市人民做出保证防水工程质量的承诺。由防水企业组成诚信联盟的做法在全国尚属首例。

15 日　厦门远华国际大厦以 1.63 亿元的价格被拍卖,受买人为深圳富春东方(集团)有限公司,创下福建省单笔拍卖成交的最高价。远华国际大厦总建筑面积 75 万多平方米,主体 1998 年完工,外部装修完成一半,耗资 4 亿元人民币,是原远华集团资产中单笔金额最多、拍卖难度最大的标额,此前曾三度流拍。

22 日　市红十字会、市残联、市老年基金会、市慈善会再次一同派员走访慰问城乡贫困家庭的白内障患者,两年来共为 314 名贫困患者提供免费复明手术治疗。

24 日　厦门大学生命科学学院和厦门市卫生防疫站合作,成功研制出"SARS 病毒核酸的荧光 PCR 快速检测试剂盒"。用该试剂盒对人的血清、含漱液、痰液、粪便等进行基因扩增测试,可以在 3～4 小时内判定是否感染"非典"病毒。灵敏度高,特异性达 100%。

25 日　以民政部副部长杨衍银为组长的国务院非典型肺炎防治工作督察组来厦门督察。

26 日　由厦门银鹭集团引进的首条无菌冷罐装饮料生产线在厦门投

产。这条具有当今世界最先进水平的生产线,主要生产低酸性果汁饮料、蛋白饮料、蔬菜饮料等。银鹭集团计划引进两条此类生产线,总投资 4.75 亿元。全部投产后,每年可加工农副产品 6.5 万吨,带动 1.85 万亩农副产品生产基地的建设,使 1.2 万户农民增收。

28 日　同安星火工业区开发有限公司与国家开发银行福建省分行正式签订 6 亿元的贷款合同,用于同安城南等市级工业区的开发建设,贷款期限为 10 年。此举首开厦门区一级政府与国家开发银行合作的先河。

30 日　厦门首例非典型肺炎患者经治疗康复后出院。

同日　市红十字会举行首批防治"非典"专项捐赠仪式,接受一批捐赠款物。此间,双十中学、湖滨中学被省红十字会、省教育厅授予"福建省红十字青少年工作模范校"。

5 月

1 日　市红十字会向社会公布防治"非典"捐赠热线电话及捐赠账号,全市掀起募捐宣传热潮。

2 日　国家邮政局在厦门举行《鼓浪屿》特种邮票首发式。该套邮票为一套三枚,图案分别是八卦楼、日光岩、菽庄花园。

同日　以龙海渔民谢某为首的一伙不法分子在青屿附近海域盗割海底军用通信光缆 350 米,造成经济损失 70 多万元。8 名犯罪嫌疑人被海警三支队值勤人员当场抓获。

7 日　第二批防治"非典"专项捐赠仪式举行。

同日　厦门市防治非典型肺炎指挥部成立并召开第一次全体成员会议。市长、市防治"非典"指挥部总指挥张昌平要求决不能有丝毫松懈,坚决打赢抗击"非典"的战役。市防治"非典"指挥部是在原厦门市防治"非典"工作领导小组基础上组建的。

7—9 日　集美兴才学院和新圩镇诗坂中学相继发生学生群体发热症状,市、区两级政府立即对这两所学校采取预防隔离措施。后经诊断,为上呼吸道感染,排除了"非典"可能。

8 日　《厦门日报》专版以"人道、博爱、奉献——厦门市红十字事业硕果累累"为标题,介绍市红十字会工作。市红十字会与同安区红十字会,组织团体会员单位到同安边远山村宣传防治"非典"知识,开展送医药送温暖活动,向村民分发预防药品和消毒液,并为 10 户贫病户送去慰问金。

9 日　全市第一家学生电视台——厦门一中学生电视台正式开播。

同日　厦门市两岸交流协会应金门有关方面要求,火速调集 5000 只口罩支援金门同胞的抗"非典"斗争。

同日 台湾学者创业园在厦门成立。这是我国第一家为台湾科技人员提供服务的高层次孵化平台,凡在台湾本土学习,并获得学士以上学位者都可以申请入园,同时享受各种优惠政策。

同日 另一名非典型肺炎患者也治愈出院。至此,厦门两例输入性非典型肺炎患者均已康复,未发现继发病例。

10 日 福建省首支人民防空"三防"专业队在市工人文化宫广场举行授旗仪式和集结演练。这支由医疗、防疫部门的 300 名专业人员组成的专业队,承担厦门市战时的防核、防化学、防生物武器的重任。同时成立的还有供水和供电抢修专业队。

11 日 厦门星鲨实业总公司将价值 200 万元的抗"非典"药品捐赠北京小汤山医院。

12 日 集美大唐世家小区开通管道液化气,253 户居民成为厦门岛外首批用上管道液化气的用户。

同日 市医药化学工业供销公司中药批发中心对其经销的金银花等中药材随意加价,被市物价局检查分局处以 5 万元罚款。这是市物价部门在处罚 20 多家与"非典"有关的价格违法行为的商家中罚款金额最高的一家。

12 日 市政府发出通知,决定自 2003 年 5 月 1 日至 9 月 30 日,对受"非典"疫情影响比较严重的餐饮、旅游、交通运输等行业采取扶持措施,共为这些企业减免各种税费 1.7 亿元。

13 日 厦门农业银行与省烟草公司联合发行金穗——烟草卡正式面市,3000 多名持卡的烟草直销商可通过银行与烟草公司进行结算,手续十分简便。这是厦门市首张企业与银行联合发行的银行卡。

同日 厦门市从即日起对在公共场所随地吐痰、便溺、乱丢废弃物等不文明行为实行重罚:个人每次罚款 50 元,单位每次罚款 1000 元以下。

15 日 10 时 30 分,一艘莆田籍铁壳船撞上高集海堤涵洞,致使海堤受损变形,进出岛的火车因此延误 3 个小时。

同日 8 时 50 分,同安区洪塘镇龙东村村民纪某因村财管理纠纷,煽动数十名村民围堵福厦高速公路,致使交通中断 1 小时 25 分,造成极为恶劣的影响。这是厦门市首起聚众扰乱交通秩序案,事后纪某被依法判处有期徒刑 4 年。

同日 第三批防治"非典"专项捐赠仪式举行。此间台湾各地红十字组织负责人首次由厦金航线登录,访问厦门市及福建沿海各市红十字会组织。

同日 厦门软件开发国家引智基地揭牌仪式在厦门软件园内举行。这是全国 86 个引智基地中唯一的软件开发引智基地。今后,该基地在引进海外软件专家时,将优先得到国家外国专家局的信息和资金支持。

16 日　开元区"高水平高质量普及九年义务教育"工作通过省政府的验收,成为全省首批通过"双高普九"工作的县(市、区)。

同日　全省公安系统第一支处置"非典"事务机动分队在厦门市成立。该分队由 50 名武警官兵和 30 名公安干警组成,配备了专用车辆和全套的消毒、隔离、防护设备。

17 日　2003 年"英特尔国际科学与工程学大奖赛"在美国俄亥俄州克利夫兰市揭晓,厦门一中生物教师曾国寿获杰出教师奖第一名。这是国内教师首次在这一赛事中获奖。

同日　2003 年厦门市科技活动周开幕。本次活动周的主题是"依靠科学,战胜'非典'"。

18 日　厦门至上海的直达货运列车开行,全程运行时间为 42 小时,比原来缩短近 40 小时。这是我国铁路开行的首趟城际直达货运列车。

19 日　因受"非典"疫情影响,厦金海上直航航线暂时停航。至 7 月 17 日始恢复通航。

19—20 日　中共中央政治局委员、全国人大常委会副委员长、中华全国总工会主席王兆国来厦门考察,看望并慰问坚守在防治"非典"和生产第一线的干部群众。

20 日　厦门市被国家商务部列为全国 12 个扩大境外投资审批权限改革的试点城市之一。

21 日　连城(冠豸山)机场的全部资产无偿划归厦门国际航空港集团经营管理。这是厦门机场首次尝试管理支线机场。

同日　第四批防治"非典"专项捐赠仪式举行。

22 日　市防治非典指挥部办公室与中国人保厦门分公司签订协议,决定由市政府出资,为一线医护人员和口岸检验检疫人员及其家属团体投保,保额累计 2000 万元,每人最高可获 10 万元的赔付。由政府出资为抗"非典"人员提供专项保险在全国属于首创。

同日　经报国务院批准,福建省人民政府做出《关于厦门市调整部分行政区划的批复》。调整后,厦门市辖思明、湖里、集美、海沧、同安、翔安等 6 个区。

同日　市委市政府办公厅转发《关于深入开展"万人献爱心"活动的实施意见的通知》,要求广泛募集善款,进一步充实红十字救急基金,用于开展大病救助和为弱势群体设立博爱"惠民门诊"。

同日　新加坡航空公司一架波音 747—400 型全货机首航新加坡—厦

门—芝加哥航线,厦门机场因此成为中国民航首度开放第五航权的试点机场,同时也标志着厦门航空第一条越洋航线正式开通。

23 日　两名有发热症状的吸毒人员在医院隔离治疗观察期间脱逃,市公安局随即发布通告并展开缉捕。至 27 日,两名在逃嫌犯均被缉拿归案。

25 日　由中共福建省委副书记王三运率领的省委调研检查组抵达厦门,就贯彻落实省委关于经济发展、精神文明建设、为人民服务和党的建设等"四个专题"决策部署情况进行为期 11 天的调研检查。

27 日　莲坂酒店进行爆破,这是厦门有史以来爆破楼层最高的建筑。

同日　全省第一个数字社区——莲花虚拟社区正式运作,实现了运用数字和网络技术对小区进行管理与服务。

同日　厦门西海域水产养殖综合整治通过验收。此次整治自 2002 年 4 月开始进行,共拆除养殖网箱 5 万多个,极大地改善了西海域的水质。

28 日　在市十二届人大常委会第四次会议上,方红霞等 9 位市人大代表成为首批应邀列席市人大常委会议的代表。此举在全国地方各级人大中属于首创。

同日　张昌平市长在海沧野生动物园主持召开现场办公会,决定由市财政和厦门海湾投资有限公司等 7 家房地产公司共同出资 300 万元成立野生动物救护基金,以解决本市几家豢养野生动物的企业因"非典"疫情影响,门票收入锐减而造成野生动物生存危机的问题。由政府和企业联合发起成立野生动物救护基金在全国尚属首例。

同日　浙江台州籍货轮"华顶山"号在厦门外海起火,厦门消防、海事部门将其拖回东渡港一号泊位施救时,该船又发生连续爆炸并沉没。6 月 12 日该船被打捞出水。6 月 26 日,船上装载的集装箱全部打捞上岸后,一号泊位才恢复正常作业。

29 日　九龙江北溪引水左干渠(厦门段)改造工程通过初步验收。该工程全长 22 公里,总投资 2.2 亿元,建成后可与原先的特区供水管道形成管渠并用的"双通道",大大提高了市区供水的可靠性。

本月　5 月以来,湖南等地与福建省南平、三明、宁德、福州、龙岩等五市严重受灾,厦门市红十字会将首批赈灾物资分别运送灾区。

6 月

5 日　鼓浪屿区法院在一起车辆转让纠纷案件审理中首次采取审判委员会听审制度,由审判委员会直接以公开陈述、公开辩论、公开断理、公开裁决的方式决定案件结果。这一听审方式在全国法院系统是第一次使用。

7 日　厦门市第一部综合性年鉴——《厦门年鉴》创刊号出版发行。该期年鉴为 2002 年卷,由市人民政府主管、市地方志办公室编纂。

10 日　在省委宣传部组织下,新华社、《人民日报》《福建日报》等中央和省级新闻媒体采访团来厦门采访精神文明建设和城市建设管理经验。

16 日　市外资局在全国率先采取外资项目网上审批,所有网上申报的项目均可在 3 个工作日内答复,为境外投资者带来极大的方便。

17 日　厦门建行推出"对台汇款即时通"业务,与台湾近 30 家银行间的往来款项均可在几分钟内到账,创下两岸通汇的最快速度。

同日　厦门市人民政府签发第 107 号令,发布《厦门市户籍管理若干规定》,明确用"准入条件"取代原来实行的户口指标;取消"蓝印户口"、"农业"和"非农业"户,较大幅度提高购房入户面积等。8 月 1 日,该《规定》开始正式实施,厦门因此成为全国唯一以政府规章形式推行户籍改革的城市。

18 日　三达膜科技(厦门)有限公司在新加坡证券交易所发行股票 4 亿股。这是福建省首家在海外成功上市的高科技企业。

22 日　已停建 5 年的"厦门第一广场"重新开工建设。该广场位于镇海路鹭江之畔,属思明区旧城改造项目,1998 年建至 12 层后因资金等原因停建,成为厦门有名的"烂尾楼"。

26 日　厦门电力 95598 客户呼叫中心升级,正式投入使用,实现多种媒体的接入及呼出(如电话语音、Fax、Email、Web、短信息等),为客户提供多层次、多渠道统一标准的服务。

同日　张昌平市长率厦门市政府代表团赴香港、新加坡,为第七届投洽会开展招商推介活动,成为"非典"疫情后首次在香港和新加坡亮相的中国内地政府代表团。

28 日　厦门水务集团有限公司成立。该集团按原水、给水、污水"三水合一"的原则对国有资产进行全面整合,以改变原来水资源多头管理、职能交叉、粗放经营的局面。

30 日　厦门市纪念中国共产党成立 82 周年暨表彰大会在人民会堂召开。省委常委、市委书记郑立中发表讲话,54 个先进基层党组织,6 个先进纪检组织,60 名优秀共产党员,50 名优秀党务工作者,20 名优秀纪检干部在会上受到表彰。

7 月

1 日　"非典"疫情过后的首批境外游客抵厦。这批 4 个旅游团队近百名游客是乘香港—厦门航班来厦旅游的。

同日　厦门市在全省金融服务系统中率先实现缴税电子化。采用电子缴税系统可以使纳税人的申报时间缩短三分之一,银行每月也可以少盖 60

万个业务公章。

同日 市第一医院与杏林医院正式合并。合并后,市第一医院拥有病床 1200 多张,成为福建省规模最大的医院之一。

7月

1日 由厦门中旅假日旅行社组织的 500 名旅客乘坐厦门至三明城际列车前往泰宁大金湖游览。这是因"非典"疫情停开两个月后发出的首趟省内旅游专列。

3日 开元交警大队交警林某等在纠正一起骑自行车违章时态度粗暴,引起围观群众不满。《福建日报》和中新网等多家网络媒体对此事进行曝光后,省、市公安部门领导高度重视,立即开展调查,主要当事人均受到严肃处理。

4日 市中级人民法院在全省首次采取公开方式选定评估、拍卖机构,第一批 24 单委托业务通过摇号机当众产生。此举避免了以往评估、拍卖权的获得容易受人为因素干扰的弊端。

5日 六集电视连续剧《琴岛之恋》在鼓浪屿开拍。这部连续剧以"鼓浪屿好八连"为原型,由厦门警备区政治部、厦门市委宣传部和总政话剧团联合摄制的。

同日 以国家发展与改革委员会副主任欧新黔为组长的国务院"非典"防治工作督察组来厦门检查工作。

9日 市公安局召开"立警为公,执法为民"教育动员大会。会议要求深刻吸取"七三"事件的教训,提高全体民警素质。全市公安系统科以上干部 1000 多人参加会议。

10日 海峡两岸暨港澳佛教界在南普陀寺举行"降伏'非典'国泰民安世界和平祈福大法会"。中国佛教协会会长一诚长老等来自祖国大陆和台港澳的佛教界人士 5000 多人参加大法会。

12日 因持续高温酷热,用电负荷大增,厦门市自即日起在全市范围内实行紧急限电措施,安排企业轮休,进行避峰让电,组织自备发电机发电等。

14日 福建全省持续高温少雨,水库蓄水量剧减,水力发电量大幅降低,又因全省电煤供应紧张,福建省网电源供应严重不足,厦门地区开始拉闸限电。

15日 厦门海湾型城市建设框架标志性工程——海湾大道集美段动工兴建。

同日 台盟中央七届三次中常会在厦门召开,全国政协副主席、台盟中央主席张克辉出席会议。会议为期 4 天,期间还召开台湾爱国先烈翁泽生诞辰 100 周年纪念大会。

16 日　思明区与韩国釜山广域市金井区结为友好区。这是福建省第一个与外国城区建立友好合作关系的区级政府。金井区面积 65 平方公里,人口 28 万,是广域市的科技文化中心。

22 日　张昌平市长应邀作为央视国际频道"让世界了解你"节目嘉宾,在厦门电视台演播大厅通过 ISDN 视频通讯专线与美国旧金山市市长布朗进行越洋交流,并回答现场记者和观众的提问。

同日　中共厦门市委、市政府颁布《关于进一步加强和改进新时期体育工作的实施意见》。这是厦门解放后,第一次由市委、市政府颁发的体育指导性文件。

23 日　中共厦门市委召开九届六次全体(扩大)会议,省委常委、市委书记郑立中主持会议并代表市委常委会作报告。会议要求迅速在全市兴起学习贯彻"三个代表"重要思想的新高潮,开创海湾型城市建设新局面。会议还审议通过《关于实施行政区划调整,加快区级经济发展的若干意见》,票决产生调整后的 6 个行政区党政主要领导拟任人选和推荐人选。

25 日　第十二届福建省大学生运动会在厦门大学举行。来自全省 29 所大专院校的 1562 名运动员参加本次运动会。运动会历时 4 天。

同日　厦门市人民政府常务会议首次向本市公民开放。20 位市民在厦门人民会堂思明厅旁听了本届政府第十一次常务会议。

26 日　全国首个社区型民主党派支部——市民建嘉莲社区支部成立。

同日　厦门日最高气温达到 38.5℃,创下 7 月份极端最高气温新纪录,同时也平了 50 年来夏季极端最高气温纪录。

同日　全市最大的蔬菜农副产品批发(中埔)市场开业。该市场占地面积 7.2 万平方米,配备有先进的管理和检测设施。

同日　厦门首批志愿消防队成立。这批志愿消防队由大嶝镇政府、飞鹏企业、银鹭集团和涌泉集团等 4 单位的 39 人组成。

31 日　经市财政局批准,黄则和花生汤店的国有资产全部退出,改制成为股份制民营企业。此举揭开了厦

中埔市场一角

555

门市老字号餐饮企业改制的序幕。

7月　由中国音协、福建省文联、东南电视台联合主办的"施琅杯"首届中华闽南语歌曲电视大赛,在厦门决出本届的十大金曲:《望你快乐》、《鹧鸪飞》、《不同款的情分》、《夏夜的沙滩》、《故乡的声音》、《天公落春雨》、《唱块咱厝的歌送给你》、《难忘那首歌》、《正月点灯红》、《荔枝与龙眼》。

8月

1日　《厦门市户籍管理若干规定》开始正式实施,厦门因此成为全国唯一以政府规章形式推行户籍改革的城市。

4日　厦门口岸全面试行电子通关,停止各种纸质证稿流通,实现100%内部单证无纸化。这种通关方式不仅具有方便、快捷的特点,还可以有效杜绝假冒通关行为。

5日　海沧区正式成立。区人大、区政府、区政协同时挂牌。

6日　澳大利亚仲盛集团高级顾问、前总理霍克先生来厦门考察投资环境。省委常委、市委书记郑立中会见了霍克一行。

8日　厦门电视台获得中国方圆标志认证委员会方圆标志认证中心颁发的 ISO9001－2000 质量管理体系认证证书,成为全国广电系统中首家以全台为范围获得质量管理体系认证证书的单位,标志着该台的管理工作进入了现代化管理的新阶段。

9日　全省首届社区文化艺术节厦门分会场"温馨家园"文艺晚会在前埔不夜城广场举行。

同日　斯里兰卡民主主义共和国总理拉尼尔·维克拉马辛哈抵达厦门,这是他首次中国之行的第一站。市长张昌平会见了维克拉马辛哈总理一行。

同日　下午5时30分,禾山镇高林村一处在建的厂房发生坍塌,80余名施工人员被埋在废墟中。省长卢展工接报后,对事故处理做出重要指示,市领导郑立中、张昌平、陈炳发等赶赴现场坐镇指挥。至次日凌晨3时,被埋人员全部救出并及时送医急救。在这次因村民违章建设、违规施工造成的事故中,共有7人死亡,38人受伤。

同日　由厦门青年企业家协会、海峡导报社主办的第二届"1258666 都市情缘杯"七夕情人节千人牵手晚会在海沧大桥东岸旅游区举行,1800名单身男女参与活动,金门同胞首次组团参加。

14日　由中央对外宣传媒体和中央重要新闻网站近20家新闻单位组成的采访团抵达厦门,分别对投洽会筹备工作、开发区建设及外资企业发展等进行采访报道。

15 日　市委副书记吴凤章与墨西哥瓜达拉哈拉市市长费尔南多·加扎在瓜市市政厅签署友城协议书。这标志着厦门市与瓜达拉哈拉市正式结为国际友好城市。瓜达拉哈拉市人口 164 万,是墨西哥第二大城市。

17 日　海湾新城项目正式启动暨侨联扶贫基金捐赠仪式在厦门宾馆举行。海湾新城的前身是位于湖滨北路的中信广场二、三期,已闲置近十年。此次由香港厦门联谊总会陈金烈、陈仲升投资创办的厦门丰洲置业有限公司通过收购方式,使这一"烂尾楼"重获新生。全国人大常委、全国侨联主席林兆枢及福建省、厦门市的有关领导到场祝贺。丰洲置业公司还捐赠150 万元支持侨联事业。

20 日　厦华公司正式向法院提起诉讼,状告长虹公司侵权冒用其数字高清晰电视"CHDTV"注册商标,这是中国彩电行业第一例侵权案。

21 日　厦金植物园协作签约赠苗仪式在厦门举行。厦门园林植物园将精心挑选的 78 种、400 多株具有较高观赏价值和园林应用价值的植物种苗赠送金门林务所,帮助金门原生植物园建立闽南园区。

23 日　中国造血干细胞捐献者资料库福建省分库厦门 H1A 组织配型实验室在市中心血站正式揭牌。著名血液免疫学专家、台湾慈济骨髓捐献中心主任李政道博士前来祝贺。40 多位志愿者及部分血站工作人员当场捐献了造血干细胞。

26 日　全市防治"非典"工作暨表彰大会在厦门人民会堂隆重召开。市卫生局等 58 个先进集体,黄如欣等 64 名模范个人,林春平等 204 名先进个人受到市委、市政府表彰。

27 日　全市首个社区党委——中共湖里区殿前街道高殿社区委员会正式挂牌。该社区由原高殿村改制而成,常住人口 1.1 万,其中共产党员190 多名。

28 日　18 点 10 分,位于莲岳路北侧的西郭仓库发生火灾,数百台空调和一些食品、纸制品被烧毁。19 点 30 分大火被扑灭。

同日　厦门(鼓浪屿)首届中秋博饼文化节隆重开幕。本届博饼文化节由鼓浪屿区政府和厦门日报社联合主办,历时半个月。期间,除组织各类博饼大赛外,还举办了博饼文化论坛、中秋诗会、摄影比赛等系列活动。

30 日　由亚银(国际)投资公司制造的"索艾天幕背投式超大数字高清晰多媒体显示设备"通过国家信息产业部主持的鉴定。该显示屏宽 2.11米,长 13.68 米,采用单片背投屏幕技术,是目前世界上面积最大的数字显示屏。它的问世也填补了国内的一项空白。

8 月　220 千伏禾半线建成投运。该线路为厦禾变电站送往半兰山变电站的双回路线路,长 6.969 公里。其经厦禾路段为地下电缆,长 2.649 公里,为厦门市最大地下电缆工程。

8 月 第九届中国电影华表奖在北京揭晓,鼓浪屿日光岩管理处与北京标旗文化有限公司联合摄制的《天风海涛鼓浪屿》荣获华表奖优秀纪录片奖。这是厦门影视界有史以来在全国电影奖评选中获得的最高荣誉。

9 月

1 日 农历八月十五日,厦门电视台直播《闽南通》中秋特别节——《月娘月光光》。这是厦门电视台首次用闽南话进行长达 1 个小时的大型直播。

同日 市政府与中国军事医学科学院在厦门宾馆签订科技合作协议,以提高厦门处置突发公共卫生事件的能力。

2 日 市工商局在全国首家推出肉品"召回制",对农贸市场上市肉品实行全程监管,一旦出现问题,可快速找到流通源头,并在最短时间内将其"召回",以防止危害蔓延。

3 日 中国电信集团和中国银联签署"家家 e 金融增值业务合作协议",并选择厦门作为全国唯一的"银信通"试点城市。"银信通"可使电话机具备查询、支付、转账、理财等金融终端功能。

5 日 《海峡生活报》改版,成为我国东南沿海第一张以女性为主要读者的报纸,也是第一份全部采用橙色新闻纸、全竖眉、国际流行的 4 开宽报。

同日 经国家经济动员办公室批准,全国唯一的国家国民经济动员信息化产业基地在厦门建立。该基地由本市民营企业精图信息技术有限公司投资建设,计划 3 年内投资 8000 万元。

同日 飞利浦照明亚太业务中心正式投入运营。该中心建筑面积 1.1 万平方米,建筑工期仅用了 6 个月,创造了新的"特区速度"。飞利浦照明亚太业务中心的前身是飞利浦照明电子厦门公司,成立于 1999 年,现已成为中国最大的镇流器制造企业之一。

8—11 日 第七届中国投资贸易洽谈会在厦门国际会展中心隆重举行。本届投洽会是在"非典"过后我国举行的规模最大的国际投资促进盛会,参会的境外客商近 1.2 万人,共签订投资项目 1720 个,总投资金额 176 亿美元,利用外资 126 亿美元。

9 日 海峡两岸航空界首个合资合作项目——厦门航空港新货运站正式投入运营。该货运站占地 4.1 万平方米,建筑面积 3.1 万平方米,设计年吞吐量 15 万吨(实际处理量可达 20 万至 25 万吨),由厦门航空港集团和台湾航勤(澳门)有限公司共同投资 2.24 亿元。

10 日 由市司法局和市贸发局联合组建的厦门贸易救济法律事务中

心成立。这是全国首家由政府部门联合组建的专业法律服务机构,主要为企业和政府应对反倾销及重大贸易纠纷案件提供法律事务服务。

同日　由厦门大学黄本立院士率领的申办小组在西班牙申办第三十五届国际光谱会议获得成功,该届会议将于 2007 年在厦门举办。这是我国首次获得世界光谱分析方面的顶级峰会的举办权。

同日　由市司法局和市贸发局联合组建的厦门贸易救济法律事物中心成立。这是全国首家由政府部门联合组建的专业法律服务机构,主要为企业和政府应对反倾销及重大贸易纠纷案件提供法律事务服务。

11 日　厦门市在会展中心举办"两岸中秋盼团圆"晚会。演出结束后,厦金两地同时燃放焰火欢庆中秋佳节。数万市民前往环岛路海滨观赏这一盛况。

12 日　深圳天虹商场在厦门设立第一家分店汇腾商场,营业面积 2.2 万多平方米,是目前厦门最大的零售商场。

15 日　市政府向获得"2003 年中国名牌产品"荣誉称号的夏新、通士达、银鹭、惠尔康 4 家企业各颁发 100 万元奖励金。

16 日　厦门市首届老年文化艺术节在人民会堂下沉式广场拉开帷幕。本届艺术节于 11 月 9 日结束,参与者达 1.5 万人次。

19 日　厦门市举行争当"四好"(好公民、好建设者、好家庭成员、好学生)万人签名活动,并由此拉开"公民道德宣传周"的序幕。市委副书记吴凤章、副市长郭振家在白鹭洲广场主会场参加签名仪式。

20 日　晚上,厦门遭受特大暴雨袭击。市区最大降雨量超过 100 毫米,多处街道严重积水,一名的士司机在雨中触电身亡。

26 日　福建省首家国际人才市场——中国国际人才市场厦门市场授牌仪式在市人才中心举行。

29 日　厦门市政府在工人文化宫 8 楼会议室举行首场新闻发布会,标志着政府新闻发布会制度正式建立。今后,市政府新闻发布会每月举行两次,遇有重大事情则随时召开。

30 日　全国留学回国人员先进个人和先进工作单位表彰大会在北京召开,中组部等 6 部委对 310 名有杰出贡献的留学回国人员进行表彰。厦门火炬高新区管委会副主任孙大海、厦门大学教授郑兰荪荣获"留学回国人员成就奖"。这是我国有史以来针对留学人员进行的最高层次的奖励。

10 月

5 日　首届闽南婚庆文化节暨"温馨厦门、甜蜜鹭岛"大型集体婚礼在工人文化宫举行,张昌平市长为 30 对新人证婚并致辞祝福。这一活动是由市总工会、团市委、市妇联和省民俗学会联合举办的。

11 日　搭载 10 名保钓人士的"闽龙渔 F861"号渔船平安返抵东渡渔港码头,受到数十名来自全国各地的保钓自愿者的欢迎。这批保钓人士于本月 7 日从厦门出发,9 日在钓鱼岛附近遭到日本军舰的拦截和撞击,造成一人受伤,渔船驾驶舱损坏。这一首次由祖国大陆、香港、台湾民间联合发起的保钓行动被迫终止。

15 日　中国银行业监督管理委员会厦门监管局成立。该局是中国银监会首批挂牌的 36 个派出机构之一。

17 日　第五届全国科技馆发展奖在厦门揭晓,副市长潘世建获启明奖,市青少年科技馆馆长郁红萍获创业奖。

同日　市公安局禁毒支队破获一特大贩毒案,抓获犯罪嫌疑人 3 名,缴获高纯度冰毒 34 公斤。

18 日　鼓浪屿—万石山风景名胜区管理委员会成立。管委会为厦门市政府派出的副厅级机构,将按照旅游市场管理规律行使市级经济管理权限,从而加快旅游产业化进程。

19 日　翔安区举行五套班子挂牌仪式,区委、区人大、区政府、区政协、区纪委自即日起正式办公。

21 日　厦门市隆重举行纪念陈嘉庚先生创办集美学校 90 周年大会。中央有关部委,福建省和厦门市的领导,陈嘉庚先生的亲属,集美乡贤以及海内外集美校友 1000 多人出席大会。国务委员陈至立莅会并发表讲话。

22 日　2002 年度中国人居环境奖和国家园林城市颁奖仪式在北京举行。厦门市因在改善人居环境方面成就突出被授予"中国人居环境奖",同时获奖的还有青岛市和三亚市。中国人居环境奖是中国城市各类综合评比中的最高奖项。

同日　第八届全国戏剧节在西安落下帷幕,厦门金莲升高甲剧团参评的新编历史剧《上官婉儿》获得曹禺戏剧奖的"剧目奖"和多个单项奖。

24—29 日　第十四届全国发明展览会在厦门会展中心举行,有 1100 多项发明成果参展。经过专家评审,647 个项目获奖,其中金奖 150 项。厦门市有 21 个项目获得金奖。

26 日　厦门工程机械股份有限公司 2003 年第一万台装载机下线。这标志着厦工在全国同行业中率先实现年产销超万台的目标,其装载机产销量在世界上位居第二,仅次于美国的卡特彼勒。

同日　省委常委、市委书记郑立中率团出席在香港会议展览中心举行的"香港厦门联谊总会成立十周年暨新一届理监事会就职典礼",并代表福建省和厦门市在会上致辞。

27 日　第五届全国城市运动会在长沙市落幕,厦门体育代表团获得 5 金 2 银 5 铜,排名第十九位的历史最好成绩。

28 日　厦门已成为国内第一个承担国家半导体照明计划的重点地区,科技部决定先行划拨 1500 万元开发扶持经费。

同日　市公安局 110 指挥中心从社会上招募 18 名外语接警服务志愿者,这在全国公安系统属于首创。

29 日　瑞声达(中国)公司新厂房在厦门建成,丹麦王子约阿希姆出席落成典礼。新厂房建筑面积近 1 万平方米,可承接瑞声达集团 70%～80% 的生产任务,是亚太地区最大的助听器生产和供应基地。

11 月

6 日　全国首家中外合作的机场管理专业培训学院——中新机场管理培训学院在厦门成立。中国民航总局局长杨元元、新加坡交通部部长姚照东为学院揭牌。该学院是中新两国政府间在民航方面的重要合作项目,由厦门航空港和新加坡樟宜机场各出资 50%。

8 日　今晚,厦门市在莲坂旧城拆迁区内举行以房屋倒塌救援为主的灾害应急救援演习。市党政军领导和国家、省公安、消防、地震等有关部门负责人在现场观摩了演习全过程。此类演习在全国是首次举行。

11 日　2003 年“福布斯中国富豪榜排名”公布,三达膜科技(厦门)有限公司创办人蓝伟光及其家族以 1.37 亿美元排名第 75 位。

12 日　国务院总理办公会议讨论通过厦门建设东通道项目建议书。该项目是福建省干线公路网的重要组成部分,是进出厦门岛的三大主要通道之一,预计投资 31 亿元。11 月 27 日,国家发改委正式给予东通道项目立项批复。

同日　市公安局破获一起涉台电信诈骗大案,抓获涉案人员 73 名,其中台湾籍 56 名。这伙不法分子在厦门岛东部沿海一带设置 20 多个窝点,利用高科技通信手段,开展针对台湾居民的电信诈骗活动。

12—14 日　第十届全球华人“1EADER/领导牌杯”羽毛球邀请赛在市体育中心举行,69 支代表队,1300 多名选手参加了本次比赛。全球华人羽毛球赛创办于 1993 年,首届比赛即在厦门举行,当时仅有 3 支代表队,100 多名运动员参加。

13 日　市长张昌平在西柯镇召开协调会。会上,同安区政府允诺向古龙集团支付 200 万元违约金,以赔偿因延期交付企业用地而给古龙集团造成的损失。由于政府的失误而向企业赔偿损失,在厦门历史上还是第一次。

17 日　夏新电子公司宣布:因中国女排在日本大阪夺得第九届世界杯冠军,决定奖励女排人民币 100 万元。夏新公司与中国女排有着长期的合作关系,2002 年 8 月起作为中国女排的独家赞助商。

19 日　在中央电视台 2004 年广告黄金段位招标会上,厦华电子和银鹭集团分别以 6208 万元、5817 万元夺得彩电业和食品业的"标王"。

20 日　厦门港集装箱年吞吐量突破 200 万标箱庆典仪式在海沧国际货柜码头举行。至此,厦门港已成为我国沿海第七个吞吐量超过 200 万标箱的港口,并正式跻身世界集装箱 30 强港口行列。

21 日　厦门市同安电力公司管理信息(MIS)系统通过省公司组织的实用化达标验收,成为省农电系统首家通过实用化验收的单位。

22—23 日　"大洲杯"风筝邀请赛在会展中心大草坪举行。来自国内外 20 多支风筝代表队的 100 多名选手参加了比赛。邀请赛期间还举办了"万人放飞"活动,前往观看比赛和放风筝的市民达 10 万人次以上。

23 日　厦门首次举行大型花车巡游活动,21 辆风格迥异的花车和 20 个表演方阵从海军码头出发,沿途载歌载舞一直到人民会堂,吸引了 10 余万市民和外地游客夹道观看。

同日　市政府举行第五批厦门市荣誉市民授证仪式,张昌平市长向 22 位海内外人士颁发荣誉市民证书。至此,已有 153 人先后获得厦门市荣誉市民称号。

24 日　市政府召开会议,布置事权、财权下放和在地统计工作。

同日　中国(厦门)国际旅游节开幕式在会展中心广场隆重开幕。3000 多名海内外嘉宾出席开幕式并欣赏了"八闽风情"大型文艺演出。

25 日　亿力·2003 中国厦门"大海·音乐"雕塑展开幕。本届雕塑展面向全球征集作品 417 件,经严格评选正式入选作品 31 件。至 12 月 20 日,来自 11 个国家和地区的 31 位艺术家在海湾公园现场进行雕塑创作。

30 日　首届中国(厦门)国际食品采购博览会在国际会展中心开幕。200 多家世界知名食品加工企业和 137 家采购商参加展会。

本月　庄晏红作词的歌曲《故乡在海边》荣获第四届中国电视金鹰奖观众最喜爱的电视歌曲奖。

12 月

1 日　厦门人民广播电台与厦门移动通信公司的"用手机收听广播"合作项目正式启动,在厦门用手机听广播成为现实。

同日　受干旱和煤炭供应紧张的影响,厦门用电负荷缺口达 20 万千瓦。自即日起,全市实行新一轮限电措施。限电期间关闭所有夜景灯光和霓虹灯、广告灯箱,路灯减半开启,娱乐场所一律延至晚上 10 点半以后营业,工业、商贸企业实行两天轮休制。

2 日　全国首家交通事故车辆定损中心在厦门成立。

4 日　厦门—槟城缔结友好城市 10 周年庆典在马来西亚槟城隆重举行。中共厦门市委副书记吴凤章、槟城首席部长丹斯里许子根在开幕式上先后致辞。

6 日　市政府公布 2003 年厦门市科学技术奖获奖名单,厦大化学系教授、迈克生化股份公司技术总监靳立人,厦华电子技术总管、副总经理、留美博士苏钟人,厦门特宝生物工程公司总经理赖伏英获得市科技重大贡献奖,每人获奖 30 万元。

同日　厦门海沧大桥建设 8 项创新技术成果通过,由福建省科技厅和交通厅组织的专家鉴定。专家认为:这 8 项技术成果填补了我国悬索桥设计、景观、施工、养护管理领域中的多项空白,总体达到国际先进水平,部分达到国际领先水平。

8 日　厦门大学 2001 级公共管理硕士(MPA)毕业论文通过答辩,来自全国国税系统的 30 名学员经过两年全脱产的学习和论文写作,成为我国第一批毕业的 MPA。

14 日　厦门市国家安全机关破获张耿桓间谍案。张耿桓是台湾台南人,1990 年前后来大陆经商,1994 年加入台湾军事情报组织,多次潜入厦门、南平、永安等地搜集军事情报。

18 日　"海峡两岸(厦—金—台)机船联运合作协议"在厦门正式签署。由厦门轮船总公司与台湾立荣航空公司共同推出的这一联运模式,是往返两岸间最快速、最省钱的通道。协议将于 2004 年 2 月 16 日开始执行。

同日　全市农村富余劳动力转移专场招聘会在同安举行,近万名来自同安、翔安等区的农民前往招聘现场应聘由 50 多家企业提供的 6300 多个就业岗位。

18 日　厦门市举行有史以来最大规模的学校交接签字仪式,23 所市属学校从 2004 年 1 月 1 日起正式划归区级管理,同安一中从区属变为市属。

19 日　两名案犯被以注射方式执行死刑。这是厦门市在福建省地方法院首次采用注射执行的死刑。

20 日　海沧蔡尖尾山发生山林火灾,过火面积近千亩。6 小时后大火被扑灭,无人员伤亡。

21 日　中央电视台《新闻 30 分》节目报道国土资源部公布的 4 起涉及严重土地违法案件,其中 1 例为厦门市集美区政府"假挂牌"出让经营性用地案件。新闻播出后,市委、市政府高度重视,成立专门调查小组进行调查。集美区政府有错必纠,迅速将返还给某公司的 880 万元收回,缴入区财政专户。

22 日　厦门海天码头年集装箱吞吐量突破百万标箱,跻身沿海十大码头行列。该码头是厦门市最早进行集装箱运输的码头。

同日　厦门电业局首个 220 千伏李林变电站无人值守改造工程顺利竣工。

23 日　中共厦门市委召开九届七次全体(扩大)会议。会议就认真学习贯彻党的十六届三中全会和中央经济工作会议以及省委七届六次全会、全省经济工作会议精神,对本市深化改革、完善社会主义市场经济体制和做好明年工作进行全面部署,并审议通过《中共厦门市关于贯彻落实党的十六届三中全会精神,完善社会主义市场经济体制的若干意见》,原则同意《关于项目带动战略的实施意见》和《关于促进社会就业的若干意见》。

24 日　福建省与厦门市重点建设项目——厦门东渡港三期工程通过交通部组织的国家验收。东渡港区三期工程是利用亚洲开发银行贷款进行建设的国家大中型项目,于 1998 年 11 月 30 日正式动工兴建。

同日　厦门秋冬旱加剧,今起进入大旱,全市农作物受旱面积 10.83 万亩,翔安区新店 13 个村的部分村民发生饮水困难。

26 日　市政府召开新闻发布会宣布:厦门城市总体规划重新调整,规划范围由 560 平方公里扩至 1565 平方公里,2020 年城市人口规模将达 300 万人。

27 日　中国民间保钓联合会(筹)在厦门成立。

28 日　福建省首个律师网站——厦门律师网(www.xmls.cn)正式开通。诉讼当事人只要登陆该网站,就可以找到业务精、信誉好的律师。

29 日　禾山镇高林社区居民委员会正式挂牌,宣告了湖里区自年初开始的"村改居"工作全部完成,厦门岛内农村从此成为历史。

本年　黄三元研究设计的"三角钢琴铸铁板"荣获"亚洲国际新技术新产品博览会金奖"。

本年　在持续近一年的抗击"非典"的宣传战役中,厦门人民广播电台、厦门电视台发挥各自优势,全力投入报道。厦广新闻台、经济台和音乐台共开辟 6 个专栏,先后制作播出 30 多档特别节目和《厦门儿女北京小汤山工作生活纪实》等 10 多组系列报道,并集体创作《真情挚爱》等抗击"非典"公益歌曲专辑、公益广告专辑和广播剧。厦门电视台多名记者,不怕危险,亲临"非典"患者病房采访,播发了许多独家新闻。

2004 年

1 月

1 日 厦门在全国率先颁布《厦门市住宅区物业管理条例实施细则》,把物业的管理权限下放到区、街道办和镇,使物业管理和社区管理更好地结合,以利于解决因物业管理引发的矛盾和纠纷。该《实施细则》将于 2005 年 1 月 1 日起施行。

同日 厦门市人大常委会副主任曾国玲率领市红十字会以及相关人员前往龙岩,看望留居闽西的厦门知青,送去市政府所拨的慰问款以及市红十字会筹募的款物。

同日 元旦开始,厦门市红十字会开展以"庆百年、迎八大、办实事"为主题的系列活动。

5 日 科技部授予厦门市"全国科技进步先进城市"称号。这是厦门市第二次获此殊荣。思明、集美、同安三区同时荣获"全国科技进步先进区"称号。

同日 湖里华昌路发生一起持枪抢劫案,受害人宋某身中两枪,刚从银行取出的 4.1 万元现金被抢。警方经过两个月的侦察,分别在 3 月 5 日和 8 日,将犯罪嫌疑人缉捕归案。

6 日 市第十二届人大常委会第八次会议审议通过《厦门市最低生活保障办法》,这是全国第一部把城市、城镇、农村困难群众纳入最低生活保障的地方性法规。该办法 7 月 1 日起实施。

7 日 厦门洋江蚝油进出口公司生产的鳄鱼屿蚝汁、鳄鱼屿蚝油正式获得国家质检总局颁发的原产地标记注册证书,成为全市首批获此证书的产品。

7—17 日 市卫生局分管市红十字会的领导黄清源参加省红十字会欧洲访问团,前往法国、德国进行工作访问。

9 日 在北京召开的全国拥军优属拥政爱民工作会议上,厦门市荣获"双拥模范城"称号。这是厦门连续第五次获得该项荣誉。厦门警备区某部五连连长刘俊青的妻子姜君英被授予"爱国拥军模范"称号。

10 日 市委常委、宣传部长洪碧玲,副市长郭振家率市、区红十字会人员和厦门沃尔玛公司的志愿者前往同安,慰问康复村村民和麻风病防治工作第一线的医务人员。

16 日 大嶝大桥工程破土动工。该桥总长 1800 米,起于翔安区新店镇大嶝海堤西南 150 米处,跨海止于大嶝岛,为特大型跨海桥梁。

17 日　象屿保税区内企业获外贸进出口经营权,凡在象屿保税区注册并符合厦门进出口条件的企业,均可申请办理进出口经营权。

20 日　中国红十字会总会和福建省红十字会发出紧急救助内蒙古、新疆雪灾的通知,厦门市红十字会迅速向内蒙、新疆灾区提供一大批款物的紧急援助。

本月　《厦门红十字》由报改刊。

2 月

4 日　同安莲花国家森林公园正式获国家林业局批准建设,公园总面积 3824 公顷,是厦门市唯一的国家级森林公园。

7 日　厦门警方成功捣毁一个特大地下毒品加工窝点,缴获冰毒半成品近 70 公斤,现金 67 万多元,存款 200 多万元以及一批用于制毒贩毒的原材料、运输工具和武器弹药。

10—14 日,政协第十届厦门市委员会第二次会议在厦门人民会堂举行,来自全市 29 个界别的 309 名市政协委员及应邀列席大会的全国、省政协委员参会。会议听取并审议政协第十届厦门市委常委会工作报告和常委会提案工作报告等,有 12 件优秀提案获得表彰。

11 日　公安部授权厦门在全国率先办理 5 年期《台湾居民来往大陆通行证》,台湾居民首次实现在大陆办理 5 年期《台胞证》。该证于 5 月起开始办理。

12—16 日　厦门市第十二届人民代表大会第二次会议举行。为加强会议期间人大代表与市民的联系,本届人大会代表首次与市民在网上对话。大会通过市人民政府工作报告、厦门市 2003 年国民经济和社会发展计划执行情况及 2004 年发展计划等决议。

16 日　厦门轮船总公司与台湾立荣航空公司首次合作推出的厦金台海联运正式启运,首日有 9 名台湾同胞接受便捷服务。

19 日　全市农村工作暨农村税费改革试点工作会议召开。会上,市委、市政府正式公布了《厦门市农村税费改革试点方案》,以及《厦门市农村税费改革转移支付办法》等 5 个配套政策文件。其中缓征农业税的措施首开全省先河。

同日　下午 3 点起,厦鼓航线因大雾停航 18 小时,造成数千名游客和市民滞留码头。市政府现场办公小组采取紧急措施,对滞留人员进行安置和疏散。20 日上午 9 点,厦鼓航线始恢复通航。

20 日　厦门海洋研究开发院用虾蟹壳进行降解,再用膜技术进行分离后,研制出一种治疗骨关节炎的特效药物葡糖胺硫酸盐。该项技术属国内首创。

22 日　厦门市语文教育研究院成立,这是全国第一所语文教育研究院。

24 日　象屿码头开通厦门港首条国际海运环球航线,跻身世界航运行列。该环球航线是厦门港最长的海运航线之一,需经过太平洋、印度洋和大西洋共 23 个港口。

29 日　厦门市城市管理行政执法体制进行重大改革,在原市城监支队基础上成立的厦门城市管理行政执法局开始集中行使行政处罚权。

本月　厦门电力成套公司获中国质量万里行名牌推广中心授予"首批通过中国强制性标准 3C 产品公告"展示企业。

3 月

4 日　第六届全国胃病大会暨亚太消化疾病研讨会在厦门人民会堂举行,这是厦门市举办的规格最高的医学盛会。来自中国、美国、日本、新加坡、韩国等国家的 600 多位消化界权威人士参加会议,共同探讨当今世界消化病治疗的最新进展,并进行内镜新技术演示。

5 日　厦门机场与闽南快运公司联手,在全国率先启动陆空联运业务,晋江、泉州、龙岩等外地乘客无须中转即可直达厦门机场。

10 日　全市 1100 多名特困群众陆续领到"红十字惠民门诊医疗就诊卡",持卡人在"红十字惠民门诊"就治,一年可享受 10 次免费。这一举措在全国尚属首创。

11 日　2004 年初中毕业升学考试与高中阶段招生制度进行重大改革,中招第一次实行分数加等级机制,并试行先公布分数后填报志愿的办法以及特殊学生破格录取制和优秀生保送制。

同日　厦门百年老字号"新南轩"的商品商标被厦门华远集团下属的厦门和平里(万豪)大酒店以 68 万元人民币的价格收购。

吴晶晶剧照

16 日　厦门金莲升高甲剧团演员吴晶晶获第二十一届"中国戏剧梅花奖"。这是福建省高甲戏第一位获得梅花奖的演员,也是厦门市首位获中国戏剧最高奖的演员。

21 日　2004 雅典奥运会圣火北京火炬接力手选拔活动结束,厦门旅游学校学生李小玲成为福建省唯一的夏季奥运会火炬接力手。

22 日　"新厦门"号命名仪式在海天码头举行,随即下水启航,投入欧洲航线运营。该船全长 279.9 米,宽 40.3 米,6.6 万载重吨,可装载 5668 个标准集装箱,是国内最大集装箱船。

同日 由厦门市与中科院上海分院共同建设的厦门中科高科技产业基地举行奠基仪式。基地位于翔安区马巷镇,起步区规划面积 3 平方公里。

23 日 市民政局、市公安局、市城市管理行政执法局联合发布《加强对城市生活无着的流浪乞讨人员的救助管理工作的通告》,将车站、码头、机场、会展中心、繁华街区、风景旅游区、星级酒店、政府机关和外事活动场所设为"流浪乞讨限制区域"。

24 日 厦门在全省率先对举报生产安全事故隐患者予以奖励,首批 66 位举报者获得总额 3.27 万元的奖金。

同日 在北京举行的第二届"中国地方政府创新奖"选拔暨颁奖大会上,厦门市思明区政府开发并应用的公共部门绩效评估系统获"中国地方政府创新奖"。

25 日 柯达公司一次性相机生产基地在海沧投产,年出口额预计可达 5 亿美元,是全球最大的一次性相机生产基地。

26 日 厦门人民广播电台主持人胡凌参加在北京人民大会堂举行的第 11 届《中国歌曲排行榜》颁奖典礼,参与主持该项音乐娱乐盛事。

27 日 "2004 夏新厦门国际马拉松赛"在厦门举行,来自 34 个国家和地区的 15018 名选手参赛,肯尼亚选手默伊本·詹姆斯、中国选手周春秀分别夺得男子、女子全程冠军。

4 月

1 日 几十名出租车司机因对厦门机场收取停车场保证金不满而"歇业"4 个小时,一度造成候机楼前秩序混乱和旅客滞留现象。

同日 厦门航空公司与台湾复兴航空公司正式签约,共同推出"海峡两岸行"一票到底服务。该项服务主要是利用厦金海上直航接驳两岸空中航线,与原来从港澳转机相比,时间节省 2~3 个小时,费用降低 20%~30%。

3 日 凌晨 2 时许,位于湖滨南路的"新厦门之夜"夜总会发生枪击案。一男子手持霰弹枪在夜总会门口连开数枪,造成 9 人受伤。4 月 9 日,犯罪嫌疑人被警方抓获。

4 日 在第六届"福建省十大杰出青年"评选活动中,厦门大学细胞生物学与肿瘤细胞工程教育部重点实验室研究员夏宁邵入榜。

5 日 凌晨 4 时许,位于嘉禾路的 KK 娱乐城发生枪击案,5 名歹徒持 56 式冲锋枪连开数枪(未击中人)。民警接报后迅速赶到现场,在娱乐城保安和群众的协助下,将涉案人员当场抓获。

8 日　凌晨 4 时许,一部挂江西牌照、严重超载的大货车在泉厦高速公路 446 公里 500 米处倾覆,造成厦门往福州方向交通中断近 3 个小时,直至 6 时 50 分才恢复通车。

同日　由厦门市与中科院上海分院共同建设的厦门中科高科技产业基地举行奠基仪式。基地位于翔安区马巷镇,起步区规划面积 3 平方公里。

同日　由厦门造船厂建造的"厦门海"号举行下水仪式。该船载重 538 万吨,总长 190 米,是迄今为止福建省吨位最大的船舶。

9 日　厦门市首次召开创建出口品牌工作会议,厦华等 5 家企业与市贸发局签订《深度开发出口市场项目确认书》,在 2004—2005 年获得每年最高 50 万元的资金支持。由政府出巨资帮助企业在海外创品牌,这在厦门外贸史上是第一次。

同日　在全国食品安全信用体系建设试点工作动员会上,厦门被正式确定为全国食品安全信用体系建设首批试点城市。全国列入首批试点城市的共有 5 个城市和 3 个试点行业。

10 日　鹭岛中小学生艺术团成立。该团由市教育局、思明区教育局、厦门六中、思明区青少年宫联合建立,有成员 1000 多人,是厦门市首家中小学生艺术团。

11 日　国内城市首个半导体照明产业规划《厦门市半导体照明产业化基地发展战略规划》通过专家评审。《规划》要求:今后新建或改建的市政照明工程、景观工程和大屏幕显示应广泛使用半导体照明技术,科技经费也应向半导体照明产业倾斜。

12 日　第八届海峡两岸机械电子商品交易会暨厦门对台出口商品交易会在厦门国际会展中心开幕。展会设展位 1200 个,共有 29 个国家和地区的 900 家企业参展。

13 日　科技部在厦门国际会展中心为厦门"国家半导体照明工程产业化基地"授牌。至此,厦门成为全国首批 4 个国家半导体照明产业基地之一,半导体照明产业发展纳入国家整体布局,并获国家政策和资金支持。

14 日　经市劳动和社会保障局组织专家评审,鼎炉莲花药店、中山路光华药店等 9 家药店成为首批基本医疗保险定点零售药店。

15 日　由市效能办和市行风办联合开展的社会评议机关活动正式启动,市民登陆市政府网站,就可对全市 54 家市直机关单位进行评议。评议内容有办事效率、工作作风、服务质量、依法行政、政务公开 5 个方面。

24 日　市长张昌平率厦门市党政代表团到重庆市万州区考察并进行对口交流。

25 日　由厦门国际航空港集团运营的冠豸山机场正式启用。这是厦门国际航空港集团有限公司继厦门高崎、福州长乐之后拥有的第三家机场。

26 日　以厦门大学为主研制的"人类 T 淋巴细胞白血病病毒（HT1V）重组抗原及抗体诊断试剂盒"通过教育部鉴定,该试剂盒能筛查血液中的白血病病毒,填补了国内空白。

27 日　厦门营平市场一深海鱼专卖店购进一条身长 2.32 米,宽 1 米,重 344.2 公斤的特大石斑鱼。这条巨型石斑鱼是龙海一渔民 3 天前在台湾海峡捕获的。

28 日　2004 中国（厦门）国际汽车博览会在国际会展中心开幕,100 多家整车企业和汽车零部件企业参展。

30 日　中科院院士、厦门大学固体表面物理化国家重点实验室教授郑兰荪领导的研究小组与中国科学院化学所、武汉物理与数学所有关研究人员在全球首次发现碳分子——C50。其论文《活泼 C50 的捕获》在美国《科学》杂志上发表,成为厦大首篇发表在《科学》杂志上的论文。

本月　双十中学在高一年段开设闽南文化选修课,主要课程有地方戏曲、方言、民间艺术等。

5 月

1 日　《厦门市人才柔性引进与人才居住证暂行规定》正式实施,柔性引进的人才持《厦门人才居住证》可享受评职称、养老保险、住房公积金、子女入学等方面的市民待遇。

同日　体现安全第一、以人为本的厦门市新的《道路交通安全法》开始实施。新《交法》体现了安全第一、以人为本的原则,否定了曾经提出的"撞了白撞"的说法。

同日　中国厦门凤凰花旅游节在同安影视城开幕,1.5 万多人次前往观看开幕式文艺演出。

6 日　经营面积 3 万平方米的厦门中埔水产市场开业。这是迄今为止福建省经营面积最大、配套设施最先进的水产品交易市场。

15 日　厦门文化艺术中心先期工程动工建设。该中心位于厦门工程机械厂原西郭厂区,总投资约 7 亿元,总占地面积 14 万多平方米,是厦门市有史以来规模最大的文化建设项目。

17 日　由国家体育总局和厦门市政府主办的"'2004 海投房产未来海岸杯"全国武术太极拳锦标赛在厦门大学明培体育馆开幕,来自全国各地41 支代表队的近 400 名太极高手参加角逐。

同日　中共中央政治局委员、书记处书记、中宣部部长刘云山到厦门广电中心视察。

19 日　厦门足球俱乐部旗下的吉祥石狮队正式更名为厦门蓝狮足球队。

23 日　第六届全国舞蹈大赛在厦门人民会堂开幕,全国 150 多个艺术表演团体的近 1500 名选手参赛,是我国历届舞蹈比赛中规格最高、规模最大和参赛选手最多的一届。比赛历时 13 天,共评出创作、表演一等奖20 个。

25 日　经教育部批准,厦门鹭江职业大学升格为厦门理工学院。该学院为省属高校,实行省、市共建,以厦门市管理为主,全日制在校生规模暂定6000 人。

30 日　思明区嘉莲街道在全省首创的"爱心超市"开张,凡辖区内的困难家庭均可凭"低保证"或"爱心超市领取卡"到超市免费选物品。超市内物品全部由市民捐赠。

5 月　第二届"美国音乐周"在鼓浪屿举行。

6 月

1 日　由厦门市少年儿童图书馆与美国明德图书馆基金会合作创办的明德英文图书馆正式对外开放。该馆拥有原版英文课外读物 5930 册,是中国大陆第一所英文图书馆。

同日　在主教练刘国梁率领下,中国国家乒乓球男队一行 40 多人抵达厦门进行为期一个月的封闭式集训。这是厦门市首次接待国家体育总局运动队为备战奥运会而进行的针对性集训,也是国乒队第三次来厦集训。

6 日　在全省清理整顿各类开发区工作中,厦门市开元工业园、同安金富工业区、同吉工业区、黄金工业区、同安城北工业区、城南工业区等 6 个开发区被撤销。工业区规模从 138.15 平方公里减少到 90.52 平方公里。

11 日　厦门警方破获福建省最大的一起以提供"六合彩"特码为诱饵的手机短信诈骗案,共抓获犯罪嫌疑人 40 名。

18 日　厦门警方破获一起特大走私毒品案,抓获 3 名台湾籍犯罪嫌疑人,缴获毒品氯胺酮 2.3 万克。

19 日　国家工商总局商标局正式公布:厦门"银鹭"被认定为中国驰名商标,商标所有人是"厦门银鹭集团有限公司",商标类别及其使用商品是"银鹭八宝粥"。这是全国罐头行业第一个驰名商标,也是银鹭集团继上年荣获"中国名牌产品"后获得的又一个国家级名牌的认定。

20 日　鼓浪屿大面积拆迁工程启动,首期拆迁建筑面积 2.16 万平方米,涉及 100 多住户。

22 日　受旱情影响,厦门市启动新一轮节电措施,约 90% 的一般工业企业每周轮休 4 天,商场、宾馆、酒店、写字楼等减半用电,关闭夜景灯光、广告灯光等过度照明。

24 日　2004 年"海尔杯"中国动力伞巡回赛厦门站比赛在国际会展酒店南草坪开幕,来自全国 14 支代表队的 30 名参赛者进行竞速飞行、踢标飞行和定点飞行 3 个项目的比赛。

同日　湖里区生猪禁养工作通过了由市环保局、市农业局等 6 个部门组成的联合验收组的验收。至此,厦门岛内生猪禁养工作基本完成,率先在全国实现城区禁止养猪。

26 日　厦门市第二医院集美新院正式启用,该院分 3 个院区,一期展开床位 650 张,是厦门岛外首个集团化医院和最大的综合性医院。

28 日　厦门广播电视集团正式挂牌成立。新组建的广电集团整合了厦门电视台、厦门人民广播电台等 14 家广电事业和企业单位,实行国有事业体制,下设 4 个职能部门、5 个业务中心和 6 家经营实体。集团成立后,中央领导贾庆林、李长春、刘云山及省市领导卢展工、郑立中先后做出重要批示,对厦门广电集团事业的发展,厦门广播电视更好地服务海峡西岸经济区的建设和海峡两岸经济文化交流寄予厚望。

29 日　厦门市评出十大科普基地,它们是:园林植物园、海底世界、陈嘉庚纪念胜地、青少年科技馆、地球科普教育基地、气象科普教育基地、消防教育馆、海沧野生动物园、桥梁博物馆、市图书馆。

30 日　集美区法院率先在全市法院系统推行故意伤害(轻伤)案件审判改革,对符合规定的轻伤案件可作相对不起诉处理。

7 月

1 日　经福建省政府正式批复,厦门岛内最后一个镇——湖里区禾山镇撤销,设立江头、禾山和金山 3 个街道办事处。9 月 23 日,三个新街道办事处正式挂牌。

同日　厦门市开办持有厦门户口的居民赴港澳游业务,首日有 230 多人申请办理个人赴港澳地区旅游证件。

钟宅湾大桥

5 日　钟宅湾大桥正式通车。大桥全长 810 米,宽 31 米,桥面按城市一级主干道标准设计,主桥主跨 208 米。至此,环岛路 43 公里主干道全线贯通。

6 日　新的厦门市长专线电话"968123"正式开通,该专线由原有的市长专线、信访专线、人民建议热线和效能投诉专线整合而成。

12 日　中山路光华药店等 9 家定点药店开始接纳持医保 IC 卡的市民刷卡购药。

13 日　厦门 2004—2005 年度企业最低工资标准听证会在劳动力大厦举行。这是福建省首次就调整企业最低工资标准举行的听证会,来自政府部门、社会团体、企业和职工代表近 30 人参加了听证会。

22 日　台湾军方存放在金门寨子山虎威坑道的 9000 余发废弹发生连环爆炸,爆炸产生的刺激性气体随风飘向厦门本岛及翔安、集美、杏林、海沧等沿海地区,引起一些村民的恐慌。市疾病预防控制部门和环保部门紧急出动进行监测,并做好解释和安抚工作。

23 日　厦门市率先在全省建立失地农民养老保险制度。在第二十一次市政府常务会上,《厦门市被征地人员基本养老保险暂行办法》获得通过,并定于 2005 年 1 月 1 日起在思明区和湖里区试点实施。今后,被征地农民获得的部分补偿款将直接划入失地农民养老保险金。

25 日　厦门首次举行危险化学品事故救援演习。演习中运用危险化学品事故救援计算机辅助决策系统,在全国首次实现了火场通信指挥网与互联网直接对接、现场实况音像远程传输、远程决策三项突破。

30 日　厦门、泉州、漳州三城市第一次联席会议在厦门召开。会上,三市共同签订了《厦泉漳城市联盟宣言》。由此,厦泉漳城市联盟正式启动,今后三市将统一规划、整体布局,并建立市长联席会议制度。

同日　由中国音乐家协会、鼓浪屿——万石山管理委员会、厦门市旅游局、厦门市思明区人们政府主办的第二届鼓浪屿钢琴节开幕,同时举办全国青少年钢琴比赛和中国之旅巡演音乐会。"中国巡演音乐会"8 月 1 日在北京,8 月 4 日在上海,8 月 8 日在广州,8 月 10 日在香港举行。由鼓浪屿钢琴博物馆提供 4 台名琴:1888 年产于美国的斯坦威,1904 年产于法国的埃拉德,1927 年产于澳大利亚的威尔坦、1937 年产于德国的布鲁特纳。演奏家为:许兴艾、陈萨、孙梅庭、米歇尔·布敦克(法国)等著名钢琴家。

8 月

1 日　总造价 1000 多万元,建筑面积 4486 平方米,日旅客吞吐量达 1 万人次以上的松柏汽车站投入运营。原承担厦门长途客运的梧村汽车站于 7 月 31 日结束运营。

2 日　大风冰雹突袭同安五显镇炽炉村,农田、果林、房屋遭到破坏。

同日　同安区与翔安区"110"报警电话全部接入厦门"110"报警服务台。至此,全市所有"110"报警电话由市公安局指挥中心统一接警、统一调

松柏汽车站

度处置。

2—3 日　厦门市举行"思明杯"全国少年儿童音乐舞蹈邀请赛暨联欢活动,来自中国大陆及香港、澳门、台湾的 20 个少儿代表队参赛。

5 日　在第三届中国电子政务技术与应用大会上,厦门市人民政府网站获全国"优秀政府门户网站"称号。该网站自 2000 年正式开通以来,点击率已突破 370 万人次。

9 日　厦门市政府、漳州市政府、招商局漳州开发区管委会举行厦门湾港口经济合作第一次联席会议,共同制定厦门湾港口经济合作联席会议制度,确定三方在港政、港口开发方面展开合作,并整合岸线资源,形成一个功能互补、综合竞争力强的厦门湾港口。同时,由漳州招商局和厦门港务集团联合投资的招商局漳州开发区第四区港口事务筹备处及办公室正式揭牌,厦漳两港开始实质性合作。

同日　永升新城业主委员会和永升物业公司正式续订合同,双方约定实行物业管理收费佣金制。这是厦门市第一个实行物业管理收费佣金制的住宅小区。

12 日　集美区人大在全市率先开展人大代表向选民述职试点工作,区科技局、水利局、司法局、审计局局长成为首批向选民述职和接受评议的对象。

同日　由市红十字会和厦门日报社联合倡办的博爱超市正式开张。该超市专为城区下岗、待业、低保困难户和"三无靠"人员提供免费日常用品。

19 日　中共厦门市委九届八次全体(扩大)会议闭幕,会议一致通过《中共厦门市委全体委员集体廉政承诺》,市委全体委员立下 5 项廉政纪律。

20 日　厦门市道路交通事故一级接出警机制正式启动。今后岛内所有交通事故将直接上报市公安局"110"指挥中心,由"110"协调指挥市区各交警部门处理。

21—24日　第六届全国少儿小提琴演奏比赛在厦门举行。本届赛事由思明区政府和中国音乐家小提琴教育学会主办,来自全国各地的709名选手参赛。比赛期间,还举办少儿小提琴教育学术研讨、选手大联欢、厦门弦乐齐奏夏令营等活动。

23日　经国务院批准,厦门市开展象屿保税区和东渡港区的区港联动试点工作。此举将为厦门创造国际型的自由贸易港区奠定基础。

27日　第二届中国(厦门)国际食品交易博览会在国际会展中心开幕。展期3天,展示面积1000平方米,国际标准展位392个,专业客商5000多人。

28日　海峡两岸歌仔戏艺术节在厦门艺术剧院隆重开幕。艺术节由中华文化联谊会和厦门市政府、福建省文化厅、台湾中华民俗艺术基金会共同主办,历时5天,有900多名海峡两岸学者及歌仔戏演职员参加,共表演了9场精彩歌仔大戏,是历年来海峡两岸歌仔戏交流中人数最多、规模最大、形式内容最丰富的一次歌仔戏汇演。

9月

1日　《厦门大桥海沧大桥实行车辆通行费不停车电子钱包征收管理办法》正式实施。由此,安装了车载卡的车辆,在两桥通行费上可享受单次最低5折优惠,车辆过桥时可从专设的不停车收费专用车道通过。

同日　中国名牌战略推进委员会提出2004年中国名牌产品公示名单,厦门市有厦华彩电、厦工装载机、金旅客车、金龙客车上榜。

同日　3路和27路公交通道车正式更换成11米长的普通单车。这标志着厦门公交总公司结束了32年通道车营运历史,公交乘务员作为一种职业也在厦门岛内成为历史。

2日　市政府出台《厦门市事业单位职工基本养老保险试行办法》,并定于本年7月1日起生效。至此,全市1452家事业单位,3万多名职工的退休金和企业职工一样,逐步纳入职工基本养老保险体系。

3日　厦门南洋学院学生张良建前往福州采集捐献造血干细胞,成为福建省首例外送的非亲缘性造血干细胞捐献者,也是我国年龄最小的实施骨髓移植的志愿者。

8—11日　第八届中国投资贸易洽谈会在厦门国际会展中心举行,来自118个国家和地区的11841名境外客商参会。

9日　全长5.85公里、双向六车道的海沧大道通车。这是厦门岛外首条集旅游、休闲、观光于一体的景观道路。

10 日　福建省庆祝 2004 年教师节暨表彰优秀教师大会在厦门人民会堂举行。这是福建省首次在厦门举办的全省性庆祝教师节大会。会议表彰了全国模范教师、优秀教师和省优秀教师,其中厦门市有 35 名教师获全国、省级表彰。

13 日　中国红十字会总会以《中国红十字会简报》第 27 期,专题向国务院领导和各省、市、自治区、计划单列市、省会市,介绍厦门市红十字会启动募捐站、博爱超市、志愿者服务站的情况。

16 日　厦门实验小学在全市小学教育阶段率先将闽南话知识基础课程列为正式课程。

23 日　厦门市第二十期医疗机构药品集中采购首次进行网上远程开标。这在福建省尚属首次。此次网上远程开标共有 381 家企业成功开标 1.6 万多条。

本月　月初,厦门南洋学院 19 岁大二学生张良建在福州协和医院顺利进行造血干细胞采集,捐给北京 301 医院某白血病人,成为福建省造血干细胞捐献者资料分库建库以来向省外捐献造血干细胞的第一位志愿者,也是厦门造血干细胞捐献第一人。

10 月

1 日　厦门市举办第二届闽南婚庆文化节暨“爱在鹭岛,情系海峡”两岸一家亲大型集体婚礼,副市长詹沧洲为 24 对新人证婚并祝福。

4 日　在肯尼亚首都内罗毕举行的“世界人居日”全球庆祝大会上,厦门市获联合国人居领域最高规格奖项——“联合国人居奖”,成为 2004 年中国唯一获得此奖的城市。

10 日　金门县红十字组织一行参访厦门市红十字会博爱超市。

11 日　厦门市第一个小额民事诉讼调裁庭在思明区法院成立。当事人对争议标的额在 5 万元以下的民商事案件事实没有争议或者争议不大,并同意简化程序的,最快一天就可以了结纠纷。

同日　厦门市开始施行《建设项目环境影响评价审批征求公众意见实施办法(试行)》等 5 项规定,让公众参与环保审批。

同日　厦门市全省在率先启用社会保障卡。该卡是“市民服务信息系统”的应用载体,持卡人可方便办理社会保险、劳动就业等劳动保障相关业务,以及公务员医疗补助、保健对象医疗待遇、医院就诊等业务。

12 日　厦门市在全市范围内开展对机动车驾乘人员使用安全带和两轮摩托车驾乘人员戴安全头盔的专项交通宣传教育和集中整治活动。即日起,凡驾乘机动车未按规定使用安全带的,将受到相应的处罚。

17日　由国家文化部、中国美术家协会主办,厦门市政府承办的第十届全国美术作品展厦门雕塑展在市文化艺术中心开展,共有来自全国各地的201件作品参展。展期22天,共有9万多人次前往参观。展会结束后,有20多件作品作为城市雕塑永久落户厦门。

20日　纪念陈嘉庚先生诞辰130周年座谈会在厦门隆重举行,全国政协副主席罗豪才和福建省、厦门市领导及各界代表200多人参加了座谈会。

21日　卫生部、中国红十字会、解放军总后卫生部联合召开全国无偿献血表彰大会,厦门市再次荣获全国无偿献血先进城市称号,是福建省唯一获此殊荣的城市。

22日　由鹭江出版社出版的线装本《四库全书》全部印造完毕。该书是新中国成立以来最大的线装本图书出版工程。7部特藏本《四库全书》钤印仪式同时在北京故宫博物院文渊阁举行,乾隆御用书印"文渊阁宝"223年后首次启用,亦即乾隆四十七年(1782年)以后未再用此印。

25日　湖里一电子企业员工因食用未炒熟的四季豆造成食物中毒,共有74人住院治疗。

26日　厦门市医疗紧急救援立体网建成。该救援系统由市卫生局、市医疗中心(120)、驻厦海警三支队、交通部东海第二救助飞行大队及厦门市各定点医院组成,主要执行厦门地区、福州周边海域海上救助活动。

同日　厦门市与日本佐世保市缔结友好城市20周年庆祝晚会在悦华酒店隆重举行,佐世保市市长光武显、议会议长野田郁雄等和中国外交部外事管理司、厦门市的有关领导出席庆祝晚会。

同日　市红十字会副秘书长李明珠受会长郭振家委托,出席中国红十字会总会七届五次理事会。

29日　新中国第一部全面反映厦门历史和现状的大型资料性百科全书——《厦门市志》正式出版。全书658.9万字,记述时间跨度2100多年。

30日　由市台联主办的"厦台交往百年掠影"图片展在市图书馆开展,共展出图片300多张,展期4天。

同日　中山路半步行街改造完工。

11月

1日　即日起漳州市内22条线路的170多部公交车可以使用厦门e通卡,这是厦门e通卡小额支付系统首次在厦门以外地区使用。

同日　厦门市正式实行"本市户口跨所迁移一所办结"措施,即本市居民办理本市户口迁移,只要符合入户条件,可持相关证明材料和户口簿直接到移入地派出所办理入户手续。

同日　市委副书记陈修茂率领厦门市代表团访问荷兰祖特梅尔市,并签署厦门与祖特梅尔结为友好城市意向书。

同日　市中级人民法院在全省率先对司法鉴定进行归口管理,只要是法官启动的鉴定活动,都由专门的鉴定机构鉴定或者统一对外委托办理。

4 日　市教育局颁发《关于教育系统实施人事代理制度的试行意见》,全市 2 万多名教职工的人事关系个人档案逐步从学校剥离,陆续转入人才中介服务机构。

7 日　第四届"挑战杯"中国大学生创业计划竞赛决赛在厦门大学举行,来自中国大陆和台湾、香港、澳门的 2000 多名高校学生参加。比赛为期 3 天,参赛作品 100 件,有 30 个团队获得竞赛金奖。

8 日　厦门国家会计学院举行落成典礼,这是继北京、上海国家会计学院之后设立的第三所国家会计学院。财政部部长金人庆,省委代书记、省长卢展工等领导出席庆典。

厦门国家会计学院举行落成典礼

10 日　福建省首例生产销售"地沟油"案在厦门一审宣判。同安长成油脂化工厂和同安新宏安调味品厂因销售或使用"地沟油"而受到处罚。

同日　上午 7 时 59 分 42 秒,厦门市翔安区马巷镇附近发生 3.5 级有感地震,震中位于北纬 24.62 度,东经 118.25 度,震源深度 20 多公里,未造成任何破坏。

12 日　象屿集团董事长吴世滨遭歹徒抢劫并被杀害。2005 年 1 月 17 日,3 名辽宁抚顺籍犯罪嫌疑人在宁波落网。

18 日　在中央电视台 2005 年黄金段位广告招标会上,厦门夏新电子以 8412 万元夺得央视广告手机标王,厦华电子和银鹭集团也分别以 2390 万元和 2200 多万元中标。

23 日　厦门市工会第十三次代表大会举行,440 多名工会代表参加开幕式。外来务工人员代表林春玉、冯鸿昌被邀请在大会主席台就座,这在厦门尚属首次。

24 日　厦门市对获得 2004 年中国名牌产品称号的厦门华侨电子股份有限公司等 4 家企业和获得中国驰名商标认定的厦门银鹭集团有限公司等 3 家企业各给予 100 万元现金奖励。

同日　以李岚清部长为团长的日本红十字会代表团一行由省红十字会人员陪同访厦,日本代表团参观了市红十字会博爱超市,表示值得日本学习借鉴。

28 日　全国社区红十字服务示范市(区)评审组在厦门考核社区红十字服务工作,依照“全国社区红十字示范市(区)”的基本标准,厦门市和思明区被评审组认为总体达标,通过评审。

同日　厦门市首次举行“银色年华”离退休人才专场交流大会。大会由市人事局、市老龄委办公室、市人才中心联合举办,上千名离退休老同志参加了交流会。

同日　上午,松柏公园侧门发生一起抢劫杀人恶性案件,一名河南籍男子遇刺身亡。

30 日　厦门外贸进出口总额首次突破 200 亿美元,达 216.8 亿美元。

30 至 12 月 2 日　厦门市十二届人大常委会第十五次会议召开。会议期间,8 位政府部门领导向市人大常委会组成人员作述职报告,并接受市人大常委会组成人员的评议;芬兰议长帕沃·利波宁一行应邀旁听了人大会议。这在厦门人大历史上均属首次。

12 月

1 日　厦门市荣获全国无偿献血先进城市荣誉称号,是福建省唯一获此殊荣的城市,也是厦门市继 1999 年之后第二次获此殊荣。同时,厦门市的张忠万等 4 人获全国无偿献血奉献金奖,李朝民等 13 人获银奖,叶永艺等 55 人获铜奖,献血状元叶杏村获全国无偿献血促进奖先进个人。

1—3 日　厦门市第十四次妇女代表大会召开,来自全市各行业的 410

多位妇女代表参加大会。会议选举产生新一届市妇联执行委员会,翁金珠当选市妇联主席。

3 日　国内首部便携式无线移动传真机在厦华华佳通信科技有限公司问世。该传真机既可作为固定传真,还可传真无线接收,只要是手机信号覆盖的区域,都能进行图文传真。

同日　涉嫌故意伤害的逃犯陈某在被警方追捕过程中失足坠屋死亡。陈某的亲属召集 40 余人抬着尸体冲击马巷派出所,砸毁公物,辱骂并殴打民警,时间长达 10 小时之久。事后,8 名带头闹事者被依法拘留,另有 20 余人投案自首。

7 日　"金门游"正式启动。上午 10 时 25 分,首批 55 名福建居民从厦门和平码头出发赴金门地区旅游。

8 日　厦门大学夏宁邵研究员领导的课题组成功研制出世界上首个禽流感病毒 H5NI 快速诊断试剂盒,该试剂盒被公认为是世界上最新、最快、最准确的专一性诊断试剂盒。

9 日　厦门市委、市政府召开表彰大会,表彰厦门如意集团有限公司等 7 家农业产业化国家重点龙头企业,并分别给予 30 万元奖励。

同日　由厦门虹鹭钨钼工业公司投资 1 亿元建造的特种合金钨丝厂投产。粗钨丝总生产能力可达 1500 吨,成为全球最大的钨丝生产企业。

10 日　厦门市召开双拥工作表彰大会,厦门日报采访中心等 90 个"双拥工作先进单位",钟振艺等 85 位"双拥工作先进个人"和马钦玲等 30 位"好军嫂"受到表彰。

14 日　厦门市根据国务院新规,首次动用警示方法,对 12 家存在重大火灾隐患的单位在醒目位置悬挂"重大火灾隐患单位"警示牌。

16 日　晚 11 时,翔安区新圩镇后亭村因村民吸烟而引发森林火灾,大火蔓延至同安区五显镇北辰山,共造成 1700 多亩林地被毁。经过军警民 1000 多人奋力扑救,至 17 日上午 9 时 30 分,大火被彻底扑灭。

同日　招商银行厦门分行在全省首家推出投资型金条——高赛尔金条买卖业务。厦门是国内第十二个推出此种金条的城市。

20 日　厦门市集装箱运输协会、市国际货运代理协会、市对外经贸企业协会分别向厦门市政府、福建省政府、商务部和交通部递交建议书,就马士基厦门分公司在厦门口岸两次上调集装箱铅封费一事,请求公权力介入,撤销"铅封费"等不合理收费。21 日,马士基首次正式给"三协会"发函,称将会谈其事。与此同时,"中海"厦门公司率先宣布取消铅封费和设备交接单费。

21 日　厦门市 6 位教师获省委、省政府授予"福建省杰出人民教师"荣誉称号，表彰大会在福州举行。他们每人均获得一辆价值 15 万元左右的菱帅小轿车。这 6 位教师是：厦大教授葛家澍、郑兰荪，双十中学特级教师王毓泉，厦门一中特级教师曾国寿、庄岩，第二实验小学中学特级教师刘瑛。

24 日　由上海实业控股有限公司与中国环境保护公司共同出资成立的中环保水务投资有限公司以 4.6 亿元竞得厦门水务集团部分资产，这是厦门市有史以来规模最大的一次国有资产转让，也是厦门市公用行业规模最大的招商引资项目。

同日　由市贸发局、思明区政府等单位共同主办的厦门购物文化节在 SM 商业城广场开幕，厦门、泉州、龙岩等地 100 多家商家共推出货值 3.8 亿元的商品 3.25 万种，并提供 120 多项优惠酬宾服务。活动历时 10 天。

25 日　厦门市第一所全寄宿制公办高中——外国语学校海沧校区举行落成典礼。该校区首期投资 1.05 亿元，完成建筑面积 4.5 万平方米。

27 日　在鼓浪屿"街头音乐艺人招募考核"中，杨洋等 11 人获得在鼓浪屿街头表演资格，并将于 2005 年 1 月 1 日起正式上岗。街头音乐艺人经考试获得上岗资格，这在全国尚属首次。

28 日　厦门市劳动和社会保障局宣布：从 2005 年 1 月 1 日起停止办理《厦门市外来人员就业证》。

同日　厦门湾大规模调整改造灯浮工程竣工。由此，厦门港万吨级主航道浮标灯光焦面高程提高到 5.5 米，为国内之最。

同日　中共厦门市委召开九届九次全体（扩大）会议，市委书记郑立中代表市委常委会作工作报告，并作《全面加强党的执政能力建设，增创海峡西岸经济区建设领先优势》的讲话。全会审议通过《中共厦门市委关于贯彻落实〈中共中央关于加强党的执政能力建设的决定〉的若干意见》。

29 日　福建省综合治理责任制检查考评组结束对厦门为期 4 天的考察。在检查情况反馈会上，考评组认为：厦门市社会治安保持了持续稳定，人民群众治安满意率居全省第一位。

同日　厦门大学福建省医学研究中心研制出世界首个防治戊型肝炎疫苗。该疫苗已在灵长类恒河猴身上接种成功，并获准进入 Ⅰ/Ⅱ 期临床实验。

30 日　福建省与厦门市重点建设项目厦门港东渡港区三期工程获国家交通部水运工程质量大奖。该工程是利用亚洲开发银行贷款的国家大中型建设项目，1998 年 11 月 30 日正式开工，2003 年 12 月 24 日通过交通部组织的国家验收，工程质量等级总评为优良。

同日　厦门公交场站有限公司挂牌成立,公交行业正式实现场站与运营的剥离。今后,市民可在任何一个站点等候所有途经的公交车和中巴车。

30 日　厦门市在全省率先开通"12333"劳动保障咨询电话,为市民提供劳动就业、社会保险、劳动工资、维护权益等劳动保障政策咨询、投诉受理、政策发布、账户查询等服务。

2005 年

1 月

1 日　《厦门市住宅区物业管理条例实施细则》今日起施行。

4 日　人民网发布 2004 年中国十大协调发展城市,厦门市成为福建省唯一入选城市。人民网评价厦门"不仅经济稳步发展,还注重经济之外的协调发展"。全国十大协调城市还有杭州、成都、上海、重庆、苏州、广州、宁波、大连、东莞。

同日　厦门航空公司从厦门飞台北、高雄的春节包机行经香港飞行情报区的空中航线申请,获得香港民航部门同意,两岸春节包机业务洽谈获得首个突破。

5 日　厦门市发掘的最大古墓葬,一直以来被认为是陈喜衣冠冢的"唐上柱国陈公封茔"开始发掘。经发掘证实,此墓并非陈氏七世祖陈喜的衣冠冢。

7 日　厦门市法院向社会选任百名人民陪审员。两市民在第一时间报名。

同日　夏新自主研发的 V3 笔记本电脑经过微软硬件环境测试实验室的各项严格测试,成为中国第一台通过与微软中国技术中心合作得到 WHQ1(硬件设备质量实验室)认证的笔记本电脑。

10 日　厦门航空公司获得民航总局授予的 2004 年度航空安全"金鹰杯",这是厦航第三次获得该奖杯。2004 年,厦航安全飞行 10.28 万小时,事故征候万时率为零。

同日　厦门市岛外首家由区、街共建的集美区红十字会博爱超市正式开业。

11 日　福建省就业再就业工作会议暨表彰大会在福州召开,厦门市人民政府获"全省就业再就业工作先进单位"称号。

同日　香港银行厦门分行获中国银监会批准,成为厦门首批获准筹办经营人民币业务的外资银行之一,获准对外商投资企业、外国驻华机构、香港、澳门、台湾在内地代表机构、外国人及香港、澳门、台湾同胞和非外商投资企业的人民币业务,范围可达全国及开放人民币业务的 18 个城市。

同日　在全市科教与人才工作暨科技功臣表彰大会上,市委、市政府为夏新电子股份有限公司总裁李晓忠等 10 位产业科技功臣各颁发 15 万元奖金。这是厦门市首次重奖产业科技重臣。

同日　市十二届人大常委会召开第十六次会议。会上,市政府秘书长蔡寿国代表市政府向市人大常委会汇报 2003 年度市本级预算执行和其他财政收支审计中发现问题的整改报告。环境保护科研所等单位审计后已按规定上缴各项违规资金 3226.98 万元,52.65 万元个人违规领取的奖金、补贴等已及时清退上缴。

15 日　为庆祝厦门获得 2004 年全球唯一"联合国人居奖"城市殊荣,中央电视台最具代表性的电视娱乐节目——《同一首歌》栏目在厦门市体育中心举行"两岸同胞共庆新春"大型演唱会,市领导与 2 万多名市民一道观看了演出。

同日　市公安局禁毒支队在广东警方配合下,成功破获一起涉台特大团伙贩毒案,抓获犯罪嫌疑人 7 名(其中台湾人 5 名),缴获氯胺酮(即 K 粉)30 公斤以及冰毒、摇头丸等其他毒品。

24 日　厦门市 2005 年项目与资金(社会资本专题)对接会在厦门人民会堂举办。本次对接会是厦门有史以来对社会资本开放力度最大、开放领域最广、推出项目最多的一次,共向社会资本推出 73 个项目,总投资额 150 亿元,其中不少过去是由政府或国企垄断的投资经营项目。有 25 个项目在会上当场签约,签约投资额 63.76 亿元。

同日　厦门艺术学校成立仪式暨庆典晚会在厦门人民会堂举行。该校由原厦门戏曲舞蹈学校、小白鹭民间舞团和华夏少儿艺术中心合并组建。

25 日　市公安局水陆交通分局挂牌成立。该分局由原市公安局水上分局和刑侦支队反扒大队合并组建。

27 日　市委、市政府在北京人民大会堂举行厦门市工作汇报会,中共中央政治局常委、全国政协主席贾庆林等 50 多位在京的闽籍或曾经在闽工作过的领导同志莅会,听取市委书记郑立中的汇报。

28 日　国内唯一、世界最大的风琴博物馆—鼓浪屿风琴博物馆建成试行展出,江泽民主席亲题馆名。鼓浪屿风琴博物馆展出胡友义先生收藏的管风琴、簧片风琴、手风琴、口风琴等种类多样的古风琴珍品。人们在这里不仅可以看到管风琴的外形和内部结构,还能定期欣赏到管风琴庄严圣洁的演奏。馆内"稀世珍宝"是一架巨型的管风琴,高 11 米,宽 11 米,由位于中间的一个巨型演奏台和左右两排音管组成,共有 7600 多根音管。巨型演奏台具有复杂的机械功能,单键盘就有 4 排,演奏时两边的音管同时发声。这架艺术精品,由 20 世纪初世界最著名的管风琴设计师设计,由著名雕刻家完成雕刻,具有法国古典浪漫派的艺术风格。除了音管,其他全部用上等橡木制作,每一根立柱都有镂空雕刻的精美图案。这是当时世界上最名贵的管风琴。配合鼓浪屿风琴博物馆建成,举行厦门有史以来首场管风琴音乐会,来自澳大利亚的管风琴演奏家 Rhys 夫妇用一架产于 1909 年、高 6 米的古管风琴为现场听众作精彩演奏。

29 日　凌晨 1 时 08 分,国美电器龙门店正式开业。数千名等候已久的消费者蜂拥而入,掀起一波又一波的购物潮。截至晚 6 时,营业额已突破 2000 万元。与国美邻近的思文电器松柏店日营业额也突破 2000 万元,双双创新厦门市家电单店日销售纪录。两个家电巨头的促销手段,吸引了 20 多万本市及周边地区的消费者,附近道路出现严重拥堵。

同日　厦门航空公司一架编号为 B—2869 的波音 757—200 型客机,搭载着 184 名返乡过节的台商从广州白云机场起飞,直航台湾。9 时 36 分降落桃园机场。参与此次台商春节包机直航的除了厦航外,还有国航、南航、华航、长荣等大陆和台湾的航空公司。这是海峡两岸在时隔 56 年后,首次实现双向对飞直航。春节包机至 2 月 18 日结束,厦航共飞行 8 个班次,运送台商 741 人。

31 日　厦门市在人民会堂召开保持共产党员先进性教育活动动员大会。市委书记郑立中作动员,省委督导组组长、省委组织部副部长陈祖辉参加会议并讲话。这次活动根据中央的部署将分三批进行,大约用一年半时间,是厦门自改革开放 20 多年来人数最多、规模最大的一次党员集中教育活动。

2 月

1 日　大陆地区第一个以闽南方言为主的电视频道——海峡卫视开播,引起海峡两岸的关注。海峡卫视聘请台湾艺人陈亚兰主持《娱乐斗阵行》节目,成为大陆第一家与台湾主持人签约的媒体,同年 10 月 1 日更名为厦门卫视。

2 日　福建省第一条冷却肉生产线在厦门银祥食品工业园试产成功。这条从丹麦引进的世界一流的 SFK 生猪屠宰生产线每小时可宰杀生猪 400 头,是厦门市重点建设工程项目,2003 年 9 月开始建设。

4 日　市红十字会代表全市人民向友城马来西亚槟城捐赠赈灾款,市领导吴凤章、郭振家及有关领导出席。

5 日　厦门、金门两地 300 多位书法家和书法爱好者聚集市体育中心为两地民众书写春联。

12—14 日　中共中央政治局常委、国务院副总理黄菊在厦门考察。

17 日　下午 2 时,部分厦门至石狮的班车车主为争抢客源堵住松柏长途汽车站出口,造成数百名旅客滞留车站达两小时之久。在运管、公安等部门干预下,4 时许班车运营始恢复正常。

18 日　傍晚 6 时,"红红火火吉祥年"灯会亮灯仪式在中山公园举行。来自四川自贡的 24 组上千盏造型各异的花灯吸引众多市民冒雨前来观赏。灯会至 2 月 24 日结束。

同日　厦门市网上审批服务系统正式开通,可向企业和市民提供 24 小时不间断申报服务。首批网上审批的项目包括 5 个政府部门的 17 个项目。

同日　厦门与沈阳两市缔结友好城市签约仪式在金雁酒店举行。厦门市市长张昌平、沈阳市市长陈政高出席仪式并在友城协议书上签字。

21—25 日　市政协十届三次会议在人民会堂举行,出席会议的委员和有关领导、嘉宾近 700 人。市台商协会会长吴进忠等 4 位台商列席会议。这是在厦台商首次列席市政协会议。

22—26 日　市十二届人大三次会议在人民会堂举行,本次人大会议在开始前和进程中就市民关注的热门话题组织民意调查,还通过广播、电视和网络将专题审议的实况进行直播,这在历次人大会议中尚无先例。

25 日　在北京召开的全国首批无障碍设施建设示范城市(示范区)命名大会上,厦门市获"全国无障碍设施建设示范城市"称号,思明区同时获得示范区称号。

同日　中国红十字会 2005 年工作会议暨全国社区红十字服务示范市(区)命名表彰大会在厦门召开,市委书记郑立中出席并致辞,副市长、市红十字会会长郭振家在大会上介绍了厦门市的工作情况及体会。中国红十字会、国家民政部授予厦门市"首批全国社区红十字服务示范市",思明区被授予"全国社区红十字服务示范区"奖牌。与会领导考察了市和集美区红十字会博爱超市、思明区龙头社区红十字服务站。中国红十字会会长彭佩云为集美区博爱超市题词"办好博爱超市,为百姓解难"。

同日　中午,大批鸬鹚出现在高崎机场东侧海面,它们在水面飞翔嬉戏,数量大约有 3000 余只,十分罕见。

26 日　下午,厦门市举办第十届大型花车巡游活动,巡游队伍由 26 部花车和 19 个表演方阵组成。巡游贯穿了整个中心城区,历时两个小时,沿途有 30 万市民和游客观赏。

27 日　省红十字会举行印度洋海啸灾区募捐表彰大型公益晚会,市荣获突出贡献表彰的有利胜电光源(厦门)有限公司等单位,获突出贡献表彰的个人有圣醒法师等人。

28 日　晚 9 时许,有人报案称位于永升松柏中心的金海棠桑拿中心发现炸弹。警方立即赶赴现场,紧急疏散附近 200 多户居民。经过 2 个小时的严密排爆检查,证实为虚惊一场。

3 月

1 日　厦门市出租车司机拾金不昧先进典型表彰大会举行,市政府授予出租车行业 6 位驾驶员"拾金不昧文明司机"称号,并给予每人 1 万元奖励,这在厦门尚属首次。

2 日　厦门古龙集团有限公司的"古龙"罐头获 2004—2005 年度"中国出口名牌"荣誉称号,成为中国罐头行业第一个获此殊荣的品牌。

5 日　厦门 6 家国有出租车企业签订重组协议,全市出租车行业进入大规模公司化经营,出租车企业总量由 31 家缩减至 28 家。

7 日　中国航运巨头中远集团旗下的中远集装箱运输有限公司在华南—欧洲航线上投入运营的第一艘新造船舶"中远厦门"命名暨首航仪式在海沧国际货柜码头举行。"中远厦门"轮是迄今为止以"厦门"命名的最大最先进的集装箱船舶,其航线是以厦门为国内始发港,并定期往返欧洲与中国华南各基本港的班轮干线。

8 日　即日起,思明辖区内居民可享受免费婚检,免费项目涉及遗传和传染疾病的检查,费用由思明区政府承担,此举创全市首例。

同日　下午 4 时许,鼓浪屿附近海面出现绵延起伏的群山幻影,持续了近两个小时,专家认为可能是海上雾气造成的。

13 日　由中国国际海运网发起并主办,用户以网上投票方式评选的 2004 年"中国海运界优秀船港星光榜"正式揭晓,厦门港入选"中国十佳港口"。

16 日　香港居民施顺发从思明工商局领到个体工商户营业执照,成为厦门市首个港澳居民个体工商户。

17 日　厦门市 12 种银行卡全部开通跨行转账业务,市民持卡在本市的所有 ATM 机上均可完成跨行资金转移。

同日　在中国社科院发布的《2005 年城市竞争力蓝皮书:中国城市竞争力报告 NO.3》中,厦门的城市综合竞争力从上年的第十三名跃身前十名,位居第九,并在 12 项指标中有 7 项名列前十名。

22 日　福建省首家"红领巾爱心超市"在思明区对贫困学生开放,受助学生可凭领物券领取所需的学习用品。

24 日　第二届中国(厦门)体育休闲用品博览会在厦门国际会展中心开幕,海峡两岸近百家体育休闲用品企业参展,其中台资企业 30 多家。

25 日　市长张昌平从国际马拉松和公路跑协会主席贴佐手中接过国际马拉松和公路跑协会会旗。2007 年 3 月,在第五届厦门国际马拉松赛举行期间,两年一届的国际马拉松和公路跑协会第十六届世界大会将于 2007 年 3 月在厦门举办。

同日　同安湾大桥正式动工建设,该桥全长 7528.47 米,宽 54 米,双向 6 车道。

26 日　2005 建发厦门国际马拉松赛举行,来自 34 个国家和地区的 15920 名选手参赛,35 家境外电视媒体同步直播。肯尼亚选手雷蒙德·肯考克和中国选手周春秀分获男女全程冠军。

同日　在直播第三届厦门国际马拉松比赛中,厦门广电集团整合宣传资源,广播、电视、网络、报纸等多媒体立体宣传,形成合力:在国内率先使用了 800MHzOFDM 数字移动传输系统,大幅度提高马拉松比赛直播效果;与 35 家境内外电视媒体联合直播,海峡卫视和闽南之声广播首次用闽南语直播马拉松比赛,厦门新闻广播与金门太武之春广播首次联合进行直播。同时,在厦门部分公交车上试播移动电视节目。

3 月　红十字国际委员会东亚地区办事处代表团团长傅天羽,由中国红十字会总会国际部陪同来厦考察,对厦门红十字事业的发展势头给予高度评价。

4 月

2 日　丹麦著名制鞋公司 ECCO 集团在中国的第一家鞋厂——ECCO 厦门工厂正式投厂。丹麦 ECCO 公司是欧洲 500 强企业,其投资鞋厂项目是厦门市近年来最大的欧洲投资项目,分三期共投资 9000 万美元。

同日　厦门海洋三所 5 位海洋科学家分三批参加我国首次环球大洋科考任务。本次大洋考察航次作业将横跨太平洋、大西洋、印度洋,总航程约 6 万公里,总耗时 300 天。

4 日　由市民政局和市政务信息中心联合开发的"厦门市烈士陵园"网站(www. mzj. xm. gov. cn)正式开通,这是福建省第一个烈士陵园网站,共有 1975 位烈士名单。

6 日　凌晨 3 时 10 分,中山路 268—274 号楼房因住户用火不慎引发火灾,经过消防官兵 1 个多小时的奋力扑救,共救出 9 名被困居民,疏散周围居民 20 多人。大火于 4 时 14 分被扑灭,火灾过火面积 500 多平方米,造成

4 人死亡,3 人受伤。

7 日　已连续举办 8 届的中国国际投资贸易洽谈会通过全球展览业协会(UFI)理事会的审核,成为该协会正式会员。这表明投洽会在国际化、专业化、市场化和信息化等方面取得实质性进展。

8 日　在深圳第五届园博会闭幕式上,厦门市市长张昌平正式接过象征主办权的园博会会旗。第六届园博会将于 2007 年 9 月至 2008 年 3 月在厦门举办。

9 日　湖里金山社区 87.16％有选民资格的居民以直接选举的方式参加社区居委会选举,这是厦门社区居委会首次直选。美国国际共和研究所中国项目专家埃立克·欧文、中国社科院政治学研究所研究员董礼性教授专程抵厦门观察直选。

11 日　人民网开设厦门视窗(xm.people.com.cn 与 www.xm0592.com.cn)。该视窗为人民网重点推出的城市网站之一,是宣传厦门、推介厦门、塑造厦门形象的重要新闻窗口和信息服务平台,共开设 18 个栏目。

12 日　第九届厦门对台出口商品交易会、2005 中国(厦门)国际半导体照明展览会和 2005 中国(厦门)国际汽车零部件及相关设备交易会在厦门国际会展中心开幕。本届展会是举办台交会以来规模最大的一届,共设国际标准展位 1486 个,展览面积 33000 平方米,参展产品种类上万种,来自 39 个国家和地区的 1000 家企业参展。台湾参展团首次经厦金航线直航抵达厦门。

15 日　厦门市首次独立组团参加第 97 届中国出口商品交易会(广交会),参加组团的厦门企业有 170 家,主要为机电、纺织服装、医疗保健、五矿化工和轻工工艺等行业的企业。

17 日　交通部三航六公司驻厦门办事处工作人员黄某某(男)在厦门市思明区被绑架,绑匪向其家属勒索,得逞 150 万元。案发后,省公安厅即将此案列为挂牌督办案件。厦门市公安机关迅速成立专案组开展侦查工作。4 月 21 日,在思明区一出租房内成功解救出人质,并先后在四川、重庆、山东等地抓获 3 名犯罪嫌疑人,追回赃款美元 25700 元、港币 31000 元及人民币 6100 元。

同日　为期两天的 2005 年全国健身秧歌赛在厦门大学明培体育馆结束。首次组队参赛的厦门市 6 支代表队共获得 2 个一等奖和 7 个二等奖。

同日　针对日本在历史等一系列问题上的错误态度和采取伤害中华民族感情的错误行为,上午,部分群众举行对日抗议游行活动。期间,个别人乘机破坏公私财物,影响社会公共秩序,警方依法予以处理。

26 日　国家环保总局和教育部联合发文,授予双十中学"全国绿色学校创建活动先进学校"称号。这是厦门市首个获此称号的学校。

29 日　厦门市举行见义勇为先进集体、先进个人表彰大会,大会表彰了两个见义勇为群体和吕志华等 13 名见义勇为个人。

同日　厦门市庆祝"五一"国际劳动节暨劳模表彰大会在厦门人民会堂举行,大会表彰了 2002—2004 年度厦门市劳动模范 148 人,其中有 14 名外来务工人员。

30 日　我国大陆第一条大断面海底隧道——翔安隧道正式动工。翔安隧道全长约 9 公里,其中海底隧道 5.95 公里,是厦门第三条出岛通道,兼具公路和城市道路双重功能,其项目主体工程和连接线工程总投资 39 亿元人民币。

5 月

5 日　下午 5 时左右,厦门市区突然遭到飑线袭击,瞬间风力达到 8 级,并伴有暴雨,时间仅持续 10 余分钟,同益码头一带店面屋顶被掀落。

8 日　厦门市法院系统首批 97 名由人大任命的人民陪审员宣誓就职。人民陪审员除不得担任审判长外,与法官享有同等权利,法官必须尊重人民陪审员的审判权。

10 日　厦门市思明区某小区 13 楼 B 座发生一起杀死 3 人恶性案件。案发后,厦门市公安机关成立专案组开展侦查工作,于 5 月 13 日抓获犯罪嫌疑人。

11 日　今起,市海洋与渔业局及厦门海洋环境预报台于每年的 5—10 月在《厦门日报》发布每日赤潮预报。这一做法在全国尚属首次。

同日　厦门、漳州两市山海协作暨城市联盟联席会议在漳州宾馆举行。会上,厦门市市长张昌平、漳州市市长何锦龙代表两市共同签订了《推进厦漳山海协作和城市联盟协议书》。

12 日　厦门与金门港口管理部门合作进行厦金航线航道工程建设,这是海峡两岸间港口管理部门的首度合作。

18 日　思明警方冲击浦南里一制贩假证章场所,抓获犯罪嫌疑人 1 名,并收缴包括身份证、大学毕业证、硕士毕业证、律师证、记者证、会计证等 300 多种假证,共计 1.6 万多本,以及相关印刷品 5 万余张,各种伪造的单位或个人印章 1900 余枚、印坯 903 枚、钢印膜品 1500 片等制假工具,是厦门破获的最大制贩假证章案。

19 日　厦门市中级人民法院在厦门监狱举行厦门史上首场假释听证会,此举可防止暗箱操作并激励服刑人员积极改造。

19—22 日　鼓浪屿举行第三届"美国音乐周",共举行 4 场音乐会和 6 场钢琴大师班讲座,美国派出 7 位音乐家与会。福建省音乐家协会钢琴专业委员会于 5 月 19 日在鼓浪屿成立。

20 日　下午 5 时 15 分左右,厦门锻压机床有限公司租赁的一辆职工通勤大巴在石鼓山立交桥发生意外,坠落桥下,造成 15 人死亡,24 人重伤的重大事故。

21 日　中共厦门市委召开领导干部大会,传达中央、省委决定:经中央批准,省委常委何立峰任中共厦门市委委员、常委、书记,郑立中不再担任中共厦门市委书记、常委、委员职务,另有任用。

23 日　第三届世界华侨华人社团联谊大会在厦门人民会堂举行闭幕式,来自 80 多个国家和地区的近 400 位侨胞参加,大会发表了《海外华侨华人致台湾同胞书》。

同日　厦门市鼓浪屿近现代代表性建筑等 8 处文物遗址列入省级文物保护单位。

24 日　国家开发银行与厦门市政府签订《开发性金融合作协议》。根据协议,国家开发银行将向厦门市人民政府提供 150 亿元信用额度。此前,国家开发银行已与思明区政府、海沧区政府各签订 20 亿元合作额度。

26 日　第三届全国高新区管委会主任联席会在厦门召开,科技部相关司局、火炬中心领导以及全国 53 个国家级高新区管委会主要负责人参加了会议。

27 日　市国土局发布《关于规范我市房地产市场秩序,严禁违法违规销售商品房的通告》,《通告》规定,楼花以及未取得产权证房屋一律不允许转让,购房采用实名制。

28 日　首批限额免税进口的 460 公斤台湾水果经厦金航线抵达厦门,并在大嶝对台小额商品交易市场上市。

30 日　首批由南昌至厦门的 9 个车皮、18 个标箱的出口海关转关货物抵达厦门,赣厦海铁联运首次实现"一站式"服务。

本月　位于曾厝垵海滨的音乐广场初具规模,占地 4 万多平方米,沿着 700 多米海岸线铺展。广场主要建造 3 组雕塑:李焕之纪念区、鼓浪之子(周淑安、林俊卿、殷承宗、许斐平、陈佐湟)、音乐的海洋——厦门爱乐乐团及郑小瑛雕塑。5 月 22 日,举行李焕之铜像落成揭幕典礼。

6 月

1 日　钢琴神童张胜量(小名牛牛)在厦门艺术剧院举行"牛牛家乡钢琴音乐会"。

同日　厦门市出台取消向进城务工就业农民子女就读义务教育收取借读费的有关规定。根据规定,经过教育部门统筹到厦门小学和初中就读的进城务工就业农民子女,每人每年可少交 960 元到 1560 元的上学费用,执行时间从本年春季算起,已缴交的借读费可如数退还。

10 日　由福建省建设厅、厦门市政府、泉州市政府、漳州市政府主办的首届福建闽南(厦门)人居环境展示会在厦门会展中心开幕。本届人居环境展以"海峡西岸,魅力环境"为主题,内设厦门、泉州、漳州三市人居环境综合馆。

16 日　厦门视听通讯产业基地和厦门钨材料产业基地,通过由国家科技部火炬中心组成的专家组的论证,专家组一致通过基地的评审,同意报请国家科技部火炬中心审批认定。

18 日　龙岩公交公司的 14 条线路全面开通厦门 e 通卡刷卡服务业务,厦门、漳州、龙岩三地市民可持一张 e 通卡乘坐三地的公交车。

20 日　第三届中国·福建项目成果交易会在福州闭幕,厦门市代表团成功对接 204 个项目,总投资额 43 亿元。

同日　台湾新竹县红十字组织李会长由金门县红十字组织副总干事陪同来厦参访。

21 日　厦门警方捣毁了位于环岛路滨海一带的 25 个不法电信诈骗窝点,现场查扣电脑 162 台、手机 380 部、电话机 177 部以及天线、功率放大器、终端机等作案工具。涉案人员 151 人,其中台湾人 28 名。这些台籍不法分子利用台湾、金门无线电信号能够覆盖厦门沿海地区的特点,雇用大陆人员通过上网聊天或通电话,对台湾居民进行信息诈骗。

22 日　经国务院批准,厦门火炬高新区从 1 平方公里扩大到 13.75 平方公里,包括火炬(翔安)产业区、同集园和信息光电园等园区。

23 日　在福州召开的全省 2001—2004 年度社会治安综合治理先进集体、先进工作者表彰大会上,厦门市被评为全国社会治安综合治理优秀地市,并荣获福建省社会治安综合治理"平安杯"。

25 日　第三届中国(厦门)国际食品交易博览会在厦门国际会展中心举办,首次在食博会上推出的台湾水果进口对接暨咨询会吸引了两岸业者,10 多家台湾水果供应商与 40 多家大陆水果采购商在食博会上进行了面对面的洽谈。

27 日　市红十字会将第二批救灾物资装车启运福州灾区,这些物资用于支援福建的福州、南平、宁德、龙岩以及江西上饶和湖南等受灾地区。

28 日　厦门空港逐步建起台湾水果在大陆的空运通道,首批由空港货站公司代理的 500 公斤台湾水果运抵成都。

29 日 第四届全国正书大展在厦门国际会展中心隆重展出。这是第一个在台湾媒体做宣传的祖国大陆全国性书法展,共展出书法作品近 600 幅。大展还收到 9 个国家以及我国港澳台地区书法家的投稿,组委会从中选出 70 多幅作品在特别展区展出。

30 日 《厦门日报》与福建省记协、厦门市记协联合举办"新闻大篷车"研讨会。中宣部新闻局,《中国新闻出版报》及省、市委宣传部,省市记协和部分专家学者出席研讨会。与会的领导和专家学者对厦门日报开展的"新闻大篷车"活动给予充分肯定和高度赞扬。这也是《厦门日报》创刊 56 年来第一次举办的高层次高规格的研讨会。

7 月

1 日 厦门市实行新的最低工资标准,即最低工资标准在上年的基础上提高 120 元。由此,厦门市最低工资标准上调至 600 元,跻身全国前十位。

同日 厦门市通过市级农村短信发布平台,向农村手机用户提供信息服务。此举为今年市委、市政府为民办实事项目之一,在全省属首次。

2 日 第三届厦门礼品展在厦门国际会展中心开幕,展区设国际标准展位 1000 个。台湾业者首次正式加盟协办本届大会,展区设有台湾展位 40 多个。

4 日 厦门实验小学与台北市"中正国小"正式结为友好学校,两校今后将加强人员、信息方面的交流,组织互访等。

5 日 厦门市第二批保持共产党员先进性教育活动全面展开,全市 4000 多个基层党组织,8 万多名党员参加。

同日 市十二届人大常委会举行第二十次会议,会议听取并审议《厦门市荣誉市民称号授予办法修正案(草案)》,任命洪获生为市政府副市长,

6 日 市委文明办、厦门日报社为创建首批全国文明城市在全市推出寻找百名"我们身边的好市民"活动。活动分十个专题,涉及道路交通、文明礼貌、市容卫生、便民服务和公共场所秩序等方面。活动历时两个月,徐志福等 100 位普通市民获选"我们身边的好市民"。

7 日 为了表彰厦门一中教师曾国寿长期以来为科学事业所做的贡献,美国麻省理工学院林肯实验室把一颗编号为 21398 的小行星命名为"曾国寿",并获得国际天文学会下属的小天体提名委员会批准。曾国寿曾经在 2003 年获得美国英特尔杰出教师奖第一名。

11 日 翔安区新店镇下店村附近翔安隧道施工现场挖出一座明朝古

墓。古墓设计精细,棺木依然保存完好。据考证,古墓距今近 400 年。

12 日　海峡卫视首次推出客家方言类节目——大型电视系列片《走出围龙》。

13 日　厦门警方破获我国首起银联卡短信诈骗案,抓获犯罪嫌疑人 5 名,缴获银联卡 73 张、电脑 4 台及人民币 12 万元等。

14 日　厦门市委副书记吴凤章率代表团抵达荷兰,与荷兰祖特梅尔市市长共同签订两市结为友好城市协议书。这是厦门市缔结的第十个国际友好城市。

14—18 日　举办首届"厦门—鼓浪屿音乐夏令营",来自厦门、温州、宁波、杭州的 40 多位 8～16 岁学生参加"7 个 1 活动"。

21 日　应金门县金城镇东门里代天府的邀请,厦门歌仔戏剧团赴金门进行为期一周的演出。这是歌仔戏剧种首次进入金门,也是厦门市歌仔戏剧团自建团以来首次赴金门演出。

26 日　厦门迈克药业集团公司与美国克林顿基金会签署全球供货协议,迈克将长期为克林顿基金会提供高质量低价格抗艾滋病药物。这是首家中国企业同该基金会的合作,该基金会 40 多个成员国的贫困患者由此受益。

27 日　由中华全国学生联合会主办,福建省学生联合会、台湾中华青年交流协会、厦门市学生联合会承办的首届海峡两岸大学校园歌手邀请赛在厦门举行,来自祖国大陆和台湾的 25 所高校的歌手参赛。

29—31 日　首届海峡两岸图书交易会在厦门国际会展中心举行。这是首次在祖国大陆举办的以海峡两岸图书交流为主题的专业展会,并首次允许台湾图书在大陆现场销售。共有 200 多家出版社参展,参展商达 300 多人,共展出图书 65 万册。其中 120 家台湾出版商携图书 2 万多种、5 万多册参加交易会。书展吸引了两岸近万名图书出版发行界人士参加。

31 日　由市红十字会、市慈善会、厦门晚报联合举办的"厦门市首届十大慈善人物"评选结果公布,评选活动鼓励更多的人投身于慈善事业。当选首届十大慈善人物有吴矮通、罗宪德、许丽慧、海清、黄齐娘、叶克雄、柯子祥、林莉、柯贤申、许仲宁。

8 月

1 日　厦门大桥边 100 多位无证带路者集体加入"鹭岛福江"交通咨询中心,接受统一管理、统一培训、统一挂牌上岗。

2 日　我国第二十一颗返回式科学与技术试验卫星顺利升空,随卫星搭载了由福建省水产研究所提供的 14 种水产样品,其中包括厦门盛产的坛紫菜和丰年虾。卫星在太空停留 27 天后于 29 日返回地面,这是我国水产品首次实现太空育种。

4 日　厦门火炬高新区(翔安)产业区通用厂房隆重开工。该产业区总建筑面积 130 万平方米,可容纳 200 多家企业,3 万至 5 万产业工人。开工当天,来自海内外的 96 家客商即抢购了 61 万平方米的厂房。

5 日　受台风"麦莎"影响,厦门刮起了"焚风",4 个小时内岛内气温上升 8.5 度,达 39 度。这是厦门有纪录以来的最高气温。

5—9 日　厦门广电集团少儿广播电视合唱团应国际童声合唱及演艺协会亚太分会邀请,首次跨出国门,参加第二届曼谷国际童声合唱节。

6 日　由《世界经理人》周刊主办的世界品牌大会在北京公布 2005 年"中国 500 最具价值品牌"名单,厦门市的夏新、金龙、厦工、厦华、翔鹭、万利达、厦航和银鹭入榜。这八大品牌价值达 257 亿元人民币。

6 日至 10 月 21 日　厦门广电集团和台湾八大电视股份公司联手举办首届"两岸闽南语歌唱大赛"。

7—21 日　"中行之星"首届殷承宗钢琴大师班在鼓浪屿举办,殷承宗工作室正式启动,附楼开设殷承宗音乐人生馆。

9 日　鼓浪屿钢琴博物馆设立钢琴长廊。该琴廊由 11 个不同风格的琴室组成,是世界唯一钢琴长廊。

11 日　厦门电大、厦门教育学院、厦门职工大学正式合并,定名为厦门城市职业学院。

12—15 日　由中国文联、中国音协、厦门市人民政府主办的"纪念中国人民抗日战争暨世界反法西斯战争胜利 60 周年全国合唱展演"在厦门举行,来自全国各地的 57 支合唱团的 3500 名合唱团员参加。厦门市 4 支参赛队共获得一金两银一铜成绩。

14 日　受第十号强热带风暴"珊瑚"外围环流影响,厦门全境自 12 日晚起普降暴雨,给交通运输、农业生产和人民生活带来严重影响。据统计,全市直接经济损失 3.88 亿元,受灾人口 8.49 万人,但没有人员伤亡。

15 日　全国"和平·繁荣"雕塑巡回展在厦门国际会展中心东广场开幕,巡展雕塑作品 60 件,展期 15 天。

17 日　厦门市第六次社会科学优秀成果评选揭晓,潘懋元的《中国高等教育百年》等 11 部专著获著作类一等奖,另有 41 部专著分获二、三等奖;邓子基的《对国家财政"一体两翼"基本框架的再认识》等 33 篇论文获论文类一等奖,另有 194 篇论文获二、三等奖。

同日　由厦门企业和企业家联合会、厦门日报社、厦门广电集团主办,经读者投票和评委评选,厦门市首届十大杰出企业家评选揭晓,厦门国际航空港集团有限公司董事长王偶傥等 10 人当选。评选活动从 5 月 9 日开始,历时 3 个多月,收到有效选票 23 万张。

潘懋元主编的
《中国高等教育百年》

23 日　应中共厦门市委邀请,由中国国民党台中市党部主任委员沐桂新率领的中国国民党台中市党部大陆参访团来厦参访,为国共两党基层交流开启首航之旅。

同日　由海峡两岸研究中心主办的第六届两岸关系论坛在厦门开幕,来自大陆、台湾、香港、澳门的近 200 位青年学生和专家学者围绕"两岸青年交流展望"进行交流和探讨。会议历时 2 天,两岸青年达成五点共识。

27 日　苏宁莲花店正式开业,引来 10 万市民火爆抢购,当天销售额突破 2390 万元,刷新厦门家电零售业单店日销售纪录。

本月　由厦门广电集团与台湾八大电视股份有限公司联办的"两岸闽南语歌手大赛"隆重举行,并由听众与专家评出"闽南语十大经典金曲":《车站》《望春风》《浪子的心情》《家后》《欢喜就好》《双人枕头》《天公疼憨人》《针线情》《空笑梦》《爱拼才会赢》。

9 月

1 日　即日起,厦门本地车辆经过海沧大桥、厦门大桥不再单独收费,一辆私家小车只需缴纳年费 396 元,其他机动车按照每年每吨 600 元缴费,就可全年不限次数通行。

4 日　厦门市第十七届体育运动会在市中心体育场举行开幕式,本届运动会设比赛项目 19 个,有 21 个代表团参加,并首次邀请台资企业组团参赛。赛事至 9 月 23 日结束。

6 日　首届海峡两岸旅游博览会在厦门国际会展中心开幕,省、市领导黄小晶、洪永世及有关部门负责人,台港澳和省内外专家学者及来自美国、加拿大等 20 个国家的旅行商、投资商、旅游界人士共 700 多人参加了开幕式。会上,闽台旅游业界签署了"海峡旅游区域协作备忘录"及"大金湖——日月潭"合作协议。

同日　中山路沿街 750 米的 LED 半导体夜景工程正式亮灯,由此中山路成为我国首条运用 LED 半导体照明高新技术装饰夜景的商业街。

7 日　"中国心·海峡情"大型焰火文艺晚会在厦门国际会展中心举

行,厦门与金门隔海同燃焰火,10 多万市民云集会展中心观赏。海峡卫视首次与台湾媒体连线直播这场晚会。

同日 将于 2007 年 9 月至 2008 年 3 月在厦门举行的第六届园博会园博园正式动工建设。

同日 新党主席郁慕明从台湾抵达厦门,参加第九届中国国际投资贸易洽谈会。

同日 中国国民党前副主席、台湾两岸共同市场基金会董事长萧万长抵达厦门,参加第九届中国国际投资贸易洽谈会,并前往厦门乌石浦萧氏家庙祭拜。

8 日 第九届中国投资贸易洽谈会正式改名为"中国国际投资贸易洽谈会",并在厦门会展中心隆重举行。中共中央政治局委员、国务院副总理曾培炎出席开幕式并启动开馆金钥匙。来自美国、加拿大、德国等 50 个国家和地区的 350 个境外客商团组参会,参会客商 8500 多人。投洽会同期举办了"亚欧会议贸易投资博览会"、"APEC 知识产权保护高级研讨会"和首届"海峡旅游博览会"。

9 日 厦门市海洋与渔业局在火烧屿西侧海滩上流放 8.1 万尾中国鲎苗。这是国内首次实施中国鲎苗增殖放流活动。

10 日 厦华"微晶神画"平板电视技术被中国电子商会特别授予"中国平板电视技术先进奖"。这是国内彩电业迄今为止单项技术唯一获得此殊荣。

15 日 由思明园、湖里园、同安园和火炬园组成的同安工业集中区举行开工典礼。该工业集中区总规划面积 12 平方公里,其中通用厂房总面积达 480 多万平方米。

同日 由我国第二十二颗返回式科学与技术实验卫星搭载的厦门市树、市花种(芽),在历经 18 天太空漫游后返回地面。

16 日 福建省首个健康住宅——"未来海岸·浪琴湾"通过国家住宅工程中心的验收,并获得"健康住宅"牌匾,成为全国第三个国家健康住宅示范工程。

17 日 海峡两岸南音展演暨民间艺术节在厦门老年活动中心开幕,省、市领导和来自闽南地区和台、港、澳及东南亚地区的南音艺术家与爱好者共 500 多人出席了开幕式。

同日 亲民党主席宋楚瑜一行抵达厦门访问,中共福建省委书记卢展工、省长黄小晶等领导在悦华酒店会见宋楚瑜一行。

18 日 由市委、市政府举办的"海峡月圆"中秋焰火晚会在厦门国际会展中心举行,晚会以"中秋月圆海峡情深"为主题,数万名厦门市民参加了焰火晚会。对岸的金门同时举办主题为"金厦同源流,两门庆中秋"的焰火晚会。

19 日 "2005 年度中国航海科学奖"公布,厦门吉联科技有限公司的 GS 集装箱班轮航运信息系统获二等奖。

同日 由鼓浪屿—万石山风景名胜区管委会、思明区政府、厦门日报社和厦门广电集团共同主办的第三届中秋博饼节"状元王中王大赛"决赛在鼓浪屿日光岩寺广场举行,"状元王中王"获得一辆价值 20 万元的北京现代轿车。

20 日 厦门警方破获口岸出口集装箱货物侵占案,共抓获涉案的集装箱车司机和销赃嫌犯 21 人,追回被盗各种货物 300 多箱。自今年 4 月以来,厦门市一些集装箱拖车司机借单独开车运输之机,采用种种手段盗窃已封装的集装箱内货物,并低价抛售,牟取不义之财,然后再将集装箱原样封好运往码头出口。犯罪嫌疑人共犯案 100 多起,涉案金额 100 多万元人民币,是厦门历史上规模最大、案值最多、影响最广的口岸出口集装箱货物侵占系列案。

21 日 市首家助学博爱超市在集美大学启动,市人大副主任林明鑫出席仪式。

24 日 厦门港装卸纪录创新高,单船作业效率达每小时 186.6 标箱。

同日 厦门市首届社会科学普及周在中山公园开幕。科普周期间,举办社会科学图片展、社会科学专题报告会、社会科学知识进社区活动、社会科学征集和竞赛活动、社会科学知识宣传栏评比等。

30 日 福厦铁路开工建设。福厦铁路北起福州,经福清、莆田、泉州、晋江,到达厦门。全长 273 公里,全线设 14 个站,设计时速 200 公里,总投资 144.2 亿元,计划 2009 年底完工。其在厦门境内全长 55 公里,设有 7 个场站。

10 月

1 日 厦门市首个"金包银"试点项目——翔安区马巷镇西坂村西亭自然村建设项目动工。这是厦门新一轮跨越式发展中,市委、市政府提出的解决被征地农民问题的一大创举。

5 日 22 时,厦门电化厂旧址遗留的三氯氰尿酸受 19 号台风雨水浸泡,产生化学反应,释放有毒气体氯气。市委、市政府紧急组织安监、环保、公安、消防等部门进行抢险。至 6 日上午 7 时 30 分,抢救工作基本结束,未发生任何人员伤亡。

7 日　由联合国环境规划署和国家环保总局、厦门市政府联合主办的
2005 年国际海洋城市论坛在厦门国际会展中心开幕。论坛会上,包括厦门
在内的世界 29 个海洋城市代表共同签署了《厦门宣言》。

国际海洋城市论坛在厦门国际会展中心开幕

8 日　厦门蓝狮足球队提前两轮冲超成功,再次杀入中国足坛顶级
赛事。

9 日　乌石浦油画街正式剪彩开张,油画街共有画廊 25 家,油画师
4000 多名,每年生产油画约 126 万张,为世界油画两大生产基地之一。

·13 日　在福州召开的福建省第十二次见义勇为先进分子表彰大会上,
有 4 位厦门市民受到表彰,他们是:跳入污水处理池救出四条生命的马巷镇
陈新村村民陈明嘉,协助警方抓获 30 多名违法犯罪嫌疑人的海峡出租车公
司司机吕志华,与安溪居民共同制服持枪抢劫犯罪嫌疑人的集美区后溪镇
居民陈文胜、吴河贵。

17 日　民盟市委常委林地球与思明区政协委员吕韶风以"督察员"(第
一期)的身份,正式到市长专线上岗,主要监督市长专线电话工作,接受市长
专线办公室委派,参与市民反映问题的督查督办并提出相关改进工作的建
议。监督期 3 个月。

同日　由大华银行集团投资的厦门索菲特大酒店正式开业。该酒店由
欧洲第一的法国雅高酒店集团管理,是厦门市首家国际五星级酒店。

19 日　厦门筼筜街道屿后西社区获中国残疾人联合会授予的"全国残
疾人工作先进社区"奖牌。这是厦门市唯一获此荣誉的社区,福建省共有三
个社区获得该嘉奖。

22 日　厦门蓝狮足球队主场以 2∶0 击败南京有有队,夺得 2005 赛季

中甲联赛冠军。比赛结束后,上万球迷在市体育中心举行盛大的庆祝仪式。此前,蓝狮队已在 10 月 8 日提前两轮冲超成功,再次晋级中超联赛。

24 日　2005 年厦门市科技重大贡献奖正式评出,厦门虹鹭钨钼工业有限公司董事长兼总经理、技术中心主任庄志刚,厦门市路桥建设投资总公司副总经理、总工曾超获科技重大贡献奖,两位获奖者各获得 50 万元人民币奖金。此外,"多媒体高清晰数字液晶电视(1C—32D9/1C—42D9)"等 4 个项目获科技进步奖一等奖。"多媒体和双模彩屏手机(M8/M60 和 H8)"等 16 个项目获科技进步奖二等奖,"蓝光激发高亮度照明白光 1ED 灯用 YAG 荧光粉"等 35 个项目获科技进步奖三等奖。

25 日　厦台史料馆举行开馆仪式,以台湾同胞抗日斗争为主题的 200 多幅图片成为史料馆第一批向市民展示的史料。

26 日　《厦门市人民代表大会常务委员会关于完善多元化纠纷解决机制的决定》在市十二届人大常委会第二十二次会议上获得通过,成为我国第一个以地方立法形式对纠纷解决机制进行规范的法律文件。

厦门荣获"全国文明城市"称号(王火炎 摄)

同日　全国精神文明建设工作表彰大会在北京人民大会堂举行,中央文明委正式宣布授予厦门市"全国文明城市"称号。

同日　市人大常委会第二十二次会议表决通过《厦门市实施〈中华人民共和国教师法〉若干规定的决定》,规定教师申购经济适用房可按全市统一出售价格的八折给予优惠。

28 日　位于 SM 商场五楼的新食尚美食广场开业。该广场总面积 6000 平方米,是福建省迄今为止最大的美食广场,可提供 3000 多种美食,同时容纳 2500 人就餐。

29 日　厦门市第一条获得正式认定的市级专业街——湖滨南路电子数码街正式挂牌,为期一周的首届数码节同时开幕。

本月　在《中国国家地理》杂志评选出的"中国最美的五大城区"中,厦门鼓浪屿名列榜首。

11 月

2 日　市公安局经侦支队与金山派出所联手,在吕岭路金岭花园一公寓内查获一个专门针对台湾人的电话诈骗团伙,40 多名团伙成员被当场抓获。其幕后主谋为台湾人。

4 日　厦门市荣膺"全国人防先进城市"称号,成为福建省唯一获得该称号的城市。全国共有 45 个城市获此称号。

5 日　民盟厦门市委课题组的《厦门市中小学教师健康情况调查》结果公布:根据卫生部门制定的亚健康自测表调查显示,受调查教师亚健康或严重亚健康比率占 53.83%。其中 54.2% 的受访教师认为影响个人健康状况的最主要因素是工作压力。

5—6 日　全国人大环境与资源保护委员会、国家发展和改革委员会、科学技术部、国家环境保护总局在厦门联合组办中国循环经济发展论坛第二届年会,来自全国各省、自治区、直辖市人大和政府部门以及科研院校、企事业单位、社会团体 300 余名代表出席会议。参加会议的代表在实地参观路达(厦门)工业有限公司、厦门翔鹭集团、鼓浪屿之后,认为厦门循环经济走在全国前列,有不少先进经验值得借鉴。

9 日　集美区检察院在福建省检察系统内率先出台《律师接待暂行办法》,建立律师接待"专人负责制"与"首问负责制"等五项制度,解决刑事案件中律师会见当事人难、阅卷难等问题。

同日　在由公安部消防局与中央电视台经济频道共同举办的"中国骄傲——寻找英雄中的英雄评选活动"中,厦门消防支队"6·15"建瓯房屋倒塌处置群体从全国推荐的 14 个英雄群体和个人中荣登榜首。6 月 15 日,建瓯市一幢七层楼房在大雨后坍塌成平地,11 名正在楼内作业的工人陷入困境。为了加快救援进度,提高救援质量,福建省消防总队调动厦门市消防支队增援当地消防部门。厦门市消防支队在救援现场采用生命探测仪,在 30 多摄氏度的高温下,持续开展救援工作 33 个小时,最终将 11 名工人搜救出地面。

10 日　中国红十字会会长彭珮云来厦门考察红十字会工作。

11 日　为预防禽流感,厦门市禽类产品开始实行"挂牌经营"制度,市场内禽类产品需挂"公示牌",标明禽类产地、动物检验检疫证明及销售承诺。

11—12 日　中共厦门市委九届十一次全体(扩大)会议在厦门人民会堂召开。省委常委、市委书记何立峰作题为《树立和落实科学发展观,扎实推动新一轮跨越式发展》的讲话。会议审议通过了《中共厦门市委关于制定厦门市国民经济和社会发展第十一个五年规划的建议》。

13 日　由全国人大常委会副委员长何鲁丽率领的劳动法执法检查组

对厦门市贯彻实施《劳动法》情况进行为期两天的检查,检查组对厦门市贯彻实施《劳动法》工作给予较高评价,认为厦门注重保护劳动者的合法权益,劳动关系稳定和谐。

14 日 全国政协副主席李蒙、董建华率领香港特别行政区全国政协委员视察团一行来厦门视察。

同日 中央综治办和中央电视台联合推出的大型系列节目——《平安中国》之《平安厦门》专题节目,介绍厦门市开展平安创建活动的经验和做法。

15 日 "伟人风范——毛泽东遗物展"大型巡回展在厦门市吉家家世界广场一楼展厅开展,共展出毛泽东生活遗物百余件,以及百余帧与遗物相关的历史照片。

17 日 厦门市创建首批文明城市表彰大会召开,一批在创建全国首批文明城市工作中做出突出贡献的单位和个人受到表彰。其中思明区、湖里区被授予"厦门市创建全国文明城市工作重大突出贡献"称号,集美区等 54 个单位被授予"厦门市创建全国文明城市工作突出贡献单位"称号,厦门市发展计划委员会等 122 个单位被授予"厦门市创建全国文明城市先进单位"称号;刘西君、朱子鹭等 102 人记三等功,467 人荣获"厦门市创建全国文明城市先进个人"称号。

同日 思明区在冬季征兵工作中增设"指纹政审",即对所有通过初审的青年采集活体指纹,与省、市指纹库中各类违法犯罪现场采集到的嫌疑人指纹进行比对。此举属厦门首次,将更有利于杜绝不法分子混入部队。

18 日 国务院台办发布消息:经两岸民航行业组织商定,2006 年春节包机飞航地点大陆方面在原有北京、上海、广州三点基础上,增加厦门航点。厦门与台湾的空中距离最短,按照厦航曾公布的 2005 年包机预案,该航线飞行距离约为 600 多公里,到台北飞行时间约 80 分钟。

同日 台湾两岸共同市场基金会董事长、台湾政治大学 EMBA 兼职教授萧万长率领台湾政治大学 54 名 EMBA 抵达厦门。在厦期间,萧万长为厦大师生作了《一加一大于二——迈向两岸共同市场之路》演讲,并与厦门民营企业家和在厦台商代表座谈。

20 日 第二十一届厦门市青少年科技创新大赛在市图书馆开幕,全市 93 所中小学的 7628 人学生参赛。共申报参赛项目 689 项,其中创造发明作品 96 项,研究论文 227 篇,科幻画作品 343 幅,优秀科技实践活动 23 项。

同日 由民政部主办的中华慈善大会在北京人民大会堂召开,市慈善总会原常务副会长申素芳被授予"中华慈善奖"。

21 日　厦门市首个老城区改造项目——中华片区改造开始拆迁,拆迁涉及中山路、思明南路、台光街、周宝巷、丁仔巷等地段居民。拆迁总建筑面积约 8.4 万多平方米,其中住宅建筑面积 7.15 万多平方米。被拆迁户 852 户,人口约 2500 人。

22 日　由中国交通运输协会主办的"2005 中国物流百强"授牌典礼在北京举行,厦门共有 6 家企业上榜,其中厦门港务发展股份有限公司名列第 40 位。

23 日　《厦门晚报》报道:2005 年度中国航海科学奖公布,厦门吉联科技有限公司的 GS 集装箱班轮航运信息系统获二等奖。这是厦门近年来首次获此国家大奖。

同日　厦门'2005 中国漆画展在市工人文化宫广场开幕,全国政协常委、中国美术家协会主席靳尚谊、中国美术家协会漆画艺术委员会主任蔡克振等国内知名美术大师,本届漆画展的 30 名获奖选手,以及来自全国各地的文化界人士 100 多人出席了开幕式。共有 211 件作品参展。画展历时 1 个月。

24 日　福建省第一座全地下变电站——厦门 11 万伏湖滨南地下变电站一次性送电成功。

同日　厦门有偿出让首批采矿权,14 座已建矿山的开采人与市国土房产局签订有偿转让协议,成为厦门市首批通过有偿方式取得矿山采矿权的受让人。

25 日　"2003—2004 德国最美图书展"在厦门中山路光合作用书房旗舰店开幕,共展出获得 2003 年度和 2004 年度"德国最美图书奖"的 130 册精美图书,包括文学类、非文学类、儿童书、口袋书等。

同日　教育部本科教学工作水平评估专家组完成对厦门大学的评估,一致认为厦大本科教学工作水平优秀。

26 日　厦门港集装箱年吞吐量首次突破 300 万标箱,这标志着厦门港正式跻身台湾海峡区域性航运中心行列。1984 年,厦门港开始启动集装箱生产。到 2000 年,集装箱年吞吐量首次突破 100 万标箱。2003 年,集装箱生产量翻一番,突破 200 万标箱。

同日　台湾"立法院院长"王金平胞兄王珠庆抵厦参加第六届世界同安联谊会。

27 日　以"同根源,华夏情"为主题的第六届同安世界联谊大会在同安会堂隆重开幕,来自国家有关单位和省、市领导及世界 24 个国家和地区 56 个社团的 1100 多名同安乡亲出席了开幕式,全国人大常委会副委员长李铁映为大会题词。

28 日　前"台湾省省长"赵守博访问厦门并在厦大演讲。

30 日　厦门出租车司机吕志华获"全国十大见义勇为好司机"称号。2001 年以来,吕志华多次协助公安机关抓获抢劫、盗窃、诈骗等各种违法犯罪嫌疑人 32 名。

同日　市红十字会召开全市社区红十字服务工作座谈会。

12 月

1 日　厦门警方破获一起涉台诈骗案,捣毁思明区、湖里区、海沧区相关涉台诈骗窝点 20 多个,抓获犯罪嫌疑人 200 余人,其中台籍人员 10 余人,查获手机手机 114 部、电话机 188 部、电脑 19 台、传真机 2 台以及一批无线接设备台、交换机等。该团伙多以中奖(六合彩或普通中奖)、交税费等名义,骗取台湾居民财物,或者先以送产品或《苹果日报》问卷调查的方式,套取客户资料,之后再通过电话行骗。

同日　数字电视开始进入市民家庭,瑞景新村率先开通信号,整体转换工作将于 2008 年全部完成。

同日　在第九届中国戏剧节上,福建省唯一参评剧目——歌仔戏《邵江海》荣获本届戏剧节最高奖——"优秀剧目奖"。这是厦门戏曲在全国戏剧节上获得的最好成绩。

歌仔戏《邵江海》剧照

2 日　同安工业集中区"金包银"工程开工。该工程涉及 7 个村,31 个自然村,总人口约 2 万人。整个"金包银"项目规划范围为 379.22 公顷,其中"金边"用地面积 35 万平方米,总建筑面积 75 万平方米,可提供店面 24 万平方米,公寓 51 万平方米。规划范围达 379.22 公顷。

4 日　在中宣部、司法部和中央电视台联合制作的大型晚会《法治的力量 2005》上,2005 年"年度十大法治人物"评选揭晓,厦门同安一中的三位女中学生荣膺中国年度十大法治人物。这三名女中学生曾用 11 个月的时间,对当地"六合彩"赌博活动的特点、规律和危害进行调研,调查报告受到负责福建督查禁赌专项行动的中央纪委常委、监察部副部长黄树贤的高度重视。黄树贤对这 3 名中学生的行为给予肯定和鼓励,夸赞她们是"广大青少年学习的榜样"。

6 日　2004—2005 年度全国外资企业销售额 500 强排序结果日前揭晓,厦门共有 10 家企业跻身 500 强之列。其中戴尔(中国)有限公司以年销售收入 303.5766 亿元,名列第 14 名,位居全省上榜企业之首。

7 日　公安部、全国总工会、共青团中央在北京联合召开第二届全国先进保安服务公司优秀保安员表彰大会,厦门市保安服务公司再次被评为"全国先进保安服务公司";思明保安分公司保安员王清发被评为"全国十佳保安员",是福建省唯一获此殊荣的个人。

8 日　厦门商业集团有限公司日前正式更名为"厦门夏商集团有限公司"。厦门商业集团有限公司成立于 1993 年,由原市商业局及其所属企业组建而成,2002 年企业改制为有限责任公司。

同日　厦门广电集团以瑞景新村为起点,全面启动有线电视整体转换工作,以普及机顶盒的方式,分期分批把有线电视网络的模拟客户整体转换为数字电视客户。已转换后的片区,可以收看到 60 套基本频道和 35 套付费电视频道以及 6 套广播节目。

9 日　全市防控高致病性禽流感工作会议召开,会议讨论制定了《厦门市高致病性禽流感应急处置实施方案》。该方案就应急工作的原则,应急工作机构的设置,对疫情的监测与预警,疫情的报告,疫情的分级,疫情的应急响应与处置程序以及采取的保障措施等方面进行了翔实而具体的规定。至今全市未发生禽流感疫情。

10—11 日　第五届中国经济学年会在厦门大学召开,海内外 562 位经济学专家学者参加了会议。厦门市市长张昌平,中国经济学年会秘书长、北京大学副校长海闻和厦门大学校长朱崇实为开幕式致辞。

11 日　《厦门日报》报道:由中国交通运输协会主办的 2005 中国物流百强名单日前出台,厦门共有 6 家企业上榜,其中厦门港务发展股份有限公司名列第 40 位。

同日　由 80 位市民组成的厦门首支义务反扒志愿者大队成立。这支义务反扒志愿者大队是在媒体和警方的大力倡导下,由市民自发组成的。成员年龄最大的 52 岁,最小的 18 岁,其中还有 2 名女性。他们是经过严格政审,并在参加培训后正式上岗的。市委、市政府决定为义务反扒志愿者办理意外伤害保险。

15 日　中央教育办综合组组长、中央组织部组织局副局长张国隆在检查本市第二批保持共产党员先进性教育活动情况时认为,厦门的先进性教育先进了一步,创造了很多可以供其他城市借鉴的经验。

16 日　中科院公布院士增选名单,厦大化学化工学院田中群教授当选为中科院院士。

17 日　经过 4 天的考察,省综治和平安建设检查组对厦门市综治和平安建设工作给予充分肯定。2005 年,厦门市群众对社会治安情况的满意率达 97.75%,继续居全省第一位。

19 日　厦门国际港务股份有限公司 H 股正式在香港联交所主板市场上市。这是中国内地首家在香港特区上市的完整港口概念股,也是福建省首家国有控股企业海外资本市场上市公司。

同日　厦门市政府在香港香格里拉酒店举行记者招待会,香港凤凰卫视、无线电视、亚洲电视、香港东方日报、台湾 TVBS 等港台近 20 家媒体前来参加。招待会上,市长张昌平向与会记者介绍了厦门经济社会发展的基本情况并回答了记者提问。

20 日　中央电视台国际频道、香港大公报、文汇报等 10 多家新闻媒体,联合采访厦门市红十字会,就厦金航线建立"生命救助绿色通道",爱心接力护送患病台胞的情况作了宣传报道。

21 日　上午 9 点左右,杏林杏西路 30 号厦门庆泰五金加工厂发生爆炸,进而引起火灾。爆炸发生后,消防战士立即赶赴现场扑灭了大火。爆炸造成近 20 人受伤。

同日　象屿保税物流园区通过国务院联合验收组的验收,正式挂牌运作。

同日　新华社消息:由中国城市网主办的"公众最向往的中国城市"网上评选活动近日揭晓,厦门以美丽的滨海港口城市位居"公众最向往的中国城市"第二位。

22 日　由北京零点研究咨询集团与《商务指南》杂志联合编制的国内首个城市宜居指数——《中国城市宜居指数 2005 年度报告》正式公布,在全国 31 个被调查的城市当中厦门排名第二。

同日　海沧西港区岸壁整治工程正式动工,规划建设 6 个 10 万吨级集装箱泊位。

同日　由福建省广播影视集团主办的"为了公共利益"2005 年度评选暨颁奖典礼在福州举行,厦门市委、市政府获唯一的组织大奖。该活动共设法治奖、建言奖、创新奖、人文奖、环境奖、服务奖、爱心奖、人物大奖、组织大奖 9 个奖项,由省委党校、省委政研室、省政府发展研究中心、省社会科学院等单位权威人士进行评议推荐,并通过福建热线网发动网民参与评选。

同日　由中央人民广播电台中国之声、中央人民广播电台厦门记者站、厦门市委宣传部、厦门人民广播电台联合主办的大型直播特别节目《直播中国——走进厦门》,在鼓浪屿轮渡广场准时播出,80 分钟的节目分美丽厦门、文明厦门、宝岛厦门和腾飞厦门四个篇章。

28 日　经过两天的实地考查,福建省检查组对厦门市的交通情况给予总体肯定。在 73 项指标中,厦门市的交通管理、安全规划、交通影响评价、公交车辆更新率、人均道路面积、车均道路面积等指标被评为一等,公交车辆占道停车率、公共交通可达时间、标线设置率等指标被评为二等。另有 4 项评为三、四等,"平均行车延误"被评为五等。检查组亦指出,厦门市的城市公共交通优先政策没有得到具体落实,公交的基础设施仅维持在过去的水平上,居民出行公交分担率从 25.7% 下降到了 25.1%,占道停车率从 2.38% 升到了 3.6%。

29 日　市公交总公司车辆一天内连续发生两起斑马线上撞死行人的重大交通事故,造成一老一少死亡。上午,19 路车驾驶员途经新华路与公园南路交叉路口时,由于麻痹大意,在斑马线上撞死一位正行走中的老人;中午,32 路驾驶员没有严格按照安全操作规程和车辆"三检"要求,在凤屿路和东明路十字路口斑马线上遇小孩横过马路时无法紧急制动停车,撞倒两小女孩,造成一女孩死亡。2006 年 1 月 5 日,公交公司就这两起重大交通事故向全市人民致歉。

同日　厦华集团将其持有的厦华电子 69% 的法人股股权中的 32.64% 转让给台湾中华映管公司全资控股的华映视讯(吴江)有限公司,中华映管以 3.11 亿元的代价成为厦华第一大股东。

30 日　黄三元以"一级钢琴制造高级技师"身份,荣获"香港国际皇家社会科学院"授予的院士称号和香港皇室文化研究会授予的《爵位证书》。

31 日　厦门港口管理局揭牌成立,至此,厦门湾港口、航道和水路运输全面实施一体化管理,湾内八大港组成新厦门港并投入运营。管辖范围包括原厦门港务局所辖的东渡、海沧、嵩屿、刘五店和客运 5 个港区,原漳州市港口管理局所辖的后石、石码两个港区和招商局漳州开发区的漳州港务局所辖的招银港区。

同日　厦门至深圳、龙岩至厦门铁路项目建议书获国家发展和改革委员会正式批复。厦门至深圳铁路等级为 1 级,全长 493 公里,正线数目为双线,旅客列车速度目标值每小时 200 公里,工程投资总额 247.5 亿元;龙岩至厦门铁路等级为 1 级,全长 171 公里,工程投资预估算总额为 60 亿元。

2006 年

1 月

1 日　厦门市第一个村级红十字会在翔安区新店镇后村村成立。

同日　祖国大陆首家台湾水果专卖店——台湾农产特销中心在厦门中埔水果批发市场试营业。

设在中埔市场的大陆首家台湾水果专卖店

5 日　国家工商行政总局公布 98 件驰名商标,其中厦门的"古龙"、"厦工"、"石狮"等 3 件商标获得中国驰名商标称号。

同日　由新浪网组织的 2005 年度中国文化人物网络票选揭晓,厦门大学教育研究院院长刘海峰教授入选,排列第五位,排在前四位的是金庸、崔永元、刘心武和季羡林。

6 日　厦门船舶重工股份有限公司自主研发、建造的"早晨奇迹"号汽车运输船建成下水,正式交付英国泽迪雅克航运公司。该船有 12 层连续甲板,可装载 4900 辆小汽车。

8 日　清晨 6 时许,同三高速公路灌口路段发生特大交通事故,一辆车号为闽 A06377 的大货车从后面撞上由南宁开往福州的闽 AY0172 大客车,两车撞断护栏坠入沟渠,当场造成 6 人死亡,5 人受伤。

9 日　全球最大的不间断电源供应商——美国 APC 公司厦门工厂在火炬(同集)产业区正式投产,成为该产业区首家投产的跨国投资企业,投产后产值将达到 1.5 亿美元。

10 日　厦门金旅公司制造的 12 辆全景玻璃旅游观光车出厂。该车型具有完全知识产权,为国内首创。

同日　思明区工商局为一郑姓男子签发新《公司法》实施后首份"一人公司"营业执照,厦门首家"一人公司"获准开张。

同日　由厦门新标质量认证中心与厦门天厦食品有限公司共同起草的国内首个桂圆肉企业产品标准获市质监局审核备案。

11 日　思明区人民政府委托福州博智市场研究有限公司对 2005 年度公共部门进行绩效评估,这种引入专业市场机构对政府机关效能评估的做法在全国尚属首次。

同日　一架卢森堡国际货运航空公司的货机搭载 45 吨货物从厦门机场起飞,经停曼谷直飞卢森堡。标志着厦门空港首条欧洲航线正式开辟。

同日　厦门电业局在莲岳路联谊广场旁,为一台埋入地下的 10 千伏变压器装上电表。这是全省首台用于市政路灯的地埋式变压器。

13 日　厦门钨业股份有限公司荣登首批百家"国家认定企业技术中心"行列。厦门钨业是目前世界上规模最大的钨冶炼企业,世界原钨消耗量 25% 来自厦门钨业。

同日　中共厦门市委第九届第十二次全体会议以无记名投票方式,表决通过 12 名副厅级职位拟任人选和推荐人选,这是市委扩大干部工作民主、推进公正选人的又一重要举措。

14 日　中共中央总书记、国家主席、中央军委主席胡锦涛视察厦门,并在海沧台商投资区会见台商代表,表示欢迎更多台胞来大陆发展,通过开展合作,造福两岸同胞,大陆方面一定会竭诚为台胞提供帮助和服务。在厦门视察期间,胡锦涛还先后到正新、夏新、麦克奥迪等企业和留学人员创业园视察工作。

中共中央总书记、国家主席、中央军委主席胡锦涛与在厦门投资的台商代表亲切交谈

　　同日　第三届"中国地方政府创新奖"在北京揭晓,思明区嘉莲街道"爱心超市"榜上有名。"中国地方政府创新奖"从 2000 年起已连续举办三届,每届评出 10 个创新奖。

　　15 日　历史上第一次由两岸媒体——厦门卫视、台湾三立新闻台等共同举办,在海峡两岸同步调查,以两岸关系热点新闻评选为主题的"2005 两岸关注"年度评选活动结果隆重揭晓。中国第一个由媒体——厦门卫视推出的《2005 台湾问题研究报告》也同期发布,显示两岸主流媒体对两岸关系的关注。

　　同日　厦门武夷嘉园群体住宅和厦门国际银行大厦被建设部授予 2005 年度"中国建筑鲁班奖"。

　　17 日　国家传染病诊断试剂与疫苗工程技术研究中心在厦门大学成立。这是福建省医药领域内的第一个国家级工程中心。

　　同日　国家发改委公告发布第五批 20 个通过审核的国家级开发区名单,厦门象屿保税物流园区位列其中。本次公告的开发区可以恢复正常的建设用地供应,未经审核的开发区,一律不得增加新的建设用地供应。

　　同日　台湾中华映管与厦华电子分别与厦门火炬高新技术区管委会举行投资建厂签约仪式,项目合计总投资近 30 亿元,计划两年内建成投产,届时将成为全球最大平板彩电基地。这是中华映管成为厦华电子第一大股东后,双方强强合作,联手打造的首个大项目。

　　18 日　《厦门市城市社区建设若干规定》发布,自 3 月 1 日起施行。这是厦门在全国率先出台的关于规范社区建设的地方性法规。

　　同日　省人民政府公布 2005 年度"福建名牌产品",厦门"正新"牌自行车轮胎、"安井"牌速冻食品、"大白鲨"牌啤酒、"银祥"牌无公害猪肉、"黑眼睛"牌城市休闲包等 30 项产品获得该称号。至此,厦门市福建名牌产品累计已达 96 个。

　　同日　市公安局为获得中国永久居留资格的外国人举行颁证仪式,韩国籍的金阳中和印尼籍的廖兴国成为本市首批拿到中国"绿卡"的外国人。

　　同日　市四套班子在北京人民大会堂举行迎新春工作汇报会,60 多位在京的闽籍或在闽工作过的老领导、老前辈莅会。会前,中共中央政治局常委、全国政协主席贾庆林会见了厦门市赴京汇报工作的有关领导。

　　同日　由厦门市委文明办、厦门广播电台、厦门商报社、厦门电信联合举办的"厦门十大城市名片"评选揭晓,鼓浪屿、温馨厦门、厦门大学、陈嘉庚、环岛路、"九八"投洽会、厦金航线、厦门国际马拉松赛、小白鹭民间舞团、厦门爱乐乐团荣获"厦门十大城市名片"称号。此次评选活动自 2005 年 12

月 12 日正式启动,共有 130 万人次参与投票。

20 日 "2005 感动厦门十大人物"颁奖晚会在《厦门日报》报业大厦举行,蔡荣国、吕志华、殷昌杰、陈亚兰、赵雷、柯溪水、邵茶花夫妇、陈焕章、厦大支教队、由欣等 10 名个人(集体)荣获该称号。

同日 厦门卫视推出《2006 年两岸春节包机特别报道》,直播历时 4 小时 40 分钟。这是厦门广电有史以来最长的一次电视直播。直播过程中,厦门卫视新闻记者首次通过卫星连线对话东森电视主播李大华。

同日 台湾居民林永铭领到由湖里区工商局颁发的营业执照,成为厦门第一个台胞个体工商户。

24 日 厦门市 LED(发光二极管)夜景工程正式启动,首期建设项目共计 20 项,遍布思明、湖里、海沧、集美四区,是目前国内最大的 LED 夜景工程。

25 日 厦门成为 2006 年两岸春节包机新增航点,由厦门航空公司与台湾复兴、立荣、远东、华信航空公司共同执飞"厦门—高雄"、"厦门—台

首航仪式现场

北"往返航线。首航仪式上午在高崎国际机场举行,由此开启了厦门、台湾两地 57 年来空中"破冰之航"。到 2 月 7 日,厦门航点累计飞行 14 个往返包机航班(其中厦航执行 4 个往返班次),载运出入境旅客 4413 人次。

1 日 天竺山森林公园举行试开园仪式。当日,有 10 万游客游览了这座厦门最大的近郊森林公园。

4 日 国内最大的在线旅行服务公司——携程旅行网(www.ctrip.com)公布 2006 春节黄金周旅游盘点和最具人气城市排名,厦门位居人气最旺城市第七名和人气最旺到达城市第四名。

6 日 海沧未来海岸·铜锣湾广场被商务部评为全国首批社区商业示范社区。这次评选出的全国首批社区商业示范社区共有 59 个,福建福州、厦门、泉州各有一个。

同日 厦门举办首届"闽商聚厦门"活动,全国 36 家闽商团体近 120 位知名闽商莅厦参加活动。

同日 厦门市国有资产监督管理委员会成立,陈子强任国资委主任。

10 日 观音山国际商务营运中心正式开工。该中心位于厦门岛东部塔埔,与金门隔海相望。规划用地 43.4 万平方米,总建筑面积 138.4 万平方米,总投资预计超百亿元,计划用两到三年时间基本完成建设及招商

工作。

同日　由日本亿美株式会社独资经营的亿明贸易(厦门)有限公司经商务部批准在厦门成立,注册资金 2000 万日元。这标志着外商独资企业将真正意义上进入厦门商业领域。

11 日　由金门企业家林国钦、李泉平创办的艾迪儿双语幼儿园在厦门开园。这是厦门首家由金门人创办的幼儿教育机构。

同日　"老年万人健步行"活动上午在环岛路举行。全市各行业 24 个老体协组织的一万多名中、老年人参加了元宵节前夕的这场盛会。此后,厦门市每年元宵节前后都将举行此项活动。

12 日　厦门市农村信用合作联社成立。该社由原来的市农村信用社整合而成,为市级金融机构,市场定位为"立足社区,服务三农,面向村(居)民及中小企业的社区型零售银行"。

14 日　市第一医院成功抢救一名因低钾血症导致心脏停跳达 125 分钟的重病患者,病人于 3 月 14 日痊愈出院,未留下后遗症。

14—18 日　市政协十届四次会议在厦门人民会堂召开,列席代表、市台商协会会长吴进忠应邀在大会主席台就座。

15—19 日　市十二届人民代表大会四次会议在厦门人民会堂召开,大会审议并通过《厦门市国民经济和社会发展第十一个五年规划纲要》和《厦门市人民代表大会关于扎实推进厦门新一轮跨越式发展,促进海峡西岸重要中心城市建设的决定》。

20 日　经福建省政府同意,海沧区撤销海沧镇建制,设立海沧、新阳两个街道办事处。

同日　经国家科技部组织专家和评委验收,厦门正式成为首批国家制造业信息化重点城市。

同日　经农业部农产品质量安全中心审定,银祥集团有限公司等 5 家厦门企业推出的 8 种水产品准予使用无公害标志。这在本市尚属首次。

22 日　《厦门日报》双语周刊获得国家外宣刊号,成为全省唯一的英文外宣刊物,并获准面向海内外发行。

同日　文化部在深圳举行"文化(美术)产业示范基地"命名授牌仪式,厦门乌石浦油画村被命名为全国第二批文化(美术)产业示范基地。

24 日　由市贸发局、外资局、贸促会主办的 2006 年全市商务工作会议通过互联网召开,在本市首开政府会议网络视频播出、保存和互动的先例。

28 日　海军驻厦某部"海上猛虎艇"命名 40 周年纪念大会在海军码头举行,海军、南京军区、东海舰队、福建省委、厦门市委等军、地领导出席大会。

　　同日　韩国 LG 电子与厦华电子在厦门签署更加紧密型战略合作协议,双方将联手拓展全球高清大尺寸平板彩电市场。

　　同日　厦门离婚质询中心开张,这是本市首家离婚服务机构。

　　同日　厦门象屿保税物流园区正式运作。该区在一定程度上具备了国际上自由贸易区"境内关外"的基本特征。

3 月

　　1 日　法国家乐福超市在中国的第 73 家分店——厦门明发店正式开张。该店卖场总面积 1.9 万平方米,自 2 月 25 日试营业以来,四日内客流量达 30 多万人次,销售额近千万元。

　　2 日　全国卫生应急工作会议在厦门召开,卫生部副部长王陇德和各省、市、自治区的有关领导、专家 170 多人参加。会议开幕前,与会人员观看了海沧翔鹭石化公司进行的氨气泄漏卫生应急处置演练。

　　3 日　"厦门商标品牌之夜"颁奖晚会在人民会堂举行。2005 年获得中国驰名商标认定的厦门罐头厂、厦门工程机械股份有限公司、厦门卷烟厂各获得市政府 100 万元现金奖励。晚会评出星鲨、古龙、银鹭、盛洲、银祥、厦航、石狮、金龙、舒友、大白鲨为"厦门人喜爱的十大品牌",豪享来、三圈、萤火虫、金壶春、金桥、向阳坊、禹洲、大洲、象屿、好兆头为"厦门十大创意商标"。

　　同日　第六届中国厦门国际石材展览会在国际会展中心开幕。有 550 多家国内外企业,4 万多名客商参加此次亚洲规模最大的石材展,其中境外客商超过 5000 人。

　　同日　市各界代表和机关干部 2000 多人在白鹭洲广场举行"共倡文明礼仪,同迎中外宾客"主题活动启动仪式。

　　3—14 日　厦门卫视开辟全国人大政协两会特别节目。厦门卫视首次走进人民大会堂采访全国两会,并在北京开辟演播室,实现北京与厦门的互动,总计播发 38 条新闻。

　　5 日　据《厦门日报》报道,共青团厦门市委在全国首创自愿服务"夜市",组织自愿者利用晚上时间,巡回各重点工程工地,为建设者们提供各种急需服务。

　　6 日　厦门中山路被中宣部、中央文明办、国家发改委等 8 个单位联合授予全国"百城万店无假货先进单位"称号。全国获得该称号的共有 20 条示范街和 39 家示范店。

　　7 日　《厦门双十中学校本课程——闽南文化系列》首发仪式举行。该教材由中国文史出版社出版,是全省第一套以地方文化为主题内容的校本课程教材。

8 日　厦门市举行纪念三八国际妇女节 96 周年暨表彰大会。第六届"十佳外来女员工"等一批先进集体和个人受到表彰。

13 日　厦门电信小灵通用户突破 100 万户。

14 日　福建省政府在厦门金雁酒店举行颁奖典礼。歌仔戏《邵江海》获首届"中国戏剧奖",高甲戏演员吴晶晶获第 21 届中国戏剧"梅花奖"。

15 日　厦门岛第四条出岛通道,全长 8.53 公里的杏林大桥正式动工,建成后将成为厦门最长的跨海桥梁。

同日　厦门市"创建诚信一条街"活动启动仪式在禾祥西路举行,市有关领导为 50 户首批承诺商家,16 名商品质量巡查员授牌,颁发聘书。

19 日　由厦门旅游职专、商业学校、交通职专整合而成的厦门职业教育中心校和厦门华夏职业学院(搬迁)在集美文教区动工兴建。总投资近 4 亿元,一期占地约 600 亩,建成后将成为厦门最大职教基地。

21 日　厦门铁路公安处成立。该处隶属于南昌铁路公安局,负责厦、漳、泉、龙等地火车站及 790 多公里铁路沿线的安全保卫。

23 日　据《厦门晚报》报道:蓝德尔(厦门)生物技术有限公司成功开发并生产出世界第一个子宫颈癌快速自检试剂盒,产品已获国家专利,并取得生产许可证。

25 日　2006 年建发厦门国际马拉松暨全国马拉松锦标赛上午 8 时在会展中心鸣枪开跑,来自 39 个国家和地区的 2 万多名选手参加比赛。

28 日　市第 14 届归侨侨眷代表大会在华侨大厦举行,代表 298 名,列席代表 85 名。大会选举产生由 121 人组成的市侨联第 14 届委员会,陈联合续任会长。

30 日　据《厦门晚报》报道:市直机关和事业单位的 500 多辆公务车已安装 GPS 系统,通过该系统可以了解车辆出行信息,有利于提高车辆调度管理水平,控制公车私用。

同日　厦门市首次民族工作会议暨民族团结进步表彰大会召开。大会授予 5 个单位全市"民族团结进步先进集体"称号,16 人"民族团结进步先进个人"称号。

31 日　据《厦门日报》报道:日月谷温泉成为福建省首个荣膺国家 4A 级旅游景区的温泉风景区。

4 月

1 日　厦鼓轮渡票价由 3 元调至 8 元,成人、学生月票分别由 8 元和 4

元调至 12 元和 6 元。

同日　厦门市开征城市生活垃圾处理费,居民常住户每户每月 10 元,暂住人口每人每月 4 元。

同日　市公安局将思明、湖里辖区的巡警由市巡逻特警支队划到属地公安分局,以增加岛内路面见警率,将巡逻覆盖面扩大到全岛。

2 日　市政府与中国建设银行签订《支持厦门市"十一五"重点建设项目和企业发展合作协议》,建行将提供 500 亿元贷款,支持厦门市各项基础设施、重大片区开发、主导产业建设及优质重点企业。

4 日　厦门市首设高校贫困生资助金,专门资助突遇重大事故的高校贫困学生,每人资助金额在 5000～10000 元之间,每年 1 月、7 月申请。

6 日　厦门大学 85 周年校庆,中央电视台《同一首歌》走进校园。

同日　厦门大学建校 85 周年纪念大会在厦大建南大礼堂举行。全国人大、全国政协领导许嘉璐、张克辉、省、市领导以及诺贝尔奖获得者、两院院士、国内外大学校长、海内外校友、英法美等国驻华使节及厦大师生参加了庆典。

同日　市检察院反渎职侵权局成立。

7 日　高雄市中小企业协会厦门联络处在厦门总商会挂牌成立。这是台湾地区商会第一次在祖国大陆公开设立的联络机构。

8 日　鼓浪屿与长城、兵马俑、故宫、日月潭、香港等享誉世界的著名旅游城区、景点、景区一起入选"中国最值得外国人去的 50 个地方"。为了向世界各地的旅游者推荐中国优秀的旅游城区和景点,由《环球游》报社与全国 30 多家都市类媒体及各地旅游局联合发起了以"中华之行、魅力之旅"为主题的"中国最值得外国人去的 50 个地方"评选活动。据悉,这是国内第一次开展的,以外国游客为主要对象的旅游目的地评选活动。

同日　厦门台湾水果销售集散中心揭牌运营。这是经国台办正式定名,祖国大陆最大也是第一个台湾水果销售集散中心,将成为两岸水果和农副产品的畅通渠道、交易平台和中转站。至年底,已签约入驻及等待装修入驻的台商达 262 家。

8—11 日　第十届海峡两岸机械电子商品交易会暨厦门对台出口商品交易会开幕典礼在会展中心举行。本届台交会共吸引 46 个国家和地区的 19019 名专业客商参会,其中境外客商 4018 人。

12 日　全球 500 强企业之一的"中英人寿"获得中国保监会批准进入厦门,成为进入厦门的首家外资保险公司。

17 日　厦大化学和生命科学入选由教育部组织评选的首批 25 个国家

级试验教学示范中心。

同日　同安工业园区和翔安工业园区获国家发改委批复,正式成为省级开发区。

同日　由福建省亚热带植物研究所和湖里区政府联合创办的闽台花卉高科技园获专家组评审通过。该园总面积 230 亩,总投资 1.5 亿元。

17—21 日　国民党荣誉主席连战福建祖地行期间,厦门广电集团与中央电视台合作直播连战厦大行,对连战回乡祭祖仪式,参观游览鼓浪屿,与媒体见面会等活动进行了全方位报道。

18 日　厦门软件职业技术学院获准正式建校并纳入高考统招,该校为专科层次的民办普通高等职业学院。

同日　首届海沧保生慈济文化节在海沧青礁慈济宫举行,两岸 2000 多名信众共祭保生大帝。

同日　中国国民党荣誉主席连战率团莅厦访问。19 日,在厦门大学发表演讲,接受厦大授予名誉法学博士。

厦大授予连战名誉法学博士学位

20 日　本市 10 家二级以上公立医院的惠民病床投入使用,服务对象是具有厦门常住户口,持最低生活保障证、特困职工优惠证或特困残疾人优惠证的病患。

21 日　厦门口岸在全国率先安装"全球眼"——检验检疫远程视频监管系统。该系统有效地延伸了对进出口货物、出入境旅客的监管距离,对于实现口岸严密监管、通检提速具有重大意义。

22 日　福建省首个通过直选产生的居委会——思明区嘉莲街道龙山社区居委会正式挂牌,街道办事处的派出机构龙山社区事务工作站同时成立。此种议行分设的"一会一站"社区管理体制使居委会不再担负政府职能,真正成为群众性自治组织。

23 日　嘉庚体育馆落成并投入使用。该馆是厦门目前唯一按照国际化标准建设的体育场馆,设施达到国内一流水平。

25—28 日　由省妇联、省体育局主办,市妇联、市体育局承办的"海峡巾帼健身大赛"在嘉庚体育馆举行,全省各市和来自台、港、澳的近 900 名运动员参赛。

26 日　福建省首家知识产权转化基地——厦门知识产权产业化基地正式授牌。该基地位于海沧新阳工业区,总用地 11.15 万平方米,建筑面积 22 万平方米,总投资约 4 亿元,是一个以拥有自主知识产权项目为主体的孵化及产业化基地。

28 日　《厦门市国家助学贷款实施意见》公布,贫困大学生助学贷款每人每年不超过 6000 元,贷款期限一般不超过 10 年。

同日　厦门市茶叶协会成立,王贵卿当选为会长。据不完全统计,全市现有茶叶经营企业和茶叶店 6000 多家。

同日　厦门市职工医疗互助保障计划启动,在职职工每人每年向市总工会缴纳 50 元保障费,当患 11 种指定的特种重病时,可以获得 2 万元医疗互助保障金。

29 日　厦门市庆祝"五一"劳动节暨五一劳动奖状、奖章表彰大会在厦门软件园二期工地召开。这是首次在工地召开的表彰大会。获得全国、省、市三级"五一劳动奖状"和"五一劳动奖章"的个人和集体在会上受到表彰。

同日　厦门市首个"金包金"工程项目在何厝开工建设,项目占地 4.22 万平方米,总建筑面积 6.41 万平方米,预计投资 1.2 亿元。"金包金"工程旨在增加岛内失地农民的经济收入。

本月　福建省第一个全室内 220 千伏土地综合利用金榜变电站奠基开工。

5 月

1 日　厦门岛内第一条高架桥东渡路高架桥试通车。高架桥主线桥长 2340 米,双向四车道,标准宽度 18 米。

同日　今天起,鼓浪屿音乐厅"天天演"开始,厦门各高校在一周中以"流金岁月,鼓浪情怀"为主题,举行多场演出。

2 日　厦门市荣获由中宣部、司法部联合授予的"2001—2005 全国法制宣传教育先进城市"称号。

8 日　"两岸一家亲,慈善一起来"晚餐会在人民会堂举行,共募得善款 130 余万元,其中大部分将用于救治先天性心脏病贫困患儿。

同日　厦门台商投资企业协会与中国农业银行签署合作协议。未来五年内,农行将授权厦门分行向厦门台商协会优质会员企业及部分重点台资项目提供 300 亿元人民币的信贷支持。

同日　市中医院完成整体搬迁,位于江头的新院址正式开诊,结束了厦门岛东部地区没有三级医院的历史。

15 日　《厦门市公共场所禁止吸烟公告》发布。

16 日　市政府与厦门大学签订协议,将向厦大提供 1.2 亿元资金,用于"985 工程"二期建设。

17 日　厦门市首次参加太平洋沿岸国家海啸应急预警联合演习,检验预警系统反应能力。此次演习有 28 个国家和地区参加。

17—20 日　鼓浪屿—万石山风景名胜区管理委员会和《厦门日报》联合主办了第四届"美国音乐周",共举行 4 场音乐会,美国著名钢琴家巴里·斯奈德举行独奏音乐会,慰问"抗击台风的勇士"。

18 日　国家开发银行福建省分行在福州与四家在闽台资企业签订贷款协议,其中厦门市海峡交流中心基础设施和厦华电子工业园整体搬迁工程将获得国开行 14 亿元的贷款支持。

同日　为因应油价提高给部分公益性行业造成的影响,厦门市拨出 1500 万元专款补贴农业、渔业、公交、出租车等行业。

20 日　国务院公布首批国家级非物质文化遗产名录,厦门单独申报的答嘴鼓、漆线雕,以及与漳州共同申报的歌仔戏,与泉州共同申报的南音、高甲戏榜上有名。

同日　厦门机电集团有限公司和厦门轻工集团有限公司成立授牌仪式在厦门宾馆举行。这是厦门国有企业和企业国有资产重新整合的重大举措。两大集团国有资产共约 54 亿元。

21 日　厦门市首批社区心理咨询室在枋湖、内厝、上李、华福、深田等社区正式挂牌成立,有专业心理咨询师免费为居民提供服务。

22 日　晨 6:30—8:00 时,全市突降暴雨,过程雨量达 40～50 毫米,个别地方达到 60 毫米。

25 日　国务院公布第六批全国重点文物保护单位,陈化成墓、鼓浪屿近代建筑群、集美学村和厦门大学早期建筑、厦门破狱斗争旧址等四处入选。至此,全市共有全国重点文物保护单位 7 处。

30 日　厦门警方破获厦金航线迄今为止最大宗毒品走私案,两名涉案人员落网,缴获海洛因 825 克。

本月　面向海峡两岸和港澳台、东南亚的厦门市首届"闽南语原创歌曲大赛"正式启动,10 月 5 日中秋节前夕,举行最后决赛。

6 月

1 日　《厦门市交通事故简易程序快速处理办法》生效,发生在本市道路上,未造成人员伤亡,车辆损失 1 万元以内的交通事故适用此办法。厦门是全国首个实施这一事故处理模式的城市。

同日　鼓浪屿诗歌节开幕,由上海音乐学院、福建省文联、福建省音乐家协会、福建省艺术研究所、鼓浪屿—万石山风景名胜区管理委员会共同主办"郭祖荣音乐创作 60 周年、音乐教育 55 周年室内音乐会"。

同日　由市公交公司、特运集团、运发总公司、海峡出租车公司 4 家合并而成的厦门公交集团有限公司挂牌成立。公司总资产近 10 亿元,员工约 1 万人。

5 日　零点研究咨询集团公布《中国公众城市宜居指数 2006 年度报告》,宁波、厦门、成都位列宜居城市前三名。

6 日　厦门市公安局在全省成立第一支便衣警察队伍。由 50 名经特殊挑选的队员组成,平均年龄 24.5 岁,直接受市公安局指挥,任务是快速反应、打击突出犯罪。

11 日　根据中美等 8 国学者联手完成的首部《全球竞争力报告(2005—2006)》,厦门的综合竞争力排名全球第 90 位,在 22 个入选的中国城市中居第 12 位,在入选的中国大陆城市中排名第 8 位。

同日　经过省国家卫生城市检查团为期 3 天的实地检查,厦门市通过国家卫生城市省级复查。

14 日　据《厦门日报》报道:本市青年剧作家曾学文创作的歌仔戏《邵江海》荣获首届"中国戏剧奖·曹禺剧本奖",这是中国戏剧文学的最高奖。

同日　厦门市召开第十届精神文明建设表彰大会,一批在 2004—2005 年度涌现出来的精神文明建设先进单位和个人受到表彰。

17 日　为迎接第四届世界合唱比赛,宏泰集团所属厦门宏泰名典琴行作为比赛唯一指定乐器赞助商,耗资近 150 万人民币,从奥地利购进 97 键 9 英尺半的"蓓森朵芙"帝王大钢琴运抵厦门。同时还有 16 架星海牌 9 英尺半钢琴以及购自日本等地的电子管风琴、电子琴和架子鼓等,将无偿提供给合唱比赛使用。宏泰名典琴行还将一架价值 30 多万元人民币的星海牌钢琴捐赠给厦门六中。宏泰集团董事长曾琦博士希望让世界合唱爱好者见证厦门实力。宏泰集团还在宏泰中心建设一座高水准音乐厅,设立"中国民乐博物馆"。

23 日　厦门市和印尼泗水市结成友好城市签约仪式在印尼泗水举行。

7 月

10 日　由 30 多辆宣传车组成的商务部"品牌万里行"车队抵达厦门,在白鹭洲广场举办"品牌万里行·厦门行"活动启动仪式。

12 日　《2004—2005 年厦门文化体制改革和文化发展蓝皮书》举行首发式。这是厦门市和福建省历史上第一部关于文化体制改革和文化发展的蓝皮书。

15—26 日　由厦门市人民政府和国际文化交流基金会主办的第四届世界合唱比赛在厦门成功举办。国务委员陈至立出席大会并宣读胡锦涛主席的贺信。来自 80 个国家和地区的 400 支合唱团约 2 万名选手参加了这一国际艺术盛会。此次盛会,创下了八"最":(1)规模最大,参赛选手最多——有 80 多个国家和地区的 400 多个合唱团参加,其中外国团队 270 个,中国团队 140 个,参赛选手共约 2 万人。(2)规格最高——国家主席胡锦涛特地发来贺信,其他国家领导人和社会名流也纷纷致辞或题词,国务委员陈至立参加开幕式,并宣读胡锦涛主席贺信。(3)总合唱时间最长——演唱时间共达 11000 分钟,相当于 8 个昼夜不间断表演。(4)评委最多——评委会由 75 名国际著名音乐家组成,其中中国评委 26 名,来自德国、匈牙利、瑞典、中国厦门的 5 名专家担任艺术总监,德国、中国、俄罗斯等 58 个国家和地区的专家组成比赛执行委员会和咨询委员会。(5)合唱水准最高——演唱形式不拘一格,设置了 26 个比赛项目,几乎涵盖了所有的合唱类别,也允许加入特色表演。(6)投入使用的比赛场馆最多——比赛主会场面积达 12000 多平方米,观众席位 7140 个,其他分会场有 6 个。(7)创新机制、市场运作力度最大。(8)世界合唱奥林匹克理事会决定在鼓浪屿建立合唱艺术中心,作为世界各国合唱艺术家讲学的一个平台,各国合唱团和合唱艺术爱好者学习、交流和演出的一处基地,使厦门的合唱艺术事业与国际的合唱艺术事业更紧密地联系在一起。厦门市市长张昌平应邀担任世界合唱奥林匹克理事会名誉主席团成员,并被授予一块世界合唱比赛金牌。

17 日　上午,第四届世界合唱比赛文化墙揭幕。它矗立在音乐广场上,长 13.89 米,高 3.5 米,以花岗岩为材,抽象地雕塑了合唱团队,并留下参赛国家、地区和合唱队名字，获奖者名单，永久纪录下厦门与世界同唱的美妙时刻。李岚清题"心灵歌声　和谐旋律"，吴祖强题"促进合作发展，高歌和平友谊"。

18 日　百得（厦门）有限公司开业典礼在厦门出口加工区举行。这是世界 500 强企业美国百得集团在中国投资的首家企业，百得集团的五金和电动工具制造处于世界领先地位。

22 日　厦门环东海域综合整治建设首期工程举行开工典礼，清淤吹填、道路建设、跨海大桥三大工程同步启动。

26 日　《厦门市城市建设综合防灾规划》通过专家评审并由省建设厅批复。该规划综合了地震、台风、地质灾害等方面的内容，这在全国尚属首例。

27 日　厦门市公布首批医疗学科带头人名单，共 35 人，每人每月津贴 1 万元。医疗学科带头人委托卫生部组织专家评审确定，以后每年评审一次。

同日　中国民生银行厦门分行开业。

30 日　中共福建省委常委、厦门市委书记何立峰会见胡友义先生及其夫人，他代表厦门市委、厦门市政府对胡友义表示感谢："您为厦门做了一件大好事，您捐建的鼓浪屿钢琴博物馆，进一步夯实了鼓浪屿乃至厦门厚重的文化底蕴。"何立峰说："胡先生的义举十分感人，他捐献的每一架钢琴，都是一段历史，都是一件精美绝伦的艺术品。它们的价值难以用金钱来衡量，影响难以估量。胡先生独具匠心，为此倾注了极大的热情，付出了大量的心血。鼓浪屿钢琴博物馆的创立，使音乐的魅力和琴岛的风光巧妙地结合在一起，让人们的精神在艺术的熏陶中得到进一步升华。今后，我们将会把鼓浪屿这座音乐之岛建设得更加美好。"胡友义先生衷心感谢厦门给了他回报故乡的机会。他表示，今后还要为琴岛的建设继续作出贡献。

31 日　由中国儿童歌舞学会和思明区政府共同主办的 2006 年中华民族儿童歌舞周暨海峡两岸青少年艺术节在厦门举行，来自美国、意大利和港、澳、台以及内地 14 个省、区的 33 支参赛队 800 多名小演员为观众献上了 59 个精彩的舞蹈节目。艺术节于 8 月 5 日结束。

31 日—8 月 7 日　第三届鼓浪屿钢琴节暨全国青少年钢琴比赛在鼓浪屿风琴博物馆举行，由中国音乐家协会和鼓浪屿——万石山风景名胜区管理委员会共同主办。本届活动主打青少年牌，邀请最近在国际比赛中获奖的青年钢琴才俊、中国著名钢琴教育家举办音乐会和大师班，同时配套举办管风琴音乐会、室外钢琴秀等活动。在开幕式上，管风琴和钢琴重奏第一次在中国音乐会上奏响,澳大利亚著名钢琴家杰弗利·托萨和管风琴演奏家瑞思·博克用钢琴和管风琴,和谐地奏出了美妙的乐章;著名作曲家钟立民先生指挥鼓浪屿合唱团唱响了《鼓浪屿之波》。著名作曲家黄安伦为该赛事创作了钢琴协奏曲《鼓浪屿》,作为进入决赛选手必弹曲目。德国博兰斯勒钢琴总公司为本届钢琴节免费提供 11 架钢琴,其中 3 架九英尺三角博兰斯勒钢琴为独奏音乐会及决赛服务,8 架博兰斯勒"欧米勒"系列立式钢琴,提供给户外钢琴秀表演。

8 月

3 日　中国东方乐团在维也纳金色大厅举行东方交响音乐会,厦门市王天一古筝新筝教学中心主任、青年古筝家程似锦作为乐团的主要演员担当第一古筝演奏员,表现突出,获得好评。她演奏的《秧歌情》、《喜奔那达慕》、《红山魂》等曲目,委婉细腻,情曲交融。

4 日　由市文明办、市旅游局和厦门日报社等组织的"吉家家世界发现厦门最美乡村暨厦门十大最美乡村评选活动"揭晓,灌口镇、汤岸村(日月谷温泉度假村)、西坑村、寨后村(青龙寨)、小坪村、古宅村、小嶝村、五峰村、后村和新垵村当选"厦门十大最美乡村"。

5 日　市政府在国际旅游码头举行欢迎仪式,欢迎完成历时 10 个月环球海洋科考的"大洋一号"科考船返航。厦门有 2 位专家和 3 名研究生随船参加科考。

5—6 日　第二届海峡两岸大学校园歌手邀请赛在厦门举行。邀请赛以"唱响明天"为口号,由中华全国学生联合会主办,福建省学生联合会、台湾中华青年交流协会、厦门市学生联合会承办。经选拔,最后有来自两岸 42 所大学的 46 名(组)选手参加。

7 日　由中华全国青年联合会和厦门市人民政府主办,福建省青年联合会和厦门市青年联合会承办的首届两岸青年联欢节暨中华文化青年论坛在厦开幕。来自台湾的 1008 名青年和祖国大陆的 1000 多名青年欢聚鹭岛。

8 日　《台海》杂志创刊。该杂志由厦门日报社主办,是大陆第一本以市场化运作的专业涉台杂志。

9 日　国内首个灾害应急救援中心——厦门市灾害应急救援中心揭牌,6 支各有专长的应急救援突击队同时成立。

11 日　第四届世界合唱比赛纪念钟安放在"音乐之岛"鼓浪屿港仔后浴场休闲广场中央,作为和平与友谊的见证。这座由铜锡合金铸造的纪念钟高 1 米,口径 0.7 米,重 600 公斤,加上钟架重 1 吨。

17 日　国家发改委和商务部在北京召开国家汽车及零部件出口基地授牌大会,厦门等 8 个城市成为首批国家汽车及零部件出口基地,厦门金龙联合汽车有限公司、厦门金龙旅行车有限公司、厦门宏发电声有限公司成为首批国家汽车及零部件出口基地企业。

18 日　由厦门晚报社和北京世纪阅报馆共同主办的"历史的天空"——中国老报纸大型收藏展在华侨博物院开幕,展出了中国近代以来的老报纸、老期刊上千件,是新中国成立后国内规模最大、品位最高的报纸博览会。

19—20 日　厦门市文学艺术界联合会第八次代表大会开幕,大会选举产生了新一届委员会,舒婷当选为市文联主席。

20 日　晚 8 时许,集美发现白色不明飞行物,10 时许消失。

21 日　厦门市荣获由建设部颁发的中国人居环境水环境治理优秀范例城市奖。

23—24 日　厦门市环保和气象部门首次进行人工降雨除尘,获得成功,全市空气质量明显好转。

26 日　武汉理工大学厦门学院在集美文教区奠基,规划可招收全日制在校本科生 20000 人,计划 2007 年秋季招生。

9 月

1 日　全新改版后的海峡网试上线,新网址为 www. xmnn. cn。该网站是迄今为止福建省投资最大、设备最先进、功能最齐全的新闻综合网站,有望成为厦门门户网站。

2 日　"2006 年中国企业 500 强"发布,厦门建发、厦门国贸、厦门金龙、翔鹭石化、厦华电子等 5 家公司榜上有名。厦门另有 6 家企业名列中国制造业企业 500 强,13 家企业入选中国服务业企业 500 强。

同日　2006"厦门国贸杯"海峡两岸高校赛艇挑战赛暨北大——清华赛艇邀请赛在筼筜湖举行,集美大学以 8 分 37 秒的成绩夺得冠军,北大以 2 秒优势小胜清华。

同日　金龙联合汽车有限公司在灌南新厂区举行大金龙世界级生产基地全面启用暨第十万台客车下线仪式。

3 日　"火炬杯"厦门市首届十大杰出创业青年评选揭晓,他们是贾强、鲁加深、吴惠芳、李强、李小海、张和辉、庄振宁、龚少晖、王多祥、蔡远游。

6 日　大站快运公交线路开通,全线仅停 7 站。首设两条线路:厦大经轮渡至 SM 广场,火车站经海沧大桥、新阳大桥至杏林内茂。

同日　东坪山公园正式开放,5000 米长的登山步游道将 6 座山体串为一体。

7 日 厦门翔鹭国际大酒店开业。该酒店由中国翔鹭房地产公司投资兴建,是国内单体建筑内客房数量最多的酒店之一,也是福建省最大的酒店。

8—11 日 第十届中国国际投资贸易洽谈会在厦门举办。本次投洽会各成员单位共签订各类投资项目 1068 个,总投资金额 216.56 亿美元,利用外资 150.76 亿美元。

9 日 在台北举行的"2006 华人歌仔戏创作艺术节"揭幕仪式上,厦门卫视记者独家专访马英九,马英九表达了希望推动两岸交流及到厦门听歌仔戏的愿望。

10 日 联想手机工业园正式落户厦门火炬高新区信息光电园。该工业园最大年产可达 3000 万台。

16 日 国家语委正式确认厦门达到"一类城市语言文字工作达标城市"的标准。

18 日 厦门厦商农产品集团有限公司和厦门(中埔)蔬菜农副产品批发市场被商务部分别授予"全国百家大型农产品流通企业"和"全国百家大型农产品批发市场"称号。

20 日 厦大教授、中科院院士蔡启瑞、张乾二在福建省科学技术大会上被授予 2005 年度省科技重大贡献奖,每人奖金 50 万元。

23 日 中国科学院和厦门市人民政府签署《共建中国科学院城市环境研究所协议书》,中科院院长路甬祥和福建省、厦门市的领导出席签约仪式。

25 日 全球最大平板电视生产基地——厦华电子翔安工业园动工。该园占地面积 45 万平方米,总投资约 13 亿元人民币,年产量可达 800 万台至 1000 万台。

同日 厦门国际旅游客运码头举行盛大的台湾大甲镇澜宫妈祖接驾仪式,4000 多名台湾妈祖信众由厦门登陆转往莆田湄洲岛进香。

同日 由厦门开往安溪的车牌号为闽 DY5672 的大客车于 15 时许在 206 省道龙门隧道附近冲下悬崖,造成车内 4 人死亡,20 人不同程度受伤。

同日 中国红十字会第九次全国会员代表大会在京召开,厦门市红十字会副会长兼秘书长李明珠出席会议,被国家人事部、中国红十字会总会授予"全国红十字会系统先进工作者"。同时,在《中国红十字报》创刊 20 周年纪念表彰会上,李明珠荣获"十大宣传标兵",厦门市红十字会王爱霞获"好新闻"三等奖。

10 月

1 日　鼓浪屿首条夜间旅游线路正式向游客开放。该线路为菽庄花园至皓月园的沿海步行道,全长 1.9 公里,沿线有优美的岸线沙滩、天然礁石、古典园林、郑成功雕塑等景观,是鼓浪屿岛上天然资源最丰富的海岸线。

2 日　第四届海峡两岸闽南婚庆旅游文化节暨"爱在鹭岛,情系海峡"大型集体婚礼在人民会堂北广场举行,来自海峡两岸 99 对佳偶依闽南传统婚俗集体"拜堂"。

6 日　"海峡月·中华情"2006 年中央电视台中秋双语晚会在厦举行。

12—14 日　2006 年厦门国际海洋城市论坛开幕,30 多个国内外沿海城市市长及代表,13 个国际组织和国外政府部门代表就水资源利用等问题展开交流。

14 日　以"厦门、海洋、旅游、环保"为主题的第三届"海湾杯"厦门独木舟马拉松环岛大赛在海湾公园开赛。赛程全长 42 公里,共有国内外 18 支代表队参赛。

17 日　"银祥牌无公害猪肉"被农业部评为"2006 年中国名牌农产品"。这是福建省唯一荣获该称号的畜牧业产品。

同日　厦门金龙联合汽车工业有限公司的"KINGLONG"和夏新电子股份有限公司的"夏新"商标获"中国驰名商标"。

19—20 日　海峡两岸农业合作成果展览暨项目推介会在会展中心举行,来自全国 31 个省、市、自治区和台湾地区的客商共 4000 余人与会。

23—26 日　中共厦门市委第十届代表大会召开,会议提出坚持以科学发展观为统领,扎实推进新一轮跨越式发展的奋斗目标。会议选举产生了新一届市委领导班子,省委常委何立峰当选市委书记,张昌平、陈炳发、黄杰成当选副书记。

27 日　菲律宾总统阿罗约莅厦访问。

同日　厦门市第五中学迎来百年校庆,并举行大型庆典活动。

28 日　厦门市第一中学举行百年校庆庆典,国务委员陈至立和国家教育部等发来贺电。

同日　厦门市政府授权市民政局与人保财险厦门市分公司签订《厦门市农村住房统保协议》,政府每年为全市 221279 户农村住户的住房投保,每户 10 元,累计保险金额 22.12 亿元。

30 日　厦门海关破获了一起走私毒品案件,查获含有摇头丸、冰毒、氯胺酮的混合型毒品 10.8 公斤。

11 月

2 日 由民建中央、国家发改委和福建省人民政府联合举办的"2006 年非公有制经济发展论坛"在厦门举行。全国人大常委会副委员长、民建中央主席成思危等作专题演讲。本届论坛的主题是非公有制经济准入与企业自主创新。

5 日 晚 7 时 50 分,市公交公司一辆车牌号为闽 DY1096 的中巴因刹车失灵,在火车站路口斑马线撞到多名行人,造成 1 死 5 伤。

9 日 经省人大常委会第 26 次会议选举,厦门市市长张昌平被任命为福建省副省长。

同日 市公安局经侦支队破获一起福建省最大的伪造国家机关证件案以及厦门史上最大的假有奖定额发票案。

10 日 厦门广播电视集团新购置的移动卫星电视直播系统("动中通")通过技术测试,正式投入使用。这是亚洲第一个将"动中通卫星移动跟踪技术"应用于广播电视领域,是电视直播技术的一个重大突破。

11 日 世界银行公布中国 120 个城市投资环境评价报告,杭州、青岛、绍兴、苏州、厦门和烟台名列前六名。

15 日 厦门电光源生产科研基地在同安西柯 T5 项目工地举行开工典礼。该项目是国内目前最大的电光源基地,规划分四期建设,达产后产值将超 50 亿元。

同日 厦门市科学技术大会召开,对 2005 年市科技重大进步奖和 2006 年市科技进步奖的获奖单位和个人进行表彰。

17 日 腾龙芳烃年产 80 万吨 PX 项目及翔鹭石化年产 150 万吨 PTA 二期项目动工典礼在海沧举行。该项目总投资 108 亿元人民币,是厦门有史以来投资最多的工业项目,达产后总产值将达 800 亿元人民币。

18 日 中科院城市环境研究所在集美文教区举行奠基仪式。

21 日 为缓解持续两个多月的旱情,市气象部门实施人工增雨作业,全市普遍降雨,过程雨量达 50～60 毫米,旱情得以解除。

23 日 福建省重点工程 500 千伏海沧变电所正式启动送电。这是厦门第二个 500 千伏输变电项目。

25 日 厦门一中集美分校(原灌口中学)挂牌。该校将投资一亿元,在三年内创建一级达标校。

30 日 市红十字会召开红十字募捐箱管理工作表彰会,授予中国建设银行厦门市分行、厦门国际航空港集团有限公司等单位为"2003—2005 年红十字募捐箱管理先进单位",授予燕虹、陈湘荔等为"红十字募捐箱管理先进个人"。

本月下旬　中国红十字会彭珮云会长视察我市同安区大同街道东山村红十字会,并题词"办好红十字会,为建设社会主义新农村作贡献"。

12 月

1 日　厦门市首批 2 万套社会保障性住房开始发放申请表。国家建设部对此给予充分肯定。

同日　中国(厦门)品牌产品国际采购交易会在会展中心开幕,会期 3 天。

3 日　据《厦门日报》报道:中国建筑科学研究院等单位采取"房屋建筑圆弧曲线平移综合技术",将高 7 层、重 5000 吨的市检察院综合大楼平移 42 米(外圈 61 米),同时转体 45 度,其技术难度为国内外罕见。该栋大楼的成功挪移,比拆除重建节省资金近 800 万元,节省建设工期一年以上。

4 日　中国建设银行厦门分行获得由中共中央组织部和国资委党委授予的全国国企"四好"(政治素质好、经营业绩好、团结协作好、作风形象好)领导班子先进集体称号。全国 117 家国企获此殊荣,福建省仅有两家。

6 日　据《厦门日报》报道:《厦门市海洋环境保护规划》开始实施,这是全省首个区域海洋保护规划。

8 日　思明、集美、海沧、同安四区 90 多万选民投票直选 1282 名区、镇两级人大代表。

10 日　中共厦门市委农办、市农业局、市林业局实行合署办公。

13 日　在海口召开的 2006 年东亚海大会暨部长会议授予厦门市"PEMSEA 海岸带政府管理杰出成就金奖",这是大会授予的唯一金奖。

15 日　由市发改委主办的项目资金对接会"重大片区开发、重大民生项目金融专场"在人民会堂举行,推出 171 个项目,总投资 1142 亿元,其中 12 个项目成功融资 103 亿元。

16 日　厦门、漳州两地环保部门签订《开展"三联合"保护母亲河》行动宣言,力争早日使九龙江饮用水源地水质达到国家二类水质标准。

18 日　朱之文担任中共厦门大学党委书记。

19 日　好清香、黄则和、陈有香、南普陀等四家企业获商务部授予"中华老字号"牌匾。

同日　厦门市民间组织表彰暨经验交流会召开,全市已登记在册的民间组织共 1330 家。

20 日　集美大桥全线动工。大桥设计总长 8.483 公里,桥面宽 36 米,日通行能力 8 万辆。

同日　厦门市第二届"十佳爱民民警"颁奖晚会在白鹭洲广场举行,张飞海、黄国祥、卢庆林、陈达钦、王富伟、林屹岚、邱鹭瑛、陈雄志、王群武、张璜生获"十佳爱民民警"称号。

21 日　国内首家外商独资的液化天然气(LNG)燃机电厂项目在厦门市翔安区举行开工仪式。该电厂位于新店镇,由新加坡金鹰国际集团旗下的太平洋油气有限公司的独资子公司东亚电力(厦门)有限公司兴建、拥有,并经营管理。电厂总装机容量为 4 台 35 万千瓦燃气—蒸汽联合循环机组。一期工程安装 2 台出力为 39.3 万千瓦的燃气—蒸汽联合循环机组,投资 27.61 亿元,计划于 2009 年投产。

同日　厦门市第六批荣誉市民授证仪式在人民会堂举行,13 位华侨华人、港澳同胞及外国人士被授予"荣誉市民"称号。至此,已有 179 人被授予厦门市荣誉市民称号。

22 日　厦门大学举行国学研究院复办典礼。来自教育部、福建省、厦门市的领导和海内外著名高校、重要研究机构的国学研究专家代表及厦门大学领导、师生参加典礼。原厦门大学国学研究院成立于 1926 年,是继北京大学国学院、清华大学国学院之后成立的专门国学研究机构,不久因故停办。

同日　厦门经济特区建设 25 周年庆祝大会在人民会堂举行,中共中央政治局常委、全国政协主席贾庆林代表党中央、国务院出席庆典并作重要讲话。贾庆林指出,厦门要在推进又好又快发展中发挥带头带动作用,在推进自主创新中发挥示范表率作用,在社会主义和谐社会建设中发挥促进引领作用,在推进两岸关系中发挥桥梁纽带作用。

24 日　中共中央政治局常委、全国政协主席贾庆林到厦门广电中心视察。

25 日　龙厦铁路在厦门、漳州、龙岩三地同时动工。龙厦铁路全长 171 公里,总投资 64 亿元,预计 2010 年建成通车。

26 日　厦门市东部固体废弃物处理中心项目正式动工。该项目位于翔安区新圩镇白云飞林场,占地 207.07 万平方米,总投资超过 13 亿元,总库容 2000 万立方米,日处理垃圾 3000 吨以上,可使用 30 年。

同日　晚 20 时 26 分和 34 分,台湾南部海域先后发生 7.2 级和 6.4 级地震,本市震感明显。

本月　到 12 月底,厦门市农村 1425 个 20 户以上又通电的自然村全部实现广播电视"村村通",广播电视人口覆盖率达到 99.1%,位于全国前列。

2007 年

1 月

1 日　厦门书法广场暨罗丹雕塑在环岛路落成。

6 日　由厦门企业和企业家联合会、厦门日报社联合发起组织的厦门经济特区建设 25 周年突出贡献企业评选活动结束,颁奖晚会在人民会堂举行。厦门航空港集团等 25 家企业受到表彰。

8 日　全市首个三维城市地图正式投入运行,网址 www.3dxm.com。

9 日　从 2007 年春季开始,厦门将在全国率先对城镇义务教育阶段学生免除学杂费。

11 日　厦门漆线雕艺人蔡水况在

工艺美术大师蔡水况

第五届中国工艺美术大师表彰大会上获国家级工艺美术大师称号。

15 日　厦门海峡出租车公司所属 400 辆的士率先开通 e 通卡刷卡功能。

16 日　"福建最美的乡村"网上评选揭晓,共评出 10 个最美的乡村,翔安区吕塘村荣登榜首。

同日　省委常委、市委书记何立峰在悦华酒店会见由台中市议会议长张宏年、台中市议会副议长陈天汶率领的台中市议会厦门市市政考察团一行。

17 日　厦门与沈阳、昆明一道被评为新浪网 2006 年度风情城市,副市长郭振家前往北京领奖。

19 日　第二届中国旅游营销年会公布中国旅游竞争力排行榜,厦门与阳朔、深圳一道获"中国最具国际竞争力旅游城市"称号。

20 日　凌晨 4 时 40 分,南京籍货轮"顺强 698"在金门东南方向 25 海里处突然失火,救助单位立即出动直升机和救助船,11 名船员成功获救,大火也被扑灭。

24日 庆祝厦航荣获航空安全金鹰杯"三连冠"大会在厦门举行,中国民航总局局长杨元元出席大会并讲话。厦航作为中国民航获得航空安全最高奖励次数最多的航空公司,连续安全飞行已经达到 100 多万小时。

26日 全市见义勇为先进分子表彰大会召开,陈东阳等 7 人被授予 2005—2006 年度见义勇为先进分子称号,另有 2 个先进群体以及 1 个先进集体同时受到表彰。

本月 开办"两岸第一张电视讲台"——《两岸开讲》。栏目以"历史属于今天,人性照耀未来"为定位,以"集两岸名家名师,讲两岸人文历史"为内容诉求,先后邀请文化名人李敖、刘镛、王丰、张锦贵、陈丹清等开讲,形成一定影响。

2月

1日 厦门口岸在全国率先对涉台航线试行新的申报制度,未携带限制性进境物品、无疾病症状的出入境台胞和过往旅客允许走"绿色通道",实行"通检零等待"。

同日 厦门市工作汇报会在北京厦门商务会馆举行,王汉斌、彭珮云、张克辉、罗豪才以及其他在京的闽籍和在闽工作过的老领导、老同志出席。次日,中共中央政治局委员、书记处书记、中央组织部部长贺国强等领导同志会见了厦门市赴京汇报工作的有关人员。

5日 市委召开全市领导干部大会,省委副书记王三运、省委组织部部长于伟国出席,宣布刘赐贵任中共厦门市委委员、常委、副书记;同日,市十二届人大常委会举行第三十二次会议,决定任命刘赐贵为厦门市代市长,同意张昌平辞去市长职务。

6日 第二届全国先进基层检察院表彰大会在北京召开,湖里区检察院荣获"全国十佳基层检察院"称号。

7日 厦门入选由中央电视台等举办的"最受农民工欢迎十大城市",副市长叶重耕和农民工代表冯鸿昌出席在温州举行的"春暖2007"大型颁奖晚会。

8日 厦门建发房地产集团有限公司向市慈善总会捐赠 500 万元,设立助学基金,捐助家庭贫困的厦门市年度优秀高考生。这是厦门市迄今最大的一笔慈善助学资金。

同日 同安一中高二学生许晓燕和双十中学初二学生张徽懿从 7 万多名参赛者中脱颖而出,分获第九届全国新概念作文大赛 A 组一等奖和 B 组一等奖,许晓燕成为该组获一等奖唯一的福建学生。

9日 第二条厦金航道——五通码头至金门水头码头航道厦门段通过

竣工验收。

同日　全市地方志工作会议召开,正式启动第二轮修志任务。

11 日　台南优质水果首个大陆展销点落户厦门中埔水果批发市场。

13 日　厦门金龙联合汽车工业有限公司的"金龙客车"和厦门银鹭食品有限公司的"银鹭"上榜商务部 2006 年度"最具市场竞争力品牌"。

15 日　国内首个知识产权仲裁中心在厦门仲裁委员会成立。

16 日　身患重病的台胞魏建华搭载医疗救助包机由高崎国际机场直飞台北。这是两岸空中紧急医疗通道于 2006 年 6 月 27 日开通后由厦门直飞台湾的首架人道主义包机。

18 日　海沧石室禅院举行祈福撞钟活动,全国第四大钟——万福万寿和平钟于零时撞响。以后每年除夕都将举办此项活动,以示吉祥如意,祈求两岸和平。

20 日　2007 年厦门市春节元宵灯会正式亮灯,主会场设在白鹭洲音

石室禅院举行祈福撞钟活动

乐喷泉广场,禾祥西路、中山路、中山公园、海湾公园等处也有花灯布展,展出时间持续至 3 月 7 日。

22 日　第九届"迎新春,盼统一"厦金海峡公开水域冬泳活动暨冬泳比赛在厦举行,来自台湾、澳门和大陆数省的近千名冬泳好手参赛。

28 日　厦门市首批保障性租赁房 7639 个轮候号现场摇号随机产生。

同日　在北京举行的纪念三八国际妇女节 97 周年暨第六届中国十大女杰表彰大会上,厦门边检总站东渡站旅检九队获首届"全国十佳巾帼文明岗",成为全国公安系统唯一获此殊荣的单位。

3 月

3 日　"全民健身与奥运同行"2007 年厦门市万名老年人新春健步行活动在环岛路和岛外四个区同时举行,全市 2 万多名老年人参与。

同日　据《厦门日报》报道:松柏中学、厦门第十中学、北师大厦门海沧附属试验中学、湖滨中学晋升"福建省一级达标高中"。至此,厦门一级达标校已达 12 所。

4 日　以"跨越发展、和谐厦门、温馨湖里"为主题的 2007 年厦门第三届元宵民俗文化节的重头戏——两岸万人民俗踩街活动在江头台湾街开

幕。有 15 个方阵组成,其中有 8 个民俗表演方阵。

5 日　第二届"厦门市优秀中国特色社会主义建设者"表彰大会在厦门宾馆明宵厅举行,全市 50 位非公有制经济人士获得表彰。

同日　全市精神文明工作暨新一轮创建全国文明城市动员大会在人民会堂举行,省、市领导和各界群众 1000 多人出席。

同日　市第一农贸市场正式关闭,成为厦门"农改超"工作中首个关闭的农贸市场。

7 日　第六届世界苏姓恳亲大会暨苏颂学术研讨会在同安区人民会堂举行。

同日　厦门市消费者权益保护委员会聘请 10 位律师和专家组成"厦门市消费维权律师团",这在全国属首创。

同日　市司法鉴定人第一次代表大会召开,宣布全省首家司法鉴定人协会成立。

同日　晚 7 时 10 分左右,在同集路潘涂路口公交站,一辆大货车与公交车相撞后失控冲向候车人群,3 人当场身亡,另有 3 人受伤。

8 日　第七届中国厦门国际石材展开幕,来自 80 多个国家和地区的 4 万多名客商参展、参会,展会于 11 日闭幕。

10 日　北京福建企业商会厦门分会、厦门市工商联北京分会在京成立。全国政协副主席张克辉等领导参加了成立大会。

同日　横贯厦门岛东西的交通主干道仙岳路全线贯通。全长 12 公里,最宽路幅 12 车道。

14 日　厦门市公安局出入境管理处举行"全国文明窗口"和"全国巾帼文明岗"挂牌仪式。公安机关出入境管理部门获"全国文明窗口"称号的在福建省内仅此一家。

16 日　海沧港区 4~6 号深水泊位完工并举行庆典仪式。至此,该港区万吨级以上深水泊位达到 10 个,综合吞吐能力达 1200 万吨,集装箱吞吐能力近 100 万标箱。

同日　厦门文化艺术中心正式开馆。该中心包括图书馆、博物馆、美术

厦门文化艺术中心正式开馆

馆、文化馆和科技馆,总占地面积约 14 万平方米,总建筑面积约 13 万多平方米,是福建省最大的公共文化设施群。

17 日　同安大桥正式通车。该桥长 2520 米,宽 32 米。通车后,厦门岛和翔安之间的交通里程缩短约 15 公里。

18 日　国际奥委会回赠厦门现代奥林匹克之父顾拜旦头像雕塑揭幕仪式在市体育中心举行。

28 日　禾山枋湖社区居民苏辉明出资 5 万元,创立全市首个个人平安建设奖励基金,并举办首次颁奖会。

同日　市政协十一届一次会议召开,选举产生新一届市政协领导班子,主席陈修茂,副主席陈维钦、陈联合、陈耀中、庄威、郑兰荪、江曙霞(女)、桂其明、翁云雷。会议于 4 月 2 日闭幕。

29 日　第十六届国际马拉松和公路跑协会世界大会在厦门会展中心开幕,来自世界 34 个国家和地区的 50 多名代表参加。这是迄今在厦门举办的级别最高的国际体育会议。

同日　市十三届人大一次会议召开,选举产生新一届市人大常委会领导班子,主任何立峰,副主任杜明聪、曾国玲、苏文金、何清秋、陈昭扬、杨金兴、黄诗福。选举刘赐贵为市人民政府市长,丁国炎、詹沧洲、潘世建、黄菱、叶重耕、郭振家、裴金佳为副市长。会议于 4 月 3 日闭幕。

30 日　由文化部、省人民政府联合主办,国家非物质文化遗产保护中心、省文化厅以及厦、漳、泉三市政府共同承办的闽南文化生态保护工作研讨会在喜来登大酒店举行,国务委员陈至立出席并讲话。

31 日　2007 年建发厦门国际马拉松赛暨全国马拉松锦标赛在厦门举行,中国选手李柱宏获得男子全程冠军,成绩 2 小时 13 分 17 秒;辽宁选手朱晓琳获得女子全程冠军,成绩 2 小时 26 分 08 秒。

同日　厦门广电集团会同中央电视台对 2007 年厦门国际马拉松赛进行现场直播。本次直播实现传输和播出的全面数字化,并在国内首次使用"动中通"移动卫星直播系统,赛事直播更为丰富生动。

4 月

2 日　6 时 30 分左右,在沈海高速公路翔安段龙掘东加油站附近,两辆轿车、一辆大货车和一辆大客车发生连环相撞,造成 3 人死亡,10 人受伤。

4 日　21 时 30 分左右,一小货车在集美大桥在建工地冲入海中,2 人获救,4 人死亡。

同日　厦门空港首次起降两岸清明包机,当天对飞四个航班,上座率超过 95%。

同日　思明区地税局办税服务中心和思明区工商局注册管理科被全国妇联、中宣部等联合授予全国"巾帼文明岗"称号。

7 日　首届海峡两岸动漫展在厦门会展中心开幕,展期三天。

8 日　第十一届厦门对台进出口商品交易会暨海峡两岸机械电子商品交易会开幕,共有 700 多家企业参展,2 万多名客商与会,展位总数达 1670 个。展会于 11 日闭幕。

9 日　厦门园博园规划获美国风景园林师协会(AS1A)2007 年度分析与规划类荣誉奖,成为本年度中国唯一获得该奖的项目,也是迄今为止中国获得该类大奖的第二个项目。

厦门园博园风光

10 日　厦门市教育科学研究院成立。该院整合了原市教科所和市教育学院非学历教育培训机构。

11 日　省委常委、市委书记何立峰在厦门会见菲律宾前总统拉莫斯和夫人一行。拉莫斯在会见时说,厦门是唯一一个曾经有三位菲律宾总统到访过的中国城市,厦门和菲律宾友好往来具有悠久的历史渊源。

13 日　同安区"双高普九"顺利通过省级督导评估组验收。至此,全市 6 个区全部通过"双高普九",在全省设区市中第一个实现高水平、高质量普及九年义务教育的目标。

16 日　下午 5 时许,鼓浪屿附近海面出现海市蜃楼的奇异景观,一排排高大的"楼房"被雾缭绕着,好似腾空立在海面上。6 时 30 分左右,"楼房"逐渐消失在夜幕中。

18 日 第二届海沧保生济慈文化节在青礁济慈宫举行,全国政协副主席罗豪才、国家有关部门和省、市领导及 6000 多名海内外信众出席。

21 日 厦门首届和谐邻里节启动,活动持续两个月。

25 日 思明区个体劳动者协会台商分会成立,这在全国尚属首家。

27 日 首届厦门市非公有制企业招聘中共党员人才专场交流会在市人才市场举行,有近 60 家非公企业参加,推出各类职位 700 多个。

28 日 厦门市庆祝五一国际劳动节大会在人民会堂举行,一批先进集体和先进个人受到表彰。其中市总工会获全国五一劳动奖状,林露竹、冯鸿昌、刘群等获 2007 年全国五一劳动奖章,另有 25 人获福建省五一劳动奖章,14 家单位获福建省五一劳动奖状。

5 月

1 日 国际旅游码头专用通道举行试通车仪式。该通道由桥梁和隧道组成,其隧道总长 110 米,曲线半径仅 35 米,是国内转弯半径最小的隧道。

同日 厦门市首届来厦员工集体婚典在人民会堂下沉式广场举行,有 58 对新人参加。

同日 首届海峡两岸温馨之夜传灯祈福大法会在南普陀寺天王殿前广场举行,来自厦、金、澎三地的僧侣、信众 6000 余人参加。

6 日 晚 10 时左右,一辆车牌号为闽 EY0595 的大客车在沈海高速公路厦门出口处与一辆轿车发生碰撞,当场造成轿车内 3 人死亡。

9 日 辽宁省委常委、沈阳市委书记陈政高率领沈阳市党政代表团来厦进行招商引资。市长刘赐贵会见了沈阳市党政代表团一行。

12 日 厦门歌仔戏剧团创作排演的歌仔戏《邵江海》获国家戏曲界最高学术奖——中国戏曲学会奖。

同日 厦门市首个"公共财政服务日"活动在白鹭洲音乐喷泉广场举办,市财政局现场为企业和群众解答有关财政政策方面的疑问,办理相关服务事项。今后,每年五一假期之后的第一个星期六都将举办这一活动。

15 日 经福建省卫生厅审核批准,厦门市第一医院、厦门大学附属中山医院晋升三级甲等医院,厦门市第二医院、厦门市第三医院晋升三级乙等医院。

16 日 位于翔安区大帽山的新圩镇罗田村移动基站开通,标志着厦门移动"村村通"工程正式竣工。至此,厦门市率先在全省实现了 100% 自然村移动网络的全覆盖。

23 日 国家旅游局公布 66 家 5A 级旅游景区,厦门鼓浪屿风景名胜区成为首批国家级 5A 级旅游景区之一。

24 日　厦门漆线雕第十二代传人蔡水况入选文化部公示的首批国家级非物质文化遗产代表性传承人名单。

28 日　全市最大的门户网站厦门网经过近 5 个月试运行后正式开通,网址:www. xmnn. cn。

30 日　厦门市人民政府召开新闻发布会。副市长丁国炎代表市人民政府宣布:经市政府第五次常务会议研究,为了在更大范围内进行环境评估,决定暂缓建设海沧 PX 项目。

6 月

3 日　厦门市人民政府与中远集团签订推进海峡西岸经济区建设紧密合作协议,双方决定在码头建设、航运、物流以及船舶修造等领域建立全面的紧密合作关系。

4 日　国内首家生产汽车电动助力转向系统的企业——捷太格特转向系统(厦门)有限公司在海沧举行投产仪式,达产后产值将达 10 亿元。

9 日　厦门市在市文化艺术中心举办全国第二个"文化遗产日"宣传活动,并公布首批 26 个市级非物质文化遗产代表作。

10 日　全国首个文化生态保护区——闽南文化生态保护试验区获文化部授牌。该实验区将以厦门为中心,带动、引领、促进闽南文化传承与发展。

15 日　首次两岸端午节包机厦门航点启动。15 日和 19 日两天,厦门航点执行两岸对飞 8 个航班,共运载旅客 950 人次。

16 日　2007"嘉庚杯"、"敬贤杯"第二届海峡两岸龙舟赛在集美龙舟池举行,有 61 支龙舟队参赛,赛期两天。

同日　3 名女童在机场附近遭一名歹徒强暴。此事经媒体报道后,引起社会各界的强烈反响。市公安局刑警支队重案大队在湖里公安分局配合下成立专案组,对案件全力展开侦破。7 月 19 日,犯罪嫌疑人彭登在福州市被抓获。

22 日　"世界品牌实验室"在北京公布 2007 中国品牌 500 强名单,厦华、夏新、金龙客车、金旅客车、厦工、拼牌、翔鹭、万利达、银鹭等厦门品牌榜上有名。其中厦华排名 60 位,是福建第一品牌。

23 日　厦门大学资深教授邓子基从教 60 周年庆祝大会暨学术研讨会在会展中心国际会议厅举行。

26 日　全省首个未成年人检察室在思明区人民检察院挂牌,对未成年人犯罪不与成年人同案起诉,实行"捕、诉、防一体化"的审查模式。

28 日　晚 10 时许,翔安新圩镇一辆无牌照摩托车与一辆商务车相撞,摩托车上 4 名少年当场死亡。

29 日　厦门市首届和谐邻里节活动颁奖晚会举行,表彰了十大好邻居、十大好婆媳、十大文明楼院。

7 月

2 日　厦门快速公交系统建设指挥部办公室公布厦门市快速公交(BRT)规划建设方案,听取市民意见。计划在全市建设 12 条快速公交线路(其中一期建设 6 条),总长约 300 公里。这是市委、市政府破解"交通难"的重要举措。

3 日　厦门市首座人车两用型跨线桥——华荣路跨线桥全线建成并开放使用。

同日　厦门与兰州缔结为友好城市协议书在兰州签订。

5 日　"厦门新跨越·2007 十大民生建设项目评选颁奖晚会"在人民会堂举行。经市民投票评选,社会保障性住房项目、"金包银"工程、翔安隧道建设工程、环东海域综合整治建设工程、天竺山森林公园景区建设工程、园博园建设工程、城乡义务教育发展项目、文化艺术中心建设工程、岛内医院迁建和改扩建工程、同安工业集中区建设工程等获评"十大民生建设项目"。

8 日　中国文化传播中心厦门联络部成立。中国文化传播中心是国家对外文化交流的重要窗口,现任主席为袁伟民。

9 日　全省创建精神文明城市现场经验交流会在厦门举行。

同日　由于旧城改造的需要,创办于 1992 年的厦门最大的露天夜市——定安夜市正式关闭。

10 日　科技部公布全国 50 个产业集群试点名单,厦门火炬高新区光电显示产业集群名列其中。

13 日　中国工商银行股份有限公司与厦门港务控股集团有限公司签署全面合作框架协议,工行将在 5 年内提供不少于 100 亿元融资额度,支持厦门港大型港口项目建设与运营。

15 日　市第一医院成功为一名患巨颅畸形的 9 岁男孩实施颅腔重建全颅再造手术。这是我国完成的首例颅腔重建全颅再造手术,也是国内首例在临床上成功运用计算机三维仿真技术设计全颅再造。

同日　下午 2 时 27 分,市气象台纪录的气温达 39.20℃,创有气象数据纪录以来的最高纪录。

21 日　金门籍客轮"新金龙"号在胡里山炮台以南约 1000 米处海域因主机故障失控,经厦门海事局紧急施救,船上 54 名旅客被安全转运上岸。

25 日　厦门与韩国木浦市正式缔结为国际友好城市,签约仪式在木浦市举行。至此,厦门的国际友城已达 12 个。

本月　厦门广电集团录制的音乐纪录片《印象纳西》被列入文化部精选的 10 部最具代表中国文化特色、具有高艺术制作水准的优秀作品之一,翻译成 10 国语言向世界各国进行传播。

8 月

5 日　教育部、福建省政府和厦门市政府在福州签署协议,三方明确将大幅度增加对厦门大学的投入,共促厦大各项事业的发展。

7 日　厦门市人民政府与厦门大学签订战略合作框架协议,近期双方合作重点包括共建厦大新校区等。

8 日　同安工业集中区管委会举行揭牌仪式。经过 2 年多的开发建设,该集中区入驻企业已达 308 家,工人达 2 万余人。

10 日　海沧青礁慈济宫保生大帝神像首次直航巡游金门,12 日返回。金门、厦门两地均举行隆重的迎、接驾仪式。

同日　全球华人保险业盛会——“国际龙奖”年会在厦门会展中心开幕。11 日举行隆重的“龙之夜”颁奖典礼,梁国榕等 25 位来自全球各地的华人主管精英获得主管类白金奖,厦门平安人寿的叶云燕等 19 位杰出保险业务员获业务类白金奖。

14 日　经国家体育总局批准,厦门国际马拉松比赛时间改为每年 1 月的第一个星期六举行。

15 日　由市教育局和市台胞联谊会举办的首届海峡两岸百名中小学(职业学校)校长论坛在厦举行,主题是基础教育与职业教育课程改革与创新。

16 日　吕厝跨线桥试通车,吕厝路口通行能力至少提升 30%,缓解了嘉禾路的交通压力。

17 日　以中共天津市委书记张高丽为团长的天津市党政代表团来厦考察,省、市领导王三运、何立峰等陪同考察。

21 日　市政府召开新闻发布会,澄清 8 月 19 日由设在厦门的得得网发布的题为《台风“圣帕”袭击厦门,一大型网络公司 63 名员工集体失踪》的网络日记纯属捏造事实。其后,涉嫌造谣者苏某主动向公安机关投案,该网站被勒令停办。

23 日　第二届两岸青年联欢节闭幕式暨“海峡风·中华情”大型联欢会在嘉庚体育馆举行,来自全国 8 个省和台湾地区的约 3000 余名青年参加联欢活动。

28 日　曾厝垵海滩发现约 1 平方公里的油污带,会展中心外海亦发现长约 1500 米,宽约 5 米的油污带,海事和环保部门进行了及时清理。

29 日　为期三天的海峡两岸(厦门)农产品产销论坛在厦门开幕。该论坛由厦门市海峡两岸农业合作交流协会和台南县农会共同主办。

30 日　厦门市市政园林局依据《厦门经济特区养犬管理办法》有关规定,决定即日起禁止犬只进入市属公园,违反规定者,将由市行政执法局依法查处。

9 月

1 日　2007"金桥杯"海峡两岸高校赛艇挑战赛暨北大—清华赛艇邀请赛在筼筜湖举行,12 支高校赛艇队参赛,华南师大队夺得冠军,北大队战胜清华队。

同日　厦门旅游集散中心正式开业。该中心由厦门特运集团有限公司投资建立,是全省首家旅游综合性服务企业。

同日　中国企业联合会、中国企业家协会公布"2007 年中国企业 500 强"排行榜,建发、戴尔、厦门机电集团、国贸、金龙、象屿、翔鹭、华侨电子、夏商、明发等 10 家厦门企业入选。

4 日　市劳动和社会保障局公布 2007—2008 年度厦门市最低工资标准:思明、湖里、海沧为每人每月 750 元,集美、同安、翔安为每人每月 700 元。新标准从 8 月 1 日起执行。

6 日　软件园二期动漫摄影棚正式建成。该项目总投资约 2500 万元,占地 500 平方米,是迄今为止亚洲最大动漫摄影棚。

同日　嵩屿集装箱码头一期工程举行投产庆典。这个海峡西岸最高等级的集装箱深水装卸作业区的投产,将为厦门港年增加 180 万标箱的集装箱吞吐能力。该工程由马士基集团与厦门港务控股集团共同投资 32 亿元,双方各持股 50%,为福建省重点建设项目。国务院副总理吴仪出席庆典仪式。

同日　由国家旅游局和福建省人民政府主办的第三届海峡旅游博览会开幕式在厦门会展中心举行,中共中央政治局委员、国务院副总理吴仪出席。会议至 11 日结束。

7 日　厦门市歌仔戏剧团的歌仔戏《邵江海》和厦门作家赖妙宽的长篇小说《天堂没有路标》分别获全国第十届精神文明建设"五个一工程"戏曲类优秀作品奖和文艺图书类入选作品奖。

8—11 日　第十一届中国国际投资贸易洽谈会在厦门会展中心举行,国务院副总理吴仪、全国政协副主席张克辉以及拉脱维亚、马其顿、巴巴多斯等国家的政府首脑和近万名境外客商与会。本届投洽会共签订投资项目

1070 个,总投资金额 229.9 亿美元,利用外资 190.1 亿美元。

9 日　全球排名前三位的液晶显示器制造商友达光电厦门制造基地在火炬(翔安)产业区举行开幕典礼。

10 日　厦门市庆祝教师节暨表彰大会在人民会堂举行,市委、市政府对全市 40 名中小学优秀教师和优秀校长给予表彰,每人一次性奖励 2 万元,每月津贴 100 元,连发 3 年。540 名年度市优秀教育工作者也在会上受到表彰。

14 日　第六届海峡两岸知识大赛在厦门结束,厦门大学获得第一名。这是该赛事首次在厦门举办。

同日　第五批厦门市拔尖人才表彰大会在厦门宾馆召开,王炎等 75 人被市委、市政府授予市拔尖人才称号,有关待遇享受 3 年。

同日　台湾第一尊肉身菩萨——慈航菩萨圣像在 268 位台湾佛教界人士护送下,经厦金航线抵厦。数千名两岸信众在南普陀寺举办慈航菩萨回归祖庭暨海峡两岸和平发展祈福大法会。

15 日　厦门市举行首次隧道灾情应急处置演练。

18 日　福建省首家台资中医诊所——文彬中医诊所在思明区开业。该诊所为痛风专科诊所,创办者是台湾岛内中医专家张君逸。

同日　厦门市文明市民林静瑞获"全国道德模范"之"孝老爱亲模范"提名奖,在京受到胡锦涛总书记的接见。

同日　世界越柬寮华人团体联合会第三届会员代表大会在厦开幕,来自 20 个国家的近千名越柬寮华侨华人和归侨代表参加。

20 日　在第五个全国公民道德宣传日活动中,市文明办、市总工会、团市委、市妇联联合对全市 20 位道德模范和 10 位杰出母亲进行表彰。

21 日　海峡两岸民间艺术节在文化艺术中心开幕。艺术节由中华文化联谊会、厦门市人民政府和省文化厅共同主办,历时 4 天。

23 日　由建设部和厦门市联合举办的第六届中国(厦门)国际园林花卉博览会开幕。本届园博会以"和谐共存·传承发展"为主题。园区规划面积 6.76 平方公里,共有国内外 73 个城市参展,是历届参展城市最多的园博会。

24 日　第三十五届国际光谱会议在厦门人民会堂开幕,来自 40 多个国家和地区的 600 多名科学家与会。

同日　思明区召开新闻发布会,2007 年第三届中国中小城市科学发展测评结果揭晓,思明区位居 2007 年度中国中小城市综合实力百强 17 名,在福建四个上榜城市中名列第一。

27 日　天竺山森林公园获国家 4A 级景区称号。

28 日　第二届海峡两岸客家高峰论坛在厦门举行,全国人大常委会副委员长许嘉璐等领导以及 300 多名两岸客家乡亲参加。

同日　厦门(新)站片区开发建设工程举行开工典礼。厦门新火车站位于集美后溪镇,是沿海快速铁路通道的重要客站,也是厦门铁路枢纽的主客站。工程包括新火车站综合交通枢纽和综合服务区,规划建设用地面积约 5.5 平方公里,总投资逾百亿元。

29 日　中共厦门大学第九次代表大会召开,朱之文当选为厦大党委书记。

本月　在中国文献纪录片 20 年(1986—2009)评选中,厦门广电集团报送的《陈嘉庚》荣获十大精品奖。评论认为,该片以重大历史事件为背景来刻画陈嘉庚先生,是迄今为止反映陈嘉庚先生最成功的影视作品。

10 月

1 日　金山小区举行升国旗仪式,有 100 多位居民参加。居民小区举行升国旗仪式在厦门尚属首次。

同日　厦门市首届城市放松节在五缘湾开幕,由五缘湾片区开发建设总指挥部、厦门晚报社等共同举办的这一活动包括了多项娱乐休闲项目。

2 日　厦门举办花车巡游活动,22 辆花车和 23 个表演方阵从白鹭洲出发并首次将巡游路线延伸到全市各行政区。

14 日　由商务部和广东省政府主办,厦门市政府协办的第 102 届广交会开幕招待会在广州东方宾馆举行。市长刘赐贵出席并致辞,来自海内外的 500 名嘉宾出席。

15 日　由文化部主办,厦门市政府协办的第四届中国国际钢琴比赛在厦门开赛。经过为期 10 天的比赛,中国 17 岁选手张昊辰获得冠军。

17 日　莱索托王国首相帕卡利塔·莫西西利一行来厦访问。市长刘赐贵在悦华酒店会见并宴请莱索托客人。

23 日　厦门市政府港澳事务办公室正式挂牌,该办公室加挂在市外事办。

24 日　纽约时间 9 时 30 分,厦门东南融通股份有限公司股票在纽约证交所上市。这是厦门第一家在美国上市的本土企业。

25 日　市政府举行全市环卫工人节庆祝大会。大会表彰了 2007 年度"十佳城市美容师"和市容环卫管理先进工作者。

26 日　第三届海峡两岸图书交易会在厦门会展中心开幕。在为期 6 天的交易会上,共有 286 家大陆出版单位和 459 家台湾出版单位参展,参展图书 20 万种 110.5 万册。

11 月

1 日　厦门市《关于破解"就学难"促进教育事业又好又快发展的若干意见》及实施细则出台。包括新建、扩建 61 所学校,新增学位 4.7 万个,3 年内投入 13 亿元等内容。

同日　厦门市出台《关于改革和发展医疗卫生事业,破解人民群众"就医难"的决定》及相关配套文件,在全国首建城乡一体的"大医保"体系。

2 日　为期 5 天的 2007 年厦门国际海洋周开幕,主要活动由国际海洋论坛和海洋文化活动两部分组成。

6 日　以省委常委、市委书记何立峰为团长的厦门市党政代表团一行赴江西赣州考察,两市签订《关于加强"海西"建设,进一步推进区域合作的协议》。

7 日　厦门火车站开行首部双层列车。N536 次厦门—三明旅客列车原来开行的是普通列车,改为双层空调列车后,票价仍和普通列车相同。这也是福建省第一部双层列车。

8 日　厦门、龙岩两市党政领导联席会议在龙岩召开,厦门市市长刘赐贵和龙岩市市长雷春美代表两市签订《关于进一步开展山海协作的协议》。根据协议,两市将在今后的五年内进一步密切经济、文化等各方面协作。

9 日　中国 30 个省区市和 41 个城市和谐发展指数发布,厦门以 78.72 分在 41 个城市中排名第二,深圳排名第一。

15 日　由省、市总工会共同举办的海峡两岸职工文化节在翔鹭大酒店开幕,文化节包括企业文化论坛等多项活动。

16 日　海峡两岸消化论坛在金雁酒店举行,500 余位大陆及港澳台医疗专家参加,其中有顶尖级专家 40 余人。

18 日　第三届全国中国画展在厦门美术馆开幕。

同日　厦门移动公司手机用户突破 200 万户。

同日　在北京举行的中外跨国公司 CEO 圆桌会议上,厦门荣膺 2007 年度"跨国公司最佳投资的中国城市"。副省级城市仅深圳、厦门入选。

20 日　共青团厦门市第十六次代表大会举行,许毅青当选新一届团市委书记。

同日　厦门歌仔戏剧团创作排演的优秀剧目《邵江海》在于湖北宜昌举行的第八届中国艺术节上获国家舞台艺术最高奖——第十二届文华大奖。同时,还获得 6 个文华单项奖。

22 日　厦深铁路厦门段开工,预计 2011 年底建成通车,届时厦门至深圳只需运行 3 小时。

同日　市长刘赐贵会见并宴请来访的韩国光阳市市长李圣雄一行,双方签署两市友好交流协议书。

23 日　厦门奥林匹克网球中心和厦门奥林匹克博物馆正式落成。国际奥委会副主席猪谷千春、厦门市市长刘赐贵和国际奥委会委员、国际拳击联合会主席吴经国参加揭幕仪式。

26 日　在中国国家主席胡锦涛及法国总统萨科齐的共同见证下,厦门市与法国达飞海运集团、香港新创建集团在北京人民大会堂举行厦门海沧港区开发战略合作协议签约仪式。厦门市市长刘赐贵与法国达飞集团 Jacques R. saade 主席、香港新创建集团郑家纯总裁分别代表三方进行签约。

29 日　国家统计局厦门调查队成立,为国家统计局派出机构,独立行使统计调查、监督的职能。

同日　经民政部批准,湖里区成为全国社会工作人才队伍建设综合试点先行区,全国共 75 个县、市(区)获批,福建仅湖里区一家。

12 月

本月初　厦门大学博学工作站红十字志愿者服务队成立。

3 日　据零点研究咨询集团发布的“2007 零点中国公众城市宜居指数”,厦门市名列宜居排行榜首位。

4 日　厦门市志愿者联合会成立,林明鑫当选为会长。全市各类志愿者人数已超过 22 万名。

5 日　厦门市重点区域(海沧南部地区)环评报告公布。厦门市人民政府和中国环境科学研究院联合召开新闻发布会,向媒体通报了环评进展情况,并接受社会公众通过各种途径反映意见建议。13 日和 14 日先后举行两场公众参与座谈会,由 43 名市、区两级人大代表、政协委员和 50 名经摇号产生的市民代表参加。

8 日　厦门卫视与台湾中天电视台联播推出台胞返乡探亲 20 周年特别节目《守·望》。通过跨越海峡两岸 5 座城市 3 个家庭失散多年亲人的视频对话,展现分隔两岸亲人的生存状态。这是两岸媒体第一次以卫星电视连线的方式,进行电视直播,完成了两岸电视制播技术上的新突破。

9 日　厦门舫阳汽车运输有限公司司机王贯中在驾驶的大巴车行至深圳华岗地界时,因与盗旅客财物的歹徒搏斗,英勇牺牲。

10 日　零时许,一摩托车在同南路汀溪镇隘头村路段与满载民用炸药的大货车相撞,摩托车驾驶员当场死亡,随后汽车起火,引发剧烈爆炸,幸未造成其他人员伤亡。

12 日　集美台商投资区成立 15 周年暨杏林台商投资区成立 18 周年庆祝大会在集美福南堂举行。何立峰、刘赐贵等厦门市领导,海峡两岸关系协会副会长张铭清及台商代表等约 1000 人出席了庆祝大会。

15 日　市红十字会协同中国民生银行举办第三届"民生银行杯"中华名人高尔夫球慈善邀请赛颁奖晚餐会,募集善款。

16 日　澳门厦门联谊总会成立并举行首届理监事就职典礼,市委副书记、市长刘赐贵率厦门市庆贺团前往澳门庆贺。澳门特别行政区行政长官何厚铧等出席庆典。

同日　厦门市诚信促进会成立,汪兴裕任会长,何立峰、刘赐贵、陈修茂任名誉会长。

17 日　厦门歌舞剧院排演的音乐话剧《雁叫长空》获第十届中国戏剧节最高奖项"优秀剧目奖"。

同日　香港厦门联谊总会举行第八届理监事就职典礼。市长刘赐贵率厦门市庆贺团抵港庆贺。中央政府驻港联络办公室副主任黎桂康,香港特别行政区政府民政事务局局长曾德成,台中市市长胡志强等出席就职典礼。

18 日　为检验处置突发电力公共事件的能力,全市首次举行大面积停电联合实战演练。从即日起,分别在机场、车站、医院、生产企业、商场等一些重点单位、场所进行停电实战演练,演练持续了 10 天。

19 日　《人民日报》发表记者朱竞若、蒋升阳的文章《厦门 PX 项目续建、停建还是缓建》,引起社会各界和市民的广泛关注。

同日　厦门市第七例造血干细胞捐献者许朝霖完成捐献顺利返乡。至此,厦门市共进行"造干"再动员 82 人。

同日　厦门市社会福利中心改扩建工程举行奠基开工典礼,项目总投资约 1.1 亿元,建成后将有 1200 张床位,集孤残儿童养教和孤寡老人托养于一体。

同日　市政府在厦门宾馆明宵厅举行"侯昌财慈善基金"捐赠仪式。源昌集团董事长侯昌财正式向市慈善总会捐赠人民币 3000 万元,这是厦门市迄今最大一笔慈善捐赠。

20 日　经过 9 个月的艰难施工,翔安隧道成功穿越海平面 40 米下的五通端服务隧道 F1 风化槽,破解了被专家称为世界级的工程难题,为隧道全线贯通奠定了基础。

21 日　市总商会发布《厦门市民营经济发展报告(2001—2006)》,这是厦门市第一部研究民营经济的专题报告。

23 日　新加坡新科宇航有限公司与厦门航空工业有限公司飞机发动机维修项目签约仪式在悦华酒店举行。该项目落户厦门,将填补厦门飞机发动机大修服务领域的空白,进一步延伸和完善了航空工业的产业链。

28 日　泉厦高速公路扩建工程厦门段正式动工。该段工程起于原有线路小盈岭,终于杏林,总长 36.236 公里,预计投资 25.3 亿元。

29 日　湖里区举行建区 20 周年庆祝大会暨行政中心迁入枋湖新址仪式。

2008 年

1 月

1 日　"永无止境"奔马群雕揭幕仪式在观音山海滨旅游休闲区举行。这组群雕由 33 匹骏马组成,是厦门市体量最大的户外群雕。

同日　第四届"龙凤呈祥"维纳斯皇宫盛大集体婚礼在同安影视城举行,共 2008 对新婚和爱侣夫妻参加,其中新婚夫妻 1700 多对。

同日　厦门大学纪念恢复高考 30 周年大会在建南大礼堂隆重举行,1558 位厦大七七、七八级毕业生回校参加纪念活动。

同日　由市文明委、市劳动与社会保障局、市总工会等单位联合举办的首届厦门打工节在市总工会进城务工人员服务中心开幕。这次打工节活动时间一直延续到春节后。打工节除了举办大型文艺演出外,还评选"打工者最信赖的十佳雇主"和"十大打工先锋",开展宣传咨询活动,为来厦务工人员提供就业、培训、维权等方面的服务。

4 日　全国双拥模范城(县)命名表彰大会在北京召开,厦门市荣获全国双拥模范城"六连冠"。

5 日　2008 建发国际马拉松赛暨全国马拉松锦标赛在厦门举行,男子第一、二名被肯尼亚选手包揽,中国选手邓海洋获得第三名;中国女选手张莹莹和白雪分获第一、二名。

9 日　中国邮政储蓄银行厦门分行成立。

10 日　《厦门市重点区域(海沧南部地区)功能定位与空间布局环境影响评价》专题报告专家审查会召开,来自国家环保总局、中石化、中科院、厦门大学等单位的 6 名院士和 8 位著名专家出席会议。经审查,专家们认为环评报告基本符合规划环评的要求,评价结论科学、公正、客观,总体可信。同时也针对环评内容中存在的问题,提出了补充和修改意见。

同日　厦门市建安慈善基金会成立。该基金会由民营企业厦门建安集团有限公司发起成立,并出资 200 万元作为首笔基金。

15 日 由厦门市政府和香港贸发局共同举办的厦门——香港首届物流业合作论坛在厦门举行。论坛主要介绍厦门物流业最新规划、政策和发展思路,香港电子物流营运模式前瞻,以及中国民营物流企业发展经验等。厦港两地 250 多家物流企业及闽粤赣十三市经济协作区的代表参加论坛。

16 日 高崎冻品畜禽蛋批发市场正式开业。该批发市场占地 3.86 万平方米,隶属夏商农产品集团有限公司,是福建省首家冻品批发市场。

21—24 日 由文化部、教育部和福建省人民政府共同组办,省文化厅、教育厅和厦门市政府承办的第二届中国少年儿童合唱节在厦门举行,来自全国 26 个省、自治区和直辖市的 31 支少儿合唱团约 1500 人参加。

25 日 厦门市非物质文化遗产保护中心在市文化艺术中心成立,文化部及省、市有关领导出席揭牌仪式。

27 日 厦门市工作汇报会在北京市厦门商务会馆召开,国务委员陈至立,全国政协副主席罗豪才、张克辉等 80 余人应邀出席。市领导何立峰、刘赐贵等汇报了厦门市过去一年的工作情况和新一年工作思路。

29 日 厦门一中集美分校改扩建工程开工。市、区两级政府为该项目投资 1.3 亿元,创厦门市有史以来财政资金一次性投入中小学基础设施建设之最。

同日 夏商杯 2007"感动厦门"十大人物颁奖晚会在厦门日报社举行,经群众票选和专家评委会评选,苏辉明、王贯中、洪炳坤、侯昌财、叶超群、杨木华、叶章旺、冯鸿昌、黄美德、张巧妮、彭军和市第一医院重症医学科护理队的白衣天使等当选。

30 日 市政府在厦门火车站成立 2008 春运应急指挥中心,以应对因南方罕见冰冻雪灾造成多趟列车取消或延误,大量旅客滞留车站的问题。此前,已在梧村小学等处设立滞留旅客临时安置点。

2 月

1 日 厦门市新型社区医疗服务网络正式启动,19 个社区医疗服务中心和 21 个社区公共卫生服务中心挂牌。医疗服务中心由全市 4 家三级医院接管,对医保患者提供优惠医疗服务。

5 日 厦门首份手机报面世。该报由厦门日报社和厦门移动通信公司联手打造,以彩信形式发送,每日分早晚两次发布。

11 日 厦门奥林匹克博物馆开馆。该博物馆是由国际奥委会和中国奥委会批准成立的中国第一家奥林匹克专题博物馆,也是国际奥林匹克博物馆联盟十二家成员之一。

26 日　中国红十字会会长彭珮云莅厦检查指导厦门市红十字会工作。

27 日　厦门建发房地产集团有限公司向市慈善总会捐赠人民币 2000 万元仪式在海滨大厦举行。

29 日　"海峡情融坚冰"2008 厦门台商协会赈济雪灾慈善之夜晚会在市人民会堂举行,83 家台资企业共向灾区捐赠 569.6 万元人民币。

同日　中共厦门市委、市政府召开表彰大会,给予 2007 年厦门市科学技术重大贡献奖获得者焦念志、吴冲浒每人 50 万元奖金。大会还表彰了 2007 年厦门市科学技术进步奖获奖项目,以及获得 2007 年中国名牌产品、中国驰名商标称号的企业。

本月　厦门金日制药有限公司的金日图形商标,厦门明发集团有限公司明发图形商标,厦门舫昌佛具有限公司梅春图形商标获国家工商总局认定为中国驰名商标。至此,厦门经国家工商总局认定的中国驰名商标已达 16 件。

3 月

1 日　湖里区志愿者联合会成立暨 2008 学雷锋创文明月启动仪式在该区行政中心大楼前广场举行。湖里区志愿者联合会是厦门市第一个区级志愿者联合会。

2 日　中远集团厦门远洋运输公司向厦门爱乐乐团捐赠人民币 300 万元。

5 日　市文明办等在育秀中心广场举行"四德建设同参与,共建文明迎奥运"主题活动启动仪式。这项活动旨在倡导社会公德、职业道德、家庭美德、个人品德建设,推动厦门市新一轮全国文明城市创建工作,以良好的形象迎接北京奥运会召开。

6—9 日　第八届中国厦门国际石材展在国际会展中心举办。展会面积 7.5 万平方米,设置标准展位 4000 个,参展企业超过 1000 家,其规模在世界上仅次于意大利维罗纳国际石材展和德国纽伦堡石材展。

10 日　市政府颁布《厦门市企事业单位人才住房管理暂行办法》。该《办法》规定,厦门市每年将提供一定数量的住房,供符合条件的人才购买或租赁,人才住房的售价与社会保障性住房相同,而申请租赁则由政府给予 60% 的租金补助。

11 日　市消费者权益保护委员会人民调解委员会行业专家顾问团成立。首批受聘的 12 名行业专家来自食品药品监管、卫生监督、旅游质监等行政职能部门,以及美容美发、珠宝检测等相关行业协会,涵盖当前消费投诉集中的热点领域。他们将利用自身的专业知识协助开展消费维权工作。

12 日　厦门市 2008 年全民义务植树活动在天竺山森林公园进行,市领导、驻军官兵及各界市民代表共 2000 人植下 2008 棵奥运心愿树。

18 日　第七届"中国土木工程詹天佑奖"颁奖仪式在北京举行,厦门海沧大桥成为福建省首个获"詹天佑奖"的工程项目。海沧大桥采用三跨全漂浮钢箱梁悬索桥设计施工新技术,代表中国建桥最高成就。

19 日　2008 年福建省(厦门)创业投资对接会在国家会计学院举行,来自省直相关单位及各设区市的经贸主管部门领导,63 家创业投资企业,24 家中介机构和 160 多家创业企业的代表参加对接会。

20 日　厦门海投房地产有限公司开发的"未来海岸浪琴湾"获得首届"广厦奖"。该奖由建设部住宅产业促进中心与中国房地产业协会联合评审,侧重评选普通商品房与民用住宅,是中国房地产民用建筑领域最高的荣誉奖项。

26 日　第六届外经贸服务日在厦门人民会堂举办,来自厦、漳、泉等地区的 5000 多家企业派员参加。外经贸服务日是借鉴香港的"中小企业市场推广日"的成功实践而举办的,由专家学者和主管外经贸的政府官员宣讲、解读有关政策并接受企业咨询。

4 月

2 日　厦门市首次组织集体海葬活动,31 位逝者的骨灰依次被撒入鼓浪屿与漳州南太武山之间的深水海域。此次主题为"骨灰撒向海,回归大自然"的集体海葬活动是由市殡葬管理处和市殡仪服务中心组织的。

3 日　全国造林绿化表彰大会在京召开,厦门市被授予全国绿化模范城市称号。厦门市现有林地 101 万亩,森林覆盖率 43%,建成区绿化覆盖率 36.34%,形成了总量适宜、分布合理、植物多样、景观优美的生态城市绿地系统。

厦门大学航空系挂牌复办

6 日　停办 57 年之久的厦门大学航空系挂牌复办。该系设航空机械和航空电子 2 个专业。厦大航空系创办于 1944 年,1951 年并入清华大学航空系。

8—11 日　第十二届海峡两岸机械电子商品交易会暨厦门对台进出口商品交易会在国际会展中心举行,共有 715 家企业参展,展览面积 4 万平方米,设标准国际展位 1810 个,与会专业客商 27815 名。

9 日　厦门人陈曦租用一架小型飞机,在美国旧金山奥运火炬传递路线的上空拉出"TIBET WILL ALWAYS BE A PART OF CHINA"(西藏永远是中国的一部分)的横幅,引起了全球华人的关注。

10 日　杏林湾商务营运中心举行开工典礼。该中心规划占地面积 12 万平方米,计划建设 9 幢现代化高层建筑,(包括 1 幢高 249 米的超高写字楼)总投资约 30 亿元。

12 日　第四届"大洲杯"厦门(思明)国际风筝节在观音山海滨举行,来自美国、日本、澳大利亚、马来西亚和中国台北、香港、澳门、潍坊、北京、阳江等近 30 支队伍参与角逐,数万市民前往参观。

同日　厦门绿家园 800 多户业主率先领取"房屋维修资金专用卡"。此卡不仅可以查询小区公共维修基金的使用情况,也可以用于储蓄、消费,还能作为业主身份识别卡,在选举、投票时防止作弊现象的发生。这一做法为全国首创。

16 日　第六届中国(厦门)国际园林花卉博览会闭幕。园博会自上年 9 月 23 日开幕以来,共接待游客 165 万人次。根据原中共中央政治局常委、全国政协主席李瑞环提议,厦门园博园更名为"厦门园林博览苑"。

17—19 日　第三届海沧保生慈济文化节开幕,来自海峡两岸及海外的 7000 多名保生大帝信众和游客参加开幕式。开幕式上举行了保生大帝颂典仪式、闽台中医药博物馆开馆仪式、保生大帝信俗与厦门非物质文化遗产展演、"吴真人与华人社会"学术研讨会、青礁慈济宫与海沧风光原创油画作品展、"慈济颂"文艺晚会等活动。

17—20 日　全国沙滩排球锦标赛在观音山海滨旅游休闲区举行。国内 64 支排球队参赛,上海男女队双双获得冠军。

27 日　中国国民党副主席江炳坤率团来厦门访问。中共福建省委常委、厦门市委书记何立峰在悦华酒店会见江炳坤一行。

30 日　厦门市庆祝五一国际劳动节暨劳动模范表彰大会在市人民会堂举行,181 名市劳动模范受到表彰,其中 14 名是进城务工人员。

5 月

1 日　观音山海滨旅游商业街举行开街典礼。这条商业街总用地 5.14 公顷,全长近 700 米,建筑面积 2.6 万平方米。

同日　厦门市首届水手文化节在五缘湾开幕。该项活动由五缘湾片区开发建设总指挥部、厦门晚报社、集美大学主办。有 3 万多市民参加活动,通过各种方式了解或体验水手生活。

同日　由菲律宾、新加坡、泰国驻厦总领事馆联手主办,市外办、市文化局协办的首届南洋艺术美食节在 SM 城市广场开幕。此次活动分为"南洋艺术展"和"南洋美食节"两个环节，历时 3 天。

6 日　大陆最大的台资合作医院——厦门长庚医院正式开业。全国政协副主席林文漪、卫生部党组书记高强、台塑集团董事长王永庆等出席开业典

王永庆出席厦门长庚医院开业典礼

礼。该医院位于海沧新阳工业区，占地面积 70 公顷，总投资约 18 亿元，首期开放 500 张病床，到 2009 年总床位将达到 2000 张。

8 日　福建省第五届百花奖评出，在 12 个一等奖作品中厦门占 5 个，分别是音乐话剧《雁叫长空》，舞蹈《鸟仔》《海那边》，中篇小说《淡绿色的月亮》，漆画《大地飞歌》。此外，厦门还有 18 件作品分别获得二、三等奖。

同日　在国家文物局组织的中国首次博物馆分级评选活动中，华侨博物院入选国家一级博物馆。

12 日　奥运祥云火炬在厦门传递，100 名火炬手从会展中心到体育中心的 17.4 公里路段进行接力，30 万市民夹道观看。

13 日　中共厦门市委召开十届六次全体会议，审议通过《关于在海峡西岸建设科学发展的先行区中作示范当榜样的意见》和《关于在海峡西岸建设两岸人民交流合作的先行区中发挥先行先试作用的意见》。

14 日　厦门市公安消防支队 150 名官兵奉命携特种搜救器材飞赴四川绵阳地震重灾区抗震救灾。

19 日　为悼念四川汶川大地震遇难同胞，厦门市按国务院公告要求全市降半旗。下午 2 时 28 分，鸣防空警报，全体市民为遇难同胞默哀 3 分钟。至 21 日，全市取消一切娱乐活动。

20 日　厦门市接到建设部和福建省下达的援建四川地震灾区 17070 套过渡性安置房的生产建设任务，占全省援建任务的 46.8%。厦门市紧急动员，各有关部门通力合作，日夜赶工，至 7 月 21 日，17070 套过渡性安置房生产和安装任务全部完成并移交当地政府。

20—21 日　由厦门市政府和中国宋庆龄基金会共同举办，厦门市妇女儿童工作委员会承办的"和谐社会与儿童发展"高峰论坛在厦门开幕。全国

妇联主席顾秀莲、联合国教科文组织代表高瑟兰和省、市领导及海内外专家、学者近 400 人参加会议。

24—25 日　2008 联发房产"嘉庚杯""敬贤杯"海峡两岸龙舟赛在集美龙舟池举行,来自海峡两岸及欧洲的 65 支龙舟队参赛。广东顺德康宝队夺得男子组总冠军,广东佛山南海队夺得女子组总冠军。

28 日　按照公安部命令,厦门市公安局派出 200 名特警急赴四川绵阳开展治安巡逻防控,打击违法犯罪,从事 110 接处警等任务。8 月 20 日,第二批 60 名援川民警奔赴彭州。

6 月

1 日　162 名四川地震灾区伤员由火车送抵厦门,分别安排在厦门各大医院救治。相关医院为此布置了专门的爱心病区,并分别成立以院长为组长的抗震救灾医疗救治小组,派出强大的专家团队开展诊治工作。

同日　中国少年先锋队厦门市第四次代表大会暨六一庆祝大会召开,选举产生少先队厦门市第四届工作委员会。大会还表彰了厦门市十佳少先队员、三好学生、优秀学生干部、优秀少先队辅导员、优秀少先队志愿辅导员、星星火炬奖章获得者等一批先进个人。

5 日　国务院批准设立厦门海沧保税港区,核定规划面积 9.45 平方公里。这是继上海洋山港以及天津、深圳、宁波、大连等地保税港之后全国第六个获批的保税港,也是国内开放度最高的特殊监管区域之一。

厦门海沧保税港区

同日　市审计局发布关于汶川地震厦门社会各界捐赠款物专项审计结果。截至 6 月 3 日,市(含区)民政局、红十字会、慈善会共收到社会各界捐赠的救灾资金 24580 万元,捐赠物资 29.36 万件,折款约 2180.70 万元。上述资金和物资的接收、管理、调拨情况总体良好,未发现违反财经法纪的行为。

8 日　海峡两岸新闻传播学术研讨会在厦门举办,来自两岸及港澳地区的新闻业和学术界近百人参加。由复旦大学新闻学院、厦门大学新闻与传播学院和海峡导报社共同创建的"海峡两岸新闻与传播研究交流中心"同时揭牌。

17 日　厦门海堤建设 55 周年纪念大会在市老年活动中心举行,市有关领导和海堤建设者代表 300 余人参加纪念大会。厦门海堤又称高集海堤,由厦门本岛的高崎连接集美,全长 2212 米,1953 年 6 月动工兴建,历时两年零三个月建成。

19 日　"台湾本岛循金马通道往来大陆第一团"一行 80 人乘坐的"新金龙"号客轮抵达厦门和平码头。这是台湾当局取消对台湾本岛民众通过"小三通"往来大陆的限制后,台湾本岛居民首次通过厦金航线抵达厦门。

25 日　厦门市举行 2008 年度耕地保护目标责任书签订仪式,市长刘赐贵与集美、海沧、同安、翔安等岛外四个区区长签订耕地保护目标责任书。国家土地监督上海局局长张乃贵等出席签订仪式。

26 日　全市首个整体交付使用的社会保障性租赁房小区——万景公寓正式竣工交房。万景公寓位于吕岭路延伸段,项目用地面积 2.5 万平方米,住宅建筑面积 6.35 万平方米,共有 951 套住房。

28 日　厦门国际邮轮中心及新厦金客运码头正式启用。该码头可停靠 14 万吨级大型国际邮轮兼靠 3 万吨级集装箱货船,另有 2 个 3000 吨级客运泊位和 2 个工作船码头,设计旅客年吞吐量 150 万人,总投资约 10 亿元人民币。

30 日　国家体育总局"中国乒乓球训练基地"在湖里区冠军路 1 号福隆体育公园落成。该训练基地是国内第一家由民营资本投资建设的国家级乒乓球训练基地,其中乒乓球训练馆建筑面积 5000 多平方米,内设 1500 个观众席。

同日　厦门市召开庆祝中国共产党成立 87 周年暨表彰大会,37 个先进基层党组织,48 名优秀共产党员,26 名优秀党务工作者受到表彰。

7 月

1 日　集美大桥正式通车。大桥主线全长 10.057 公里,其中跨海大桥长 3.82 公里,设计日通车能力 8 万辆,总投资 29.5 亿元。集美大桥从动工到通车仅用了约 18 个月,创下全国同类桥梁施工工期最短纪录。

集美大桥通车仪式

同日　厦门市取消"蓝印户口"政策,凡来厦投资、购房、投靠直系亲属者,只要符合条件即可直接办理常住户口,全面享受市民待遇。厦门市"蓝印户口"政策始于 1993 年,到 2003 年共办理"蓝印户口"67954 人,此前已有 47060 人转为本市常住户口。

2 日　厦门市政府与厦门大学签署共建厦大翔安校区和厦大国家科技园协议书。新校区位于翔安区东南部,建设用地 3645 亩,预计 2021 年全部建成,最终办学规模 3 万人。

4 日　应澎湖方面邀请,青礁慈济宫保生大帝神像搭乘厦门至澎湖首航周末包机直飞澎湖,进行为期 4 天的巡游活动。

同日　由福建省旅游局局长郭恒明为团长的大陆居民赴台旅游福建首发团一行 109 人,搭乘厦门航空班机于 8 时 40 分抵达台北松山机场,开始台湾 10 日游。

同日　由厦门商业学校、厦门旅游职业中专学校、厦门市交通职业中专学校合并成立的厦门工商旅游学校正式挂牌。该校位于集美文教区,占地 340 亩。

4—7 日　台中市市长胡志强携台中市、台中县、彰化县、南投县等台湾中部 4 县(市)长厦门首航访问团 116 人来厦。访问期间,胡志强等先后到厦门大学演讲,出席由厦门市总商会和香港厦门联谊总会主办的"台湾中部地区与厦门、香港旅游经贸交流研讨会",参观海沧港区、火炬(翔安)产业区等。中共福建省委常委、市委书记何立峰在悦华酒店会见了访问团一行。

8 日　中共中央编译局和中共厦门市委、厦门市人民政府合作的重大课题《建设社会主义生态文明:厦门的实践》成果发布会在北京举行。经过两年的研究,课题组在对生态文明的内涵、实质、建设要求进行系统研究的基础上,向中央提出"建设生态文明"的建议,被党的十七大报告所采纳。

9 日　多米尼加籍散装货轮"勇士"号装载 13.5 万吨铁矿石靠泊海沧港 7 号泊位。该轮总吨位 93687 吨,长 289.8 米,宽 46 米,载重 18.3 万吨,是迄今为止靠泊厦门的最大散货船。

10 日　厦门(新)站片区开发建设工程开工。厦门新火车站位于集美后溪镇,规划建设用地面积约 5.5 平方公里,是沿海快速铁路通道上一个重要客站,也是厦门铁路枢纽的主客站,建设总投资预计超过 100 亿元。

12 日　海峡中医药合作发展中心在市中医院挂牌。该中心由国家中医药管理局与台港澳中医药交流合作中心、厦门市中医院、厦门市医学会共同出资建设。该中心将进行市场化运作,主要开展中医药人才培训、医疗活动、中药研发、食疗药膳、养生保健、保健旅游、投资贸易、展览展示等活动,以此带动中医药相关产业发展。

16 日　厦门市造血干细胞志愿捐献者联谊会成立。截至 7 月底,已有 11 位爱心人士成功捐献了造血干细胞。

18—24 日　由中国音乐家协会和鼓浪屿—万石山风景名胜区管委会共同主办的第四届鼓浪屿钢琴节青少年(专业)钢琴比赛和首届全国考级优秀选手展演比赛同时在厦门举行。来自全国的 45 名钢琴高手和近 300 名参加钢琴考级展演比赛的选手参加这项比赛。

22 日　市物价局主持召开快速公交(BRT)票价听证会,决定快速公交实行里程计费。基本票价起价 0.3 元,每递增 1 公里加 0.1 元,空调车起价 0.6 元。

26 日　由厦门市人民政府、中国雕塑学会主办的"中国姿态海峡风"首届中国雕塑展在厦门园博苑举行,211 件作品参展。展览至 8 月 15 日结束。

29 日　厦门、赣州两市领导人在厦门签署《关于加强"海西"建设,进一步深化区域合作的工作协议》。

30 日　受中央文明办委托,国家统计局调查队公布对全国 15 个副省级城市公共文明指数的测评调查结果,厦门市以 96.17 分位列第二,仅次于大连市(96.97 分)。

31 日　全市最大的社区医疗服务中心——厦门大学附属中山医院开元社区医疗服务中心揭牌,中心业务用房面积达 2700 多平方米。

同日　厦门菽庄花园与台湾板桥林家花园在台北县签署盟约备忘录,结为"姊妹园"。板桥林家花园建于 1851 年,是台湾保存最完整的古典园林建筑。菽庄花园是板桥林家后代林尔嘉 1913 年兴建,为厦门名园之首。

8 月

1—2 日 首届厦门饮品节在市文化艺术中心广场举办。活动期间评选出厦门市民最喜爱的十大饮品,青岛啤酒排名第一。

6 日 厦门市工人文化宫正式落成。新建的工人文化宫由文化宫综合大楼和工人体育馆两大部分组成,占地约 3 万平方米,总建筑面积约 4.1 万平方米,建设总费用近 5 亿元。

10 日 市公安局海沧分局巡警大队民警吴伟明在全市奥运安保行动设卡盘查时,被一强行闯关的摩托车撞伤,经抢救无效牺牲,年仅 36 岁。市总工会追授其市五一劳动奖章,市公安局追授其市优秀人民警察称号。

12 日 厦门某论坛社区网站出现"厦门发生多起强奸连环案"的帖子,在网民中引起不小的震动。经警方核实,是一名 23 岁的卢姓男子为了增加点击率,尽快在论坛里升级而凭空捏造的谣言。警方以散布谣言扰乱公共秩序行为对卢某依法治安拘留。

14 日 中共福建省委书记卢展工在厦门会见回祖居地龙岩永定谒祖的中国国民党主席吴伯雄及夫人。15 日,吴伯雄夫妇一行乘厦航周末包机离开厦门返回台湾。行前,中共福建省委常委、市委书记何立峰在悦华酒店会见了吴伯雄及其随行人员,并向客人们赠送厦门工艺品漆线雕。

15 日 胡里山克虏伯大炮修缮工程完工,历时 20 个月,耗资 339.60 万元。

18 日 驻军第 174 医院晋升为三级甲等医院。

22 日 厦门岛内 3322 名外来务工人员子女通过电脑派位进入公办小学读书。这是厦门市首次将公派范围扩大到外来务工人员。

27 日 福建省光电行业协会在厦门成立。厦门光电产业目前已发展到 150 多家,实现年总产值 242 亿元。

28 日 厦门市政府与中国移动福建公司签订厦门"无线城市"合作备忘录,标志着全国首个基于 TD-SCDMA/HSDPA 网络的宽带无线城域网建设正式启动。

29 日 市交通委员会发布通告,决定从 9 月 1 日起,离休干部、伤残军人、盲人、本市户籍 70 岁以上老人、烈属、市级以上劳模、市级以上老干部等七类人群凭相应的证件或专用 e 通卡,可免费乘坐各种公交车。

30 日 第三届海峡两岸高校赛艇挑战赛在筼筜湖开赛,12 支赛艇队参加。集美大学队获得冠军。

31 日 快速公交系统(BRT)一期工程 3 条线路正式运营通车。分别是第一码头到华侨大学集美校区的一号线,厦门机场到同安西柯的二号线,第一码头到前埔的三号线。这是国内首个采用高架桥模式的快速公交系统。同日 厦门岛东北部重大教育资源配套项目——五缘学村建成。该学村包括五缘实验学校、中央音乐学院鼓浪屿钢琴学校、厦门二中高中部,总用地面积 18.9 万平方米,总投资 2.3 亿元。

厦门快速公交系统(BRT)投入营运

同日 位于海沧大桥旅游区内的厦门博饼民俗园正式开园。

同日 五通海空联运码头正式开通,从该码头至金门水头码头全程 17.79 公里,航程仅需 25 分钟。开航初期,每天运营 4 个航班。

9 月

1 日 杏林(公铁)大桥暨疏港路高架桥通车。该大桥总投资 27 亿元,全长 8.53 公里,其中海上长度 5.034 公里,是厦门最长的跨海大桥。公路桥桥面双向六车道,设计时速 80 公里。大桥通车后,厦门岛中心至杏林的车程缩短近一半。

4 日 受最高人民法院委托,市中级人民法院召开宣判执行大会,宣布对强奸犯彭登的终审宣判。会后,彭登被押赴刑场执行死刑。2007 年 6 月 16 日,彭登在厦门机场附近强暴 3 名女童,此事经媒体报道后,引起市民强烈愤慨。同年 7 月 19 日,彭登在福州落网。经查,彭登还曾犯下另外 3 起强奸猥亵幼女的案件。

5—8 日 第二届海峡两岸大学校长论坛在厦门大学举行,包括台湾大学、政治大学、交通大学在内的 36 所台湾地区知名高校和北京大学、清华大学、复旦大学等 57 所大陆名校参加本次论坛。

6 日 厦门残疾人运动员侯斌在北京 2008 年残奥会开幕式上用坐轮椅拉滑轮的方式,攀上国家体育场 60 米高空点燃残奥会主火炬,吸引了全世界的目光。

7 日 以"诚信旅游,互利双赢"为主题的第四届海峡旅游圆桌会议在厦门举行,来自台、港、澳地区和广东、浙江、江西、福建以及海外旅游业界的代表共 350 多人出席。

8—11 日　第十二届中国国际投资贸易洽谈会在厦门国际会展中心举行。126 个国家和地区的 13685 名境外人士参加,各代表团共签订投资项目 784 个,总投资金额 159.03 亿美元。国务院副总理王岐山出席开幕式,并在"2008 国际投资论坛"上发表主旨演讲。

10 日　厦门市庆祝 2008 年教师节暨表彰大会在人民会堂召开。大会表彰了首届市十大"师德标兵",他们是钟芳仪、蔡其园、叶海珍、孙湘、周汀珍、林碧燕、陈水沟、肖福华、李建英、彭垂国。受表彰的还有师德先进个人和优秀班主任等。

12 日　《厦门日报》报道,中央文明办公布首批全国文明城市(区)复查考评结果,厦门市以 98.95 分荣登全国 10 个文明城市(区)榜首。

25—30 日　应中国国民党台中市党部的邀请,中共福建省委常委、厦门市委书记何立峰率中共厦门市委参访团赴台湾访问交流。这是中国共产党地方党委第一个赴台开展国共两党基层政党交流活动的团组。

30 日　大陆走"小三通"路线赴台湾本岛旅游首发共 4 个旅游团 113 位游客从东渡国际邮轮中心码头出发,顺利抵达金门水头码头。

同日　市外国专家局授予加拿大专家德里克、新加坡专家倪步青、日本专家樋口清一、俄罗斯专家巴拉诺娃、美国专家尤汉等 5 位外国专家 2008 年"白鹭友谊奖"。厦门于 2004 年起设置该奖项,每两年评选一次,其对象为在厦工作并有突出贡献的外国专家。

10 月

1 日　2008 厦门花车巡游活动在白鹭洲音乐广场启动,25 辆美轮美奂的花车在全市各区作为期 8 天的巡游和展示,观看花车巡游活动的市民及游客近 80 万人。

同日　由市总工会和厦门晚报社联合举办的第二届来厦员工集体婚典在市总工会广场举行,44 对来厦员工新人参加。

同日　由中国帆船协会和厦门市政府主办的中国"俱乐部杯"帆船挑战赛在五缘湾海面举行,来自上海、深圳、广州、香港、北京以及厦门的 11 支帆船队参赛。经过角逐,厦门五缘湾队获得第一名。

2 日　由厦门海投房产、厦门晚报社、市文化馆联合举办的"印象·厦门——第二届闽南非物质文化遗产斗阵行"在海沧市民广场拉开帷幕,活动持续 3 天。

6 日　市委、市政府在市人民会堂举行庆祝第二十一个老年节暨第四届"十佳敬老模范家庭"表彰大会。丁以秩、谢锦成、汪淑珍、汪闽南、杜晓玲、潘雪真、陈淑芬、叶福到、许梗波、许惠闽等 10 户家庭受到表彰。

同日 由市委、市政府主办的 2008 年闽商聚厦门座谈会在国际会展中心举行,来自全国 25 个省、市、自治区的 220 多名闽商参会。会上共有 14 个项目签约。

7 日 2008 胡润百富榜揭晓,在总共 1000 人名单中,厦门有 11 位,其中福信集团的黄曦家族以 88 亿元名列第五十六位。

同日 东渡港区东、南、北三大海关卡口正式启用,标志着象屿保税区、保税物流园区以及东渡港区"三区整合"工作迈出实质性一步,形成一个封闭的海关监管区,区外货物进入港区实行"提前报关、实货放行",三区之间货物实行"一次申报,一次查验,一次放行",实现了真正意义上的无缝对接和联动。

同日 市第二届十大优秀科普基地评选揭晓并举行受牌仪式。这十大优秀科普基地是:市园林植物园、青少年天文气象馆、华侨亚热带植物引种园、海底世界、地球科学普及教育基地、桥梁博物馆、厦大化学化工学院科普教育基地、太古可口可乐饮料有限公司、市图书馆、厦门美格农艺有限公司。

10—11 日 厦门市第二届城市放松节在环岛路五缘湾商业街举行,吸引 2 万市民和游客参加。本届城市放松节以民俗文化为主,包括彝族花脸节、傣族泼水节等,使参与者充分体验到全新的原生态放松方式。

12 日 全省最大、最先进的海上公务执法船"海巡 132"艇正式列编厦门海事局并投入使用。该船总长 61.2 米,可悬停直升飞机,可抗 10 级大风。最大航速 23 节以上,造价 5000 多万元。

13 日 四川眉山人朱亚林以自制纸船在厦门白城海域进行载人试航,下水划行约 5 分钟(航行约 500 米)后顺利靠岸。朱亚林的纸船长约 190 厘米,船底厚约 5 厘米,船身材料为普通纸张,使用的黏合剂为面粉熬制的糨糊。

14 日 《厦门市人民政府关于聘请厦门市第四批科学技术顾问的决定》发布,增聘程金培等 26 名科技顾问。自 2002 年以来,厦门市已分三批聘请了 56 名科技顾问。

17 日 以中共龙岩市委书记张健为团长的龙岩市党政代表团一行来厦参观考察。

同日 由中华文化联谊会、福建省文化厅、厦门市政府主办的"金桥·2008 海峡两岸民间艺术节暨歌仔戏展演"在市艺术剧院开演,两岸职业艺术表演团体和专家学者等约 1000 人参加此次活动。艺术节到 21 日圆满落幕。

18 日　厦门市参加北京 2008 年残奥会运动员、教练员表彰大会在厦门宾馆举行。对获得奖牌的运动员分别给予 20 万至 100 万元不等的奖励,并对教练员以及其他有功人员也给予奖励。市总工会授予叶超群、陈鸿杰、侯斌、杨小平厦门市五一劳动奖章,共青团厦门市委授予叶超群、陈鸿杰、侯斌"特区建设青年突击手标兵"荣誉称号。

20 日　集美大学建校 90 周年庆祝大会在该校万人体育场举行,贾庆林、习近平、贺国强等党和国家领导人发来贺电。集美大学的前身是陈嘉庚先生创办的集美学校师范部,后几经变迁,于 1994 年和其他 4 所高校合并组成集美大学。90 年来,集美大学共为社会培养输送 20 多万名各类人才。

21 日　陈嘉庚纪念馆正式开馆,全国政协副主席、致公党中央主席万刚,海外陈嘉庚先生后裔团等嘉宾出席开馆仪式。陈嘉庚纪念馆位于集美嘉庚公园北侧,建筑面积 1.1 万平方米,投资 1.4 亿元。

22 日　第三届世界金门日(翔安)大会在翔安区人民文化中心开幕,来自 13 个国家和地区的 45 个金门社团的 1200 多名金门同胞及嘉宾参加大会。大会由厦门市金门同胞联谊会主办,翔安区政府和金门县政府为荣誉主办单位。"世界金门日"活动是世界金门籍人士的联谊大会,每两年举行一次,首届世界金门日于 2004 年在金门举办。

同日　上午 10 时许,位于殿前的埔仔原水泵站的两条地下高压电缆被施工机械不慎挖断,造成泵站无法工作,岛内供水压力大幅下降,出现大面积停水,一些企事业单位的生产和市民的生活受到一定影响。经水务人员全力抢修,23 日零时起供水逐步恢复。

23 日　2008 年厦金航线海上搜救演习在厦门湾海域举行。福建省和厦门市海上搜救中心及金门方面等 21 个单位约 300 人参加演习,台湾"中华搜救协会"前来观摩演习。此次演习是两岸首次联合举行的海上搜救演习。

24 日　厦门、龙岩两市党政领导联席会议在龙岩市召开。何立峰、刘赐贵、张健、黄晓炎等两市党政领导参加,共商推进山海协作,服务海西建设大计。

26 日　第二届全国亿万学生阳光体育厦门市冬季长跑活动起跑仪式在厦门一中举行,本次活动将一直持续到 2009 年 4 月 30 日。

27 日　辉煌的历程——纪念改革开放 30 周年专场文艺演出在厦门歌舞剧院举行。演出分为《春风化雨》、《扬帆远航》、《五缘情深》、《共建辉煌》和《再谱华章》等 5 个章节,利用电影背景将过去、现在和将来连接起来,开创厦门电影艺术和舞台表演一体化的先例。

同日　市贸发局、工商局、国税局、地税局、公安局、人民银行、银监局等7部门联合发布实施《关于加强零售业购物券(卡)管理的通知》,规定企业发售购物券(卡)须由银行担保或由第三方监管。

29日　全市城市社区建设工作会议召开,会议明确了61项社区工作,决定健全社区志愿者组织,整合社区工作人员,年内完成社区工作站设立等任务。何立峰等市领导参加会议。

11 月

1日　第七届世界同安联谊大会在香港九龙湾国际贸展中心举行。来自16个国家和地区的38个同安乡亲代表团及香港各界人士共1200多人参加联谊活动。大会至11月3日结束。世界同安联谊会成立于1994年,当年在新加坡召开首届联谊大会。

同日　为期5天的2008厦门国际动漫节在厦门软件园开幕。来自16个国家和地区的嘉宾代表近5000人次参加动漫作品技术展示会、动画论坛、金海豚动画作品大赛、世界动画协会年会等活动。其中金海豚动画作品大赛共评出获奖作品24部,厦门有3部作品获"金海豚奖"。

2日　在全国未成年人思想道德建设工作经验交流会闭幕会上,厦门等全国32个城市被中央文明委授予全国未成年人思想道德建设工作先进城市称号。

4日　奥地利中央合作银行股份有限公司厦门分行正式开业。至此,厦门市的外资金融机构增加到16家。

7—13日　2008厦门国际海洋周在厦门举办。本届海洋周以建设海洋生态文明为主题,主要活动包括国际海洋论坛、海洋产业专题展览和海洋文化活动。来自45个国家和10多个国际组织的代表以及国内外海洋领域的专家、学者共2000余人参加。

8日　位于莲前西路的厦门五中新校区加挂"福建省厦门第一中学合作校"的牌子,标志两校开始实质性合作。厦门一中和五中同源于清代的玉屏书院,1955年拆分为两校。

同日　在常州举行的2008年度中国中小城市科学发展评价体系研究成果发布暨第五届中国中小城市可持续发展高峰论坛会上,湖里区被授予"2008年度全国中小城市综合实力百强"称号,位列第四十四名。

9日　中国游艇(帆船)产业发展基地授牌仪式在厦门举行,厦门成为继青岛之后第二个被授予"中国游艇(帆船)产业发展基地"的城市。中国交通运输协会会长、原交通部部长钱永昌为基地授牌。

10日　由厦门高级技工学校升格的厦门技师学院挂牌成立,为全省首批成立的 4 家技师学院之一。该校每年可为社会培养 500 多名预备技师。

11 日　由宁夏回族自治区党委副书记、自治区主席王正伟率领的宁夏党政代表团来厦门考察。省市领导黄小晶、何立峰等陪同考察。

同日　由厦门市援建的四川彭州市天彭镇清平小学白鹭楼交付使用。该项目是彭州历史上首个能抗八级地震的教学楼,也是福建省首个竣工的援建地震灾区项目。

12 日　凌晨 5 时许,一辆轿车在同安汀溪镇隘头村附近与一辆大货车迎面相撞,轿车内 6 男 2 女当场死亡。

13 日　经中国银行业监督管理委员会批准,由台湾富邦金控参股的厦门商业银行成为大陆第一家台资参股银行。富邦银行子公司富邦银行(香港)将斥资人民币 2.3 亿元,取得厦门市商业银行增资后发行股本 19.99％的股权。

同日　全国首家由政府主办、品牌企业互动参与的专业性、综合类品牌网站——厦门品牌网(www.xmpp.gov.cn)正式开通。

同日　全国首届知识产权与城市发展市长论坛在厦门宾馆召开。来自国家知识产权示范城市和示范创建城市的 28 位市长与业内专家参加,国家知识产权局局长田力普出席。

14 日　市人民政府出台《促进房地产市场健康持续发展的若干意见》,提出包括调整普通住宅享受优惠政策标准、降低首付比例、降低交易税费、给予契税退还、提高公积金贷款额度和年限等 10 条促进房地产市场发展的措施。

15 日　第五届中国模拟联合国大会在厦门大学拉开帷幕。来自北大、清华、复旦等 37 所国内重点大学和澳大利亚新南威尔士大学的 200 多名大学生围绕"人权和环境"、"保护的责任——人道主义干涉"这一主题共谋对策。联合国秘书长潘基文发来贺电。大会于 16 日闭幕。模拟联合国大会由美国哈佛大学举办,目的在于在培养大学生国际合作和多边主义精神。

16 日　印尼著名侨领、集美大学校董会副主席、尚大集团董事长李尚大先生追悼会在集美大学福南堂举行,党和国家领导人贾庆林、习近平等发来唁电。省市相关部门负责人,集美大学、集美中学师生代表以及李尚大先生的亲属及生前好友 1200 余人参加追悼会。

17 日　厦漳跨海大桥开工仪式在漳州龙池开发区与厦门海沧区交界的金帝码头举行。厦漳跨海大桥起于海沧青礁,经龙海浮宫镇海门岛,止于浮宫后宅,全长 9.7 公里,项目总投资 49.86 亿元,预计建设工期 54 个月。建成后从漳州开发区到厦门岛中心只需 30 分钟车程。

20 日　市出租汽车暨汽车租赁协会出台减负让利措施,企业每月补贴一线驾驶员 60 元,同时以单车为单位,每月免交一天的承包金。

21—23 日　第三届中国(厦门)品牌产品国际采购交易会在国际会展中心举办,34 个国家和地区的近 300 名知名采购商参会,近 500 家企业参会供货,采购清单达 150 亿元人民币。

22 日　第六届海峡两岸中华传统文化与现代化研讨会在厦门开幕。来自海峡两岸文化界、学术界知名人士近 200 人参加了为期两天的研讨会。研讨会由民进中央、叶圣陶研究会、中华民族文化促进会、中共厦门市委、市人民政府共同主办。研讨议题包括闽台文化的缘起及其在现代化过程中的意义,客家文化在中华文化中的地位和价值,历代人群迁徙对中华文化发展的影响等。

同日　中共中央政治局常委、国务院副总理李克强在省市领导卢展工、黄小晶、刘赐贵、陈修茂等陪同下考察厦门正新海燕轮胎有限公司和厦门 ABB 开关有限公司。

23 日　2008 全国场地汽车越野锦标赛"厦门国贸杯"厦门集美分站赛决赛在灌口赛车场举行,数万名观众观看了比赛。来自两岸的 134 名赛车手驾驶 104 辆越野车参加汽油组、柴油组、新秀组和无限改装组的比赛,其中莱茵石油厦门犀牛车队获得无限改装组冠军。

24 日　《人民日报》理论版刊登题为《牢记特区使命写好"先行先试"文章》的理论文章,全面、系统、深刻地总结厦门改革开放 30 年的探索与实践。

同日　四年一次的"送王船"民俗活动在同安西柯镇吕塘村举行,来自厦门、漳州、金门、台湾和港澳的上万名信徒和分炉宫代表队参加迎王船踩街等活动。同安送王船和王爷信仰由来已久,并传播到台湾,"送王船"2005年被评为省级非物质文化遗产。

27 日　市红十字会与象屿集团签约,建立"春雨基金"。该基金用于白海豚保护和对该集团员工救助及助学。这是市红十字会与企业合作设立的首个专项基金。

同日　首届海峡两岸文化产业博览交易会在市文化艺术中心开幕,国家和省、市领导以及台湾地区文化产业界代表等 3000 多人参加开幕式。文博会分博览交易、高峰论坛、配套活动三大板块,设 1 个主展馆,4 个分会场,展出面积 2 万平方米。展会于 30 日闭幕,共签约 109 个项目,金额 58 亿元。

29 日　厦门大学财政金融系建系 80 周年庆典在厦大建南大礼堂举行。据全国高校学科排行榜,厦门大学财政学排名第一,金融学排名第三。

12 月

1—4 日　应中共厦门市委书记何立峰邀请,中国国民党台中市委员会主委张逸华率领参访团一行 23 人来厦参观访问。张逸华一行先后参访了厦门大学、胡里山炮台、鼓浪屿,与在厦台商举行座谈,考察大嶝对台小额商品交易市场和台资企业友达公司等。

3 日　厦门市纪念改革开放 30 周年座谈会在厦门经济特区纪念馆(筹)举行,市委、市人大、市政府、市政协四套班子领导参加座谈会。

4—5 日　闽粤赣十三市市政协首届论坛在厦举行,会上通过《关于建立闽粤赣十三市政协"深化区域合作,促进海西发展"论坛框架协议》。

5 日　第五届中国青少年科技创新奖颁奖会在京举行,厦门一中高三学生庄弘磊获得"中国青少年科技创新奖"。

10 日　厦门市同安职业技术学校举行落成典礼。该校由原厦门市同安育才职业学校、厦门市第二技工学校、厦门市同安卫生职业中专学校整合而成。学校占地总面积 180.2 亩,总建筑面积 5.7 万平方米,总投资约 1.2 亿元。

11 日　厦门市抗震救灾表彰大会在市行政中心举行,厦门市公安消防支队赴川抗震救灾队等 57 个抗震救灾先进集体和陈可荣等 795 名抗震救灾先进个人受到表彰。

15 日　海峡两岸海上直航厦门港首航仪式在海天码头举行。仪式结束后,分属福建东方海运、福建华荣、台湾万海三家船公司的 4 艘轮船从厦门港起航,分别驶向台湾的高雄港、台中港、基隆港,这标志着两岸间海运进入了全面双向直航的"大三通"时代,结束了两岸 60 年海上直航"船通货不通"的历史。

同日　由中央文明办主办的"我推荐、我评议身边好人"暨中国好人榜(福建)颁奖仪式在厦门举行。全省入榜者共 26 位,厦门市民吕志华、陈明嘉、邵加立榜上有名。

16 日　经过近三个月的评选,由湖里区委、区人民政府和市城市环境艺术协会联合举办的最代表厦门的 30 个城市地标评选结果出炉,中山路、轮渡、筼筜湖、厦门国际邮轮中心(东渡厦金客运码头)、鼓浪屿分列前五名。

同日　位于台北民生东路的厦航台湾办事处正式揭牌,台湾海基会董事长江丙坤参加揭牌仪式。厦航是第一家正式在台湾设立办事处的大陆航空公司。

17 日　由台湾人寿保险股份有限公司和厦门建发股份有限公司合资设立的君龙人寿保险公司在厦门开业。这是厦门金融业第一家具有台资背景的法人机构,也是首家总部设于福建的两岸合资寿险公司。君龙人寿保险有限公司由台湾人寿和厦门建发共同投资 2.4 亿元人民币,双方各持有 50% 的股权。

19 日　"金桥"卷烟生产线技改项目举行奠基典礼。国家烟草专卖局副局长李克明等出席奠基仪式。该项目总投资近 25 亿元,设计规模年产 40 万箱,投产后可新增税利 20 多亿元,是迄今为止厦门市最大的技改项目。

同日　厦门市纪念党的十一届三中全会召开 30 周年大会在市工人文化宫举行。省委常委、厦门市委书记何立峰发表讲话。大会由市委副书记、市长刘赐贵主持,市委、市人大、市政府、市政协领导以及驻军、驻厦单位代表 1000 多人出席纪念大会。纪念大会后举行了文艺演出《春天颂》。

同日　我国首个经济特区纪念馆——厦门经济特区纪念馆建成并正式开馆。该馆建筑面积 6000 平方米,馆内有千余张图片和上百件实物,全方位地展示厦门经济特区建设 27 年来取得的成就。

同日　中国近代第一个幼儿园——位于鼓浪屿的日光幼儿园举行成立 110 周年园庆。该园是 1898 年由英国牧师韦玉振夫人韦爱莉创办的,著名妇产科大夫林巧稚、著名钢琴家殷承宗曾在该园就读。

20 日　从本日起,凡在厦门市连续暂住一年以上的大陆居民赴台湾本岛及金门、马祖、澎湖旅游,符合条件者可向厦门市公安局出入境管理处申请办理《大陆居民往来台湾通行证》及签注。此举改变了原来必须在户口所在地才能办理出入境证件的局限,方便了暂住在厦门的外地人员就近办理赴台证件。

22 日　在江苏无锡召开的全国影视动画工作会议上,厦门软件园影视动画产业区被国家广电总局授予"国家动画产业基地"。从 2004 年以来,国家广电总局共批准了 20 个动画产业基地,对于推动中国动画产业发展起到积极作用。

25 日　厦门市举行首届"的士之星"表彰会,邱振育等 26 位出租车司机被授予"的士之星"奖牌。本次表彰活动由市运管处、市出租车协会和厦门经济交通广播电台共同主办。

27 日　第四届厦门文学艺术奖颁奖大会在厦门宾馆明宵厅举行,共有文学、戏剧、影视、舞蹈、美术、音乐、书法、曲艺、摄影等文艺门类 102 部(件)作品获奖,集中展示了厦门市 2004—2007 年文艺创作的成就。"厦门文学艺术奖"是市委、市政府于 1997 年设立的。

28 日　厦门市社会科学院成立。中国社科院原常务副院长王洛林被聘任为名誉院长,省人大常委、省社科院原党组书记杨华基被聘任为首席顾问。

31 日　全市首家"的士餐厅"开张。该餐厅位于龙山中路 150 号的海谊酒店,营业面积 900 平方米,可供 150 人同时就餐,并设有专门停车位。这是市运管处、市出租车协会利用现有社会资源解决出租车司机"就餐难"的一项具体措施。

同日　同安区洪塘头社区举行村志首发式,这是厦门市首部村级地方志。这部村志较全面地反映了新中国成立后,洪塘头干部群众艰苦创业的历程。

2009 年

1 月

3 日　建发厦门国际马拉松赛举行,3 万多名中外运动员参加。肯尼亚选手穆国·萨穆尔·穆特瑞以 2 小时 08 分 51 秒的成绩获得男子组冠军,并打破厦门国际马拉松赛纪录。中国选手陈荣以 2 小时 29 分 52 秒的成绩获得女子组冠军。

4 日　厦门火炬(翔安)保税物流中心(B 型)获国家海关总署、财政部、国家税务总局、国家外汇管理局等四部委批准设立。该保税物流中心规划面积 2.5 平方公里。

同日　厦门市工作汇报会在北京厦门商务会馆举行,市领导何立峰、刘赐贵向王汉斌、彭珮云、罗豪才、张克辉等 80 多位在京闽籍和在闽工作过的老领导、老同志汇报工作。

5 日　中国报刊广告投放价值 2007—2008 年度百强排行榜发布会在天津举行,《厦门日报》跻身"全国日报十强"排行榜。

7 日　厦门市第二届十大杰出企业家暨优秀企业家表彰大会在宝龙大酒店举行。厦门象屿集团有限公司董事长王龙雏等 10 人获十大杰出企业家称号。

8 日　由市政府投资、夏商集团承建的厦门台湾水果销售集散中心正式开业,首届台湾水果订货会同时开幕。厦门台湾水果销售集散中心位于中埔水果批发市场旁,占地面积 1.87 万平方米。

9 日　国家科学技术奖励大会在北京举行,厦门金鹭特种合金有限公司的"紫钨原位还原法超细晶硬质合金工业化生产技术"项目获得国家科技进步二等奖。这是厦门企业首次获得国家科技大奖。

10 日　首届厦门特色农产品暨农业龙头企业产品展销会在会展中心开幕。展销会为期 4 天。

13 日　厦门与台湾中部四县市旅游合作座谈会在厦门召开。会上,厦门市与台中市、台中县、南投县、漳化县签订《厦门—台湾中部四县市旅游合作协议》。

15 日　市政府发布 2009 年为民办实事项目,计划投资 33 亿元。

同日　由市总工会出资,包租一架厦航飞机,载运 110 多名在厦务工的四川籍农民工返乡过年。由工会出资包机载运农民工返乡在全国尚属首次。

工会出资包机载运农民工返乡

16 日　厦门南山疗养院并入仙岳医院,仙岳医院纳入红十字冠名医疗机构。

同日　同安竹坝华侨经济开发区(农场)成立红十字会并设立博爱超市。这是全省第一家成立红十字会的华侨农场。

18 日　厦门文学院成立,首批 26 名来自省内的作家签约加盟。

20 日　全国精神文明建设表彰大会在京召开,厦门市继续保留"全国文明城市"称号,实现文明城市创建两连冠。在此次表彰大会上,厦门市有 1 个村镇,5 个单位,1 名个人受到中央文明委表彰,另有 2 个村镇,12 个单位受到中央文明办表彰。

26 日 晚 8 时,海峡春节焰火晚会在厦门、金门同时举行,焰火燃放长达 40 分钟。

26—31 日 中共中央政治局常委、全国政协主席贾庆林在厦考察,省领导卢展工、黄小晶、梁琦萍等陪同考察。

27 日 2008 年全球前 30 名集装箱港口排名出炉,厦门港以 503.46 万标箱位居第 19 位,提前两年实现"十一五"目标。

28 日 由厦门市委、市政府主办,市政园林局承办的 2009 厦门元宵灯会正式亮灯。台中、金门、澎湖也各选送灯组参展。灯会至 2 月 12 日结束。

30 日 第十一届"迎新春、盼统一"厦金海峡冬泳活动在厦门举行。金门、台北、上海、湖北、浙江和福建等地共 30 支冬泳队的 1000 多名冬泳爱好者参赛。

2 月

1 日 全国人大常委会副委员长、全国妇联主席陈至立在厦调研。

同日 厦门市海上搜救中心成立。该中心前身是 1990 年成立的福建省海上搜救中心厦门分中心,其成员有海事、交通、公安、边防、海关、民航等 23 个成员单位。

4 日 2009 年度厦门市最低生活保障标准和部分民政定补对象补助标准出台,农村低保标准由每人每月 190 元提高到 200 元。

同日 市政府授权市民政局与人保财险厦门分公司签订《厦门市自然灾害公众责任保险统保协议》。根据该协议,由市政府为全市 243 万居民每人购买一份责任限额为 10 万元的自然灾害险。

8 日 厦门市第五届元宵民俗文化节系列活动之一——两岸民俗大踩街活动在江头台湾街开幕。来自福建、广西、台湾等地的 15 支大型表演方阵各具特色的民间表演,吸引数万市民观看。

同日 厦门市万名老年人在环岛路举行新春健步行活动,迎接全国首届老年运动会召开。

9 日 "中国非物质文化遗产传统技艺大展系列活动"在北京举行,厦门市的"蔡氏漆线雕"受邀参加。

12 日 省委常委、市委书记何立峰,市长刘赐贵分别与全市 6 区区委书记、区长签订 2009 年社会治安综合治理责任书。

12—13 日 中共中央政治局委员、中央书记处书记、中组部部长李源潮在厦考察,省领导卢展工、黄小晶等陪同考察。

18 日 厦门市举行首批健康管理师授证仪式,10 人获国家职业资格证书。

19日　位于鹭江道与厦禾路交会处的裕景中心奠基。该中心由菲律宾侨领陈永栽投资建设,在华访问的菲律宾副总统卡斯特罗参加奠基仪式。

25日　"2008年中国青年喜爱的旅游目的地"评选结果在京揭晓。厦门与北京、成都、丽江、杭州、桂林、洛阳、大连、三亚、苏州等9个城市榜上有名。此次评选活动由中国青年报社和中国青少年宫协会共同承办,总计有500万人次参与。

同日　全市平均气温达28.4度,创历史同期最高。

同日　厦门市精神文明建设工作表彰暨创建第三届全国文明城市动员大会召开,会议对2006—2007年度全市精神文明建设先进集体、先进个人和创建第二届全国文明城市先进集体和个人进行表彰,并下达"创建第三届全国文明城市工作责任书"。会议要求把精神文明建设工作不断引向深入,争创全国文明城市三连冠。

同日　中国科学院产业技术创新与育成中心在厦挂牌。这是中科院和厦门市政府联手打造的技术转移和科研成果产业化基地。

26日　国家动画产业基地揭牌仪式在厦门软件园管委会举行。该基地为福建省首个影视动画产业区。

同日　海峡两岸双向邮电通汇正式实现,厦门59家邮政网点可办理对台电子汇款业务。

同日　凌晨(巴黎时间25日晚)厦门心和艺术品拍卖公司总经理蔡铭超在法国巴黎佳士得拍卖会上,以总计3149万欧元的价格成功竞拍圆明园流失文物鼠首和兔首铜像。3月2日,蔡铭超在北京出席新闻通报会,宣布拒绝付款。此事受到海内外的关注,并引发社会各界的热议。

28日　厦门市民健康信息系统正式启用。该系统从2005年起由厦门市政府和解放军总医院协同共建,是目前国内唯一能够进入实际运行的区域协同医疗项目。通过该系统,厦门市民可利用社保卡在全市所有医院和社区卫生服务中心实现健康信息共享。

3月

5日　厦门新站营运中心在集美后溪开工。该中心位于厦门新站西南侧,占地面积31.26万平方米,建筑面积50.7万平方米,总投资约18亿元。

6—9日　第九届中国厦门国际石材展在国际会展中心举办,前来参展洽谈的国内外客商超过8.5万人。

8日　厦门志愿者联合网(www.xmzyz.org)正式开通。

同日　上午,"促发展建和谐"万名妇女健步行活动在环岛路举行。来自全市各界妇女和外来员工、台湾同胞以及部分在厦工作的外籍妇女近万人参与活动。

10 日　集美大学航海专业从挪威引进全国首台 360 度视景的船舶操纵模拟器。

11 日　厦门检验检疫局财务处获颁"全国巾帼文明岗"牌匾,成为全国检验检疫系统财务部门第一个"全国巾帼文明岗"。

13 日　985 名浙江老年游客乘专列抵达厦门。这是两岸直接"三通"后首个大规模经厦金海上直航赴台湾的旅游团组。

14 日　厦门重大开发片区第一场推介会在温州举行,推介会吸引 260 多名温商、台商、客商。

16 日　全长 284.5 公里的泉三高速公路全线通车,厦门至三明的行车时间缩短近 2 小时。

同日　由 27 家企业代表组成的英国商务代表团在英国驻广州总领事馆总领事戴伟绅率领下抵达厦门,就重点项目、投资环境及城市发展规划等方面议题与厦门方面展开商洽。

21 日　下午 3 时 08 分,高崎联检大楼成功实施爆破拆除。该大楼高近 30 米,1994 年 2 月建成后因各种原因闲置达 14 年之久。

23—29 日　应台中市市长胡志强的邀请,刘赐贵市长率厦门市政府参访团赴台湾访问,成为祖国大陆第一个以地方政府名义组团赴台交流考察的团组,刘赐贵也成为首个以市长身份赴台交流考察的市长。

24 日　山东航空股份有限公司厦门分公司正式成立,成为厦门机场第二家基地航空公司。

28 日　厦门在全国率先启动台湾居民来往大陆签注自助受理业务。自助受理程序简化,效率更高,可在一分钟之内完成签注。

30 日　全国第一支民防心理救援专业队在厦门成立。首批 34 名队员大都为心理医生或心理学老师,他们的任务是在战争或突发公共安全事件时期对市民进行心理辅导。

30 日—4 月 2 日　中共中央政治局常委、中央纪委书记贺国强在厦门调研。中纪委副书记张毅,中纪委常委、秘书长吴玉良,省市领导卢展工、何立峰等陪同调研。

31 日　厦门市国际友好联络会成立。该协会拥有 28 个会员单位,93 名会员。

4 月

5 日　台湾屏东县组织的 163 名香客分乘 4 条渔船经由厦金航线抵达大嶝台轮码头,参加在马巷池王宫举行的谒祖进香等活动。这是两岸直接

"三通"后,厦门迎来的规模最大的台湾进香团。

6 日　厦门大学马克思主义研究院挂牌。

8—11 日　第十三届海峡两岸机械电子商品交易会暨厦门对台出口商品交易会在厦门国际会展中心举行。有来自 40 个国家和地区的 31844 名专业客商参会。

9 日　新中国成立以来厦门最大的一宗盗伐林木案在翔安区开庭。被告人林某青、林某河在 2007 年 9—12 月间,借开发荒山之名,非法砍伐林木 139.9 立方米,毁林 102.8 亩。

同日　台湾航业股份有限公司旗下的"台华"轮获大陆交通运输部批准,以个案形式经营厦门—澎湖—高雄海上直航客滚运输,共 4 个往返航班,预计共承运旅客 7000 人。

10 日　台湾华达国际海运股份有限公司所属的"海洋拉拉"轮由台中港驶抵厦门港,标志着首次海峡两岸客滚船舶试航获得成功。

同日　由厦门市人才服务中心和台湾汎亚人力资源管理顾问有限公司联手打造的"海峡两岸联合猎才网"(www. unitedhunter. com. cn)正式开通。这是两岸首次联合运作的专业人才猎头网站。

18 日　第四届海峡两岸(厦门海沧)保生慈济文化节在青礁慈济宫举行,6000 余信众参加活动。经国台办批准,该届文化节在名称上增冠'海峡两岸'字样,标志着保生慈济文化节已从区级升格为区域性的对台交流活动。

同日　下午 2 时 45 分,37 名吉林游客搭乘厦航包机从沈阳飞抵台湾松山机场,因没有办理"入台观光证"被台湾有关方面拒绝入境,并遭原机遣返。台湾"移民署"还就此对厦门航空公司处以 185 万新台币罚款。

18—20 日　缅甸联邦总理登盛一行 35 人访问厦门。登盛一行是在参加博鳌亚洲论坛 2009 年年会后来厦访问的。

20 日　大型古装神话电视剧《神医大道公》在厦门开拍。这部电视剧以闽台民间共同信奉的保生大帝吴真人为题材,由两岸三地影视人员联袂合作。该片也将是台湾开放大陆影视剧赴台拍摄政策后第一部正式赴台拍摄的电视剧。

21 日　全省创建文明风景旅游区工作暨第二批先进命名表彰会在厦门市召开,厦门鼓浪屿风景名胜区作为福建省唯一获评的第二批全国文明风景旅游区受到表彰。厦门陈嘉庚纪念胜地、厦门植物园等 12 个景区获全省创建文明风景旅游区工作先进单位。

22 日　厦门—台湾首航仪式在厦门港国际邮轮中心举行。仪式结束后,909 名游客搭乘"台华"客货滚装船驶往台湾,两岸客货滚装运输序幕由此拉开。

"台华轮"靠泊在东渡客运码头

22—28 日　市政协主席陈修茂率厦门市政协参访团访问台中市。这是祖国大陆第一个以地方政协名义访问台湾的团体。

23 日　"首届厦门(湖里)城市诵读节"在 SM 城市广场开幕,上万市民及学生参加。

同日　厦门市澳商投资企业协会正式成立。该协会由澳大利亚在厦投资的企业、澳籍在厦投资者及在厦工作的澳籍专家、知名人士、旅澳留学生自愿组成。

23—24 日　亚洲贸易促进论坛第二十二届年会在厦门举办。这是亚洲地区贸促机构最高级别的聚会,同时也是该年会首次在非首都地区举办。

25 日　由市文化局、中国移动厦门分公司合作建设的市图书馆 IT 体验区及"掌上图书馆"正式启动。市民只要通过手机登录厦门市图书馆(http://wap. xmlib. net)或厦门无线城市(http://wap. xiamentd. com),就能获取到图书馆的免费讲座、免费电影、新书通报、展览等信息。

26 日　第三届厦门市老年文化艺术节在白鹭洲广场开幕。在历时 6 个月的时间里,有近 3000 名老年人参加活动。

同日　海沧区未来海岸小区及周边 3700 多户居民进行气源置换,成为全市首批使用天然气的居民。至 12 月 27 日,厦门全市 26 万户管道燃气用户完成了天然气的转换。

同日　厦门广电集团推出首个手语新闻板块节目——"一周综述"。

28 日　思明区政府、区工商局、区个协等单位为"思明区台湾个体工商户之家"举行剪彩仪式。这是全国第一个为在大陆投资兴业的台湾居民个体工商户建的活动之家。

29 日　同安区法院在全国率先推出交通事故损害赔偿新制度。诉讼前征求当事人同意后,请保险公司参与调解,三方磋商,当场解决,当事人可以在最短时间内拿到保险理赔金,避免长年累月的诉讼。

同日　在厦门市庆祝"五一"国际劳动节暨表彰大会上,曾钦照、吴进忠、曾文远、邹国泰、许秀梅等 5 位台商或台籍员工被授予厦门市"五一劳动奖章"。这是厦门市首次向台籍人士颁发五一劳动奖章。

30 日　第七届中国(厦门)国际食品交易博览会在厦门会展中心开幕。本届食博会一直持续到 5 月 2 日,共有近 500 家企业参展。

5 月

2 日　一个由 200 多名香港居民组成的"金门游"团队取道厦金航线赴金门旅游。这是厦金航线通航以来最大的一个由境外人士组成的"金门游"团队,也是香港居民首次大规模组团取道厦金航线赴金门观光。

3 日　早晨,翔安区蔗下山突发山火,专业森林救火队、解放军、武警等 1000 多人投入灭火。傍晚 5 点半,山火被完全扑灭。

4 日　厦门市举办"青春厦门"大型歌会,纪念五四运动 90 周年暨建团 87 周年,来自全市各行各业的 5000 名青年代表参加。

5 日　厦门智能达电控有限公司获得由翔安工商分局发放的《互联网商务主体备案证书》。这是全市第一家通过工商部门备案的互联网商务主体网站。

6 日　厦门—台中集装箱直达班轮航线正式开航。该航线航程仅需 10 小时,是海峡两岸之间货物航运最快速的直达运输通道。

8 日　由国家环保部宣传教育中心和美国环保协会中国项目办共同举办,厦门市环境保护宣传教育中心承办的"2009 年全民低碳行动厦门项目"启动仪式在厦门科技馆举行。

同日　中共中央政治局常委、国务院总理温家宝来到厦门,先后考察企业应对国际金融危机情况,特别是台资企业发展情况,检查民生保障工作,并召开企业负责人座谈会。

10 日　厦门市举行防空警报试鸣暨市民防空防震防灾疏散演练,全市 37 个社区(村)的部分居民有组织地进行了疏散演练。

11 日　大陆首批输台 150 吨散装水泥从厦门东渡码头起运,以"小三通"方式运往台湾澎湖。这也是厦门口岸首次出口水泥。

同日　福建省重点工程、厦门东部燃气电厂一号机组正式向福建电网送电。该电厂是厦门首个天然气发电厂,也是全国首个外商独资的天然气电厂。

同日　根据中共中央决定,何立峰任天津市委委员、常委、副书记,免去其福建省委常委、委员和福建省厦门市委书记职务。何立峰于是日赴津履新。

15 日　厦门—金门各类邮件总包直封关系开通仪式在厦门宾馆举行。从是日起,福建与金门互寄的各类邮件通过厦金航线,不再倒流台湾本岛,通邮时间缩短到一至两天。

16 日　全国人大常委会副委员长、民革中央主席周铁农在厦视察台资企业。

同日　首届海峡论坛在厦门会展中心开幕。中共中央政治局常委、全国政协主席贾庆林和 6500 多名两岸同胞(其中台湾同胞 4500 多名)参加开幕式。海峡论坛是在已举办三届的"海西论坛"基础上发展扩大并更名的大型两岸交流活动,由国台办等 25 个部委和福建省人民政府共同主办,邀请台湾 28 个代表性民间机构参与主办。

17 日　海峡两岸农产品检验检疫技术中心在厦门正式揭牌成立。这是大陆首家专门为海峡两岸农产品贸易提供检验检疫技术服务的专业检测机构。

同日　海峡两岸职业教育交流合作中心在厦门成立。

同日　郑成功文化节在鼓浪屿皓月园揭幕,两岸同胞 1000 多人参加开幕式的颂典。

同日　中国书法家海峡两岸创作交流基地在厦门中华儿女美术馆揭牌。

17—20 日　海峡两岸传统武术交流大赛在厦门大学明培体育馆开幕。共有 13 个省市的 121 支代表队 932 名选手参赛。

18 日　第二届中国戏剧奖·梅花表演奖颁奖晚会在杭州举行,厦门市歌仔戏剧团苏燕蓉主演的《窦娥冤》获得"梅花奖"。

同日　全国社会治安综合治理表彰大会在北京举行,厦门市被评为"全国社会治安综合治理优秀市"。

22 日　厦大国家传染病诊断试剂与疫苗工程技术研究中心研制出甲型 H1N1 流感病毒快速检测试剂。

23 日　厦门选手、世锦赛冠军叶帅在福州夺得 2009 年全国蹦床锦标赛男子个人网上比赛金牌。

23—24 日　第四届海峡两岸龙舟赛在集美龙舟池举行。来自海峡两岸的 70 支队伍,2000 多人参赛。广东肇庆男女龙舟队分别夺得"嘉庚杯"和"敬贤杯"。

24—30 日　第一届全国青少年钢琴比赛在厦举行,来自全国艺术院校的 75 名少年选手参赛。

25 日　厦门市商业银行台商业务部正式挂牌成立。这是大陆商业银行中首个专门服务台商的金融事业部。

同日　厦门一中高三学生黄骧发明的"消能减震的建筑环形水箱"和朱达发明的"太阳视运动地平坐标定位仪"分别获得第 108 届巴黎国际发明展览会银奖。

25—30 日　第一届全国壁球团体锦标赛暨第四届全国体育大会选拔赛在厦门以正壁球馆举行。来自全国各省、市、自治区的 14 支代表队 100 多名运动员参加比赛。

26 日　经全国档案事业发展综合评估组的评估,厦门市被评为全国档案事业发展综合评估先进单位。

6 月

1 日　厦门市举行庆"六一"表彰大会。914 名中小学生分别被授予 2009 年度市三好学生、优秀学生干部、优秀少先队员称号,同时受表彰的还有 93 名优秀少先队辅导员和志愿辅导员。

5 日　厦门市首个 B 型保税物流中心——厦门火炬(翔安)保税物流中心通过国务院联合验收组验收并正式揭牌。

6 日　厦门市台商协会文教委员会青年组成立。该组织的宗旨是给到厦门创业、工作或学习的台湾青年提供一个交流的平台。

同日　厦门市在鸡屿附近海域举行水生生物增殖放流活动,将 10 尾 10 公斤以上的中华鲟,6000 万尾长毛对虾以及 2 万尾黄鳍鲷苗放归大海。

8 日　在吉隆坡举行的第 65 届国际航空运输协会年会暨世界航空运输峰会上,厦门航空有限公司获得国际航空运输协会(IATA)颁发的 IOSA 安全杰出贡献奖。

10 日　厦门市先后召开市委常委(扩大)会议和全市领导干部大会,传达中央、省委关于厦门市委主要领导调整变动的决定,于伟国任中共厦门市委委员、常委、书记。

11 日　厦门市科技局、火炬高新区管委会与北京大学工学院签署科技合作协议,联合成立北京大学工学院厦门创新创业中心。

13 日　翔安隧道右线隧道率先实现贯通,标志着该工程取得重大阶段性进展。

15 日　科技部正式批准厦门市建设"国家级对台科技合作与交流基地"。这是科技部批复的全国首个也是唯一一个国家级对台科技合作与交流基地。

17 日　厦门市发现首例输入性甲型 H1N1 流感确诊病例,患者为 9 岁男孩小林。经过治疗,于 25 日康复出院,返回泉州老家。至此,全市共报告输入性甲流病例 5 例,未发现二代病例和本土病例,所有患者生命体征平稳。

21 日　2009 年第三号热带风暴"莲花"掠过厦门。市区风力偏南风达 5～6 级,阵风 7～8 级,沿海风力 7～9 级,阵风 10～11 级。靠近外海的角屿测到极大风速值为每秒 41.7 米,达到 14 级。

23 日　厦工机械股份有限公司召开新闻发布会,宣布韩籍职业经理人蔡奎全出任厦工总裁,这是厦门国有企业引进外籍经理人才的一次大胆尝试。

同日　由财政部通过现行国债发行渠道代为发行的 8 亿元厦门市政府债券正式发行并计息。本次发行各期债券品种为 3 年期固定利率附息债,票面年利率为 1.75％。

弘一法师铜像在南普陀内落成

27 日　弘一法师铜像在南普陀寺揭幕。该铜像由中央美术学院教授曹春生设计创作,耗资超过百万元。

29 日　福建省首个养老服务协会——思明区养老服务协会在鼓浪屿揭牌。该协会由位于思明区内的 20 家养老机构自愿组成。

7 月

2 日　18 时 20 分,位于厦门港西海域的鳗尾礁灯塔正式发光。该灯塔高 14.8 米,采用国内首创的通透发光设计,可为驶入厦门港西海域的中外船舶提供可靠的安全助航保障。

同日　由中宣部组织的中央媒体海西采访团厦门采访报道活动圆满结束。采访团从 6 月 15 日起陆续抵厦开展采访。截至 7 月 1 日,参加海西采访团的人民日报、新华社、中央电视台等 9 家中央媒体暨附属网站刊发有关海西的稿件数量已超过 300 篇(条),其中厦门新闻的比重最大。

3 日　第四届厦门市群众文化艺术节开幕。本届艺术节历时 3 个月,至 10 月 16 日结束。63 个基层单位选送的各类参赛作品 993 个,参与演员上万人次,观众总人数超过 10 万人次。

5 日　在菲律宾举办的羽毛球黄金大奖赛中,厦门伟士队羽球国手谌龙获得冠军。

6 日　厦门市政府和大连商品交易所签订合作协议,双方将就期货市场的发展进行合作。

8 日　成功大道浦南下穿隧道右线贯通,标志着成功大道全线最后一道难关被攻克。该隧道全长约 650 米,需下穿 95 栋楼房,开挖地质环境极差,在近两年的时间里,施工单位平均每天只能挖大约 0.6 米。

同日　根据公安部的命令,市公安局 101 名特警队员飞赴乌鲁木齐,执行维护新疆稳定的任务。

同日　由吉林省松原市市委书记蓝军、市长孙鸿志率领的松原市党政代表团来厦门考察访问。

8—12 日　厦门市第二届饮品节暨青岛啤酒节在市文化艺术中心举办。参加饮品节及其配套活动的市民和游客达 16 万人次。

13 日　由厦门歌舞剧院创作演出的音乐剧《雁叫长空》在中央党校礼堂进行在京的首场演出。16 日晚,该剧还在国防大学演出。

14 日　参加在北京举办的中非共享发展经验高级研讨会的 11 个非洲国家代表根据会务安排,专程前来厦门参观考察。

17 日　厦门市油画产业协会成立。该协会由湖里区乌石浦油画村美术产业协会、海沧区油画协会、明发艺术商城等整合而成,结束了厦门三大油画街"各自为政"的历史。

同日　无线城市产业促进高峰论坛在厦门举行。会上,厦门市 TD 无线城市产业促进会与台湾通讯产业联盟正式签署友好合作意向书,在移动通讯产业及经贸等相关领域开展合作。这是两岸通信产业联盟首次签订友好合作意向书。

17—21 日　由中华全国学生联合会和台湾"中华青年交流协会"主办的第五届两岸大学校园歌手邀请赛在厦门举办。来自两岸 46 所高校的 72 名歌手参加。

18 日　厦门——嘉义新闻媒体与观光产业合作座谈会在嘉义县举行。厦门市新闻工作者协会与嘉义县新闻记者公会签署《合作备忘录》。

同日　厦门市在轮渡海滨公园广场举行海洋宣传日活动。仪式结束后,市海洋渔业部门将 2933 万尾长毛对虾苗在五通海域放流。

19 日　厦门市中小学生突发事件心理危机干预小组成立。小组成员来自学校的心理老师,均具备国家心理咨询师资格。其任务是在突发事件发生后担负学生的心理恢复和重建工作。

同日　世界华人企业互助促进会厦门分会成立。30 多家泉州制造企业和 20 多家厦门贸易企业的企业家出席成立大会并接受会员证书。

21 日　第十二次闽台会计师学术研讨会在厦门国家会计学院召开。两岸近百名专家、学者针对近年来闽台会计师行业重大事件、最新动态和行业未来发展趋势展开交流与探讨。

22 日　台胞邱冠魁从厦门律师协会领取"律师执业人员实习证",成为台湾赴大陆律师执业实习的第一人。

24 日　2009 年厦门大学面向台湾单独招收本科生开始报名,190 名台湾考生领取准考证,是厦大历年来对台单招报名人数最多的一次。

同日　总投资 3.5 亿元的厦航模拟机训练中心落成。该训练中心位于湖里区高新技术园,一期建筑面积 3.29 万平方米。

25 日　由市政府投入 130 多万元为厦门警备区驻青屿某部官兵安装的太阳能发电设备启用,结束了青屿 50 多年来无法连续用电的历史。

26 日　首届海峡两岸少年儿童美术大展在厦门文化艺术中心举办,共展出海峡两岸儿童的金奖作品 393 幅。展览至 8 月 10 日结束。

27 日　厦门建行与厦门市南安商会签订战略合作协议。150 多家南安籍企业参加签约仪式。根据协议,厦门建行将在今后的 3 年里为厦门市南安商会的成员企业提供 150 亿元的授信支持。

29 日　大陆和台湾空中双向直达航路开通。厦门飞台北不必再绕经香港飞行情报区,可省时 15 分钟。

30 日　首届海峡杯帆船赛从厦门起航。来自北京、上海、深圳、厦门、香港和台湾地区的 15 艘帆船沿着当年郑成功收复台湾的路线横穿台湾海峡,于翌日抵达台南市安平港。厦门市副市长潘世建参加此次比赛,并担任"厦门"号船长。

8 月

1 日　从即日起,全市公交车(含中巴、农客和 BRT)开启空调不再收取空调费。厦门公交在开启空调期间加收空调费的做法始于 1997 年。

同日　改造后的梧村汽车站正式启用。梧村新汽车站总建筑面积 8.78 万平方米,可同时发 20 多辆班车。

同日　南非 UKubona 公司执行主席阿布杜拉访问厦门,并与厦门华电开关签订 1.8 亿人民币的订货合同,厦门华电的产品将通过 UKubona 公司供应给南非国家电力公司。这是 60 年来南非首次使用中国生产的电力产品。

4 日　厦门茶叶进出口有限公司在台南与台湾汶逸实业有限公司签

约,将在台湾成立占地 480 亩的高山茶叶生产基地。这是大陆企业首次在台设茶叶种植基地。

6 日　厦大 6 名学生成功登上海拔 6206 米高的西藏启孜峰,登山队员中包括一名女生。

7 日　厦门港海沧航道二期扩建工程通过交工验收正式投入使用。该工程于 2008 年 7 月开工建设,总投资 4 亿多元。

8 日　海沧体育中心的一期工程动工。该体育中心总投资约 4.6 亿元,占地面积 10 万多平方米。

同日　厦门市文化(创意)产业协会成立暨第一次会员代表大会在翔鹭大酒店举行。这也是福建省首家文化创意产业协会。

11 日　厦门市海关特殊监管区域协会成立大会在悦华酒店举行。

12—22 日　厦门市第十八届运动会举行。21 个代表团,5800 名运动员参加本届市运会。

14 日　海峡西岸经济区半导体照明产业技能型人才培训基地在集美成立。

15 日　首届厦金海峡横渡活动在椰风寨海域举行。来自天津的李寅翰用 80 多分钟泳渡厦金海峡,第一个抵达小金门双口海滩。参加横渡活动的选手共 100 名,海峡两岸各选派 50 名。

18 日　台湾高速客货轮"今日之星"号运载 285 名大陆游客及 40 名台湾旅客从东渡邮轮码头出发前往澎湖,标志着厦门到澎湖之间第一个海上常态化航班开通。

同日　中共厦门市委十届十次全体(扩大)会议举行。会议审议通过《厦门市贯彻落实党中央、国务院和省委、省政府加快建设海峡西岸经济区决策部署的实施意见》,还作出推进岛内外一体化发展的部署。

20 日　高林居住区社会保障性租赁房开始交房。首日共有 54 户办理了交房手续,并拿到了新房钥匙。

21 日　由厦门市总商会等主办的"中华心·两岸情"赈灾义演音乐会在宏泰音乐厅举行。800 多位工商界人士为遭受"八八水灾"的台湾同胞捐款 770 多万元。

22 日　中国人民书画院厦门创作基地在南昌铁路局厦门疗养院揭牌,共有 30 多位书画家担任艺术委员会委员和院士。

24 日　厦门市文化馆老年艺术学校模特队在第七届中国上海"金玉兰花奖"音乐、舞蹈、服饰风采艺术大赛上获"金玉兰花最高奖"、"金玉兰花组织金奖"及"金玉兰花编导大金奖"三个奖项。

同日　中华台北优秀教练团一行 19 人前来厦门,开展为期一周的交流培训,成员包括羽毛球、游泳、射箭、举重、田径和台球等项目的教练。

26 日　厦门首例非法入侵计算机信息系统罪犯"黑客"阿渊,被湖里区检察院提起公诉。

27 日　厦门——大阪中小企业合作论坛举行,来自两市的近百位企业界人士共聚一堂,探讨双方在节能、环保、电子以及机械深加工等领域的合作可能。

28 日　海峡两岸生物与新医药项目对接会在厦门召开。来自两岸的 120 多位企业高管、研发人员出席会议。

28—29 日　第二届海峡两岸消化论坛在厦门国家会计学院举办。500 余名来自大陆、台湾、香港、澳门以及美国、日本的顶尖消化病专家参加本届论坛。

9 月

3 日　厦门市中医院通过三级甲等医院的评审,成为厦门市第四家三甲综合医院,同时也是闽西南地区第一所三级甲等中医院。

同日　在福州举行的福建省第二届杰出人民教师表彰暨教师节庆祝大会上,厦门四位老师获评"福建省杰出人民教师"。这四位教师是:中科院院士、厦门大学教授万惠霖,厦门技师学院高级实习指导教师林琳,厦门一中教务处主任钟灿富,厦门第九幼儿园园长葛晓英。

4 日　2009"神往之地——泰国"文化节在 SM 城市广场开幕。泰国驻厦门总领事馆总领事哲萨搭·差湾帕克,厦门市委常委、副市长詹沧洲参加了开幕式。

同日　厦门市湖明小学 4 名学生被确诊为甲型 H1N1 流感病例。确诊患者已及时转至指定医院进行隔离治疗,病情稳定,无危重病例。

同日　市直机关青年合唱团代表福建省参加在北京举办的"放歌中华"——中宣部推荐 100 首歌曲大合唱晚会,以一曲《鼓浪屿之波》赢得中央领导和现场观众的肯定。

6 日　"中远之星"轮载着 176 名游客从厦门东渡国际邮轮码头出发,经过约 8 小时的航程,于当日下午抵达台湾台中港。这是大陆航运企业首艘直航台湾海峡两岸的客滚船。

同日　福建首个保税物流中心——厦门火炬(翔安)保税物流中心正式封关运作。

同日　环岛干道下穿会展中心隧道正式通车。

8—11 日　第十三届中国国际投资贸易洽谈会在厦门国际会展中心举

行。本届投洽会共吸引全球 125 个国家和地区的 5 万多名境内外客商参会,共签订各类投资项目 742 个,总投资金额 158.4 亿美元,利用外资 134.6 亿美元。

9 日　2009 中国国际文化创意产业发展论坛在厦门国际会议中心举行。

10 日　厦门市人口发展研究会成立。

同日　为新中国成立作出突出贡献的百位英雄模范人物和新中国成立以来百位感动中国人物评选结果公布,厦门籍 3 人入选,他们是:爱国侨领陈嘉庚、万婴之母林巧稚、抗击非典英雄钟南山。全国"双百"人物是经中央批准,由中央宣传部、组织部、统战部等 11 个部门联合评选的。

12 日　大陆和台湾地区的海洋管理部门在厦金海域组织开展打击和制止违法采砂、违法倾废、电炸毒鱼等海洋违法行为的专项行动。这是两岸首度携手进行海洋执法。

13 日　老挝人民革命党中央总书记、国家主席朱马利·赛雅颂结束在闽访问行程,乘专机离厦回国。

14 日　中山医院驻厦门第一看守所医疗室正式启用。

16 日　厦门正式获得中国轻工业联合会、中国眼镜协会授予的中国眼镜太阳镜生产基地称号,成为继温州、丹阳、玉环之后全国第四个眼镜生产基地。

18 日　第十一届全国美术作品展览漆画、陶艺作品展在厦门文化艺术中心美术馆开展,共展出漆画作品 286 件,陶艺作品 121 件。

同日　华侨大学厦门工学院新校园落成暨开学庆典举行。校园占地 702 亩,规划总建筑面积 62.5 万平方米,总投资 12 亿元。

19 日　厦门市体育用品协会成立。

22 日　国家重点公园授牌仪式在山东省济南市举行。厦门园林植物园、中山公园和厦门园林博览苑 3 个公园被授予国家重点公园牌匾,跻身全国首批 46 个重点公园之列。

同日　厦门市一批先进集体和先进个人受到全国妇联表彰,第一幼儿园园长陈绍瑄等 7 名个人获全国三八红旗手称号,湖里区金尚社区居委会等 3 个集体获全国三八红旗集体称号。

23 日　在首届福建省道德模范颁奖晚会上,厦门市的吕志华、张春楼、冯鸿昌获"省道德模范"荣誉称号。

25 日　全长 14.3 公里的成功大道全线通车。成功大道南起演武大桥,北至机场立交,是第一条贯通厦门南北的城市快速路(兼出岛通道),驱车全程仅需 15～20 分钟。

27 日　厦门市"校和校"对口支援工作正式启动，16 所城市学校分别和 16 所农村学校签订协议，由城市学校派出老师到农村校支教。

30 日　17 名对厦门市经济建设、社会公益事业、对外交往等方面作出突出贡献的港澳台同胞、华侨华人和

成功大道全线开通

外国友人，获授第七批厦门市荣誉市民。至此，厦门市共有荣誉市民 196 名。

10 月

1 日　厦门举办 2009 花车巡游活动，26 辆造型各异的花车从白鹭洲音乐喷泉广场出发，沿闹市区巡游，最终到达观音山海滨旅游休闲区，吸引数万市民沿途观看。

同日　驻厦某集团军 155 名官兵和厦门警备区军乐队 73 名官兵参加在北京举行的国庆 60 周年阅兵式。

1—4 日　海峡摇滚音乐节在厦门举办。作为第二届海峡两岸文博会的配套项目，音乐节吸引了逾万名来自全国各地的乐迷。

2 日　厦门爱乐乐团启程赴加拿大温哥华列治文市，美国旧金山市、洛杉矶市，进行为期 14 天的访问及巡回演出。

同日　为期 6 天的第五届中国"俱乐部杯"帆船挑战赛在厦门开赛。来自北京、大连、青岛、上海、厦门、深圳和台湾共 19 艘帆船参赛。深圳海狼帆船队和厦门五缘湾队分获冠亚军。

6 日　携程旅行网发布 2009"十一"黄金周人气城市排行榜和最受欢迎旅游目的地排行榜。厦门市分别以第八和第六的名次，列入十大人气城市和十大最受欢迎度假目的地之列。

8 日　厦门园林植物园内的五老峰发生山林火灾。经 200 多名军警民携手奋战两个多小时才将山火扑灭，过火面积约 11 亩。

9 日　山东航空公司一架机头两侧喷涂"厦门号"字样的波音 737—800 客机首航高崎机场。这是首架以"厦门"命名的飞机。

10 日　2009 年全国博士生学术会议在厦门大学召开，来自北京大学、浙江大学、复旦大学、香港科技大学、厦门大学等全国 24 所高校的 50 余名博士生参加会议。

同日　厦门城市原点雕塑《方圆同心》在白鹭洲公园的音乐喷泉前广场

落成。

同日　厦门市第八届十佳优秀外来女员工推选活动揭晓,王珍义、余瑶、杜卫琴、汪丽丽、陈海花、林爱凤、林曼瑜、侯志坚、赵桃云和饶红书获得十佳外来女员工称号。

同日　厦门双十中学举行建校 90 周年庆典。中共中央政治局常委、全国政协主席贾庆林,全国人大常委会副委员长、全国妇联主席陈至立发来贺信。

11 日　厦门市图书馆建馆 90 周年庆典暨第 21 届全国 15 城市公共图书馆工作研讨会开幕式在市图书馆总馆一楼大厅举行。

同日　受中央文明办委托,由国家统计局组织的 2009 年全国城市公共文明指数测评结果公布,厦门市在省会城市、副省级城市中排名第二。

同日　下午 1 时许,同安区莲花镇云洋村埔边山发生山火。大火蔓延 5 座山头,波及 3 个村庄,经护林队、驻厦部队、武警、消防等近千人通宵奋战,至 11 日上午 6 点 45 分,山火终于被扑灭。

13 日　大金龙援塞客车项目首辆客车下线仪式在塞内加尔塞恩巴士工厂内举行。塞内加尔总统府、交通部的官员,中国驻塞大使馆和厦门市政府等领导和嘉宾共 200 余人参加仪式。

同日　福建省第十届十佳少先队员评选揭晓,厦门市实验小学的罗宇杰和厦门一中的李克闲两名同学获得“十佳”称号。

14 日　厦门房地产企业宝龙地产在香港证券交易所主板挂牌上市。

16 日　市交警支队直属大队在全国率先进行“试纸酒测”,只要将受测试纸与标准色卡进行比对,驾驶人员的饮酒信息就一目了然。

17 日　大型雕塑群《永志铭心》在烈士陵园纪念碑广场落成。这组雕塑由 27 个人物组成,每个人物平均高 2 米,生动再现了解放厦门战役的场景。

同日　在北京人民大会堂举行的第六届中国中小城市科学发展高峰论坛上,湖里区获得“2009 年度中小城市科学发展百强”和“2009 年度最具投资潜力中小城市百强”称号,分别位列第 32 位和第 44 位。

18 日　位于仙岳山南麓的厦门爱心护理院正式投入使用。这是全市首家集医疗和养老为一体的护理院,总投资 3800 多万元,委托厦门市第一医院进行专业管理。

19 日　以田名部和义为团长的日本全国市议会议长中国友好访华团一行访问厦门。

20 日　位于北京朝阳区的厦门一中北京实验校区揭牌。厦门一中是应朝阳区的邀请,作为名校被引入的,这也是福建省第一所跨省进京城办分校的中学。

22 日　厦门市演艺协会成立。37 家单位和 20 名个人成为首批会员。

22—25 日　第二届海峡两岸少数民族丰收节在厦门举办。来自台湾的阿美族、排湾族、布农族等 100 位少数民族同胞与来自福建、四川、辽宁的 30 多位高山族同胞参加丰收节。

23 日　厦门当代置业集团副总裁丁玉灿把个人收藏 33 片安阳殷墟甲骨捐赠给福建南靖县政府,这批甲骨按市场价值近 9000 万元。

24 日　全省首支劳模关爱志愿队——厦门市劳模关爱志愿队成立。25 名成员由全国劳模和省、市劳模组成,主要的任务是在广大青少年中弘扬劳模精神。

25 日　市老年人体育协会在万石植物园举办"金桥杯"重阳节老年人登山活动,有万余名老年人参加。

27 日　厦门金龙旅行车有限公司生产的金旅客车获得欧盟认证的整车证书,成为中国第一家获得客车整车欧盟认证证书的客车企业。今后,金旅客车产品在进入欧盟各成员国销售时无需再逐个国家进行认证。

28 日　厦门市第七批荣誉市民授证仪式在人民会堂举行,吴经国等 17 位为厦门经济建设、社会公益事业和对外交往作出突出贡献的港澳台同胞、华侨华人和外国友人获颁荣誉市民证书。

同日　由国家安监总局副局长杨元元率领的国家安监总局调研督查组来厦调研督查,并听取市政府关于安全生产工作的情况汇报。

同日　中国科协 2009 海峡两岸青年科学家学术交流暨第七届海峡两岸信息化论坛在厦门开幕。来自海峡两岸的青年科技工作者 200 多人出席会议。

28—30 日　以仲兆隆为团长的全国政协民族和宗教委员会考察团来厦门考察并听取厦门的相关情况汇报。

29 日　2009 海峡两岸民间艺术节在厦门开幕。来自海峡两岸的 13 支艺术表演团队共献演 15 场戏剧、民间舞蹈和民乐演出,同时还举办戏剧和民间舞蹈的学术交流与研讨。本届艺术节至 11 月 2 日闭幕。

同日　第二届海峡两岸(厦门)文化产业博览交易会在厦门开幕。来自全国 31 个省市的代表团、参展商、采购商共 3452 人参会,参展企业 545 家。本届文博会至 11 月 1 日闭幕,确定签约项目 82 个,交易金额 87.04 亿元,其中厦门签约金额 21.67 亿元。

同日　厦门市第一批重点文化企业和文化产业示范基地授牌仪式在文

化艺术中心美术馆举行。首批重点文化企业 36 家,包括网游动漫、广播影视、新闻出版、文化创意等 7 大门类,文化产业示范基地 7 家,涉及影视动画、艺术和网络游戏三大产业。

30 日 第二届厦门国际动漫节暨"金海豚"动画作品大赛在厦门开幕。来自 14 个国家和地区的 1089 部动画作品参赛。本届动漫节至 11 月 3 日闭幕。

同日 第五届海峡两岸图书交易会在厦门开幕。至 11 月 1 日图交会闭幕,现场销售采样量近百万册,突破 4000 万码洋。

同日 两岸律师交流与合作研讨会在厦门举行。来自两岸法学界专家学者 160 余人出席研讨会。

同日 厦门外图集团有限公司授牌仪式在厦门书城举行。该集团由经营性文化事业单位整体转企改制,是厦门市深化文化体制改革迈出的重要一步。国家新闻出版总署、中国出版工作者协会、福建省委宣传部、省新闻出版局及厦门市有关领导出席授牌仪式。

同日 台湾画院厦门分院成立,授牌仪式在五缘湾厦门七宝斋文化艺术中心举行。

31 日 第五届"大洲杯"思明国际风筝节揭幕。在为期两天的时间里,上万厦门市民前往观看来自 15 个国家和地区的 100 多名风筝好手的精彩表演。

同日 福建省新闻出版局和福建省出版总社向厦门市赠送《四库全书》仪式在市图书馆举行。这套价值 39 万元的影印线装本《四库全书》共 148 函、1184 册,将由厦门市图书馆收藏。

11 月

1 日 火炬高新区被中央人才工作协调小组授予"海外高层次人才创新创业基地"。这是福建省首个也是唯一一个国家级海外高层次人才创新创业基地。

2 日 厦门市国际马拉松赛组委会、市红十字会、市红十字基金会三方共同携手设立"厦门国际马拉松红十字爱心基金"。

同日 在深圳召开的全国全民阅读活动经验交流会上,厦门市"书香鹭岛活动月"获得优秀项目奖,市新闻出版局被评为先进单位。"书香鹭岛活动月"是一项由政府组织、专家指导、群众广泛参与的大型综合性全民阅读活动,至今已连续开展 6 年。

5 日 下午 4 时,翔安隧道左线隧道完成"最后一爆",标志着我国内地第一条海底隧道全面贯通。右线隧道已在 6 月 13 日率先贯通。

7 日　2009 厦门国际海洋周海洋生物多样性保护国际论坛在厦门召开,200 余名海洋专家就如何推进海洋生态系统管理,构建海洋生态安全格局进行研讨。

8—9 日　2009 亚细亚国际友好钓鱼大会暨全国沿海城市海钓邀请赛在五缘湾举行,来自日本、韩国、马来西亚以及中国大陆和台湾、香港、澳门的 100 余名钓鱼高手参加比赛。

9 日　厦门出现首例甲型 H1N1 流感死亡病例。死者是 55 岁的黄姓女子,10 月初外出旅游途经厦门时因甲流检测阳性住院。经抗病毒、抗感染等综合治疗,甲流已经治愈。后因基础性疾病和并发重症肺炎等,经全力救治无效死亡。这也是福建省首例甲流死亡病例。

10 日　全国首例航空"黑名单"案由北京朝阳法院作出一审判决。法院认定厦门航空有限公司对原厦航员工范后军的拒载行为没有侵犯其人格尊严权和名誉权,依法驳回范后军的全部诉讼请求。

11 日　厦门长庚医院院长沈陈石铭等 17 名台湾医生获得福建省人事部门颁发的高级职称证书,成为首批在祖国大陆获得职称证书的台湾地区居民。

12 日　厦大生物医学研究院教授许华曦和张云武在美国《神经》(Neuron)杂志发表研究成果,成功鉴定出可抑制老年痴呆症的蛋白。这一研究为开发治疗老年痴呆症的药物提供了新的线索。

同日　首届两岸药品与保健食品政策研讨会在厦门召开。其中台湾业界有 5 个协会,3 个财团法人单位,32 家药品与保健食品生产企业共 67 名代表参加会议。会上,两岸业者共同签署关于推动两岸药品和保健食品领域实质性合作的倡议书。

同日　同安区人民法院驻同安交警大队巡回法庭正式更名为同安法院道路交通法庭。这是厦门市首家常驻式道路交通法庭,通过整合行政、司法、医疗、保险等社会资源,实现了道路交通事故民事赔偿诉讼与非诉讼工作的良好衔接。

14 日　2009 鼓浪屿诗歌节在厦门开幕。来自海峡两岸的数十位诗人展开为期 3 天的创作研讨活动。

14—15 日　第六届两岸四地物流合作与发展大会在厦门举办,来自大陆和台港澳地区近 500 位代表参加了会议。第八次中国物流学术年会同期举行。

15 日　由商务部主办、福建海洋研究所承办的海岸带综合管理官员研修班和海洋渔业管理官员研修班同时在厦门结业。这两个研修班为期 3

周,来自亚非拉美近 40 个国家的 85 名学员领到了由中国商务部颁发的结业证书。

15—17 日　省委常委、市委书记于伟国率团赴香港推介招商。在港期间,先后拜会香港特区政府、中央驻港机构和香港的工商团体。

17 日　市委书记于伟国在港拜会香港特首曾荫权。

18 日　厦门市首次召开大规模粮食产销协作会。参会人员来自赣、湘、皖、鄂和本省的 16 个粮食(稻谷)主产区。会上共采购口粮 20 万吨。

同日　厦门市烟草专卖局(公司)为"红十字三角梅——手拉手"扶贫助困专项基金增资,成为目前在厦门市红十字会设立的最大一笔扶助专项基金。

20 日　来自台北的姜荣贵旅客幸运地成为厦门机场 2009 年的第 1000 万名旅客。这标志着厦门机场年吞吐量突破千万大关。

21 日　北京市委副书记、市长郭金龙率北京市代表团来厦门考察。

同日　从台湾基隆港出发的"中远之星"轮靠泊厦门海峡邮轮中心,随船运载 6 个集装箱。这是大陆口岸首次接待实货入港的两岸直航客滚船。

同日　第 25 届厦门市青少年科技创新大赛开幕。本届赛事历时 2 个月,参赛项目 623 项,129 所中小学和幼儿园的 8618 名小选手参加。

同日　厦门移动通信公司面向赴大陆旅游观光、短期停留的台胞推出"团圆观光卡"。这是大陆首张面向台胞推出的手机卡。使用该卡拨打台湾的手机每分钟为 1.2 元,拨打固定电话仅需 0.8 元。

21—22 日　第五届中国保险教育论坛在厦门大学开幕。来自两岸的 200 多位保险专家和业界与会,中国保监会副主席魏迎宁出席开幕式。

24 日　在北京举行的全国文化先进单位、全国文化系统先进集体和先进工作者表彰大会上,湖里区被授予全国文化先进单位称号。

25 日　厦门市中级人民法院对首起 KTV 侵权案进行一审宣判,厦门"音乐之声"KTV 败诉,应立即停止侵犯《不想长大》等 5 部 MTV 音乐电视作品著作权的行为,并赔偿 1.5 万元。

26 日　《厦门市会计人员条例》经福建省十一届人大常委会第十二次会议表决通过,成为全国首个专门针对会计人员管理的地方立法。该《条例》将于 2010 年 3 月 1 日起施行。

27—29 日　首届海峡国学高端研讨会暨厦门筼筜书院开院典礼在厦门举行。来自北京大学、中国人民大学、复旦大学、北京师范大学、厦门大学及台湾大学、台湾辅仁大学等两岸知名高校的 30 多位国学名师出席会议并发表演讲,他们也成为厦门筼筜书院的首批学术顾问。

28 日　第十一届中国戏剧节在厦门举行。全国 18 个省、自治区、直辖市和解放军艺术团体及台湾地区推荐的 28 台剧目,21 个剧种参演。先后演出 56 场,观众达 5 万人次。艺术节至 12 月 13 日闭幕。

30 日　厦门港货物年吞吐量完成 1.01 亿吨,提前一年实现"十一五"目标,厦门港成为海峡西岸经济区 20 多个城市中首个亿吨大港。

12 月

1—2 日　第十八届全国海事审判研讨会在厦门举行。最高人民法院副院长万鄂湘等出席会议并致辞。

3 日　厦门大学林伯强教授有幸成为厦航 2009 年第 1000 万名旅客。这标志着厦门航空有限公司年旅客运输量突破千万人次大关,成为国内第六家年旅客运输量突破千万的航空公司。

同日　住房和城乡建设部在北京举行第四批"全国节水型城市"授牌仪式,厦门市以第一名的成绩获评全国节水型城市。

5 日　厦门市大学生基本医疗保险社会保障卡发放仪式在集美大学举行。这意味着厦门市的基本医疗保险制度实现了"全覆盖"。厦门市大学生参加城乡居民基本医疗保险是 9 月 1 日启动的。

7 日　来自美国的 37 名中小学校长和教育官员参观厦门一中、双十中学、实验小学和外国语学校附属小学,并就在美国开展中文教育合作问题与厦门的中小学校长座谈。

10 日　中国科学院城市环境研究所正式揭牌。全国人大常委会副委员长、中国科学院院长、党组书记路甬祥参加揭牌仪式。该所是国内首家以促进我国城市和城市群的生态规划与建设、环境质量的改善提高和社会经济的可持续发展为使命的科研机构,2006 年 11 月在集美文教区奠基。

12—14 日　第五次中越两党理论研讨会在厦门举行。中共中央政治局委员、中央书记处书记、中宣部部长刘云山和越共中央政治局委员、中央书记处书记、中央宣教部部长、中央理论委员会主席苏辉若出席开幕式。与会人员围绕"应对国际金融危机的理论与实践"这一主题进行研讨。

16 日　由韩国 LG 集团和台湾冠捷集团合资的乐捷显示科技(厦门)有限公司正式签约落户厦门火炬(翔安)产业区。该公司主要生产液晶模组及电视整机,一期投资 3400 万美元。

17—19 日　2009 海峡两岸(厦门)农渔业论坛暨产业对接洽谈会在厦门举行。来自大陆各地果蔬批发市场的负责人、主要经销商以及台湾农、渔业行业协会代表共 110 人参会。在洽谈会上,有 27 个项目成功对接,签约总金额 2.51 亿元。

18 日　年发电量 1600 万千瓦时的厦门东孚填埋气体发电厂正式运行。该发电厂属《京都议定书》框架下的减排项目,总投资 3400 多万元,是厦门第一个既不需要财政投资建设也不需要财政拨款运行的环卫项目。

同日　厦门市首个朗诵协会——湖里区朗诵协会成立。

20 日　海澳码头仓储工程举行落成典礼。该工程位于在海沧港区 12 号泊位后方陆域,一期工程概算总投资 6 亿多元,预计年吞吐能力超过 600 万吨。由海澳集团建设,是厦门民营企业参与大型基础设施建设的首个项目。

22 日　"国家开发银行—厦门大学—东方财经两岸金融研究中心"签约揭牌仪式在北京钓鱼台国宾馆举行。该中心由国家开发银行出资,中心设在厦大,是中国首家由大型国有金融机构出资并联合学界、传媒界共同成立的两岸金融研究机构。

同日　第三届亚洲气枪锦标赛在卡塔尔落幕。19 岁的厦门选手苏玉玲以 486.5 环的成绩获得青年组女子 10 米气手枪金牌,并且和队友一道摘得团体金牌。

23 日　福建省居民健康信息系统建设项目在厦门启动。在启动仪式上,厦门市副市长潘世建将厦门市政府与解放军总医院共同研发的健康信息系统软件无偿捐赠给省卫生厅。使用该系统后,全省各公立医疗机构可望实现医疗卫生资源共享。

同日　经司法部批准,福建省首家外国律师事务所代表处——美国 ChristieKim 律师事务所厦门代表处在厦门开业。该代表处的主要服务范围是向中国投资者提供对美国投资、移民、会计、税收以及咨询方面的法律服务。

24 日　厦门港东渡航道(高崎航段)工程通过交工验收。该航道长 2.67 公里,能够通行 5000 吨至 5 万吨级货轮。于 2008 年 3 月开建,工程总投资 7399 万元。

25 日　2009 年度中国政府网站互联网综合影响力及网站绩效评估结果发布。在计划单列市及省会城市组中,厦门市政府网站获中国互联网最具影响力政府网站第三名、中国政府网站领先奖第四名和信息公开领先奖第三名。

26 日　"两岸画家画两岸"作品展在厦门中华儿女美术馆开展。共展出两岸四地 50 多位油画大师艺术精品 100 余幅。展览为期一个月。

27 日　厦门市社会医疗机构协会成立。首批会员单位有厦门眼科中心、厦门长庚医院等 52 家医疗机构。厦门因此成为继上海之后我国第二个拥有社会医疗机构协会的城市。

27—29 日　第十一次丁玲国际学术研讨会在厦门举行，来自美国、日本、新加坡、菲律宾、泰国以及中国大陆和台湾、香港的专家学者近百人参加会议。会议收到论文近 70 篇。

28 日　福建(厦门)海外留学人才与项目对接洽谈会在厦门宾馆举行，近 140 名海归精英前来与厦门企业接触洽谈。

29 日　市委十届十一次全体(扩大)会议召开。会议审议通过《中共厦门市委贯彻中央、省委关于加强和改进新形势下党的建设决策部署的实施意见》。

30 日　厦门产业技术研究院正式挂牌。该研究院位于集美学村，拥有研发服务中心、行业公共技术平台和产业技术发展中心。

同日　由市政府设立的厦门市中华白海豚保护发展专项基金启动，我市一家民营企业作为《厦门市中华白海豚保护发展专项资金管理办法》出台以来的首位捐赠者，向基金捐赠善款 3.5 万元。

31 日　"中国 2010 新年音乐会"在厦门国际会议中心音乐厅举行。音乐会由国家广电总局主办，厦门建发集团承办。央视一套、央视音乐频道进行全程现场直播。

同日　福厦铁路开通货车试运行。福厦铁路是福建省第一条高速铁路，全长 273 公里，2005 年 10 月动工兴建，总投资 144.2 亿元。

2010 年

1 月

1 日　厦门市财政一体化管理信息系统正式运行，市属行政事业单位所有的财政、财务业务都要通过该平台办理。这将促进项目支出预算的规范化和财政管理的精细化。

2 日　国家体育总局授予厦门"对台体育交流与合作基地"仪式在国际会展酒店举行，国家体育总局副局长段世杰向厦门市市长刘赐贵正式授牌。

同日　建发厦门国际马拉松赛举行。比赛人数超过 5 万人，其中全程参赛人数首次突破 1 万人。

6 日　国家科技部批准第二批企业国家重点实验室的建设申请，厦门银祥集团"肉食品质量与安全控制国家重点实验室"名列其中。银祥集团成为全市首家承担建设国家重点实验室的企业，也是全国首个获得企业国家重点实验室的民营企业。

10 日　全国科技工作会议在京召开。副市长叶重耕代表厦门市接受科技部颁发的全国首批"国家创新型试点城市"牌匾。

12 日　河南省新县驻厦门党支部和工会联合会挂牌成立。新县在厦的流动党员和务工人员代表 80 多人参加成立仪式。厦门是新县外出务工人员主要集中地之一,有 1 万多新县人在厦工作生活。

同日　全国设区市首部正式出版的新闻专志——《厦门新闻志》出版。该志历时 5 年编纂完成,参编人员近百位。

14 日　《厦门日报》报道:住房和城乡建设部、文化部公布"新中国城市雕塑建设成就奖"获奖名单,鼓浪屿皓月园的郑成功雕像等全国 60 座城市雕塑获得该奖项。

同日　福建省第二届"我最喜爱的十大人民警察"评选结果公布,厦门铁路公安处厦门火车站派出所民警曾芝强名列其中。

19 日　厦门正新橡胶工业有限公司就扩产项目与集美区政府正式签约。该项目将落户集美后溪工业组团,预期新增投资 4 亿美元,可填补厦门市轿车子午胎产业空白。

21 日　厦门市第十三届人民代表大会第五次会议补选于伟国为市十三届人大会常委会主任,补选黄杰成为副主任。

同日　市长刘赐贵会见到访的美国驻华大使洪博培及夫人一行。

22 日　厦门市第一医院心血管、内分泌、神经内科、神经外科、肾病、风湿免疫、医学影像(核医学)、中西医结合糖尿病 8 个专业获得国家药物临床试验资格。

27 日　厦门警方破获一起全国最大的银行卡套现案。以许某胜为首的 4 名犯罪嫌疑人在湖里区江头东路某居民楼落网。经查,许某胜等人通过伪造签购单据进行银行卡套现,涉案金额 1.3 亿元。

28 日　厦成高速(厦门段)开工建设。厦成高速公路起于厦门,止于四川成都,是我国西南腹地通往东南沿海地区的主要出海通道,全长 2295 公里,其中厦门段总长 18 公里,设计时速 100 公里。

29 日　柯达厦门数码版材工厂第二条生产线投产。该生产线达产后,厦门将成为柯达印刷版材全球第二大生产基地,产能占全球总量的 20%。

30 日　杏林大桥(铁路桥)开始通行列车。杏林大桥为公铁两用桥,全长 8.53 千米。2006 年 3 月动工,2008 年 9 月 1 日公路桥通车。

31 日　中共厦门市南安商会总支部在厦门国际会展中心举行成立仪式。这是厦门市 400 多家商(协)会中第一个党组织。

2 月

2 日　创建国家新型工业化产业示范基地工作会议暨授牌仪式在北京举行。厦门火炬高新区电子信息（光电显示）示范基地获国家工信部授牌。

3 日　福建省首个社区法官工作站在湖里区金山街道金山小区成立，涉及邻里纠纷等适宜调解的案件今后将在社区法官工作站受理。

5 日　厦门市首个文化创意产业园区——集美文化创意园开园。

6 日　厦门市首个专业果蔬物流配送中心——福慧达（海西）果蔬物流中心在同安工业集中区投入使用。该中心有规模 2000 吨的果蔬保鲜冷藏库和 6000 平方米的办公综合大楼，可为海峡西岸地区的农产品提供"一站式"服务。

8 日　经国家商务部的专家评审和实地考察，厦门市被正式列入全国首批流通领域现代物流示范城市，示范的内容包括国际物流、保税物流、农产品冷链物流、医药物流等。

9 日　厦门警方召开新闻发布会，通报一起"外挂"沪深股市疯狂赌博的特大案件，涉案金额逾 2 亿元。经查，犯罪嫌疑人黄某、陈某等通过非法网站诱使会员在"地下股市"里赌博，并在会员的每笔交易中抽取千分之三的"手续费"。

11 日　国家知识产权局批准厦门市为"国家知识产权工作示范城市"。厦门市 2007 年 10 月启动创建国家知识产权示范城市工作，2009 年 12 月通过国家考评组考核评定。

14—15 日　中共中央总书记胡锦涛来厦门考察。胡锦涛一行先后考察厦门电力调度中心、翔安隧道建设工地、海天码头、海峡邮轮中心等处，慰问春节期间坚守工作岗位的干部群众，并与部分劳模代表一起观看厦门和金门两地同时燃放节日焰火的盛况。

胡锦涛在厦门亲切接见劳模代表

16 日　2010 年厦门元宵灯会在白鹭洲公园亮灯。至 3 月 3 日灯会结束，赏灯的游人 220 万人次。其中 2 月 28 日（农历正月十五日）的游客突破40 万人次，创下厦门市观灯人数新纪录。

胡锦涛来到厦门海峡邮轮中心出发大厅,同往来厦门、金门的
台湾同胞亲切交谈

24 日　位于厦门东渡港区的现代码头试运行。岸线全长 900 余米,建有 3 个 4 万吨级散杂货泊位和 1 个汽车滚装泊位,填补厦门港区无专业汽车滚装泊位的空白。

25 日　经国务院批准,厦门市成为中国服务外包示范城市。

3 月

5 日　全国首条专为国家级旅游度假景区设计的旅游空中快线——厦门至武夷山空中快线开通,航班首发仪式同时在厦门和武夷山两地举行。

6—9 日　第十届中国厦门国际石材展在厦门国际会展中心举办,来自 50 多个国家和地区的 1200 多家企业参展。

7 日　厦门首个民间话剧团——"猫剧团"成立暨首场活动在市艺术剧院举行。该剧团计划每月举办一次活动,内容涵盖名剧赏析、剧本讨论、短剧排演、肢体训练等。

8 日　思明区法院被全国妇联授予"全国维护妇女权益先进集体"称号。

9 日　76 辆金龙 XMQ6126Y3 型旅游客车从厦门发往上海。这批车辆中的 56 辆将投入世博会直达专线运营,其余 20 辆将作为公务用车,为世博会组委会工作人员提供服务。

10 日　坐落于集美孙厝乐安小学的孙中山铜像落成,孙中山先生的嫡孙女孙穗芳博士与其他孙氏宗亲一起为铜像揭幕。

12 日　福建省环保厅命名第五批 75 个福建省环境优美乡镇和第三批 105 个福建省生态村。厦门市的莲花镇、汀溪镇入选省级环境优美乡镇,另有 16 个村(社区)入选福建省生态村。

15 日　由天虹、永辉、倍顺、新华都、黄则和等 34 家企业联合发起的福建省首家食品流通协会——厦门市思明区食品流通协会成立。

16 日　福建省委、省政府在福州召开福建省科学技术奖励大会,表彰福建省科技人才和科研项目,厦钨集团副总裁吴冲浒获福建省科技重大贡献奖。

22 日　由发改委、科技部、商务部、税务总局、法制办、国台办负责人组成的国家六部委联合调研组抵达厦门,就进一步发挥厦门经济特区作用开展专题调研,并听取厦门市的汇报。市领导于伟国、刘赐贵等出席汇报会。

23 日　经市政府授权,厦门市民政局与人保财险厦门分公司续签《厦门市自然灾害公众责任保险统保协议》,249 万厦门市民将得到为期两年的自然灾害公众责任保险保障。

26 日　华洋海事(厦门)游艇培训有限公司通过海事部门的游艇驾驶员培训机构资质核验,成为全国首家按《船员培训管理规则》进行资质核验的游艇“驾校”。

同日　京闽中心酒店在福建省五星级酒店中第一个获得国际五星钻石奖。“国际五星钻石奖”是由美国优质服务科学协会(AAHS)在世界范围内颁发的优质服务奖。

同日　厦门大学新西兰研究中心成立。这是继北京大学之后,中国大陆高校第二所新西兰研究中心。

31 日　厦门市首个专门受理纳税人投诉和建议的短信服务平台——集美国税局纳税服务短信平台正式开通。

4 月

1 日　住在鼓浪屿的方思特家庭获得厦门首块“全民低碳行动项目”纪念牌。纪念牌由中国环保部宣教中心、美国环保协会和厦门市环境宣教中心共同授予,用以鼓励那些在节能减排、践行低碳生活方面成绩突出的单位、家庭或个人。

3 日　由教育部、国家语委、中央文明办举办的中华诵·2010 经典诵读晚会(清明篇)在厦门大学举行。教育部副部长李卫红等出席晚会。

6 日　由商务部主办的发展中国家海洋生物实用养殖技术培训班在厦门举行。来自缅甸、泰国、印度尼西亚、尼日利亚、塞拉利昂等 15 个发展中国家的 31 名官员参加为期 56 天的培训学习。

7—11 日　第十四届海峡两岸机械电子商品交易会暨厦门对台进出口商品交易会在会展中心举行。来自 31 个国家和地区的 3.4 万多名专业客商参会,其中境外客商 5546 人。

8 日 由思明团区委招募的网络辅导员正式上岗。首批 17 名辅导员由思明区相关单位的青年志愿者组成,他们与嘉滨小学的同学结成对子,通过博文留言、面对面的接触等方式,引导孩子们养成良好的上网习惯。

10 日 2010 年全国帆船冠军赛在东山岛金銮湾落幕。厦门运动员陈和池(舵手)、庄学海(缭手)获得长距离赛男子 470 级冠军。

14 日 青海省玉树藏族自治州玉树县 7 时 49 分发生 7.1 级地震,厦门市红十字会启动救灾工作。

同日 由厦门火炬高新区管委会出资(委托厦门火炬集团代管),与深圳创新集团投资有限公司、厦门中红石创业有限公司共同发起设立的厦门红土创业投资基金成立,首期资金 1 亿元。这是福建省首家也是厦门第一个政府引导的创业投资基金。

15 日 市红十字会从备灾救灾仓库调拨一批救灾物资运往西安。

16 日 市红十字会发出倡议,呼吁社会各界为发生强烈地震的青海省玉树县灾区同胞捐款捐物。

17 日 康宝莱(中国)保健品有限公司定向捐款,由市红十字会转交市残联用于听障儿童的治疗。

同日 首届中国国际会议产业盛典在厦门悦华酒店开幕。200 多位来自海内外知名会议城市、办会机构、服务企业的代表与专家学者与会。会议产业厦门高峰论坛同时在厦举行。

22 日 市红十字会、市总工会、市广电集团共同举办"地震无情,同胞有爱"玉树赈灾义演。

24 日 首届海峡西岸经济区城市发展论坛在厦门国家会计学院举行,海西 20 多个城市的 200 余位代表围绕"转变城市发展方式,推进海西城乡一体化统筹发展"这一主题展开研讨。

24—26 日 第六十三届全国药品交易会在厦门国际会展中心举行,来自全国医药行业的 2000 多家企业参展。

25 日 青礁慈济祖宫保生大帝神像首度前往台湾接受信众朝拜。巡游线路包括台北、台中、高雄等在内的 18 个县市。巡游活动至 5 月 6 日结束。

26 日 上午,福厦铁路动车组在厦门火车站举行首发仪式。仪式结束后,厦门发往福州的首趟动车"和谐号"D6208 次列车驶离厦门站,标志着厦门步入高铁时代。

同日 中国大陆第一条海底隧道——厦门翔安海底隧道建成通车。隧道全长 8695 米,最深处位于海平面下约 70 米。2005 年 9 月正式开工,工程总投资约为 32 亿元。

中国大陆第一条海底隧道——厦门翔安海底隧道建成通车(陈立新 摄)

27 日　厦门市委、市政府制定引进人才的"双百计划",计划用 5～10 年引进 100 名海外高层次人才,300 名领军型创业人才。同时,每年安排 1.5 亿元专项资金用于该计划。

29 日　副市长裴金佳调任南平市委副书记、副市长、代理市长职务。

同日　厦门大学 EMBA(高级工商管理硕士)入选《福布斯》"中国十大最具价值 EMBA",成为除北京、上海地区高校 EMBA 以外唯一的入选项目。

30 日　厦门市规划展览馆正式开馆。该展览馆位于市文化艺术中心,建筑面积 8000 平方米,展示面积 6000 平方米。

同日　在北京举办的 2010 首届中国节庆创新论坛暨 2010 中国品牌节会颁奖盛典发布会上,厦门日报社读者节获 2010 最佳城市主题节庆。

5 月

1 日　厦门大学生命科学学院教授韩家淮获得"2009 年度长江学者成就奖"。韩家淮长期从事细胞信号转导研究,是该领域的知名学者。

同日　上午,翔安隧道出现通车以来的首次大堵车。因连续发生 6 起交通事故,造成 20 多部车追尾,出岛方向至少有 3000 部车辆滞留,车阵长龙一直排到四五公里外的中医院。直到将近 12 点才恢复正常。

3 日　厦门大学教授张军获得第十四届"中国青年五四奖章"称号。张军现任厦大国家传染病诊断试剂与疫苗工程技术研究中心副主任,在艾滋病毒系列诊断试剂研制和戊型肝炎诊断试剂研制方面贡献突出。

5 日　福建省首条交通信号灯智能化控制道路在金尚路诞生。该路段10 个路口的信号灯可根据不同方向车流量的变化自动调节亮灯时间,从而让有限的道路资源得到最大限度的利用。

8 日　天主教厦门教区新任主教蔡炳瑞祝圣典礼在厦门天主教堂举行。

9 日　第三批《国家珍贵古籍名录》名单公示,厦门市图书馆《文献通考》等 6 部珍贵馆藏古籍被定为二级古籍。

10 日　32 集电视连续剧《神医大道公》在央视八套黄金时段开播。该剧由厦门广播电视集团、海沧区政府、台湾民视、北京世纪春天传媒有限公司联合投资拍摄。

同日　翔安区青少年科学工作室暨闽台农村青少年科普教育基地揭牌。这是厦门市首个面向厦门及台湾地区青少年的农村科普教育基地。

15 日　福建省委常委、厦门市委书记于伟国会见以泰中友好协会会长、泰国前副总理功·帕塔兰西为团长的泰中友协代表团一行。

17 日　第八届"ITT 杯"全国中学生水科技发明比赛在北京举行,厦门市槟榔中学的"植物奇兵——应用江蓠净化厦门筼筜湖水体的研究"获初中组一等奖,厦门双十中学的"厦门市土壤重金属含量对周围水体污染情况的调查及其治理办法的探究"获高中组二等奖。

同日　由 74 名驻华武官、副武官及夫人组成的外国驻华武官参观访问团来厦门考察。其成员分别来自全球 46 个国家。

17—19 日　第六期拉美高级军官研讨班代表一行 19 人在厦门访问。研讨班成员分别来自拉丁美洲的 10 个国家。

18 日　中央纪委、监察部命名第一批 50 个全国廉政教育基地,集美陈嘉庚纪念胜地名列其中。

20 日　乌克兰安东诺夫航空公司一架 AN－124 货机降落在厦门机场。这架飞机翼展 73.3 米,可载重货物 150 吨,是目前世界最大的专用货机之一,也是迄今为止在厦门机场起降的最大型飞机。

21 日　福建省首家"助残超市"启用。该超市设在厦门市残疾人联合会 9 楼,专门为该市生活困难的残疾人家庭提供救助。

25 日　第九届中国艺术节在广州落幕。厦门市歌仔戏剧团和台湾唐美云歌仔戏团联手演出的歌仔戏《蝴蝶之恋》获"文华大奖特别奖",同时还获得导演、音乐创作、灯光设计、演员等单项奖。

27 日　中科院城市环境研究所发布《2010 中国可持续城市发展报告》。报告对中国 35 个主要城市 2008 年度的可持续城市建设和发展水平进行评价、比较分析和排序,厦门市的综合排序和可持续城市发展指数排序均为第一名。

28 日　来自亚、非、拉美 15 个国家的 36 名海上执法部门官员到海警三支队学习交流海上执法工作经验。

6 月

1 日　厦门市被国家工商行政管理总局确定为首批国家商标战略实施示范城市。

9 日　载重 17.25 万吨的散货轮——"南希"轮(NISSHINTRADER)停靠海沧 7 号泊位。该轮载有来自澳大利亚的进口煤炭 15.4 万吨,是有史以来靠泊厦门港的最大运煤船。

19—21 日　第三届文博会在厦门国际会展中心举办。有 138 个项目在会上签约,总金额 98.98 亿元,现场交易额约 3.15 亿元。

20 日　福建省委书记孙春兰在厦门举行的第二届海峡论坛上宣布,国务院批准将厦门经济特区扩大到全市,并同意厦门发挥在体制机制创新方面的试验区作用,扩大金融改革试点,建立两岸区域性金融服务中心,先行试验一些金融领域重大改革措施。

同日　由厦门市援建的彭州市人民医院、彭州市妇幼保健院、彭州市精神病医院举行竣工仪式,标志着厦门对口援建彭州的工程建设任务全面完成。

21 日　冠捷集团厦门园区举行开园典礼。该园区包括冠捷显示科技(厦门)有限公司、乐捷显示科技(厦门)有限公司等多家企业,形成年产 1000 万台平板电视的生产基地。

同日　由国家中医药管理局、厦门市人民政府主办的首届海峡两岸中医医院院长讲坛在厦举行。来自北京、上海、广东、福建等 12 个省、自治区、直辖市的 50 多家中医院以及台湾地区 13 家中医医疗机构近百位院长参加会议。

22 日　快速公交(BRT)快 2 线同安延伸段,即滨海新城(西柯)枢纽站至同安枢纽站正式通车运营。该延伸段总长近 12 公里。

23 日　中国人民银行厦门市中心支行宣布,厦门市自是日起正式启动跨境贸易人民币结算业务试点工作,以此引导企业开拓市场,推动厦门外贸发展方式的转变。

25 日　厦门东部燃气电厂 2 号机组 168 小时满负荷试运行签证仪式在金门湾酒店举行,标志着厦门东部燃气电厂一期工程全面投产。该项目是我国第一个全外资的大型燃气电厂,一期工程包括两台 39 万千瓦机组,总投资近 30 亿元,年发电量将达到 30 亿度。

同日　厦门市第六届"金鹭奖"表彰大会在厦门小白鹭艺术中心金荣剧场举行,音乐话剧《停一停,等等我们的灵魂》和歌仔戏《蝴蝶之恋》等 85 项文艺精品获奖。

25—27 日　第八届中国(厦门)国际食品交易博览会在厦门国际会展中心举行,国内外近 500 家企业参展。

25—28 日　海峡西岸汽车博览会在厦门国际会展中心举办,93 家汽车企业携 70 个国内外知名汽车品牌参展。

26 日　厦门市属国有企业首届职工运动会举行,设有广播操、拔河、田径、羽毛球、篮球、乒乓球、游泳和趣味等八大项 20 小项比赛项目,22 个代表队近 2000 人参加。

28 日　世界品牌实验室公布"中国 500 最具价值品牌榜",其中"厦工"以 110.83 亿元的品牌价值位列中国工程机械行业第一。

同日　思明区人民法院一审依法作出判决,被告人李某俊以"非法进行节育手术罪"判处有期徒刑 2 年,并处罚金人民币 1 万元。这是厦门市首次对非医学需要的胎儿性别鉴定、非医学需要的人工终止妊娠案件作出判决。

29 日　厦门市政府召开人体器官捐献委员会工作会议暨人体器官捐献试点工作启动仪式。自 2005 年以来,厦门市有 174 人办理遗体捐献,121 人办理器官捐献的登记手续。

30 日　厦门工学院郑小瑛歌剧艺术中心成立。该中心招收音乐专业本科或本科以上学历的学生,为国内培养优秀的歌剧人才。

同日　为期一个月的厦门市第八届老年人体育健身大会在市体育中心篮排球馆落下帷幕。本届老年人体育健身大会共有 19 个代表团 1200 名老年人参加。

同日　由市总工会、市红十字会、厦门广电集团新闻中心联合主办的"风雨同舟,心手相连"为福建雨水灾害地区同胞赈灾义演晚会在五一文化广场上演,全市 232 家机关、企事业单位和职工代表为灾区捐款 509 万元。

7 月

1 日　《厦门市城乡居民养老保险暂行办法》实施。根据该办法,厦门市的基础养老金标准为每月 200 元,仅次于北京市,远高于国家和福建省规定的每月 55 元标准。

同日　国务院办公厅公布第一批三网融合试点地区(城市)名单,厦门市成为首批试点城市。厦门市的电信、计算机、有线电视三大网络总体上已具备承载融合的基础和相关业务的能力。

同日　上午 10 时 30 分,"雪龙号"科考船从厦门国际邮轮码头起锚出航,开始为期 85 天的第四次北极科考。这是"雪龙号"第一次从厦门出发踏上北极科考之旅。

2 日　由台湾"中华电信"与厦门港务集团合资 3000 万人民币建立的两岸首个合作呼叫中心——厦门硕泰商务科技公司在厦门软件园开业。中心设有 350 个座席,提供包括服务外包、系统平台出租以及呼叫中心建置三大产品。

5 日　鼓浪屿钢琴艺术研究会成立。该研究会旨在研究、推广鼓浪屿钢琴文化,推动钢琴艺术的普及与发展,首批会员有 60 多名。

同日　位于厦门鹭江道的厦门财富中心大楼封顶。该大楼有 43 层,高 192 米,是目前福建省在建最高的公共建筑项目。

8 日　被公安部通缉的持枪杀人嫌犯胡益华在厦门落网。胡益华涉嫌在浙江义乌绑架杀害一对青年男女,又在广东揭阳枪杀两名交警后潜入厦门。

9 日　《厦门日报》推出 3D 影像特刊。这是厦门传媒市场的第一份 3D 报纸,也是全国日报中的第一份 3D 报纸。

9—14 日　第三届厦门饮品节暨 2010 青岛啤酒节在市文化艺术中心广场举办,吸引厦门市民和外地游客 16 万人次参加,啤酒销量突破 25 吨。

12 日　位于厦门湾南岸的南炮台灯塔落成并正式发光。这座灯塔总高 70.5 米,射程 15 海里,是厦门港最大灯塔。

14 日　厦门漆线雕技艺代表性传承人蔡水况获 2010 年度中国工艺美术终身成就奖。蔡水况是厦门惟艺漆线雕艺术有限公司高级顾问、中国工艺美术大师。

17 日　厦门支援南平灾后重建首批 11 个项目开工,包括 9 个集中安置点项目(安置户数 1398 户),2 个学校重建项目,总建筑面积 23.8 万平方米,总投资约 2 亿元。

19 日　第六届世界合唱比赛颁奖典礼在浙江绍兴举行。厦门市直机关青年合唱团获无伴奏民谣组金牌,翔安新圩农民女子合唱团获得银牌。

同日　国际泳联跳水大奖赛西班牙马德里站比赛落幕,代表中国队参赛的厦门运动员杨玉婷和队友郑曲琳一道获得女子双人三米板的冠军。此外,杨玉婷还获得女子三米板个人铜牌。

20 日 《厦门城乡居民养老保险暂行办法》正式发布。厦门由此成为全省第一个实现养老保险城乡居民全覆盖的城市。

22 日 首届中国城市民生建设调研成果发布会在北京人民大会堂举行。会上表彰 10 个"中国最关爱民生的县(市、区)",厦门市集美区榜上有名。

25 日 厦门市知识创新与知识产权保护协会和台湾"中华保护智慧财产权协会"在厦门宾馆签署两岸(厦门—台北)知识产权联盟合作协议,标志着两岸首个知识产权联盟成立。

25—31 日 应国家汉语对外推广领导小组办公室邀请,24 名菲律宾中小学校长和教育官员访问厦门,与厦门部分中小学校长进行交流研讨。

26 日 厦门市委宣传部与中央电视台"国宝档案"栏目组联合摄制的"厦门文物文化瑰宝"系列节目在央视四套播出。内容包括鳌园、胡里山炮台、华侨博物院等。

27 日 第五届鼓浪屿钢琴节在鼓浪屿音乐厅开幕。来自国内九大音乐学院的 42 名选手参加角逐。比赛至 8 月 4 日结束。

8 月

1 日 鉴于厦门经济特区扩大到全市,自是日起 50 部经济特区法规和 43 部经济特区规章适用于岛外的集美、海沧、同安、翔安 4 区,结束了厦门"一市两法"的局面,使岛内外一体化有法可依。

3 日 厦门国贸集团股份有限公司台湾办事处在台北市松山区东兴路 8 号统一证券大厦 11 楼挂牌成立。

同日 厦门市日供水总量首次突破百万吨大关,达到 101.41 万吨,其中岛内供水总量 57.17 万吨。

8 日 8 时 12 分,厦门大学登山队成功登顶海拔 6330 米的唐拉昂曲峰。唐拉昂曲峰位于西藏当雄县境内,距拉萨 128 公里。2003 年、2004 年,厦大登山队曾两次试图登顶,都因天气原因失败。

同日 厦门公交集团首批 50 辆天然气公交车上路运营。

17 日 厦门女子举重运动员邓薇在新加坡举行的首届青少年奥林匹克运动会上以 242 公斤的总成绩夺得 58 公斤级金牌,并打破该项目总成绩的青年世界纪录。这也是厦门选手获得的第一枚青奥会金牌。

20 日 由厦门毅宏游艇工业公司和意大利知名游艇设计公司共同研发生产的"毅宏·希仕德徕"豪华游艇试航成功。这是国内第一艘太阳能游艇,开辟太阳能发电应用的一个新领域,在节约能源和海洋环境保护方面具有重大意义。

25 日 福建省首座电动汽车充电站——华荣电动汽车充电站建成。这座充电站位于湖里区华荣路东侧,可同时为两台中型车辆和两台小型车辆充电。厦门也就此成为福建省率先使用电动汽车充电设施的城市。

26 日 福建省湖南商会在厦门成立。

同日 厦门市经发局宣布商务部终裁结果:自 12 日起,对原产于韩国和泰国的进口精对苯二甲酸征收 2%～20.1% 的反倾销税。历时两年的厦门翔鹭石化股份有限公司反倾销申诉终于获胜。这是厦门市第一起对外反倾销案,涉案额高达 36 亿美元,也是国际反倾销史上涉案金额最大的一起案件。

28 日 第五届特殊奥林匹克运动会火炬在厦门市传递。

29 日 上海世博会厦门案例馆移至厦门园博苑嘉园。厦门案例馆是上海世博会最受欢迎的场馆之一,总占地面积 600 多平方米,分为主题展示、影像互动、厦门人家、城市会客等四个部分。

31 日 厦门港和漳州港实现全面整合,厦门港深水岸线增加 27 公里。整合后,厦门、漳州两市行政区内的所有港区统称厦门港,享受厦门港区的各项优惠政策。

本月 经中国合格评定国家认可委员会(CNAS)专家评审组评审,厦门市美亚柏科信息安全研究所有限公司福建中证司法鉴定中心获 CNAS 实验室认可证书。这是全国第一个通过 CNAS 实验室认可的非公电子数据鉴定机构。

9 月

1 日 福建省基层法院首个知识产权审判庭在思明区法院挂牌成立,并开展由知识产权审判庭统一受理知识产权民事、行政和刑事案件的"三审合一"试点审判工作。

2 日 沈海高速公路泉州至厦门段扩建工程竣工通车。全长 81.9 公里的泉厦高速由原来的 4 车道增加到 8 车道,工程投资约 69.5 亿元,工期 30 个月。

4 日 厦门开通海峡西岸首条对台全货机航线。由台湾华航每周六执飞一个往返航次。厦门也因此成为两岸货运全货机直航点。

6 日 经公安部批准,凡在厦门市暂住 6 个月以上,并已办理暂住证的非福建籍居民可以申请赴台游。

8 日 第十四届中国国际投资贸易投洽会在厦门举办。来自 144 个国家和地区的 1.5 万名境外人士参会。会议至 11 日结束。

8～11 日 第二届中国国际地产投资交易会在厦门会展中心举办。30

余个城市参展,超千宗土地集中亮相,3000 多位全球专业客商前来参会。

11 日　厦门市塑料橡胶同业商会橡胶分会成立。

13 日　经公安部、住房和城乡建设部检查评估,厦门第六次获得全国一等交通模范管理水平城市。

13—15 日　第八届东南亚华文文学研讨会在厦举行。来自新加坡、泰国、菲律宾、印尼、文莱、马来西亚、缅甸、越南以及国内的 160 多位专家学者参加会议。

16 日　厦门市物流协会城市配送货运分会成立。

17 日　依托厦门钨业股份有限公司组建的国家钨材料工程技术研究中心通过科技部验收评估。该中心 2007 年 4 月由科技部批准建立,是厦门市首个依托企业建立的国家级工程技术研究中心。

18 日　由中央人民广播电台对台湾广播中心与海峡之声广播电台等 6 家电台共同组建的"闽南话广播协作网"在厦门举行成立大会。

19 日　厦门火炬高新区管委会与南京中兴软创科技股份有限公司举行签约仪式,中兴软创投资项目正式落户厦门。中兴软创主要从事电信运营支撑系统软件研发、生产和销售,其母公司中兴通讯是我国最大的通信设备制造业上市公司和最大的本地无线供应商,也是全国第二大软件企业。

同日　厦门市第六届社会科学普及活动周启动仪式在中山公园南门广场举行。活动将持续至 25 日。

20 日　经中国保监会批准,台湾富邦金控旗下子公司富邦产险与富邦人寿获准在厦门合资设立富邦财产保险有限公司,注册资本 4 亿元人民币。11 月 10 日,富邦财险正式开业,成为 ECFA 生效后第一家进入大陆市场的台资保险公司。

24 日　中华书画家联合会厦门分会和世界名家书画联合会厦门分会成立。

25 日　由鼓浪屿—万石山风景名胜区管委会、思明区政府等共同主办的第八届厦门中秋博饼节在鼓浪屿皓月园举行。

27 日　"走近非洲海西先行"第五届非洲国家驻华大使巡讲活动在厦举办,来自科特迪瓦、毛里塔尼亚、卢旺达、加蓬等国的驻华大使和经济参赞到场做投资环境、政策措施等情况说明。

同日　省委常委、市委书记于伟国在厦门会见来访的中非共和国总统弗朗索瓦·博齐泽一行。

同日　思明区数字化城市管理系统投入使用。该系统可以对辖区实行全方位、全时段的即时监控。

28 日　厦门石油交易中心揭牌。该中心由泰地集团、海投集团、海澳集团三方共同出资组建,一期注册资金 5000 万元。

同日　中山路东段步行街举行开街仪式,标志着中山路全线实现步行。中山路是厦门最著名的商业街,其西段已在 2005 年改造成为步行街。

29 日　福建省女企业家商会、厦门市女企业家协会在厦门举办慈善晚宴,启动 2010 年度粉红行动,当晚为市红十字会粉红基金募款 42 万余元。"粉红丝带"是全球乳腺癌防治活动的公认标识,厦门市自 2006 年开展粉红行动以来,累计募款 100 多万元,帮助患者 98 名。

本月　台湾居民陈经超、江永基分别被厦门大学新闻传播学院和经济学院聘为教师,成为教育部所属高校录用的首批编制内的台湾教师,将享受和大陆高校毕业生同等的工资福利、社会保险和子女教育等方面的待遇。

10 月

1 日　厦门公交执行新票制,组团内线路全程 1 元一票制,跨组团线路统一调整为"上车 1 元,分段计价,每跨一段加收 1 元,最高票价 3 元"。

同日　厦门市实行限定居民家庭购房套数政策,同一购房家庭(包括购房人、配偶及未成年子女)只能在本市新购买一套商品住房。

1—6 日　第六届中国"俱乐部杯"帆船挑战赛在五缘湾帆船港举行。来自厦门、大连、深圳、青岛、海南、上海和台湾等地的 18 支队伍参加角逐。厦门飞鹏队夺得冠军奖杯。

8 日　我国首个以海洋科学家命名的科技奖项——"曾呈奎海洋科技奖"在青岛颁奖。曾呈奎是厦门人,曾任中国科学院海洋研究所所长,被称为"中国海藻学奠基人"。

9 日　中国保监会和厦门市政府签署《关于建设厦门保险改革发展试验区合作备忘录》,厦门正式成为全国保险改革发展试验区。中国保监会主席吴定富出席签署仪式。

10 日　福建省公共文明指数测评结果揭晓,厦门市以 96.82 分名列地级市榜首,思明区、湖里区分列城区第一、二名。

同日　福建省规模最大的礼品城——海沧礼品城开业。这家礼品城位于兴港路与角嵩路交汇处,总建筑面积 1.56 万平方米。

11 日　毕马威(KPMG)会计师事务所厦门分公司开业,主要开展税务、财务和商业咨询等业务。至此,包括普华永道、德勤、安永国际在内的全球四大会计师事务所全部进驻厦门。

15—18 日　2010 海峡两岸民间艺术节在厦门举行。两岸演出团体及专家学者等共约 600 人参与,其中台湾演出团队和专家学者约 230 人。

18 日　"中国边检—3567"艇正式列编厦门边检总站。该艇长 42.8 米,吨位 150 吨,最高航速 25 节,配备有导航、视频、定位系统及搜救雷达等设备,是全国边检系统最先进的巡查艇。

19 日　市红十字会批复首家台湾独资开办的厦门长庚医院成立红十字会。

20 日　第二十届中国新闻奖在北京揭晓,厦门市 3 项作品获奖,其中《厦门晚报》的漫画《"得让领导看到我来了!"》(作者刘翔)获二等奖,另有 2 项作品获三等奖。

同日　市公安局官方微博"厦门警方在线"开通。除具有拓展警民互动空间、树立警方形象、密切警民关系的作用外,该微博还充分发动网友举报犯罪、协助警方破案。12 月 1 日,厦门警方首度通过微博,破获一起涉嫌虐杀女童案。

22 日　第八次上海合作组织成员国总检察长会议在厦门召开。最高人民检察院检察长曹建明,福建省领导孙春兰、黄小晶及来自国内外的 100 多名代表出席会议。

同日　福建省首例"同命同价"案件在海沧区法院当庭判决。两名在同一条排洪沟溺亡的儿童(一人户籍在海沧区,另一人户籍在莆田农村)的家人均获得 17 余万元的赔偿。

23 日　2010 年度中国中小城市科学发展评价体系研究成果揭晓,思明区以第十五名的成绩获得"中国中小城市科学发展百强县市"称号,位列福建省上榜的 9 个县(市、区)首位。

25 日　福建省首家通过 ISO15189 国际认可的医学实验室在厦门大学附属第一医院挂牌。患者持该院出具的检验报告,不仅在全国有效,还可通行全球 56 个国家和地区。

26 日　第六次全国人民防空会议在北京举行,厦门市被国家国防动员委员会授予全国人民防空先进城市称号。

27—28 日　由湖里区政府、市文化局等主办的第三届福德文化节在厦门举行,海峡两岸及东南亚 100 多座宫庙的信众和专家学者近 2500 人参加。福德正神俗称土地公,是海峡两岸影响最大的民俗神之一。

28 日　第三届"中国戏剧奖・曹禺剧本奖"在湖北潜江揭晓,厦门作家曾学文的高甲戏剧本《阿搭嫂》获奖。这是中国戏剧文学创作的最高奖项。

同日　由文化部主办的第五届中国国际钢琴比赛在厦门拉开帷幕。来自中国、美国、德国、意大利、波兰、澳大利亚等国家的 58 名选手参加比赛。比赛至 11 月 7 日结束。

29—31 日　由厦门日报社主办的 2010 海西房车大联展在国际会展中心举行。联展人流量 20 万人次,现场汽车订单成交量 2100 余台。

30 日　中国 2010 年上海世博会颁奖晚会在世博中心金厅举行。会上,国际展览局向厦门案例馆颁发"国际展览局奖章"银奖。

同日　中国游艇港友好联盟在厦门成立。来自上海、海南、大连、广州、舟山等城市的游艇行业协会负责人参加"中国游艇港友好联盟"签约仪式。

11 月

4 日　第三届中国会议产业大会在北京举行,厦门市获得"2010 年度中国最佳绿色会议城市"称号。

同日　为期 4 天的第三届厦门国际动漫节在市软件园开幕。来自上海、深圳、北京、武汉等 12 个地区的 100 多家企业参加本届动漫节。

5 日　3000 条活石斑鱼从高雄运抵大嶝口岸。这批石斑鱼价值 2.1 万美元。这是两岸 ECFA 签订之后台湾鲜活水产品首次进入厦门市场,也是厦门口岸首批以"小三通"方式进口的活鱼,较之前经香港转销缩短运输时间 2 天以上。

5—7 日　由市医学会、市心血管病研究所和厦门大学附属第一医院共同主办的首届海西心血管论坛在厦门举行。来自海峡两岸以及美国、新加坡的千余名代表参加。

5—11 日　2010 厦门国际海洋周在厦门举行。40 多个国家,10 多个国际组织的 100 多名代表以及中国国家有关部委、协会、科研院所和沿海城市代表参会。

7 日　集美大学诚毅学院"陈文确陈六使图书馆"揭牌。该图书馆由新加坡著名企业家、慈善家、华侨社团领袖陈文确、陈六使兄弟家族捐建。

8 日　2010 年全国城市公共文明指数和未成年人思想道德建设工作测评公布,厦门市获城市公共文明指数排名第一,未成年人思想道德建设工作排名第五。此次参与测评的 117 个城市,都是中央文明委历次表彰的全国文明城市或地级以上创建文明城市工作先进城市。

9 日　经厦门和台湾两地的消费者保护组织共同协调,高雄一家首饰店同意对厦门陈女士购买的一对白金钻戒(价值 4 万多台币)作换货处理。这是两岸消保组织协作机制建立以来受理的第一起大陆游客在台湾岛内购物时发生的消费纠纷。

同日　市红十字备灾救灾中心正式启用。该中心(仓库)位于灌口汽车工业城。

10 日　在第三次全国大学科技园工作会议上,火炬高新区下属的厦门高新技术创业中心和厦门软件园入选全国首批 66 个"高校学生科技创业实习基地",成为福建省仅有的 2 家入选单位。

同日　中国国家科技奖励工作办公室向厦门市授予"国家科技成果转化服务(厦门)示范基地"牌匾,标志着厦门成为首个国家科技成果转化服务示范基地。

11 日　厦门市与特里尔市缔结友好城市关系协议签署仪式在德国莱法州特里尔市市政厅举行。厦门市副市长詹沧洲与特里尔市市长克劳斯·延森出席签字仪式。

14 日　第十一届中国智能机器人大赛在集美大学举办。600 多名青少年和机器人爱好者参加比赛,他们来自全国 15 个省、直辖市的 200 多支代表队。

16 日　厦门航空公司与中国电信集团公司签署战略合作框架协议。双方将发挥各自领域的优势资源,在基础通信信息服务、航空差旅服务等领域展开合作。

17 日　第一届海峡两岸三地 CAE 模具高校产学联盟年会暨 2010 国际 CAE 模具成型技术研讨会在厦门理工学院举行。近 300 家高校、企业的代表围绕计算机辅助工程分析技术(即 CAE)在成形加工和模具行业中的应用开展学术研讨。

同日　中国电信动漫运营中心在厦门软件园二期投入运营。该中心由中国电信集团授权筹建,是中国电信全国八大产品基地之一。

18 日　厦门市政府与香港贸发局签署合作备忘录,双方互相确认为会展业、金融业、物流业发展的战略合作伙伴。厦门—香港物流业圆桌会议同时举办。

19 日　科技日报社厦门记者站揭牌。

22 日　第三届"知识产权与城市发展市长论坛"在成都召开。国家知识产权局为厦门等 22 个城市颁发"国家知识产权工作示范城市"牌匾。厦门市创建国家知识产权示范城市工作起步于 2007 年 10 月,2009 年 12 月通过国家考评组考核评定。

同日　市红十字会委托舟曲县红十字会发放厦门市红十字义工团为舟曲泥石流灾区募捐的善款。

27 日　首届海峡两岸国学论坛在厦门筼筜书院举行。来自海峡两岸及韩国、日本、美国的 60 多位专家学者围绕中国传统文化开展交流探讨。

同日　中午,"千和 12"污油接收船在海天 10 号码头附近因避让不及与"厦港拖 3"轮发生碰撞,导致船上约 5 吨含油污水泄漏,厦门港部分海域被污染。经海事部门紧急处置,至 28 日下午,污染海面的浮油得到清除。

27—29 日　第三届全国微生物基因组学学术研讨会在厦门召开,来自国内各大科研院所、知名高校的 250 名微生物专家参加。

28—30 日　由厦门市人民政府主办,翔安、同安两区共同承办的第八届世界同安联谊会(翔安大会)召开,来自世界 30 多个国家和地区的 1200 多名乡亲参加大会。

12 月

2 日　第十一届世界六桂恳亲大会在翔安举行,132 个社团,3000 多名六桂宗亲来自美国、新加坡、印尼、菲律宾、日本、法国等 11 个国家(地区)和中国大陆。"六桂堂"是由方、翁、洪、江、龚、汪等六姓后裔组成的民间组织。

同日　厦门市十三届人大常委会第二十五次会议任命臧杰斌为厦门市人民政府副市长。

3 日　来自台湾的吴亦立成功应聘厦门出口加工区投资促进服务中心副主任职位,成为进入厦门市事业编制单位的首位台湾专才。金门县的蔡弼凯同时应聘厦门高新技术创业中心(国企)副主任职位。

同日　思明区残联就业培训综合服务中心正式揭牌。该中心位于前埔一里 117 号,总建筑面积为 1650 多平方米,是全市首家区级残疾人就业中心。

4—6 日　"厦工杯"全国首届工程机械修理工职业技能竞赛总决赛在厦门举行,来自全国 20 个省市的 114 名选手参加决赛。

5 日　厦门市首批新能源公交车上路。4 辆新能源车分别投放 87 路、88 路公交线路,采取混合动力系统,可比内燃机车型节油 25% 以上,各项污染物排放量减少 25%~30%。

6 日　由市容环卫部门管理的 208 座环卫公厕自是日起实行 24 小时免费开放。

10 日　22 万伏内官变电站投产送电。这座总投资约 2 亿元的变电站建成后将从根本上解决翔安地区乃至厦门岛外发展的用电供需矛盾。

同日　厦门海沧保税港区一期正式封关运作。该保税港区 2008 年 6 月 5 日由国务院批准设立,是全国第七个、福建省第一个保税港区,也是国内开放度最高、功能最齐全、政策最优惠、通关最便捷的海关特殊监管区域之一。

12 日　盛洲爱心基金 2010 年度捐赠仪式在北京人民大会堂举行,厦门中盛粮油集团有限公司向中国扶贫基金会捐赠第三期 120 万元善款。

13 日　厦门和金门两地的马拉松赛事组委会在厦门签署未来 5 年合

作计划,共同打造厦门马拉松和金门马拉松的赛事品牌,合力吸引更多参赛选手。

14 日　经财政部批准,大陆首个对台会计合作与交流基地在厦门揭牌。

16 日　副市长叶重耕为厦门市首批院士专家工作站授牌,并发放共计30 万元的启动资金。首批工作站分别设在厦工机械、中绿集团、爱德森电子、麦克奥迪集团公司和麦克奥迪医疗公司 5 家企业,已经签约 11 名院士。

厦门市首批院士专家工作站授牌仪式

16—19 日　厦门市首届公民德行公益论坛在国际会展中心举行。活动以"弘扬中华文化,做有道德的人"为主题,3500 多人前去听讲。

17 日　妙湛老和尚百年诞辰追思法会在南普陀寺举行。来自海内外佛教界的高僧大德及外护法居士等近千人参加。妙湛法师曾任南普陀寺方丈、厦门市及福建省佛教协会会长,为佛教事业作出重要贡献。

同日　全国地方志系统表彰先进会议在北京人民大会堂举行。10 名长期献身地方志事业的修志工作者受到国家人力资源和社会保障部、中国地方志指导小组的联合表彰。市方志办主任葛向勇跻身全国"十佳"之列。

同日　厦门市青少年博爱促进会成立。该促进会以关怀弱势青少年群体为宗旨,以凤凰花青少年志愿艺术团作为主要工作服务载体,开展艺术知识教育、美学知识普及和其他爱心公益志愿服务活动。

18 日　位于湖里区殿前街道石湖山的长江(厦门)钢材市场营业。这是厦门首家大型钢材贸易市场,建筑面积 2.36 万平方米,一期入驻 300 多家钢材经营商户。

20 日　中国民族文化遗产专业委员会在厦门理工学院成立。该委员会是中国人类学民族学研究会的下属机构,经国家民族事务委员会批准成立。

22 日　思明区检察院在新浪网开设面向全国青少年的"未成年人检察在线"微博,成为福建第一家开通微博的检察院和全国第一家利用微博开展未成年人检察工作的检察院。

26 日　由厦门网和中国日报网联合打造的英文外宣平台——中国日报网厦门频道·厦门网英文频道上线。

29 日　思明区"一体化"道路交通事故调处中心正式运行。对适用简易程序处理的交通事故由入驻交警大队的法官予以司法确认,从而使交警的调解结果具有法律强制执行力。这一交通事故"司法确认"制度属全国首创。

30 日　海沧大桥西引道太平山隧道通车。该工程总长 1.8 公里(含匝道),其中隧道长 735 米。从海沧生活区经由该隧道到厦门岛内可缩短 6 公里的车程。

同日　由中国工业设计协会授牌的"中国卫浴工业设计中心"落户厦门路达集团,成为国内首个国家级的卫浴工业设计中心。

2011 年

1 月

1 日　《海峡两岸经济合作框架协议》(ECFA)货物贸易早收计划开始实施,大陆出口台湾的第一单早期收获货物——神香和香粉,台湾出口大陆第一单享受减税的水果分别在厦门通关。

2 日　2011 建发厦门国际马拉松赛在厦门举行。来自 43 个国家和地区的 64000 多名选手参加比赛,肯尼亚选手凯伯科里尔和埃塞俄比亚选手吉默达分获男、女全程马拉松冠军。凯伯科里尔将赛会纪录提高 40 秒。

6 日　台胞吴亦立与厦门出口加工区投资促进服务中心签订聘用合同,担任该中心副主任。这是厦门市首次选聘台湾专业人才担任事业单位管理职务。

8 日　市精神卫生中心、仙岳医院综合大楼竣工。该工程总投资 1.12 亿元,是福建省和厦门市的重点建设项目。同日,仙岳医院正式挂上三级甲等医院牌匾,成为闽西南地区首家精神专科三甲医院。

同日　市青少年宫新大楼竣工。该工程总建筑面积 3.82 万平方米,总投资 1.18 亿元,于 2008 年 6 月动工,是当年厦门市委、市政府"为未成年人办实事"项目之一。

8—10 日　中国能源环境高峰论坛——海峡西岸峰会在厦门大学科学艺术中心举办。国家有关部委、海峡两岸学者和企业界的 300 名代表参加论坛。

9 日　厦门市与澳大利亚阳光海岸市友好城市协议书签字仪式在厦门马哥孛罗酒店举行,厦门市副市长詹沧洲与阳光海岸市议员珍妮·迈凯女士在友城协议书上签字。阳光海岸市的前身是昆士兰州马卢奇郡,1999 年与厦门结为友城。2008 年,马卢奇郡与周边另两个郡合并成立阳光海岸市,因此需要重新签署友城协议。

12 日　中国政府网播发国家教育体制改革方案,厦门市承担的"推进义务教育均衡发展试点项目"列入国家教改方案,通过试点实现全市义务教育学校在办学条件、财政拨款、教师配置和教育质量等方面的基本均等。

13 日　厦漳高速公路扩建工程(厦门段)全线通车。该路线全长 11.85 公里,双向 8 车道,设计车速 120 公里/小时,沿线经过集美区的杏滨街道、灌口镇和海沧区的东孚镇,总投资 8.12 亿元。

14 日　福建联合信实律师事务所与台湾大然法律事务所驻厦门代表处举行合作签约仪式。两岸律师事务所签约合作尚属首次。

同日　国家科学技术奖励大会在北京人民大会堂举行,厦门大学教授夏宁邵主持研究的《戊型肝炎病毒免疫优势构象性抗原决定簇的发现及其在诊断中的应用》项目获国家技术发明奖二等奖。

18—19 日　由市文联、福建省电影家协会联合举办的第二届海峡两岸闽南语电影研讨会在厦开幕。来自国内外电影界的 60 余位学者、专家参加研讨,会议期间举办闽台厦语电影专题展览和闽南语电影观摩活动。

19 日　2010 中国最具海外影响力市(县区)、最具海外影响力镇(乡村)评选在香港揭晓,厦门市思明区、湖里区双双获"最具海外综合影响力明星区"称号。该项活动由香港大公报社主办。

同日　赣州银行厦门分行开业,成为首家在厦门设立分支机构的异地城市商业银行。

20 日　华夏银行厦门分行开业。

同日　科技部正式批准厦门火炬高新区建设国家创新型科技园区。厦门火炬高新区是福建省首家启动建设的创新型科技园区。

同日　厦门市首座天然气加气母站投入运行。天然气加气母站位于集美区岩内村旁,占地 4000 多平方米。

21 日 基隆市驻厦门旅游经贸文化办事处在湖滨南路立信广场开业。基隆市市长张通荣、议长黄景泰主持开业揭牌典礼。

22 日 国务院侨务办公室与厦门市人民政府共同建设华侨大学厦门校区协议签字仪式在悦华酒店举行。国侨办副主任赵阳,市领导于伟国、刘赐贵等出席签字仪式。根据协议,国侨办将在人才培养基地、重点学科、重点实验室、学位点等有关布点和建设中给予华侨大学重点支持。

23 日 位于五缘湾文化展览苑的福建源古历史博物馆正式开馆。这是福建省首家收藏、展示、交流泛红山系列文化文物及高级工艺品的特色博物馆,馆藏文物精品 300 多件(组),最远的可以追溯到新石器时代。

25 日 厦门大学高级经理工商管理硕士联合会(简称"厦门大学EMBA 联合会")成立。这是全国第一个以已经毕业的 EMBA 企业家和高级职业经理人为主体在民政局独立正式登记注册的联合性社会团体。

27 日 厦门市对口援建的武夷山市兴田安置点交房。至此,厦门市援建南平灾区安置点全部交房,实现省委、省政府要求的"春节前基本具备入住条件,部分集中重建户分批入住"的目标。

2 月

10 日 中国羽毛球队在京举行世界冠军登榜仪式,厦门选手湛龙和其他 3 名年轻队员一起加入世界冠军行列,成为继吉新鹏、郭振东之后第三位羽毛球世界冠军。湛龙曾在 2010 年 5 月汤姆斯杯赛上为中国男队战胜印尼队,夺得汤杯四连冠作出贡献。

11 日 国家开发银行与厦门象屿集团在厦门举行《开发性金融合作协议》签约仪式。在今后五年里,国开行将为象屿集团及其相关下属成员企业提供总额 180 亿元的融资额度,同时还将加大银企合作力度。

14 日 感动中国 2010 年度人物颁奖典礼在中央电视台举行,厦门市名悦休闲有限公司技术总监刘丽被授予"最美洗脚妹"称号,驻厦某集团军战士何祥美获"三栖尖兵"称号。

21—24 日 厦门市第十三届人民代表大会第六次会议举行。大会表决通过关于全面推进岛内外一体化建设,厦门市第十二个五年规划纲要等决议。

25 日 厦门市海上搜救中心翔安分中心揭牌。该分中心有搜救船舶 6 艘及其他专业搜救设备,可对辖区水域进行全天候、全方位监控。

26 日 厦门眼科中心举办白内障超乳技术新进展高端会议,国内五大知名白内障专家亲自为 5 名患者免费手术,手术过程面向国内外 300 多名眼科专家全程直播。

26—27 日　第二届中国国际会议产业周暨会议产业厦门高峰论坛在厦门国际会议中心举行,来自海内外知名会议城市代表、专家学者、办会机构、服务企业的 200 多位专业人士参加。会上,厦门入选中国十大魅力会议目的地城市。

28 日　凌晨,厦深线引入厦门枢纽控制性工程——烧汤溪鹰厦右线特大桥南北两端拢口驳接成功并开通运行,为厦深铁路厦(门)漳(州)段开通奠定了基础。

28 日　由厦门迈士通集团研发的三款无人飞机在厦门国际会议中心酒店亮相。这是厦门乃至福建首次成功研发的无人飞机。这三款无人机,有两款属民用,一款为军用,售价 30 万元至 200 万元不等。

3 月

1 日　厦门机场至漳州的直达巴士专线试运营,旅客从漳州市区上车,只需 75 分钟即可抵达候机楼,票价 20 元。

6—9 日　第十一届中国厦门国际石材展在会展中心举行,来自 140 个国家和地区的 12 万名专业石材客商前来参会,其展位规模与世界第一大展意大利维罗纳石材展已相差无几。

7 日　"低碳生活,妇女先行"万名妇女健步行活动在万石植物园举行。8000 多名各界妇女群众参加 6 公里的健步活动,以健康、简约的方式迎接三八节。

8 日　全市消防工作会议召开,市委常委、副市长詹沧洲在会上为市综合应急救援支队授牌。今后,这支依托市消防支队打造的队伍,将会同相关部门,全面整合治安维护、交通警戒、海上救援、医疗救护等各方力量,形成高效有序的综合应急救援机制。

12 日　上午,海峡电子生产资料市场暨厦门赛格电子市场开业。这是海峡西岸最大的电子产品交易市场和两岸电子产品集散中心。该市场位于湖里区园山南路,可提供近千个摊位和店铺,从业人数可达 3000 人。

14 日　厦门大学和福建山宝油茶联手成立"厦门大学生物医学研究院—山宝油茶生物技术研发中心"。这是福建省首个针对茶油功能性成分及保健作用而成立的专项研究中心。

16 日　上午,厦门美亚柏科信息股份有限公司在深交所创业板挂牌上市,成为 2011 年厦门市首个登陆资本市场的科技企业,副市长叶重耕出席挂牌仪式。

17 日　厦门市"十城千辆"新能源汽车示范运营启动仪式在会展中心举行,40 辆崭新的混合动力公交车上路运行。"十城千辆"工程是通过提供财政补贴,计划用 3 年左右的时间,全国每年发展 10 个城市,每个城市都推出 1000 辆新能源汽车开展示范运行。

18 日　泰国驻厦总领事馆在 SM 城市广场中庭举行泰国节活动开幕式,泰国驻厦总领事哲萨搭·差湾帕克出席,市人大常委会副主任何清秋,新加坡驻厦总领事郑美乐女士,菲律宾驻厦代总领事苏安富等到会祝贺。

19 日　2011 厦门市高层次人才交流大会暨第六届台湾专业人才对接会在厦门市人才市场举办,114 位台湾高级人才组团跨海来厦谋职。

19 日　温州旅游厦门办事处成立。该办事处由温州市旅游局与厦门温州商会共同组建。

22 日　中华全国总工会副主席、书记处第一书记王玉普一行在厦门考察工会工作,并向厦门市职工帮扶中心捐赠 100 万元。

22 日　自是日起,南普陀寺取消门票,香客和游人可以免费入寺。

23 日　厦门华天港澳台商品购物有限公司与国家开发银行股份有限公司在厦签署开发性金融合作协议,国开行在今后 5 年将向华天公司提供 11 亿元的授信额度,用于开发其在金门投资的观光旅游、农牧业和纯电动汽车租赁等三大项目。这是国开行在厦门的最大一笔对民营企业的授信投资项目。

23 日　厦门火炬高新区管委会与福建省农科院、中国农科院共建海峡现代农业研究院及入驻厦门科技创新园区协议在厦签署,资概算 12.5 亿元。这是福建落实两岸先行先试政策的具体举措之一。

24 日　由中国中铁大桥局集团承建的厦门杏林大桥 A 合同段被中国铁道建设工程协会评为"2010 年度火车头优质工程"和"优质工程奖"。

25 日　厦门市知识创新与知识产权保护协会与台湾"中华智慧资产经营管理协会"在厦签订知识产权合作协议。

25 日　市人力资源和社会保障局向社会宣布,从是月起,全市六个区最低工资标准统一提高到 1100 元/月,非全日制用工小时最低工资标准提高为每小时 11.60 元。

27 日　第三届"千岛杯"中国象棋国际邀请赛在菲律宾落幕,厦门市象棋代表队获团体亚军。

28 日　荷兰皇家航空公司开通厦门—荷兰阿姆斯特丹直达航线。这是厦门第一条洲际客运航线,也是福建首条洲际越洋航线。

28 日　厦门市"牵手"艺术团成立并举行首场演出。该艺术团有 51 名成员,由各区和特殊教育学校中选拔出来的残疾人文艺爱好者组成。

28 日　位于翔安区内厝镇的海峡国际钢铁物流中心正式封顶。该中心总建筑面积超过 11 万平方米,是海峡西岸经济区最大的钢材仓储、加工、交易和物流基地。

31 日　厦门船舶交易服务中心成立。该中心是闽南地区首家、福建省第二家经国家交通部备案的船舶交易机构。

31 日　翔安区与澳门厦门联谊总会联合举行"澳门—翔安座谈会暨项目签约仪式",有 5 家澳门企业参加签约仪式,总投资额超过 71.5 亿元人民币。

4 月

2 日　厦门金龙集团向马耳他出口 172 辆金龙客车交车仪式在厦门现代码头举行。马耳他共和国交通部长奥斯汀·盖特、厦门市副市长黄菱出席交车仪式。这是中国汽车向欧盟国家单一批次出口金额最大的订单。

2 日　厦门市会计行业协会成立暨第一次会员代表大会在厦门宾馆召开。会议选举产生厦门市会计行业协会第一届理事会,这是全国第一个区域性会计行业协会。

5 日　《"自强"交响曲——献给伟大的先贤陈嘉庚》在厦大科学艺术中心音乐厅首演。这部描写厦门大学和陈嘉庚的交响曲,由旅加作曲家黄安伦创作,是中国首部为高校创作的交响乐作品。

6 日　厦门大学建校 90 周年庆祝大会在厦大建南大礼堂举行。省委书记孙春兰、教育部副部长杜玉波等在会上致辞。庆祝大会后,与会的领导及中外嘉宾参加了厦大翔安校区奠基开工仪式。

同日　由全国政协主办的《祖国在我心中》全国政协委员艺术家走进厦门慰问演出在人民会堂举行。

同日　"厦大嘉庚杯"首届海峡两岸高校帆船赛落幕。该赛事是大陆规模最大的高校帆船赛之一,两岸 15 所高校的 19 支帆船队约 160 名选手参赛。

首届海峡两岸高校帆船赛

8—11 日　第十五届海峡两岸机械电子商品交易会暨厦门对台进出口商品交易会(简称"台交会")在厦门举办。35 个国家和地区的 3.6 万名专业客商,936 家境内外企业参会。

9 日　厦门首条专业山地自行车赛道建成。该赛道位于仙岳山,全长

5.8公里,完全按照国际标准打造,是全国唯一一条地处城市中心的山地自行车赛道。

10日 "万杰隆E商城杯"第51届世乒赛中国男乒热身赛在厦门大学明培体育馆举行。

同日 省委书记孙春兰、省政协主席梁绮萍在厦门会见中国国民党荣誉主席连战夫妇一行。

11日 厦门市两岸金融中心建设指挥部揭牌仪式在观音山国际商务营运中心举行。中国国民党副主席林丰正,省委常委、市委书记于伟国出席并致辞。

13日 年仅25岁的华裔资讯科技新秀黄凌超被洛杉矶县县政委员会任命为该县资讯科技委员会委员,成为该委员会7名委员中第二位获得任命的华裔委员。黄凌超祖籍厦门,童年在厦门度过,现任加州MRI心脏医学科技公司行政总经理,其父黄永平是厦门市荣誉市民。

同日 厦门检验检疫局技术中心与台湾农友种苗股份有限公司签订合作协议,双方决定在检测服务、人员交流、资源共享等方面开展合作。此举首开大陆检验检疫机构与台湾种苗企业合作的先河。

同日 中国工程物理研究院与厦门市签订战略合作协议,决定在厦门设立中物院厦门节电新能源技术研发试验中心和厦门信风新能源技术股份有限公司,同时和厦门华电开关合资建设智能动态无功补偿装置产业化项目。

15日 公立医院改革国家联系试点城市2011年重点改革任务工作部署会在厦门国际会议中心召开。厦门、深圳、鄂州和株洲四市在会上介绍公立医院改革的思路和主要措施。

同日 厦门检验检疫局与厦门海事局、厦门市港口管理局共同签订《提高口岸通关效率,促进厦门港提升发展战略合作备忘录》。这是全国首份跨行政区域的地方海检港合作备忘录。根据备忘录,三方将合力推进信息交换平台建设,提高口岸通关效率,提升厦门港的国际竞争力。

同日 市委、市政府举行以实际行动纪念厦门经济特区建设30周年暨争创第三届全国文明城市动员大会。

17日 文化部艺术服务中心中国美术创作研究基地福建基地授牌仪式在厦门美术馆举行。该创作研究基地是以产业化、专业化、规模化和可持续发展为战略目标建立的全国连锁加盟合作产业服务机构。

18日 第28届潍坊国际风筝会暨第七届世界风筝锦标赛在山东潍坊落下帷幕。厦门市思明区青少年宫组织的特技风筝队获空中芭蕾团体项目、标准动作团体项目两项亚军。

19 日 海峡两岸人力资源服务高峰论坛在悦华酒店举行,来自两岸的人力资源协会、服务机构、研究机构的专家学者 200 多人与会。

21 日 阿联酋、阿曼、巴勒斯坦、巴林、黎巴嫩、约旦、阿尔及利亚、吉布提、科摩罗等 9 个国家的 24 名官员到厦门学习海洋生物养殖技术。此次培训是我国政府首次专门针对阿拉伯联盟国家举办的援外培训,也是阿拉伯国家官员首次组团来中国学习海洋技术。

22—24 日 第 69 届全国汽车配件交易会在厦门国际会展中心开幕。交易会展出面积 5 万多平方米,其中专门设置台湾展区,20 多家台湾汽配商参展。

24 日 由市科技局主办,厦门市三安光电与日芯光伏承办的中国首届聚光光伏技术应用与产业化论坛在厦举行。中科院院士王启明、褚君浩等知名专家汇聚一堂,共同研讨第三代太阳能发电技术——聚光光伏的新进展和产业化趋势。

25 日 厦门一中获全国妇联和教育部等八部委评选的"全国示范家长学校"称号。

26 日 厦门市音视频协会成立。力时舞台设备有限公司、天一众诚电子科技有限公司、南鹏科技开发有限公司、华泰视通科技有限公司等 50 家厦门企业成为首批会员。

同日 小白鹭歌舞剧院有限责任公司和厦门歌仔戏有限责任公司成立暨挂牌仪式在厦门文化艺术中心举行。这标志着厦门市国有文艺院团改革取得重大进展。

27 日 由厦门理工学院与台湾铭传大学共同举办的首届海峡两岸大学生外语文化节在厦门理工学院艺术会堂举行。来自台湾的铭传大学、朝阳科技大学等高校,福建多所高校的学子,同台交流和切磋外语技能。此次活动为期一周。

28 日 庆祝"五一"国际劳动节大会在北京人民大会堂召开。会上,厦门航空有限公司被授予全国"五一劳动奖状",厦门虹鹭钨钼工业有限公司工人程堂华等 5 人被授予全国"五一劳动奖章"。

同日 厦门市聘请首批投资顾问。市长刘可清向台湾联电荣誉副董事长、台湾智原科技等多家公司董事长宣明智,台湾晶讯科技公司董事、台湾微尔科技公司常务董事郭坤仁,硅谷美华科技商会荣誉顾问、美国远东银行资深副总裁曾衍嘉,美国特雷克斯公司中国区总裁郎华,日本新能产业株式会社董事长兼总裁王清等 5 位知名工商界人士颁发聘任证书。

5 月

1 日　国内首部公共资源市场化配置地方法规——《厦门经济特区公共资源市场配置监管条例》正式实施。

同日　全省首座劳模墙在翔安区劳动公园落成。劳模墙由翔安区工会筹建,墙上镌刻翔安地区自 1950 年以来 77 名全国、省、市级劳动模范获得者的名字。

同日　厦门市召开庆祝"五一"国际劳动节暨劳模表彰大会。林德(中国)叉车有限公司的郭进鹏、厦门大学的和马克等 2 名外籍员工被评为市劳模。外籍员工当选劳动模范在厦门市和福建省均属首次。

5 日　中国社科院发布《2011 年中国城市竞争力蓝皮书:中国城市竞争力报告》,厦门市在 294 个地级以上城市中,综合竞争力排名第 22 位。

9 日　厦门海事法院与厦门港口管理局举行《共建和谐无讼港口协议》签字仪式,首开全国海事法院和港口管理部门携手共建无讼港口的先河。

同日　由团市委、市青年联合会共同筹备组建的厦门市青年创业协会成立暨第一次会员大会在根深智业文创园召开。会上还举行 YBC(中国青年创业国际计划)青年创业孵化基地授牌仪式。

10 日　厦门银行重庆分行在重庆市江北区建新东路 36 号开业,成为落户重庆的首家有台资背景的商业银行。

11 日　国内首个警民合作成立的水上紧急救援培训基地及水上紧急救援装备仓库在海警三支队营地揭牌。

同日　全市首家捕捞业渔民互助式经济组织——厦门欣辉能渔民专业合作社成立,400 多名渔民从个体捕捞者成为合作社社员。

12 日　第三届"海峡杯"帆船赛在五缘湾帆船港起航。该赛事由中国帆船帆板运动协会、"中华台北帆船协会"、厦门市人民政府、澎湖县政府主办,21 艘帆船在厦门至澎湖海域参加为期 6 天的比赛。

13 日　厦门市首幅限价商品房用地(编号 2011XP01)成功拍出。该块土地面积近 7.9 万平方米,位于翔安隧道岛外出口附近,由厦门建发房地产集团有限公司以 20500 万元的底价竞得,楼面地价 1215.895 元/平方米,销售限价 5200 元/平方米(均价)。

14—15 日　受国家发改委委托,中国国际工程咨询公司组织北京、上海、广州等地 8 位专家对厦门市城市轨道交通建设规划(2011—2020)进行全面评审。

15 日　第二届中国节庆创新论坛暨 2011 中国品牌节会颁奖典礼发布会在北京举行,厦门日报社中秋博饼文化节获"2011 中国十大品牌节庆"

称号。

16 日　国内第一条、全球第二条第 5.5 代低温多晶硅 TFT－1CD 及彩色滤光片生产线项目在火炬(翔安)产业区开工建设,总投资和年产值将双双超过百亿元。

17 日　是日起,厦门市对住房公积金个人住房贷款政策进行调整:首套住房 90 平方米以上首付比例不低于 30%;购买第二套房,公积金贷款首付比例不得低于 50%;第三套房则不能享受公积金贷款。

同日　印尼驻华大使馆、印尼驻广州总领事馆和印尼驻香港总领事馆联合在厦门举办为期两天的"印尼贸易、投资及旅游促进会"。

18 日　在厦门海翼集团有限公司周年庆典仪式上,海翼集团向厦门市慈善总会捐赠 1000 万元,设立"海翼厦工慈善基金"。

19 日　厦门第一个观赏鱼专业合作社——厦门鱼巢观赏鱼专业合作社在黄厝观赏鱼养殖基地揭牌。

同日　新建国家级海洋特别保护区暨首批国家级海洋公园新闻发布会在京举行。厦门等 7 个海洋公园成为全国首批国家级海洋公园。厦门国家级海洋公园位于环岛路,总面积 24.87 平方公里,其中海域面积 20.76 平方公里,陆地面积 4.05 平方公里,岛屿面积 0.06 平方公里。

20 日　厦门市召开党委新闻发言人媒体见面会,市委新闻发言人、市委副秘书长、市委政策研究室主任邱太厦等 25 位党委新闻发言人首次集体亮相。这标志着厦门市党委新闻发言人制度初步建立。

21 日　为期两天的 2011 年"嘉庚杯"、"敬贤杯"海峡两岸龙舟赛开赛。73 支龙舟队,2000 多名运动员参与角逐,其中台湾地区参赛的龙舟队有 14 支,为历年之最。

22 日　厦门市总工会与台湾新北市总工会签订交流合作协议,两地工会缔结成为"姐妹会"。

24 日　招商银行厦门分行与厦门市旅游局签署全面战略合作协议,"十二五"期间,招行将为厦门市提供总额 100 亿元的授信额度,支持厦门市加快重大旅游项目开发建设及完善旅游服务体系。

25 日　厦门大学首次运用自主评审权获得学位授权点。此次新增 22 个博士、硕士一级学科授权点,其中博士 12 个,硕士 10 个,主要分布在工学和医学学科。

同日　市国土房产局会同市财政局、市农林局共同制定《厦门市小规模土地开发项目管理实施办法》,以解决土地开发整理工程规模小、零星分散、审批环节较长等问题。

30 日　厦门航空公司首次开通飞往台湾离岛的班机,即厦门—澎湖和福州—澎湖的包机。

6 月

1 日　福建省第一所残疾儿童幼儿园——心欣幼儿园在厦门市残联康复中心挂牌。该幼儿园还是全省首家医教结合的特殊幼儿园。

3 日　厦门开通国内首个社区微博群。社区微博由各个社区联合辖区内的物业等,每日将社区内的各类信息通过微博的方式动态向辖区居民发送。

11—17 日　第三届海峡论坛在厦门举行,中共中央政治局常委、全国政协主席贾庆林出席并在开幕式上致辞。海峡两岸各界嘉宾 1700 余人出席开幕式。参加论坛的台湾民众超过 1 万人,近 90% 来自基层。

12 日　厦门海峡两岸中医药博物园区举行奠基仪式。该园区规划用地总面积 7.2 万平方米,建筑总面积 2.8 万平方米,包括海峡两岸交流展馆、中医药史展馆、中医药综合体验馆、百草园、养生保健酒店等五个功能区。

13 日　福建省外在厦门暂住人员赴金门"一日游"首发团从厦金客运码头出发,来厦外地游客以厦门为口岸赴金门"一日游"自此拉开帷幕。

18 日　厦门太古飞机工程有限公司第六机库开业。由此厦门太古飞机可同时容纳 12 架宽体飞机和 5 架窄体飞机进厂维修,成为世界最大和维修能力最强的飞机维修中心之一。

20 日　翔安洋唐居住区保障性安居工程开工。该居住区距翔安隧道翔安出口 3 公里,建筑面积 62 万平方米,建设各类保障性安居工程住宅 1.1 万套(间),总投资 35 亿元,是厦门市最大的保障安居工程项目,也是全省首个安居工程综合体项目。

28 日　厦门市居民赴台湾个人游启动仪式在五通码头举行,103 名游客启程前往台湾进行全岛个人游。

30 日　厦门太古发动机服务有限公司二期厂房建成投用。至此,该公司已具备 GE90－110/115B 航空发动机的大修能力,成为继美国通用公司后全球第二家该系列发动机的维修厂。

7 月

1 日　从是月起,厦门市城乡居民医疗保险财政补助从每人每年 190 元提高到 300 元,在全国范围内率先实现城乡居民基本医疗保险缴费统一,同时提高城乡居民医疗保险待遇,住院医疗费总体报销比例达到 70%。

同日　厦门市举行庆祝中国共产党建党 90 周年大会。大会表彰 100

个先进基层党组织,60 名优秀共产党员,40 名优秀党务工作者。

2 日　厦门市启动生活小区垃圾分类试点工作,启动仪式在万科金域蓝湾小区举行,包括金域蓝湾小区在内的 10 小区列入首批试点单位。

3 日　海沧野生动物园的一匹母斑马产下全国首只"斑驴",即斑马与驴杂交的后代。

4 日　厦门科技创新园全面开工建设。园区选址厦门环东海域集美区与同安区交界处,面积 4.9 平方公里。规划定位为以高技术产业化项目研发、办公功能为主,综合生活设施配套齐全的具有低碳示范意义的第三代科技园区。园区计划 5 年内建成,建成区 600 万平方米。

6 日　厦门检验检疫局制定完成国内首个食品塑化剂行业标准《食品中邻苯二甲酸酯的测定》,可一次性检测 22 种邻苯二甲酸酯。

11 日　全国最大、全省首家防台风避险中心在厦门高崎闽台中心渔港启用。该中心面积 3295 平方米,可同时为 3000 名进港避风的船员提供免费食宿和医疗救助。

17 日　海峡两岸光通信产业联盟在厦成立。中科院院士邬贺铨、赵梓森,台湾"清华大学"副校长刘容生任荣誉理事长,厦门三优光机电有限公司总经理李凌任秘书长,秘书处设在厦门产业技术研究院。

18 日　中国航油厦门液体危险品保税仓库经厦门海关批准设立,成为海峡西岸经济区首家获得批准的航空油料保税仓库。

19 日　海西股权投资中心揭牌,首批入驻基金公司投资规模达 36 亿元。该中心的成立为厦门火炬高新区的企业提供更便捷的融资渠道。

22 日　国内首家"海豚医院"——厦门中华白海豚救护繁育中心在海沧火烧屿投入试运行,中华白海豚科普馆同时启用。

23 日　厦门航空公司第一架以自购方式引进的 B737－700 高原飞机投入厦门—重庆—丽江航线飞行。该型飞机有座位 128 个,与普通 B737－700 飞机相比,发动机推力更大,氧气系统更完善,可以在海拔 8000 英尺(约合 2438 米)以上的机场起降。

同日　厦门市启动青少年"绿色上网"工程,通过一款针对未成年人设计的免费软件来过滤不良网站,控制孩子上网时间,给未成年人创造健康的上网环境。

23—25 日　新西兰惠灵顿市市长塞莉娅·韦德·布朗率领由政府官员、企业家、高校代表、媒体人士组成的代表团访厦。市长刘可清会见代表团一行。

26 日　商务部、国台办批准厦门市和天津市为国家"两岸食品物流产业合作试点城市"。试点城市可围绕城市物流配送、食品冷链物流及信息化建设等主题,按照两岸食品物流项目工作小组协商的内容开展。

27 日　厦门金圆投资集团和厦门信息集团同时挂牌。厦门金圆集团通过整合分散的国有金融资产,打造两岸金融中心建设主体;厦门信息集团整合 12 家行业企业,全面承担厦门信息化基础设施的开发、建设、运营和维护。

29 日　福建居民赴金马澎个人游首发。启动仪式分别在厦门市东渡码头和福州市马尾港、泉州市石井码头举行。

同日　厦漳泉大都市区同城化第一次党政联席会议在厦门市举行,先期推出 18 个重大项目。

厦漳泉大都市区同城化第一次党政联席会议召开

30 日　市长刘可清会见来访的香港民建联福建访问团一行。

31 日　老铁路带状休闲公园向市民开放。该公园由文屏路至和平码头一段长 4.5 公里的闲置铁路改建而成。

8 月

4 日　厦深铁路枢纽新前场站投用。

5—7 日　海峡两岸首届婚博会在红星美凯龙五缘湾店举行。婚博会由厦门日报社和台湾中时传媒集团联合举办,为两岸新人共同打造一个婚庆用品采购平台。

10 日　由厦门市美亚柏科信息股份有限公司研制的"美亚虎鲸号"移动取证实验室在北京 2011 国际刑侦、禁毒、反恐、经侦技术装备展览会暨学术交流会上亮相。这是国内第一个将电子数据取证实验室、分析控制中心等功能与车辆结合的移动式实用平台。

18—20 日　2011 年海西武术大赛在工人体育馆举行,来自国内外的91 支代表队,1500 名运动员参赛。厦门市武术协会五祖鹤阳拳分会获团体总分第一名。

19 日　《厦漳泉大都市区同城化卫生项目备忘录》签署,三地同级医院的检查结果将互相认可。

29 日　国家开发银行厦门分行举行开业仪式。国开行与厦门市政府签订合作备忘录,双方将在对台交流合作平台建设、轨道交通、新农村建设、民生等领域开展全面金融合作。

同日 象屿股份在上海证券交易所举行重组上市仪式。这标志着长期亏损的夏新电子重大资产重组实施完毕,借壳上市获得成功。夏新电子因连年亏损,从 2009 年 5 月起股票暂停上市,后由象屿集团旗下所有物流概念子公司优质资产整体注入,使其变身"象屿股份"恢复上市。

9 月

5 日 商务部、工业和信息化部在京召开国家船舶出口基地授牌大会,认定厦门市为 12 个"国家船舶出口基地"之一。

6 日 中共中央政治局常委、全国人大常委会委员长吴邦国到厦门市湖里区高林居住区考察社会保障房项目。该项目是全市规模最大的社会保障性住房项目,计划建设住宅 9000 多套,已竣工 4600 多套,入住 3400 多户。

7—11 日 第十五届中国国际投资贸易洽谈会在厦门举行。来自 112 个国家和地区的 15000 多名境外人士参会,其中组团参会的境外机构 636 个。中共中央政治局常委、全国人大常委会委员长吴邦国出席开幕式。

8 日 《厦漳泉大都市区同城化合作框架协议》签字仪式在厦门举行。厦门市市长刘可清、泉州市代市长黄少萍、漳州市市长吴洪芹分别代表三方在协议书上签字。协议提出,至 2015 年厦漳泉初步实现同城化。

9 日 厦门蒙发利科技(集团)股份有限公司在深圳证券交易所挂牌上市,成为厦门市第 23 家上市企业,也是全国首家按摩器具的上市企业。

同日 厦门市香制品研发设计中心在翔安区"中国贡香城"揭牌。这是全国香制品行业首个公共研发技术平台,总投资 5050 万元。翔安区是全国最大的制香基地,上下游企业 200 多家。

同日 漳州古雷港经济开发区管委会与厦门港务控投集团有限公司合作开发古雷港区古雷作业区框架协议签约仪式在厦门国际会议中心举行。厦门港务将参与开发古雷港的公用码头、道路、仓储物流和其他港务配套设施,总投资约 150 亿元。

11 日 集美区曾营小学举行建校百年庆祝大会。曾营小学原为私立龙山学堂,由缅甸著名侨领曾广庇捐资创办,1953 年收为公办并改现名。

同日 农工党厦门市委举行地方组织成立 60 周年庆祝大会,并为入党 60 年以上的老党员颁发荣誉证书。

12 日 由印尼著名企业家林昌华捐资 2000 万元兴建的华侨大学厦门校区泛华科技大楼落成。国务院侨办副主任任启亮出席落成典礼。

14 日 以广西壮族自治区政协主席、驻桂全国政协委员活动召集人马铁山为团长的驻广西壮族自治区全国政协委员考察团到厦门考察。

17 日　首届中华妈祖文化论坛在华侨大学厦门校区开幕。来自海峡两岸及马来西亚的 50 余名专家学者和华侨大学相关院系的师生围绕妈祖文化的演变、发展与传播历史、文化特性及其对两岸的民俗、信仰的影响展开研讨。

19 日　位于海沧的中海石油(厦门)新能源有限公司揭牌。该公可为厦门市管道燃气以外的工业用户提供 LNG 清洁燃料,逐步代替煤炭、柴油、重油等高污染燃料,并为汽车、船舶等提供加气服务。

同日　"象屿集团奖学金"签约仪式在集美大学举行。根据协议,象屿集团每年向集大提供基金收益 10 万元作为奖学金,每次奖励 50 名优秀学子。

21—22 日　第二届海峡律师论坛在厦门开幕。200 多名律师、学者围绕 ECFA 时代两岸律师在法律实务中的角色与作用进行研讨。

22 日　厦门韩国贸易馆举行开馆仪式。该馆由大韩贸易投资振兴公社厦门代表处(KOTRA)设立。2003 年 KOTRA 曾在厦设馆,后因新政府结构调整,于 2007 年 8 月关闭。

23 日　由厦门工学院郑小瑛歌剧艺术中心新推的歌剧《紫藤花》在北京国家大剧院上演。该剧改编自鲁迅名作《伤逝》,是 20 世纪 80 年代初歌剧《伤逝》的校园版。

26 日　中国共产党厦门市第十一次代表大会在厦门人民会堂举行。省委常委、市委书记于伟国代表中共厦门市第十届委员会向大会作题为《立足新起点当好排头兵奋力推进厦门科学发展新跨越》的报告。

27 日　据国际机场协会(ACI)的统计排名,厦门机场以 1320.6 万人次的旅客吞吐量,在全球 1400 多个机场中位列第 100 位,首次跻身世界百强机场行列。

28 日　福建省民营企业产业项目洽谈会暨签约仪式在福州举行。其中厦门市形成对接项目 241 项,总投资 2224 亿元;具备签合同项目 163 项,总投资 1587 亿元。投资总额及具备签合同项目金额均居全省第一位。

29 日　中共厦门市第十一届委员会第一次全体会议举行。会议选举产生中共厦门市第十一届委员会常务委员会,于伟国当选市委书记,刘可清、钟兴国当选市委副书记。

10 月

1 日　由市总工会和厦门晚报社共同主办的第五届来厦员工集体婚礼在工人体育馆举行,100 对新人喜结良缘。其中来自台湾的新郎陈宏星和新娘刘辉美为来厦员工集体婚礼举办 5 年来的首对台湾新人。

9 日　经民政部批准,朱子学会在厦门大学成立,厦大校长朱崇实教授被选举为会长。朱子学会由教育部主管,属国家一级学会,是研究南宋理学家朱熹的全国性学术组织。

同日　仙岳路西段地面主车道改造完成并实现全线贯通。改造后,地面主干道为双向 8 车道(个别路段 10 车道),道路通行能力由 1.1 万辆/小时提升至 1.9 万辆/小时。

11 日　全球知名的飞机维修企业新加坡科技宇航有限公司与厦门航空工业有限公司合资设立的飞机发动机大修基地——厦门新科宇航科技有限公司投产。

12 日　中国航空馆捐赠备忘录签约仪式在厦门举行。中国航空工业集团、中国东方航空集团将 2010 年世博园区标志性热门展馆之一的中国航空馆的主要设备捐赠给厦门市。

12—14 日　首届中国(厦门)国际航空维修工程及服务技术展览会在国际会展中心举办。参展商由来自美国、西班牙、俄罗斯、新加坡、法国、爱尔兰、加拿大、意大利等国家的 120 余家知名航空维修企业、航空公司以及航空领域供应服务商等组成,近万名海内外相关人士前去参观。

14 日　第 11 届世界武术锦标赛在土耳其首都安卡拉闭幕。厦门选手纪海桐在男子散打 75 公斤级决赛中为福建夺得历史上第一个散打世界冠军。

同日　厦门妙法林寺举行“厦门市全国第一批宗教界爱国主义教育基地”揭牌仪式。妙法林寺位于思明区励志路 1 号,始建于 1934 年,寺院僧尼在抗日战争和解放战争中为革命作出过贡献。

同日　应台湾中小企业专业经理人协会邀请,厦门市职业经理人协会组团赴台开展海峡两岸职业经理人交流考察活动。这是大陆正式注册的职业经理人协会首次赴台交流。

15 日　2011 年文化中国全球华人中华才艺(龙舟)大赛在集美开幕。来自意大利、希腊、法国、缅甸、泰国、印尼以及港澳台的 15 支华人龙舟队参加比赛。

15—20 日　由国家文化部、中国作家协会、福建省人民政府主办,厦门市人民政府承办的第三届中国诗歌节在厦门举行。来自全国各地及港澳台地区的百余位诗人参加诗歌节。中国诗歌节是经国务院批准的国家级大型文化活动,是国内最高规格的诗歌盛会。

16 日　“2011 中国休闲城市发展综合评价”成果发布,厦门获“最浪漫休闲城市"称号。该项活动由国家旅游局主持,中国旅游协会、中国旅游休闲网等主办,由业界专家和网友投票海选。

同日 厦门出租汽车服务中心成立。中心可为厦门出租车司机提供信息咨询、劳动合同指导、投诉受理、调解纠纷等"一站式服务"。

18 日 海沧 7 个 5 万吨级以上泊位(13—19 号)全面投产。自此,嵩屿与海沧两大港区连成一片,新增吞吐能力集装箱 400 万标箱,东南国际航运中心雏形初步显现。

同日 在南昌举行的第七届全国城市运动会上,厦门运动员黄雅梅以486.3 环的总成绩获女子 10 米气手枪冠军,另一名厦门选手邓薇以 240 公斤的总成绩获女子 58 公斤级举重冠军。

19 日 "2011CCTV 中国年度品牌发布盛典"在北京举行,30 家企业和2 个城市入选中国年度品牌。厦门全利婴童用品有限公司、厦门宏发电声股份有限公司榜上有名。

同日 美国豪华邮轮皇家加勒比"海洋神话号"搭载 2000 多名旅客从厦门起航开赴台湾。这是第一条以厦门作为登轮港首发的豪华游轮。

20 日 第五届海峡两岸百名中小学校长论坛在厦门开幕。120 余名校长参加论坛,其中 51 名来自台湾。

同日 厦门理工学院举行建校 30 周年庆祝大会。厦门理工学院的前身为鹭江职业大学,创办于 1981 年。

21 日 世界孙氏宗亲联谊总会首届大会在集美嘉庚体育馆举行。孙中山的孙女孙穗芳、陈嘉庚先生的长孙陈立人,以及来自全球各地的孙氏宗亲和各界人士 1500 多人参加大会。

22 日 厦门市休闲服务业发展协会成立。该协会由厦门市休闲保健行业协会更名,协会会员单位涵盖休闲运动、休闲保健、休闲旅游等多个行业的上千家企业。

26 日 澳洲风情总部产业基地项目签约仪式在海沧鼓浪湾酒店举行。该项目选址海沧新阳街道片区,投资 3 亿美元建设成集澳洲特色商品交易中心、澳洲特色旅游产品展示、世界名牌免税商场、五星级酒店、葡萄酒庄园等为一体的中澳企业家联合会总部经济产业基地。

同日 福建省第十八次见义勇为英雄模范表彰大会在福州举行。在厦务工的张涵、张辉、刘元飞三兄弟获"福建省见义勇为模范群体"荣誉称号,并分别获奖金 8 万元;厦门市妇幼保健院彭图友获"福建省见义勇为模范"三等奖,并获奖金 6 万元。

同日 厦门海峡两岸文化艺术品交易所成立。该交易所注册资本 1 亿元,是两岸文化产权交易、文化产业投融资和文化企业孵化相结合的综合性平台。

同日　厦门市种子协会成立大会在厦门航空港花园酒店举行,厦门国贸种子进出口有限公司副总经理马振球当选会长。首批会员 103 个,其中团体会员单位 61 个。

28 日　厦漳跨海大桥北汊主桥南主塔封顶,塔高 227 米,刷新了厦门建筑物高度的纪录。

同日　厦漳泉大都市区同城化人才合作启动仪式暨首届厦漳泉人才交流大会在市人才交流中心举行。

28—31 日　第四届海峡两岸(厦门)文化产业博览交易会在厦门举行,全国政协副主席张克辉出席开幕式。819 家文化企业参加该届文博会,其中来自台湾的文化企业和机构 349 家。越南外经贸部组织 6 家文化企业前来参会,成为首次参加文博会的国外文化企业。文博会还配套举办第七届海峡两岸图书交易会,2011 海峡两岸民间艺术节等多项活动。

29 日　厦门本土首部商业电影《钢琴木马》举行首款片花发布仪式。该片以厦门历史为题材,由两岸影视界人士共同创作而成。

11 月

1 日　联合国工发组织授予中国(厦门)国际投资促进中心"2011 全球最佳合作伙伴",以表彰该中心多年来精心承办厦门国际贸易投资洽谈会,为推动投洽会向国际投资博览会方向迈进所做出的贡献。

2 日　厦门市自驾旅游协会成立,厦门旅游集团有限公司副总经理朱国安当选会长。该协会由厦门市旅游局主管,首批成员 70 余名。

3 日　2011 厦门国际海洋周在厦门开幕,来自近 40 个国家和地区,以及 10 多个国际组织的代表,在为期一周的时间里分别参加 2011 厦门国际海洋论坛、发展中国家海洋城市可持续发展部长圆桌会议、2011 南南合作海洋论坛、APEC 蓝色经济论坛、海岸带综合管理效益研讨会等高层次论坛。

同日　8 名厦门航海爱好者驾驶"厦门号"帆船从五缘湾出发,计划用 7 个月时间,完成总航程 2.6 万海里的环球航行。

同日　第十七次全国地方立法研讨会在厦门召开。全国人大常委会副委员长兼秘书长李建国出席并讲话,福建省委书记孙春兰在会上致辞。

4 日　2011 象屿厦门(翔安)国际百公里纵走挑战赛在大嶝小镇广场开赛。来自 28 个国家和地区的近万名运动员报名参赛。

同日　为期四天的 2011 年(第四届)厦门国际动漫节在厦门文化艺术

中心开幕。

同日　为期四天的第四届中国(厦门)国际游艇帆船展览会在五缘湾国际游艇码头开幕。157 家国内外企业,200 余艘世界顶级游艇参展。

4—6 日　第五届世界大学女校长论坛在厦门举行。全国人大常委会副委员长、全国妇联主席陈至立,全国政协副主席林文漪,福建省委书记孙春兰等出席开幕式。来自世界 35 个国家 100 多位大学女校长与会研讨和交流。

5 日　中国城市科学发展论坛暨 2011 城市评价报告发布会在北京举行。20 个城市被评为"2011 中国城市科学发展典范城市",其中厦门市位居 2011 中国城市科学发展综合排名第一名。

同日　中国富布莱特学友会(筹)第一次全体大会在厦门大学举行。会议推举厦大校长朱崇实为 2011—2012 年学友会会长。富布莱特项目创办于 1946 年,是由美国政府资助的国际交流计划。

6 日　中央电视台"心连心"艺术团在厦门举行庆祝厦门经济特区建设 30 周年慰问演出。厦门市领导和来自全市各行业的干部群众及驻厦部队官兵等 6000 多人观看演出。

7 日　2010—2011 年度中国建设工程鲁班奖颁奖大会在北京举行,厦门市的两项工程——厦门地产大厦、建发五缘湾营运中心写字楼工程获鲁班奖。

8 日　2011 年"119"闽台消防主题交流活动在厦门举行。此次活动经国台办、公安部批准,由福建省消防协会和台湾"中华消防协会"联合举办,厦门市消防协会承办,是大陆消防部门首次举办的两岸消防宣传交流活动。

同日　厦门市城市规划三维仿真系统(二期)通过验收。厦门成为全国首个全市范围内建立三维规划仿真数据模型和相应管理软件的城市。

10 日　由中国城市新闻网站联盟主办,厦门网承办的第八届中国城市新闻网站联盟年会开幕,来自全国近百位网络媒体总编辑和有关负责人齐聚厦门,共同探讨城市新闻网站间合作、分享和共赢之策。

11 日　厦门市农产品质量安全追溯管理系统启动。该系统可实现农产品"生产有纪录、信息可查询、流向可追踪、责任可追溯"的目标。

16 日　在深圳举行的第十三届中国国际高新技术成果交易会上,厦门市获"国家电子商务示范城市"称号。

17 日　厦门市虎溪岩寺向市慈善总会捐赠 100 万元,设立虎溪岩寺慈善基金。这成为厦门市首个以宗教团体名在市慈善总会设立的慈善基金。

同日　银鹭雀巢合资合作启动仪式在厦门银鹭高科技园区举行。这是厦门市民营企业携手跨国公司的一次强强联合。合资后,雀巢持股比例 60%,银鹭持股比例 40%,双方将沿用"银鹭"品牌,继续推行银鹭传统的农业产业化经营模式,保持银鹭原有管理团队和员工队伍不变。银鹭食品厦门总部 60 万吨饮料新厂开工典礼,银鹭食品全球运营总部乔迁仪式等活动同时举行。

18 日　一艘运送鲜活石斑类鱼的马来西亚籍轮船靠泊厦门东渡现代码头。这是我国首次采用活鱼船运输形式从国外整船进口活鱼。

19 日　厦门市第 27 届青少年科技创新大赛在厦门科技馆开幕。来自 167 所学校的 9943 名学生参赛。

21 日　海峡两岸传媒人才交流与培训中心在厦门揭牌。该中心由国台办指导,厦门市委宣传部、市台办领导,厦门广播电视集团承办。

同日　厦门轨道交通集团有限公司成立。该集团是经市政府授权国有资产投资的资产经营一体化公司,注册资金 50 亿元,承担厦门 6 条轨道线的建设与管理。

23 日　《2011 中国服务型政府指数及中国城市服务型政府调查报告》发布,厦门市名列服务型政府十佳城市榜首。此项调查是上海交通大学和新加坡南洋理工大学联合开展的,调查范围包括国内大部分省会、副省级城市、直辖市及苏州等 32 个大中城市。

同日　第十三届中国专利奖的评选结果揭晓,厦门麦克奥迪实业集团有限公司的"显微镜的自动进片装置",厦门市三安光电科技有限公司的"一种立体式空间分布电极的发光二极管及其制造方法"获专利优秀奖;厦门人水卫浴有限公司的"低脚面盆水龙头"获外观设计优秀奖,厦门市知识产权局获优秀组织奖。

25 日　国家开发银行与厦门航空公司举行飞机购置贷款项目合同签约仪式。根据合同,国开行为厦航引进 12 架波音飞机提供 7.89 亿美元贷款。

26 日　第三届海峡两岸医药品论坛在厦门开幕,来自海峡两岸的 300 位专家和医药品企业代表围绕两岸医药品安全管理与产业交流合作主题展开探讨。

27 日　由文化部组织开展的"中国民间文化艺术之乡"评审活动最终获选名单公布,厦门市翔安区获"中国民间文化艺术(农民画)之乡"称号。

28 日　位于海沧保税港的厦门远海集装箱码头建成投产。该码头由中远集团旗下中远太平洋有限公司与厦门海沧投资集团合资建设,规模和政策开放度为全省之最。福建省省长苏树林,中远集团董事长魏家福等出席投产仪式。

29 日 博华(厦门)国际旅行社有限公司获厦门市工商局颁发的营业执照,成为福建省第一家拿到营业执照的外商独资旅行社。博华旅行社由澳大利亚 SUNRISE GLOBAL GROUP PTY. LTD 投资创办,主要业务包括入境中国旅游、旅游网络商务平台、中国旅游资源海外推广等。

30 日 首届中国歌剧节在福州闭幕并颁奖,厦门郑小瑛歌剧艺术中心的歌剧《茶花女》获演出奖,剧中薇奥莱塔的扮演者阮余群获优秀表演奖;歌剧《紫藤花》获剧目奖,作曲施光南获优秀音乐创作奖;厦门郑小瑛歌剧艺术中心艺术总监郑小瑛教授获中国歌剧事业特别贡献奖。

12 月

1 日 厦门市首个残疾人职业援助中心在思明区筼筜街道揭牌。该援助中心位于仙阁里 196 号,内设评估室、功能康复室、技能培训室和工场,配备必要的设备器材。

2 日 由中国软件评测中心、人民网、新浪网等主办的第十届(2011)中国政府网站绩效评估结果发布。厦门市在副省级城市政府网站绩效排名中位居第三,厦门火炬高新区在国家级高新技术产业开发区网站评估中位居第八,厦门市思明区在区县政府网站绩效排名中位居第三。

3 日 厦门选手陈文昌、彭为群在广州举行的 2011 年全国保龄球锦标赛上,获男子双人赛冠军。

8 日 上午 10 时起,厦大艺术学院对面的海面上出现一座大山的影像,奇特的"海市蜃楼"景观持续近两个小时。

10 日 厦门市台湾同胞联谊会成立 30 周年庆祝大会在厦门大学科学艺术中心音乐厅举行。全国台联会长梁国扬出席纪念大会。

12—18 日 由中国画学会、福建省文化厅、厦门市委宣传部主办的 2011 全国中国画名家作品展在厦门博物馆举办。中国画学会厦门创作基地和解放军艺术学院厦门创作基地授牌仪式同时举行。

13 日 厦门市佛教协会第八次代表大会在南普陀寺召开,南普陀寺方丈则悟当选市佛教协会第八届理事会会长。大会礼请全国人大代表、中国佛协副会长、闽南佛学院院长圣辉为名誉会长。

同日 我国首个遗体与器官捐献文化馆——厦门市遗体与器官捐献文化馆在海沧文圃山陵园开馆。该馆占地 140 平方米,以文字、图片、绘画等方式倡导遗体与器官捐献理念,彰显红十字博爱奉献精神。

16 日 零点,全国公安机关"清网行动"正式收官,厦门警方以 91.79% 的清网率,在全国 36 个大城市中排名第三,被公安部授予集体一等功。

同日　由中国客车网和中国客车英文网主办的第六届影响中国客车业·2011 年度中国客车网读者调查评选活动颁奖典礼在北京举行,厦门金龙联合汽车工业股份有限公司以 10389 票获"2011 年度客车行业最佳雇主"称号。

17 日　厦门市举行第八批荣誉市民证书颁发仪式。丹麦 ECCO 鞋业集团首席执行官迪亚特·理查德·卡斯浦扎克、恒安国际集团首席执行官许连捷等 10 位港台同胞、华侨华人和外国友人被授予厦门市荣誉市民称号。

18 日　台湾电台加盟闽南话广播协作网仪式在厦门宾馆举行。闽南话广播协作网新添 5 位台湾电台成员——云嘉广播公司、台湾声音广播电台、南方之音广播公司、Appleline 苹果线上联播网、青春线上联播网。

同日　卫生部在北京举行 2011 年改革创新医院颁奖典礼。厦门大学附属第一医院连续第二次获"改革创新医院"称号。

同日　位于杏林湾畔的中华全国总工会厦门劳动模范疗休养中心开业。中华全国总工会党组书记、副主席、书记处第一书记王玉普出席开业仪式并致辞。

19 日　省委常委、市委书记于伟国,市长刘可清会见来厦参加市台商协会成立 19 周年庆典活动的海峡交流基金会董事长江丙坤一行。

20 日　国家卫生城镇命名表彰电视电话会议在北京举行,会议对 2011 年通过复审的国家卫生城镇进行重新确认命名。厦门市再次被全国爱卫会确认"国家卫生城市",这是厦门市自 1996 年以来连续 15 年保持该项荣誉。

同日　中央文明委在北京召开全国精神文明建设工作表彰大会,厦门市在全国文明城市复查考评中,以总分第一的成绩名列副省级和省会城市榜首。这是自 2005 年开展全国文明城市评选以来,厦门连续三届获总分第一。

22 日　"厦门经济特区建设 30 周年杰出建设者"评选揭晓,评选产生王众等 50 位杰出建设者和王炳章等 10 位优秀建设者。此次评选活动自 6 月份启动以来,受到各界广泛关注。在为期一周的群众投票过程中,有 76 万多人参与投票。

同日　首届海峡两岸电子商务博览会在厦门国际会展中心开幕。此次博览会为期 3 天,由厦门市商务局、厦门市总商会、思明区人民政府等联合主办,厦门市电子商务协会承办。

25 日　位于翔安隧道五通端的灯塔公园对外开放。公园内 70 多米高的灯塔成为厦门东部又一个地标性建筑。

同日　由省、市红十字会和市红十字基金会共同出资修建的"红十字文化广场"竣工。广场位于五缘湾大桥西南侧,占地近 5000 平方米,由绿化、雕塑、基础设施三部分组成,为全国首个传播红十字文化的广场。

26 日　《厦门日报》推出厦门红十字会专版。

同日　厦门经济特区建设 30 周年庆祝大会在厦门国际会展中心举行。中共中央总书记、国家主席、中央军委主席胡锦涛致信祝贺,中共中央政治局常委、中央纪委书记贺国强出席庆祝大会并发表讲话,中共中央政治局委员、国务院副总理王岐山,全国人大常委会副委员长桑国卫,全国政协副主席李兆焯,中央军委委员李继耐出席庆祝大会,省委书记、省人大常委会主任孙春兰主持会议。

厦门经济特区建设 30 周年庆祝大会在厦门国际会展中心举行

27 日　厦门市与中国电子科技集团等 6 家国有特大型央企举行战略合作签约仪式,8 个合作项目签约总额 1170 亿元。

同日　省政府公布第四批省级非物质文化遗产目录,厦门 5 个项目入选,分别是翔安农民画,珠光青瓷烧制技艺(同安汀溪),湖里区的福德信俗(仙岳山),集美区的大使公信俗(灌口),思明区的延平郡王信俗。

同日　中共中央政治局常委、中央纪委书记贺国强在省委书记孙春兰、省长苏树林等陪同下,考察厦门海沧保税港区、集美新城建设。

同日　中国文化艺术政府奖首届动漫奖在天津揭晓,由厦门利根思动漫有限公司制作的动画片《毛毛王历险记》获"最佳动画电视片奖",成为福建省唯一入围此次动漫奖的作品。

28 日　2011 中国自主创新年会在北京人民大会堂举行。厦门在会上被授予"中国十大自主创新城市"和"中国十大低碳城市"称号,成为唯一同时获两项荣誉的城市。

同日　厦门市援建的南平闽北卫校新校区、南平市城市规划展示馆、武夷新区青少年活动中心3个公建项目交接仪式在武夷新区举行。至此,厦门市对口支援南平市灾后重建的18个项目全部按时序建成。

同日　厦门万翔冷链物流中心奠基。该物流中心是商务部指定的两岸冷链物流产业合作试点企业之一,建设面积1.8万平方米,其中-20℃冷冻库面积1.2万平方米,总投资2.5亿元。建成后将填补厦门乃至福建航空冷链物流配送的空白。

同日　翔鹭旅游文化创意产业基地奠基典礼在海沧台商投资区举行,该项目计划总投资800亿元。

同日　由国家质检总局立项,厦门检验检疫局主持开发的《利用出口货物电子监管平台扩展进口电子监管功能》项目通过专家验收,标志着中国检验检疫电子监管平台完成构建,厦门口岸全面实现对100%进出口企业和产品的电子监管。

29日　由中宣部、中央文明办、中央电视台主办,厦门市委、市政府承办的《我们的节日·春节》"激情广场"专题歌会在海沧市民广场举行。近4000名群众到场观看演出。

同日　中国进出口银行厦门分行开业。省委常委、市委书记于伟国和中国进出口银行党委书记、董事长、行长李若谷共同为中国进出口银行厦门分行揭牌。

30日　厦门邮件处理中心(一期)投入试运行。该中心位于厦门北站附近,是全国邮政77个二级以上邮件处理中心之一,年邮件处理能力3100万袋捆,为原来处理能力的3.1倍。

2012 年

1月

1日　厦门成为首批开通"中国3D电视试验频道"的城市。

4—8日　市政协十二届一次会议在厦门人民会堂举行。会议选举产生政协第十二届厦门市委员会领导班子:主席陈修茂,副主席欧阳建、卢士钢、江曙霞、潘世建、魏刚、陈昌生、黄世忠、高玉顺、黄培强,秘书长朱伟革。

5—9日　市十四届人大一次会议在厦门人民会堂举行。会议选举产生新一届人大常委会和"一府两院"领导班子:市人大常委会主任郑道溪,副主任杜明聪、何清秋、陈昭扬、杨金兴、黄诗福、陈紫萱,秘书长胡家榕,市人民政府市长刘可清,副市长林国耀、康涛、王小洪、黄强、李栋梁、张灿民、国桂荣,市中级人民法院院长陈国猛,市人民检察院检察长黄延强。

7 日 2012 建发厦门国际马拉松赛在国际会展中心开赛。共有 56 个国家和地区的 73643 名选手参赛,肯尼亚选手卡麦斯彼得和埃塞俄比亚选手阿苏卡西姆分获男、女全程马拉松冠军。卡麦斯彼得还以 2 小时 7 分 37 秒的成绩,将男子组赛会纪录提高 30 秒。

8 日 第五届全球闽南语歌曲创作演唱大赛总决赛暨颁奖晚会在厦门工人体育馆举行。

同日 市公安局在华侨博物院举行首个"警民恳谈日"启动仪式,全市 317 个社区同步开展此项活动,3 万多名市名参加。市公安局将每月的 8 日定为全市公安机关的"警民恳谈日",集中倾听市民意见,为市民办实事。

10 日 厦门市举行首批"双百计划"创业项目落户签约仪式。"双百计划"是厦门市以及福建省引进高层次创新创业人才的一个重要平台。

同日 厦门市首个 110 宣传日活动在市公安局指挥中心举行,厦门 110 在全国率先推出的视频报警服务同日正式启动。

同日 中国第 27 届数学奥林匹克竞赛在西安结束,双十中学高三学生金迪获得金牌。这是此次福建省参赛学生获得的唯一一块金牌,另一名双十中学高三学生陈彦哲获得银牌。

10—11 日 海峡两岸首次保龄球交流赛厦门—台北保龄球精英交流赛在厦门星冠保龄球馆举行,厦门队包揽 3 项冠军。

11 日 科技部在北京新闻发布会宣布,厦门大学与养生堂万泰公司联合研制的戊肝疫苗获得国家新药证书和生产文号。该药研究历时 14 年,耗资 5 亿元,其关键技术由厦大研究人员自主完成。

13 日 "魅力校园"第七届全国校园文艺会演暨第 12 届校园春节联欢晚会在北京人民大会堂举行,翔安古宅小学器乐队演奏的《草蜢弄鸡公》获得文艺会演金奖。

同日 厦门金龙联合汽车有限公司生产的 10 辆 XMQ6129 右舵型礼宾车装船出口至肯尼亚。这是我国首次批量出口拥有自主知识产权的礼宾车。

14 日 建行杯 2011"感动厦门"十大人物评选颁奖晚会在厦门日报报业大厦举行,林艺芬等 10 名个人及团体获得表彰。

同日 厦门歌仔戏研习中心举行揭牌仪式。

16 日 厦门市建设工程施工招投标电子交易管理平台全面运行启动。

厦门进入全国建设工程电子招投标的先进行列。

17 日　中国残联等部委联合下发通知,表彰厦门等 60 个"十一五"创建全国无障碍建设先进城市。继 2005 年获得全国无障碍设施建设示范城市后,厦门市再次在无障碍建设方面取得的新成绩。

18 日　由科学网主办的"2011 中国科学年度人物评选"活动结果揭晓,厦门大学教授韩家淮榜上有名。

19 日　据《厦门日报》报道:厦门一中高二学生吴磺的命题作文《寻找不是用眼睛》在"作家杯"第 14 届"新概念作文大赛"上获得一等奖。

25 日　2012 年厦门元宵灯会在园博苑举办,2 月 19 日结束,累计赏灯游人 318 万人次。其中 2 月 5 日(农历正月十四日)达到 46 万人次,创厦门历届灯会单日观灯人数新纪录。

27 日　厦门市第 14 届"迎新春、盼统一"海峡两岸冬泳活动在椰风寨海域举行,海峡两岸的 24 支代表队约 1000 名冬泳爱好者参加活动。

2 月

1 日　《厦门经济特区专利促进与保护条例》正式实施。该条例旨在于鼓励专利创造与运用,加强专利保护与管理,为建设创新型城市提供良好的专利促进与保护环境。

同日　《厦门市食品安全举报奖励办法(试行)》正式实施。该办法鼓励市民对食品安全违法违规行为进行举报,最高可领取 30 万元奖金。

同日　厦门市碳和排污权交易中心举行全国首场碳交易竞价会,竞价标的是碳减排量。

5 日　商务部公布全国第三批 35 个再生资源回收体系试点城市名单,厦门市作为福建省唯一的城市入选。

7 日　厦门易通卡运营有限责任公司负责人在北京接受中国人民银行颁发的《支付业务许可证》牌照,成为福建省首家在全省范围内从事预付卡发行及受理的第三方支付机构。

8 日　全国未成年人思想道德建设工作视讯会议在北京召开,省委常委、市委书记、市文明委主任于伟国在北京会议主会场介绍厦门市加强和改进未成年人思想道德建设的工作经验,市教育局作为第二届全国未成年人思想道德建设工作先进单位在会上受到表彰。

11—12 日　福建省召开小城镇综合改革发展战役动员会议表彰第一批试点小城镇,厦门市新圩镇和汀溪镇分别获得综合改革发展一等奖和二等奖。

12 日　新曦大道全线贯通。

14 日　首届国土资源节约集约模范县（市）表彰大会在北京召开，厦门火炬高新区等 101 个节约集约用地模范单位受到表彰。

同日　中共厦门市第十一届委员会第二次全体会议召开。会议审议通过有关推动文化强市建设、深化两岸交流合作综合配套改革方案等决议，以及推荐出席党的十八大代表候选人初步人选名单。

15 日　中国最大的网页游戏运营商之一——趣游集团南方总部正式落户厦门湖里高新技术园。

16 日　厦门市第三医院手外科正式挂牌成立。这是厦门市公立医院中首个单独分立的手外科治疗病区。

同日　省委常委、市委书记于伟国会见中国航空技术国际控股有限公司总裁吴光权一行。

17 日　全国文化体制改革工作会议在山西太原召开，厦门获"全国文化体制改革先进地区"称号。

同日　由市委统战部和思明区委共同建立的厦门市首个"党外干部挂职锻炼基地"在思明区揭牌。

18 日　"2010—2011 年度中国医改新闻人物"颁奖典礼在合肥举行，厦门市卫生局局长黄如欣被授予中国医改新闻人物奖。

20 日　厦门市创建全国文明城市"三连冠"总结表彰暨新一轮全国文明城市创建动员大会召开。会议表彰在第三届全国文明城市创建中涌现的 60 个突出贡献单位，180 个先进单位和 118 位获三等功个人，550 位先进个人。

23 日　第 22 届中国电视文艺"星光奖"在北京举行新闻发布会，厦门青鸟动画有限公司创作的 104 集原创大型系列动画片《星星狐的体验》获电视动画片大奖。

同日　福建省首个侨商联合会——厦门市侨商联合会成立。该会由海外华侨华人、港澳同胞、归侨侨眷、归国留学人员在厦投资的企业等组成，首批会员 140 个，其中个人会员 129 个，单位会员 11 个。

24 日　厦门海沧区法院任命曾钦照等 10 名台籍商人为该院人民陪审员，将参与涉台民商事案件的调解和审判。这是厦门市首次任命台商为人民陪审员。

24—25 日　厦门市第 15 次归侨侨眷代表大会召开。大会选举产生新一届侨联委员会，王德贤当选市侨联主席。来自全市各单位及海外的 400 余名侨界代表出席大会，中国侨联党组书记、主席林军到会祝贺。

25 日　福建省最大的保障性安居工程——厦门市翔安洋塘保障性居

734

住区开始全方位施工。

26日　全国"郭春园式的好医生"颁奖典礼在深圳举行,厦门市中医院院长高树彬和厦门华医馆院长马正明获表彰。

27日　全国双拥模范城(县)命名暨双拥模范单位和个人表彰大会在北京举行。厦门市连续第八次获得全国双拥模范城称号。

28日　厦门大学宣布:厦大马来西亚分校获准成立,这将成为第一个到国外设分校的国内大学。

同日　由省委宣传部、厦门市委联合主办的厦门航空先进事迹巡回报告会首场报告在福州举行。从29日起,赴全省各设区市做巡回报告。

3月

1日　即日起,市环保局开始公布PM2.5(可入肺颗粒物)监测浓度日均值,成为继北京之后第二个每天定时向公众发布PM2.5监测数据的城市。

3日　厦门市举行纪念"三八"国际劳动妇女节102周年暨表彰大会。

同日　首届厦门(海沧)国际山地越野公开赛举办。来自18个国家和地区的上万名运动员参与角逐。

3—4日　厦门·上海青少年冰球邀请赛在中华城真冰滑冰场举行。这是为推动国家体育总局"北冰南移"计划在福建省内举办的首场冰上运动比赛。

4日　省委常委、市委书记于伟国做客央视《对话》栏目,畅谈如何走出小岛思维。

同日　由厦门歌仔戏剧团和台湾唐美云歌仔戏剧团合作创作的歌仔戏《蝴蝶之恋》在北京梅兰芳大剧院演出。

6—9日　第十二届中国厦门国际石材展览会在厦门国际会展中心举办。来自全球52个国家和地区的1500家企业莅会参展,其中境外企业350家。

7—8日　福建省卫生监督执法技能大赛总决赛在莆田举行,厦门市卫生监督代表队夺得冠军,戴云金、陈丽璇、陈伟平等3名参赛选手获省卫生监督岗位能手称号。

8日　国家发改委公布第三批全国改革发展试点城镇名单,厦门市翔安新圩镇和海沧东孚镇入选。

同日　由联合国文化总署、炎黄国际文化协会主办的国际典雅夫人(执委会)启动仪式在厦门牡丹国际大酒店举行。这项以宣扬女性美,促进慈善爱心事业和家庭和睦为宗旨的国际赛事是首次在中国举办。

9 日　市人大常委会、市政府召开市人大代表议案、建议交办会。9 件议案列入该年市人大常委会议程。这是市人大常委会成立以来,首次专门就代表议案、建议召开的交办会。

同日　香港恒生银行厦门分行正式开业。

同日　最高人民法院评选出第一届"全国法院十大调解案例",海沧区法院选送的"厦门史上首例博饼纠纷案"入选。

12 日　14 时,两岸直航定期航线客货滚装"中远之星"轮承运装载来自台湾地区的装有 54 件、2626.71 千克快件的集装箱运抵厦门快件监管中心。这标志着厦门在全国率先开通两岸海上快件运营。

15—17 日　由福建省经济贸易委员会、福建省对外贸易经济合作厅等联合主办的首届"海西(厦门)国际新能源产业博览会暨高峰论坛"在厦门国际会展中心举办,600 多家海内外知名企业参会。

16 日　由江苏省作协、上海市作协等主办的首届"周庄杯"全国儿童文学短篇小说大赛揭晓,厦门籍儿童文学作家李秋沉小说《惟有时光》获一等奖。

18 日　全国青年迎青奥长跑厦门站活动在环岛路举行,全市各高校、中学的 3000 多名学生参加活动。

19 日　厦门公安边防支队捣毁一条横跨闽粤、集制贩毒于一体的特大毒品网络,缴获冰毒 4.6 千克,海洛因 267 克,麻黄素 826.7 克,液态冰毒200 余克和一批制毒原料、设备,缴获涉案赃款 6 万余元。

20 日　7 万吨级"海洋神话号"豪华邮轮从厦门出发,执行日、韩航线。这标志着厦门邮轮母港常态化运营正式启动。

20—22 日　北太平洋地区海岸警备执法机构论坛第十三届专家会议在厦门市召开,中、美、加、俄、日、韩等六国海上执法机构的 80 余名代表参加会议。

21 日　市长刘可清在悦华酒店会见台湾基隆市市长张通荣一行。

21—22 日　全国人大内司委在厦门召开监狱法实施和监狱工作座谈会,并开展禁毒工作情况调研。

22 日　市委办公厅、市政府办公厅发出《关于实施"无会周"的通知》,决定此后每月的第一周(遇节假日顺延)为"无会周"。

同日　受国家文化部派遣,厦门小白鹭民间舞团启程赴巴林、约旦访问演出,参加巴林王国 2012 年"文化之春"艺术节。

22—25 日　由省科协、教育厅和厦门市政府等共同举办的第二十七届福建省青少年科技创新大赛在厦门美术馆举行。来自全省各地和台湾地区部分学校的 200 多名中小学生和科技辅导员携带 607 项科技作品参赛。

22—28 日　市长刘可清率领厦门市经贸文化交流考察团赴台湾交流。在台中市举办闽南台中庙会,考察台中港和高雄港,走访中南部相关社团、工会和企业,促进在谈项目,拓展厦门与台湾经贸合作交流。

24 日　国家人口和计划生育委员会党组书记、主任王侠到厦门调研。

24 日　厦门市浙江商会成立暨首届理事、监事就职典礼在悦华酒店举行。厦门银江智慧城市技术有限公司董事长汪卫东当选会长。

24—27 日　第 61 届美国心脏病学院年会在芝加哥举行,厦门大学附属中山医院厦门心脏中心王焱教授当选为美国心脏病学院院士。

25 日　福建省首个社区检察官室——厦门市翔安区人民检察院后村社区检察官室在新店镇后村社区揭牌。

同日　市第一拘留所医务室设立,每日由市第二医院派出的全科医生到所坐诊。借助公立医院在行政强制场所设立医务室,在福建省尚属首例。

27 日　厦门前埔北社区党委书记、主任陈建萍在第三届中国社工年会上获得 2011 年度中国社工人物称号。这是福建省唯一获此荣誉的社会工作者。

同日　由越共中央委员、广南省委书记、朱莱经济开放区建设指导委员会主任阮德海率领的越南代表团到厦访问。

28 日　国内首场真正意义上的在线科技展会——厦门科易网(www.1633.com)举办的新材料高新技术成果对接会举行。吸引 14589 名访客在线观摩,实现技术对接 390 次。

同日　厦门市政府与中国电信福建公司签约共建云计算中心,中国电信福建公司云计算数据中心同时揭牌。

30 日　爱思开实业(厦门)钢铁有限公司在火炬高新区(翔安)产业区开业。该公司是世界 500 强企业韩国 SK 实业株式会社在厦门设立的全资子公司。

同日　厦门市物联网产业联盟成立大会暨第一届理事会在软件园举行,厦门雅迅网络股份有限公司总经理黄朝阳当选为理事长。

同日　厦门市召开科技进步与国家创新型城市建设大会。省委常委、市委书记于伟国为市科技重大贡献奖获得者杨叔禹、滕达颁奖。

31 日　长泰枋洋水利枢纽工程在厦门市集美区许庄村和漳州市长泰县枋洋镇同时举行开工仪式。该工程是福建省最大的水利工程项目,投资估算 12.38 亿元。

4 月

1 日　国务院侨务办公室侨务理论研究福建基地在华侨大学厦门校区揭牌。

同日　厦门市公安局全面实施"三警合一"综合警务改革,将交警、巡警职能和警力整合到派出所。

2 日　第一届苏丹阿兹兰沙杯国际男篮邀请赛在马来西亚怡保落幕,厦门路达广电队以 90 比 64 击败菲律宾远东大学队夺得冠军。

同日　全国妇联、中国妇女发展基金会在厦门启动"爱在阳光下——全国自闭症儿童家庭关怀行动"首个试点工作。全国妇联副主席、书记处书记甄砚参加启动仪式。

同日　由厦门市科协、市教育局联合主办,市青少年科技辅导员协会承办的 2012 年厦门市青少年电脑机器人竞赛在市桥梁博物馆举办,全市 35 所学校派出 115 支代表队 230 人参加竞赛。

6 日　全国总工会、国家发改委、住建部联合召开全国保障性安居工程建设劳动竞赛表彰大会,厦门市市政建设开发总公司湖边花园 B 区代建项目部获全国工人先锋号称号。

同日　由商务部主办,福建海洋研究所承办的"发展中国家海岸带综合管理官员研修班"在厦门开班。来自菲律宾、莫桑比克、古巴等 16 个国家的 32 名官员参加为期 28 天的研修交流。

7 日　2 位角膜病患者在厦门眼科中心成功移植斯里兰卡捐赠者捐赠的角膜。这是厦门乃至福建省角膜捐赠首次实现跨国合作。

8 日　《河山新貌盛世丹青——两岸画家画福建》在厦门东方财富广场举行启动仪式。这是福建规模最大、规格最高的一次美术创作和展示活动。

同日　市总工会举行"圆劳模大学梦"开学仪式,叶剑峰、黄友福、郑飙 3 位劳模由工会出资免费上大学。

9 日　厦门台湾科技企业育成中心的在孵企业——瀚天泰成电子科技(厦门)有限公司研发出国内首批 3 英寸和 4 英寸碳化硅半导体外延晶片,填补了国内该领域的空白。

同日　造价约 15 亿元的厦门海峡两岸文化艺术品投资运营中心在思明区投入运营,成为厦门市文化产业领域首家专业投资运营机构。

10 日　亚太电信联盟第 12 次会议在磐基皇冠大酒店举行。亚太各国频谱监管机构高管和移动运营商、设备商 200 余人参会。工信部副部长刘利华出席会议。

11 日　科技部印发通知,批准思明区等 15 个实验区为国家可持续发展实验区。这是厦门市首个被科技部批准建设的国家可持续发展实验区。

同日　闽南地区首个脂肪肝专病门诊——厦门大学附属中山医院消化内科脂肪肝专病门诊揭牌。

12 日　《神奇的游戏之智慧少年组》获国家广电总局优秀国产动画片二等奖。这是首部以厦门元素为题材的精品动画片。

同日　厦门清雅源实业有限公司与台湾尚宜文化传播事业股份有限公司在厦门签订战略合作框架协议,并在台湾设立第一个大陆茶企办事处,首次实现台湾茶与大陆茶的双向采购。

13 日　厦门市妇幼保健院成为全国首批 14 家(福建省第一家)PAC(流产后关爱)优质服务示范医院之一。

同日　厦门市总工会加授见义勇为的王兵市五一劳动奖章,并号召全市广大职工以王兵为榜样。这是市总工会首次为职工加授这项荣誉。

同日　中共中央任命杨振斌为厦门大学党委书记(副部长级)。

14 日　市戏剧家协会举行第九次会员代表大会,曾学文当选为新一届剧协主席。

15 日　厦门湖里区"幼小衔接"课题组编写的《"幼小衔接"指导丛书》正式面世。这是福建省首套专门针对幼儿园与小学衔接的指导书,在全国也不多见。

同日　市邮政局发行《郑小瑛与厦门爱乐》个性化邮票一套,共 12 枚。

16 日　由国家知识产权局、世界知识产权组织联合主办的国际外观设计保护巡回研讨会在厦门宾馆举行。

17 日　全市首个异地商会人民调解委员会在厦门鹭江街道成立,其任务是预防和调处辖区内异地经商、务工人员等各类矛盾纠纷。

同日　市民政局出台规定,有合法固定住所,在社区居住满一年以上,符合选民资格条件的农民工可以参加居委会选举。

同日　台湾青年创业协会总会厦门办事处落户思明区嘉莲街道。这是该会在大陆地区成立的首个办事处。

18 日　第五届海峡两岸(厦门海沧)保生慈济文化旅游节开幕。来自海内外的 3000 多名嘉宾和信众参加活动。

19 日　教育部中国留学服务中心和厦门大学共建的"出国留学培训基地"在厦门大学揭牌。

同日　厦门岛外第一家沃尔玛超市——沃尔玛海沧店开业。

同日　台北富邦银行与厦门银行正式签署人民币清算结算协议书,并在厦门银行开立人民币同业往来账户。此后,厦台之间的人民币汇款不再需要绕经第三地。

19—22 日　2012"乔丹杯"全国沙滩排球锦标赛在思明区观音山黄金沙滩举办,来自全国 14 个省市以及部队的 67 支代表队参赛。

20 日　厦门、漳州、泉州三市国资委签订《厦漳泉国资委同城化战略合作协议》。这是福建省地市国资监管部门签订的首个合作协议。

21 日　毛里求斯赠送给厦门的一对亚达伯拉象龟在海沧野生动物园安家。这种象龟是毛里求斯的国宝,也是世界上体型最大、寿命最长的陆龟。

同日　厦航成为首批通过国家《商品售后服务评价体系》标准认证的七家企业之一,是中国民航唯一一家通过该认证的航空公司。

同日　厦门市第 18 届职工技术比赛暨首届海峡两岸职工(数控类)技术比赛开赛,首次邀请台湾选手参加比赛。

同日　由中国老龄事业促进会、中国合唱艺术协会等举办的"激情梦想"2012 年度国际中老年艺术大赛在厦门落幕,全国 15 个舞蹈团、合唱团参加比赛。厦门湖里区五缘湾合唱团获得金奖第一名以及最佳指挥奖和最佳伴奏奖。

21 日　中国(厦门)国际游艇帆船展加入国际游艇展览组织者联盟(IFBSO),成为继上海之后中国第二个加盟 IFBSO 的游艇展览会。

23 日　第八届世界风筝锦标赛暨全国运动风筝邀请赛在山东潍坊落幕。厦门市思明教育特技风筝队获得 1 个团体冠军和 1 个团体亚军。

同日　厦门警方在大学校园内设立的第一个派出所——集美学村派出所成立。

24 日　全国首个国家级的中国画创作基地——中国画学会厦门基地挂牌仪式在环岛路举行。

26 日　财政部部长谢旭人一行到厦门调研。

同日　厦门银行首家异地支行在福州长乐开业。

同日　首届台港厦两岸三地金融联席会议暨金融交流合作研讨会在厦门国际会展中心举行。

26—29 日　第 16 届海峡两岸机械电子商品交易会暨厦门对台进出口商品交易会在厦门举行。32 个国家和地区的 35098 名专业客商参会。

27 日　厦门市庆祝"五一"国际劳动节表彰大会在工人体育馆举行。厦航总经理车尚轮等 4 人获全国五一劳动奖章,厦工机械股份有限公司等 5 个单位获全国五一劳动奖状。

同日　厦门市市长刘可清与加拿大列治文市市长马保定分别代表两市

签订友城关系协议,标志厦门市与列治文市正式结为友好城市。

28 日 由市外事办与菲律宾、新加坡、泰国驻厦门总领事馆联合举办的第三届南洋文化节在文化艺术中心开幕。文化节到 5 月 1 日结束。

5月

3 日 厦门市举行纪念中国共产主义青年团成立 90 周年大会。会议表彰了严竹明等 55 名青年五四奖章获得者,厦门检验检疫局技术中心食品理化实验室等 35 个青年五四奖章集体。

4 日 厦门大学附属中山医院成功开展离体肝切除自体肝移植术。该手术在福建省尚属首例成功案例。

5 日 厦门海沧区海沧街道锦里村等五个村(居)共同制作的共 120 节、长 376 米的"蜈蚣阁"通过广州世界纪录认证协会的当场认证,成为世界最长的"蜈蚣阁"。

同日 由厦门日报社和台湾中时传媒集团联合举办的苗栗客家桐花集体婚礼在台湾举行,台湾立法机构负责人王金平为新人们证婚并致辞。

8 日 胡润研究院发布《2012 胡润慈善榜》,厦门三安光电的林秀成、林志强父子和源昌集团的侯昌财等 5 位企业家上榜。

10 日 市消防支队配备全省首辆高层供水消防车。该消防车可将水输送到 300 米的高度,能扑救厦门任何一幢着火的高层建筑。

11 日 《厦门市城市轨道交通近期建设规划(2011—2020)年》获国务院批准。根据《规划》,至 2020 年厦门市将建成长约 75.3 公里的轨道交通基本骨架。

16 日 厦门市对口支援和帮扶工作会在新疆乌鲁木齐市召开,副市长李栋梁出席会议。

同日 厦门市召开创建国家级生态市动员部署暨全市环境保护大会。

17 日 省委常委、市委书记于伟国会见以萨摩亚议长拉乌利施密特为团长的太平洋岛国政治家考察团一行。

18 日 国家开发银行厦门分行与厦门经济特区房地产开发集团举行贷款合同签字仪式。国开行厦门分行为特房集团的"海峡交流中心"项目提供 18 亿元贷款。

同日 全国公安系统英雄模范立功集体表彰大会在北京举行,厦门市公安局出入境管理处被国务院授予模范出入境管理处称号。这是新中国成立以来唯一获此荣誉的出入境管理部门,也是厦门公安系统有史以来获得的最高荣誉。

同日 世界青年举重锦标赛在危地马拉结束,厦门举重运动员黄闽豪以 140 公斤的成绩获得 62 公斤级抓举金牌。

同日 市中级人民法院公开宣判赖昌星走私犯罪集团首要分子赖昌星走私普通货物、行贿犯罪案。赖昌星一审被判无期徒刑并没收全部财产。

同日 由中国文化报、中华文化促进会等主办第四届"中国历史文化名街"评选结果揭晓,厦门中山路入选并名列首位。

18—20 日 第九届厦门人居环境展示会暨中国(厦门)国际建筑节能博览会举行,中心展区 810 平方米,展会规模为 3.5 万平方米。该年首次举办厦漳泉同城化论坛。

19 日 海沧区社会福利中心投用,25 位五保户,8 位重残人士成为首批入住对象。这是厦门市首家正式投用的区级社会福利机构,也是福建省首家尝试"公建民营"方式的社会福利机构。

23 日 福建省广电局转发国家广电总局国产动画发展专项资金奖励名单,厦门市嘉影动漫有限公司制作的《神奇的游戏之智慧少年组》、厦门音像出版有限公司制作的《马拉松王子》分别获得优秀国产动画片二等奖和三等奖。

24 日 厦门市政务服务中心正式投入使用,为市民提供"一站式"服务。该中心总用地面积 21740 平方米,总建筑面积 77676 平方米。首批进驻中心的有 81 个部门,涉及审批服务事项 557 项。

26—27 日 第二届海峡两岸高校帆船赛在五缘湾举行,来自台湾、青岛、大连、厦门等海峡两岸 19 所高校的帆船队 130 名选手参加比赛。厦门城市职业学院获得场地赛和长航赛 2 项冠军。

27 日 2012 年全国射击冠军赛在浙江湖州结束,厦门选手张彬彬在女子气步枪 40 发的比赛中,以资格赛 400 环,决赛 105.2 环的成绩获得冠军。

同日 首届厦门网络文化节启动仪式暨闽西南网络文化展在中山路步行街举行。网络文化节活动包括文化展会、媒体采风、研讨沙龙、图文比赛等。

31 日 市侨联和市中级人民法院涉侨维权诉调衔接机制启动,聘任首批 8 名涉侨案件特邀调解员。

同日 市人力资源和社会保障局、同安区政府联合在厦门监狱举办"阳光启航专场招聘会",现场签订 811 份就业意向书。为刑释人员举办招聘会在全省尚属首次。

6 月

1 日 《厦门经济特区水资源条例》正式施行。它是厦门市颁布实施的第一部涉水地方性法规,首次把"区域外调入水"作为特区的水资源加以保护。

同日　塔吉克斯坦共和国总统埃莫马利拉赫蒙抵达厦门,开始对中国访问。在厦期间,拉赫蒙总统会见了福建省和厦门市领导苏树林、邓力平、刘可清等,还到厦门大学参观并作演讲。

2 日　厦门航运交易所、东南国际航运仲裁院、福建电子口岸三个机构正式入驻东南国际航运中心。

5 日　市总工会、工行厦门分行、厦门易通卡运营有限责任公司三方就厦门市工会会员服务卡发行正式签约。此举标志着工会会员卡项目正式启动。会员卡具备"三卡合一"的特点,除具备银行卡和易通卡两项功能外,医疗互助补助款、困难职工帮扶资金、劳模津贴等也都将通过工会卡发放到职工手中。厦门是福建省唯一一个发行工会卡的城市。

7 日　中国石油厦门昆仑石油化工有限公司同安新厂在同安工业集中区举行奠基仪式。该新厂由中国石油天然气股份公司和厦门市开元国有资产投资有限公司合资合作建设,位于同安工业集中区 324 国道北侧,前梧路西侧,项目占地面积 24419.18 平方米,总建筑面积 17055 平方米,设计年产和销售润滑油 13 万吨。

9—11 日　"嘉庚杯""敬贤杯"海峡两岸龙舟赛开赛。来自境内外的 82 支队伍参赛,人数为历年来最多。集美大学女队获女子组决赛冠军。

12 日　亚洲青年田径锦标赛在斯里兰卡首都科伦坡结束,厦门林慧君夺得女子 200 米冠军。这是厦门田径选手首次夺得洲际大赛短跑冠军。

13 日　厦门警方召开新闻发布会,通报厦门史上最大的传销案告破,警方捣毁窝点 19 个,抓获嫌疑人 181 名,涉案金额 1.3 亿元。

15 日　大陆首个涉台法庭——厦门海沧法院涉台法庭成立。该法庭将集中管辖原由厦门市中级人民法院审理的部分一审涉台民商事案件。

同日　福建省首家玛瑙艺术博物馆——东孚玛瑙艺术博物馆在海沧东孚新城商业街开馆。

同日　中国动漫集团厦门基地在软件园二期开业。这是中国动漫集团在北京以外设立的第一个基地。

16 日　第四届海峡论坛在厦门开幕,中共中央政治局常委、全国政协主席贾庆林出席开幕式。论坛持续至 22 日结束,主会场设在厦门,分会场设在福建各设区市和平潭综合实验区,参会的台湾同胞上万人。

16—18 日　第四届郑成功文化节在厦门举行。从是年起,郑成功文化节成为国台办、文化部重点规划对台交流项目和海峡论坛的重要配套活动。

17 日　19 时,厦金航线海上航线正式开通夜航。

金门至厦门东渡码头客轮 17 日起开启双向夜航

20 日　全球第五大会计师事务所"致同国际"在中国的唯一成员所——致同会计师事务所厦门办公室挂牌。

23 日　湖里区钟宅畲族社区被中共中央宣传部、统战部和国家民委联合授予全国民族团结进步创建活动示范单位称号。

同日　厦门大学举行中国"财政学泰斗"——厦门大学教授邓子基从教 65 周年庆祝大会。

24 日　源昌凯宾斯基大酒店开业。这是凯宾斯基集团在中国区的第 14 家酒店,也是厦门市最高的国际连锁五星级酒店。

27 日　"鼓浪屿好八连"获评全军先进基层单位。

同日　厦门市首家村镇银行——厦门同安农银村镇银行有限责任公司在同安成立,注册资金 1 亿元。

28 日　厦门市政府在韩国世博会主场馆举办以"海上花园、中国厦门"为主题的推介活动,向世界展示厦门的城市品牌形象。

同日　在第九届世界品牌大会暨中国 500 最具价值品牌发布会上,厦工、金龙客车、金旅客车、厦门国贸、厦门空港、万利达、银鹭等 7 家厦门品牌登上 2012 年中国 500 最具价值品牌排行榜。

29 日　福建省首个家庭旅馆行业党支部在鼓浪屿成立。

同日　龙厦铁路正式通车。全线里程 169 公里,开通 11 对动车,6 对普速列车。

同日　厦门市举行"2012 年厦门市危险化学品突发环境事故应急救援演练"。这是该市举行的首次海陆空联动的安全生产应急演练,也是福建省规模最大的安全生产应急演练。

29 日—7 月 1 日　2012 年海西(厦门)国际酒业展览会在会展中心举行,来自 25 个国家和地区的 110 户商家和上千种酒品参展。

7月

1 日　2012 年中国舞龙舞狮公开赛在浙江舟山闭幕,全国各地有 20 支龙狮队参赛,厦门工学院舞龙队获得银奖。

2 日　厦门市国有企业社会责任工作培训班在厦门悦华酒店开班。这是厦门市首次举办大规模的国有企业社会责任工作培训班,在地方国资系统中也是第一次。

2—9 日　由中国海外交流协会主办,台湾世界华语文教育学会协办的 2012 年海峡两岸青少年夏令营在厦门举办。来自台湾地区的 700 多名中小学校师生,200 多名海外华裔青少年以及 100 多名大陆高校师生参加。

6 日　由美亚柏科股份有限公司与鹭江公证处共同开发建设的电子数据"公证云"平台正式上线。这是全国首个针对网络电子信息有效取证、存证和公证的网络信息平台。

8 日　2012 年海外华裔青少年"中国寻根之旅"夏令营、"八闽文化相约东南"福建集结营在厦门开营。来自 13 个国家(地区)及福建省的近千名海外华裔青少年和归侨侨眷子女参加为期 10 天的活动。

同日　厦门晴娜芭蕾艺术中心成立。这是福建省成立的首个芭蕾艺术中心,集表演、培训以及中俄文化交流于一体。

12 日　省委常委、市委书记于伟国在北京参加全国道德领域突出问题专项教育和治理活动座谈会,并代表厦门市发言。

13 日　《翔安区志》正式面世发行。这是厦门历史上的第一部区志,它的出版不但填补了翔安区历史资料文献的空白,也丰富了厦门市地方志的种类。

同日　位于思明区梧村街道的帝豪大厦楼宇团委成立,下辖 4 个非公企业团支部,有团员青年 120 多名。这是福建省首个商务楼宇团委。

14 日　市青少年宫"凤凰花"少儿艺术合唱团在第九届美国金门国际儿童与青少年合唱音乐节获古典和民族演唱 2 个银奖,该团的毛旎和王玮祺获独唱比赛金奖。

15 日　第四届厦金海峡横渡活动举行。来自海峡两岸的 150 名选手从小金门双口村出发,游向厦门环岛路椰风寨,全程 8 公里。

16 日　为期 5 天的"鼓浪杯"首届海峡两岸青少年足球邀请赛在鼓浪屿人民体育场举行。来自海峡两岸的 8 支青少年足球队,160 多名运动员参加比赛。

同日　注册资本 8.5 亿元的厦门农商银行正式成立并对外营业。这标志着有 60 多年历史的厦门农村信用社跻身现代股份制银行之列。

17 日　在韩国济州岛举行的世界跆拳道大会比赛中,厦门黑带精英跆拳道馆的选手们获得 2 金 3 银 7 铜的好成绩。

同日　国务院举行全国就业创业工作表彰大会,厦门市获全国创业先进城市奖牌。

同日　厦门警方破获一起特大非法经营银行承兑汇票贴现业务案件。涉案金额 243 亿元,涉及 8 省市,抓获 12 名嫌疑人。

18 日　莲前街道出租车行业党总支成立,下设联亿、盈华 2 家出租车公司党支部。这是厦门市第一个在出租车行业中建立的中共党的组织。

同日　市残疾人驾驶汽车培训班在港龙驾校开办。这标志着厦门在福建省率先开展残疾人驾驶培训。

21 日　2012 全国中学生沙滩排球锦标赛在厦门举行。

同日　福建省第 13 届青少年手风琴大赛在鼓浪屿举行。近 300 名选手参加幼儿组、儿童组、少年组、青年组等 12 个组别的比赛。

23 日　厦门爱绿双语幼儿园小朋友表演的闽南特色舞蹈《偶趣》在第二届全国青少年才艺展评全国总决赛中获得儿童 A 组金奖。

23—26 日　高崎国际机场和国际邮轮中心通过世界卫生组织专家实地测评,获国际卫生机场和国际卫生港口称号。厦门由此成为全国唯一成功获得"国际双创卫"城市。

25 日　经公安部和福建省公安厅授权,厦门市公安局出入境管理处启动台湾同胞两年多次来往大陆签注业务。

26 日　麦克奥迪(厦门)电气股份有限公司在深圳证券交易所创业板正式挂牌上市。

同日　厦门警方破获"4·26"特大电信诈骗案,捣毁 14 个电信诈骗窝点,抓获 95 名犯罪嫌疑人(其中 26 名台湾人)。

同日　厦门市会议展览事务局正式揭牌。该局是市政府直属事业单位,加挂中国(厦门)国际投资促进中心和厦门市对台贸易促进中心牌子。

27 日　2012 年葫芦丝、巴乌北京邀请赛成绩揭晓,厦门葫芦丝演奏家郑宪指导的学生分别获得老年组、儿童组 4 个金奖和 1 个铜奖。

28 日　厦门大学当代复文文化发展研究院成立。该研究院由厦门大学和当代复文文化发展有限公司合作共建,是全国首个以"文化发展"为核心的综合性校企协作文化发展研究院。

30—31 日　国家发改委副主任穆虹率领国务院房地产市场调控督查组在厦门对房地产市场调控政策措施落实情况开展督查。

31 日　首届两岸青年中医药科普夏令营在思明区党校开营。来自两岸 5 所院校的 80 位青年学生参加夏令营。该活动持续至 8 月 3 日。

同日　首届小微企业融资对接会在厦门悦华酒店召开。25 家小微企业顺利与参会的金融机构签订融资服务协议,签约金额 11 亿元。

同日　象屿物流仓库工程项目招投标工作结束,成为厦门市首个实现全过程电子招投标的建筑工程设计项目。

同日　由中国商务部主办、福建海洋研究所承办的"发展中国家海洋生物实用养殖技术培训班"在厦门结业,来自巴基斯坦、毛里求斯等 23 个濒海发展中国家的 40 名官员领取结业证书。此次研修活动为期 56 天。

8 月

1 日　2012 年福建省青少年武术散打锦标赛在杏林文体中心落幕,厦门选手杜宇豪在男子 52 公斤级决赛中夺冠。

同日　厦门籍运动员林清峰在第 30 届伦敦奥运会男子举重 69 公斤级决赛中以 344 公斤的总成绩夺得冠军。

2 日　2012 年全国青少年高校科学营厦门大学分营开营。这是首次由全国科协、教育部主办的全国青少年高校科学营。来自福建省 9 地市 12 所中学的 100 位营员参加。

3 日　"旺旺"、"郑福星"、"耐斯澎澎"等 15 件台湾商标被厦门市工商局认定为厦门市著名商标。这是台湾地区商标首次被纳入大陆城市著名商标认定。

同日　第九届"中国会展之星"评选结果在上海揭晓,中国国际投资贸易洽谈会被评为"2011—2012 年度中国十大政府主导型展会"。

同日　在第 30 届伦敦奥运会射箭比赛男子个人赛中,厦门籍选手戴小祥获得铜牌。这是中国男子射箭队在奥运会个人项目获得的首枚奖牌。

7 日　福建省规模最大、档次最高的玛瑙雕刻厂——和玉缘玛瑙工艺品厂在海沧东孚玛瑙工业园正式开业。该厂有 3 条生产线,主要从事高端玛瑙工艺品生产。

7—8 日　甘肃省委书记王三运、省长刘伟平率领甘肃省党政代表团在厦门考察。

11 日　厦门市人民政府与复旦大学战略合作协议签约仪式在厦门举行。协议明确了双方在决策咨询、科技创新、医疗卫生等方面的合作内容。

13 日　经国家新闻出版总署批复,同意《厦门商报》更名为《海西晨报》。《海西晨报》是主要面向海西地区市民的综合性都市报。

15 日　中共厦门市委第十一届四次全体(扩大)会议召开。会议研究加强科技创新,加快海洋经济和旅游产业发展。

16 日　2012 年度中国医院管理突出贡献奖、优秀院长颁奖大会在北京召开,厦门市妇幼保健院院长李健等全国 100 名院长获"中国优秀院长"称号。

18 日　厦门大学附属厦门眼科中心正式获评国家临床重点专科,成为福建地区唯一入选的眼科专科医院。

厦门大学附属厦门眼科中心国家临床重点专科揭牌仪式现场

18—22 日　由国家体育总局、教育部、厦门市政府等联合主办的 2012 年"三圈霸道杯"全国模型体育文化节在厦门举行。来自全国各地的近 2000 名航模选手参加。

21 日　厦金海底光缆建成。两条 24 芯光缆分别由厦门大嶝岛至金门古宁头,厦门观音山至金门慈湖,进而连通至台湾本岛。厦金海缆的建成,标志着海峡两岸通信经由香港等第三方中转的历史宣告结束。

28—29 日　由厦门市农业局、台湾"中国海峡两岸农业协会"等共同主办的首届厦门(同安)桂圆文化节在同安举行。

31 日　《中国海关》杂志发布 2011—2012 年中国外贸百强城市名单,厦门市综合得分位居第 5 位。

9 月

1 日　市作家协会举行第八次会员代表大会,厦门大学中文系教授、博士生导师、厦大中国语言文学研究所所长林丹娅当选为新一届市作协主席。

3 日　海西最大金融综合体海西金谷广场开建。该广场位于观音山CBD 中心,用地面积 6.4 万平方米,建筑面积 26.7 万平方米,总投资 25亿元。

同日　厦门抗日死难者纪念雕塑"永铭在心"在厦门灯塔公园揭幕。主题雕塑高 6.4 米,铭文碑上镌刻着部分死难者的姓名及死亡原因。

5 日　福建省第三届杰出人民教师表彰暨教师节庆祝大会在福州举行。33 名教师受到省委、省政府表彰。厦门大学的潘懋元、唐崇惕,厦门外国语学校的肖骁榜上有名。

6 日　由联合国环境规划署、中国科学院与厦门市政府共同主办的"生态系统管理与绿色经济厦门论坛"在厦门国际会议中心举行。全国人大常委会副委员长路甬祥出席开幕式。

6—11 日　由国家旅游局和福建省政府共同主办的第八届海峡旅游博览会在厦门举行,省委书记孙春兰,省长苏树林出席开幕式。

8 日　厦门旅游集团有限公司与金门浯江大饭店有限公司签约"股权收购意向书"。厦旅集团出资 4 亿新台币收购浯江大饭店有限公司 60%酒店股份,实现控股经营。这是大陆国有企业第一次收购台湾当地酒店。

8—11 日　第 16 届中国国际投资贸易洽谈会在厦门国际会展中心举办,来自 132 个国家和地区的 16112 名境外客商,650 个境外机构组团参会。

9 日　厦门选手陈鸿杰在伦敦残奥会田径赛中以 2.01 米的成绩获得男子跳高 F46 级铜牌。

13 日　厦门大学翔安校区正式启用。至此,厦大拥有校本部、漳州校区和翔安校区三个校区。

13—21 日　由厦门市政府、福建省新闻出版局、中国出版协会和台湾业界相关单位联合主办的第八届海峡两岸图书交易会在台湾举办。

14 日　"厦门号"帆船完成环球航行返回厦门。"厦门号"8 名船员于上年 11 月 3 日从五缘湾出发,跨越太平洋、大西洋、印度洋,历时 316 天,航行2.36 万海里,在中国帆船史上第一次完成沿地球地理形状绕行一周的航行。

16 日　由厦门市人民政府、福建省旅游局主办的 2012 年首届中国厦门中秋旅游嘉年华活动在五缘湾开幕,活动为期一个月。

18 日　厦门港与比利时泽布鲁日港缔结为友好港。

19 日　厦门市新发现两种竹类植物,正式命名万石山思劳竹和中岩茶杆竹。这是厦门市首次以厦门地名命名纪录竹类植物新种。

20 日　从乌拉圭进口的 4200 头荷斯坦奶牛运抵嵩屿码头。这是厦门口岸有史以来进口的最大批量的奶牛,总价值逾 1200 万美元。

同日　国际海运(中国)年会在厦门国际会议中心举行。来自国际航运和物流、造船、金融、设备制造等相关行业的 700 多位代表参会。

21—24 日　2012 年万杰隆杯厦门国际武术大赛在海沧举办。该赛事由福建省体育局、厦门市体育局、海沧区人民政府主办,来自 9 个国家和地区的 173 支代表队,2656 名选手参与角逐。

22—28 日　由文化部主办的第二届全国青少年钢琴比赛在厦门举行。

24 日　第 12 届精神文明建设"五个一工程"颁奖晚会在北京举行,厦门市歌仔戏研习中心选送的大型歌仔戏《蝴蝶之恋》获"优秀剧目奖"。

25 日　"中国质量发展论坛"在北京召开,厦门等 25 个城市正式获批成为首批争创全国质量强市示范城市。

26 日　全国文化体制改革表彰大会在北京举行,厦门音像出版社有限公司、厦门外图集团有限公司和厦门广播电视产业发展有限公司(海峡两岸文博会)获文化体制改革工作先进单位称号,市委宣传部副部长林起获评全国文化体制改革工作先进个人。

27 日　福建省市县区公共文明指数和未成年人思想道德建设工作测评结果公布,厦门市以 99.389 分的总成绩居全省第一名。

10 月

10 日　厦门市发布 2012 年企业工资增长指导线,以工资增长率 12％作为企业工资增长基准线,工资合理增长区间为 9％～15％。

11 日　厦门大学李振基教授带领的科学考察队在泰宁峨嵋峰省级自然保护区东海洋沼泽湿地发现世界珍稀濒危物种——东方水韭,填补了福建省水韭科植物分布的空白。

12 日　厦门市红十字会第十次全市会员代表大会召开,副市长黄强当选为市红十字会会长。

同日　思明区纪委、监察局创建的"思明纪检监察微博发布厅"正式启用。这是全国首个以纪检监察为主题的微博群。

15 日　海峡文化艺术品保护基金成立,规模为 1 亿元,将保护性收藏在闽、闽籍中国工艺美术大师的作品及海峡两岸部分具有典型意义的名家名作。

同日　坐落在海沧文圃山陵园的台湾爱国志士林祖密雕像揭幕。全国政协原副主席张克辉、全国台联会长梁国扬、林祖密将军后人代表、台湾抗日志士亲属协进会福建参访团等出席揭幕仪式。

16 日　在中国建筑学会年会上，厦门大学建筑学院副院长王绍森入选"当代中国百名建筑师"，其设计以闽南地方性和谦虚的"弱"建筑风格而闻名。

16—18 日　由省教育厅主办，市教育局承办的福建省第四届中小学生艺术节展演活动在厦门市举办。全省中小学生近 1600 人参加。

17 日　福建省人民政府与戴尔公司合作谅解备忘录签字仪式在厦门举行。这是福建省首次与世界 500 强企业签署合作谅解备忘录。

17—18 日　由国家海洋局主办、国家海洋局第三海洋研究所承办的中国—东盟南海海洋环境与监测技术研讨会在厦门市举行。中国和东盟国家 70 多位官员、专家、学者参加。

19 日　由福建省政府、厦门市政府与中国民生银行共同主办的首届中国（厦门）国际茶产业博览会在国际会展中心开幕。

22 日　厦门市基督教青年会举行 100 周年纪念大会。市委统战部副部长、市民宗局局长曾文瑛到会致词。

24—25 日　共青团厦门市第 17 次代表大会举行，胡盛当选新一届团市委书记。

25 日　市十四届人大常委会第五次会议举行第二次全体会议，表决通过《厦门经济特区中小企业促进条例》。

26 日　第五届海峡两岸文博会在厦门国际会展中心开幕。全国政协副主席厉无畏出席开幕式。从本届起，国台办、文化部、国家广电总局和新闻出版总署由指导单位变为主办单位，标志着文博会正式跻身国家级文化产业交流平台。29 日结束。

26—28 日　2012 中国（厦门）国际休闲渔业博览会暨海峡两岸水族钓具展举办。该展会由厦门市政府、福建省海洋厅主办，是厦门市首次与台湾方面合作举办的休闲渔业展。

27 日　厦门大学科研人员花费 14 年研发的全球第一支戊肝疫苗正式上市。

30 日　"思廉明志清风鹭岛"老铁路廉政法治文化长廊举行落成仪式。该文化长廊全长 4.5 公里，是全国最长的廉政法治文化长廊。

同日　厦门海翼集团财务有限公司正式开业。这是厦门市第一家企业集团财务公司，公司注册资本 5 亿元，是福建省投资额最大的国有企业集团财务公司。

11 月

1 日　经国务院批准,从是日起,消费者在大嶝对台小额商品交易市场每日可免税购买的台湾商品额度由 3000 元提高到 6000 元。

同日　厦门市水文局成立,实行省市双重管理体制。该局将开展水文测报、水情信息服务,为防汛抗旱指挥决策提供信息支持。

同日　厦门市营业税改征增值税试点工作启动。试点行业包括交通运输业、现代服务业等 6 个产业,涉及近 7 000 家企业。

1—8 日　由国家海洋局、厦门市政府、联合国开发计划署驻华代表处等共同主办的 2012 厦门国际海洋周举行。海洋周期间举办国际游艇帆船展,参展游艇帆船超过 200 艘,达到历年之最。

2 日　厦门南方海洋研究中心举行揭牌仪式。该中心由教育部、国家海洋局、厦门市政府与厦门大学、海洋三所等共同建设与管理。

6 日　厦门市最大的户外 LED 电子视屏在人民会堂南侧广场投入使用。屏幕面积 216 平方米,可播放高清电影。

7 日　2012 年全国女职工岗位创新技能大赛医疗护理项目总决赛在北京落幕,厦门大学附属第一医院席雅君获儿科护理专业第一名。

8 日　思明区法院公开审理一起网络特大销售假冒注册商标商品案。涉案金额 1600 余万元,是福建省最大的淘宝网售假案。

15 日　厦门留美女生孙梅岑获世界本科生论文大奖,成为第一个获得该奖项的中国人。爱尔兰总统迈克尔希金斯为其颁发奖章。

16 日　首届海峡物流节在厦门国际会展中心开幕。

21 日　厦门航空宣布正式加入天合联盟,成为天合联盟的第 19 位成员。

24 日　在海南三亚举办的 2012 年第 11 届全国万人健美操大众锻炼标准大赛中,厦门人民小学健美操代表队分别获得小学组三级、少儿组三级冠军,并获希望之星称号。

24—26 日　第三届海峡两岸国学论坛暨第四届海峡国学高端研讨会在厦门筼筜书院举行。

27—30 日　由工业和信息化部主办的首届中国优秀工业设计奖系列活动在厦门市举办。

28 日　国家民政部公布首届全国优秀专业社会工作服务项目评选结果,厦门市湖里区康乐社区的"星火行动"——社区党建项目、"金色朝阳关爱成长"项目以及霞辉老年社会服务中心的"家庭养老病房"项目获二等奖。

同日　台中市海峡两岸经济发展协会厦门代表处在厦门揭牌。这是首个经民政部门批准在大陆设立的台湾经贸社团代表机构。

30 日　第 14 届中国专利奖颁奖大会在北京举行。厦门市有 3 个专利获奖,其中厦门大学和北京万泰生物药业股份有限公司作为专利权人所申报的"戊型肝炎病毒单克隆抗体及其用途"获金奖,成为中国专利奖颁奖以来厦门市首次获得的金奖项目。

12 月

1 日　第 16 届世界许氏宗亲恳亲大会在翔鹭酒店举行,40 多个国家和地区的 1600 多名许氏宗亲、政商名流参会。

3 日　中央文明办公布全国 127 个城市的城市文明程度指数测评结果,厦门位列省会、副省级城市第一名。

4 日　在文化部召开的全国文化志愿服务工作会议上,厦门青年民族乐团和"漆彩华光"厦门美术馆典藏漆画作品赴藏展,分别获得全国基层文化志愿服务活动优秀项目和"春雨工程——全国文化志愿者边疆行"表彰。

8 日　"中国经济 50 人论坛海峡两岸金融峰会"在厦门举行。该论坛为非官方、公益性学术组织,聚集了我国近 50 位著名经济学家,号称中国经济决策的智库。

同日　全国第一家口译学研究所——厦门大学口译学研究所成立。

8 日　在第 11 届高技能人才表彰暨全国百家城市职业培训工作推进会上,厦工机械股份有限公司盖军衔被人社部授予"中华技能大奖"称号。

9 日　马约翰纪念馆在鼓浪屿开馆。马约翰出生于鼓浪屿,是我国近代体育事业的主要开拓者,体育教育奠基人。

11 日　农业部、国家旅游局公布第三批全国休闲农业与乡村旅游示范县、示范点名单。厦门市集美区仙灵旗休闲农庄榜上有名。

12 日　"2012 中华文化人物"颁授典礼在河北廊坊举行。厦门爱乐乐团艺术总监郑小瑛与莫言等 10 位文化领域著名人物获颁年度"中华文化人物"。

14 日　新中国成立以来首次全国中小学心理健康教育工作会议在厦门举行。会上公布 20 个全国中小学心理健康教育示范区,厦门是福建唯一入选的

厦门爱乐乐团艺术总监郑小瑛获颁年度"中华文化人物"

城市。

16 日 由商务部会展经济研究会、杭州市政府等主办的 2012 中国会展行业年会暨第 10 届全国节庆会展高峰论坛在杭州落幕。第 10 届厦门中秋博饼节获 2012 年度中国十佳节庆活动,鼓浪屿管委会副主任梁怡新获 2012 年度中国节庆经济产业贡献奖。

18 日 海峡两岸首次环境教育立法工作经验交流研讨会在厦门举行。

同日 台湾海基会董事长林中森抵达厦门,开始他的首次闽南之行。

19 日 300 辆 18 米 BRT(快速公交)客车出口伊朗交车仪式在厦门现代码头举行。这是厦门市工业产品出口金额最大的订单。

20 日 中国社会科学院发布 2012 年《公共服务蓝皮书》,厦门位列中国 38 个主要城市基本公共服务满意度评价第二名。

21 日 "国家 LED 产品质检中心技术联盟"在厦门正式成立。该技术联盟由厦门市产品质量监督检验院、厦门国家 1ED 中心联合国内知名的 8 家国家级光电质检中心共同组成。

同日 福建省公安边防总队在海沧举行海警 35003 舰列编服役仪式。该舰全长 63.5 米,最高航速 28 节,续航力 2000 海里,是全国公安边防部队第一艘搭载"舰载指挥中心"的海警巡逻舰。

24 日 国家民政部分别授予厦门市救助管理站"国家一级救助管理机构"、厦门市民政局"全国救助管理机构等级评定工作贡献突出单位"称号。

28 日 中共厦门市委第 11 届五次全体(扩大)会议召开。会议审议通过《中共厦门市委第 11 届五次全体会议决议》,全面实施跨岛发展战略。

29 日 第五届敬老爱老助老教育活动表彰大会在北京人民大会堂举行,厦门市老年基金会被授予全国敬老模范单位称号,厦门柯达工贸有限公司总经理林良菽获中华孝亲敬老楷模提名奖。

同日 厦门火车站改扩建工程动工,预计于 2015 年底投入运营。

同日 位于火炬(翔安)产业区的天马微电子多晶硅晶体管液晶显示器生产线试投产。该项目由中航工业集团投资 70 亿元,是国内第一条、全球第二条第 5.5 代低温多晶硅晶体管液晶显示器生产线。

闽南大戏院内部

30 日 闽南大戏院投用。该戏院总建筑面积 2.7 万平方米,投资超过 4 亿元,其舞台功能设备接近国家大剧院的水平。

31 日　厦安高速公路(属厦沙高速公路)主线通车。该高速公路始于泉州南安金淘,经安溪县进入厦门市同安区,终于集美区田厝。全长约 86公里,设计时速 80～100 公里。

2013 年

1 月

5 日　2013 建发厦门国际马拉松赛在厦门国际会展中心鸣枪开跑,来自 45 个国家和地区的 73896 名选手参赛。埃塞俄比亚选手纳格瑞和德尔果分获男女全程冠军,其中纳格瑞以 2 小时 07 分 32 秒的成绩,打破尘封 27年的中国马拉松赛事纪录。

8 日　一位居住在厦门的山东籍中年男子因突发疾病去世,其家人为其办理肝脏、肾脏、眼角膜和遗体捐献手续,成为厦门市首位人体器官捐献者和第 44 位遗体捐献者。

12 日　厦门市第六届打工节暨打工春晚在青少年宫拉开序幕,主题为"我在厦门寻找幸福"。该届打工节由市委文明办、市公安局、市人社局等共同主办。

16 日　福建省首批省级农民创业园区和省级农民创业示范基地名单正式公布,翔安入选省级"农民创业园",成为厦门市唯一入选的行政区,将获得省财政每年 500 万元的专项资金扶持。

同日　市国资委发文公布:由厦门住宅建设集团有限公司代建、厦门思总建设有限公司承建的社会保障性住房——集美滨水小区 3 号地块的 4～7 号 4 座住宅楼楼获得中国建筑业工程质量最高荣誉"鲁班奖"。这是全国第一个获得"鲁班奖"的保障性住房工程。

18 日　厦漳泉党风廉政建设和反腐败工作协作联席会议在厦门召开,会议签署《厦漳泉党风廉政建设和反腐败工作协作机制框架协议》,标志着厦漳泉三市反腐倡廉工作协作机制正式建立和运行。

24 日　2013 年全省社会管理综合治理责任书签订仪式在福州举行,会上公布厦门市获得 2012 年福建省社会管理综合治理考评第一名。

同日　市检察院新成立涉台湾地区案件办公室(简称"涉台办")。这是厦门市检察系统首个有正规编制的涉台职能机构。

25 日　厦门警方将台湾"3·19"枪击案涉案枪弹制造人唐守义交由台湾"刑事局"人员押返台湾。唐守义被指是 2004 年台湾领导人"大选"前发生的枪击案凶枪的制造者,2006 年间逃亡到大陆,2012 年 11 月被厦门警方逮捕。

28 日 海峡两岸软件和信息服务业合作及交流会议暨闽台云计算产业示范区揭牌仪式在厦门举行。台湾"中华资讯软体协会"和厦门信息集团签署《闽台云计算产业示范区合作框架协议》。

涉嫌制造台湾"3·19"案枪支的唐守义出庭受审

同日 厦门市中级人民法院涉台案件审判庭挂牌并受理了第一件涉台刑事案件,标志着由厦门市海沧区法院和厦门市中级人民法院涉台案件审判庭集中管辖涉台刑事、民事、行政案件新机制的建立。

29 日 教育部公布 2012 年研究生学科评估结果,厦门大学有 10 个学科进入全国前五名,其中"海洋科学"排名全国第二。

31 日 厦门市被国务院安委会办公室确定为创建全国安全发展示范城市试点单位。全国共有 10 个城市被列为试点单位。

2 月

1 日 鼓浪屿游览区管理处(游客中心)被国家旅游局、共青团中央授予 2011—2012 年度"全国青年文明号"称号。

14 日 第 15 届迎新春海峡两岸冬泳活动在环岛路椰风寨举行,来自海峡两岸的 36 支代表队 950 余名选手参加。

20—26 日 由教育部和厦门市政府共同主办的第四届全国中小学生艺术展演在厦门举办,来自全国 31 个省(区、市)、新疆生产建设兵团、港澳台的 726 所学校共 7000 多名师生参演了 188 个节目。

25 日 厦门市首批"三旧"改造项目集中动工暨夏商大厦奠基仪式在夏商湖滨中路地块举行。首批同步开工的有 6 个项目,这标志着厦门市旧城镇、旧厂房、旧村庄改造工作正式拉开序幕。

26 日 厦门产权交易中心、厦门市股权托管交易中心、厦门市碳和排污权交易中心日前在全省率先通过国务院交易所整顿验收。

3 月

1 日 "中国社会资本办医论坛"在厦门开幕,卫生部部长陈竺,副省长李红,省政协副主席陈绍军出席。论坛围绕深化医药卫生体制改革,促进社会资本办医和民营医院发展进行研讨,厦门长庚医院在论坛上介绍经验。此次论坛由中国医院协会主办,福建省卫生厅、厦门市卫生局承办。

同日　厦门公立医院全面取消药品加成,同时调整诊察费价格。市民在公立医院看病可因此减少 15% 的费用。

6—9 日　第 13 届厦门国际石材展在厦门国际会展中心举行。该届展览面积 16 万平方米,标准展位 8250 个,全球 54 个国家和地区近 2000 家企业,13 万名客商(其中境外客商 25679 万名)参展,展会总规模超过意大利维罗纳石材展和德国纽伦堡石材展,跃居世界首位。

7 日　2011—2012 年度厦门市白鹭友谊奖颁奖仪式在国际会议中心举行。市领导于伟国、刘可清为宸鸿科技有限公司美籍专家高山、厦钨股份公司日籍专家永田浩等 16 位外国专家颁发白鹭友谊奖。

同日　由司法部、全国普法办组织评选的"全国法治城市创建活动先进单位"揭晓,厦门以全省第一名的成绩当选首批全国法治城市创建活动先进单位。

16 日　厦门市首个社区关爱中心在前埔南社区成立。来自厦门大学、城市职业学院的实习社工每天轮流在中心值班,为社区老人和未成年人提供服务。

17 日　2013 年瑞士羽毛球黄金大奖赛结束,厦门选手洪炜和队友柴飙合作,获得男子双打冠军。这是洪炜、柴飙继夺得德国大奖赛冠军后,时隔两周再度登顶,而中国男双也实现了包揽德国大奖赛、全英公开赛、瑞士大奖赛冠军的 3 连冠壮举。

18 日　厦门首个"家庭农场"——聚凤源农场完成工商注册登记,领取了营业执照。该农场位于翔安区新圩镇凤路村,占地 60 多亩,专门从事果蔬的种植、收购及销售,主要劳动力均为家庭成员。

同日　厦门市首家小额贷款公司——厦门湖里诚泰小贷公司正式开业。该公司由金圆集团旗下的市担保公司发起,注册资金 2 亿元,单笔最高可放款 1000 万元。

同日　全省首个街道"网格 110"——海沧区新阳街道网格化社会服务管理指挥中心揭牌投用。该指挥中心总建筑面积 1000 余平方米,下设便民服务、综治信访维稳、党群服务、社工服务、宣教文化服务 5 个分中心。

30 日　第八届台湾专业人才与项目对接会暨第九届厦门市高层次人才交流大会在厦门举行,海内外 2000 多名专业人才(其中台湾专业人才 272 名)与厦门、漳州、泉州、龙岩、温州等地的 150 余家用人单位对接,参会人数比上届增长 30%。

同日全国首个跨高校、跨社团、跨行业、跨地域的经济文化交流平台——厦门商帮经济文化交流协会在厦门成立并举行第一次会员代表大会。

31 日　台湾海基会董事长林中森结束对湘鄂两省的参访,经厦返台,市委副书记钟兴国在机场会见林中森一行。

4 月

6 日　国家发展改革委国际合作中心公布中国城市对外开放指数研究报告,涵盖 48 项指标,厦门市以 73.26 分在全国 32 个参评城市中位列第三,获评对外开放金牌城市。这是中国官方首度公开发布城市对外开放指数。

同日　厦门大学举行建校 92 周年庆典,并首次颁发"南强杰出贡献奖"。中科院院士、厦大化学化工学院教授蔡启瑞,会计学家、厦大管理学院教授葛家澍获奖。

10 日　厦门市民杨先生在自家楼顶建造的光伏发电站并网发电。这是福建省第一个正式并入电网的居民个人分布式光伏发电站。

12—15 日　第 17 届海峡两岸机械电子商品交易会暨厦门对台进出口商品交易会在厦门国际会展中心举行。交易会设展位 3700 个,总展览面积 8 万平方米,共有 33 个国家和地区的近 3.7 万名客商参会,其中境外专业客商约 4900 人。

12 日　两岸贸易中心在厦门国际航运中心揭牌运营。两岸贸易中心是厦门市贯彻落实两岸交流合作综合配套改革的重大平台之一,该项目分两期完成,总建筑面积约 30 万平方米。

同日　厦门市首家全民营小额贷款公司——厦门思明双润小额贷款股份有限公司开业,公司注册资本 2.18 亿元。这标志着民间资本正式进入信贷行业。

20 日　厦门国际银行股份有限公司举行成立大会,由中外合资银行变身中资商业银行,并获准开展人民币业务。厦门国际银行成立于 1985 年,曾是内地第一家中外合资银行。

22—23 日　深圳市党政代表团在厦考察。福建省委副书记、厦门市委书记于伟国,广东省委常委、深圳市委书记王荣出席两市座谈会。

24—25 日　全国人大常委会委员、台盟中央副主席苏辉率领台盟中央调研组来厦,就厦门市实施深化两岸交流合作综合配套改革试验总体方案等有关情况进行调研。

25 日　厦门市首批 10 个海峡两岸(厦门)交流基地举行集中授牌仪式。这 10 个基地是:思明区延平郡王祠、湖里区福德文化联谊会、集美闽台民俗文化古镇、海沧石塘谢氏世德堂、同安东山古庙、同安吕厝华藏庵、翔安马巷元威殿(池王宫)、厦门惠和石文化园、厦门姓氏源流研究会颜子文化分会、厦门上古文化艺术馆。

26 日　全国政协副主席、台盟中央主席林文漪在厦考察,听取厦门市工作汇报,深入了解厦门市实施深化两岸交流合作综合配套改革试验总体方案有关情况。

27 日　由香港特别行政区政府与福建省政府、厦门市政府共同主办的"2013 福建厦门香港周"在厦门开幕。活动至 5 月 2 日结束。

同日　中国侨联副主席王永乐、中国侨商联合会会长许荣茂和省侨联主席王亚君等率 60 位有投资意向的重点侨商到厦考察招商项目和投资环境。

28 日　厦门方特梦幻王国主题公园对外营业。该公园位于同安区中洲岛,占地面积约 40 万平方米,总投资约 25 亿元,是一座具有中国自主知识产权的大型高科技第四代主题公园。

同日　厦门市文学艺术界联合会第九次代表大会召开。大会选举产生市文联新一届委员会,舒婷连任市文联主席。

5 月

1 日　中央音乐学院鼓浪屿钢琴学校初二学生王迪夫以一曲《浏阳河》获得第一届雅马哈全国钢琴比赛少年组第一名。

2 日　厦门三度足浴有限公司职工刘丽被共青团中央、全国青联联合授予"中国青年五四奖章"。

2—4 日　福建省第二届"金钟花奖"声乐大赛在福州举行,厦门大学艺术学院青年教师阮春黎获得民族组金奖。

6 日　由厦门维信投资公司等投资拍摄的商业电影《钢琴木马》首映。它是改革开放以来,在国家广电总局备案,由厦门本土公司出品、投资、拍摄制作的第一部商业大片。

9 日　厦门市成立首届应急管理专家组,专家组成员将作为"智囊团",参与分析、处置各类突发事件。首届专家组成员共 40 名,任期 5 年。

同日　国务院侨务办公室、中国海外交流协会"中华才艺(音乐·舞蹈)培训基地"在华侨大学成立。

10 日　交通运输部党组书记、部长杨传堂率队到厦门,就电子口岸建设情况进行调研。

15 日　厦门市召开市委常委(扩大)会议和全市领导干部大会,省委常委、组织部部长姜信治宣读中央、省委关于厦门市委主要领导调整变动的决定:王蒙徽任中共福建省委委员、常委,厦门市委委员、常委、书记,于伟国不再担任中共厦门市委书记、常委、委员。省委书记尤权出席会议并讲话。

16 日　副市长黄强拜访设在瑞士洛桑的国际奥林匹克委员会总部,代表厦门市政府向国际奥委会赠送《奥林匹克宪章》微雕作品。国际奥委会主席罗格接受赠品并回赠五环奖杯。

同日　厦门遭遇强降雨。岛内平均降雨量达到 141 毫米,累计雨量为 1953 年以来 5 月份单日最大降雨量,其中前埔 6 小时降雨 185.5 毫米。岛内多处路段、低洼地带积水,城市交通受到严重影响,造成 5 人死亡。市气象部门首次发布厦门有史以来最高级别的暴雨橙色预警信号。

17 日　厦门中级人民法院涉台庭对台湾居民杨某不服厦门高崎机场海关行政处罚一案做出判决:海关部门的处罚程序合法,驳回杨某诉求,同时建议海关此后规范鉴定取样程序。此案是厦门中院涉台庭挂牌后宣判的第一起"民告官"涉台行政案件。

23 日　海峡两岸九球让局公开赛在思明区文体活动中心博客台球馆落幕,WPA 世界美式台球男子排名第一的台湾选手张荣麟获得冠军。来自厦门、福州、泉州及台湾地区的 100 多位台球职业选手和业余选手参与。

24—26 日　第 11 届中国(厦门)国际食品交易博览会在厦门国际会议展览中心举办。2013 海西(厦门)国际酒业展览会、2013 中国(海西)国际罐装食品展览会同期举办。

24 日　省委书记尤权、省长苏树林率省委、省政府检查组在厦门检查工作。

同日　思明区人大常委会中华街道工作委员会挂牌。这是厦门市第一个由街道人大代表联络工作室更名挂牌的街道人大工委。

同日　第七次全国重症医学大会在厦门国际会议中心开幕。6500 多名专家、学者参加会议。

26—27 日　联发 2013 海峡两岸(集美)龙舟文化节暨"嘉庚杯""敬贤杯"海峡两岸龙舟赛在集美开赛。来自海峡两岸 78 支代表队的 2000 多名选手参加比赛。

26 日　2013 年厦门市群众体育联赛在市体育中心举行启动仪式。此届联赛以"我参与,我健康,我快乐"为主题,比赛时间从 6 月持续到 12 月。

同日　和谐中华——第四届海峡两岸经典文化推广会演在厦门、济南、香港、澳门、台湾同时举行。来自厦门、漳州、金门等地的 700 多人参加厦门分会场的活动。

28 日　厦漳跨海大桥正式通车。大桥全长 9.33 公里,双向 6 车道,设计时速 100 公里,是福建省最大的跨海桥梁。从厦门岛内经由该大桥到漳州开发区,比原先缩短 40 分钟车程。

同日　市总工会召开职工技术创新工作总结表彰会。有 10 项发明获得"优秀发明创造奖",20 项技术改进革新项目获得"优秀技术革新奖",100条合理化建议获得"优秀合理化建议奖"。

同日　市老年艺术协会召开第二届第一次会员大会,洪英士当选为新一届会长。

28—30 日　由国务院侨办主办、华侨大学承办的第十期海外华文媒体高级研修班在华侨大学厦门校区举办。24 个国家和地区的 70 余名学员参加学习。

30 日　湖里区教师进修学校被教育部认定为全国县级示范性教师培训机构。全国获得认定的该类机构有 47 家,福建省只有 2 家。

30—31 日　"中国机场发展大会"在上海召开,厦门高崎国际机场获"最受推崇国际机场"称号。

31 日　中国少年先锋队厦门市第五次代表大会召开。会议选举产生少先队厦门市第五届工作委员会。

同日　厦门卫视落地九省市(北京、天津、上海、山东、江苏、浙江、江西、福建、广东)启动仪式举行。这标志着厦门又多了一个全国性、常态化对外宣传窗口,观众将从现有的 400 多万人跃升至 5 亿人。

31 日—6 月 2 日　来自 34 个国家的 53 位外国驻穗、驻沪和驻厦总领事馆的外交官员在厦门考察。

6 月

1 日　深化平安中国建设工作会议在江苏苏州闭幕。厦门获 2009—2012 年度全国社会管理综合治理优秀地市奖,连续 3 届获得该项荣誉,被授予全国政法综治最高荣誉——"长安杯"。

同日　厦门市与中国卫星导航定位协会签订战略合作协议。根据协议,国家北斗产业化应用示范基地落户厦门软件园三期。

同日　市长刘可清会见坦桑尼亚桑给巴尔总统阿里·默罕默德·谢因一行。双方期待未来在农业、医疗、旅游等领域开展更紧密的合作。中国驻桑给巴尔总领事陈绮曼参加会见。

2—5 日　厦门市举办首届残疾人运动会。比赛设 5 个大项,58 个小项,共有 216 名运动员参加比赛。

4 日　厦门银行与桂林银行战略合作协议在桂林市签署。根据战略合作协议,双方将通过资本支持、业务合作交流、适度参与经营等方式,共建一流的融融合作平台。

　　同日　在国家金卡工程协调领导小组办公室主办的金卡工程 20 周年系列纪念活动中,"厦门银联缴费一卡通系统平台"获优秀应用成果奖。厦门银联缴费一卡通系统平台涉及水、电、气、通信、房租、税收、社保以及工资发放等 13 个行业,20 多种费用,基本涵盖了市民日常生活的各个方面。

　　7 日　18 时 20 分许,厦门市快速公交(BRT)一辆由华侨大学开往轮渡方向的公交车在驶出金山站后不久突然起火,共造成 47 人死亡,34 人受伤。经查,犯罪嫌疑人系厦门本地人陈水总,因悲观厌世而泄愤纵火。其本人也在火灾中身亡。

　　13 日　市委、市政府做出向盖军衔学习的决定。盖军衔是厦工培训中

盖军衔在南极维修装载车

心总监、高级工程师,曾三次参加南极科考,获得过全国"劳动模范"、"中华技能大奖"等荣誉称号。

　　15 日　2013 年度"中国金融学科终身成就奖"颁奖典礼暨中国金融学科发展论坛在厦门大学举行。厦大金融学教授张亦春等 3 人获得该奖项。

　　16 日　主题为"聚焦亲情　共圆梦想"的第五届海峡论坛大会在厦门海峡国际会议中心举行。中共中央政治局常委、全国政协主席俞正声出席并致辞。出席大会的两岸嘉宾有 1700 多人,其中台湾嘉宾 1000 人。

　　17 日　厦门海堤纪念公园落成。公园位于高集海堤与滨海路交界处,总用地面积约 1.22 万平方米。园内建有纪念馆,用图片和实物再现了 60 年前厦门军民移山填海、修建海堤的壮举。

　　20 日　市长刘可清与杜尚别市市长乌拜杜洛耶夫在塔吉克斯坦首都杜尚别市签署两市友城协议。杜尚别成为厦门第 17 座国际友城,也是厦门在中亚地区的第一座友城。

　　同日　中国社科院发布《生态城市绿皮书——中国生态城市建设发展报告(2013)》。厦门在生态城市、环境友好型城市、资源节约型城市、景观休闲型城市、绿色消费型城市、综合创新型城市等排名中均进入前十,在景观休闲型城市建设方面位居第二。

　　21 日　厦门市外商投资企业协会第六次会员代表大会召开,选举产生新一届理事会,陈聪辉当选协会第六届理事会会长。

　　同日　在俄罗斯符拉迪沃斯托克(海参崴)举办的国际友好城市青少年节落幕。厦门市大学生代表获主题演讲竞赛 3 项一等奖,1 项二等奖和 1

项三等奖。获奖数量和级别位居与会各城市之首。

23 日　大生里殡仪馆停止办理殡仪服务、火化等相关业务,整体搬迁至位于集美天马山东侧的新殡仪馆福泽园。

同日　江头街道蔡塘社区发展中心正式封顶。该中心集商贸、酒店、餐饮、休闲娱乐于一体,是厦门首个由居民集资入股兴建的城市综合体,近2000 名居民集资 5.5 亿元兴建。总用地面积 3.1 万平方米,建筑面积 12.8 万平方米。

28 日　由中国机械工业联合会主办的 2013 海峡西岸汽车博览会在厦门国际会展中心开幕,海协会原会长、海协会顾问陈云林,海基会原董事长江丙坤等出席开幕式。此次汽博会展览面积 7.8 万平方米,共有 133 家企业,85 个品牌携 700 款名车参展。

7 月

6 日　第五届厦金海峡横渡活动在环岛路椰风寨至小金门双口村海域举行,96 支代表队 192 名选手参加横渡活动。

7 日　第 20 届亚洲田径锦标赛在印度浦那落幕。厦门籍选手林慧君在女子 4×100 米接力比赛中和队友合作,以 44 秒 01 的成绩夺得冠军。

8 日　经人力资源和社会保障部批准,"国家级专业技术人员继续教育基地"在厦门理工学院成立。

9 日　"全国海洋意识教育基地"落户厦门科技中学。这是继上海海洋大学附属大团高级中学之后,全国第二所被国家海洋局授予这一称号的中学。

15—17 日　第三届海峡两岸高校帆船赛暨首届泛太平洋大学生帆船邀请赛在厦门举办。来自美国、新加坡、中国大陆及台湾地区的 20 所高校的 150 多名选手参赛,美国加州州立大学长滩分校、厦门大学和新加坡管理大学获得总成绩前三名。

16 日　第二届亚洲国际声乐合唱节在香港落幕。参加合唱节的共有41 支队伍,鼓浪屿合唱团获得银奖。

18 日　全国中学生足球冠军杯赛(初中组)在北京奥体中心落幕。厦门二中足球队以 4 比 3 击败常州八中获得季军。这是厦门中学生足球代表队参加全国赛事以来的最好成绩,也是福建省中学生足球队在全国比赛上获得的最好成绩。

19—20 日　第四届中国魅力校园合唱节在北京举行。思明区青少年宫小胖合唱团夺得"少儿组金奖"。

19 日　"蛟龙号"载人潜水器由母船"向阳红 09"搭载,从厦门国际邮轮码头启程,赴太平洋执行首次试验性应用航次二、三航段任务。

同日　厦门市政府与中国农业银行签署总额 800 亿元的战略合作协议。中国农行两岸人民币清算中心同时在厦门挂牌。

同日　第九届全国优秀儿童文学奖揭晓,厦门儿童文学作家李秋沅的长篇小说《木棉·流年》获奖。成为厦门首位获该奖项的作家,同时填补福建省连续六届无人获此大奖的空白。

20 日　2013 年全国模型体育文化节在集美龙舟池开幕。本次活动为期 5 天,包括全国青少年航海模型教育竞赛总决赛、全国青少年航海模型锦标赛和全国航海模型锦标赛三大国内顶尖航模赛事,2500 多名航模选手参赛。

《木棉流年》获全国优秀儿童文学奖

23 日　厦门市与潮州市结为友好城市签约仪式暨区域旅游合作推介会在厦举行。厦门与潮州正式结为友好城市。

26 日　厦门国际商会第三届会员代表大会召开,会议选举产生新一届理事会,苏育群当选为会长。

28 日　总高度 212.65 米的厦门金融中心大厦正式启用。该大厦总建筑面积 108230 平方米,地上 49 层,是厦门两岸金融中心地标式建筑之一。

29 日　市委召开深入开展党的群众路线教育实践活动动员大会,传达中央和省委决策部署,对全市教育实践活动进行动员和具体安排。

同日思明区法院在全省法院系统率先聘任现役军人担任法官助理。3 名现役军人聘期一年,主要参与涉军案件的调解等工作,更好地维护军人军属的合法权益。

30 日　市委召开美丽厦门战略规划汇报研究会议,省委常委、市委书记王蒙徽主持并讲话。会议听取美丽厦门战略规划初步方案的汇报。

31 日　全省双拥模范城(县)命名暨双拥模范单位和个人表彰大会在福州召开。厦门市及所辖六区再次获得福建省双拥模范城(县)命名,这是自 2005 年以来厦门市连续三届实现"满堂红"。

同日　厦门市软科学研究会第六届会员代表大会召开。厦门眼科中心集团董事长苏庆灿当选会长。

8 月

2 日　中国钟氏文化艺术研讨会暨第 15 届世界钟姓联谊大会在翔鹭国际大酒店举行。来自大陆各省(市、区)、港澳台地区,以及新加坡、马来西亚、泰国、印尼等国家的 35 个钟姓宗亲代表团的 1566 人出席大会。

3 日　"孝行天下,舞动厦门"首届厦门市中老年广场舞大赛决赛在五一广场举行,全市 20 支代表队参加角逐,思明区鹭江街道代表队夺得冠军。

5 日　福建省首家专营保障房建设、投资、运营管理的国有企业——厦门保障性安居工程建设投资有限公司挂牌成立。

14 日　厦门市计生协会第六次会员代表大会召开。大会选举产生新一届理事会,桂其明当选为会长。

15 日　厦门市快递行业协会(筹)第一次会员大会暨第一届理事会召开,林亚祥当选市快递行业协会会长。

16—19 日　第二届厦门国际武术大赛在海沧区体育中心举行。来自 15 个国家和地区的 3000 多名选手参赛。

19 日　在南京举行的第二届亚洲青年运动会上,厦门运动员管璐薇以 1.65 米的成绩夺得女子跳高冠军。

19—23 日　第九届两岸大学校园歌手邀请赛在厦门举行。来自两岸 45 所高校的 62 名歌手参赛。

19 日　第九届宋庆龄少年儿童发明奖获奖作品在北京揭晓,厦门外国语学校附属小学岳天朗的"多功能家用购物车"获得小学组金牌。

22 日　2013 年世界航海模型仿真项目锦标赛在俄罗斯加里林格勒落幕。厦门一中初一学生林子轩在仿真航行比赛中夺得金牌银牌各一枚,双十中学的庄程元和林乔郁在运动三角绕标团体赛中摘得一枚铜牌。

同日　2013 年福建省青少年足球锦标赛暨中学生足球联赛在福州结束,厦门二中包揽初中组和高中组两项冠军。

同日　第八届中国青少年科技创新奖颁奖大会在北京举行,厦门一中高一学生李超予和厦大生命科学学院 2010 级硕士生李阳获得"中国青少年科技创新奖"。

23—24 日　由国务院侨办主办的第三届中国侨务论坛在华侨大学厦门校区举办。国侨办主任裘援平出席开幕式,来自海内外的 180 多名侨务理论研究专家学者、侨务工作者参加论坛。

29 日　"3·10"特大跨国电信诈骗案由厦门中级人民法院一审集中宣判,56 名被告人实施诈骗 360 多起,诈骗得款 1556 万余元,分别被判处两年三个月以上至十二年有期徒刑。这是厦门史上规模最大、涉案金额最大、参与人数最多的电信诈骗案。

31 日　第二届海峡两岸厦门(同安)桂圆文化节在同安区莲花镇罗汉山文化园开幕。文化节为期 4 天。

9 月

1 日　全市首个公共自行车系统——海沧区公共自行车系统一期在海沧大道和海沧湖畔投入使用。

6—11 日　由国家旅游局和省政府联合主办的第九届海峡旅游博览会在厦门举行。本届旅博会的主题为"海峡旅游,合作共赢",设置十一大特色主题展区。

6 日　2013 中国厦门中秋旅游嘉年华在白鹭洲公园开幕。活动持续至 10 月 4 日。

7 日　中共福建省委书记尤权在厦门会见中国国民党副主席蒋孝严。

同日　第 11 届海峡两岸和香港澳门经贸合作研讨会在厦门举行。全国政协副主席、全国工商联主席王钦敏出席研讨会。

同日　厦门市海外联谊会第五届理事大会在悦华酒店召开。大会选举产生新一届理事会,黄菱当选为会长。

8 日　第 17 届中国国际投资贸易洽谈会在厦门开幕。中共中央政治局委员、国务院副总理马凯,纳米比亚共和国副总理马尔科·豪西库出席开馆式,来自全球 100 多个国家和地区的 670 个境外团组参会。从本届投洽会起,世界贸易组织(WTO)正式成为主办单位,投洽会也因此成为全球唯一同时有六大国际组织联合参与主办的展会。

同日　"中华海峡两岸妇女经贸文化交流协会"(厦门)办事处正式落户海沧。这是台湾妇女社团在大陆设立的首个办事处。

9 日　复旦大学发展研究院、厦门国际金融管理学院合作建立的"复旦—金圆两岸金融研究中心"在厦门金融大厦正式揭牌。

10 日　福建省政府正式发文授予厦门行使 16 项省级行政职权,其中包括鼓浪屿与万石山景区门票价格由厦门市政府制定。

同日　全国首个军旅文创园在厦门成立。该文创园隶属于福建军旅书画院。

11 日　厦门市引进的首个中央企业国家级研究机构——中国船舶重工集团公司第 725 研究所厦门材料研究院及其产业园区——厦门双瑞新材料产业园在火炬高新区开工建设,预计 2015 年建成。

12 日　第 12 届全国运动会在沈阳落幕,参赛的厦门籍选手分别在女子花剑个人、蹦床男子团体、女子单人双桨、女子举重 58 公斤级比赛中夺得冠军。

13—16 日　中华医学会第十八次全国眼科学术大会在厦门召开。

16 日　厦门市召开创建全国质量强市示范城市现场验收汇报交流会。国务院参事、质检总局原副局长葛志荣率领国家验收组成员,听取厦门市创建全国质量强市示范城市的工作汇报,并进行现场验收。

17 日　市第 19 届运动会开幕式在市工人体育馆举行。本届运动会至 10 月 26 日落幕。思明区囊括了青少年组和成年组的金牌榜及总分榜三项第一。

18 日　厦门市国防教育协会成立。该协会由 51 家党政机关、企事业单位和民营企业联合组成,黄杰成当选为会长。

23 日　2013 年射箭世界杯总决赛在法国巴黎落幕,代表中国队参赛的厦门选手戴小祥获得男子反曲弓个人项目亚军。

24 日　第六届福德文化节在厦门仙岳山开幕,来自东南亚、美国等十多个国家和台湾地区的 2000 多名信众、专家学者参加本届文化节。

同日　中国城市森林建设座谈会在南京召开。会上,厦门被授予"国家森林城市"荣誉证书和奖牌,成为全省首个获此称号的城市。

26 日　第四届全国道德模范名单公布,厦门市张涵、张辉、刘元飞三兄弟获评全国见义勇为模范。

同日　金门旅行商业同业公会厦门市代表处成立。

30 日　"中远之星"客货滚装轮从厦门直航高雄。该航线是高雄首条连接大陆的海上定期客运班轮航线。

同日　厦门机场检验检疫局从一架来自香港的飞机上截获 11 只活鼠。这是内地各口岸从入境航空器上发现活鼠最多的案例。

10 月

9 日　"翔安杯"第二届海西业余围棋联赛在南平建阳落幕,厦门翔安队和厦门观音山队分别夺得冠亚军。

10 日　中国国境卫生检疫 140 周年学术会议在厦门召开。世界卫生组织总干事陈冯富珍女士专门为会议发表视频致辞。

12—14 日　全国第 11 次精神病医院管理学术会议在厦门举行。700 多位来自全国各大精神专科医院的领导和专家学者参会。

15 日　东亚运动会在天津落幕。厦门籍运动员谌龙、苏玉玲分别获得男子羽毛球(团体)、女子 10 米气手枪冠军。

16—18 日　第七届海峡两岸百名中小学校长论坛在厦门举行。来自大陆、台湾的上百名中小学校长围绕"家校合作"主题展开交流与研讨。

18 日　第二届两岸三地口述历史学术研讨会在厦门开幕,会期 4 天。来自大陆、台湾、澳门的 40 多位口述历史研究者参加研讨。

19 日　海洋科考安全综合技能培训基地在厦门海洋职业技术学院成立。这是全国首个海上科考船工作人员的培训基地。

同日　厦门市第九届社会科学普及活动周在市歌舞剧院开幕。本届社科普及周共开展 15 大系列,568 个项目。

21 日　陈嘉庚先生创办集美学校 100 周年纪念大会在嘉庚体育馆举行。全国政协原副主席罗豪才、中国侨联主席林军、陈嘉庚后裔陈元济等海外嘉宾,厦门市各界人士代表和集美学校师生代表共 2500 多人参加大会。

22—27 日　2013 年国际排联世界沙滩排球巡回赛"思明杯"大满贯赛在观音山举行。来自 30 多个国家的 200 多名运动员参赛。

23 日　印尼华文报纸《生活报》创办 68 周年暨《生活报》纪念丛书首发研讨会在厦门大学召开,中国和印尼的 150 多位学者参加。

25—28 日　第九届海峡两岸图书交易会在国际会议展览中心举行。来自两岸的 610 家出版机构参展,参展图书达 20.4 万种,70 余万册。

同日　第六届海峡两岸(厦门)文化产业博览会在厦门举行。参展的两岸企业 2295 家,观展总人数 37 万人次。

26 日　第 10 届中国艺术节和第 14 届"文华奖"颁奖仪式在青岛举行,由厦门小白鹭民间舞艺术中心和厦门艺术学校创作演出的闽南风情舞蹈诗《沉沉的厝里情》获文华优秀剧目奖,该剧总导演靳苗苗获文华编导奖,舞蹈演员吴雨薇获第十届中国艺术节表演奖。

28 日　2013 年海峡工业设计大奖赛在厦门落幕。这是两岸首次共同举办工业设计大赛,共有 9 个省区参赛,产生 16 个产品设计奖和 9 个概念设计奖。

29 日　第八届中国社区卫生服务发展论坛在厦门召开。思明区嘉莲街道社区卫生服务中心、海沧区海沧街道社区卫生服务中心被授予"全国示范社区卫生服务中心"。

11 月

3 日　为期 4 天的第 70 届中国国际医疗器械博览会,第 17 届中国国际医疗器械设计与制造技术展览会在厦门国际会展中心举行。全球 20 多个国家和地区的 2800 多家企业参展。

6 日　国家公共文化服务体系示范区(项目)创建工作会议在上海召开。会上,厦门被正式授予首批国家公共文化服务体系示范区。

8—14 日　2013 年厦门国际海洋周举行,18 家国际组织、协会及来自 30 多个国家或地区的代表莅会。

13 日　在"2013 中国(上海)智慧城市推进论坛"上,厦门市获颁"2013 中国智慧城市推进杰出成就奖"。

15—26 日　第六届中国(厦门)国际钢琴比赛在宏泰音乐厅举行。共有 59 名选手正式入围此届比赛。

22 日　厦门市台商协会第 11 届会员代表大会召开。陈信仲当选为会长。

24—26 日　2013 年国际石化(厦门)商贸大会在厦门会展中心举行。来自产油国(地区)、国内外石化行业组织、大型炼化炼油企业、石化产业基地等共计 500 余家企业 2500 多人参会。

26 日　首届中国智慧城市创新交流大会在杭州举行,厦门市获"中国十大智慧城市"称号。

同日　中央音乐学院鼓浪屿钢琴学校学生尹存墨获第九届中国音乐金钟奖钢琴比赛银奖。

28 日　2013 年全国政府网站绩效评估结果在北京公布,厦门市政府网站综合绩效在全国副省级城市中排名第四,在全国 333 个地级市中名列第五。

同日　由厦门市承办的 2013 年全球国际花园城市(社区)大赛总决赛在厦门帝元维多利亚大酒店开幕,至 12 月 2 日结束。来自全球 23 个国家及地区的 44 座城市参赛。

29—30 日　第九届世界同安联谊大会在台北召开,来自世界 20 多个国家和地区的 65 个社团 1000 多名同安乡亲参会。

29 日　人社部在厦门市召开电子社保示范城市建设现场会,授予厦门等 15 个城市"全国首批电子社保示范城市"称号。

12 月

2 日　由厦门金圆投资集团旗下控股公司厦门国际信托与台湾永丰金控合资成立的圆信永丰基金管理有限公司正式获得中国证监会的成立批文。这是厦门首家证券投资基金管理公司,也是海西首家两岸合资的证券投资基金管理公司。

3 日　由上海交通大学国际与公共事务学院与社会科学文献出版社共同完成的《公共服务满意度蓝皮书:中国城市公共服务评价报告》在北京发布。在城市公共服务公众满意度全国排名中,厦门市排名第一。

10 日　厦门社会保障卡全省同城结算试运行。从即日起,持厦门市社保卡在省内其他设区市的全省联网医保定点医疗机构及定点零售药店就医购药,无须报备可即时结算。

11 日　全国人大常委会副委员长、农工党中央主席陈竺在厦门调研。

12 日　科技部、中宣部、文化部和新闻出版广电总局联合发布第二批"国家级文化和科技融合示范基地"名单,以厦门火炬高新区为主体申报的厦门国家级文化和科技融合示范基地榜上有名。

13 日　厦门集装箱码头集团有限公司成立,注册资本约 24.37 亿元,投资总额 70.17 亿元。

16 日　市规划局在全国率先启动技术审查事项市场化试点,将规划审批中的技术审查和行政审批分离,其中技术审查可由建设单位委托具有资质的第三方中介服务机构进行。

同日　厦门警方对外发布一起特大跨境套取银行卡信息、伪造银行卡诈骗案,抓获嫌疑人 13 名,涉案金额 1300 多万元。

同日　厦门外国语学校高二年级学生陈锴杰、赖文昕撰写的论文《纸飞机的空气动力学》获得首届丘成桐中学科学奖物理奖的唯一金奖。

19 日　中科院公布增选的 53 位院士名单,厦门大学生命科学学院教授韩家淮名列其中。

同日　厦门大学与美国国家过敏症和传染病研究所合作的"结构生物学指导疫苗设计"科研成果入选美国《科学》杂志评选的十大科学突破。这项研究是针对导致儿童肺炎的病毒研究。

20 日　工信部公布首批国家信息消费试点示范市(区、县)的 68 个入选地名单,厦门市成为首批国家信息消费试点示范市。

同日　在全国友协与美国国际姐妹城协会共同开展的中美友好城市奖评选活动中,厦门市与国际友城美国巴尔的摩市共同获得"最佳创新奖"。

22 日　2013 年全国城市文明程度指数测评结果揭晓,在省级、副省级文明城市当中,厦门位居第六。

26 日　第二届海外华裔青少年中华文化大赛总决赛在厦门举办,来自海外的 3 万名华裔青少年参赛。

27 日　路达(厦门)工业有限公司举行"国家认定企业技术中心"揭牌仪式。这是全国首家获得国家级技术中心荣誉的卫浴企业。

28 日　厦深动车正式开通。厦深铁路为国家Ⅰ级双线电气化铁路,线路全长 502.4 公里。

厦深铁路通车

2014 年

1 月

1 日　元旦起,我市将全面实施商事登记制度。市政府网站相继公布了《厦门市人民政府关于商事登记行政许可审批事项的决定》、《厦门市经营场所禁设区域目录》等改革相关的配套实施细则。

同日　我市依托厦门市社会福利院开展"婴儿安全岛"试点。

同日　海峡两岸农产品检验检疫技术厦门中心正式启动运行,是大陆第一家专门为海峡两岸农产品贸易提供检验检疫技术服务的专业检测机构。

2 日　上午,2014 年建发厦门国际马拉松赛在国际会展中心鸣枪开赛。

3 日　市第十届"十佳来厦女员工"票决产生。来自厦门国际航空港安护部的甘露等 10 位候选人获得第十届"十佳来厦女员工"称号,入围的 20 名候选人获得第十届"优秀来厦女员工"称号。

3 日　我市各空气质量监测点"全线亮起警报"。

6 日　困住厦门 11 天的雾霾天,终于宣告"谢幕"。这是 2010 年春厦门遭遇一次北方沙尘暴天气之外,"持续时间最长"的一次雾霾天气。

7 日　厦门市科学技术协会第七次代表大会在厦门人民会堂举行。会议选举产生新一届市科协领导班子。

8 日 市委理论学习中心组举行集中学习会,民政部司长蒋昆生应邀作专题报告,并代表民政部宣布厦门市已被正式确认为第二批"全国社区治理和服务创新实验区"。

9 日 据《厦门日报》报道,截至 2013 年 12 月 31 日,全市国有企业有三个主要经济指标创历史新高,全市国有企业资产总额预计达 5900 亿元,同比增长 17.1%,为历年最高。营业收入首次突破 3000 亿元,全年预计国企累计实现营业收入 3290 亿元,同比增长 15.5%。其中建发集团营业收入突破千亿元,成为我市首家千亿级国有企业。

同日 全国公安政务微信协作联盟 2013 年度十佳会员单位和优秀会员单位评选揭晓,市公安局交警支队微信"厦门市智能交通控制中心"获评"十佳会员单位",位列第一名;市公安局微信平台"厦门警方在线"获评"优秀会员单位"。

10 日 厦门大学两个项目获得"国家自然科学奖"二等奖,分别是:生命科学学院韩家淮教授课题组的"TNF 诱导的细胞坏死分子机制的研究",化学化工学院孙世刚教授课题组的"电催化剂的表面结构效应、设计合成和反应机理研究"。

11 日 为贯彻共建"丝绸之路经济带"战略构想,全国友协组织邀请哈萨克斯坦、塔吉克斯坦、乌兹别克斯坦三国驻华大使以及吉尔吉斯斯坦参赞一行访问福建,代表团一行抵厦访问。

同日 海沧区委、区政府报送的"政务综合体社会管理机制创新"项目,荣获第七届"中国地方政府创新"奖提名奖。这是全省唯一入围的项目。

12 日 市民政局公布 64 个新地名,有道路 40 条,居民点 23 个,溪流 1 条。

同日 厦门市大学生创业促进会成立大会在厦门大学科学艺术中心成功举行。会议选举韦永军为首任会长,许家发、傅强、余冬霞和李树山为副会长,同时聘任许家发兼任秘书长职务。

同日 福建香草汇集团有限公司、厦门园之景园林建设有限公司、厦门洲游润庭酒店管理有限公司、厦门市宏钛工贸有限公司通过厦门两岸股权交易中心的资格审查,成为两岸中心首批挂牌企业。

15 日 上午 9 点半,来自东海救助局的新型高速救助船——"东海救 202"轮加强春运值班待命暨船舶开放日活动在厦门市公务码头举行。

16 日 厦门港口管理局今日发布数据,2013 年厦门港集装箱吞吐量达 800.80 万标箱,同比增长 11.2%,增幅在全国沿海主要港口中排第二位。

19 日　国家质检总局日前发布公告,同意命名厦门为"全国质量强市示范城市",示范期为 2014 年 1 月至 2017 年 1 月。在全国 25 个争创城市中,厦门成为首批获命名的 5 个城市之一。

20 日　下午,政协第十二届厦门市委员会第三次会议在人民会堂开幕,近 400 位委员齐聚一堂,为建设美丽厦门建言献策。23 日闭幕。

21 日　上午,市十四届人大三次会议在厦门人民会堂隆重开幕。24 日闭幕。

24 日　"建行杯"2013 感动厦门十大人物评选活动揭晓。从 2003 年至 2013 年,"感动厦门十大人物评选"已走过十个年头,成为厦门具有广泛影响力的重要活动和知名品牌。

同日　世界三大液晶基板玻璃制造厂商之一——日本电气硝子株式会社投资的"日本电气硝子液晶基板玻璃项目"正式签约落户火炬高新区,项目设备投资额约 700 亿日元(约合人民币 41.4 亿元)。

25 日　上午,厦门市人民政府与香港中华总商会在厦签订合作备忘录。

25 日　在 12 日 10 点 54 分中国人首次 300 米深海成功作业中,创下这一纪录是"深潜号"的 6 名潜水员,其中有两名是厦门小伙子(厦门厦闽潜水工程有限公司的潜水员),29 岁的谭辉和 27 岁的罗小明。

27 日　根据福建省卫生计生委通报,厦门市确诊一例人感染 H7N9 禽流感病例。这也是我市首例人感染 H7N9 禽流感确诊病例。

31 日　晚 8 时,2014 年海峡两岸春节焰火晚会拉开序幕。从 2007 年开始,每年大年初一,厦门金门两地同时燃放焰火,遥相呼应,深情"对话"。

2 月

2 日　"花开盛世·最美中国年"海投第九届中国年活动在海沧市民文化广场开幕。

同日　晚 6 时,2014 年厦门元宵灯会在杏林湾畔的园博苑主展岛正式亮灯。今年灯会以"万马奔腾颂华夏·美丽厦门扬九州"为主题,展期半个月。

4 日　14 时,厦门市第十六届迎新春海峡两岸冬泳活动在环岛路椰风寨厦金跨海横渡救生指挥中心附近海域举行,来自两岸 32 个代表队约千名冬泳爱好者参加了这一传统活动。我市自 1999 年开始,每年农历正月初五举办迎新春海峡两岸冬泳活动,辐射地区从厦金两地扩展到全国各地,已成为两岸春节期间一项传统的体育活动。

6 日　厦门市假日办发布了《2014 年厦门春节假日旅游综述》。2014

年春节假日期间,厦门市共接待国内外游客 178.75 万人次,同比增长 22.53%,旅游总收入 18.21 亿元,同比增长 24.55%。据中国旅游研究院和携程旅行网发布的 2014 春节旅游人气排行榜和相关分析报告,厦门荣登十大境内旅游目的地榜首,连续五年稳居春节"黄金周"境内人气前两位。

9 日　市召开邓小平同志为厦门经济特区题词 30 周年座谈会。

14 日　厦门市残疾人艺术馆正式开馆,第四届"心灵手巧 编织美好"残疾人艺术作品展也同时在这里举行。厦门市残疾人艺术馆又名阳光艺苑,位于五缘湾,是厦门市委市政府专门为残疾人朋友提供设立的。这在全省尚属首创,在全国亦无先例。

23 日　2014 年福州 12 小时超级马拉松赛结束,厦门选手游培泉以 141 公里的成绩获得男子组冠军。

24 日　在北京召开的全国首批无障碍设施建设示范城市(示范区)命名大会上,厦门市获得了"全国无障碍设施建设示范城市"的殊荣。

同日　市首支海陆两栖海警机动队正式组建。

同日　海西第一家两岸合资的证券投资基金管理公司——圆信永丰基金管理有限公司开业,并入驻厦门两岸金融中心。圆信永丰基金公司的正式成立运营,结束了厦门市没有证券投资基金管理公司法人机构的历史。

3 月

2 日　厦门首个新厦门人服务综合体在新阳街道正式投用,辖区内的新厦门人纷纷来"尝鲜"。

3 日　下午,由厦门市文化改革发展工作领导小组办公室和《厦门日报》联手发起的"2013 厦门文化产业年度风云榜"评选活动,在龙山文创园时尚中心举行颁奖典礼。

5 日　《厦门日报》今日受权独家全文刊发《美丽厦门战略规划》。

同日　上午 7 时许,两艘豪华邮轮"奥罗拉号"(Aurora)、"哥伦布 2 号"先后靠泊厦门邮轮中心。

6 日　上午,第十四届厦门国际石材展在厦门国际会展中心开馆。总面积 16.6 万平方米,设置国际标准展位 8600 个。来自全球 54 个国家和地区的 2000 余家参展企业齐聚鹭岛,在此进行为期 4 天的集中展示。

7 日　晚,"2014 春季澳大利亚音乐周"正式开幕。座无虚席的鼓浪屿音乐厅里,来自墨尔本交响乐团的五位音乐家与墨尔本钢琴家克里舜·庄献上一场音乐盛宴。

8 日　我省最大,同时也是目前国内最大的省级海洋综合执法船"中国海监 8001"停靠厦门公务码头,1500 吨的总吨位刷新了去年由"中国海监

"8002"创下的纪录,为我省海洋监察执法队伍再添一员猛将。

同日　以鼓浪屿人文历史为背景,以厦门本土真实故事为题材改编拍摄的十集系列微电影故事短片《美丽厦门·回眸鼓浪屿》终于和市民见面。

10 日　晚,有"天才指挥家"之称的梵志登,率香港管弦乐团和著名小提琴独奏家西蒙娜·拉姆斯玛来厦,以"贝多芬·命运王者"为主题,在闽南大戏院为市民倾情演绎乐圣的不朽乐章,再现古典音乐的精髓。

11 日　在召开的 2014 年中国厦门休闲旅游季新闻通气会上,全球最大的在线旅游媒体 TripAdvisor(中国官网为"到到网")向厦门市旅游局颁发了"旅行者之选"——2013 年中国最佳旅游目的地城市奖。这是该媒体综合全球各地数百万真实用户过去一年评论分数累计评选出的奖项,包含了全球 38 个国家的 412 个旅游目的地。在中国入选的 10 个城市中,厦门排名第 8。

同日　世界最大集装箱船"美瑞马士基"轮靠泊厦门集装箱码头集团嵩屿码头。该船舶船长 400 米,宽 59 米,高 73 米,露天甲板可排放 23 列集装箱,载箱量 18000 标准箱。

同日　厦门首例市民质疑保障房分配的"民告官"案终于尘埃落定。起诉的保障房申请户拿到了终审判决书,厦门中院终审判决驳回申请户的上诉。

14 日　晚,"让世界听见厦门——2014 年音乐厦门"启动仪式暨首场室内音乐会在海沧区文化中心剧场举行。杨慕、周治平、林垂立等台湾资深音乐人相继登台,为广大市民朋友们献上一场精彩的音乐盛宴。

15 日　晚,歌诗达"维多利亚号"满载 2000 多名旅客,缓缓驶离东渡邮轮中心码头赴台游,执行今年首个以厦门为母港的邮轮航次。

21 日　厦门两岸股权交易中心与厦门建行签订了战略合作协议。

26 日　上午,有着"海上女王"之称的世界顶级豪华邮轮"伊丽莎白女王号"首次靠泊厦门邮轮母港。该轮造价 5.6 亿美元,总吨位 92000 吨,全长 294 米,甲板 16 层,最高载客量 2172 人。是世界上能顺利通过巴拿马运河的最大型船舶。

29 日　中国内地首艘豪华邮轮"海娜号"首次来厦,它将围绕海峡邮轮经济圈进行 2 个航次的运作。2013 年 1 月 26 日,"海娜号"邮轮首航,标志着中国民族品牌正式进军邮轮旅游市场。

31 日　上午,持枪特警亮相厦门街头,他们是来自厦门 PTU,专门执行动态武装巡逻任务,处置突发性、暴力性、群体性警情。厦门特警机动冲锋队(POLICE TACTICAL UNIT,简称 PTU),为我省首支 PTU。

同日　晚,厦华电子(600870)发布了资产处置公告,确定将旗下子公司厦门厦华新技术有限公司 76.607％股权作价 3204.29 万元出售给厦门盈趣科技股份有限公司。

4 月

1 日　市政协主席陈修茂会见了曾志龙会长率领的澳门厦门联谊总会交流考察团一行。澳门厦门联谊总会成立于 2007 年 12 月,已成为澳门重要的闽籍同乡社团之一。

同日　来自台湾货值 138500 美元的数控卧式车床经厦门东渡检验检疫局的"展会专用通道"快速检验检疫通检放行,这也是今年台交会的首批入境展品。

同日　应市外办邀请,罗斯洛克集团总裁艾凯龙(Collin Eckles)一行访厦,考察我市金融投资和地产市场情况,寻求潜在的合作机会。罗斯洛克集团是世界 500 强美国洛克菲勒家族在华全资子公司,业务包括金融投资、地产开发和项目管理等。

4 日　经过 6 天的激烈角逐,2014"思明杯"全国翻波板锦标赛、全国青年帆船锦标赛昨日圆满落下帷幕。厦门队取得了女子 T293 级团体成绩第一名,厦门女队的许淑贞和朱雅婷分别获得女子 T293 级场地赛的第二名和第三名。在男子 420 级的两项比赛中,林才盛和许培尧均取得了第三名。

6 日　厦门大学举行 93 周年校庆。获赠 3.2 亿元捐款,近九成被捐赠者指定投向厦大马来西亚分校建设。颁发厦大"分量"最足的奖项——"南强杰出贡献奖",每人获得奖励 20 万元,获奖者分别是田昭武、唐崇惕、邓子基和潘懋元。

同日　上午 11 时,厦门大学翔安校区图书馆举行落成仪式。该馆为国内高校面积最大的单体建筑。

8 日　湖里区金山街道金安社区的陈毅红女士从市人口计生委主任陈秀蕊手中领到了我市首本单独两孩"生育服务证"。

同日　下午,87 岁的台湾佛光山开山宗长星云大师,以《看见梦想的力量》为题在厦大建南礼堂举行梦想"公开课",3000 多名听众冒着细雨参加。这也是厦大 93 周年校庆活动之一。

10 日　上午,全市首个区级诚信促进会——海沧区诚信促进会正式授牌成立。会员中有不少台商朋友,诚信雕塑富有新意,诚信主题公园系全省首创。

11 日　市长刘可清会见了德国莱法州州长玛卢·德莱尔一行。我市与莱法州重要旅游城市、马克思的故乡特里尔市于 2010 年缔结友好城市,结好近四年来,两市在经贸、教育、文化、体育等领域开展了富有成效的友好合作与交流。

同日　厦门市健康学校儿科分校正式成立。这是继去年骨科分校成立后,由我市公办医院科室发起创建,海峡名医网具体承办的第二家医疗专科学校。

同日　由市教育局、市总工会联合举行的厦门市第三届中小学幼儿园教师教学技能大赛开幕。

12日　第十八届海峡两岸机械电子商品交易会暨厦门对台进出口商品交易会(简称"台交会")开幕。吸引了包括300余家台湾厂商在内的950多家机电厂商,近4万名境内外专业客商参加,100多家国际知名厂商聚会;展览面积达8万平方米,展位规模达3800个。龙岩市首次组团参加在厦举办的"台交会"。

同日　2014年全国象棋男子甲级联赛预选赛在太原落幕,厦门海翼象棋俱乐部队经过7轮鏖战,在14支队伍中以6胜1和积13分的战绩排名榜首。此次代表厦门海翼队出征的有国家特级象棋大师郑一泓,国家象棋大师党斐、谢业枧、苗利明以及来自上海财经大学的福建新锐陈泓盛。

13日　东帝汶总理夏纳纳·古斯芒一行抵厦访问。2013年我市与东帝汶进出口总额58.2万美元。

17日　厦门市现代物流业商会正式成立。该商会成员117家,海峡现代城(厦门)有限公司总经理庄顺茂被推举为首任会长。

18日　第七届海峡两岸(厦门海沧)保生慈济文化旅游节开幕。自2006年以来,作为保生慈济文化的发祥地,海沧已经成功举办了六届保生慈济文化旅游节,成为两岸民众加强了解、增进情谊、共谋发展的重要平台。

19日　上午,大陆首个南台湾演播厅在高雄正式启用。这是继在台北开设演播厅后,厦门卫视在开展两岸新闻交流,推进两岸媒体合作中又一新突破。

同日　厦门民俗学会正式成立,并举行了第一次会员(代表)大会。学会推举洪卜仁为名誉会长,林福寿任会长。

同日　上午,在厦门华天涉外职业技术学院,厦门市邮政行业校企合作服务中心成立,首个快递试验班也同时开班。首批学生来自厦门华天涉外职业技术学院和厦门海洋职业技术学院。

同日　厦门港最大的寺庙——龙王宫正式复名为"朝宗宫"。由厦门道教协会、朝宗宫管委会举办的朝宗宫复名典礼上午举行。朝宗宫始建于公元1662年,2013年6月19日正式获准恢复"朝宗宫"宫名。

22 日　厦门市第一所实验性中学——厦门实验中学上午隆重揭牌。该校是中国教育科学研究院在全国范围内创办的第一所实验学校,为厦门市直属公办学校,位于同安滨海西大道旁,占地面积 154 亩,建筑面积 6 万多平方米。

26 日　上午,全省首个智慧社区数字家庭在海沧区新阳街道兴旺社区启用。

同日　位于鼓浪屿鼓声路的贝壳博物馆今日开放。馆内共有 6800 余种珍稀贝壳,其中仅 100 多种平时能在厦门海域看到。

同日　经市民政局批准,以"一切为了企业家的发展"为宗旨的厦门市经济贸易促进会正式成立。

30 日　2014 年全国男子武术散打锦标赛日前在山东兰陵收兵,代表解放军队参赛的厦门籍选手王文忠一路过关斩将,勇夺 100 公斤级冠军。王文忠来自集美灌口镇李林小学,2003 年入选厦门市体校武术散打队。

5 月

1 日　海西唯一的航油保税仓库——中国航油厦门液体危险品保税仓库正式运营一周年。厦门海关的最新数据显示,一年来,该仓库共为 8734 架国际航班加注保税航油 7.48 万吨,为执飞的各航空公司节约运营成本 4408.86 万元,成为仅次于上海浦东的华东区第二大航油保税仓库。

5 日　省委常委、市委书记王蒙徽率厦门市经贸代表团于今天抵达美国西雅图市考察访问,期间考察了总部设在该市的全球 500 强企业亚马逊公司和波音民用飞机集团公司。

同日　厦门航空湖南分公司揭牌仪式在长沙机场举行,厦航成为继南航之后第二个在湖南设立分公司的航空公司。

7 日　市妇联今年首批扶持农村妇女创业发展资金开始发放。

8 日　上午,岛内首家以个人名字命名的调解工作室——"树霞调解工作室"在湖里区湖里街道兴华社区正式揭牌成立。该工作室也是全市首家以女性个人名字命名的调解室。

同日　由翔安团区委、新店镇等共同发起成立的厦门首家创业就业示范岗日前在新店镇欧厝社区正式揭牌。该示范岗是培育农渔民创业,搭建就业的平台。

12 日　英国 FT(《金融时报》)公布 2014 年度全球商学院高管教育培训排名,厦门大学管理学院 EDP 项目跻身全球 50 强榜单,综合排名位列全球第 46 名(其中内训项目位列第 46 名,公开项目位列全球第 53 名)。

13 日　厦门被民政部授予"全国社区治理和服务创新实验区"称号。

该实验区全国共 31 个,福建仅厦门入选。

同日 厦门石油交易中心交易大厅正式启用。该中心的石油历史文化长廊是中国石化行业第一个全方位综合石化文化展馆。

15 日 上午,由中共集美区委宣传部与厦门皓月文化传媒有限公司联合摄制的主旋律青春励志电影——《侨女日记》在集美大学诚毅学院影剧院举办了首映仪式。

同日 市老龄办启动"让夕阳更美"老年人素质提升行动,向"美丽夕阳"讲师团老师颁发聘书,并向老年人代表颁发健康手册。这一行动将持续到今年 10 月份。

同日 今天是国际家庭日,全国妇联在京举行"最美家庭"揭晓暨五好文明家庭表彰会。我市许志仁家庭获评为全国"最美家庭",许志仁应邀赴京,代表我省获此称号的三个家庭接受表彰。

16 日 位于思明南路的鸿山小区二期成为我市首个"智慧城市标杆小区"。小区居民能率先享受 100M 超高带宽,还能在小区专属的"智慧小区服务站"中零距离体验智能家居为生活带来的便利。

17 日 厦门市海峡两岸糖酒协会在翔鹭国际大酒店召开成立大会,陈跃鹏当选首届会长。

18 日 福建省 30 位企业家联名致信习近平总书记,以《敢于担当 勇于作为》为题,就加快企业改革发展建言倡议。厦门市有五位企业家参与其中,他们分别是厦门嘉晟集团董事长李冬敏,福建七匹狼集团有限公司董事局主席周永伟,厦门航空公司董事长、总经理车尚轮,厦门钨业股份有限公司董事长刘同高,安踏体育用品有限公司董事局主席兼首席执行官丁世忠。

21 日 上午,10 套海上打桩专用设备在厦门东渡口岸快速通关,奔赴"金门大桥"施工现场。这也是厦门海关验放的首批"金门大桥"施工设备。连接大、小金门的金门大桥,是两岸合作建设的首个台湾地区大型基础设施。该批施工设备正是由大陆合作企业——中铁桥梁建筑工程有限公司申报出口。

22 日 下午,受两市市长委托,市委常委、常务副市长林国耀与尼斯市常务副市长鲁迪·萨尔分别代表两市政府在厦签署友城关系协议。此举突破了厦门市在法国尚无友城的现状,厦门市国际友城随之增至 18 个。

同日 2014 年第九届中国国际(厦门)渔业博览会在厦门国际会展中心拉开帷幕。

23 日 "厦门蓝凤凰专业合作社"在翔安区内厝镇后坂村揭牌。该合作社的挂牌,标志着福建省首个孔雀养殖基地正式落户翔安。

24 日　由厦门市同安区体育总会、厦门市帆船游艇运动协会联合主办的同安区海峡两岸"大同建筑"杯独木舟邀请赛,在同安东西溪正式开赛,来自海峡两岸的 15 支队伍近百名精英参加赛事。

26 日　由全国老龄工作委员会办公室举办的第四届中国老年文化艺术节"2014 全国合唱大赛",在广西壮族自治区百色市落下帷幕。厦门市直机关老年合唱团获得金奖,是厦门市老年合唱团体参加全国老年合唱比赛获得的第一枚金牌。

28 日　全市首家驻街人事劳动争议仲裁庭在殿前街道成立。

29 日　集美区心理学会正式成立。集美大学心理咨询中心副主任林赞歌担任会长,首批会员共有 64 名,大多来自集美辖内各类院校、企业、教育部门。

31 日　厦门民盟美术院揭牌仪式暨美丽厦门·同心同行美术作品展开幕式在市美术馆一楼展厅举行。

6 月

1 日　厦门市儿童医院开业。该院隶属厦门市卫生局,委托复旦大学附属儿科医院管理,为福建省唯一一家三级儿童专科医院,填补了厦门没有儿童医院的历史空白。

同日　厦门萤火虫主题公园开园。是国内首家萤火虫低碳环保节能教育基地。

3 日　厦门大学 EMBA2014 首个全球班在厦大管理学院举行开班仪式。

5 日　应公安部邀请,柬埔寨副首相兼内政大臣韶肯一行来厦访问。

7 日　厦门大学金门校友会成立,王建顺任首届理事长,金门县县长李沃士任名誉会长。目前厦大在金门至少有 80 多名校友。

同日　2014 海峡两岸(厦门)大学生创新创业动员会(电子商务专场)在软件园二期召开动员大会,大会主题为"美丽厦门共同追梦"。

10 日　厦门市红十字会第十届理事会第二次会议在厦门宾馆召开,会议选举副市长国桂荣为会长。

13 日　海峡影视季在厦门金逸影城文艺店举行第六届两岸电影展——台湾电影展开幕式。

同日　市委政法委在市公安局举办了首场"政法讲坛"。现场邀请中国社会科学院社会问题研究中心主任于建嵘教授,就我国的社会稳定和公共安全开讲。

同日　来自台湾妈祖联谊会、三清总道院、道教协会等近百座宫庙的约

3200 多名信众浩浩荡荡奔赴同安东山古庙上香献礼,进行祈福活动。系第六届海峡论坛·妈祖文化活动周的一个分支活动。

14 日　台中市海峡两岸交流协会厦门办事处在五缘湾文化展览苑正式揭牌成立。该办事处是服务于厦门和台中两市交流合作的载体机构,将以"弘扬中华文化,推动两岸市场融合"为宗旨,协助推动两岸文化交流。

15 日　第六届海峡论坛在厦门举行。中共中央政治局常委、全国政协主席俞正声出席论坛大会并致辞。出席大会的两岸嘉宾约 1700 人,其中台湾嘉宾 1100 多人。

16 日　2014 年全国万人健美操大赛(厦门)分赛区比赛暨厦门市青少年健美操锦标赛落幕,人民小学荣获厦门市健美操锦标赛小学组团体第一。

同日　厦门海事法院与中国国际贸易促进委员会厦门市委员会(简称厦门市贸促会)、厦门国际商会签订《海事纠纷诉讼与调解衔接机制协议书》,建立海事纠纷诉讼与调解衔接机制。

18 日　澳大利亚驻广州新任总领事戴德明一行来访,副市长张灿民会见了戴德明一行。

20 日　大陆首个办理集中管辖涉台案件的检察室——海沧检察院涉台检察室举行揭牌仪式。

21 日　2014 年第 28 届奥林匹克日长跑活动在厦门、北京、上海、青岛、太原、呼和浩特、沈阳等全国 19 座城市联动开启。厦门的长跑活动吸引了近 5000 名长跑爱好者参加。

同日　由厦门市总工会、厦门市体育局指导,全国排舞运动推广中心、厦门市职工文体协会排舞专业委员会主办的"首届海峡两岸排舞交流赛"在厦门市工人体育馆举行。来自海峡两岸的 20 多支排舞代表队,超过 400 位参赛选手轮番上场,表演了数十支精彩纷呈的国际排舞。

22 日　2014 年"通仙杯"厦门市群众体育联赛四项球类夏季赛,经过近一个月的比赛,在市体育中心圆满落幕。

23 日　以"中国梦 两岸情"为主题的 2014"海峡两岸郑成功文化节",在中国历史文化名街——中山路步行街开幕。

24 日　市纪委监察局和市委宣传部联合主办,市社科联承办的"鹭岛清风论坛",首期论坛在市社科联社科之家举行。

同日　海沧区在全市率先举行首批 24 个"美丽厦门典范村(社区)"授牌,标志着海沧区分类统筹工作的全面完成。

25 日　经厦门海关关员快速验放,台湾大型渔船"稳顺兴"号顺利完成 2317.79 吨冻鱿鱼的卸载工作。这是台湾大型渔船首次停靠厦门口岸并以大宗散货方式进口水产品,开创了两岸水产品交易的新模式。

28 日　国家统计局中国统计信息服务中心与厦门市信息化局共建的"大数据研究服务基地"在厦举行了揭牌仪式。这是国家统计局的首个大数据基地,国内首个"大数据研究实验室"也同期落户赛凡信息科技(厦门)有限公司,我市以大数据为重要方向的软件产业发展由此将进一步推进。

7 月

1 日　厦门信息产业的软硬件优势正吸引着越来越多国际 IT 大鳄的关注。副市长李栋梁会见了惠普公司全球副总裁叶健一行。

同日　"厦门大学首届国际钢琴艺术节"在芙蓉湖畔的科学艺术中心音乐厅拉开序幕。市政协副主席潘世建、市老领导蔡望怀出席了开幕式。这是厦大艺术学院第一次操办如此高规格的国际钢琴艺术节。

2 日　"鼓浪屿国际研究中心"成立,中心由厦门大学人文学院和厦门市社科联、厦门市社科院合作创办。

3 日　由中央电视台,中共海沧台商投资区党工委、投资区管委会,中共海沧区委、区政府联合拍摄制作的大型纪录片《海沧》正式上线,厦视二套在今日 22:30—23:00 播出。全片以独特的表现手法讲述海沧台商投资区25 年来从偏居一隅的小渔村发展成为两岸同胞融合"新家园"的沧桑巨变。

同日　在海沧区新阳街道首批公益创投项目对接会上,"美丽夕阳·家院互融服务中心"等 6 个公益创投项目,分别被企业认购。

同日　厦门市首支青少年高尔夫球队"厦门辰鹰青少年高尔夫球队"正式成立。有 20 多名青少年球员,年龄最小的仅 7 岁。

同日　厦门大学马来西亚分校奠基,位于大马首都吉隆坡西南 45 公里,占地约 900 亩,有厦大校本部三分之一大。预计 2015 年 9 月开学。这是中国高校在海外创办的第一所分校。马来西亚总理纳吉布、中国教育部代表陈舜和厦门大学校长朱崇实等出席奠基典礼。

同日　厦门多威电子股份公司一批出口瑞士的货物领到了中国——瑞士自贸区优惠原产地证书,企业可持此份证书在对方海关享受零关税待遇。7 月 1 日,中国——瑞士自贸区协议正式实施。

4 日　首届两岸学子论坛在厦大举行,来自两岸的 100 多名博士生、硕士生围绕《两岸关系和平发展:青年学子的梦想与行动》的主题进行研讨。这是迄今两岸关系研究领域规模最大的海峡两岸研究生学术论坛。作为首届两岸学子论坛的重头戏之一,"夫子开讲"5 日上午在厦大克立楼举行,全国台湾同胞联谊会会长汪毅夫、陈孔立教授和厦门大学新闻传播学院院长张铭清将为两岸百名研究生开讲。

5 日 来自海峡两岸的 26 支球队聚集在翔安大嶝中学棒球场,参加第九届海峡杯慢速垒球邀请赛开幕式和开球仪式。邀请赛由厦门市台商协会,参赛队伍除了厦大、集大等 6 支本土队伍外,大部分来自台湾地区,其中还有来自泰国、日本等地的台商球友。

7 日 新一批 10 名台胞陪审员在海沧区人民法院正式受聘,其中有 4 名女性。

10 日 厦门金圆投资集团有限公司台湾办事处正式开业。这是厦门市金融国企在台湾设立的首个办事处。

13 日 第六届厦金海峡横渡活动在小金门烈屿双口海滩拉开帷幕,来自大陆、台湾、香港和澳门的 89 支队伍 178 名选手将参与海峡横渡活动。终点为厦门椰风寨救生指挥中心海滩,全程 8000 米。

15 日 厦门市重点民生项目——翔安区同民医院(厦门大学附属第一医院同民分院)提升改造工程的内科综合大楼建设项目顺利竣工并正式投入使用,医院总床位数增加至 1000 张。

16 日 厦门市人口计生委主任陈秀蕊做客市人民政府网在线访谈,解读福建省“单独两孩”政策。

17 日 全市首个集体商业发展民生项目——蔡塘发展中心吸引商业大腕——大润发超市开门迎客。蔡塘社区发展中心(蔡塘广场)以居民集资入股的形式投资建设,蔡塘居民入股率近 100%,社区居民自筹资金 2 亿多元。

同日 第三届海峡两岸青年禅文化体验营在南普陀寺开营,来自两岸的 200 多名禅文化青年爱好者缘聚鹭岛,将开展为期 6 天的体验之旅。

同日 由中国围棋协会、厦门围棋协会与人民日报社合作推出的“2014年中国围棋名人厦门邀请赛”在金门湾大酒店落幕。马晓春领衔的红队与刘小光领衔的蓝队战成平手。

18 日 福建省新兴科技产业促进中心暨厦门—台湾科技产业联盟促进中心两岸新兴产业投融资项目第一场对接会与合作签约仪式顺利举办。福建省新兴科技产业促进中心暨厦门—台湾科技产业联盟促进中心是目前唯一的、主要从事对台科技合作及战略性新兴产业促进的民办公助、非企业法人、非营利性的事业机构。

同日 厦门市柔力球运动协会在厦门信息学校正式成立,并举行了第一次会员大会,选举张希勇为会长,庄铭星任名誉会长。

同日 厦门市国际友城日本佐世保市代表团来访。厦门市委常委、常务副市长林国耀会见了代表团一行。

20 日　斯洛文尼亚前总统达尼洛·图尔克来访,厦门市副市长张灿民会见了图尔克一行。

21 日　土耳其中国友好协会代表团来访,厦门市委常委、政法委书记、市友协第一副会长詹沧洲会见了代表团一行。

22 日　集美区首批个人调解工作室授牌。分别为杜朝明、沈加文、黄荔炜、李金志个人调解工作室。

同日　厦门市气象局四楼气象灾害预警中心通过视频连线,厦门市气象局和金门县政府共同会商防御今年第 10 号强台风"麦德姆"。这是厦门和金门首次在"实战"中,召开防御台风的视频会商会。这次会商,对建立海峡两岸气象防灾减灾应急联动机制,具有里程碑式的意义。

同日　福建省第十五届运动会帆船帆板比赛在东山岛马銮湾畔帆船帆板基地鸣金收兵,厦门水师最终以 7 枚金牌,8 枚银牌,12 枚铜牌,团体总分291 分的成绩完美收官,同时厦门市代表队还获得体育道德风尚奖,黄志海、刘娜惠、柯余蓁获得体育道德风尚运动员称号。

23 日　全国校园足球冠军杯总决赛结束了四分之一决赛的争夺,厦门二中以 3 比 0 大胜梅州中学,挺进四强。

24 日　厦门市委常委、副市长康涛会见来访的阿根廷驻广州总领事胡里奥·法拉利·弗莱雷先生一行。

同日　由湖里区与泉州安溪县共同建设的"飞地"项目——厦门泉州(安溪)经济合作区湖里园开工建设,同时两地政府正式签订框架合作协议。这不仅开启了区域经济合作的新模式,同时也将为进一步推动厦漳泉同城化建设试行新探索。

25 日　厦门市岛内公共自行车系统投入试运行。首条公共自行车道"湖里高新技术园区示范线"也正式投用,1000 辆公共自行车开始在这条线路上路服务市民。

同日　全国校园足球冠军杯足球赛在北京鸣金,厦门二中在三四名争夺战中 2 比 0 击败郑州七十三中学,连续两年获得季军。

31 日　福建省首个区级政务微博发布厅——"海沧发布"正式上线,共同缔造的理念搭乘新媒体的高速"列车",使政府和网民群众的距离更近一步。

同日　承载着首单海运快件的"中远之星"客滚轮靠岸,在厦门海关关员分别为集装箱加装电子关锁之后,承载着集装箱的三辆拖车直接开到位于寨上的厦门进出境快件监管中心进行通关验放。厦门海关、厦门检验检疫工作人员在同一流水线上分别对一个个快件进行过机查验,并迅速清关验放。自此,海运快件将以与航空快件相同的处理速度,迅速从厦门国际邮轮码头奔赴各地用户手中,实现 4 小时内完成货物下船至清关验放全过程。

同日 全省公安机关"我身边的好交警"颁奖仪式在厦举行,市公安局交警支队民警刘建设成唯一获此殊荣的厦门民警。

8 月

1 日 第七届鼓浪屿钢琴节开幕,正式拉开两年一度的琴岛音乐盛会。

2 日 "2014 厦门婚博会暨蜜月旅游交易会"在会展中心开幕,4 日闭幕。

4 日 厦门去年 4 月发生一起杀人分尸案,被害人手臂漂流到金门县。经两岸司法互助,今日完成手臂移送,也成为两岸移交杀人案遗骸的首例。

5 日 厦门三支救援队已分别奔赴灾区云南鲁甸地震,他们是厦门蓝天救援队、厦门曙光救援队、厦门北极星救援队。

同日 斯里兰卡眼捐献协会与厦门眼科中心国际联合眼库揭牌。斯里兰卡第一夫人施兰蒂·拉贾帕克萨亲自任命厦门眼科中心的姚晓明博士为斯里兰卡眼捐献协会荣誉顾问,这是该眼捐献组织首次将此殊荣授予中国人。同院的商旭敏博士,也因其在推动中斯两国学者在角膜捐献和眼库技术方面的贡献,获得第一夫人颁发的感谢状。

6 日 新华网、东南网和厦门网三家网站同时播发我市第二批党的群众路线教育实践活动进展情况的长篇访谈,邀请市委常委、组织部部长、市委教育实践活动领导小组副组长兼办公室主任陈秋雄详细介绍我市第二批活动的特色与亮点。

7 日 第四届海峡两岸高校帆船赛暨第二届泛太平洋大学生帆船赛落幕,来自两岸的 18 支帆船代表队和新加坡管理大学帆船队参赛,共有 160 名选手参与角逐。厦门大学队获得长航赛冠军、场地赛亚军,同时获得海峡两岸高校帆船赛总成绩冠军以及泛太平洋大学生帆船赛总成绩亚军。

8 日 厦门市台商投资企业协会在台商会馆举行捐赠仪式,将协会向高雄气爆灾区捐赠的 600 万新台币,向云南鲁甸地震灾区捐赠的价值 60 万元睡袋,郑重交由市红十字会、市红十字基金会转赠灾区。

同日 中国海军新型护卫舰泉州舰入列命名授旗暨继承"海上猛虎艇"荣誉称号仪式在厦门某军港隆重举行,并于 10 日举行舰艇开放日。两百多名厦门市民、学生和官兵家属登上舰艇参观,这是厦门海军首次举行舰艇开放日。

11 日 由上海宋庆龄基金会—东亚银行公益基金捐建的全国范围内第 33 座"萤火虫乐园"在厦门市同安区新星小学正式落成。这也是该基金在福建省内捐建的第一所乐园。

同日　厦门国际银行股份有限公司联合闽都基金向市慈善总会捐款110 万元,支持鲁甸地区抗震救灾,定向用于灾区建设。

同日　厦门海沧检验检疫局近日从一批入境的美国 2 号高粱中检出有毒植物曼陀罗种子。这是福建口岸首次在入境高粱中检出曼陀罗种子。

12 日　名为"我不是坏女生"的第八届女生夏令营在厦门开幕,聚集的都是在疼痛青春里挣扎与迷离的女生。

13 日　厦航与江西省人民政府在南昌签署《合作备忘录》,商定由厦航与江西航空投资有限公司共同出资成立江西航空有限公司。这是厦航今年继成功收购河北航空后又一项重要战略举措,同时也是厦航将分公司成功转型为子公司的首次尝试。

14 日　市外办与菲律宾、泰国和新加坡驻厦总领馆第九次联席会议在鼓浪屿召开。议题之一是如何有效利用领馆资源,更好地服务于鼓浪屿整治提升、服务美丽厦门战略规划的实施。

同日　在厦门海关关员的全程监管下,75 个集装箱,共计 1313.3 吨美国转基因黄玉米在厦门海润码头装船,并于当晚退运出境。2013 年 12 月11 日,某公司向厦门海关申报进口 1467.4 吨饲料用的美国黄玉米,因检出未经我国批准的转基因成分 MIR162,依据规定,除部分就地销毁外,剩余1313.3 吨全部退运出境。

15 日　第七届厦门国际动漫节在国际会展中心开幕。

同日　民政部基层政权和社区建设司副司长、厦门市委副秘书长朱耀根在海沧区委中心组学习扩大会议上作关于社会治理的讲座,拉开了海沧区"万人培训再动员,全民缔造新家园"新一轮骨干培训的帷幕。

16 日　厦门海沧检验检疫局检验检疫人员从一批来自乌克兰的进境花岗岩荒料石中截获大量活体天牛幼虫。这是厦门口岸首次截获该活体有害生物。

17 日　在海沧举办的两岸社区共同缔造互动交流会上,来自两岸的社区基层工作者、两岸社区营造专家学者相聚一堂,分享经验成果,共同为两岸社区缔造"把脉"。

18 日　厦门港务控股集团有限公司成为我省第一家发行超短期融资券(简称"超短融")的国企。该集团 2014 年度"超短融"注册发行总额达人民币 100 亿元。

同日　2014 年全国第二届儿童足球贝贝杯萧山国际邀请赛,在杭州萧山开赛,受邀参赛的厦门人民小学派出的两支队伍均在首轮比赛中大胜对手。

18 日　首届全省排水行业"纳川杯"职工岗位技能竞赛在厦门开赛,来自全省 9 个设区市及平潭综合实验区共 90 名排水行业的精英参加了污水处理工和污水化验监测工两个工种的竞赛。20 日结束。

20 日　省委常委、市委书记王蒙徽主持召开市委常委会议,传达日前省委召开的中央巡视组反馈意见整改工作专题会议的精神,通报了我市整改落实工作总体进展情况。

同日　市政协主席陈修茂在悦华酒店会见柬埔寨参议院外交国际合作及媒体新闻委员会主席迪波拉西一行。市政协副主席江曙霞参加会见。

20—21 日,来自全国 20 多个省市的 120 余名师生齐聚戴尔中国公司总部所在地厦门,参加由中国青少年发展基金会与戴尔公司共同举办的"2014 希望工程中国青少年 21 世纪技能大赛"。这些小选手都来自所在城市的农民工子弟学校和农村学校,他们所在学校的电脑设备大部分是戴尔公司捐赠的。

21 日　厦门市温州商会全体会员通过市红十字会向云南鲁甸地震灾区捐款 18.75 万元。捐赠仪式在厦门温州商会举行,他们将善款转交给市红十字会。

23 日　海沧区东孚镇大曦山郊野公园正式开园。

同日　由国家文化部主办的第十一届全国声乐比赛近日在哈尔滨落下帷幕。厦门音乐人陈鹭虹荣膺流行音乐组金奖。

23—25 日　首届两岸学生起点营活动走进厦门,来自两岸 68 所高校的近百名学生会主席齐聚厦门,共寻两岸文化"起点之源",探究两岸学生组织交流的新平台。24 日下午,首届两岸学生未来领袖圆桌会在厦门宾馆召开,两岸学生未来领袖联盟成立。

24 日　"情动两岸 梦圆鹭岛"两岸大学校园歌手邀请赛十年梦想嘉年华晚会在广电中心千米演播厅现场直播,两岸学子齐聚一堂,载歌载舞,共同回首这一赛事的十年历程。

25 日　厦门虹鹭钨钼工业有限公司与厦门润晶光电有限公司成功签约,双方牵手合作,将打造全球最大蓝宝石生产基地。

26 日　厦门市控制吸烟协会正式成立,厦门市卫生局原党委书记范美梅担任会长。

27 日　APEC 第四届海洋部长会议在厦门召开。这不仅是 APEC 海洋部长会议首次在我国举办,也是迄今为止我国海洋领域举办的政府间级别最高、参加成员最多的国际会议。会议通过了《厦门宣言》。

同日　近日,经厦门市委编办批准,厦门市地方志编纂委员会办公室正式更名为厦门市人民政府地方志办公室,主管全市地方志工作,内设机构志书编辑处、年鉴编辑处相应更名为志书工作处、年鉴工作处。

同日　第三届中国城市公益慈善指数发布典礼在北京举行,我市第三次被评为"七星级慈善城市"。

29 日　市十四届人大常委会第二十次会议闭会。会议表决通过了《厦门经济特区无照无证经营查处办法》、《厦门经济特区两岸新兴产业和现代服务业合作示范区条例》,并通过有关人事任免事项。

31 日　在日前刚刚结束的第十届中国国际会展文化节上,厦门市荣获"中国会展名城"称号,厦门国际会展中心则获得了"2014 年度中国会展标志性场馆"的称号。

同日　历时三天的第七届省残疾人运动会在福州落下帷幕。厦门市代表队共有 25 名运动员参与 5 大项、35 小项的角逐,获金牌榜第六名。

同日　下午 17 时 20 分,厦航首架波音 787 飞机从美国西雅图飞抵厦门。在这架世界最先进客机亮相的同时,厦航新一代的空乘制服也正式发布。

9 月

3 日　象屿保税区等三个海关特殊监管区域率先试行"一口受理,一表申报" 4 个工作日办结服务模式:外资批准证书、营业执照、组织机构代码证、税务登记证"四证联办"。这是新近出台的《厦门自贸区建设工作实施方案》的重要内容之一。

同日　上午 11 时,厦航首架波音 787"梦想客机"从厦门高崎国际机场起飞,成功首航北京。

同日　厦门教育史上第一个民间性质的美术教育基金——"济川美术教育基金"成立大会在禾山中学举行。捐资人是一对没当成画家的父子倪少林、倪岩鹰,他们总共捐了 100 万元。"济川美术教育基金"还颁发第一届助学金,10 名今年考上大学美术专业的学生每人获得 5000 元资助。

4 日　2014"中华情·中国梦"美术书法作品展在厦门市美术馆开幕。本次作品展以"中华情·中国梦"为主题,集中展示了近 600 件书画精品,台湾地区参展书画作品 266 件,汇集了台湾 22 个县市的代表性书画家作品,是历年来台湾地区参展书画作品数量最多、涵盖面最广的一次。

同日　上午,海沧区人民检察院邀请我市部分台企代表 13 人集中旁听了涉台刑事案件庭审活动。此举是该院创新预防涉台刑事犯罪工作方式的有益尝试。

5 日　厦门市申报"国家住宅产业现代化综合试点城市"专家评审会召开,我市顺利通过住房和城乡建设部组织的专家评审。

6 日　厦门首家公园式主题购物中心东百蔡塘广场开门纳客。这是福建企业东百集团在厦门的第二家分店,为厦门市民打造慢生活、一站式、公园化的概念公园式主题购物中心。

7 日　在厦门爱乐乐团十六周岁生日到来之际,"鼓浪屿之子"、著名钢琴家殷承宗携乐团登上宏泰音乐厅,为厦门市民送上了一场中秋音乐会。

8 日　上午 9 时 08 分,中共中央政治局委员、国务院副总理汪洋在厦门国际会展中心为第 18 届中国国际投资贸易洽谈会开馆。本届投洽会有来自英国、德国、巴西、印度、埃及等 126 个国家和地区的 670 个团组,15685 名境外客商参会,共签订各类投资项目 1455 个,总投资金额 4639 亿元人民币。会议 11 日闭幕。

同日　第七届中德经济对接会在厦门国际会展中心举行,重点就能源转型方面,寻找与中国企业合作的发展项目和机遇。

同日　下午,参加本届投洽会国际友城论坛的中外嘉宾共同出席"厦门国际友好公园"建设启动仪式,为公园种下第一片友谊林。中国人民对外友好协会副会长户思社,市委常委、政法委书记詹沧洲等参加。

同日　人才项目资本合作馆首次在投洽会上亮相,展示我市近年来高层次人才创新创业成果,促进人才、项目、资本对接合作。我市还举办了首批"白鹭英才卡"授卡仪式,66 名我市引进的高层次人才获颁"白鹭英才卡",成为我市首批发放的"白鹭英才卡"持卡人。

同日　作为厦门最远、最偏僻、最角落的村庄,素有厦门"小西藏"之称,同时也被评为"厦门最美乡村"的同安莲花镇西坑村,正式通上公交车。

9 日　下午,华侨博物院与马来西亚华人博物馆举行《马中友好文化合作伙伴协议》签约仪式。这意味着厦门市民将有机会在家门口欣赏到来自马来西亚华人博物馆的文物和图片。

10 日　'98 投洽会的重要论坛之一——2014 互联网金融高峰会吸引了来自国内互联网金融领域的众多"大咖"。本次论坛上,作为国内率先成立的地方互联网自律监管平台——厦门市互联网金融协会宣告成立。

11 日　厦门·思明 2014 全国沙滩排球锦标赛在观音山黄金沙滩点燃战火。本次比赛共有来自全国 12 个省市、部队的 47 支代表队报名参赛,其中男队 25 支,女队 22 支。14 日结束。

12 日　市人大常委会主任郑道溪会见来访的泰中文化经济协会会长颇欣·蓬拉军博士一行。颇欣·蓬拉军曾任泰国国会主席兼下议院议长。

同日　厦门大学在德国海德堡发布了今明两年中国宏观经济预测报告。这是厦大首次在欧洲发布中国宏观经济预测结果。

同日　晚,以"武林盛会、品牌赛事、文化商旅"为主题的 2014 年第三届厦门国际武术大赛,在海沧区体育中心盛大开幕。共有来自俄罗斯、英国、美国、西班牙、马来西亚、新加坡、荷兰等 15 个国家及地区的 222 支队伍,近 3000 人参赛,是迄今为止参赛队伍最多的一届。

14 日　厦门市卫生和计划生育委员会正式挂牌。这也是我市本轮政府机构改革中,第一个挂牌的新组建政府部门。

同日　2014 年"通仙杯"厦门市体育联赛四项球类秋季赛经过近一个月的比赛,在体育中心圆满落幕。秋季赛四个项目有 1300 多名选手报名参赛。

15 日　第 17 届全国推广普通话宣传周开幕式在厦门举行。这是全国推普周开幕式第一次在厦门举行。

同日　第八届中国曲艺牡丹奖评奖结果揭晓。厦门市南乐团演员杨雪莉斩获了"牡丹奖表演奖"。该奖项系中国曲艺界最高奖,也是厦门曲艺界个人表演首获此项殊荣。

16 日　吉尼斯世界纪录认证官吴晓红女士将"吉尼斯世界最大马戏剧院"认证书授予厦门灵玲国际马戏城大剧院。

17 日　在成都市召开的全国版权社会服务工作交流会上,厦门市被国家版权局授予"全国版权示范城市"称号。厦门成为福建省首个、全国第七个创建成功的全国版权示范城市。

18 日　在武汉结束的第七届中国报刊广告大会上,《厦门日报》获评"2013—2014 年中国报刊广告投放价值排行榜城市日报十强"第一名。至此,《厦门日报》已经连续六年获得该奖项第一名的殊荣。

19 日　湖里区一公寓内的小吃店发生燃气爆炸事故,事故共造成 5 人当场死亡,18 人受伤住院,受损建筑面积 7000 余平方米。据分析,爆炸原因为瓶装民用燃气泄漏引发燃气爆炸,是一起燃气安全事故。

同日　厦门 2014 年"同心文化艺术节"系列活动之同心文化艺术节开幕式暨"和谐之声"同心音乐会在宏泰音乐厅举行。

同日　福建省第十五届运动会皮划艇(静水)比赛揭幕。22 日结束。厦门代表队夺得 7 枚金牌,10 枚银牌,6 枚铜牌。

20 日　2014 年厦门户外旅游展在会展中心隆重开幕。首日,两万人次涌入展馆参观。

同日　"美丽夕阳"文化点首场文化演出在市园林植物园拉开帷幕。文化点由市老龄办、市园林植物园、市老年志愿者协会联办。

同日　第六届市政府办公厅系统运动会在厦门市第三中学举行,有 14 支代表队 800 多名运动员参加比赛。

同日　第三届"台湾黑松油切麦茶杯"海峡两岸乒乓球公开赛在集美区杏林文体文化中心乒乓球馆拉开帷幕,参赛的 44 支乒乓球代表队分别来自台北、金门、泉州、厦门等地。

22 日　在仁川亚运赛场上,射击选手张彬彬在女子 10 米气步枪团体比赛中夺得冠军,为厦门夺得历史上第一枚亚运会射击金牌。举重选手林清峰在男子 69 公斤级比赛中拿下首金,是厦门选手在亚运会历史上的首枚举重金牌。

23 日　市长刘可清率领的市政府代表团一行圆满结束访欧行程返回厦门,完成对瑞士、匈牙利、法国相关城市的访问。

同日　经市委组织部同意,厦门市卫生计生委组建的厦门医学院士指导平台(中心)在海悦山庄酒店举行启动仪式。中科院院士陈可冀、陈凯先、葛均波、赵继宗,中国工程院院士黎介寿、樊代明、谢立信、刘志红、吴以岭、郎景和、于金明,澳大利亚皇家医学院院士、新加坡医学院院士林延龄等 12 位中外著名院士成为厦门医学院士指导平台(中心)首批特聘导师。

同日　1700 多名游客从国际邮轮码头出发,登上亚洲最大国际豪华邮轮——美国皇家加勒比旗下的海洋航行者号,前往济州、冲绳,最终抵达香港。

同日　2014 年厦门(海沧)门球邀请赛在海沧区体育中心开幕。25 日闭幕。本次门球邀请赛邀请来自全国包括港台地区在内的 28 支参赛队伍,宁波北仑队、厦门海沧队、山东菏泽队分获前三名。

24 日　我市召开全市工人先锋号表彰暨"百日奋战"创优建功劳动竞赛动员大会,命名表彰 2001 个市级"工人先锋号",并在全市职工中开展"百日奋战"创优建功劳动竞赛。

同日　经省卫生计生委批准,厦门市翔安区同民医院更名为厦门市第五医院正式挂牌,并将"厦门市同民医院"作为第二名称。

25 日　"美丽厦门·共同缔造——'我们的家园'大型艺术作品展"在市文化馆一楼大厅正式开幕。这是我市文艺家为新中国成立 65 周年准备的贺礼和近年创作成果的一次集体展示。

26 日　中共厦门市第十一届委员会第八次全体会议召开。省委常委、市委书记王蒙徽在全会上作报告,市委副书记、市长刘可清就《加快建设美丽中国典范城市的行动计划》作说明。

同日　市文化创意产业协会鼓浪屿工作站正式挂牌成立。

同日　为庆祝中华人民共和国成立 65 周年暨纪念中国人民解放军长江支队入闽 65 周年,福建省长江支队历史研究会、厦门市长江支队历史研究会在厦门市文化艺术中心美术馆大厅,举办《南下行》专场文艺演出。

同日　天一楼街心公园建成后首次亮相,中华街道在这里举行迎国庆、庆重阳文艺会演。

同日　晚,厦门爱乐乐团在厦大科艺中心音乐厅献上了一场"贝多芬系列音乐会"。现场邀请到荷兰鹿特丹小交响乐团的艺术总监康拉德·范·爱尔芬担任指挥,旅德青年指挥家黄翔担任钢琴独奏。

26—28 日　由厦门市医学会、厦门大学附属第一医院和厦门市心血管疾病研究所共同主办的"第四届海西国际心血管病论坛"在厦门隆重举行。国内外心血管领域的著名专家齐聚鹭岛,共同探讨如何更有效地防治心血管病。

27 日　上午,"厦门白鹭志愿联盟"在鼓浪屿举行授旗仪式。这是厦门市首个志愿联盟组织。首批联盟单位有厦门航空、厦门市中级人民法院、厦门地税局、厦门海关、厦门烟草专卖局(公司)、厦门火车站、海西晨报社、八马茶业、思明区城市义工协会鼓浪屿分会 9 家单位。

同日　由中央电视台、国家体育总局、国家教育部联合主办,市体育局、市足球协会承办的"谁是球王"中国民间足球争霸赛厦门赛区海选赛鸣金,共有 112 支球队参赛。经过两周 113 场激烈争夺,人民小学、外国语学校、集美诚毅足球队分获娃娃组、青少组和社会组三个组别的冠军。

28 日　在中国互联网新闻中心主办的"2014 城市发展与生态平衡高层论坛暨首批创建生态文明典范城市(园区)发布仪式"上,思明区获得"首批创建生态文明典范"称号。

同日　我市第一辆"汽车图书馆"来到集美康城社区。"汽车图书馆"于今年 7 月 20 日试运行,当日是它运行成熟后首次对媒体开放。

29 日　晚,鼓浪屿四季音乐会——秋之韵家庭音乐聚会,在鼓浪屿海天堂构拉开帷幕。

30 日　全国首个烈士公祭日,市举行公祭烈士活动。市党、政、军领导和社会各界代表在厦门烈士陵园向人民英雄敬献花篮,深切缅怀烈士的不朽功绩,表达继往开来、接续奋斗的坚定信心。目前,厦门籍和在厦门牺牲的有名可考,并收入《烈士英名录》的烈士有 2156 名,其中在国内有广泛影响的烈士 38 名。

同日　翔安区党、政、军、民等社会各界代表来到大嶝后山顶烈士陵园,向烈士们敬献花圈。建成于 2005 年清明节的翔安区大嶝浔堀村的这座烈士陵园,是为了纪念 1949 年解放大嶝岛牺牲的 300 多位烈士而兴建的。

同日 晚,我市庆祝中华人民共和国成立 65 周年音乐会——大型交响合唱史诗《黄河大合唱》在闽南大戏院举行。市四套班子领导和厦门大学领导,市级以上离退休老领导,以及全市各界代表 1000 多人欣赏了音乐会。

10 月

8 日 原市外办、市侨办合并组建的厦门市人民政府外事侨务办公室正式挂牌。这是我市贯彻党的十八届三中全会精神,实现外事港澳与侨务工作优势互补、资源共享的客观需要。

同日 中国·思明 2014 年国际排联世界沙滩排球巡回赛厦门公开赛在观音山黄金沙滩开赛。

9 日 下午,副市长张灿民会见了来访的美国西雅图市政商代表团一行。

10 日 由国家工信部、福建省人民政府联合主办的第四届数字家庭技术创新与产业应用年会在厦门举行。

同日 曾厝垵闽台文化馆正式亮相。其馆址原是建于清道光年间的闽南古厝,近 200 年来一直为"明朝兵部尚书"蔡复一后代的居所。

同日 在厦门海关关员监管下,256.75 吨来自台湾馊水油涉事企业的饮料和酱油被重装入柜,于 12 日退运台湾。

11 日 国家质检总局近日公布了第一批进境粮食指定口岸名单,厦门港口岸申报的三个港区四个查验点全部获得进境粮食指定口岸资质,成为全国首批进境粮食指定口岸。

12 日 厦门市规划委员会正式挂牌。

同日 由海沧区志愿者协会牵头,君龙人寿保险有限公司志愿服务队、厦门白鹭志愿联盟、厦门沁心泉社会工作事务中心等共同发起的大陆首个两岸义工联盟在海沧正式成立。

14 日 由台湾龙邦集团独资开发建设的龙邦厦门妇产专科医院项目在五缘湾医疗园区奠基。这是我市首家台商独资妇产专科医院,也是五缘湾片区开建的第一家大型医院。

同日 由市食品药品监督管理局牵头组建的"厦门市食品药品打假志愿者服务队"成立。来自厦门社会各界的首批 160 名志愿者将作为监管部门的"千里眼"和"顺风耳",共同守护厦门市民"舌尖上的安全"。

同日 在合肥举行的第四届全国老年文化艺术节"2014 全国综艺大赛"——器乐比赛中,市退管中心民乐团在全国 14 支参赛代表队中脱颖而出,荣获器乐类比赛金奖。这是我市老年艺术团体在全国器乐类比赛取得唯一金奖。

同日　2014 海峡两岸(厦门)乐活节在海沧区文化中心影剧院盛大开幕。本届乐活节富有浓浓闽台味,彰显两岸特色,主要由开幕式及乐艺、乐动、乐赏、乐善四大板块,22 个分项活动组成,所有活动都由大陆和台湾相关单位合作完成,推动两岸民间交流常态化。

15 日　第九届中国厦门国际佛事用品展览会、第六届中国厦门国际素食养生展览会、2014 中国(厦门)国际茶产业博览会三展在厦门国际会展中心隆重举办。19 日结束。

同日　厦门陆岛酒店有限公司在金门设立的金门陆岛酒店有限公司,日前在金门获得了 5510 平方米的经营性土地证,成为 ECFA(《海峡两岸经济合作框架协议》)签订以来大陆第一个获得台湾土地所有权的案例。

同日　我市举办"嘉庚精神宣传月"启动仪式暨嘉庚精神讲坛。讲坛由市委宣传部、市委统战部、市直机关党工委、市教育工委、集美学校委员会共同主办。当日,来自社会各界的 900 多名干部群众,在人民会堂感受了陈嘉庚的精神魅力。

同日　"美丽厦门,创赢青春,梦圆两岸"——海峡两岸青年(高校)创意创新创业大赛开幕论坛在厦门思明海峡两岸龙山文创园举办。

同日　全市 2104 年度见义勇为表彰大会召开,5 名见义勇为先进个人和 2 个见义勇为英雄集体受表彰。

同日　由厦门电子职业中专学校更名的厦门信息学校举行更名揭牌仪式。其前身厦门电子职业中专学校,创办于 1981 年,是应厦门经济特区对电子人才的需求而创办的。

同日　两岸斗茶又一个里程碑式的活动——世界茶商领袖圆桌会议在厦门国际会展中心国际会议厅举行。世界各地茶界大腕齐聚厦门,探讨如何推动两岸及世界各地茶产业发展。

16 日　市粮食局会同有关部门在集美侨英街道北区文化广场举办纪念第 34 个世界粮食日暨"放心粮油"进社区、进农村活动。

17 日　海沧区人民法院第四法庭进行了一场特殊的宣判:被告人不在庭上,而是在 45 公里外的第二看守所里。这种远程视频集中宣判,在全市是头一回。当日集中宣判了包括抢劫、故意伤害和开设赌场在内的四个刑事案件。

同日　第十届全国口译大会暨国际口译研讨会在厦门大学举行。会议把手语列入口译范畴。开幕式上,聋人译员也走上口译大会的舞台。18 日结束。

20 日 鹭江道轮渡码头往鼓浪屿运送外地游客的任务从即日起调整到东渡邮轮码头和海沧嵩屿码头,鹭江道轮渡码头只保留居民专线、旅游客运夜航航班和异常天气及特殊情况应急疏运。

22 日 《法制日报》驻厦门记者站挂牌成立。

24—27 日 第七届海峡两岸(厦门)文化产业博览交易会在厦门举办。本届文博会产业投资签约项目 140 个,总签约额 387.7 亿元。展会期间,总观展人数约 26 万人次,其中主展馆近 20 万人次。

27—29 日 由中国国家旅游局和美国旅游推广局、美国旅游行业协会共同主办的第八届中美省州(31+50)旅游局长合作发展对话会议在厦门举行,中国国家旅游局局长邵琪伟、美国旅游推广局总裁兼首席执行官汤炳坤、美国旅游协会主席罗杰?道等出席开幕式并致辞。中美双方共同发布了《第八届中美省州(31+50)旅游局长合作发展对话会议联合宣言》。

31 日 厦门市被民政部授予"全国和谐社区建设示范城市",海沧区被确定为"全国和谐社区建设示范城区",成为全国唯一一例市、区同时获评的全国和谐社区建设示范单位。

11 月

2 日 厦门第二西通道(海沧隧道)主体工程开工。该通道路线全长 9.03 公里,其中海底隧道长度约为 6.4 公里,跨越海域面积宽度约 2 公里,隧道最深处位于海平面下约 72.6 米。

5 日 "厦门东南国际航运研究中心"和"东南国际航运人才培养基地"在集美大学揭牌。

7 日 2014 厦门国际海洋周开幕。本次海洋周以"海上丝绸之路与蓝色经济合作"为主题,在一周时间内陆续举办 2014 厦门国际海洋论坛暨第四届发展中国家海洋可持续发展部长论坛、全国大学生海洋知识竞赛电视总决赛和海洋科学开放日等活动。

8—10 日 由国家自然科学基金委员会地球科学部和厦门大学主办的第二届海底观测科学大会在厦门大学召开,来自 66 个国内外海洋科研单位的近 300 名海洋科学专家学者参会。

12 日 国务院食品安全委员会在厦门召开全国治理"餐桌污染"现场会,受国务院副总理、国务院食品安全委员会主任张高丽委托,国务院副总理汪洋出席会议并讲话。

同日 市政府转发市教育局等八部门联合制定的《厦门市特殊教育提升计划(2014—2016)实施方案》,这是厦门首次发布特殊教育的三年提升计划,首次提出要推动各区特殊教育学校开展自闭症教育,对义务教育阶段的自闭症孩子接受合适教育实行"零拒绝"。

18 日　厦门籍游艇"诚信创新号"载着 12 名乘员首航金门,行程约 40 分钟,乘员们随后以个人游方式登陆金门。游艇于次日下午从金门返回厦门五缘湾游艇港。

20—23 日　市长刘可清率领厦门市政府代表团访问新西兰。

25 日　厦门市人民政府和中国社会科学院签订《战略合作框架协议》和《2015 年合作协议》,并为"中国社会科学院学部委员厦门工作站"和"中国社会科学院国情调研厦门基地"揭牌。

同日　思明区美湖路 29 号味味川菜馆发生一起燃气爆炸事故,造成 4 人死亡,3 人受伤。

12 月

7—8 日　第九届全球孔子学院大会在厦门举行,120 多个国家和地区的大学校长、孔子学院等代表共 2000 多人出席大会。中共中央政治局委员、国务院副总理、孔子学院总部理事会主席刘延东出席开幕式并作主旨演讲。

9 日　"城市健康与福祉计划国际项目办公室"在厦门揭牌。

15 日　《厦门市、龙岩市共建山海协作经济区框架协议》在厦签订。

23 日　市长刘可清签署厦门市人民政府令第 158 号,公布了《厦门市实施〈工伤保险条例〉规定》,自 2015 年 7 月 1 日起施行。

28 日　第十二届全国人大常委会第十二次会议决定授权国务院在中国(广东)自由贸易试验区、中国(天津)自由贸易试验区、中国(福建)自由贸易试验区以及中国(上海)自由贸易试验区扩展区域内暂时调整有关法律规定的行政审批。中国(福建)自由贸易试验区包括厦门、福州、平潭三大片区,其中厦门片区面积共 43.78 平方公里,包括两岸贸易中心核心区 19.37 平方公里和东南国际航运中心海沧港区 24.41 平方公里。

同日　厦门机场 T4 候机楼启用。T4 候机楼建筑面积约 10.8 万平方米,设计年吞吐能力 1200 万人次,加上继续使用的 T3 候机楼,厦门机场年保障能力达到 2700 万人次以上。

同日　新建厦门北动车运用所和迁建既有厦门客车整备所两项工程同时动工,预计工期 2 年。工程从集美区后溪镇的厦门北站引牵出线至同安区新民镇的禾山村,距厦门北站 3 公里,总用地 1085 亩。

30 日　原鹭江剧场地块改造项目完工,改造成的老剧场文化公园正式投入使用。

后　记

　　本书原计划收录比较多的内容,但对于一些条目是否收录的问题,经过反复探讨、论证,最终保留下来了上述内容。一些事件,几种材料对时间的说法不一,我们进行了考订,力求客观反映历史事实。

　　本书编辑过程中,承蒙厦门市文广新局领导关心、支持和指导,洪卜仁老先生给予很多指导,并进行了多次审稿。厦门大学出版社的薛鹏志先生提出了很多宝贵的修改意见。在此,谨向本书编辑出版过程中提供帮助的单位和个人表示诚挚的谢意。

　　由于编者水平有限,疏漏之处在所难免,恳请读者批评指正,我们将在后续的编辑整理中进行修正。

编　者

2016 年 2 月